TESI GREGORIANA
Serie Teologia
———— 97 ————

COSIMO PAGLIARA

LA FIGURA DI ELIA
NEL VANGELO DI MARCO

Aspetti semantici e funzionali

EDITRICE PONTIFICIA UNIVERSITÀ GREGORIANA
Roma 2003

Vidimus et approbamus ad normam Statutorum Universitatis

Romae, ex Pontificia Universitate Gregoriana
die 28 mensis maii anni 2002

> R.D. Prof. MASSIMO GRILLI
> R.P. Prof. ALBERTO VALENTINI, S.M.M.

ISBN 88-7652-962-4
© Iura editionis et versionis reservantur
PRINTED IN ITALY

GREGORIAN UNIVERSITY PRESS
Piazza della Pilotta, 35 - 00187 Rome, Italy

PREFAZIONE

A lavoro concluso mi accorgo con stupore che la presente ricerca porta in sé le tracce del mio percorso accademico, a cominciare dal biennio filosofico e dal triennio teologico presso la Pontificia Università Gregoriana e, dopo la licenza in Sacra Scrittura presso il Pontificio Istituto Biblico, fino al ciclo per il dottorato alla Pontificia Università Gregoriana.

In questi anni ho avuto il privilegio di conoscere numerosi professori: si è trattato di incontri altamente formativi e stimolanti. Nella persona del Presidente di Commissione, P. Scott Brodeur, desidero ricordarli e ringraziarli tutti.

Con la stessa sorpresa ritrovo in questa tesi di dottorato le tracce del vissuto dei miei anni nella Famiglia del Carmelo, che affonda le proprie radici nella tradizione e nella spiritualità elianica.

Lungo questi percorsi, occasioni innumerevoli mi hanno provocato ad uno studio esigente del testo biblico, alla ricerca di nuove sintesi tra lettura scientifica e prassi della fede. Per questo esprimo la più viva gratitudine alla mia comunità del Centro Internazionale S. Alberto, che ha vissuto con me ogni momento di questa ricerca.

In particolare desidero ringraziare il direttore della tesi, il prof. Massimo Grilli, che ha accompagnato questo lavoro con la sua innegabile competenza professionale e mi ha dimostrato sempre pazienza e generosità. Ringrazio anche chi si è assunto il compito impegnativo di secondo relatore della tesi, P. Alberto Valentini, e tutti coloro che nell'Università, con il loro servizio, favoriscono l'approfondimento in campo teologico.

Sono grato a coloro che hanno sostenuto da sempre questo lavoro: sua Eccellenza Rev.ma mons. Lucio Renna, Vescovo di Avezzano, che con convinzione ha incoraggiato e favorito la mia formazione culturale; sua Eccellenza Rev.ma mons. Francesco Gioia, Amministratore apostolico della Basilica di S. Paolo, per la solidarietà e l'amicizia fraterna dimostratami. Ringrazio inoltre P. Joseph Chalmers, Priore Generale dell'Ordine Carmelitano ed ex-alunno di questa Pontificia Università, che ha seguito con sollecitudine la mia ricerca.

La mia più profonda gratitudine va a P. Nicola Barbarello, e a P. Mario Alfarano: al primo perché ha dato il suo consenso e ha appoggiato completamente questo lavoro; al secondo perché ha reso possibile la pubblicazione di questa tesi.

Infine desidero ringraziare la Prof.ssa Mercede Pagliara per la competenza letteraria e la collaborazione redazionale. Inoltre desidero ringraziare coloro che con i loro suggerimenti e il loro sostegno hanno permesso la realizzazione di questa ricerca.

Infine, un pensiero va ai miei genitori, che hanno accompagnato dal cielo questo lavoro di ricerca.

INTRODUZIONE

1. Importanza del tema

Elia, il grande profeta del IX sec. a.C., è una delle figure dell'AT che da sempre ha esercitato un grande fascino nel mondo culturale e religioso. Già il Siracide lo canta in uno dei suoi «ritratti dei padri", comparandolo ad una fiamma che tutto divora: «Allora sorse Elia profeta, simile al fuoco; la sua parola bruciava come fiaccola» (Sir 48,1). Nella tradizione ebraica e cristiana questo profeta ha avuto più risonanza rispetto ad altre figure veterotestamentarie non solo per il suo carattere di eroe intransigente della fede nel Dio d'Israele, ma ancor più a causa della sua fine misteriosa[1].

Il profeta Malachia, in un oracolo che avrà forte influsso sulle tradizioni successive, lo esalta come il messaggero ultimo e perfetto di Dio (3,1.22-24) e ancora il Siracide lo elogia come colui che rigenererà il popolo dell'alleanza nei «tempi futuri, conducendo il cuore dei padri verso i figli e ristabilendo le tribù di Giacobbe» (48,10). E lungo questa scia la letteratura intertestamentaria testimonia, in diversi modi, l'influenza esercitata da Elia sulla posterità[2].

Il mistero di questo profeta, il cui approdo ultimo è il cielo attraverso la clamorosa epifania finale, scaturisce dalla scena di 2Re 2, l'immagine elianica più suggestiva che la tradizione ci abbia conservato: egli

---

[1] A. Rofé, *Storie di profeti*, 222-227; R.E. Murphy, «The figure of Elias», 236-237; J. Jeremias, «'Ηλ(ε)ίας», 67-69; F. Foresti, «Il rapimento», 257.

[2] M.-E. Boismard, «Élie», 117: «Ce prophète avait pris une importance considérable dans la tradition juive; sa popularité tenait, non seulement à sa réputation de thaumaturge, mais encore au fait qu'il avait été enlevé vivant au ciel, selon le récit du livre des Rois».

viene rapito dal Signore su un carro di fuoco, che simboleggia il legame con il suo Dio.

È degna di nota la particolare fine che gli riserva il Signore rispetto ad altri profeti: come se la sua intimità con Dio lo abbia preservato da una morte naturale e dalla corruzione, Elia sale nel turbine verso il cielo (2Re 2,11) rapito dalla potenza del Signore. Questo movimento irresistibile verso l'alto viene descritto con un ricco vocabolario: il verbo «salire/far salire» (בְּהַעֲלוֹת: 2Re 2,1; וַיַּעַל: 2Re 2,11) è lo stesso dell'ascesa nella terra promessa; il fuoco, per ben due volte, e i fenomeni atmosferici evocano la presenza di Dio (2Re 2,11); il verbo «rapire» (לָקַח: 2Re 2,10)[3], il cui soggetto è Elia, era stato già usato per Enoch (Gn 5,24). Quest'ultimo particolare ha talvolta suggerito alla tradizione giudaica un accostamento tra i due personaggi.

L'assunzione di Elia su un carro di fuoco e l'attesa del suo ritorno, tramandate dai libri dell'AT più recenti, sono le peculiarità che la memoria di Israele ha spontaneamente associato al profeta (1Mac 2,58; Sir 48,9)[4], che al suo ritorno attenderà alla restaurazione interiore del popolo di Dio[5].

La sua misteriosa sparizione, parallelamente al mancato ritrovamento del cadavere[6], fa sorgere una serie di interrogativi, a cui gli esegeti

---

[3] E. WÜRTHWEIN, *Die Bücher*, 275-276.

[4] J. JEREMIAS, «'Ηλ(ε)ίας», 72: «Il posto eminente che Elia occupa nella leggenda popolare, nella discussione teologica e nell'attesa escatologica, è dovuto a due ordini di ragioni: 1. il suo misterioso rapimento (*2 Reg.* 2,11; cfr. *Ecclus.* 48,9.12; *Hen. aeth.* 89,52; 93,8; Flav. Ios., *ant.* 9,28), considerato come premio per il suo zelo verso la legge (*1Mach.* 2,58); se ne dedusse che egli fosse senza peccato. 2. La profezia del ritorno del profeta rapito (*Mal.* 3,23 s. = LXX 4,4 s.): «Ecco, io manderò a voi il profeta Elia, prima che giunga il grande e tremendo giorno di Jahvé; egli ricondurrà il cuore dei padri verso i figli e il cuore dei figli verso i padri, affinché io non giunga e non colpisca la terra con l'anatema». Queste parole, che sono un'aggiunta al libro di Malachia, riferiscono al ritorno di Elia l'invio dell'angelo dell'alleanza e del precursore Jahvé menzionati in *Mal.* 3,1». J. LAMBRECHT, «'Ηλίας», I, 1547: «Per poter intendere il significato di Elia nel N.T. è necessario tener presenti sia le indicazioni di I Re 17- II Re 2, sia le relative tradizioni del primo giudaismo (compresi Mal. 3,1.23-24 e Sir. 48,1-12). Nel giudaismo Elia, che si trova in cielo, viene considerato un salvatore e come tale invocato e si medita intensamente sul suo ritorno: talvolta egli è una figura messianica, tal'altra il precursore del Messia; egli placherà l'ira, apporterà la pace, ristabilirà le tribù di Giacobbe (cfr. Sir. 48,10)». E. WÜRTWEIN, *Die Bücher*, 275.

[5] M.-E. BOISMARD, «Élie», 118: «Le rôle d'Élie sera celui d'un pacificateur».

[6] Richiama il destino di Mosè, del quale «nessuno, fino ad oggi, ha saputo dove sia la sua tomba» (Dt 34,6).

hanno dato risposte talora molto discordanti[7]. Se è fuor di dubbio che il racconto biblico sottolinei il rapimento violento del profeta[8], non è del tutto chiaro il senso nascosto sotto la scorza dell'immaginoso episodio. Ci sembra plausibile intravedere in questo racconto l'esito di una riflessione teologica dei circoli deuteronomistici sulla figura di Elia[9]: l'opera storica deuteronomistica (DtrH) ne descrive l'improvvisa apparizione (1Re 17,1), ma stranamente ne omette la notizia della morte. Perciò i circoli deuteronomistici del tardo-esilio, per rispondere all'insoluto dubbio sulla fine del profeta, cominciano a considerarlo assunto nella gloria celeste in quanto $h\bar{a}s\hat{i}d$ («Giusto») perseguitato per la sua fedeltà all'alleanza[10].

Alla luce di questo rapimento divino, si è formata in seguito la tradizione di un suo ritorno prima della venuta del Messia (Ml 3,23-24); Elia, asceso al cielo senza morte apparente, è atteso come colui che opererà la conversione di tutti: «Ecco io invierò il profeta Elia prima che giunga il giorno grande e terribile del Signore perché converta il cuore dei padri verso i figli e il cuore dei figli verso i padri; così che io venendo non colpisca il paese con lo sterminio» (Ml 3,23). Questa aspettativa, che motiva la presentazione del Battista come «l'Elia che deve venire», impera ancora tra i Giudei dell'epoca di Gesù, come dimostrano diversi episodi (Mc 6,15; 8,28; 9,11).

---

[7] Anche le origini nascoste del profeta e il relativo silenzio delle Scritture, che omettono di menzionare i nomi dei suoi genitori, hanno sollevato molti interrogativi. Stupisce tale sobrietà sulle origini di un personaggio così importante. Sembra che la persona scompaia davanti al personaggio: sarà il suo ruolo a determinarne il ricordo di generazione in generazione perché Elia diventa pegno della salvezza definitiva attesa da Israele.

[8] G. FOHRER, *Prophetenerzählungen*, 84: «Elia war wirklich entrückt».

[9] F. FORESTI, «Il rapimento», 271: «Ora è interessante notare che gli unici tre testi veterotestamentari che accennano al riscatto del singolo dalla tomba, si adattano bene alla situazione di Elia. I tre testi sono: Ps. 16,9-11; 49,16; 73,23-25. La loro datazione non è certa, ma si colloca bene nell'epoca esilica. I tre salmi prospettano la risurrezione dalla tomba, mediante l'intervento potente di Dio, per il $h\bar{a}s\hat{i}d$ o "pio" che rimane fedele all'alleanza divina (Ps.16, cfr. v. 10), per il perseguitato da persone potenti e ricche (Ps. 49, cfr. vv. 6s.) e per il sofferente (Ps. 73, cfr. v. 14). Le tre categorie di persone sembrano bene rappresentate nella figura di Elia. Oltre a ciò Ps. 49,16 e 73,24 usano esplicitamente il verbo «prendere», lāqah, per designare l'intervento divino redentivo dalla morte. Lo stesso verbo, in questo significato tecnico, ricorre solo ancora nel nostro passo, 2Reg. 2,3.5.9.10, e nel tardivo Gn. 5,24) (appartenente alla fonte sacerdotale). Questa coincidenza sembra corroborare la nostra ipotesi».

[10] F. FORESTI, «Il rapimento», 272.

Il retroterra biblico sul ruolo di Elia, che supera i limiti dell'orizzonte della sua vita terrena, ha influenzato l'itinerario ermeneutico della letteratura sinottica: per Marco e Matteo, Elia è la figura escatologica che precede la venuta del Messia negli ultimi tempi; per Luca, è il profeta per eccellenza, il cui ruolo è portato a compimento da Gesù, il Messia-profeta[11]. Questa palese diversità di comprensione tra i sinottici è chiarita da alcune considerazioni: da una parte le stesse tradizioni ebraiche sul ritorno di Elia sono eterogenee, dall'altra il compimento delle Scritture non è un processo automatico dalla figura alla sua realizzazione nel NT, ma comporta una complessa rilettura a partire da Gesù Cristo.

Sebbene la figura di Elia appaia in tutti e tre i Sinottici[12], in Marco la frequenza dei riferimenti a Elia (6,15; 8,28; 9,4.5.11.12.13; 15,35.36) e i richiami indiretti (1,2-3.6) mostrano che il profeta occupa un posto di rilievo nel pensiero di questo evangelista. Ma ancor più la presenza emblematica di Elia nei punti cruciali del vangelo potrebbe essere indizio di una intenzione deliberata da parte di Marco di instaurare un rapporto tra la via di Gesù e la figura del profeta[13]. Inoltre Elia appare in brani

---

[11] Per i tratti elianici in Marco, Matteo e Luca vedi J. LAMBRECHT, «Ἡλίας», I, 1547-1550. L'evidente aporia tra Marco e Matteo, che presentano Giovanni come Elia, e il quarto vangelo, in cui il Battista nega di essere Elia (Gv 1,21.25), è affrontata da H. WITCZYK, Gesù nel ruolo di Elia. La tesi che nel quarto vangelo Gesù compia il ruolo di Elia viene dimostrata da H. PIDYARTO GUNAWAN, Jesus, 168, sulla base del tema della vita: «Elijah is the prophet who not only proclaims that the God of Israel is the only living and life-giving God, but he also experiences the power of life by being taken into heaven without tasting death. He is the prophet of live par excellence. Therefore it is the life motif that makes the comparison of Jesus with Elijah quite understandable [...]».

[12] L'interesse neotestamentario per Elia è attestato dal fatto che si tratta della figura dell'AT più menzionata nel NT dopo Mosè (80 volte), Abramo (73 v.) e Davide (59 v.): Elia appare 29 volte. Tra i sinottici appare più in Marco (9 v.) che in Matteo, dove il personaggio veterotestamentario che più ricorre è Davide (16 v.), e Luca, che menziona soprattutto Abramo (15 v.). Tra gli studi più significativi sulla figura di Elia all'interno del panorama letterario teologico del NT sono da segnalare: M.-E. BOISMARD, «Élie dans le Nouveau Testament», in Élie, le prophete. Selon les écritures et les traditions chrétiennes, I,1956, 116-128; T.L. WILKINSON, «The Role of Elijah in The New Testament», VoxRef 10 (1968) 1-10; J. NÜTZEL, «Eljiah – und Elischa – Traditionem im Neuen Testament», BiKi 41 (1986), 69-90; M. de GOEDT, «Élie le prophete dans les Evangiles synoptiques» in Élie le prophete, Bible, Tradition, Iconographie, Leuven 1988, 69-90.

[13] W. ROTH, Hebrew Gospel, 85, fa notare che i riferimenti a Elia si trovano lungo l'intero vangelo di Marco: nella prima scena potrebbe esserci una relazione tra l'allusione a Elia (Ml 3,1) e τὴν ὁδόν (Mc 1,2); nel corso del vangelo ricorre più volte la

fortemente cristologici o in relazione con un titolo cristologico: 1,1-8 (Χριστοῦ); 8,29 (ὁ Χριστός); 9,7 (υἱός μου ὁ ἀγαπητός); 15,39 (υἱὸς θεοῦ). All'insieme di questi indizi si aggiunge la complessità dei contesti che riguardano Elia, ciascuno con un orientamento diverso: in 6,14-16 e 8,27-30 Gesù viene identificato dai suoi contemporanei con Elia, ma solo al secondo posto dopo il Battista; nella pericope della trasfigurazione Elia appare insieme a Mosè come un personaggio del mondo celeste e come interlocutore di Gesù trasfigurato; in 9,11-13 la risposta al quesito sul ritorno di Elia rinvia al Battista e al suo destino; in connessione con il racconto di 15,33-39, le ultime parole di Gesù morente vengono interpretate come una invocazione ad Elia. Inoltre si potrebbe supporre un riferimento indiretto alla figura di Elia nella descrizione della comparsa del Battista in 1,2-8. La sorprendente pluralità delle funzioni che il profeta ricopre nei singoli contesti sollecita la ricerca esegetica a trovare una possibile coerenza del pensiero marciano nell'utilizzazione del motivo di Elia in riferimento a Gesù.

2. Stato della questione

Vari esegeti hanno proposto considerazioni valide per una corretta interpretazione del tema elianico nel vangelo di Marco.

Secondo M. Thrall[14], la letteratura esegetica, pur dimostrando particolare attenzione alle figure di Elia e Mosè nel contesto della trasfigurazione, ha sottovalutato il rilievo datovi dallo stesso Marco. Eppure gli evidenti riferimenti a Elia e Mosè in Mc 9,4-6 e le allusioni implicite o esplicite nel resto della pericope suggeriscono che queste figure, considerate marginali in ricerche precedenti, sono essenziali alla comprensione dell'evento della trasfigurazione. A destare l'interesse di Thrall è soprattutto la teoria di D.E. Nineham, secondo cui i due personaggi, che rappresentano la Legge e i Profeti, sono nettamente distinti da Gesù[15].

Thrall si propone di sviluppare il tema, suggerito da Nineham, della superiorità di Gesù rispetto al Pentateuco (Mosè) e alle Scritture profetiche (Elia) e di verificarne la provenienza dall'intento di Marco. Rileva innanzitutto le modalità con cui viene tracciata la distinzione tra Elia e

---

sua figura (Mc 6,15; 8,28; 9,4.5.11.12.13); alla fine ritorna il suo nome (15,35.36); P. LAMARCHE, «La mort», 592, ritiene che il tema elianico potrebbe essere una chiave teologica per l'interpretazione del vangelo marciano.

[14] M. THRALL, «Elijah», 305-317.
[15] D.E. NINEHAM, *Saint Mark*, 235

Mosè da una parte e Gesù dall'altra: l'entusiastica quanto sconveniente proposta di Pietro, che con la costruzione delle tre tende (v. 6) implica una parità tra Gesù e i due esseri celesti, viene corretta dalla voce proveniente dalla nube che sanziona lo stato messianico di Gesù. Nel v. 8 la scomparsa di Elia e Mosè conferma che il destinatario esclusivo di quell'annuncio è Gesù. Poiché la tradizione premarciana ha intravisto in Gesù risorto la gloria manifestatasi nella trasfigurazione, l'evangelista ha collegato deliberatamente il Cristo trasfigurato con il Cristo risorto, presentando l'evento della trasfigurazione come prefigurazione della resurrezione. Perciò la trasfigurazione si rivela un episodio avvenuto nel cielo. È proprio questa tradizione che guida nella comprensione profonda della distinzione marciana tra Gesù e le due figure dell'AT: Gesù è il Figlio prediletto di Dio.

Alla componente divina di Gesù Marco associa altre tematiche, a partire da quella della sofferenza e della morte: nella parabola dei vignaiuoli, il figlio prediletto del padrone che viene ucciso è figura di Gesù come inviato finale di Dio agli Ebrei (12,6-8); in 15,39, al momento della morte di Gesù in croce, il centurione confessa: Ἀληθῶς οὗτος ὁ ἄνθρωπος υἱὸς θεοῦ ἦν. Alla luce di queste considerazioni il racconto della trasfigurazione s'illumina di una valenza cruciale: il Gesù contemplato nella gloria celeste è il Figlio di Dio che soffre e muore e la sua gloriosa esistenza nei cieli è il risultato della resurrezione.

La seconda tematica è la missione escatologica del Figlio, la cui resurrezione dai morti ne conferma l'identità di ultimo messaggero di Dio al suo popolo (12,6). Durante la trasfigurazione Elia e Mosè rappresentano quei pochi Giusti che, secondo gli Ebrei, erano stati assunti in cielo. Influenzato probabilmente dalle tradizioni sullo stato celeste di Elia e Mosè, Marco lascia intendere che tanto Gesù quanto Mosè ed Elia vivono una vita gloriosa in cielo; tuttavia dal racconto si evincono le differenti modalità di transizione dalla vita terrena a quella del cielo: mentre Elia e Mosè vengono assunti in cielo, Gesù risorge solo dopo aver vinto la morte. Perciò la resurrezione, fonte da cui scaturisce la sua gloria celeste, ne sancisce l'assoluta preminenza su Elia e Mosè e attesta che egli solo è il Messia, il Figlio di Dio.

Infine, Thrall contestualizza questa distinzione tra Gesù da un lato ed Elia e Mosè dall'altro all'interno della realtà della chiesa primitiva: Marco avrebbe cercato di confutare incomprensioni o incredulità suscitate dal ritardo della Parusia. I lettori di Marco avevano appreso dalle testimonianze apostoliche che Gesù era apparso ai suoi nella gloria della resurrezione ed era salito al cielo, ma sapevano anche, grazie alla tradizione ebraica, che erano saliti in cielo alcuni personaggi come Enoch, Elia e forse Mosè. Il mancato ritorno di Gesù li avrebbe spinti ad un ridimensionamento del suo ruolo. Per questo Marco, nella descrizione della scena celeste, distingue nettamente Gesù, la cui messianicità è stata confermata dalla resurrezione, da Elia e Mosè.

K. Brower, in un suo saggio[16] sulla presenza di Elia nel racconto di Mc 15,33-39, concorda con le ricerche esegetiche che hanno dimostrato la plausibilità storica del fraintendimento del grido di Gesù: Marco sarebbe stato influenzato da una tradizione su Elia. Inoltre studi recenti hanno evidenziato l'abilità dell'evangelista nell'utilizzo delle fonti e la sua prudenza nel modellare il ritratto di Gesù[17]. Brower cerca di scoprire le motivazioni e la funzione dell'inserimento marciano del richiamo ad Elia nella scena della morte e nel contesto più ampio del vangelo[18].

Riferimenti al profeta sono presenti anche in altri contesti dove l'evangelista intende mostrare l'esistenza di un nesso tra le leggende di Elia e Giovanni il Battista: oltre al contesto di 2Re 1,8, in cui l'abbigliamento del Battista allude ad Elia, si rileva un'analogia ancor più convincente tra il ministero di Giovanni in 1,5 ed il ruolo di Elia in 9,12. Il pieno significato dell'iperbole apparente di Mc 1,5 («Tutto il paese della Giudea e tutte le genti di Gerusalemme andavano a farsi battezzare» da Giovanni) è rivelato dall'affermazione di Gesù in 9,12 («Prima viene Elia e ristabilisce ogni cosa»). Il ruolo di messaggero e ripristinatore escatologico di Ml 3,1 e 4,5, realizzato nel ministero di Giovanni il Battista, non corrisponde alle aspettative delle folle, né a quelle dei discepoli che attendono un ritorno di Elia (9,11). Ma nell'interpretazione di Marco le speranze popolari di un Elia *redivivus* vengono radicalmente modificate attraverso l'implicita identificazione con Giovanni, che già in 1,2-8 appare investito del ruolo di questo grande profeta.

Sulla base del ruolo elianico del Battista, attraverso un'analisi strutturale della pericope di 15,33-39, Brower tenta di dimostrare che l'incomprensione di Elia in 15,36a.b è funzionale alle intenzioni di Marco. Il testo presenta una struttura costruita su parentesi concentriche, di cui quella più interna contiene il motivo dell'offerta del vino (v. 36a) ed è

---

[16] K. Brower, «Elijah», 85-101.
[17] K. Brower, «Elijah», 85-86. L'ipotesi che il fraintendimento di 15,34 sia dovuto alla leggenda popolare di Elia come salvatore dei Giusti sofferenti non è sostenibile, perché le testimonianze sono tardive; cf. J. Jeremias, «Ἡλίας», 73-74.
[18] In questa analisi di Mc 15,33-37 la questione dello sfondo storico-tradizionale della figura di Elia viene completamente ignorata.

racchiusa da due espressioni attinenti al tema di Elia (vv. 35.36b). Brower pensa che il v. 36a, ritenuto il centro di questa articolata struttura, debba essere interpretato sulla base di un principio narrativo che distingue i due piani del «dramatic level» (la storia) e del «reader's level» (il racconto)[19]. A livello drammatico, la somministrazione del vino è per gli spettatori un tentativo di lenire il dolore di Gesù che muore; a livello del lettore, invece, rappresenta un'ulteriore prova della già evidente sofferenza di Gesù. Il motivo dell'offerta del vino è racchiuso immediatamente dalle parentesi (vv. 35.36a) in cui appare il tema di Elia.

Senza l'esistenza di una tradizione di Elia come salvatore e protettore, sarebbe stato impossibile introdurre il motivo del fraintendimento in questo momento del racconto. A livello drammatico l'incomprensione rispecchia il pensiero dei presenti: Gesù, in quanto Messia, invoca Elia perché svolga il suo ruolo di precursore. A livello del lettore emerge, invece, che i presenti ignorano la vera funzione di Elia e la sua realizzazione nella figura del Battista.

I vv. 34.37 formano le parentesi centrali e contengono il grido di Gesù, mentre i vv. 35.38 costituiscono le parentesi esterne e sono intese da Marco come azione di Dio.

La struttura ipotizzata da Brower implica l'intenzionale inserimento della parentesi interna (vv. 35.36a.36b), non necessaria alla sequenza drammatica della scena di 15,33-34.37-39, e dà origine a tre livelli di comprensione. A livello cristologico[20] i vv. 35-36 completano il ritratto di Gesù e puntualizzano il significato della sua vita. L'immagine del Giusto sofferente, suggerita nel grido di Gesù morente dalla citazione del Salmo 22,1 in Mc 15,34, viene sublimata dalla sequenza drammatica dell'invocazione ad Elia, dell'offerta del vino e dell'assenza del profeta.

A livello ironico[21] il riferimento a Elia mostra l'apparente drammaticità e oscurità che sembrano circondare la morte di Gesù. Il mancato intervento del profeta è espressione della volontà di Dio, in quanto il sacrificio di Gesù deve essere motivo di salvezza per gli altri. La sfuma-

---

[19] K. BROWER, «Elijah», 89-91: sulla base di un principio narrativo che distingue i due piani del «dramatic level» (storia) e del «reader's level» (il racconto), Brower cerca la risposta alla sua domanda sull'intenzione del testo nelle «structures» e «substructures» del racconto, con un'interpretazione che colloca gli elementi della struttura in un più vasto «reader-response-criticism» («reader's level»).

[20] K. BROWER, «Elijah», 93-94.

[21] K. BROWER, «Elijah», 94-95.

tura ironica di 15,35-36, che non scaturisce da un semplice errore di percezione uditiva, sottolinea il fallimento dei presenti che non vedono realizzato né il ruolo del Messia in Gesù né quello del profeta escatologico (Ml 4,5) nel Battista. Per Marco, il giorno del Signore è arrivato nell'evento della croce di Gesù e la funzione di Elia è stata già chiarita in 9,13. Come Gesù ha capovolto l'aspettativa popolare dell'attesa di un Messia trionfante con l'immagine del Figlio dell'uomo che soffre, così il Battista ha ribaltato la tradizione popolare sulla venuta di Elia ed è stato, anch'egli, una figura sofferente.

A livello di contesto più ampio[22] la pericope di 15,35-36, che per una corretta interpretazione necessita di precedenti riferimenti a Elia (1,2-8.14; 6,14-29; 9,11-13), a sua volta chiarisce il significato di 9,13: il ruolo di Giovanni, l'Elia *redivivus*, che pur condivide il cammino di sofferenza con il Figlio dell'uomo, è subordinato a quello di Gesù come Messia.

La pericope di 15,33-39 rappresenta l'apice tematico della figura di Elia nel vangelo di Marco: il profeta svolge una funzione integrativa come precursore, ma è sempre subordinato alla persona di Gesù.

M.D. Hooker accede alla tematica di Elia nel vangelo di Marco solo attraverso il racconto della trasfigurazione[23]. Dopo aver individuato i possibili collegamenti della pericope di 9,2-8 con il contesto precedente di 8,29-9,1, prende in esame i singoli versetti del racconto. Il motivo elianico emerge dall'esperienza dei discepoli che assistono alla conversazione di Gesù con le due figure, identificate da Marco come «Elia e Mosè» e considerate dall'esegesi tradizionale come rappresentanti della Legge e dei Profeti: questa interpretazione, plausibile per la sequenza «Mosè ed Elia» in Matteo e Luca, non è valida per l'enigmatica espressione di Marco, «Elia con Mosè», che sembra suggerire una posizione di subalternità di Mosè[24].

Per alcuni esegeti Mosè ed Elia sono due «*partners*» adeguati di Gesù in quanto entrambi hanno sperimentato la sofferenza per la loro fedeltà (un tema ripreso in 9,11-12) ed una teofania sul monte. Ma poiché nessuna di queste soluzioni sembra giustificare la preminenza di Elia a dispetto della precedenza storica di Mosè, è necessario fare ricorso alla pregnante tradizione del ritorno di Elia che Marco, mutuandola dalle attese del 1° sec., ha riportato nel suo racconto.

---

[22] K. Brower, «Elijah», 95-96.
[23] M.D. Hooker, «What Doest», 59-70.
[24] M.D. Hooker, «What Doest», 61.

Tracce di tale tradizione sono contenute non solo nella conversazione tra Gesù e i discepoli in Mc 9,11-13, ma anche in alcuni contesti precedenti la trasfigurazione: in 8,28 e in 6,14-15 vengono riportate le identificazioni popolari di Gesù con Giovanni Battista, con Elia o con uno dei profeti. Marco intende convincere i lettori a rigettare quelle risposte come errate e a ritenere che Giovanni Battista non è risorto dai morti, che Gesù non è l'Elia ritornato a preparare la via del Signore – questo è piuttosto il ruolo di Giovanni (1,2-3; 9,13) – e che non «è uno dei profeti». È evidente, allora, che Marco ha legato la storia della trasfigurazione alla speranza popolare del ritorno di Elia, che era molto viva nelle attese giudaiche e che egli vede soddisfatta in Giovanni Battista. Inoltre l'identificazione implicita di Elia con Giovanni Battista in 9,11-13 suggerisce l'interpretazione di Elia, presente al momento della trasfigurazione, come precursore di Gesù, colui che prepara la sua via e testimonia la sua superiorità, ruolo tipico del Battista nel vangelo di Marco.

Ma come motivare la presenza di Mosè[25]? In 8,28 Gesù è uno dei profeti, mentre in 6,15 è considerato l'ultimo tassello nella successione dei profeti e non un redivivo profeta veterotestamentario. L'espressione di Marco può essere una deliberata eco della promessa divina a Israele di un altro profeta grande come Mosè (Dt 18,15). Ma l'identificazione di Gesù come un «nuovo Mosè» è attribuita all'opinione del popolo che, come le altre contenute in 8,28, è considerata erronea da Marco, anche se esprime una parziale verità: Elia e Mosè sono degli autorevoli messaggeri di Dio, ma Gesù è più grande. La loro presenza sulla montagna deve essere compresa nella linea della tesi che Marco ha già tracciato in 6,15 e 8,28: Gesù non deve essere identificato né con Elia né con uno dei profeti.

La proposta di Pietro di costruire tre tende[26], una per ciascun personaggio, assimila Gesù a Mosè ed Elia sostenendone la pari dignità. Questo tentativo, oltre a non riconoscere l'incommensurabile superiorità di Gesù, fallisce per tre motivi: l'espressione «non videro più nessuno» mostra che Mosè ed Elia non sono apparsi per rimanere; essi scompaiono dalla visione dei discepoli perché, in modi diversi, sono predecessori di Gesù; infine, Mosè ed Elia non sono assolutamente pari a Gesù. La loro scomparsa si avverte quando la voce di Dio («Questi è

---

[25] M.D. HOOKER, «What Doest», 62-63.
[26] M.D. HOOKER, «What Doest», 64-67.

il mio figlio prediletto; ascoltatelo!») focalizza l'attenzione dei discepoli su Gesù. Ancora una volta al lettore si dimostra che Gesù non è semplicemente «Giovanni il Battista o Elia o uno dei profeti», ma che è più grande di tutti quelli che sono stati inviati prima di lui.

Anche nel brano del battesimo (1,9-11) vengono indirizzate a Gesù parole dal cielo, le quali rappresentano il culmine dell'introduzione del vangelo di Marco: Giovanni, che realizza la promessa divina di un messaggero che prepari la via del Signore, viene come uomo del deserto, simile ad Elia nell'abbigliamento. Egli, data testimonianza di Gesù, deve uscire dalla scena quando ha compiuto questa missione. Ancora più esplicitamente Giovanni viene assimilato ad Elia in 9,2-13. Così il parallelo con il racconto del battesimo chiarisce il ruolo del Battista, ma fornisce un ulteriore motivo della presenza di Elia sul monte della trasfigurazione.

Se da una parte c'è una funzione negativa della presenza di Elia e Mosè sul monte della trasfigurazione (Gesù non deve essere identificato con loro), dall'altra Giovanni Battista, nelle vesti di Elia, svolge il ruolo positivo di precursore di Gesù. Ma è possibile intravedere un ruolo altrettanto positivo per Mosè?

In Mc 9,12-13 Gesù chiede in modo specifico «che cosa è scritto del Figlio dell'uomo?» e collega la testimonianza delle Scritture sulla sofferenza subíta dall'Elia ritornato con quella del Figlio dell'uomo. È difficile trovare nell'AT dei riferimenti diretti alla sofferenza di Elia, ad eccezione della persecuzione inflittagli da Gezabele in 1Re 19. Riferimenti alla sofferenza del Figlio dell'uomo sono presenti nei Profeti, nei Salmi e in Daniele, ma non nel libro della Legge[27].

Nel NT l'universo veterotestamentario è sintetizzato dalla parola «Legge» o dall'espressione «Mosè ed i profeti», i quali, benché distinti, porgono testimonianze di uguale valore. Nonostante la mancanza in Mc 9,12-13 di una citazione testuale delle Scritture, un giudeo-cristiano del 1° sec. connette l'espressione «come sta scritto» con Mosè e tutti i Profeti. Se Elia, nella persona di Giovanni Battista, è il precursore di Gesù e il testimone dell'autenticità delle affermazioni cristiane su di Lui, anche Mosè, il primo e più grande profeta di Dio, può considerarsi precursore perché garante delle testimonianze scritte sul Figlio dell'uomo. Alla luce di siffatte considerazioni la presenza di entrambi sul monte della trasfigurazione come testimoni di Gesù è pienamente giustifica-

---

[27] M.D. HOOKER, «What Doest», 68-70.

ta: Elia con la sua venuta ristabilisce ogni cosa; Mosè con i suoi scritti (il Pentateuco) rende testimonianza a Cristo.

Al tema del destino violento di Elia è dedicato lo studio di J. Marcus, che cerca di individuare la linea di pensiero di Mc 9,11-13[28] e di fornire una soluzione al problema letterario della subitaneità con cui il v. 12b irrompe nel contesto con il tema della sofferenza del Figlio dell'uomo.

Se da un lato la venuta di Elia (9,11) ha un fondamento in Ml 3,22-23, dall'altro le due attese sulla sofferenza del Figlio dell'uomo (Mc 9,12b) e sul destino violento di Elia ritornato (Mc 9,13) sono più difficili da rinvenire nei testi della Scrittura.

Si potrebbe considerare il v. 12b come un'inserzione utilizzata da Marco per esprimere la sua teologia della croce; infatti la pericope, privata del v. 12b, rispecchia un probabile interrogativo della chiesa primitiva: se Gesù era il Messia, dove era Elia, il suo precursore? Giovanni Battista era Elia. L'analisi redazionale, però, non risolve il problema centrale della pericope sulla coerenza del pensiero di Marco in 9,11-13.

Riguardo al tema della sofferenza del Figlio dell'uomo[29] c'è un generale consenso a ritenere il v. 12c non una citazione diretta, ma un'interpretazione cristiana di passi dell'AT (Is 52,13-53; Dn 7; Sal 80). È alquanto difficile, invece, trovare una testimonianza scritturistica sulla sofferenza della figura escatologica di Elia. Tuttavia per alcuni esegeti Mc 9,13b è un riferimento alla figura storica di Elia in 1Re 19,2-10, in quanto Marco cercherebbe di mediare tra l'Elia storico e quello delle apparizioni escatologiche. Ma questa ipotesi non è suffragata da nessun elemento del v. 13b.

Rispetto alle proposte precedenti è indubbia la novità della soluzione di Marcus, che considera Mc 9,11-13 un tentativo cristiano e giudaico di riconciliare le apparenti contraddizioni della Scrittura fra l'attesa di Elia, che ritorna per ristabilire ogni cosa, e l'attesa del Figlio dell'uomo, che dovrà soffrire molto ed essere disprezzato[30].

Egli, inoltre, suggerisce che Marco nella redazione di 9,11-13 può aver usato una forma confutatoria tipica dell'esegesi giudaica del *midrash* timnatico *Melkita*[31]. Marco, dopo aver proiettato il tema di Elia del v.

---

[28] J. MARCUS, «Mark 9,11-13», 42-63.

[29] J. MARCUS, «Mark 9,11-13», 43-46.

[30] J. MARCUS, «Mark 9,11-13», 46-50. Il metodo che viene utilizzato attinge alle tecniche interpretative dell'antico giudaismo con cui venivano risolte le contraddizioni tra due passi della Scrittura.

[31] J. MARCUS, «Mark 9,11-13», 50-57. La forma confutazionale (Refutational Form) del *midrash* «Melkita» come modello per l'interpretazione di Mc 9,11-13 non può essere applicata perché di datazione molto tardiva rispetto al NT.

11 (Ml 3,22: Elia verrà prima del Messia) nella logica del v. 12b (l'attesa del Figlio dell'uomo che dovrà soffrire ed essere disprezzato) all'interno di un processo di conciliazione mediata, procede con la reinterpretazione di Elia come precursore del Messia attraverso l'espressione del v. 13, «Elia è già venuto». L'insegnamento fondamentale di questo sillogismo implicito è contenuto nel v. 12b, che sintetizza il grande tema delle sofferenze del Figlio dell'uomo. Nell'intenzione di Marco, la centralità di questo insegnamento non esclude l'affermazione, al v. 11, che il precursore del Messia si dimostrerà tale percorrendo prima di Gesù la via della sofferenza (v. 13). La natura del precursore risulta qualificata proprio in base alla natura del Messia che precede: se Gesù è un Messia sofferente, il suo precursore deve essere un Elia sofferente. E poiché nell'AT non si fa cenno al destino violento di Elia, la formula del v. 13, «come sta scritto di lui», non può riferirsi ad uno specifico passo veterotestamentario, ma rinvia alla conclusione di 9,12a che armonizza l'aspettativa biblica di un precursore con l'idea del Messia sofferente[32].

Dal punto di vista teologico, l'analisi di 9,11-13 condotta da Marcus approda ad una conclusione cruciale: l'attesa di Elia come precursore del Messia (9,11) viene definita per mezzo dell'attesa delle sofferenze del Figlio dell'uomo.

J. Taylor, in uno studio monografico[33] sulla venuta di Elia in Mt 17,10-13 e Mc 9,11-13, esamina lo sviluppo dei testi nella tradizione di Matteo e di Marco, approdando alla conclusione che queste due pericopi possono essere sviluppi e interpretazioni del *logion* primitivo di Mt 16,28 e Mc 9,1. Inoltre ipotizza l'esistenza di due tradizioni: una, comune a tutto il NT e rappresentata da Matteo, riconosce l'Elia *redivivus* in Giovanni il Battista; l'altra, riflessa in Marco, identifica Elia con Gesù o con il Figlio dell'uomo (9,12).

G. Dautzenberg, rilevata nella letteratura esegetica la mancanza di una riflessione consapevole su tutti i riferimenti ad Elia nel secondo vangelo, si propone di verificare l'ipotesi della intenzionalità della costruzione marciana di 6,14-9,13 sui rapporti tra Giovanni-Gesù-Elia. Tuttavia il suo campo d'indagine rimane circoscritto alle tradizioni storiche su Gesù.

La ricerca di un «asse-Elia» o «asse-Battista»[34], eventualmente parallelo all'«asse cristologico», guida l'interpretazione delle pericopi di

---

32 J. MARCUS, «Mark 9,11-13», 57-58.
33 J. TAYLOR, «The Coming», 107-119.
34 G. DAUTZENBERG, «Elija», 1078.

Mc 6,14-16; 8,27ss; 9,2-13 e 15,34-36. Innanzitutto Dautzenberg prende in considerazione i primi due riferimenti espliciti a Elia in 6,14-16 e 8,27-28, che, connessi all'interesse cristologico dell'attività redazionale di Marco, permettono di avviare una preziosa speculazione esegetica. Marco avrebbe riportato le opinioni sull'identità di Gesù per rispondere al tentativo degli altri evangelisti di delineare una loro cristologia o per confutare le proposte alternative della tradizione. Bisogna però stabilire se queste opinioni siano, per Marco, semplici alternative popolari o rappresentazioni sintetiche delle diverse comprensioni dell'identità di Gesù. Mentre alla base dell'identificazione di Gesù con Giovanni Battista c'era la figura del messaggero divino mandato in Israele prima della fine, per quella di Gesù con Elia si ricorreva al profeta come intercessore di salvezza (Ml 3,1.23; Sir 48,10-11)[35]. Siffate interpretazioni scaturivano da due opposte tendenze: Gesù assumeva il ruolo di Elia solo per coloro che lo ritenevano l'ultimo messaggero inviato per ricostituire Israele e preparare la venuta di Dio; al contrario un movimento battista attribuiva questo privilegio a Giovanni (Lc 1,17). Il vangelo e la tradizione secondo Marco svelano il compromesso realizzato dal movimento post-pasquale favorevole a Gesù per dirimere la conflittualità tra le due rivendicazioni: da una parte si è abbandonata l'identificazione di Gesù con Elia a favore della cristologia espressa con i titoli specifici di «Cristo», «Figlio», «Figlio dell'uomo»; dall'altra si è ridimensionata l'immagine di Elia, che da precursore di Dio diventa precursore del Messia attraverso l'identificazione con Giovanni il Battista.

Inoltre Mc 8,28 presenterebbe due fasi contrapposte della cristologia primitiva che si escludono a vicenda: quella pre-pasquale, che identifica Gesù con Elia, e quella post-pasquale, che identifica Gesù con il Cristo.

In un successivo passaggio della sua analisi Dautzenberg esamina il tema della venuta di Elia in 9,2-13[36]. È Marco che stabilisce intenzionalmente una relazione tra il riferimento a Elia nella pericope della trasfigurazione e l'attesa di Elia *redivivus*, per respingere un'identificazione di Gesù con Elia o con il suo ruolo oppure per palesare la propria posizione nei confronti di questa speranza evidentemente viva; inoltre egli, nella pericope di 9,11-13, tenta di smentire l'erronea aspettativa giudaica sul ritorno di Elia (Ml 3,1.23) in contrapposizione a quella del

---

[35] G. DAUTZENBERG, «Elija», 1080-1081.
[36] G. DAUTZENBERG, «Elija», 1082-1088.

Figlio dell'uomo. Infatti negli animi albergava una trepidante attesa elianica che portava all'identificazione di Gesù con Elia. Ma, nonostante l'efficacia di una simile confutazione attraverso l'identificazione del risorto con Cristo in 8,28 e con il Figlio dell'uomo in 9,12, rimane irrisolta un'altra questione: come soddisfare l'attesa di Elia nutrita dagli Scribi? Dautzenberg, pur riconoscendo la necessità di integrare tale attesa nella prospettiva finale cristiana, non suggerisce una vera e propria soluzione interpretativa.

Egli, dopo aver mostrato il parziale contributo del motivo dell'attesa di Elia alla costruzione dell'argomentazione cristologica nella sezione marciana di 6,14-9,13, cerca un nesso tra l'ultima invocazione di Gesù a Elia e le precedenti interpretazioni della sua attesa in 6,15; 8,28; 9,13. Innanzitutto osserva che in 15,34-35 il tema di Elia, di cui nei contesti precedenti si fanno portavoce il popolo e i discepoli, è attribuito ad estranei e che gli astanti sono certi di aver interpretato correttamente il grido di Gesù come un'invocazione ad Elia.[37] L'interesse di Marco per la figura di Elia in 15,34-35 sarebbe confermato dalla voluta assonanza tra Ελωι ed 'Ηλίαν che, artificiosa e poco probabile per l'ambiente ebraico o aramaico, potrebbe piuttosto appartenere ad un cristianesimo ellenistico che conosce la tradizione di Elia.

Inoltre l'offerta dell'aceto, intesa inizialmente come uno strumento per accrescere le sofferenze di Gesù, con l'inserimento dell'equivoco di Elia è stata considerata un atto per allungarne la vita. Quale funzione ha avuto l'allusione a Elia nella scena descritta da Marco in 15,34-36? In 15,35 l'inserimento dell'equivoco permette a Marco di determinare il rapporto di Gesù e del suo operato con Elia. Se da un lato in 6,15; 8,28 viene riconosciuto un rapporto di parità tra Gesù ed Elia e in 1,2; 9,11-13 non si scorge soluzione di continuità tra il Battista nel ruolo di Elia e Gesù, dall'altro in 15,35 viene suggerita la linea di successione Gesù-Elia. Quest'ultima ipotesi risulterebbe ancor meno cristiana di quella riferita in 6,15; 8,28, perché cerca di inserire nella fedeltà all'attesa di Elia la figura di Gesù come precursore di Elia. È possibile che tale interpretazione fosse una polemica con la nuova interpretazione cristiana del motivo di Elia nei contesti di 6,15; 8,28; 9,13. Il carattere di inadempienza della morte di Gesù, contraddicendone apparentemente la predicazione e l'operato, spingeva la tradizione cristiana su Gesù e quella sull'attesa di Elia ad operare una rivisitazione ebraico-primitiva e quindi non cristiana

---

[37] G. DAUTZENBERG, "Elija", 1088-1091.

dell'opera di Gesù. L'interesse di Marco per la figura di Elia in 15,34-36 sarebbe giustificato dalla persistenza, ai tempi dell'evangelista, di una discussione sul ruolo di Elia e della sua attesa, che in questa forma non cristianizzata venivano percepite come provocazione.

Infine Dautzenberg offre un quadro sintetico dei risultati della sua analisi[38]: innanzitutto le modalità di comprensione di Elia nel vangelo di Marco, ad eccezione della pericope della trasfigurazione, sono delineate dagli evangelisti stessi. Il motivo elianico non prende consistenza per un interesse legato alla tradizionale figura del profeta, ma è finalizzato alla soluzione del dibattito che tentava di interpretare l'operato di Gesù nel quadro dell'attesa giudaico-primitiva (6,15; 8,28).

Inoltre l'esegeta avanza l'ipotesi che in 6,14-9,13 la tradizione sul ritorno di Elia e quella di Gesù come il Cristo (8,28) esprimano due possibilità di soluzione: si deve identificare Gesù o con Elia o con il Cristo[39]. Siccome entrambe le identificazioni implicano l'umanità di Gesù, si deduce che il *Sitzim Leben* dell'identificazione di Elia era l'interpretazione del Gesù terrestre. Da una parte la natura escatologica dell'operato di Gesù lo assimilava all'Elia *redivivus*, dall'altra la limitatezza dei compiti di Elia come precursore di Dio escludeva qualsiasi sviluppo della cristologia post-pasquale: infatti la funzione e la dignità di Gesù come il Cristo, il Figlio e il Figlio dell'uomo andavano ben al di là del ruolo elianico di precursore. La funzione di Elia, che inizialmente rispondeva solo al bisogno di restaurazione delle dodici tribù di Giacobbe (Sir 48,10: καταστῆσαι φυλὰς Ιακωβ), viene amplificata dall'ambiente di trasmissione di Marco (πρῶτον ἀποκαθιστάνει πάντα: 9,12) e dagli evangelisti: questa speranza meno selettiva potrebbe essere stata coltivata sia dall'ambiente ebraico sia da quello cristiano della tradizione di Marco.

In ultima analisi l'attesa ebraico-primitiva di Elia si rivela preponderante nei brani prettamente marciani (6,14-16; 8,27-28; 9,4.11-13; 15,35-36) e secondaria nel contesto tradizionale di 9,2-8. Inoltre l'attesa di Elia sembra inserita in un *continuum* storico tradizionale che va dalla formazione della comunità cristiana fino alla redazione del vangelo di Marco.

Lo studio di Dautzenberg, che pur rimane valido, trascura inspiegabilmente la comparsa del Battista (Mc 1,2-8), benché la domanda preliminare supponesse la possibile esistenza di un «asse-Battista» accanto ad un «asse-Elia».

---

[38] G. DAUTZENBERG, «Elija», 1091-1094.
[39] G. DAUTZENBERG, «Elija», 1088.

M. Öhler, all'inizio della sua ricerca⁴⁰, indaga il rapporto di antecedenza o contemporaneità tra la fonte da cui deriva l'attesa del ritorno di Elia e il NT e cerca di scoprire se la ricezione della figura di Elia come precursore del Messia fosse solo una creazione cristiana⁴¹.

La sua analisi affronta dapprima il tema dell'attesa elianica nella Bibbia Ebraica e nella Settanta (LXX), nella letteratura intertestamentaria, negli scritti di Qumrân, nei *Targum* e nella tradizione rabbinica⁴².

Preliminare l'osservazione, in Ml 3,1, della promessa di un messaggero che precede e prepara la venuta di Jhwh⁴³. Nel TM, all'interno di questo versetto (v. 1a: מַלְאָךְ), è stato aggiunto secondariamente, nella forma di un parallelismo chiastico, l'annuncio di אָדוֹן che giunge al suo tempio e del מַלְאַךְ הַבְּרִית, il messaggero del Patto (v. 1bc). L'interpretazione di queste tre figure è molto incerta, sebbene si possano riconoscere tre ipotesi esegetiche principali: 1) le tre descrizioni si riferiscono alla stessa figura; 2) il messaggero del v. 1 מַלְאָךְ ed il messaggero del Patto del v. 1c (מַלְאַךְ הַבְּרִית) coincidono; il Signore del v. 1b (אָדוֹן), invece, è Dio stesso; 3) il messaggero del Patto al v. 1c è Jhwh (אָדוֹן) ed è distinto dal precursore del v. 1a⁴⁴. Nella traduzione greca (LXX) l'identità della figura che giunge al tempio è certa: si tratta di Dio stesso (κύριος).

L'identità del messaggero preparatorio (v. 1a: מַלְאָךְ) viene chiarita, nel TM, da un intervento redazionale successivo in Ml 3,23 e concretizzata nella figura di Elia, che viene mandato da Dio prima del grande e terribile giorno del Signore per evitare la sua ira (Ml 3,23). La traduzione greca di Ml 3,23 presenta, rispetto al TM, quattro differenze essenziali, indizio di una nuova interpretazione: 1) Elia non viene qualificato come profeta, ma Tesbita, in base al suo luogo di origine (1Re 17,1); 2) l'espressione «il giorno terribile di Jhwh» viene tradotta con ἐπιφανῆ; 3) la punizione dell'esilio viene trasformata in un impegno di penitenza totale per il paese; 4) viene conservato il motivo della concordia del pa-

---

⁴⁰ M. ÖHLER, *Elia*, 1-47.111-154.289-291.
⁴¹ M. ÖHLER, *Elia*, 30.
⁴² M. ÖHLER, *Elia*, 1-30, l'autore procede nella storia delle tradizioni, dai testi biblici ebraici fino alla tradizione rabbinica.
⁴³ M. ÖHLER, *Elia*, 1-30.
⁴⁴ M. ÖHLER, *Elia*, 3. Le diverse possibilità d'interpretazione di Ml 3,1 mostrano quanto sia difficile un'ulteriore interpretazione per il NT sulla base della tradizione del TM. In ogni modo la prima possibilità pone un problema: il «Signore» dovrebbe venire nel suo «tempio» come un angelo, ma questo è un motivo estraneo nella letteratura veterotestamentaria.

dre con il figlio e non viceversa (ὅς ἀποκαταστήσει καρδίαν πατρὸς πρὸς υἱόν), perché il ruolo di Elia non sia limitato alle relazioni familiari, ma coinvolga tutto il popolo (καὶ καρδίαν ἀνθρώπου πρὸς τὸν πλησίον αὐτοῦ).

L'aggiunta redazionale di Ml 3,23 completa la caratterizzazione del messaggero preparatorio di Ml 3,1a: è l'Elia ritornato, la figura decisiva prima dell'arrivo del giorno di Jhwh, l'ultimo in grado di salvare, ancora una volta, il popolo dal castigo di Dio.

La tradizione dell'attesa di Elia, poi, viene investigata in un testo molto vicino alla promessa di Ml 3,1.23: Sir 48,10. Col καταγραφεὶς iniziale del v. 10a l'autore del libro del Siracide sembra rimandare alla testimonianza scritta sulla promessa di Malachia. L'attesa di Elia viene prolungata e nello stesso tempo ampliata: il profeta è investito di un'ulteriore funzione escatologica che abbraccia non solo il campo etico delle relazioni familiari, ma anche il tentativo di ricostituzione politica del popolo d'Israele. Inoltre, nel v. 11, che conclude la trattazione della figura di Elia, il profeta è considerato un modello da imitare per conseguire quella vita celeste che egli ora possiede.

Quindi nelle tradizioni di Ml 3,1.23 e Sir 48,10 Elia è il precursore che prepara la venuta del giorno di Jhwh; dispone il popolo, dal punto di vista etico, alla conversione (Ml 3,24; Sir 48,10a); contribuisce, a livello politico, alla sua ricostruzione (Sir 48,10b); è modello per una vita dopo la morte (Sir 48,11)[45].

Nella letteratura intertestamentaria[46] Elia non ricopre lo stesso ruolo rilevante evidenziato nel NT, ma è oggetto di sguardi storici retrospettivi relativi ad avvenimenti in Sarepta, sul Carmelo e presso il Giordano o di menzioni generali sull'attesa del suo ritorno alla fine dei tempi. Di Elia, presentato anche come abitante del mondo celeste insieme ad Abramo, Isacco, Giacobbe, Henoch, David, viene descritta un'estasi insieme ad Henoch (chiaro paradigma dell'ascesa al cielo, dopo la morte, dei Giusti) e il ritorno insieme ad altri estasiati o da solo. Mentre nella letteratura intertestamentaria non è mai attestata l'aspettativa escatologica di Elia come precursore del Messia, nel panorama scritturistico (Ml 3,1.23; Sir 48,10) egli si staglia come figura sal-

---

[45] M. ÖHLER, *Elia*, 6-11.
[46] M. ÖHLER, *Elia*, 12-16. Cf. H. STRACK – P. BILLERBECK, *Kommentar*, IV/2, 780: nell'introdurre il capitolo sull'importanza di Elia nella letteratura intertestamentaria precisa che è una figura trascurabile rispetto al NT che la ritiene, invece, eminente.

vifica autonoma. Inoltre l'incerta datazione di molti documenti pseudoepigrafi non consente di formulare deduzioni sull'attesa di Elia nel 1° sec.

Gli scritti di Qumrân[47] presentano una sola menzione di Elia in un frammento papiraceo in aramaico: 4Q558. Se da un lato l'incompletezza dei vari frammenti qumranici non avalla l'interpretazione di Elia come precursore, dall'altro la presenza di una massima aramaica di Ml 3,23 conferma che l'attesa di Elia, nonostante il silenzio degli pseudoepigrafi, continuava ad essere viva. Inoltre nel frammento 4Q521 una massima, che si richiama a Ml 3,24, contiene, oltre al motivo della conversione dei padri verso i figli, un implicito riferimento all'attesa di Elia. Nonostante la loro esiguità, gli scritti di Qumrân (4Q558 e 4521) confermano ulteriormente la persistenza della tradizione dell'attesa elianica nella Palestina dell'epoca, anche se rimane comunque incerta l'appartenenza di questa attesa escatologica alla tradizione della comunità.

In alcuni *Targumim*[48] Elia appare come figura salvifica escatologica, in altri è equiparato a Pinhas. Il *Targum Pseudo-Jonatahn* tratteggia il nostro profeta non come precursore del Messia, ma come figura messianica autonoma o affiancata dal Messia davidico o efrainitico, a cui è stato affidato il ministero sacerdotale tipico del tempo escatologico: curare il ristabilimento religioso d'Israele. È possibile che il *Targum*, oltre a riportare un buon numero di testimonianze posteriori al NT, ne racchiuda altre risalenti al 1° sec. a.C., secondo cui la tradizione del sacerdozio di Elia sarebbe sorta al tempo degli Asmonei. Tale elemento sacerdotale, poi, è unito a quello profetico quando si identifica Elia con Pinhas: questa linea d'interpretazione, presente in Malachia e Siracide, era già sorta nell'era pre-cristiana, anche se talvolta priva di una valenza sacerdotale o messianica.

Nella tradizione rabbinica[49] e in particolare nella *Mishnà* è ricorrente il motivo dell'attesa elianica. Finora l'esegesi ha scandagliato le prove rabbiniche per confermare l'idea, in parte tramandata dai Sinottici, che Elia sarebbe venuto prima del Messia e che il Battista, l'Elia ritornato, avesse realizzato questa attesa. Ma le testimonianze rabbiniche su Elia, a causa della loro datazione non anteriore al 3° o 4° sec., non sono probanti del suo ruolo di precursore del Messia.

---

[47] M. ÖHLER, *Elia*, 16-22.
[48] M. ÖHLER, *Elia*, 22-27.
[49] M. ÖHLER, *Elia*, 27-29.

Quindi, alla luce degli elementi rintracciati nella Bibbia ebraica e nella LXX, nella letteratura intestamentaria, negli scritti di Qumrân, nei *Targumim* e nella tradizione rabbinica, Öhler sostiene che l'attesa di Elia è in relazione al giorno di Jhwh (come fu annunziato da Ml 3,23) e non alla venuta del Messia: infatti l'attesa di Elia quale precursore del Messia è attestata, fuori dal NT, da prove tarde ed esigue. Questa osservazione solleva una serie di domande: L'attesa di Elia quale precursore del Messia appartiene esclusivamente al cristianesimo primitivo? Quale importanza le attribuivano i primi cristiani? Come è stata assimilata e metabolizzata dalla cristologia neotestamentaria?

Dopo l'esame del tema del ritorno di Elia nelle tradizioni vetero-testamentarie, Öhler prende in considerazione le pericopi marciane in cui appaiono Elia e Giovanni Battista (Mc 1,1-6; 6,21-29; 9,9-13)[50].

Nella prima (1,1-6) il Battista è presentato come precursore di Gesù attraverso tradizioni che solo in un secondo momento vengono contestualizzate in 1,2-8. L'articolazione della pericope si snoda nella promessa di un precursore a livello dell'AT (vv. 2-3), nella descrizione dell'apparizione del Battista (vv. 4-6) e nella sua predicazione (vv. 7-8). Secondo Öhler, l'imperfetta connessione dell'abbigliamento e del *modus vivendi* del Battista storico (v. 6) con il contesto della pericope suscita la questione dell'esistenza di una genuina tradizione del Battista: è compito dell'esegesi rintracciare il processo di rilettura cristiana che ha investito la più antica tradizione del Battista.

Importante, nel contesto di 1,2-8, la citazione mista da Ml 3,1/Es 23,20 e Is 40,3. Marco, collegando il messaggero divino di Ml 3,1 con la venuta di Elia in Ml 3,23, dimostra che la promessa dell'Elia *redivivus* si è già realizzata in Giovanni il Battista. La tradizione marciana, attribuendo a Isaia l'intera profezia (1,2-3), non ha inteso far risaltare il passo di Is 40,3, ma ha attribuito maggiore pregnanza di significato alla citazione mista del v. 2, all'interno della quale Es 23,20 è secondario perché frutto di un'aggiunta posteriore. Invece l'applicazione della profezia di Ml 3,1 potrebbe risalire al tempo del Battista stesso o risultare correlata al suo operato già in un'epoca alquanto remota. La tradizione marciana non ha ignorato la promessa di Elia, ma l'ha trasformata in un'allocuzione al Messia con l'aiuto di Es 23,20: Ἰδοὺ ἀποστέλλω τὸν ἄγγελόν μου πρὸ προσώπου σου, ὃς κατασκευάσει τὴν ὁδόν σου. Con questa nuova formulazione in Mc 1,2 l'attesa di Elia passa in secondo piano.

---

[50] M. ÖHLER, *Elia*, 31-47.

Anche il particolare dell'abito del Battista (v. 6a) potrebbe confermarne il ruolo elianico: il riferimento alla cintura di pelle (ζώνην δερματίνην περὶ τὴν ὀσφὺν αὐτοῦ) ha una corrispondenza letterale con 2Re 1,8 (LXX: ζώνην δερματίνην περιεζωσμένος τὴν ὀσφὺν αὐτοῦ), ma può anche risalire al TM. Si tratta di un'allusione esplicita a Elia per equiparare il messaggio del Battista a quello dell'atteso profeta escatologico. Quindi il Battista, riconosciuto dalla tradizione premarciana come un nuovo Elia, è per l'evangelista il precursore.

Poiché il racconto della morte del Battista (Mc 6,19-21) non presenta alcun richiamo alla tipologia elianica, Öhler analizza la pericope di Mc 9,9-13, in cui Gesù chiarisce ai discepoli la vera identità del Battista. Attraverso un verso di transizione (v. 9), Marco riferisce che Gesù, nella discesa dal monte, impone ai discepoli il silenzio sugli eventi di cui sono stati testimoni (v. 9a) finché il Figlio dell'uomo non sarà risorto dai morti (v. 9b). Nel tentativo di comprendere il significato della risurrezione dai morti (v. 10), ai discepoli che gli chiedono del ritorno di Elia (v. 11) Gesù risponde che il profeta è già venuto (vv. 12-13). La domanda dei discepoli riprenderebbe le aspettative espresse da Ml 3,1.23, per cui il tradizionale legame tra la resurrezione e il ritorno di Elia avrebbe suggerito a Marco l'inserimento, proprio in questo punto, di tali dibattute questioni. La pericope di Mc 9,9-13 presenta la seguente articolazione formale: 1) connessione con la trasfigurazione e accenno alla resurrezione (v. 9); 2) incomprensione dei discepoli e domanda su Elia (vv. 10-11); 3) risposta di Gesù e profezia della sofferenza (vv. 12-13).

È il genitivo καταβαινόντων (v. 9a) che, collegandosi al contesto precedente della trasfigurazione, introduce il tema della resurrezione (v. 9c) che i discepoli stentano a comprendere (v. 10). Essi non aprono tra loro una discussione chiarificatrice, ma rivolgono un'obiezione a Gesù circa l'attesa della resurrezione dei morti, accennando alla tesi degli Scribi secondo cui prima deve venire Elia (v. 11). Marco avrebbe menzionato gli Scribi come testimoni indiretti di questa attesa per due ragioni legate al mancato ritorno di Elia: la negazione ebraica della risurrezione e della messianicità di Gesù; un conseguente dibattito che, all'interno della comunità primitiva, proponeva di superare l'assenza elianica con l'avvento del Figlio dell'uomo. Al v. 12 l'attesa degli Scribi non viene rigettata da Gesù, ma integrata con l'aggiunta di ἀποκαθιστάνει πάντα, ripresa letterale di ἀποκαταστήσει di Ml 3,23 e καταστῆσαι di Sir 48,10, poiché in Marco la restaurazione attraverso Elia coinvolge contemporaneamente la riconciliazione nelle relazioni familiari (Ml 3,23) e la ricostruzione politica del popolo (Sir 48,11). Gesù al v. 12b contrappone all'attesa giudaica di Elia quella del Figlio dell'uomo, che è realmente venuto e deve soffrire, e al v. 13 confuta la teoria degli Scribi sul ritorno elianico: il grande profeta è già venuto nella figura storica di Giovanni Battista, che ha prefigurato il destino di sofferenza del Figlio dell'uomo. Proprio in questo punto culminante (9,13) Marco identifica Giovanni con Elia per porre fine alla disputa sul ritorno di Elia che animava la comunità. L'ipotesi che, per la risposta del v. 13, l'evangelista sia a conoscenza della tradizione secondo cui lo stesso Giovanni Battista si sarebbe considerato come Elia, non trova riscontri nel testo marciano.

Öhler, in un secondo stadio della sua ricerca, prende in esame le pericopi in cui si instaura la relazione tra Elia e Gesù: 6,14-16; 8,27-30; 9.1-8.9-13; 15,35-36[51].

Da un'analisi comparata dei primi due contesti emerge che in 6,14-16 una breve unità di tradizione introduce il racconto dell'esecuzione capitale di Giovanni, mentre in 8,28 l'enumerazione delle opinioni funge da guida e nello stesso tempo da elemento di contrasto alla confessione di Pietro (v. 29).

Si potrebbe giustificare l'identificazione del Battista con Gesù in 6,14b facendo scaturire la capacità di operare miracoli dalla resurrezione; invece le altre due identificazioni in 6,15 non sarebbero motivate (Elia o un profeta, come uno dei profeti): l'enfasi posta da Marco su Giovanni potrebbe indirizzare già il lettore verso il racconto del suo destino cruento.

In 8,28 la descrizione delle opinioni del popolo è secondaria a motivo della mancanza di un'introduzione unitaria (presente, invece, in 6,14.15 con ἔλεγον ὅτι e il verbo ἐστίν) e della brevità contenutistica, anche se non ci sono elementi sufficienti per sostenere un intervento redazionale di Marco. In ogni modo è palese la risonanza, in 6,14b.15 e 8,27, di opinioni antiche su Gesù: nonostante l'impossibilità di stabilire la priorità di una forma sull'altra, la speculazione esegetica può però ravvisarne l'ambiente di provenienza e l'influsso esercitato nello sviluppo della cristologia.

Come già accennato, l'identificazione di Gesù con il Battista si basa proprio sulla resurrezione dai morti di quest'ultimo: il perfetto mediale ἐγήγερται, che riecheggia la terminologia cristiana della resurrezione, esprime efficacemente l'aspetto durevole della resurrezione concretizza-

---

[51] M. ÖHLER, Elia, 111-154.

ta nelle forze miracolose che agiscono in Gesù; inoltre risponde al tentativo della tradizione cristiana di rendere comprensibile una simile identificazione ampliando l'opinione popolare di Gesù come Giovanni risorto.

D'altro canto l'attesa escatologica del ritorno elianico motiva anche un'identificazione di Gesù con Elia: Ἠλίας ἐστὶν non implica una semplice somiglianza di comportamento. L'idea che Gesù incarni l'Elia ritornato potrebbe risalire alla tradizione popolare.

Infine al v. 15b la particella ὡς stabilisce solo un confronto tra gli altri profeti e Gesù, il quale perderebbe la sua unicità profetica. In 8,28c, invece, Gesù viene definito uno dei profeti (εἷς τῶν προφητῶν), come se in lui rivivesse uno degli antichi profeti.

Nei confronti delle tre possibilità interpretative Marco assume una posizione chiara, in quanto non colgono l'essenza dell'identità di Gesù, ma sono cristologie alternative, che in 8,27-29 fanno emergere la vera natura di Gesù: egli è il Cristo.

Nella pericope della trasfigurazione (9,1-8) non si fa menzione dell'attesa di Elia, che è piuttosto sottesa alla credenza di una sua esistenza celeste. Dall'esame del contesto narrativo emerge che 9,1a è collegato con il passo 8,34-38 mediante l'espressione καὶ ἔλεγεν αὐτοῖς, mentre 9,1b è proiettato verso il racconto della trasfigurazione. Ne consegue che la chiave di lettura degli eventi successivi (9,2-8) è la promessa che alcuni dei discepoli, prima di morire, assisteranno alla realizzazione del Regno di Dio.

Con la strutturazione di 9,9-13 Marco, ricorrendo al tema elianico, ha inteso puntualizzare l'identità di Giovanni il Battista e il ritorno del Tesbite. Tra le varie ipotesi sugli elementi confluiti nella pericope di 9,2-8, si preferisce attribuire alla tradizione tanto i vv. 3-4, che contengono i particolari delle vesti splendenti e dell'apparizione di Elia con Mosè, quanto il v. 7, che risulta il punto culminante del racconto; alla redazione di Marco, invece, risalirebbero i vv. 5-6.

Öhler svolge un'attenta e minuziosa analisi degli elementi caratterizzanti la figura di Elia nel racconto premarciano della trasfigurazione, a partire dall'espressione del v. 4: Ἠλίας σὺν Μωϋσεῖ. La tradizionale interpretazione esegetica di Elia e Mosè come rappresentanti della Legge e dei Profeti in realtà non è suffragata da argomenti plausibili: Elia non è affatto menzionato da Marco come profeta, né è stato mai considerato dalla tradizione scritturistica un profeta-scrittore (anche Mosè può essere un profeta per antonomasia). Un'interpretazione alternativa scorge in Elia e Mosè dei precursori di Gesù, ma l'attesa di Elia insieme a Mosè non è attestata. Infine, si potrebbe ipotizzare che originari esseri angelici anonimi siano stati successivamente definiti come Elia e Mosè.

D'altro canto la comparsa di Elia e Mosè al momento della trasfigurazione può essere chiarita alla luce della loro funzione: rappresentare il mondo celeste e contrassegnare il legame inscindibile tra l'evento e la sfera del divino. In tal modo Elia si contestualizza come figura escatologica.

La priorità di Elia nel v. 4 (contrariamente al v. 5) è stata variamente spiegata: si tratterebbe di una riformulazione secondaria di Marco nel v. 5b oppure dell'anteposizione di Mosè finalizzata alla costruzione di una tipologia del Sinai. A prescindere da queste interpretazioni, la preposizione su.n suggerisce la simultaneità della comparsa delle due figure ed esclude una subordinazione di Mosè rispetto ad Elia. Inoltre il verbo w;fqh, distintivo delle apparizioni delle potenze celesti, attesta non il carattere onirico dell'esperienza dei discepoli, ma la loro solenne agnizione della divinità di Gesù. La relazione di Gesù con gli abitanti del mondo divino viene ulteriormente sottolineata dal dialogo tra i tre personaggi.

Un secondo elemento proveniente dalla tradizione premarciana riguarda la proposta di Pietro di erigere tre tende. Come nei racconti dei viaggiatori celesti della letteratura pseudoepigrafa dell'AT si accenna alle dimore dei Giusti, così le tre tende della trasfigurazione potrebbero simboleggiare i luoghi di beatitudine in cui Mosè, Elia e Gesù risiedono. Con l'assegnazione di una tenda a ciascun personaggio, Pietro riconosce ai tre pari diritti e pari importanza.

Il terzo elemento, l'occultamento delle tre figure celesti mediante le nuvole, ha una triplice funzione nel racconto: la proposta delle tre tende da parte di Pietro è effimera in quanto Mosè ed Elia non discendono dal cielo, ma è il mondo celeste che si abbassa e solleva le tre figure; con la nuvola Gesù, Mosè ed Elia riescono a stabilire un contatto quasi tangibile con il cielo e di conseguenza con Dio; infine, Elia e Mosè, che erano stati i due *partners* di Gesù nel colloquio, vengono elevati nuovamente in cielo dalla nuvola.

La comparsa della nuvola risponde al tentativo di Pietro e il motivo della voce chiarisce il valore dell'evento: non si assiste a una discesa definitiva del cielo sulla terra, ma alla rivelazione della vera identità di Gesù come Figlio di Dio. A Gesù viene conferita autorità non da Elia e Mosè, ma dalla sua condizione di Figlio di Dio.

In definitiva la tradizione premarciana del racconto della trasfigurazione non conteneva il motivo dell'attesa di Elia, ma riportava in modo velato la credenza di una sua esistenza celeste, legata al tema dell'estasi: lo conferma il successivo dialogo di 9,9-13, in cui la realizzazione dell'attesa escatologica di Elia viene individuata da Gesù nella venuta del Battista; invece nel racconto della trasfigurazione l'apparizione del profeta, non considerata da Marco come un ritorno escatologico, ha piuttosto sollecitato una risposta alla questione della venuta del Tesbita.

Talora si è ipotizzata la presenza di una tradizione elianica in alcuni racconti marciani di miracoli[52]. La prova di una prima allusione consapevole ad Elia nella tradizione premarciana di 1,12-28 potrebbe essere l'analogia tra le prove dei demoni a Gesù al v. 24 (Τί ἡμῖν καὶ σοί, Ἰησοῦ Ναζαρηνέ; ἦλθες ἀπολέσαι ἡμᾶς; οἶδά σε τίς εἶ, ὁ ἅγιος τοῦ θεοῦ) e le parole della vedova di Sarepta a Elia in 1Re 17,18 (τί ἐμοὶ καὶ σοί ἄνθρωπε τοῦ θεοῦ). Si deve, però, escludere che con ἅγιος τοῦ θεοῦ Marco abbia ripreso l'espressione ἄνθρωπε τοῦ θεοῦ: in ambito semitico e greco è molto comune questo titolo veterotestamentario, la cui provenienza dalla tradizione elianica è estremamente incerta.

Un parallelo più significativo con la tradizione di Elia è stato individuato nei racconti di Mc 5,22-24.35-43, che riprendono il *topos* narrativo della guarigione descritta in 1Re 17,17-24: supplica del congiunto al taumaturgo e descrizione dello stato di salute del fanciullo; avanzato stadio di malattia e conseguente morte; ingresso del taumaturgo in casa e isolamento del malato. Bisogna rilevare, però, che il contesto marciano presenta delle differenze: il contatto del taumaturgo con il malato è meno complesso di quello di Elia; i personaggi coinvolti sono padre e figlia anziché madre e figlio; vengono individuati dei testimoni (Mc 5,37); si pronuncia una parola per la guarigione (Mc 5,41) invece della preghiera.

Dall'osservazione dei 17 racconti di miracoli, Öhler deduce che solo il contesto di Mc 5,22-24.35-43 presenta tracce evidenti della tradizione di Elia e che gli altri miracoli compiuti da Gesù sono diversi da quelli attribuiti ad Elia. Queste brevi indicazioni non consentono di sviluppare una cristologia dell'Elia cristiano-primitivo.

L'ultimo contesto in cui appare la figura di Elia in relazione a Gesù è Mc 15,33-39[53]. L'analisi del contesto solleva delle problematiche, a partire dall'appartenenza della citazione aramaica del Salmo 22 alla tradizione premarciana. La preghiera in aramaico del v. 34a, attinta alla tradizione, viene tradotta poi dagli evangelisti. Inoltre l'erronea inter-

---

[52] M. ÖHLER, *Elia*, 135-139.
[53] M. ÖHLER, *Elia*, 139-152.

pretazione del grido di Gesù sarebbe frutto non di un intervento di Marco, ma del collegamento istituito dagli evangelisti con la tradizione di Elia. Al v. 36a l'offerta e il possibile intervento salvifico di Elia sono inserimenti marciani. E infine le due esclamazioni di Gesù (vv. 35.37) potrebbero appartenere ad un'unica invocazione: Marco, pur consapevole del pregnante nesso invocazione-morte, lo aveva interrotto con i vv. 35-36, aggiungendo poi una seconda invocazione al v. 37a.

Öhler, poi, prende in esame la preghiera di Gesù, di cui Marco fornisce la traduzione perché i suoi lettori non sono in grado di comprendere la lingua aramaica. La ricerca esegetica ha cercato di giustificare sul piano logico l'equivoco di Aelahi con Elijahn o Elijah. Innanzitutto, escludendo che i presenti (παρεστηκότων) del v. 35 siano Ebrei, che avrebbero facilmente distinto l'invocazione a Dio da quella ad Elia, o Romani, che in quanto pagani probabilmente non conoscevano Elia, si può ipotizzare una deformazione delle parole di Gesù oppure un malinteso costruito letterariamente, plausibile per i lettori di lingua greca. Però i dati storici in nostro possesso non consentono una precisa identificazione dei presenti che esprimono l'equivoco, anche perché lo stesso Marco non ha fornito ulteriori precisazioni.

Per motivare questo fraintendimento, Öhler prende in considerazione alcune soluzioni proposte dagli esegeti. L'ipotesi che l'interpretazione della preghiera di Gesù come invocazione ad Elia sia espressione della malvagità dei presenti trascura la loro plausibile aspettativa elianica. Sarebbe superflua la derisione derivata da tale deformazione lessicale, in quanto Marco ha già dato una descrizione dettagliata della malvagità dei beffeggiatori in 15,29ss.

La figura di Elia nella scena della morte di Gesù potrebbe ricordare al lettore che la relazione tra la sofferenza dell'Elia escatologico e quella del Figlio dell'uomo (9,12) si è realizzata compiutamente nel destino di sofferenza di Gesù (15,35ss). Però una tale interpretazione non è sostenibile perché il malinteso su Elia non riguarda in alcun modo il destino di sofferenza dell'Elia ritornato.

D'altro canto non si può scorgere in 15,35 un rifiuto dell'attesa di Elia che deve venire prima della fine: Marco ha già trattato in modo chiaro ed esauriente la questione dell'attesa di Elia (9,9-13), che in 15,36 è tutt'altro che escatologica perché Elia deve venire per liberare Gesù dalla croce. La tradizione di una figura salvifica, largamente attestata nell'ambito dell'ebraismo più tardo, potrebbe rafforzare l'ipotesi che i presenti del v. 35 aspettino un intervento di Elia perché egli scende spesso sulla terra in soccorso dei Giusti, soprattutto quelli in pericolo di morte. Il riferimento alla tradizione di un Salvatore, se da un lato si armonizza con la situazione contingente del racconto, dall'altro non è pertinente per la tardiva datazione talmudica dei testi ebraici sul ruolo di Elia come soccorritore. Comunque un dato è certo: rispetto a quelli precedenti, l'elemento originale del contesto di 15,35ss è la certezza che Elia può essere invocato e può aiutare.

Un'altra interpretazione considera l'invocazone ad Elia come una formula magica. La richiesta umana di un aiuto celeste è un tratto saliente del mondo della magia: è così che sin dall'antichità l'uomo ha cercato di comunicare con l'invisibile e persino il cristianesimo non era privo di rappresentazioni magiche. Il mistero e l'imponderabilità della magia sono spesso suggeriti da formule miracolose o dall'uso di una lingua straniera. Infatti l'invocazione in aramaico Elwi elwi lema sabacqani (v. 34), che nella tradizione premarciana precedeva la morte di Gesù e il racconto della sua resurrezione (aggiunto successivamente come prova della vittoria sulla morte), poteva assumere una valenza magica: le parole "straniere" pronunciate da Gesù potevano essere state interpretate come un comando magico contro la morte o come l'invocazione ad un eroe. L'equivoco interpretativo, possibile anche per altri passi evangelici come 5,41 e 7,34, avrebbe richiesto la traduzione chiarificatrice di Marco per ribadire che Gesù, abbandonato da Dio, lo stava invocando.

Al contrario, secondo altri esegeti richiamati da Öhler, l'equivoco su Elia sarebbe rivolto a coloro che consideravano magiche le parole aramaiche di Gesù: si dimostrerebbe in tal modo che i miracoli delle guarigioni (5,41; 7,34) e della risurrezione (16,1) non sono opera di potenze celesti invocate con parole magiche, ma dell'intervento potente di Dio. Perciò l'inserimento marciano della figura di Elia sarebbe motivato dall'analogia fonetica tra il nome greco di Elia e l'*incipit* dell'invocazione di Gesù.

Infine l'offerta del vino potrebbe essere considerata un maltrattamento diretto oppure un tentativo di ristorare momentaneamente il moribondo per infliggergli un'ulteriore tortura. Quest'ultimo significato sarebbe confermato dall'appello del v. 36 (Ἄφετε ἴδωμεν εἰ ἔρχεται Ἡλίας καθελεῖν αὐτόν), in cui si intende differire la morte di Gesù nella speranza che intervenga Elia.

In sintesi Öhler[54], nella sua indagine sulla figura di Elia nel vangelo di Marco, segue due direttrici. Nella prima focalizza l'attenzione sul

---

[54] M. ÖHLER, «Elija», 289-291.

rapporto tra l'attesa di Elia e il Battista (1,2-3.6; 9,9-13), utilizzando l'antica identificazione delle due figure per concludere ogni ulteriore aspettativa elianica: il profeta è tornato in Giovanni, la cui sofferenza annuncia il destino di Gesù. Però nel contesto narrativo di Mc 1,2-6; 9,9-13 Elia rimane una figura marginale, in quanto l'identificazione con il Battista porta allo sviluppo della centralità tematica del Figlio dell'uomo sofferente e glorioso.

Nella seconda direttrice Öhler analizza i contesti in cui Elia appare in relazione con Gesù. L'evangelista ha operato una rilettura del materiale tradizionale (6,14-16; 8,27-30; 9,2ss; 15,34-36), assegnando al profeta funzioni diverse: strumento per confutare i fraintendimenti dell'identità di Gesù in 6,14-16 e 8,27-30; simbolo della discesa del cielo sulla terra in 9,2-8; chiave interpretativa delle parole aramaiche di Gesù in 15,34-36.

Però Öhler ammette che è arduo rintracciare nei contesti marciani una motivazione unificante e inequivocabile dell'utilizzo del motivo elianico in riferimento a Gesù all'interno del secondo vangelo. Il legame oggettivo tra Elia e Gesù è realizzato solo dal materiale tradizionale e dalle associazioni linguistiche[55].

È H. Gese[56] che, nel solco dell'interpretazione tradizionale, dà un ulteriore contributo sulla figura di Elia nel racconto marciano. Egli dedica molte pagine del suo studio all'analisi dettagliata delle tradizioni veterotestamentarie su Elia e, solo alla fine, cerca di indagarne la possibile ricezione neotestamentaria; dell'intero *corpus* elianico dell'AT solo in tre contesti Marco avrebbe ripreso[57] elementi tradizionali su Elia: 15,35ss; 9,2-8 e 1,2ss[58]. Il lavoro di H. Gese, che pur fornisce una descrizione interpretativa delle tradizioni dell'AT, in realtà non ne spiega la funzione nell'ambito della strategia narrativa di Marco.

La problematica del rapporto di Elia con il Battista è messa in risalto dal saggio di C.E. Joynes[59], che, fondandosi sulla stessa base testuale del vangelo di Marco, ne affronta la questione del Battista come Elia *redivivus*[60]. L'autrice osserva che una simile designazione comporta

---

[55] M. ÖHLER, «Elija», 154.
[56] H. GESE, «Zur Bedeutung», 126-150.
[57] H. GESE, «Zur Bedeutung», 148.
[58] H. GESE, «Zur Bedeutung», 149-150.
[59] C.E. JOYNES, «A Question», 15-29.
[60] C.E. JOYNES, «A Question», 15: «How appropriate it is to describe John the Baptist as Elijah Redivivus».

delle difficoltà in quanto Elia non è morto come Giovanni, ma è stato rapito; inoltre risulta generica perché trascura altri aspetti attribuiti ad Elia da Marco e dalla tradizione. Perciò propone di indicare Elia come «*reditus*» e suggerisce di evitare una eccessiva semplificazione della poliedricità della tradizione premarciana: ad esempio l'immagine di Elia in 15,35 («heavenly being») sarebbe diversa dalla ripresa tipologica in Mc 1,1-15[61]. Infatti un'unica categoria ricettiva della funzione di Elia non consentirebbe una comprensione della strategia narrativa di Marco coerente con la polisemia della figura elianica[62]. Nonostante la loro evidente plausibilità, le valutazioni presentate dall'autrice non sono collegate da una linea interpretativa che, nella pluralità, rintracci comunque un *continuum* narrativo della funzione di Elia. Dal suo saggio emerge che la comprensione di questa figura deve svilupparsi a livello cristologico, escatologico e soteriologico.

È merito di S. Pellegrini aver avviato una nuova fase degli studi sulla figura di Elia in Marco: l'autrice intende dimostrare che il profeta di Tisbe è parte integrante della struttura narrativa e della cristologia del secondo vangelo[63]. Assume come punto di partenza l'ipotesi ermeneutica, già formulata dalla ricerca esegetica, di un asse marciano Elia-Battista-Gesù che, legando le tre figure, mirava ad intrecciare la questione dell'identità di Gesù con la questione dell'Elia *venturus*. La complessità di questa sequenza – Elia, il Battista e Gesù – porta il lettore a porsi una domanda: in che modo si può riconoscere Elia e identificare Gesù? La figura di Elia, fornendo alcuni criteri di valutazione, guida il processo di lettura e di riconoscimento di Gesù quale Figlio di Dio.

Dopo un *excursus* esauriente sulle varie teorie semiotiche[64], l'autrice applica per prima ai contesti marciani la teoria del «Modell-Lesers»[65] e

---

[61] C.E. JOYNES, «A Question», 28: le altre categorie: in 6,14-29 «transfer of spirit»; in 9,13 «Elijah *reditus* (= Giovanni Battista)».

[62] C.E. JOYNES, «A Question», 18: «Hence, a more nuanced categorization of the Elijah material is required».

[63] S. PELLEGRINI, *Elija*, XI-XII.

[64] S. PELLEGRINI, *Elija*, 1-43. Questa parte contiene una preistoria del principio semiotico. Dopo aver indicato il punto di partenza con lo *Status quo* nella discussione metodica, l'orientamento critico, il processo della lettura e la semiotica, passa a descrivere i vari aspetti del senso che appartengono alla preistoria della semiotica: il *sensus litteralis* e il *sensus allegoricus*. Poi tratta della preistoria del lettore, della costituzione delle senso nelle analisi sincroniche. Infine, dopo una critica allo strutturalismo e un accenno al dilemma diacronia-sincronia, pone la questione della ricezione della semiotica nell'esegesi.

[65] U. ECO, *Lector*, 50-66.

ne motiva la scelta. Infatti, nella seconda parte della sua opera, riconosce che uno dei contributi essenziali della lettura semiotica è stata la definizione dell'interpretazione testuale come un «intero processo significativo interrelazionale»[66]. L'epistemologia e l'ermeneutica odierne, intente alla ricerca del senso globale di un testo, richiedono come criterio di scientificità non tanto l'«obiettività», ma l'«intersoggetività» che riabilita la soggettività. Un racconto o un testo «funziona solo» con la collaborazione di un lettore, il «*tertium interpretationis*», il quale dispiega un processo alla ricerca dell'«intero senso» e lo motiva: egli, per garantire scientificità alla sua lettura, deve verificare a livello intersoggetivo il significato del testo nella sua globalità di significato. Difatti il senso ha una dimensione aggregante, non univoca, e si dispiega in un orizzonte unitario; invece la divisione in «*sensus litteralis*» e «*sensus allegoricus*» causa solo insolubili aporie esegetiche. Il primo rimuove la distanza storica tra il testo e il lettore e richiede una competenza filologico-storica; il secondo riguarda l'istanza ermeneutica. Invece una lettura pragmatica comporta l'analisi della «strategia» del testo nella sua tecnica retorica. Queste diverse esperienze di lettura vengono considerate dalla semiotica come un complesso unitario da costruire[67].

Successivamente la Pellegrini afferma che, per la lettura semiotica di un testo, è necessario riconoscere ed elaborare il «nuovo» mediante il «noto», l'«esplicito» per mezzo dell'«implicito», l'«oggetto» con lo «sfondo». L'applicazione dell'intertestualità non solo libera il processo interpretativo dai paradigmi ideologici e scientifici stabiliti dalla «storia delle forme», dalla «storia della redazione» e dalla «tradizione», ma offre anche un modello di lettura lineare e rizomatica.

Inoltre, tra le varie teorie dell'intertestualità da applicare al vangelo marciano, sono preferibili quelle «moderate» in quanto offrono mezzi più raffinati per guidare l'approfondimento degli intertesti. L'autrice situa la teoria della lettura nel quadro della critica letteraria e della semiotica del testo[68].

Nella terza parte[69] la teoria del «Modell-Lesers» viene applicata alle pericopi marciane su Elia e in particolare alla triade Elia-Giovanni-Gesù[70], già formulata e sostenuta da alcuni studiosi per spiegare la pre-

---

[66] S. PELLEGRINI, *Elija*, 44: «gänzlicher/interrelationaler Signifikationsprozeß».

[67] Anche se esistono delle riserve sull'utilizzo simultaneo di molti «sensi» (*litteralis*, *allegoricus*, ecc.).

[68] All'interno di tali teorie «moderate», la teoria di U. ECO, *Lector*, 86-119, si è rivelata più adatta a questo modello scientifico.

[69] S. PELLEGRINI, *Elija*, 148-381.

[70] S. PELLEGRINI, *Elija*, 148-181.

senza di Elia nella trama del vangelo di Marco. La loro analisi offre varie linee interpretative:

1) Quando i sinottici mettono in evidenza Elia, l'esegesi ne traccia una presentazione escatologica con l'inevitabile ricorso alla storia delle tradizioni.

2) Se, invece, la figura di primo piano è Giovanni Battista, l'esegesi privilegia l'istanza storica, ma in funzione della dimensione storica di Gesù, ricorrendo all'indagine critica delle fonti. Però questi studiosi dedicano attenzione più alla fonte «Q» che a Marco. La speculazione sui rapporti fra Giovanni e Gesù ed Elia e sul significato di Mc 9,13 viene demandata agli studi di cristologia. L'autrice rileva la mancanza, in tutti i contributi finora prodotti, di un'integrazione completa della figura di Elia nella cristologia marciana ed in particolare di un collegamento, in un arco ermeneutico, tra «Elia, Giovanni e Gesù»[71].

3) La tesi molto diffusa dello schema promessa-compimento (Mc 9,13 rinvierebbe a 1,2ss) non ha sufficienti sostegni intertestuali in Marco, né si può dimostrare l'esistenza di una tradizione premarciana di Elia quale precursore del Messia. Questa idea è un «*novum*» della strategia narrativa di Marco, che non può essere verificata senza un'analisi narrativa.

4) Lo sfondo storico delle tradizioni sulle attese escatologiche di Elia e la realtà storica del Battista sono stati esaminati accuratamente nella ricerca. Non è stato, invece, elaborato il «processo intertestuale» che stabilisca delle relazioni tra la strategia del testo e la cornice storica delle tradizioni.

La Pellegrini si propone di descrivere questo ponte intertestuale nel suo studio semiotico, che si distingue dalla critica teoretica e metodologica tradizionale per il collegamento dell'analisi sincronica con quella diacronica.

Il «Modell-Lesers», nel processo ermeneutico dell'individuazione del senso di un testo, ne fa risaltare i punti nodali (passeggiata intertestuale) o i nessi (passeggiata inferenziale) come sfondo inteso[72]. Per il

---

[71] S. PELLEGRINI, *Elija*, 177, considera pioneristico il saggio finora non considerato di J.A.T. ROBINSON, «Elijah», 263-281, ed esclude, invece, lo studio di W. ROTH, *Hebrew Gospel*, poiché l'autore è intento a considerare più un «modello letterario» per la composizione del vangelo di Marco che il rapporto interrelazionale fra i tre personaggi.

[72] U. ECO, *Semiotica*, 109, nell'analisi semiotica l'insieme delle interpretazioni viene definito enciclopedia: «L'enciclopedia è un postulato semiotico. [...] essa è l'insieme registrato di tutte le interpretazioni».

vangelo di Marco la Pellegrini sceglie il metodo «metametodologico» (che riflette i diversi metodi) e abbandona quello tradizionale (storia della redazione e delle tradizioni, metodi diacronici e sincronici), poiché ritiene che sia preferibile seguire il «Modell-Lesers» nelle passeggiate «referenziali», «enciclopediche» o «intertestuali», nell'incontro con le cose reali e i testi antichi, nel cammino attraverso il testo. Così la lettura, liberandosi dalle briglie del metodo critico, storico e letterario, diventa un «processo» («Modus des Lesens», un modo di leggere) e l'unico «metodo» per leggere dei testi con un livello massimo di verificabilità.

5) Applicando tale metodo di lettura, la descrizione marciana di Gesù si rivela effettivamente arricchita di tratti elianici, ma non esplicita che l'atteso Elia è Giovanni, e non Gesù come riteneva il popolo. La determinazione dei rapporti tra Elia e le altre due figure crea una certa tensione, da cui si deve pervenire ad una decisione teoretica. Attribuendo questa tensione all'incapacità di Marco e/o della diverse tradizioni, non si riuscirà a trovare una coerenza narrativa del tema elianico. Al contrario, se si postula una coerenza a livello teoretico (storia delle tradizioni e della redazione) da verificare poi con l'analisi, il testo potrà essere letto come un «Modell-Lesers».

6) La trama continua con cui Marco, sin dall'inizio del vangelo, lega il Battista a Gesù, necessita di un approfondimento dei contenuti relativi ai due personaggi. Di solito la connessione viene stabilita da una «prefigurazione» cristologica, secondo cui la morte di Giovanni preannuncia il destino sofferente di Gesù. La morte del Battista sarebbe, quindi, una comprensione «analogica» della necessità della morte di Gesù (Giovanni, in quanto precursore, doveva subire lo stesso destino mortale): tuttavia questa spiegazione, plausibile dal punto di vista formale, in realtà trascura la strategia del testo, nel quale si registra anche una discontinuità tra i due personaggi. Sono i tre annunci della passione a mostrare il punto culminante di questa relazione: la risurrezione, prevista dalla volontà divina per Gesù, non coinvolge Giovanni. Perciò l'analogia fra Gesù e Giovanni è solo parziale, in quanto la discontinuità prevale sulla continuità non solo per la resurrezione, ma anche per il digiuno, i miracoli e il battesimo. I due personaggi sono legati da un elemento letterario e tematico: il verbo metanoei/n in 1,4.15. Però la conseguente continuità tra la conversione predicata da Giovanni e quella di Gesù, più che un tratto storico, è un espediente della strategia narrativa di Marco. Difatti perché l'evangelista avrebbe presentato la morte del Battista come «prefigurazione» di Gesù, se il Battista poi non risorge?

Solo considerando la storia come racconto, si può ottenere una risposta soddisfacente.

La ricerca ha indagato il tema del Battista e/o Elia soprattutto dal punto di vista storico e, comunque, sempre in relazione alla prospettiva del Gesù storico. Poiché tuttora nella letteratura esegetica manca uno studio che analizzi la funzione della figura di Elia-Battista in Marco, interviene l'analisi semiotica[73] di tutti i contesti marciani su Elia allo scopo di darne una coerente interpretazione all'interno della strategia narrativa di Marco. Ma, sulla base del testo, è possibile asserire un'effettiva intenzione dell'evangelista di collegare le tre figure? Nonostante commentari e saggi contengano riflessioni in merito, manca una trattazione sistematica e completa[74]. La Pellegrini, per colmare queste lacune, sceglie la tematica elianica, adotta il modello del «Modell-Lesers» e analizza le seguenti pericopi, che costituiscono un'essenziale base testuale:

- tanto le citazioni esplicite di Mc 1,1-6 e 15,33-37 quanto quelle complesse di 1,2-3 richiedono un'analisi intertestuale di base;
- di Mc 6,14-19 e 8,27-30 si privilegia il «point of view» del «Modell-Lesers»;
- del testo argomentativo di Mc 9, 2-13 si evidenziano i punti nodali utili all'interpretazione.

Tale prospetto testuale sarà analizzato con gli strumenti del modello «Modell-Lesers»: attualizzazione semantica e lettura rizomatica, punti nodali, enciclopedia, intertestualità, simbolismo e punto di vista.

Sempre nella terza parte dell'opera in oggetto, viene applicata l'intertestualità alla citazione d'apertura del prologo di Marco[75].

Leggendo l'*incipit* del vangelo il lettore si chiede perché Marco, per parlare di Gesù, ricorra al Battista e lo leghi strettamente ad Elia. Per chiarire questa questione, è indispensabile un'analisi della strategia narrativa e dell'*intentio* di Marco. Secondo l'interpretazione tradizionale, il Battista trova il suo significato, in rapporto a Gesù, nella linea cronologico-profetica della storia della salvezza. Ma siccome per Marco questo schema non risulta valido, interviene l'analisi semiotica testuale di 1,1-6.

---

[73] Qui l'interesse semiotico ha di mira l'interpretazione, vale a dire l'esposizione della «intentio» del testo.

[74] Nel 1992 G. DAUTZENBERG, *Elija*, 1077, notava che i riferimenti a Elia nel vangelo di Marco erano stati percepiti e commentati nell'esegesi, ma che non è stata ancora affrontata la motivazione del riferimento elianico del redattore.

[75] S. PELLEGRINI, *Elija*, 182-227.

Secondo l'intertestualità in Mc 1,2-3, con le citazioni di Ml 3,1, Es 23,20 e Is 40,3 Marco ha espresso il proprio pensiero mediante un'altra voce. Il lettore dovrà dedurre, quindi, l'intenzionalità delle citazioni da informazioni storiche e letterarie e da conoscenze specifiche sull'autore. Di fronte ai testi di Is, Ml, Es il lettore si pone alcune domande (Quale dei tre intertesti domina? C'è un elemento che li unifica?) con cui tenta di verificare l'intenzionalità della citazione. La probabile lettura marciana combinata di Ml 3,1 e Es 23,20 servirebbe ad ampliare l'immagine di Elia come *redivivus*, elemento desunto dall'attesa escatologico-messianica del giudaismo del 1° sec. a.C.. Il motivo di un ritorno di Elia, testimoniato per la prima volta da Ml 3,23, trova una prosecuzione in Sir 48,10. Oltre al ciclo di Elia in 1 e 2Re, gli altri contesti elianici fanno riferimento alla figura storica di Elia (2Cr 21,12-15; Sir 48,1-9 e 1Mac 2,58). Di Elia si parla anche in testi non canonici: *Apocalisse di Sofonia*; *Vita dei Profeti*; alcuni frammenti di Qumrân e letteratura rabbinica. Ma in questa letteratura manca l'idea di un ritorno di Elia con la funzione di preparare interiormente la via e i cuori[76].

L'applicazione dell'interferenza intertestuale a Mc 1,2 e 1,3[77] permette di formulare la seguente ipotesi: dei due intertesti, Ml 3,1 è probabilmente dipendente da Es 23,20, mentre Ml 3,23, che tratta del ritorno di Elia, sarebbe un'appendice successiva ed un'interpretazione di Ml 3,1. La promessa di un messaggero di Ml 3,1, il cui invio si compie in 3,23, giunge fino a Sir 48,10 e si amplifica nel 1° sec. d.C. in un'ardente attesa religioso-messianica di ripristino politico.

Il messaggero che viene introdotto da Marco in 1,2-3 è caratterizzato dai seguenti tratti ed attese: egli è destinato da Jhwh a preparare la strada del Signore, che Israele deve percorrere conformemente all'alleanza, e ad essere il conduttore del popolo (Es 23,20, a cui è subordinato Ml 3,1); annuncia nella storia di Israele l'imminente ed attesa venuta del giorno del Signore, che ripristinerà la giustizia dell'alleanza (Is 40,3). Ma siccome il richiamo alla riconciliazione dei cuori, con cui Elia prepara il popolo in Ml 3,23, non è collegato nel contesto marciano alla venuta di Elia *redivivus*[78], risulta evidente che la profezia di Is 40,3 si

---

[76] L'attesa elianica è una delle numerose aspettative escatologico-messianiche nutrite nel 1° sec. d.C.: data la complessità di questo universo, la Pellegrini rimanda a studi già esistenti.

[77] S. PELLEGRINI, *Elijah*, 182-205, inizia con la questione della collocazione formale della clausola καθὼς γέγραπται, cui segue l'attualizzazione semantica degli intertesti dei quali vengono presi in esame solo alcuni elementi (Mc 1,2bc; 1,3abc).

[78] S. PELLEGRINI, *Elijah*, 202: tale conclusione è il risultato della lettura semiotica della citazione di 1,2bc, contrariamente all'analisi semantica.

riferisce inequivocabilmente a Giovanni, la guida del popolo (interferenza di Es 23,20), la voce che annunciava la venuta del Signore (interferenza di Is 40,3) nella persona di Gesù.

Il contenuto della citazione di 1,2-3 si prolunga nei vv. 4-5, dove vengono presentati alcuni tratti della figura di Giovanni (v. 4: il battesimo di penitenza per la remissione dei peccati; v. 5: l'effetto straordinario della sua attività) sino al v. 6, che attraverso la descrizione dell'abbigliamento e del cibo ne caratterizza ulteriormente la comparsa[79]. Questo versetto potrebbe contenere un'allusione intenzionale da parte di Marco a 2Re 1,8, una sorta di tipizzazione elianica. Tuttavia il richiamo ad Elia in Mc 1,6 non implica un riferimento all'Elia *redivivus* (come in Ml 3,23), ma è solo tipologico[80].

In 1,2-6 la citazione mostra che la comparsa di Giovanni (vv. 2-4), caratterizzato dalle due figure modello del messaggero e di Elia, costituisce l'inizio del vangelo (v. 1). L'immagine di Elia *redivivus* di Ml 3,23 non è stata assunta intenzionalmente da Marco in 1,2-8, in cui Giovanni non è esplicitamente identificato con Elia, ma ha la funzione narrativa di preparare l'orizzonte dell'attesa escatologica per la comparsa messianica di Cristo.

Dopo la pericope iniziale di Mc 1,2-6 Elia e Giovanni riappaiono solo in 6,14-15, dove il «Modell-Lesers» riceve ulteriori informazioni sulla funzione e il significato di Elia allo scopo di comprendere meglio l'identità di Gesù.

L'identificazione di Elia con Gesù è giustificata dalle azioni miracolose. È vero che fonti successive al NT attribuiscono all'Elia *redivivus* la prerogativa di compiere miracoli e che in particolare la letteratura rabbinica presenta un resoconto della variopinta e leggendaria attività miracolosa di Elia sulla terra dopo il suo rapimento al cielo. Ma, non potendo fare affidamento su queste testimonianze tardive, è necessario tener conto di due informazioni risalenti alla tradizione: Elia era noto per le forze miracolose (Sir 48,4) e apparteneva alla schiera degli uomini estasiati che sarebbero riapparsi nel tempo escatologico. In 6,15 non viene precisata la relazione che lega questi dati, su cui Marco ritornerà in 9,2-8.11-13. Secondo la Pellegrini, in 6,15 si può postulare l'identificazione di Gesù con Elia tenendo conto che il profeta, il *redivivus*, darà inizio al regno di Dio e che Gesù assume una funzione escatologica in virtù dei suoi miracoli. È importante notare, ai fini della ricostruzione

---

[79] S. PELLEGRINI, *Elijah*, 205-209.
[80] S. PELLEGRINI, *Elijah*, 209.

della strategia narrativa, che Gesù, equiparato ad Elia, in 6,15a diventa una figura intermedia: ovviamente questa conclusione è inconciliabile con Mc 1,11, in cui Gesù è riconosciuto dal Padre come Figlio.

La coerenza narrativa di Mc 6,14-16 con 6,17-29 non si basa sulla descrizione del Battista storico: attraverso i tratti elianici del racconto di 6,17-29, Marco intende piuttosto correggere l'interpretazione della figura di Gesù[81] data da Erode, che intravede una continuità storica tra Gesù e Giovanni. Alla luce delle indicazioni dell'evangelista, questo asse può essere interpretato dal «Modell-Lesers» come strumento di mediazione tematica dell'asse Elia-Gesù: in fondo il racconto di Mc 6,14-29 mette in primo piano non la continuità tra il Battista ed Elia (come in 1,2-6), ma quella tra Giovanni e Gesù.

La tematica dell'asse Elia-Gesù ritorna in 8,28, dove la ripetizione delle opinioni popolari è una prosecuzione esplicita della sezione di 6,14-29[82].

Il terzo momento dell'analisi semiotica affronta la lettura di Elia nella storia della trasfigurazione (9,2-13)[83]. Di particolare interesse risulta l'uso dell'intertestualità come chiave per accedere al simbolismo dell'apparizione di Elia con Mosè in Mc 9,4. La funzione e l'importanza di Elia in 9,4 è molto controversa: le due più comuni interpretazioni della locuzione «Elia con Mosè» (rappresentanti rispettivamente della Legge e dei Profeti oppure esseri celesti) risultano problematiche.

Nel primo caso, all'indiscusso riconoscimento di Mosè come simbolo della Legge non corrisponde una valenza, altrettanto fondata, di Elia come rappresentante dei Profeti.

Nel secondo, accanto a Elia sarebbe stato più plausibile trovare Henoch, l'estasiato più noto, poiché non si ha testimonianza di un rapimento al cielo di Mosè. Ma soprattutto non è chiaro perché debba essere affidato alla presenza di Elia e Mosè il compito di rivelare il carattere soprannaturale della trasfigurazione. La trasformazione di Gesù contiene già tutte le caratteristiche della teofania e la voce divina proveniente dalla nube è indubbiamente più autorevole della concomitante apparizione dei due personaggi veterotestamentari.

Per la risoluzione di queste aporie è utile non tanto ricorrere alla storia del testo, nota ormai da tempo, quanto percepire e interpretare i se-

---

[81] S. PELLEGRINI, *Elija*, 239-289.
[82] S. PELLEGRINI, *Elija*, 238. A questo punto del processo di lettura il lettore sa che Gesù non è Giovanni *redivivus* e che il suo rapporto con Elia è in primo piano. Tale tema sarà oggetto della sezione da 8,27 a 9,13.
[83] S. PELLEGRINI, *Elija*, 290-354.

gnali semiotici del testo e compiere le passeggiate inferenziali mediante il «Modell-Lesers». Premesso che la locuzione marciana Ἠλίας σὺν Μωϋσει mette in primo piano Elia, il «Modell-Lesers» intravede nell'espressione τὴν βασιλείαν τοῦ θεοῦ ἐληλυθυῖαν ἐν δυνάμει di 9,1 il primo segnale semiotico della pregnanza escatologica della comparsa di Elia, il vero simbolo della venuta del regno di Dio. Per attualizzare correttamente l'apparizione di Elia, il «Modell-Lesers» compie una passeggiata inferenziale nelle informazioni già acquisite dalla ricerca (storia delle tradizioni, e così via) e si focalizza sui termini δύναμις e βασιλεία; inoltre si chiede quale relazione intercorra tra le due figure e la δύναμις di Dio per la venuta del Regno. La ricerca esegetica finora ha sostenuto che Mosè ha fondato il popolo con l'alleanza ed Elia ne ha salvaguardato la fedeltà per ricondurlo a Dio; inoltre entrambi hanno conosciuto la δύναμις di Dio per mezzo di una teofania (Sinai/Oreb). Ma quale relazione li lega alla δύναμις di Dio che si manifesta nella trasfigurazione di Gesù? In questo evento viene rivelata ai discepoli l'identità di Gesù come «figlio»: scelto da Dio, ha un rapporto singolare con Lui e parla in sua vece; annuncia la lieta novella che, se accolta e creduta, permette ai discepoli di entrare nel Regno di Dio. Gesù, attraverso la sua predilezione divina e la funzione di guida del popolo, viene legato ad Elia, che con zelo aveva promosso la ricostituzione del popolo ed era diventato l'immagine escatologica della speranza.

La domanda relativa ad Elia in Mc 9,11-13 prende l'avvio dall'informazione di 9,9b contenuta nella discussione dei discepoli sul significato della risurrezione dai morti (τί ἐστιν τὸ ἐκ νεκρῶν ἀναστῆναι); essa non può essere lo sviluppo dell'incomprensione dei discepoli riguardo al destino di Gesù, perché Marco non esprime mai l'insicurezza, la difficoltà di comprensione o la paura con una domanda (4,41; 6,49ss; 9,6.32; 16,8). Di conseguenza il nesso tra la riflessione su Elia e il πρῶτον degli Scribi non può essere compreso nel contesto ristretto della risurrezione del Figlio dell'uomo, ma va inserito in quello più ampio della trasfigurazione: è opportuno legare la domanda su Elia (il πρῶτον del v. 11) all'esperienza di ciò che i discepoli hanno visto (εἶδον del v. 9), cioè la venuta del Regno di Dio con potenza (ἴδωσιν τὴν βασιλείαν τοῦ θεοῦ ἐληλυθυῖαν ἐν δυνάμει: 9,1). Essi, cioè, hanno visto che Elia, atteso prima del giorno del Signore (o dell'avvento del Regno di Dio), è comparso al momento della trasfigurazione. Perché allora gli Scribi continuano ad aspettarlo? La soluzione implicita di questa domanda è contenuta in 9,9 e 9,1: se il Regno di Dio è già iniziato, allora non ha più senso aspettare ancora Elia (il *redivivus*).

La risposta di Gesù al πρῶτον del v. 11 inizialmente non affronta la questione della sequenza cronologica, ma esplicita i contenuti del cosiddetto «dogma di Elia-*redivivus*» con un'argomentazione sintetica: con ἀποκαθιστάνει πάντα si esprime il compito del *redivivus*, contrapposto a quello del Figlio dell'uomo (πολλὰ παθη: 9,12), ma l'avverbio πρῶτον in realtà non crea alcun legame temporale fra le due azioni. Invece la conclusione dell'argomentazione presenta inaspettamente una deduzione cronologica: «Elia è già venuto...» (9,13). Il «Modell-Lesers», nel tentativo di integrare questa conclusione, cerca di capire quale rapporto ci sia tra l'ἀποκαθιστάνει πάντα di Elia e il πολλὰ πάθη del Figlio dell'uomo: l'identificazione di Giovanni con l'Elia *redivivus* in 9,13 presenta gravi lacune in quanto il Battista è morto e non ha ripristinato nulla; tuttavia questo insuccesso è riconosciuto conforme alla Scrittura (καθὼς γέγραπται ἐπ' αὐτόν: 9,13).

A prima vista sembra che Gesù, approvando il «dogma escatologico» degli Scribi[84], asserisca che Giovanni ha assunto il ruolo di Elia che «tutto ripristina». Ma siccome questa funzione non ha una rispondenza nel racconto di Marco, si può ipotizzare che Gesù riprenda l'opinione degli Scribi per confutarla. Questa possibilità interpretativa è confermata dalla successiva accentuazione καὶ Ἠλίας (9,13), che rappresenta una concessione al punto di vista degli interlocutori. Le due parti della risposta di Gesù (9,12a.b) sembrano in contraddizione a causa della combinazione delle tre conclusioni interpretative: Gesù identifica Giovanni con Elia; approva il «dogma» su Elia; si ricorre al profeta per interpretare l'identità di Giovanni e non viceversa.

Nella seconda parte della risposta di Gesù, la conformità del πολλὰ πάθη καὶ ἐξουδενηθῇ (9,12b) alla Scrittura rappresenta una provocazione agli Scribi, che non hanno tenuto in debito conto i testi biblici sulle sofferenze del Figlio dell'uomo. Alla luce della profezia di Ml 3,23 per Elia e di Is 53,3 per le sofferenze del Figlio dell'uomo, essi avrebbero dovuto comprendere che Elia come figura dell'ἀποκαθιστάνει πάντα (ripristino) è inscindibile dal destino della sofferenza (πολλὰ πάθη καὶ ἐξουδενηθῇ); potranno identificare Elia solo quando gli riconosceranno anche la realtà della sofferenza prevista dalla Scrittura per tutti i ripristinatori (i profeti, Elia, il Figlio dell'uomo). Un «Elia» che incarni le giuste attese è Giovanni, che è già venuto; l'errore degli Scribi non è semplicemente cronologico, ma coinvolge il compimento semantico dell'idea di «Elia».

---

[84] Era questa una possibilità già ipotizzata da G. DAUTZENBERG, «Elija», 1085.

Gesù riconosce che il ripristino escatologico «di tutte le cose» atteso dagli Scribi per Elia *redivivus* si compirà, ma non senza la sofferenza del Figlio dell'uomo. Ugualmente l'annunzio del regno di Dio da parte di Gesù passerà attraverso la sofferenza. Giovanni, giustamente presentato come «inizio» del vangelo per aver annunciato il ritorno del Signore e preparato la «via» (Mc 1,1), doveva percorrere lo stesso cammino di sofferenza del Figlio dell'uomo: Giovanni muore, come è stato profetizzato anche per il Figlio dell'uomo[85]. In questo senso egli è l'Elia *redivivus*, perché lo attualizza semanticamente per i discepoli e per il «Modell-Lesers» del vangelo. Infatti in 9,13 Gesù non dice che Elia è già avvenuto, ma che «anche» Elia è già venuto (καὶ Ἡλίας). Nel primo caso l'identificazione di Elia sarebbe collocata in una sequenza storica, mentre nel secondo la presenza del καί, che ha una sfumatura concessiva, relativizza la necessità cronologica. Questo Elia non è lo stesso menzionato nel v. 11: in 9,11 Elia rappresenta l'attesa o la figura messianica del *redivivus* secondo gli Scribi; in 9,13 Giovanni non è interpretato come figura storica tramite l'Elia biblico, ma è la chiave di lettura scritturistica delle attese elianiche di 9,11[86]. In tal modo viene escluso lo schema di promessa e compimento proposto dall'esegesi tradizionale per le due figure: Marco non intende dare un'identità a Giovanni, ma ad Elia. Questa conclusione è finalizzata allo scopo di Marco di definire chiaramente chi sia Gesù: non si tratta di Elia (identificato con Giovanni) e neppure della figura storica di Giovanni (morto e sepolto: 6,15; 8,28); è il Figlio di Dio che si può riconoscere in base al destino del Figlio dell'uomo.

Nell'ultima parte della sua opera, la Pellegrini considera i momenti salienti della cooperazione del «Modell-Lesers» nella lettura di Mc 15,33-37[87]. Il primo punto nodale affrontato è Mc 15,34-35: l'intenzionale equivoco marciano non coinvolge tanto l'aspetto fonetico, quanto quello contenutistico. Per interpretare l'equivoco e capire il «Point of view» di Marco, il «Modell-Lesers» deve considerare anche l'azione

---

[85] S. PELLEGRINI, *Elija*, 346: la figura di Giovanni serve a sviluppare e chiarire il rapporto tra Gesù ed Elia nella linea della continuità, la figura del Figlio dell'uomo è il *terminus medius* del confronto tra le due figure. Attraverso la figura di Giovanni il rapporto di Gesù con Elia si sviluppa e si chiarisce definitivamente nella linea della continuità. Il *terminus medius* per questo confronto è rappresentato nella logica di questa argomentazione dalla figura del Figlio dell'uomo.

[86] S. PELLEGRINI, *Elija*, 343: 9,13 «reinterpretiert, reorientiert und neucodiert» l'Elia di 9,11.

[87] S. PELLEGRINI, *Elija*, 355-381.

successiva di uno dei presenti: l'offerta dell'aceto a Gesù potrebbe essere intesa come un mezzo per prolungarne la vita e vedere «se viene Elia e lo tira giù» dalla croce (15,36). L'appello di Gesù viene interpretato in connessione con i fenomeni apocalittici di 15,33, in base ai quali alcuni (τινες) pensano che la fine escatologica sia vicina e che Elia il *redivivus*, secondo il loro concetto trionfale, sia il personaggio più adatto. Marco inserisce questa errata interpretazione per poter definitivamente confutarne le implicite conclusioni sul fallimento di Gesù come re escatologico e sulla capacità del solo Elia (il *redivivus*) di portare ancora la speranza del Regno.

Quindi l'offerta sollecita dell'aceto intende prolungare la vita di Gesù per dare a Elia il tempo d'intervenire sulla scena, dimostrando ai presenti il successo del suo ritorno. Ma Elia, se considerato un «soccorritore di Gesù», non poteva in alcun modo essere identificato con il Battista. Mc 9,13 aveva chiarito al «Modell-Lesers» che, continuando ad aspettare il preliminare intervento di Elia, non si attribuiva il giusto valore alla sofferenza del Figlio dell'uomo sulla croce e non si comprendeva neanche la figura del Battista come Elia *redivivus*. Marco inserisce in 15,35-36 l'atteso intervento di Elia non per attribuirgli la funzione di interpretare Gesù, la sua morte e il suo vangelo, ma solo per confutarlo. Dell'attesa di Elia non si nega l'avvenuta realizzazione, già sostenuta chiaramente in 9,13 e velatamente in 1,2-6, ma solo la possibilità di abolire il cammino della croce di Gesù. La strategia narrativa di Marco mira a far conoscere un elemento della metanoia di 1,15 al «Modell-Lesers», che deve abbandonare la falsa attesa di Elia, identificato in 1,2-3.6 col Battista, e «iniziare» la strada della fede nella Basileia di Dio; è chiaro che, percorrendo questo cammino di lettura, anche il lettore empirico può passare dalla metanoia alla fede.

Il mancato intervento di Elia delude le aspettative di coloro (τινες: 15,35) che vogliono che Dio intervenga attraverso Elia per rendere giustizia al Giusto. Per Marco questa attesa non è conforme alla vera volontà divina; per il «Modell-Lesers» alla base del καθελεῖν αὐτόν (15,36) non c'è l'immagine del soccorritore, ma la convinzione che la speranza messianica si può realizzare solo attraverso lo scandalo della croce, segno distintivo di Gesù come Figlio di Dio. Così la morte di Gesù contraddice l'attesa di una figura salvifica (Elia) che realizzi una salvezza incruenta.

Coloro che non riconoscono Elia in Giovanni, e di conseguenza il Messia in Gesù, continuano ad aspettare il profeta. Il richiamo ad Elia in Mc 15,33-39 contrasta la falsa speranza della sua venuta: l'atteso

Elia «vive» nel ricordo della morte del Battista, figura di Gesù morente sulla croce.

L'espressione «Perché mi hai abbandonato?» interpella il «Modell-Lesers» sul mancato invio divino del *redivivus*, sul suo agire e sul rapporto con il figlio Gesù. La risposta a questa domanda integrativa può essere desunta dalla citazione del Sal 22 in Mc 15,34. La letteratura finora prodotta non ha esplicitato il senso del grido in sé, ma lo ha subordinato alla comprensione dell'equivoco su Elia. Invece la Pellegrini propone di riprendere il Sal 22 nella sua interezza come chiave interpretativa di 15,34, attivando cioè tutto il salmo come intertesto. Il significato sintattico e semantico dell'aoristo ἐγκατέλιπες di 15,34, ripreso letteralmente dal Sal 22,2, affonda nella convinzione che è volontà divina che Gesù viva una situazione disperata (Sal 22,7-9; 13-19), dalla quale solo Dio stesso lo può salvare (Sal 22,12).

Un ultimo punto nodale che richiede la collaborazione del lettore è l'interpretazione del doppio grido (15,34.37). Mentre in 15,34 Gesù non sussurra la preghiera del v. 2 del Sal 22, ma la pronuncia «ad alta voce» esprimendo fiducia incondizionata nel Padre, in 15,39 il forte grido al momento della morte rivela lo stretto rapporto tra padre-figlio. L'interferenza intertestuale del Sal 22 sottolinea che Dio agisce abbandonando Gesù e Gesù agisce rivolgendosi a Dio che lo abbandona: la crocifissione non segna l'assenza di Dio, ma il momento più luminoso del rapporto tra padre e figlio.

I presenti non percepiscono affatto l'altissima pregnanza teologica di questa testimonianza, anzi sperano che l'intervento di Elia interrompa l'avvenimento. Siccome l'asse Elia-Gesù impedisce il riconoscimento della messianicità di Gesù sulla croce, Marco inserisce consapevolmente lo sfondo elianico in questo contesto per ribadire al lettore la falsità delle precomprensioni sull'identità di Gesù.

La lettura della Pellegrini ha il merito di aver analizzato tutti i contesti marciani su Elia e di aver tentato di scoprire il motivo dell'inserimento di Elia nella strategia narrativa di Marco. Tuttavia la scelta di alcuni punti nodali in ciascun contesto ha comportato una marginalità per altri aspetti di Elia, che infatti non vengono attualizzati e rimangono impliciti. E, soprattutto, l'analisi della figura di Elia, troppo concentrata nel singolo contesto, ha trascurato spesso quello più generale della domanda basilare e costante del vangelo di Marco sull'identità di Gesù.

La sua analisi semiotica è partita da un presupposto teorico, l'asse Elia-Battista-Gesù, applicato poi ai testi. Secondo la nostra opinione, invece, i testi devono essere la base per formulare qualsiasi conclusione speculativa: è l'intero *corpus* narrativo, con tutti i rapporti intra ed extra-testuali, che può fornire la giusta chiave di comprensione di un testo. Nondimeno l'uso dell'intertestualità e le passeggiate inferenziali hanno portato alla luce numerosi collegamenti tra le tre figure; ma ulteriori elementi di coerenza, rimasti finora impliciti, potrebbero essere evidenziati attraverso una più accurata focalizzazione semantica della funzione di Elia nella cristologia marciana.

3. Obiettivo della ricerca

Generalmente gli studi su Elia nel vangelo di Marco attribuiscono a questo personaggio un ruolo marginale nella strategia narrativa marciana, soprattutto quando non prendono in debita considerazione tutti i contesti in cui egli compare. I tentativi di accedere alla tematica elianica, per lo più, si sono concentrati su singoli contesti e quasi sempre all'interno di 6,14-9,13, la cui rilevanza cristologica è riconosciuta da molti esegeti[88]. Sebbene questa sezione sia la più ricca di riferimenti espliciti a Elia, tuttavia anche altri contesti rivelano aspetti significativi della sua funzione nel vasto quadro narrativo del vangelo. Il presente studio intende dimostrare, attraverso l'analisi di tutti i contesti, che Elia è parte integrante della struttura narrativa e della cristologia di Marco.

Si deve notare che la ricerca, anche quando ha studiato tutti i contesti marciani relativi ad Elia, ha ricostruito solo le tradizioni del suo ritorno[89] e ha considerato altri aspetti – precursore del giorno di Jhwh, profeta *reditus* nel Battista, figura celeste, soccoritore nel bisogno, personaggio venturo – come elementi eterogenei inseriti quasi casualmente nel secondo vangelo. Non è plausibile che Marco abbia utilizzato una tipologia di Elia esclusivamente per ricostruire delle tradizioni o per apportarvi modifiche redazionali. Perciò tutte le caratteristiche elianiche devono essere oggetto di una coerente interpretazione che permetta di accedere alla strategia narrativa e teologica del racconto marciano. A questo proposito anche la lettura secondo criteri semiotici rivela delle insufficienze: preoccupata di interpretare i testi con meccanismi intersoggettivi, non ha focalizzato il tema cristologico di Elia e non l'ha esaurientemente descritto.

---

[88] G. DAUTZENBERG, «Elija», 1077, fa notare che la figura di Elia appare in capitoli distanti, come quelli del prologo (1,1-13), nei passi cristologici di 6,14-9,13, e a una distanza relativamente breve in 15,34-36.

[89] Solo M.ÖHLER, Elia, 31-47; 111-154 analizza tutti i contesti marciani in cui appare Elia. La trattazione, però, non è specificamente finalizzata all'analisi esegetica del secondo vangelo, perché inserita in un più vasto progetto di ricerca all'interno del NT.

In particolare ha trascurato il contesto cristologico di 8,27-30, che è quasi un crocevia tra le due parti del vangelo, 1,14-8,26 e 8,27-16,20.

La presenza emblematica di Elia in vari punti cruciali del vangelo fa scaturire una griglia di domande: Marco ha inteso intrecciare la questione dell'identità di Gesù con la figura di Elia? La descrizione marciana di Gesù rivela effettivamente tratti elianici? I singoli contesti suggeriscono linee di collegamento tra il Battista, Elia e Gesù? In che modo si possono riconoscere Elia e Gesù? Tali interrogativi guidano il lettore nella comprensione dei rapporti tra i due personaggi.

Poiché la relazione del Battista con Elia è stata investigata dalla ricerca principalmente in funzione del Gesù storico, è indispensabile uno studio che analizzi in modo estensivo la funzione di Elia-Giovanni Battista come punto focale del racconto di Marco.

Quindi lo *status quaestionis* relativo al nostro argomento mostra la necessità di orientare verso la sincronia una ricerca esegetica che finora ha privilegiato in modo unilaterale l'aspetto della diacronia. Come già osservato, gli studi finora condotti hanno cercato di discernere lo strato redazionale da quello tradizionale e spesso con evidenti limiti metodologici: breve e superficiale analisi del vocabolario o delle modifiche apportate dal redattore nell'utilizzazione delle fonti; parziale e talora implicita comprensione della valenza di Elia in Marco, nonostante l'attenzione allo sfondo storico delle attese escatologiche; mancanza di un percorso di analisi linguistico-semantica che proponga una riflessione teorica per collegare l'analisi sincronica con quella diacronica.

La ricerca esegetica non ha elaborato una risposta convincente agli altri interrogativi sulla ricezione di Elia nel vangelo di Marco: lo schema di promessa (Elia)-compimento (Battista) può essere considerato un espediente intertestuale della strategia narrativa di Marco? È dimostrabile che l'idea marciana di Elia come precursore del Messia sia antecedente al NT[90]?

La nostra ricerca studierà tutte le pericopi marciane in cui appare Elia (1,1-13; 6,14-16; 8,27-30; 9,2-13; 15,34-39) e le tradizioni veterotestamentarie sulla sua attesa (Ml 3,1.22-23; Sir 48,10-11). Per i Giudei dell'epoca di composizione del NT, Elia, fors'anche per il suo spettacolare rapimento in cielo (2Re 2,11), non era semplicemente un'importante figura del passato: la sua preminenza assoluta rispetto ad altri perso-

---

[90] Per alcuni è un *novum* del racconto marciano, che però ha bisogno di essere accertato con un'indagine sulle tradizioni veterotestamentarie, sulla letteratura intertestamentaria, qumranica e rabbinica.

naggi dell'AT è evidente in Ml 3,1.22-23 e Sir 48,10-11, che tramandano un ritorno del profeta prima del giorno del Signore (Ml 3,23) che segnerà l'inizio della Nuova Era, vale a dire del regno messianico. Particolare attenzione sarà dedicata, allora, allo studio delle tradizioni veterotestamentarie sul ritorno di Elia per capirne l'influsso nelle attese giudaiche del 1° sec. a.C. e nel vangelo di Marco.

La validità della costatazione di Dautzenberg, secondo cui l'esegesi ha studiato i riferimenti a Elia in Marco, ma non ne ha ancora compreso e motivato le allusioni esplicite ed implicite[91], ha guidato la scelta del nostro tema e della relativa analisi di tutti i contesti marciani.

4. Metodo

Ogni ricerca scientifica richiede una previa e adeguata presentazione della metodologia. Se l'importanza e la fecondità dei procedimenti scientifici adottati emergono nel corso stesso della ricerca, pare altresì doveroso darne un'enunciazione e giustificazione preliminare, perché il lettore colga subito le modalità di analisi di un testo e sia in grado di motivarne teoricamente l'impiego.

Per quanto riguarda i contesti marciani su Elia, la nostra analisi semantica terrà in considerazione la metodologia diacronica, che permette di ravvisare le tradizioni riprese da Marco nella composizione del suo racconto, ma si baserà essenzialmente sulla sincronia[92]. A nostro avviso è questa la via più idonea alla comprensione della figura di Elia in Marco, in quanto permette il passaggio dalla ricerca delle tradizioni di un testo alla scoperta del suo messaggio.

Nel nostro caso la lettura sincronica, tralasciando l'origine e la storia, si concentra sulla forma attuale di un testo, per scoprirne modelli di organizzazione ed evidenziarne le linee di significato. In tal senso il testo, considerato come una trama variegata intessuta di fili diversi, necessita della partecipazione attiva del lettore, che deve metterne in reciproca relazione tutti gli elementi strutturali[93].

---

[91] G. DAUTZENBERG, «Elija», 1077: «I diversi riferimenti a Elia nel vangelo di Marco sono stati percepiti e commentati finora nell'esegesi, ma non ci si è mai chiesto quale interesse il redattore abbia collegato alle sue citazioni di Elia».

[92] La sincronia evidenzia la dipendenza di una parola da una più ampia rete, in cui riceve il suo significato dalla connessione con altri elementi. Si cerca di definire il motivo di Elia per la posizione e la funzione che svolge all'interno di un testo concreto, cf. W. WEREN, *Finestre*, 83-84.

[93] W. WEREN, *Finestre*, 11.

Perciò i nostri testi, costituiti da micro-unità (sequenze, microsequenze, parole, gruppi di parole)[94], vengono analizzati da diversi punti di vista per scoprire la funzione della figura di Elia nella sua poliedrica totalità. Il racconto marciano non offre esplicitamente la motivazione della presenza di Elia, che sarà, quindi, cercata attraverso un'analisi accurata del contenuto e della forma dei contesti elianici.

L'impostazione sincronica della ricerca seguirà le seguenti fasi metodologiche[95]:

1. Esame preliminare del contesto immediato di ogni unità letteraria in cui compare Elia e osservazione dei nessi con i contesti attigui[96].

Si tratta di identificare con esattezza l'inizio e la fine di un'unità letteraria, in quanto l'estrapolazione arbitraria di una porzione di testo preclude il raggiungimento di conclusioni esegetiche esatte e fondate.

2. a) Analisi dell'articolazione di ogni singolo testo, a partire dalla delimitazione dell'unità letteraria. A questo proposito l'esegesi ha da tempo maturato la convinzione della necessità di criteri letterari e formali, quali l'osservazione del vocabolario relativo al testo, la ricorrenza di determinati soggetti e forme verbali, la presenza di figure di stile, quali parallelismi, chiasmi, inclusioni, ecc. Noi adotteremo questi criteri, intendendo, però, verificare le conclusioni ricavate nell'ambito più generale dell'analisi semantica; b) Studio dell'organizzazione interna del testo delimitato e individuazione di nuclei tematici elianici ivi contenuti. Non faremo tanto un'analisi strutturalista[97], quanto rileveremo le

---

[94] R. MEYNET, *Un'introduzione*, 77: ogni testo biblico è organizzato in unità letterarie, «i cui limiti non sono arbitrari, ma si possono identificare con procedure oggettive. Chiamo queste unità "sequenze" e "sottosequenze"». Nella nostra analisi consideriamo sequenza «un'unità narrativa funzionale evidenziabile a livello di contenuto» e composta da microsequenze, concatenate le une alle altre da un tema comune o dalla presenza di un medesimo personaggio principale, cf. A. MARCHESE, *Dizionario di retorica*, 288; D. MARGUERAT – Y. BOURQUIN, *Per leggere*, 43.

[95] W. EGGER, *Metodologia*, 75-87; P. GUILLEMETTE – M. BRISEBOIS, *Introduzione*, 189-200; W. STENGER, *Metodologia*, 53-78.

[96] B. MAGGIONI, «Esegesi», 500: «Siccome i libri biblici non sono generalmente un'antologia di unità staccate, riunite arbitrariamente, è importante lo studio del contesto che fa da cornice. La collocazione di un passo all'interno della sua sezione o del libro a cui appartiene non è priva di significato»; R. MEYNET, *Un'introduzione*, 75-77; B. CORSANI, *Come interpretare*, 27-40.

[97] B. MAGGIONI, «Esegesi», 500: «Da alcuni anni gli esegeti sono attenti a rilevare le strutture dei testi. Non ci riferiremo qui alla vera e propria lettura strutturalista, ma più semplicemente a una analisi attenta alle strutture di superficie, quali, ad es., gli agganci, le riprese, le correlazioni interne, il movimento delle scene. Quest'analisi fu

singole sequenze narrative dell'unità letteraria grazie a relazioni e corrispondenze all'interno del testo. A tale scopo sarà necessario osservare accuratamente l'articolazione, secondo le modalità di quantità, qualità, distribuzione, degli elementi testuali: verbi principali, soggetti espliciti e impliciti, proposizioni coordinate e subordinate, participi, locuzioni avverbiali. In tal modo diventano palesi le accentuazioni e tutti gli aspetti comunicativi del testo, il cui significato si manifesta mediante i contenuti e gli intrecci interni; c) Dimostrazione della coerenza interna, che fa di un testo un'unità letteraria e chiarisce perché Marco abbia inserito la figura di Elia proprio in un determinato contesto[98].

3. Attenta analisi delle particolarità linguistiche e sintattiche di ogni microsequenza per conoscere le oggettive realtà letterarie del testo e formulare un'interpretazione adeguata dei tratti elianici.

Questo terzo momento si snoderà attraverso l'indagine del vocabolario utilizzato, l'esame di singole parole, espressioni, motivi e combinazioni di motivi sul ruolo di Elia (precursore del giorno del Signore, taumaturgo, e così via), l'analisi dello stile e dei livelli di messaggio. Sarà necessario verificare il percorso delle tradizioni su Elia dall'ambito veterotestamentario al vangelo di Marco, in quanto l'AT è l'indispensabile sfondo per comprendere i contesti marciani in cui ricorre Elia[99]. Questo aspetto chiarisce anche la strategia di ri-lettura che guida Marco nel suo approccio verso l'AT.

Questa nostra analisi semantica, effettuata secondo la prospettiva sincronica, verrà ampliata con il ricorso a metodologie che illustreranno l'aspetto comunicativo e persuasivo del linguaggio di un determinato testo[100]. In particolare i contributi dell'analisi narrativa[101], retorica e semiotica[102], che ci permetteranno di attingere ulteriori elementi per com-

---

dapprima intrapresa esclusivamente per scoprire l'unità o il carattere composto di un testo, ma ora la si applica positivamente per scoprire il senso della composizione: le correlazioni, le connessioni [...]».

[98] W. WEREN, *Finestre*, 83.

[99] J. LAMBRECHT, «'Ηλίας», 1547, rammenta l'importanza del ciclo di Elia (1Re 17-2Re 2) e delle relative tradizioni del primo giudaismo (compresi Ml 3,1.23; Sir 48,1-12) per poter intendere il significato della figura di Elia nel NT.

[100] W. WEREN, *Finestre*, 9: «Siamo sempre più convinti che un'esegesi per essere affidabile, non debba essere vincolata ad un unico metodo».

[101] Per alcune scelte terminologiche dell'analisi narrativa presenti in questo studio: D. MARGUERAT – Y. BOURQUIN, *Per leggere*, 174-178. W. WEREN, *Finestre*, 51-82, presenta una sintesi sull'approccio dell'analisi narrativa.

[102] S. PELLEGRINI, *Elija*, 49-118.

prendere i testi in questione, dovranno completare, e non sostituire, quel *sensus auctoris* la cui determinazione rimane oggetto primario della ricerca esegetica e della teologia biblica.

Come già accennato, la nostra impostazione metodologica darà priorità allo studio sincronico dei testi, ma non ignorerà i dati sulla preistoria del materiale su Elia, riconosciuti non come obiettivo ma come strumento di comprensione.

Allo studio dei contesti marciani seguirà una parte dedicata al più ampio orizzonte della letteratura intertestamentaria, qumranica e rabbinica, per scoprire eventuali influenze sull'uso della figura di Elia in Marco. Poiché l'entità di questo patrimonio culturale non permetterà di esaminare tutti i riferimenti elianici, si sceglieranno quelli relativi all'attesa di Elia, tema al quale Marco avrebbe prestato particolare interesse.

Un capitolo finale affronterà le implicazioni cristologiche della figura di Elia in Marco.

PARTE PRIMA

I TESTI SU ELIA IN MARCO

CAPITOLO I

L'inizio del vangelo e la figura di Elia (Mc 1,1-13)

La parte iniziale di un'opera letteraria presenta, di solito, l'azione del personaggio principale[1], espone l'antefatto e in qualche modo suscita o mette in movimento tutto il seguito del racconto[2]. Nelle letterature ebraica ed ellenistica una storia è introdotta da un breve sommario, in cui il narratore accenna in maniera sintetica e allusiva ai personaggi che precedono l'ingresso del protagonista e anticipa alcuni temi fondamentali[3]. Inoltre l'inizio di un racconto, secondo un'efficace definizione, contiene un «programma narrativo», che non coincide con l'«inizio dell'azione» e, applicandosi ai testi in cui l'«eroe» ha una missione da compiere, fornisce valide indicazioni per una più profonda comprensione del racconto stesso[4].

---

[1] D. RHOADS – D. MICHIE, *Mark as Story*, 103: «By announcing in the first line that Jesus is "the anointed one, the son of God", the narrator establishes Jesus as the central, heroic figure of this story».

[2] J. GNILKA, *Marco*, 35: «Comprendere l'inizio di un'opera è importantissimo per comprenderne tutto l'insieme».

[3] A. MARCHESE, *Dizionario*, 248: «Scena iniziale di un'opera drammatica o epica che serve a chiarire certi aspetti dell'azione (ad esempio gli antefatti) e ad anticiparne lo svolgimento»; 107: nell'apertura di un'opera narrativa «anticipa alcuni temi; il narratore cerca un contatto, motiva l'attenzione» con particolari mezzi stilistici; P. LAMARCHE, *Évangile*, 29; J. MARCUS, *Mark 1-8*, 145: «Several biblical and early Jewish works start with a sentence that, like Mark 1:1, lacks a predicate and that functions most immediately as the beginning of the work's opening section, but that also serves as a summary of the whole work (see e.g. Prov 1:1-6; Eccl 1:1-2; Cant 1:1-2; *1Enoch* 1:1; Rev 1:1-3)».

[4] J.L. SKA, *Sincronia*, 157: «Lo studio del programma narrativo è importante perché offre criteri sicuri per giudicare della coesione di un racconto, della sua estensione e della funzione dei diversi elementi riguardo a tale programma».

Questo modello generale è adottato anche da Marco, il quale crea lo scenario, presenta i personaggi, trasmette al lettore le informazioni essenziali per comprendere l'intero racconto e introduce i temi che emergeranno in seguito[5].

Con le prime frasi Marco innesca un contatto con il lettore e compie il primo passo per comunicare il senso della sua opera senza anticipare spiegazioni superflue. Questa sezione, denominata anche *incipit*, è una specie di cornice al racconto e stabilisce un protocollo di lettura[6].

L'introduzione marciana è importante perché rende il lettore attento a ciò che sta per leggere, lo dispone favorevolmente alla ricezione e alla comprensione del messaggio, gli segnala il cammino della lettura[7].

Si tratta, quindi, di un espediente letterario che in qualche modo anticipa i punti cruciali successivi[8]: «A ragione si attribuisce al prologo del vangelo una particolare importanza»[9].

In questa sezione introduttiva, in particolare, il narratore presenta velatamente un legame tra Elia e Giovanni Battista con riferimenti intertestuali al messaggero di Ml 3,1 (identificato al v. 23 con Elia) e a un particolare dell'abbigliamento elianico (1Re 1,8). Ma perché Marco all'inizio del vangelo introduce e presenta Giovanni Battista con testi veterotestamentari che si riferiscono al ruolo e all'identità dell'Elia biblico?

---

[5] E. SCHWEIZER, *Il Vangelo*, 407: «Nell'introduzione (1,1-13) Marco descrive la dimensione in cui va inteso quel che viene dopo» nel racconto. B. STANDAERT, *Il Vangelo*, 42; F.J. MATERA, «The prologue», 3; M.D. HOOKER, *The message*, 5-6; W.L. LANE, *The Gospel*, 39; M.E. BORING, «Mark», 59: «Mark fits this general pattern. The introduction is carefully structured to introduce the themes that appear in the body of the narrative. It was probably written last, after the body was complete»; P. LAMARCHE, *Évangile*, 29: l'introduzione del vangelo (Mc 1,1-15) presenta in maniera sintetica e allusiva i personaggi (Gesù, il Padre, lo Spirito, i profeti, Giovanni Battista, le folle) e i temi fondamentali (Messia, Figlio di Dio, tentazione, vangelo). K. STOCK, «Gesù», 243: «L'introduzione (1,1-13) comincia con il titolo (1,1), che indica lo scopo dell'intera opera di Marco, e determina la posizione di Gesù presentando le sue relazioni essenziali»; R. C. TANNEHILL, «The Gospel», 58; D.H. JUEL, *The Gospel*, 93.

[6] D. MARGUERAT – Y. BOURQUIN, *Per leggere*, 129.

[7] M.E. BORING, «Mark 1:1-15», 61-69, sostiene che Marco con 1,1-15 costruisce il corpo principale del suo racconto con quattro espedienti letterari-teologici: introduce i personaggi e i temi principali, focalizza la sequenza narrativa, collega il tempo del vangelo con quello dei lettori.

[8] W.L. LANE, *The Gospel*, 6: «The prologue suggests the general plan of the work by anticipating the crucial points in the history he relates».

[9] R. PESCH, *Il Vangelo*, I, 135.

1. L'articolazione del testo

1.1 Unità letteraria

L'inizio del vangelo di Marco, comunemente definito «prologo»[10], presenta delle caratteristiche tipicamente introduttorie e la sua esatta delimitazione è, ancora oggi, oggetto di controversia[11]. Mentre alcuni argomentano per limitarlo a 1,1-13[12], altri sostengono che la parte iniziale comprenda anche i vv.14-15, a motivo dell'omogeneità dell'intera struttura e della presenza di legami terminologici[13]. Questa seconda possibilità interpretativa è stata illustrata da Keck, che ha fondato la sua argomentazione sull'unità e sulla coerenza di 1,1-15, mostrando come siffatta delimitazione offra la chiave di comprensione per l'intero vangelo di Marco[14].

Ma anche la prima tesi (1,1-13) è supportata da validi argomenti. Innanzitutto la costruzione μετὰ δέ al v. 14 segna una cesura nel racconto e suggerisce una reale discontinuità con ciò che precede[15].

---

[10] È diventato piuttosto comune considerare i primi versetti del vangelo di Marco come un «prologo»: W. GRUNDMANN, *Das Evangelium*, 34; W.L. LANE, *The Gospel*, 39; R. PESCH, *Il Vangelo*, I, 136; O. SEITZ, *«Praeparatio»*, 201. Altri preferiscono il termine neutrale «introduzione»: G. DAUTZENBERG, «Die Zeit», 3; L.E. KECK, «The Introductio», 12; J.B. LIGHTFOOT, *The Gospel*, 15; V. TAYLOR, *Marco*, 129. Un'ultima alternativa è il termine «inizio»: J. GNILKA, *Marco*, 35; E. LOHMEYER, *Das Evangelium*, 9. La parola «prologo», assente in Marco, è usata in riferimento al quarto vangelo, benché nella retorica classica si parli di un «proemio» o un «esordio» e il «prologo» caratterizzi un componimento poetico: H. LAUSBERG, *Elementi*, § 263.

[11] Fra gli studi dedicati esplicitamente alla delimitazione dell'inizio del vangelo di Marco segnaliamo: J.M. GIBBS, «Mark», 154-188; R. TREVIJANO ETCHEVERRÍA, *Comienzo*, 1-14.33-36.72-77.101-163.197-198; G. DAUTZENBERG, «Die Zeit», 219-234; R.A. GUELICH, «The Beginning», 5-15; F.J. MATERA, «The Prologue», 3-20; C.H. GIBLIN, «The Beginning», 974-985.

[12] V. TAYLOR, *Marco*, 129; D.E. NINEHAM, *Saint Mark*, 55; E. SCHWEIZER, *Il Vangelo*, 31; W.L. LANE, *The Gospel*, 42; J. SCHMID, *L'Evangelo*, 25; E. KLOSTERMANN, *Das Markusevangelium*, 11; J. SCHNIEWIND, *Das Evangelium*, 42; B. STANDAERT, *Il Vangelo*, 42; M.D. HOOKER, *The Gospel*, 32; F.J. MATERA, «The Prologue», 3-20: i vv. 1-13 sono unificati per la localizzazione nel deserto (vv.3.4.12) e per il tema dello Spirito (vv.8.10.12).

[13] G. DAUTZENBERG, «Die Zeit», 219-234; J. ERNST, *Il Vangelo*, I, 17-18; J.M. GIBBS, «Mark», 159.174-175.177-178; J. GNILKA, *Marco*, 30.39-40; R.A. GUELICH, «The Beginning», 31-34; R. PESCH, *Il Vangelo*, I, 13; R. TREVIJANO ETCHEVERRÍA, *Comienzo*, 199-200; S. LÉGASSE, *Marco*, 56-57.

[14] L.E. KECK, «The Introduction», 352-370.

[15] V. TAYLOR, *Marco*, 151. Il più recente studio narratologico di Marco, R.W. FUNK, *The Poetics*, 218-26, offre due interessanti motivazioni per la delimitazione

Soprattutto la particella avversativa δὲ segnala una svolta nel filo narrativo: la fine dell'attività di Giovanni Battista, che rappresenta l'ἀρχὴ τοῦ εὐαγγελίου (vv. 1-13), e l'inizio dell'attività di Gesù (vv. 14-15).

Importante anche il cambiamento di luogo: in 1,1-13 l'ambientazione della predicazione di Giovanni, del battesimo e della prova della tentazione da parte di Gesù è il deserto; in 1,14, invece, Gesù lascia il deserto e ritorna in Galilea per dare inizio al suo ministero[16].

Un altro indizio per delimitare l'estensione di 1,1-13 è la presenza dello Spirito che, assente in 1,14-15, svolge un ruolo importante in questa sezione introduttiva: Giovanni afferma che Gesù battezzerà con lo Spirito Santo (1,8); lo Spirito discende su Gesù (1,10); infine, lo Spirito sospinge Gesù nel deserto (1,12)[17].

Un ulteriore elemento argomentativo è costituito dalla differenza tra la predicazione di Giovanni proiettata in avanti (qualcosa avverrà) e la proclamazione di Gesù (qualcosa è accaduto: il regno di Dio si è avvicinato)[18].

A questi motivi formali e contenutistici si può aggiungere un'osservazione relativa alla comunicazione fra autore e lettore[19]. In 1,1-13 il lettore apprende, su Giovanni e Gesù, delle informazioni preziose, che ovviamente gli altri personaggi del racconto non conoscono: le folle che si recano dal Battista per farsi battezzare ignorano che la sua comparsa va compresa alla luce della citazione attribuita a Isaia (1,2-3); lo stesso Giovanni non sa che lo Spirito è sceso su Gesù (1,10), che il Padre lo ha dichiarato figlio prediletto (1,11) e che, infine, Gesù è tentato da Satana nel deserto (1,12-13). Gli eventi narrati in questi versetti non sono pubblici come quelli riferiti a partire da 1,14, ma vengono esposti solo a beneficio del lettore. Invece le informazioni sulla consegna di Giovanni e la predicazione di Gesù, contenute nel sommario del

---

dell'introduzione a 1,1-13: cambiamento temporale e spaziale segnalato da μετὰ δὲ τὸ παραδοθῆναι in 1,14; identificazione e ruolo dei personaggi (Gesù, personaggio passivo sino al v. 13, diventa attivo dal v. 14).

[16] R.H. LIGHTFOOT, *The Gospel*, 15-20; F.J. MATERA, «The Prologue», 5: «1.1-13 is delimited in terms of locality». J. MARCUS, *Mark 1-8*, 137: «In favor of a division at the end of 1:13 [...], the change of locale from the wilderness to Galilee, where most of the first half of the Gospel takes place».

[17] W.L. LANE, *The Gospel*, 48, suggerisce che 1,1-13 sia un'unità per il ruolo relativamente minore dello Spirito nel resto del vangelo.

[18] J.M. ROBINSON, *The Problem*, 48.

[19] Per una riflessione più approfondita sul rapporto tra il narratore e il lettore nel vangelo di Marco, cf. D. RHOADS – D. MICHIE, *Mark as Story*, 35-44; F.J. MATERA, *What Are*, 1-17.75-92; D. MARGUERAT – Y. BOURQUIN, *Per leggere*, 13-15.17-24.

narratore di 1,14-15, non sono dirette esclusivamente al lettore, ma sono note alla maggior parte dei personaggi del racconto.

Sembra dunque che la cesura si trovi fra 1,13 e 1,14. L'inizio del vangelo comprende 1,1-13. Questa delimitazione ha un certo rilievo per la relazione fra Giovanni Battista e Gesù, ma soprattutto mostra che il vangelo comincia non in 1,14-15, ma con la comparsa di Giovanni nelle vesti di Elia.

Se i primi tredici versetti di Marco costituiscono un'unità ben delimitata, quale funzione svolgono i vv. 14-15 in rapporto a ciò che precede (1,1-13) e a ciò che segue (1,16-3,6)?

Marco, riportando il termine εὐαγγέλιον in 1,14, ha inteso creare un legame tra i vv. 1 e 14-15: in tal modo l'inizio del vangelo non si riferisce esclusivamente alla predicazione del Battista, ma si proietta in modo definitivo su tutta l'attività di Gesù[20].

L'intento di Marco di stabilire una connessione all'interno di 1,1-15 è confermato dalle somiglianze lessicali κηρύσσειν... μετάνοια–μετανοεῖν, che descrivono l'attività di Giovanni Battista in 1,4 e quella di Gesù in 1,14-15. Tuttavia da tale parallelismo non necessariamente deriva la definizione di 1,14-15 come conclusione: piuttosto questi due versetti sarebbero una sorta di inizio e, se da un lato introducono la sezione seguente (1,16-3,6), dall'altro sono pur collegati con gli avvenimenti precedenti (1,1-13).

A ragione alcuni considerano il contesto di 1,14-15 come il primo di una serie di Sammelberichte (un racconto sommario) che collega l'inizio della predicazione di Gesù in Galilea con ciò che precede, anticipando allo stesso tempo futuri elementi della narrazione[21].

1.2 *Articolazione*

Due pannelli di uno stesso scenario (vv. 2-8; 9-13), preceduti da un'intestazione (v. 1) e seguiti da un sommario (vv. 14-15): ecco le grandi parti

---

[20] S. KUTHIRAKKATTEL, *The Beginning*, 1-25, sostiene che Mc 1,14-15 non costituisce la conclusione del prologo, ma solo l'inizio della prima sezione del vangelo di Marco (1,14-3,6), anche se poi ne ammette una funzione di transizione; J. MARCUS, *Mark 1-8*, 138: «Perhaps the wisest corse is not to be overly dogmatic but to recognize that 1:14-15 functions transitionally both as the end of 1:1-15 and as the beginning of 1:14-45». Cf. J. DEWEY, «Mark», 225-226.

[21] H. CONZELMANN – A. LINDEMANN, *Guida*, 77.150: costituisce un sommario, un riepilogo tematico dell'annuncio di Gesù; R. TREVIJANO ETCHEVERRÌA, *Comienzo*, 201-211; J.D. DONAHUE, «Windows», 9.

di cui il nostro passo si compone[22]. A ciò si può aggiungere che ciascun pannello introduce un personaggio diverso con delle costruzioni verbali simili e differenti. Sono questi i tratti salienti che emergono da un'analisi globale dell'unità letteraria. Tuttavia non è ancora evidente il percorso del testo nelle sue varie parti e nelle tappe intermedie.

1.2.1 Individuazione delle sequenze narrative

L'unità letteraria comprende quattordici frasi narrative (vv. 4.5ab.6ab.7a.9ab.10.11a.12a.13abc), tre discorsi diretti (vv. 2bc-3.7bc-8.11b) e una frase nominale (v. 1).

Giovanni Battista è il soggetto del verbo principale ἐγένετο in 1,4 ed è quindi il personaggio chiave di una prima sequenza (1,2-8). Il profeta Elia è coinvolto implicitamente col ricorso ad una profezia di Ml 3,1 sull'invio di un messaggero (identificato poi in Ml 3,23 con Elia) e a un particolare del suo vestito (2Re 1,8).

Nel v. 9 si verifica un cambiamento del soggetto: a differenza di Giovanni Battista, introdotto dal solo ἐγένετο, la comparsa di Gesù viene esplicitata da un altro costrutto, ἐγένετο + ἦλθεν. In questa seconda sequenza (1,9-13) Gesù è il protagonista non solo perché soggetto esplicito della frase principale (1,9) e unico testimone degli eventi che accadono (εἶδεν: v. 11a), ma anche perché è il destinatario del discorso diretto della voce proveniente dal cielo (Σὺ εἶ ὁ υἱός μου ὁ ἀγαπητός ἐν σοὶ εὐδόκησα: v. 11b) e dell'azione dello Spirito (καὶ τὸ πνεῦμα ὡς περιστερὰν καταβαῖνον εἰς αὐτόν: v. 10b; τὸ πνεῦμα αὐτὸν ἐκβάλλει: v. 12a).

In 1,1-13 è ben evidente l'alternarsi dell'aoristo con l'imperfetto. In primo luogo si può notare che l'aoristo ἐγένετο si trova all'inizio delle due sequenze che formano l'unità letteraria[23]:

– quando compare Giovanni nel deserto per battezzare (v. 4a):

(4a)   ἐγένετο Ἰωάννης ὁ   βαπτίζων ἐν τῇ ἐρήμῳ

– quando, preannunciato in precedenza da Giovanni come il veniente (v. 7b: ἔρχεται), Gesù entra nella scena per farsi battezzare (v. 9a):

---

[22] J. LAMBRECHT, «John», 360.
[23] M.E. BORING, «Mark 1:1-15», 59, anche se considera l'introduzione come delimitata a 1,1-15, sostiene che la prima unità comincia al v. 4 e la seconda al v. 9: «John is brought on the stage with evge,neto in 1:4, while Jesus is introduced into the narrative with kai. evge,neto in 1:9». L'argomento anaforico potrebbe motivare una simile divisione del testo.

CAP. I: L'INIZIO DEL VANGELO E LA FIGURA DI ELIA   63

(9a) Καὶ ἐγένετο ἐν ἐκείναις ταῖς ἡμέραις ἦλθεν Ἰησοῦς

Già all'interno della prima sequenza la linea narrativa subisce un cambiamento di stile. Infatti nei vv. 5-6 tre costrutti del tipo καί + imperfetto tracciano, in una visione prospettica, la situazione ambientale e storica già precedentemente indicata dal verbo principale ἐγένετο (1,5ab.6b):

(5a) καὶ ἐξεπορεύετο
(5b) καὶ ἐβαπτίζοντο
(6b) καὶ ἦν ὁ Ἰωάννης ἐνδεδυμένος

Si tenga presente che nella narrazione neotestamentaria l'imperfetto rallenta il ritmo narrativo al fine di presentare informazioni descrittive o concomitanti: in rapporto all'aoristo rappresenta la linea secondaria della comunicazione[24].

Diversa la strutturazione del ritmo narrativo nella seconda sequenza (1,9-13). In primo luogo, attraverso una concentrazione di costrutti all'aoristo (ad eccezione del v. 12a: καί + x + presente storico), Marco trasmette una serie di informazioni fondamentali, successive l'una all'altra:

(9a) καὶ ἐγένετο ἐν ἐκείναις ταῖς ἡμέραις ἦλθεν Ἰησοῦς
(9b) καὶ ἐβαπτίσθη εἰς τὸν Ἰορδάνην ὑπὸ Ἰωάννου
(10a) καὶ εὐθὺς ἀναβαίνων ἐκ τοῦ ὕδατος εἶδεν
(11a) καὶ φωνὴ ἐγένετο ἐκ τῶν οὐρανῶν
(12a) καὶ εὐθὺς τὸ πνεῦμα αὐτὸν ἐκβάλλει

In secondo luogo i tre successivi καί + x + imperfetto comunicano notizie di sfondo legate a ciò che precede (v. 13abc):

(13a) καὶ ἦν ἐν τῇ ἐρήμῳ
(13b) καὶ ἦν μετὰ τῶν θηρίων
(13c) καὶ οἱ ἄγγελοι διηκόνουν αὐτῷ

---

[24] Per cogliere le relazioni reciproche all'interno di un testo e le rispettive funzioni, è necessario analizzare le forme verbali adottate dal narratore: è il compito della linguistica testuale che, da metodo propriamente linguistico, interessato alla grammatica e alla sintassi, è diventato un metodo di lettura sincronica dei testi collegato con la retorica e la stilistica. Cf. H. WEINRICH, *Tempus*, 5.14; A. MARCHESE, *Dizionario di retorica*, 5.169-178. Per l'analisi delle forme verbali nella sintassi dell'ebraico e del greco biblico: A. NICCACCI, «Dall'aoristo», 85-108.

Da questa analisi emerge l'idea di un testo continuativo, senza interruzioni brusche: la linea principale è segnata dall'aoristo, l'altra, mediante l'imperfetto, trasmette dettagli riguardanti l'informazione primaria. In sintesi l'unità letteraria di Mc 1,1-13 è composta di due sequenze: 1,1-8; 9-13.

1.2.2 Coerenza letteraria di 1,1-13

a) *Sequenza narrativa di Mc 1,1-8*

La proposizione nominale di Mc 1,1 è composta di una serie di nomi, di cui il primo al nominativo e gli altri al genitivo; di essi solo εὐαγγελίου ha l'articolo τοῦ; il genitivo Ἰησοῦ Χριστοῦ è seguito dall'apposizione υἱοῦ θεοῦ. Ragioni sintattiche suggeriscono un punto fermo dopo θεοῦ.

Al v. 2 con la congiunzione καθώς una subordinata introduce un discorso diretto in 1,2bc e uno indiretto in 1,3. Se il v. 2 è unito sintatticamente al v. 1, d'altro canto la congiunzione καθώς in 1,2a ha un valore di paragone e orienta l'intera frase verso 1,2b-4[25]. È possibile osservare come una serie di nomi e pronomi riescano a creare, mediante legami e parallelismi, una stretta connessione all'interno della micro-sequenza di 1,2-4. La prima serie traccia una linea di identificazione tra τὸν ἄγγελον di 1,2b e la figura di Giovanni Battista di 1,4a (Ἰωάννης [ὁ] βαπτίζων):

(2b) τὸν ἄγγελον
(2c) ὅς
(3a) φωνὴ βοῶντος
(4a) Ἰωάννης ὁ βαπτίζων

Una seconda serie crea un legame e un parallelismo tra ὁδόν e τρίβους[26]:

(2c) τὴν ὁδὸν
(3b) τὴν ὁδὸν
(3c) τὰς τρίβους

---

[25] È così che J. LAMBRECHT, «John», 359, legge i vv. 2-3: «Probably costitute the first member of a comparison ('as it is written...') to which v. 4 provides the second member ('[so] John came baptizing in the wilderness and proclaiming...')». Cf. R.A. GUELICH, «The Beginning», 6-8.

[26] M. TILLY, *Johannes*, 33-34.

E infine i vv. 2-4 sono strettamente connessi da una serie di pronomi che si richiamano a vicenda[27]:

(2b) σου
(2c) σου
(3b) κυρίου
(3c) αὐτοῦ

Ma la compattezza di 1,2-4 è creata soprattutto dal seguente parallelismo:

(2a) Καθὼς γέγραπται...
(3a)   φωνὴ βοῶντος   ἐν τῇ ἐρήμῳ
(4a) ἐγένετο Ἰωάννης [ὁ] βαπτίζων
                        ἐν τῇ ἐρήμῳ κηρύσσων[28]

---

[27] J.D. KINGSBURY, *The Christology*, 59.

[28] L'espressione [ὁ] βαπτίζων ἐν τῇ ἐρήμῳ (1,4) presenta quattro varianti: -[ὁ] βαπτίζων ἐν τῇ ἐρήμῳ; - [ὁ] βαπτίζων ἐν τῇ ἐρήμῳ καί; -βαπτίζων ἐν τῇ ἐρήμῳ καί; - ἐν τῇ ἐρήμῳ βαπτίζων καί. Le varianti si differenziano in base alla presenza dell'articolo [ὁ] e/o della congiunzione καί. Nel primo caso l'articolo determinativo definisce βαπτίζων come un titolo di Giovanni. L'omissione del καί potrebbe servire a facilitare la lettura del testo: la congiunzione separerebbe il titolo ὁ βαπτίζων, variante di ὁ βαπτιστής e soggetto di ἐγένετο, da κηρύσσων participio dipendente da ἐγένετο. Tale costruzione è riscontrabile in Mc 9,3.7. Nel secondo caso, mediante l'inserimento di un καί dopo ἐν τῇ ἐρήμῳ, i participi βαπτίζων e κηρύσσων potrebbero essere considerati entrambi nominali o verbali. Nella terza variante, che omette l'articolo davanti a βαπτίζων, titolo inusuale, e inserisce la congiunzione coordinante, i due participi risultano strettamente legati ad ἐγένετο: evidente l'illogica inversione della sequenza temporale, secondo cui l'azione del battezzare addirittura precede l'annuncio del battesimo. Nell'ultima *lectio*, quasi un prodotto di ingegneria testuale, l'anticipazione del complemento di luogo ἐν τῇ ἐρήμῳ (1,4) crea una corrispondenza con la profezia di 1,3 ἐν τῇ ἐρήμῳ. Ma è inverosimile che l'azione del battezzare, espressa dal participio, possa svolgersi nel deserto, un luogo notoriamente privo di acqua. Difatti nel vangelo di Marco il verbo battezzare ricorre sempre insieme alla menzione dell'acqua (1,8) o di un fiume (1,5.9). La prima variante, oltre che per i criteri esterni appena evidenziati, è plausibile anche per l'interna conformità con le idee teologiche: la particella καθώς di 1,2a orienta verso la corrispondenza con la profezia di Is 40,3 (anche se in Isaia manca l'azione del battezzare) ed in particolare con l'indicazione ἐν τῇ ἐρήμῳ, che nel Deuteroisaia è il luogo della predicazione. Nel contesto prossimo tale relazione si realizza solo considerando la lezione ὁ βαπτίζων come titolo; diversamente balzerebbe in primo piano il luogo in cui si battezza. B.M. METZGER, *A Textual*, 73, ritiene plausibile l'aggiunta dell'articolo perché esso accompagna sempre il nome di Giovanni. Il titolo ὁ βαπτιστής qualifica Giovanni sette volte in Matteo e tre volte in Luca, mentre solo Marco presenta l'alternanza di due forme, ὁ βαπτιστής (6,25; 8,28) e ὁ βαπτίζων (1,4; 6,14.24); J. MARCUS, *Mark 1-8*, 150; W. EGGER, *Metodologia*, 50.

Si vede chiaramente che i vv. 2-4 si presentano come un'unità ben articolata, in cui la citazione (2b-3), che è la risultante di Es 23,20 e Ml 3,1, è incorniciata tra un'introduzione (v. 2a: καθὼς γέγραπται ἐν τῷ Ἠσαΐᾳ τῷ προφήτῃ) e la segnalazione della corrispondenza con la profezia riportata (v. 4: ἐγένετο Ἰωάννης [ὁ] βαπτίζων ἐν τῇ ἐρήμῳ καὶ κηρύσσων).

L'immediato legame tra 1,2-4 e 1,5-6 è evidenziato, poi, dal parallelismo tematico tra la proclamazione di Giovanni Battista (1,4) e la risposta del popolo (1,5):

(1,4) ἐγένετο Ἰωάννης (1,5) καὶ ἐξεπορεύετο πρὸς αὐτὸν
ἐν τῇ ἐρήμῳ   ἐν τῷ Ἰορδάνῃ ποταμῷ
κηρύσσων βάπτισμα   καὶ ἐβαπτίζοντο ὑπ' αὐτοῦ
εἰς ἄφεσιν ἁμαρτιῶν   ἐξομολογούμενοι τὰς ἁμαρτίας
                                                                                   αὐτῶν

La variazione temporale presente in 1,5 (dall'aoristo all'imperfetto) non rappresenta una rottura del filo narrativo, ma solo una pausa per comunicare dei dettagli riguardanti la proposizione principale di 1,4. E sebbene il verbo βαπτίζειν ricorra in 1,5 e in 1,8 (due volte), il principale legame all'interno di 1,1-8 è tra 1,2-4 e 1,7-8, poiché i vv. 7-8 danno completezza e compimento ai vv. 2-4:

(4a) κηρύσσων   (7a) ἐκήρυσσεν
(2b) ἀποστέλλω τὸν ἄγγελόν μου   (7b) ἔρχεται ὁ ἰσχυρότερός
                                                                                       μου

(2b) πρὸ προσώπου σου   (7b) ὀπίσω μου
(4a) βάπτισμα μετανοίας   (8b) βαπτίσει

E ancora, a differenza dello stile narrativo di 1,4-6, il v. 7a, come il v. 2, introduce un discorso diretto (1,7b-8) nel quale Giovanni proclama la venuta del più forte e la sua incomparabile superiorità. È proprio nel v. 8 che la proclamazione di Giovanni raggiunge il suo culmine: con l'uso del parallelismo antitetico, Marco evidenzia in maniera enfatica il contrasto fra Giovanni e il più forte che viene dopo di lui. Così il ministero del precursore perviene a una determinazione conclusiva:

Per una valutazione dettagliata delle singole varianti: H. CONZELMANN – A. LINDEMANN, *Guida*, 39-40.

(8a) ἐγὼ ἐβάπτισα   ὑμᾶς ὕδατι
(8b) αὐτὸς δὲ βαπτίσει   ὑμᾶς ἐν πνεύματι ἁγίῳ

Gli indizi letterari sopra evidenziati portano alla conclusione che il testo di 1,1-8 è composto da tre microsequenze: 1,1-4; 1,5-6; 1,7-8.

b) *Sequenza narrativa di Mc 1,9-13*

La sequenza di Mc 1,9-13 è costituita da frasi principali che focalizzano l'attenzione del lettore su una serie di avvenimenti importanti riferiti senza discorsi razionali o spiegazioni; ad esse si aggiungono le costruzioni participiali (tutti participi presenti, di cui tre nel v. 10 e uno nel v. 13) che sottolineano lo svolgimento degli eventi riferiti. E in 1,13 i tre imperfetti descrivono una situazione che dura quaranta giorni.

In 1,9 due costrutti καί + aoristo, forme verbali di primo piano, fanno avanzare il ritmo del racconto[29]. Ad essi si allacciano tre costrutti con καί + x + aoristo e uno con καί + x + presente storico (vv. 10-12)[30]. Nel v. 13 tutti i verbi sono all'imperfetto. Dinanzi all'uso predominante del tempo storico (1,9-11: aoristo; 1,12: presente storico) il v. 11 si distingue a causa dell'unico presente: «Σὺ εἶ ὁ υἱός μου».

La coerenza del testo nasce soprattutto dalle singole corrispondenze interne, filo conduttore che attraversa e collega le varie parti del testo. Una prima corrispondenza è rilevabile tra l'azione del battezzare del v. 9b e il risalire dall'acqua del v. 10a:

(9b) καὶ ἐβαπτίσθη εἰς τὸν Ἰορδάνην
(10a) καὶ εὐθὺς ἀναβαίνων ἐκ τοῦ ὕδατος

All'osservazione visiva dei cieli aperti (v. 10a) è connessa quella uditiva della voce (v. 11a):

(10a) εἶδεν σχιζομένους τοὺς οὐρανοὺς
(11a) φωνὴ ἐγένετο ἐκ τῶν οὐρανῶν

---

[29] Il costrutto καὶ ἐγένετο è caratteristico del greco biblico (LXX e NT), imita il *wayehi* ebraico ed ha la funzione di introdurre la circostanza che precede il verbo principale. Nel nostro contesto la circostanza è racchiusa nell'indicazione temporale (ἐν ἐκείναις ταῖς ἡμέραις) e il verbo principale è ἦλθεν. È dimostrato che il costrutto καὶ ἐγένετο... ἦλθεν si spiega con la sintassi ebraica e non con quella greca. Cf. K. BEYER, *Semitiche*, § 1; A. NICCACCI, *Sintassi*, § 32, 127.
[30] J. WILLEMSE, «La premièr», 78.

All'esperienza visiva della discesa dello Spirito (v. 10b) è legata quella di sentirsi sotto l'influsso della sua azione (v. 12a):

(10b) εἶδεν τὸ πνεῦμα ὡς περιστερὰν καταβαῖνον
(12a) τὸ πνεῦμα... αὐτὸν ἐκβάλλει εἰς τὴν ἔρημον

Infine una qualche corrispondenza lega l'azione di Gesù che viene fuori dall'acqua (v. 10a) e la discesa dello Spirito su di lui (v. 10b):

(10a) ἀναβαίνων ἐκ τοῦ ὕδατος
(10b) τὸ πνεῦμα... καταβαῖνον εἰς αὐτὸν

Anche alcuni parallelismi contribuiscono a creare unità all'interno del testo. Il primo è riscontrabile fra le due componenti della frase pronunciata dalla voce celeste del v. 11bc:

(11b) Σὺ εἶ ὁ υἱός μου ὁ ἀγαπητὸς
(11c) ἐν σοὶ εὐδόκησα

Infine l'intero v. 13 è caratterizzato da un parallelismo:

(13a) καὶ ἦν ἐν τῇ ἐρήμῳ(...) πειραζόμενος ὑπὸ τοῦ Σατανα
(13b) καὶ ἦν μετὰ τῶν θηρίων
(13c) καὶ οἱ ἄγγελοι διηκόνουν αὐτῷ

Un altro aspetto senz'altro determinante per la connessione fra le varie componenti del testo è la posizione sintattica dei personaggi. In 1,9-10 Gesù è il soggetto dei tre verbi principali: ἦλθεν – καὶ ἐβαπτίσθη – εἶδεν; nel v. 11 il soggetto del verbo ἐγένετο è la voce e nel v. 12 lo Spirito. Infine nel v. 13ab il soggetto, per ben due volte, è di nuovo Gesù, mentre nel v. 13c sono gli angeli. Ma una particolare attenzione merita il cambio del soggetto nella frase pronunciata dalla voce in 1,11: dalla seconda persona singolare Σὺ εἶ riferita a Gesù alla prima persona singolare della voce stessa. Inoltre la presenza di Gesù in più parti del testo è segnalata da una serie di pronomi:

(10b) εἰς αὐτὸν
(11b) Σύ + μου
(11c) ἐν σοὶ
(12a) αὐτὸν
(13c) αὐτῷ

La particolare posizione sintattica dei personaggi contribuisce a creare una struttura concentrica:

A. vv. 9-10: Ἰησοῦς
   B. v. 11a: φωνή
      C. v. 11bc: il soggetto Συ, + il soggetto ἐγώ
   B'. v. 12: τὸ πνεῦμα
A'. v. 13abc: Ἰησοῦς + οἱ ἄγγελοι

La presenza di Gesù è come un filo rosso che attraversa ogni parte del testo, in quanto è il personaggio principale al quale differenti agenti si rivolgono: Giovanni lo battezza (1,9); lo Spirito scende su di lui (1,10b); la voce lo identifica come Figlio (1,11); Satana lo tenta (1,13a); le bestie stanno con lui (1,13b); gli angeli lo servono (1,13c).

Da queste osservazioni si può constatare una grande compattezza del testo, dove ogni evento è congiunto con un altro. Una maggiore connessione la si può riscontrare tra 1,9 e 1,10-11 per l'identità del luogo in cui si svolgono gli eventi (τὸν Ἰορδάνην), ma anche per la presenza della congiunzione καὶ εὐθύς, che nel v. 10 segnala l'immediatezza della visione all'uscita di Gesù dall'acqua, mentre nel v. 12 indica successione immediata di un nuovo elemento[31].

Il testo di 1,9-13, di cui abbiamo appena rilevato la dinamica narrativa, può essere diviso in due microsequenze: 1,9-11 e 1,12-13.

c) *Mc 1,1-8 e 1,9-13*

Sebbene Mc 1,9-13 sia distinto da 1,1-8, le due sequenze sono legate da connessioni letterarie, a partire dalla ripresa in 1,9a del verbo ἔρχεσθαι da 1,7b[32]:

(9a) ἦλθεν
(7b) ἔρχεται

Inoltre l'azione del battezzare attraversa l'intero tessuto connettivo di 1,1-13 perché è espressa come verbo in 1,4.5.8 (bis).9 e come sostantivo in 1,4[33]:

(4a) βαπτίζων
(5c) ἐβαπτίζοντο

---

[31] J. MATEOS – F. CAMACHO, *Il Vangelo*, I, 88; J. MATEOS, «εὐθύς y sinonimos», 127: «En la gran mayoria de los casos (31 veces) denota una inmediatez cronologica; en nueve casos, una inmediatez narrativa...(1,28.29; 3,6; 4,29; 7,25; 8,10; 9,15; 11,2; 15,1); en tres casos, una inmediatez relativa...(1,21; 4,5; 11,3)».
[32] J. MARCUS, *Mark 1-8*, 154.
[33] J. MARCUS, *Mark 1-8*, 154.

(8a) ἐβάπτισα
(8b) βαπτίσει
(9a) ἐβαπτίσθη
(4b) βάπτισμα

Infine l'indicazione temporale ἐν ἐκείναις ταῖς ἡμέραις nel v. 9 collega la comparsa di Gesù sulla scena per ricevere il battesimo con il ministero di Giovanni Battista di 1,4-8.

A questi tre elementi si aggiunge un legame inclusivo dell'intera sequenza, creato dalla corrispondenza letteraria e teologica tra la prima microsequenza (1,1-4) e l'ultima (1,12-13) mediante due sostantivi. Il primo è ἡ ἔρημος e indica il luogo degli eventi iniziali del vangelo[34]:

(3a) ἐν τῇ ἐρήμῳ
(4a) ἐν τῇ ἐρήμῳ
(12) εἰς τὴν ἔρημον
(13) ἐν τῇ ἐρήμῳ

Il secondo è ἄγγελος, che in 1,2-8 è identificato con Giovanni Battista, l'araldo del Messia, mentre in 1,9-13, espresso al plurale, individua gli angeli come servi di Gesù, a proposito dell'interazione del Messia con gli esseri celesti (la voce dal cielo, lo Spirito, Satana):

(2b) τὸν ἄγγελόν μου πρὸ προσώπου σου
(13c) οἱ ἄγγελοι διηκόνουν αὐτῷ

Sulla base di questi indizi letterari e tematici, che creano connessioni e corrispondenze, si può considerare il testo di 1,1-13 ben compatto e articolato, divisibile in due sequenze (1,1-8; 9-13), a loro volta formate da cinque microsequenze: 1,1 (l'inizio); 1,2-4 (l'apparizione di Giovanni secondo la Scrittura); 1,5-6 (la sua attività, le vesti e il cibo); 1,7-8 (il contenuto della sua predicazione, l'annuncio di uno «più forte» che viene e conferisce un battesimo di Spirito Santo); 1,9-11 (la comparsa di Gesù); 1,12-13 (l'azione dello Spirito)[35].

---

[34] L'uso in senso assoluto di ἡ ἔρημος è riservato solo all'introduzione di 1,1-13: altrove (1,35.45; 6,31.32.35) Marco usa ἔρημος.

[35] Per W. MARXEN, L'evangelista, 21, l'introduzione di 1,1-13 è costituita da singole pericopi elaborate da Marco, distinte in modo chiaro l'una dall'altra: «Prima di 1,14 (καὶ μετά...) si ha 1,12ss. (καὶ εὐθύς...); prima ancora 1,9-11 (καὶ ἐγένετο...), che è preceduto da 1,7s. (καὶ ἐκήρυσσεν...), e prima ancora da 1,4ss». In un recente studio è stata suggerita un'ipotesi di struttura letteraria di Mc 1,1-13 da M.A. TOLBERT, Sowing, 74: un'unità retorica di quattro sezioni strutturate attentamente sul modello ABB'A'. Il motivo

CAP. I: L'INIZIO DEL VANGELO E LA FIGURA DI ELIA 71

Tenendo conto di tutti i criteri letterari e interpretativi finora considerati per l'articolazione dell'unità letteraria di Mc 1,1-13 e soprattutto dei diversi livelli linguistici utilizzati, possiamo a questo punto disegnare la struttura interna del prologo di Marco[36]:

a) Mc 1,1-8

---

(1) Ἀρχὴ τοῦ εὐαγγελίου Ἰησοῦ Χριστοῦ   [υἱοῦ θεοῦ]

---

(2) Καθὼς γέγραπται ἐν τῷ Ἠσαΐα τῷ προφήτῃ,
    Ἰδοὺ ἀποστέλλω τὸν ἄγγελόν μου πρὸ προσώπου σου,
              ὃ κατασκευάσει τὴν ὁδόν σου·
(3) φωνὴ βοῶντος ἐν τῇ ἐρήμῳ·
    Ἑτοιμάσατε τὴν ὁδὸν κυρίου,
    εὐθείας ποιεῖτε τὰς τρίβους αὐτοῦ
(4) ἐγένετο Ἰωάννης [ὁ] βαπτίζων ἐν τῇ ἐρήμῳ
    καὶ κηρύσσων βάπτισμα μετανοίας εἰς ἄφεσιν
                                         ἁμαρτιῶν

---

(5) καὶ ἐξεπορεύετο πρὸς αὐτὸν πᾶσα ἡ Ἰουδαία χώρα
    καὶ οἱ Ἱεροσολυμῖται πάντες
    καὶ ἐβαπτίζοντο ὑπ' αὐτοῦ ἐν τῷ Ἰορδάνῃ ποταμῷ
    ἐξομολογούμενοι τὰς ἁμαρτίας αὐτῶν
(6) καὶ ἦν ὁ Ἰωάννης ἐνδεδυμένος τρίχας καμήλου
    καὶ ζώνην δερματίνην περὶ τὴν ὀσφὺν αὐτοῦ,
    καὶ ἐσθίων ἀκρίδας
    καὶ μέλι ἄγριον

---

chiave per segmentare l'unità in struttura chiastica è la ripetizione del verbo ἐγένετο in vv. 4.9.11. Si può obiettare che la prima unità inizia con *arch.* e non con ἐγένετο. Inoltre usando ἐγένετο come segnale di divisione tra i vv. 10 e 11, la voce dal cielo viene disgiunta dalla scena del battesimo e collegata al soggiorno di Gesù nel deserto. L'argomento anaforico, a nostro avviso, può essere valido solo per la divisione di 1,1-8 (considerando 1,1-3 come l'antefatto) e in 1,9-13.

[36] La sezione introduttiva di Marco presenta un'articolazione complessa che rende difficile una chiara determinazione dei fili sequenziali e del loro collegamento. Per questo motivo nello schema della struttura interna vengono considerate solo le corrispondenze principali, poiché si ritiene impossibile dare ad ogni elemento un posto adeguato.

> (7) καὶ ἐκήρυσσεν λέγων, Ἔρχεται ὁ ἰσχυρότερός μου ὀπίσω μου,
> οὗ οὐκ εἰμὶ ἱκανὸς κύψας λῦσαι τὸν ἱμάντα τῶν ὑποδημάτων αὐτοῦ
> (8) ἐγὼ ἐβάπτισα ὑμᾶς ὕδατι,
> αὐτὸς δὲ βαπτίσει ὑμᾶς ἐν πνεύματι ἁγίῳ

b) Mc 1,9-13

> (9) Καὶ ἐγένετο ἐν ἐκείναις ταῖς ἡμέραις ἦλθεν Ἰησοῦς
> ἀπὸ Ναζαρὲτ τῆς Γαλιλαίας
> καὶ ἐβαπτίσθη εἰς τὸν Ἰορδάνην ὑπὸ Ἰωάννου
>
> (10) καὶ εὐθὺς ἀναβαίνων ἐκ τοῦ ὕδατος εἶδεν σχιζομένους τοὺς οὐρανοὺς
> καὶ τὸ πνεῦμα ὡς περιστερὰν καταβαῖνον εἰς αὐτόν·
>
> (11) καὶ φωνὴ ἐγένετο ἐκ τῶν οὐρανῶν,
> Σὺ εἶ ὁ υἱός μου ὁ ἀγαπητός,
> ἐν σοι εὐδόκησα

> (12) Καὶ εὐθὺς τὸ πνεῦμα αὐτὸν ἐκβάλλει εἰς τὴν ἔρημον
> (13) καὶ   ἦν ἐν τῇ ἐρήμῳ τεσσεράκοντα ἡμέρας
>   πειραζόμενος ὑπὸ τοῦ Σατανᾶ,
> καὶ   ἦν μετὰ τῶν θηρίων,
> καὶ   οἱ ἄγγελοι διηκόνουν αὐτῷ

2. Analisi semantica

2.1 *Mc 1,1-8: Giovanni Battista precursore di Gesù*

2.1.1 Il titolo (v. 1)

All'inizio del racconto l'inserzione di un commento narrativo inizia a guidare il lettore nella comprensione della «vera» identità di Gesù e gli permette di cogliere, con notevole anticipo rispetto ad ogni altro personaggio umano (Giovanni Battista, i Dodici), che Gesù è il Cristo, il Messia, il Figlio di Dio[37]. Dalla voce dell'autore-narratore in 1,1 il lettore apprende che il seguito del racconto è l'*incipit* della buona novella, di cui l'attività di Giovanni Battista è la fase iniziale. Il termine ἀρχή, «punto d'inizio» secondo l'accezione comune, in Mc 1,1 regge τοῦ εὐαγγελίου Ἰησοῦ Χριστοῦ, un genitivo che relativizza la portata del concetto di «inizio» e sottolinea che la parola più importante della frase nominale è τοῦ εὐαγγελίου[38]. Il termine εὐαγγέλιον in 1,1, più che indicare il titolo di una biografia[39], evoca nei lettori la figura del

---

[37] Il commento narrativo è uno dei canali privilegiati con cui il narratore può trasmettere al lettore notizie che restano ignote ai personaggi della storia, ma soprattutto rendergli noto il proprio punto di vista, cf. J. D. KINGSBURY, *Matteo*, 44-45; D. RHOADS – D. MICHIE, *Mark as Story*, 37-38.40-41; D. MARGUERAT – Y. BOURQUIN, *Per leggere*, 106. Cominciando il racconto con una frase nominale, Marco segue la consuetudine degli scritti profetici, didattici e apocalittici che nel periodo del giudaismo tracciavano le linee essenziali del libro con una frase priva di predicato, cf. E. LOHMEYER, *Das Evangelium*, 10; W. EGGER, *Metodologia*, 53: il titolo di υἱοῦ θεοῦ posto da Marco all'inizio del suo racconto genera una tensione che attraversa l'intero vangelo e guida il lettore. J.D. KINGSBURY, «The Significance», 96: «Mark apprises the reader of his own understanding of Jesus' identity in the epigraph he has placed at the head of his story: "The beginning of the gospel of Jesus Christ, Son of God" (1:1)». K. STOCK, «Gesù», 245: il terzo elemento di 1,1, «Ἰησοῦ Χριστοῦ [υἱοῦ θεοῦ]», mostra il contenuto principale della predicazione marciana. Inoltre la maggioranza degli esegeti ritiene Mc 1,1 di natura redazionale e non tradizionale: specialmente R. PESCH, *Il Vangelo*, I, 135-146, pur riconoscendo il carattere pre-marciano dell'introduzione, sostiene che il v. 1 è redazionale. Anche R. BULTMANN, *Historia*, 304: «...el v. 1 es obra redaccional del evangelista». Sulla stessa linea è W. MARXSEN, *L'evangelista*, 96, secondo cui «*euangelion*, in tutti i passi che ricorre, risale alla mano redazionale di Marco (1,1.14s.; 8,35; 10,29; 13,10; 14,9)».

[38] In F. ZORREL, *Lexicon*, sotto la voce ἀρχή, a proposito di Mc 1,1 si specifica: *rei initium, inchoatio*. Per una esplorazione del termine ἀρχή in tutta l'opera di Marco: A. WIKGREN, «Αρχη του ευαγγελιου», 11-20; R. TREVIJANO ETCHEVERRÍA, *Comienzo*, 1-4; A.L. de SANTIS, «Mc 1,1», 178-182.

[39] Il v. 1 viene inteso in vari modi: come intestazione agli eventi che costituiscono il messaggio del vangelo da J. SCHMID, *L'Evangelo*, 26; come titolo del libro da R.

messaggero o dell'araldo che in Isaia proclamava la venuta del Regno di Dio e quindi del tempo della salvezza (Is 40,9-11; 52,7; 61,1)[40]. A conferma di tale comprensione interviene la citazione, in Mc 1,3, del testo di Is 40,3, che proprio nel v. 9 presenta dei riferimenti a «colui che annuncia la buona novella» (ὁ εὐαγγελιζόμενος) in Sion e in Gerusalemme. Il termine εὐαγγέλιον, raramente usato nel greco classico, ricorre con frequenza nella traduzione dei LXX, dove la forma verbale εὐαγγελίζομαι esprime il lieto annunzio della liberazione rivolto ai Giudei esuli in Babilonia (Is 40,9; 52,7) e ai rimpatriati che si erano ristabiliti a Gerusalemme (Is 61,1)[41]. La primitiva tradizione cristiana ha adottato il termine εὐαγγέλιον per designare la proclamazione pubblica della salvezza portata da Gesù (1Ts 2,9; Gal 2,2; Rm 2,1.16). Con tale significato è usato da Marco in altri contesti del suo racconto: 1,14-15; 8,35; 10,29; 13,10; 14,9. Non si tratta di una qualsiasi buona notizia[42], ma di una notizia ben determinata, con un riferimento non equivoco all'azione salvifica. Si deve, quindi, supporre che in 1,1 il termine non sia una mera indicazione bibliografica, ma abbia un'accezione più ampia, teologica: esprime programmaticamente l'annunzio della salvezza, di cui si vuole dare un resoconto scritto[43].

PESCH, *Il Vangelo*, I, 141; V. TAYLOR, *Marco*, 132; W. FENENBERG, *Der Markusprolog* 149; C.E.B. CRANFIELD, *The Gospel*, 32. Per altri si riferisce non al libro di un evangelista, ma all'evento del Vangelo: E. LOHMEYER, *Das Evangelium*, 10; R. TREVIJANO ETCHEVERRÍA, *Comienzo*, 5. Per V. FUSCO, «Introduzione», 56: «Non è un titolo Mc 1,1: ἀρχὴ τοῦ εὐαγγελίου Ἰησοῦ Χριστοῦ, dove εὐαγγέλιον ovviamente non designa ancora lo scritto ma l'annunzio (orale) della salvezza, e 'ἀρχή il suo inizio storico: sia che Ἰησοῦ Χριστοῦ s'intenda come genitivo oggettivo, e indichi quindi la predicazione cristiana (cf. 8,35; 10,29; 13,10; 14,9); sia che qui s'intenda come genitivo soggettivo e indichi la predicazione di Gesù stesso (cf. 1,14-15) o voglia abbracciare in qualche modo entrambi gli aspetti». D.J. HARRINGTON, *Il Vangelo*, 779.

[40] G. FRIEDRICH, «εὐαγγελίζομαι», 1027. 1043-1047: per la comprensione del termine εὐαγγέλιον è rilevante la concezione del messaggero di gioia del Deuteroisaia. Tale idea è mantenuta viva dal giudaismo: il messaggero atteso, inizialmente anonimo (Ml 3,1), è Elia, il precursore del Messia o il Messia stesso. L'attesa del messaggero è un tema costante e vivo a partire dall'AT, fino al tempo di Gesù. Sul genere letterario «vangelo» sono interessanti le annotazioni di H. ZIMMERMANN, *Metodologia*, 117-120.

[41] J. MARCUS, *Mark 1-8*, 146.

[42] Tale aspetto viene espresso con il termine ἡ εὐαγγελία, che non è mai utilizzato nel NT forse per evitare confusioni con il carattere più pregnante di τὸ εὐαγγέλιον.

[43] Si può discutere se già nel NT il termine τὸ εὐαγγέλιον abbia designato il libro; L.E. KECK, «The Introduction», 352-370, ritiene che in Mc 1,1 vi sia un riferimento al vangelo inteso come libro che contiene le parole e le azioni di Gesù: «Mark clearly does not mean simply 'good report' but the Christian Message (357) [...] what Mark

CAP. I: L'INIZIO DEL VANGELO E LA FIGURA DI ELIA

«La buona notizia di Gesù Cristo»: l'espressione potrebbe essere intesa sia come un genitivo oggettivo, la buona novella su Gesù Cristo, sia come un genitivo soggettivo, la buona novella che Gesù Cristo stesso annunzia[44]. Il genitivo Ἰησοῦ Χριστοῦ nell'ambito di 1,1-15 presenta al lettore la figura di Gesù come il messaggero del vangelo e nel seguito del racconto come colui che proclama la buona novella; nella parte finale si giunge, poi, alla comprensione sorprendente che, oltre allo stesso Gesù, soprattutto la sua morte in croce e la sua resurrezione sono il contenuto del vangelo[45]. Quindi la formulazione marciana «vangelo di Gesù Cristo» spinge il lettore a considerare il vangelo come una buona notizia di cui Gesù è sia il portatore, sia il contenuto. L'attività di Giovanni Battista, che annuncia il Cristo come il «più forte» e lo battezza, costituisce la fase propriamente introduttiva dell'ἀρχὴ τοῦ εὐαγγελίου.

Le prime parole (1,1) dell'opera di Marco sono l'esordio con cui l'autore annuncia il titolo del suo argomento, per poi nascondersi come narratore dietro le quinte del racconto[46]. Ma nello stesso tempo esse de-

---

is about to tell as the ἀρχή of the gospel of Jesus Christ refers neither simply to John as the forerunner nor simply to Jesus' own preaching (*ipsissima verba*) but to the Christian gospel which has Jesus as its content and starting-point (359)». Per R. PESCH, *Il Vangelo*, I, 33-37, con il termine «vangelo» Marco è il creatore di un nuovo genere letterario.

[44] Alla discussione di tale questione, che richiede un'attenta analisi del contesto di Mc 1,1 e dell'intero vangelo di Marco, ha dato un valido contributo lo studio di G. DAUTZENBERG, «Die Zeit», 219-225. Anche in Apc 1,1 il genitivo «di Gesù Cristo» può avere entrambe le sfumature: oggettiva e soggettiva. Interessante è l'indicazione interpretativa di K. STOCK, «Gesù», 245: «Esprime la qualità del contenuto. Non si tratta di un principio filosofico [...]: si tratta di una notizia» riguardante un evento reale della storia. L'evento che Gesù è il Cristo, il Figlio di Dio viene annunciato come la buona notizia. Cf. M.E. BORING, «Mark 1:1-15», 71 n.16; J. MARCUS, *Mark 1-8*, 146-147.

[45] Degno di nota il dinamismo del rapporto tra atto ed evento della proclamazione evangelica evidenziato da V. FUSCO, «Introduzione», 58: «In Marco l'εὐαγγελίου Ἰησοῦ Χριστοῦ, non è tanto il contenuto quanto l'atto, l'evento stesso della proclamazione, di cui il racconto ripercorre la storia risalendo fino alla sua ἀρχή. Questa storia però, sviluppandosi fino alla morte e resurrezione di Gesù, entra a far parte essa stessa del contenuto dell'annuncio salvifico. Tale identità a sua volta autorizza i lettori a trasferire τὸ εὐαγγέλιον da indicazione del contenuto a designazione del racconto stesso».

[46] J. SCHMID, *L'Evangelo*, 25. Sui mezzi retorici del narratore nel vangelo di Marco: D. RHOADS – D. MICHIE, *Mark as Story*, 35-43; D. MARGUERAT – Y. BOURQUIN, *Per leggere*, 106-123; F.J. MATERA, «The Prologue», 4; V. FUSCO, «Introduzione», 81: l'indicazione iniziale di Gesù come il Cristo, Figlio di Dio, mostra «il punto di vista» pasquale ed ecclesiale del narratore.

finiscono il suo atteggiamento rispetto ai lettori: Marco non intende solo narrare una storia, ma essere egli stesso un messaggero che reca una buona notizia. E persino il lettore, che ascolta «il vangelo di Gesù Cristo» e lo vive, ne diviene messaggero[47].

2.1.2 Giovanni, il messaggero promesso (vv. 2-4)

a) *La clausola καθὼς γέγραπται (v. 2a)*

Non appartiene allo stile di Marco l'utilizzo, come incipit di una frase, della congiunzione καθώς, che introduce un discorso diretto in 1,2bc e uno indiretto in 1,3. Per di più nel NT la formula καθὼς γέγραπται segue[48] e non precede una citazione veterotestamentaria[49].

Ma motivi di costruzione sintattica, come l'aoristo iniziale del v. 4 senza δὲ o καί, suggeriscono di legare la citazione direttamente con la comparsa di Giovanni secondo la scansione di apodosi (v. 4) e protasi (v. 2)[50]. La clausola καθὼς stabilisce una corrispondenza tra l'annuncio

---

[47] G. FRIEDRICH, «εὐαγγελίζομαι», 1048. W. MARXSEN, *L'Evangelista*, 95-97, ha spiegato convincentemente che «il vangelo di Marco» in quanto tale è un appello; esso va letto come *kerigma* (come predicazione) e non è affatto un resoconto, un «semplice ricordo dell'operato di Gesù».

[48] At 7,42; 15,15; Rm 1,17; 3,4.10; 4,17; 9,13.33; 11,8.26; 15,3.9.21; 1Cor 1,31; 2Cor 8,15; 9,9. Solo in tre casi precede la citazione: Rm 8,36; 10,15; 1Cor 2,9. S. PELLEGRINI, *Elija*, 183: normalmente nel NT la clausola καθὼς γέγραπται viene impiegata non all'inizio, ma alla fine di una citazione.

[49] R.P. MERENDINO, «Testi», 4-5: di solito nel NT le citazioni introdotte da καθὼς γέγραπται si relazionano a un testo veterotestamentario che precede la formula stessa. Tale uso trova conferma in Mc 7,6; 9,13; 14,21, eccetto 1,2a.

[50] S. LÉGASSE, *Marco*, 62-63. L'annuncio profetico dell'AT sul ministero di Giovanni Battista è incluso in una struttura sintattica eccezionale, che mostra un forte legame tra ciò che sarà affermato sul Battista e la profezia veterotestamentaria: la citazione profetica è inserita tra la subordinata καθὼς γέγραπται e la principale (vv. 4-8); E. LOHMAYER, *Das Evangelium*, 11: la locuzione biblica καθὼς γέγραπται introduce una sentenza, unica nel suo genere in Marco, che regola l'orientamento degli avvenimenti che saranno narrati; F. LENTZEN-DEIS, *Comentario*, 27; E. SCHWEIZER, *Il Vangelo*, 34, suggerisce che la traduzione più aderente al significato di καθὼς sarebbe «come...» (e non «come sta scritto nel profeta Isaia») «così apparve Giovanni il Battista nel deserto». Ma la sintassi di questo passo è e rimane ancora controversa, A. NICCACCI, «La narrativa», 69; J. DELORME, «Évangile», 378-379. Per E. SCHWEIZER, *Il Vangelo*, 32, le due citazioni dell'AT (2b-3) «anche se in senso stretto esse si riferiscono solo a 1,4-8, costituiscono una specie di soprascritta». Per un quadro completo delle discussioni sulla collocazione formale di καθὼς γέγραπται vedi S. PELLEGRINI, *Elija*, che, dopo aver vagliato varie possibilità sintattiche di spiegazione, conclude che la citazione (1,2-3) rappresenta per l'interpretazione dapprima lo sfondo per la comparsa del Battista; solo dopo, la comparsa del Battista (1,2-4) deve essere compresa come inizio del vangelo.

profetico e la comparsa del Battista⁵¹. Il perfetto γέγραπται implica un'azione del passato i cui effetti si realizzano nel presente mediante l'aoristo ἐγένετο di 1,4⁵² e suggerisce che una profezia scritta non è una lettera morta, ma una forza che vive nel presente.

Sebbene l'espressione καθὼς γέγραπται introduca la citazione scritturistica di Es/Ml e orienti il racconto verso ciò che segue, nondimeno crea un nesso tra quanto «è scritto in Isaia» e l'ἀρχὴ τοῦ εὐαγγελίου del v. 1⁵³. In tal caso la frase nominale del v. 1 riceve una prima concreta precisazione in ciò che segue (vv. 2b-4)⁵⁴. Per Marco l'inserimento della citazione mista di 1,2b-3 tra il v. 1 e i vv. 4-8 è di notevole importanza, perché mostra come gli eventi precedenti la venuta di Gesù e quelli che caratterizzarono la sua esistenza seguono il piano salvifico di Dio contenuto nelle profezie scritturistiche⁵⁵. L'adempimento della profezia dell'AT non

---

⁵¹ W. GRUNDMANN, *Das Evangelium*, 35: la congiunzione καθὼς mostra che la promessa che sta per compiersi qualifica la comparsa e l'attività del Battista come azione di Dio; per S. PELLEGRINI, *Elija*, 184, la citazione di Mc 1,2-3 prepara molti elementi della comparsa di Giovanni.

⁵² Spesso in Marco il perfetto γέγραπται rimanda all'AT: 1,2; 7,6; 9,12.13; 11,17; 14,21.27. Il perfetto, che denota un'azione passata con effetti perduranti nel presente, esprime la perenne validità e autorità della Scrittura; cf. E. LOHMEYER, *Das Evangelium*, 11, n. 1: il perfetto dà il senso della durata che caratterizza la parola scritta; V. TAYLOR, *Marco*, 32; J. MATEOS - F. CAMACHO, *Il Vangelo*, I, 65; J. MARCUS, *Mark 1-8*, 147.

⁵³ S. PELLEGRINI, *Elija*, 184.186, anche se accentua e motiva il legame di Mc 1,2-3 con 1,4, nondimeno ritiene che 1,1 sia stato preposto a 1,2-4 in uno stadio secondario per chiarire il senso della citazione. E quindi nella sua analisi si allinea alla posizione di W. MARXSEN, *L'Evangelista*, 19: per scoprire i motivi che hanno guidato Marco nell'introdurre la tradizione sul Battista «è bene non partire dal primo versetto, così problematico».

⁵⁴ Secondo alcuni non esiste alcuna connessione di contenuto tra Mc 1,1 e 1,2, in quanto καθὼς s'incontra piuttosto come inizio di una nuova frase in Lc 11,30; 17,26; Gv 3,14, cf. E. HAENCHEN, *Der Weg*, 39; la costruzione in Lc è differente: καθὼς... οὕτως. M.-E. BOISMARD, «Évangile», 323, suggerisce di inserire un'interpunzione tra 1,1 e 1,2. Per W. GRUNDMANN, *Das Evangelium*, 35, il καθὼς offre una prima motivazione dell'esplicitazione contenuta in 1,1; J. DELORME, «Évangile», 378, adotta una lettura fondata sull'osservazione che nel NT una citazione scritturistica introdotta da καθὼς γέγραπται orienta normalmente su ciò che precede; adotta tale procedimento anche in un altro suo studio, «"Commencement"», 159-168. Per la discussione sulle possibilità di collegamento sintattico nei vv. 1-4, cf. W. FENENBERG, *Der Markusprolog*, 186-189; R. TREVIJANO ETCHEVERRÍA, *Comienzo*, 7-14.

⁵⁵ J. MARCUS, *Mark 1-8*, 147; S. PELLEGRINI, *Elija*, sull'interpretazione tradizionale della citazione di 1,2-3, afferma che Marco intende dimostrare al lettore che il vangelo di Gesù Cristo si svolge secondo l'autorità della Scrittura. Di conseguenza in Giovanni si avrebbe il compimento dell'attesa escatologica.

è circoscritto ad un evento qualsiasi come il ministero del Battista, ma si realizza in tutto ciò che accadrà con la venuta di Gesù. Perciò l'evangelista, all'inizio della sua opera, come narratore collega la comparsa del Battista e la storia di Gesù con tempi risalenti all'AT, collocando gli inizi di ciò che si appresta a narrare nel contesto di una storia più ampia e segnata da molteplici eventi salvifici. Oltrepassando i confini temporali del suo racconto, Marco intende mostrare che la storia di Gesù, per quanto sia inedita, fa parte di un universo più grande[56].

Intanto i lettori che conoscono l'AT, dinanzi a questa formula di introduzione che lega l'εὐαγγελίου Ἰησοῦ Χριστοῦ alla profezia di Isaia, sono posti davanti ad un'attribuzione non tecnicamente corretta, poiché soltanto 1,3 (la descrizione di colui che grida nel deserto) è realmente desunta da Isaia, mentre 1,2b (la descrizione del messaggero) è una mescolanza di Es 23,20 e Ml 3,1[57].

Potrebbe trattarsi non tanto di un'inavvertenza[58] da parte di Marco nell'attribuire due passi di autori diversi alla stessa fonte, quanto di un richiamo a una tradizione in cui questi due passi dell'AT erano già uniti. Il contenuto di tali «testimonianze» sarebbe stato ripreso in 1,2b per sottolineare che il disegno prestabilito di Dio si avverava in quegli eventi del vangelo[59].

---

[56] B.M.F. van IERSEL, *Marco*, 83.

[57] Tale combinazione di testi dell'AT è comune in Marco (1,11; 12,36; 14,24.27.62), cf. H.C. KEE, «The Function», 181, e altrove nel NT (Mt 27,9-10; Rm 3,11-18; 9,25-26; 1Pt 2,6-8). Gli esempi di Marco mostrano che la citazione di un passo veterotestamentario non sempre è strettamente collegata al nome dell'autore della fonte. La giustapposizione dei due testi sotto un unico titolo è stata spiegata in vari modi: A. FARRER, *A Study*, 55, sostiene che qui Marco segua l'uso, vigente nelle sinagoghe, di leggere o spiegare un passo profetico come commento alla Legge. Nel nostro contesto tale usanza fa corrispondere al testo profetico di Isaia il passo di Es 23,20, integrandolo con il senso di Ml 3,1. Cf. C.H. DODD, *Secondo*, 23.59; K. STOCK, *Le pericopi*, 40; S. PELLEGRINI, *Elija*, 188-189.

[58] E. LOHMEYER, *Das Evangelium*, 11: per tale inavvertenza di Marco pensa all'ipotesi che Mc o la sua tradizione abbiano attinto la citazione a un florilegio di parole della Bibbia, in cui Ml 3,1 e Is 40,3 erano combinati insieme. Tale possibilità, insieme ad altre, viene ripresa da M.D. HOOKER, *The Gospel*, 35: Marco avrebbe assunto la combinazione dei testi da una collezione di passi dell'AT usati dalla chiesa primitiva, attribuendoli poi erroneamente a Isaia; oppure l'evangelista avrebbe citato solo Is 40,3 e la citazione mista di Mc 1,2, data l'assenza in Mt 3,3 e Lc 3,1-6, sarebbe stata aggiunta in una fase posteriore. Ma questa assenza non consente di concludere che il v. 2 sia un'aggiunta posteriore. Cf. R.H. GUNDRY, *Mark*, 35.

[59] Per la discussione sulla provenienza delle citazioni da una raccolta di «testimonia», cf. lo studio di R. TREVIJANO ETCHEVERRÍA, *Comienzo*, 21-27; C.H. DODD, *Secondo*, 23.59.74; M.D. HOOKER, *The Gospel*, 35.

In ogni modo, per il nostro scopo non è necessario ricostruire il processo attraverso cui l'evangelista, o la sua tradizione, abbiano realizzato la natura mista di questa citazione; noi la consideriamo nella forma testuale conservataci, cioè interamente attribuita al profeta Isaia[60].

b) *La promessa del messaggero (v. 2bc)*

La citazione di Mc 1,2 non introduce semplicemente l'apparizione di Giovanni, ma offre al lettore i primi dati sui personaggi principali del racconto e una prima comprensione dell'intera opera di Dio che verrà presentata nel vangelo: il pronome ἐγώ[61] indica Dio, il mandante, che si rivolge a un σου («tu») indeterminato (v. 2b)[62] e gli invia un messaggero. Nella parola profetica di Ml 3,1 la presenza del pronome in prima persona mostra che è Jhwh colui che parla (ἐγώ) e risponde prontamente alle richieste della comunità; il genitivo del pronome personale sottolinea, per ben due volte (μου... μου), che Dio è colui che prende l'iniziativa per realizzare la sua venuta nel Tempio[63]. In Es 23,20 è sempre Dio che parla, ma il genitivo del pronome σου si riferisce a tutto il popolo d'Israele[64]. Marco sostituisce il pronome alla seconda persona σου di Es 23,20 con quello alla prima persona μου di Ml 3,1 e lo aggiunge alla parola ὁδόν di 1,2c[65].

---

[60] F.J. MATERA, «The Prologue», 7. Per una ricostruzione delle fonti della citazione di Mc 1,2-3, cf. S. PELLEGRINI, *Elijah*, 188-189.

[61] Il pronome personale, presente in Mt 11,10 davanti al primo verbo (ἐγὼ ἀποστέλλω), manca in Mc 1,2 e Lc 7,27.

[62] J. GNILKA, *Marco*, 42; J. MATEOS – F. CAMACHO, *Il Vangelo*, I, 71; K. STOCK, *Le pericopi*, 44.

[63] G. BERNINI, *Aggeo–Zaccaria–Malachia*, 337; J. MERLIN POWIS SMITH, *A Critical*, 82.

[64] J. GNILKA, *Marco*, 42; J.D. KINGSBURY, *The Christology*, 59.

[65] S. LÉGASSE, *Marco*, 63, ritiene essenziale, per l'intento di Marco, la sostituzione del pronome di prima persona con quello di seconda persona. Per J.D. KINGSBURY, The Christology, 59, i quattro genitivi (σου... σου... κυρίου... αὐτοῦ: 1,2-3) si riferiscono esclusivamente a Gesù Messia, il Figlio di Dio (Mc 1,1.11) e non a Dio (Ml 3,1; Is 40,3). A proposito dell'intertestualità come sostituzione, S. PELLEGRINI, *Elija*, 210, sostiene che l'intertesto di Es 23,20 e Ml 3,1 ha la funzione semiotica di sostituire qualcosa, è un segnale, un «etwas» (qualcosa), non tutto «alles», ma si tratta solo di una piccola porzione che prende il posto di un testo più lungo e di una catena di implicazioni. Il lettore ha il compito di decifrare l'intenzionalità marciana della citazione mista. Sembra che Marco chieda al suo «Modell Leser», durante la lettura della citazione composta sul Battista/Elia, di pensare esplicitamente a Gesù (invece che al contesto di Ml o di Es). Sull'intenzionalità della citazione in genere si può consultare H.F. PLETT, *The Poetics*, 315: «A quotation repeats a segment derived from a pre-text within a subsequent text, where it replaces a proprie-segment».

Ma a chi si rivolge Dio con il pronome personale σου? Nel titolo dell'opera solo due nomi sono stati menzionati: Gesù e Isaia. Se il secondo va escluso perché l'espressione ἐν τῷ Ἡσαΐᾳ τῷ προφήτῃ si riferisce al libro e non alla persona del profeta, il personaggio a cui Dio si rivolge non può essere che Gesù, il Messia, il Figlio di Dio (1,1)[66]. La combinazione di Ml 3,1 con Es 23,20 trasforma la citazione composta in un'allocuzione di Dio al Messia, del quale Elia era considerato precursore[67].

Così fin dall'inizio del vangelo i personaggi sono definiti attraverso le loro relazioni. Innanzitutto il modo diretto con cui Dio si rivolge a Gesù lascia intravedere una relazione di confidenza e stretta familiarità tra i due e fa presagire quella voce divina che solo il Figlio, al momento del battesimo, udrà (1,11)[68]. Una stretta relazione senza precedenti tra Gesù e Dio è anche implicita nel parallelismo creato dalle citazioni dell'AT tra la via di Gesù e quella del Signore.

Intanto anche il messaggero sollecita l'attenzione del lettore:

Mc 1,2b: Ἰδοὺ ἀποστέλλω τὸν ἄγγελόν μου πρὸ προσώπου
σου

Es 23,20: ἰδοὺ ἐγὼ ἀποστέλλω τὸν ἄγγελόν μου προσώπου
σου

Ml 3,1: ἰδοὺ ἐγὼ ἐξαποστέλλω τὸν ἄγγελόν μου...πρὸ
προσώπου μου

È evidente una ripresa letterale di Mc 1,2b (ad eccezione di καὶ ed ἐγώ) dalle citazioni veterotestamentarie di Es 23,20 + Ml 3,1 e Is 40,3 per creare una corrispondenza tra l'invio divino di un messaggero e la sua realizzazione all'inizio del vangelo[69]. Il testo combinato di Ml 3,1 ed Es

---

[66] Per R.H. GUNDRY, *Mark*, 30, questa sarebbe una delle ragioni per leggere i vv. 2-3 con il v. 1.

[67] R. PESCH, *Il Vangelo*, I, 146; J. GNILKA, *Marco*, 42; M. ÖHEL, *Elia*, 34; J.D. KINGSBURY, *The Christology*, 56-57.

[68] J. MARCUS, *Markus 1-8*, 147.

[69] Secondo R. PESCH, *Il Vangelo*, I, 145, i testi di Es 23,20 e Ml 3,1 presentano un processo di assimilazione già nella LXX:
 a) Es 23, 20: מַלְאָךְ – τὸν ἄγγελόν μου
   Ml 3,1 : מַלְאָכִי – τὸν ἄγγελόν μου
 b) Es 23, 20: הִנֵּה אָנֹכִי – καὶ ἰδοὺ ἐγὼ
   Ml 3,1 : הִנְנִי – ἰδοὺ ἐγὼ

Sull'ipotesi che Marco abbia elaborato parti della sua tradizione sul Battista nel prologo programmatico di 1,1-15, esistono delle eccellenti analisi: G. DAUTZENBERG, «Die Zeit», 225-231 (sulle questioni relative all'antefatto letterario o preistoria); R.

23,20 in Mc 1,2b non può essere attribuito all'opera redazionale di Marco. Con una forma del tutto identica ricorre in una tradizione indipendente da Marco: Mt 11,10 e Lc 7,27[70]. La critica letteraria ritiene l'accostamento dei due testi come anteriore alla formazione delle tradizioni accolte dai Sinottici[71]. Per alcuni esegeti l'attribuzione della citazione mista a Isaia avvalora la possibilità che Mc 1,2b (frutto dell'accostamento di Ml 3,1/Es 23,20) sia dovuto all'intervento di un glossatore. Toglie plausibilità a siffatta ipotesi l'ulteriore ricorso ad Elia in Mc 1,6. Quest'ultimo indizio conferma l'intento della redazione marciana di comprendere la figura di Giovanni Battista con il ruolo e i tratti dell'Elia escatologico. Inoltre non si può convalidare l'ipotesi di 1,2b come una chiosa redazionale, in quanto manca un supporto testuale[72]. Il senso dei testi veterotestamentari compresi nella citazione combinata di Mc 1,2b (Mt 11,10//Lc 7,27) si arricchisce di nuove accezioni rispetto al loro contesto di provenienza[73].

Il passo di Es 23,20, da cui viene prelevata in modo esatto la frase principale di 1,2b, sottolinea l'intervento di Dio che, rivolgendosi a Mosè e, attraverso lui, a tutto Israele, promette di inviare un angelo perché sia guida e protezione nel cammino verso la Terra promessa (23,20). Il messaggero è qualificato come inviato di Ihwh (TM: «מַלְאָכִי»; LXX: «ὁ ἄγγελός μου», v. 23) e ne ha tutta l'autorità: «Perché il mio nome è in lui» (v. 21). In tal modo Dio è presente in mezzo al suo popolo per guidarlo nel cammino verso la terra promessa (Es 32,34; 33,2-3.12.14-16; 34,9; 13,21; 40,36-38)[74].

PESCH, «Anfang», 116-123.140 (sull'attività redazionale di Marco); J. ERNST, *Johannes*, 4-12, presenta un'interessante sintesi delle varie analisi a livello di tradizione e redazione realizzate sulla figura di Giovanni in Mc 1,1-15, con la conclusione che il problema delle origini precristiane della relazione Elia resta ancora aperto. Specifico sull'uso marciano delle tradizioni del Battista il recente studio di M. TILLY, *Johannes*, 31-56.

[70] In un elemento Mc 1,2b differisce dalla fonte di Mt/Lc: l'espressione ἔμπροσθέν σου. Tale variazione si può spiegare per il legame della citazione mista con Is 40,3.

[71] Per R. PESCH, *Il Vangelo*, I, 78, nella traduzione dei LXX si può notare una contaminazione tra i due testi. H.L. STRACK – P. BILLERBECK, *Kommentar*, I, 597: già l'interpretazione giudaica leggeva Ml 3,1 in riferimento a Es 23,20. L'origine della citazione mista potrebbe provenire dai circoli del Battista, ma Marco l'avrebbe sicuramente attinta dalla tradizione cristiana, dove era utilizzata per definire il ruolo di Giovanni-Battista nel piano di Dio. É. TROCMÉ, *L'Évangile*, 22-23.

[72] V. TAYLOR, *Marco*, 153.

[73] Nelle citazioni dell'AT per quanto riguarda il testo e il significato non possiamo limitarci a confrontare il passo originario con la citazione: occorre scoprire i nuovi sensi che Marco ha inteso conferire inserendole nel suo racconto.

[74] M. TILLY, *Johannes*, 32; S. PELLEGRINI, *Elijah*, 192-194.

Dopo Es 23,20 la figura del messaggero ricorre in Ml 3,1, dove l'attenzione è rivolta alla decisione di Dio che annuncia la propria venuta. Per realizzare tale evento, il veggente annuncia l'imminente avvento di un messaggero celeste che prepari la via che Dio stesso percorrerà[75]. Sviati dalla palese assonanza tra sostantivo e nome proprio, esegeti contemporanei sostengono che l'appellativo מַלְאָכִי/ἄγγελον di Ml 3,1 sia da riferirsi all'autore del libro. Si può obiettare a una tale ipotesi ricordando che il messaggero di 3,1 appartiene al futuro escatologico e che l'editore del libro profetico di Malachia lo identifica con il profeta Elia che ritorna (3,23)[76].

Del testo profetico di Ml 3,1 Marco riporta solo la prima parte, quella sull'invio del messaggero che prepara il cammino. Tralascia, invece, il motivo dell'intervento dell'angelo dell'alleanza, anch'esso oggetto dell'attesa del popolo e incaricato di purificare il sacerdozio levita. La distinzione tra le due figure è già presente all'interno di Ml 3,1 con il cambiamento del discorso dalla prima persona in v. 1a (τὸν ἄγγελόν μου) alla seconda in 1,2d (ὁ ἄγγελος τῆς διαθήκης)[77].

L'identità di questo misterioso messaggero di Jhwh è stato oggetto di alcune interpretazioni all'interno dell'AT. In Os 12,13 la figura di Mosè che accompagna Israele nell'esodo dall'Egitto viene identificata con i tratti di un profeta[78]. Ml 3,1 potrebbe aver ripreso questa tradizione profetica, collegandola alla promessa di un profeta come Mosè in Dt 18,15-18 e interpretandola in senso escatologico[79]. Ma nel paragrafo finale del libro di Malachia (3,22-23) l'enigmatico emissario di Ml 3,1 è identificato con Elia, il precursore escatologico che torna dal

---

[75] La figura del messaggero (Ml 3,1a) rientra in un'unità tematica e stilistica abbastanza delineata: l'imminente venuta del giorno di Jhwh (Ml 2,17-3,6). D.L. PETERSEN, *Zechariah 9-14 – and Malachi*, 210, ritiene che Ml 3,1 sia un'eco di Es 23,20. Per un ulteriore approfondimento sull'enigmatico messaggero si può ricorrere ad alcuni studi di Ml 3,1: A. ŠKRINJAR, «Angelus», 44-48; I. FRANSEN, «Le messager», 53-56; G. WALLIS, «Wesen», 229-237; B.V. MALCHOW, «The Messenger», 252-255; F.J. MATERA, «The Prologue», 7.

[76] B.S. CHILDS, *Introduction*, 492-494; M. ÖHLER, *Elia*, 32.

[77] Lo stato della discussione tra fautori e contrari all'identificazione delle due figure in Ml 3,1ab è descritto in T. CHARY, *Les Prophètes*, 176-178.

[78] Il tema di Mosè profeta, a cui si allude in Os 12,13, è noto nel giudaismo ellenistico e palestinese, cf. J. JEREMIAS, «Μωϋσῆς», 775-776; S.P. CARBONE – G. RIZZI, *Osea*, 239.

[79] J. BLENKINSOPP, *Storia*, 256, sostiene che in tale forma l'attesa di un profeta escatologico permane sino al periodo del secondo Tempio ed è attestata nelle prime testimonianze scritte dei cristiani.

cielo, prima della fine, per riunire Israele diviso. Anche se tale interpretazione di Ml 3,1 è tardiva rispetto alla composizione dell'intero scritto profetico, nondimeno si allinea al linguaggio teologico con cui la prosa di Malachia descrive il messaggero come una figura profetica[80].

Ad una prima lettura il testo di Ml 3,1a sembra essere lineare e di facile comprensione, ma in realtà pone grossi problemi di individuazione del personaggio preannunciato. Chi è questo messaggero che Dio invierà? Se da una parte viene indicata la sua missione – preparare gli animi (Ml 3,1a: וּפִנָּה; Mc 1,2c: κατασκευάσει) ad accogliere il Signore e quindi rimuovere ogni ostacolo religioso, morale o politico che impedisce la venuta tanto desiderata di Jhwh –, dall'altra non viene fornito alcun dettaglio sulla natura di questo misterioso personaggio. Il messaggero non è individuato in maniera specifica, ma impersonalmente è colui che precede il Signore e ne prepara la via[81].

Intanto all'interno dello stesso libro di Malachia è possibile cogliere una connessione tra il messaggero precursore (Ml 3,1) e la figura di Elia (3,23) attraverso indizi letterari che mostrano delle similitudini. Un primo indizio è la particella esclamativa ἰδού (הִנֵּה) in 3,23, che rimanda a quelle precedenti in 3,1 e 2,3; un secondo segnale di corrispondenza riguarda la frase principale «io manderò» in 3,1, ripresa in 3,23:

(23) הִנֵּה וְאָנֹכִי שֹׁלֵחַ לָכֶם אֵת אֵלִיָּה
(1) הִנְנִי שֹׁלֵחַ מַלְאָכִי
(3) הִנְנִי גֹעֵר לָכֶם אֶת־הַזֶּרַע

---

[80] A proposito dell'identificazione del messaggero di Ml 3,1 con l'Elia *redivivus* di Ml 3,23, W. FENENBERG, *Der Markusprolog*, 191, sostiene: «Wegen Mal 3,23 ist dieser Engel Jhwes im Judentum als Elija *redivivus* Konkretisiert. Die älteste Belegstelle für diesen Glaubensartikel der alten Synagoge von der Wiederkunft des Elija ist Sir 48,10f»; W.C. KAISER, «The Promise», 223-225; J. BLENKINSOPP, *Storia*, 255-256.

[81] L'interpretazione delle tre figure del v. 1 non è semplice, perché alla promessa del messaggero preparatorio si aggiunge l'annuncio dell'arrivo al suo tempio di un הָאָדוֹן e di un nuovo messaggero, l'angelo dell'alleanza (מַלְאַךְ הַבְּרִית). Nel suo studio sulla figura di Elia nel NT, M. ÖHLER, *Elia*, 3, ricorda l'esistenza di tre direttive nell'esegesi: a. nell'insieme le tre descrizioni indicano la stessa figura; b. il מַלְאָךְ (1a) e il מַלְאַךְ הַבְּרִית (1c) sono identici, invece אָדוֹן (1b) è Dio; c. il messaggero del patto (הַבְּרִית מַלְאַךְ: 1c) è Dio stesso (1b), mentre il messaggero di (1a) è una figura completamente diversa dalle precedenti. Le difficoltà insite in ognuna di queste possibilità dovranno essere considerate nell'analisi del ruolo di Giovanni Battista e dell'utilizzazione di Ml 3,1 in Marco. Cf. W.C. KAISER, «The Promise», 223. Per G. BERNINI, *Aggeo – Zaccaria –Malachia*, 337, le tre figure vanno distinte.

Un'ulteriore affinità avvicina la missione dell'angelo in 3,1, preparare, e quella di Elia in 3,24, ristabilire. Entrambi i verbi significano anche 'rivolgersi', 'voltarsi', e quindi implicano un cambiamento morale dell'uomo (pentirsi o convertirsi):

(1) וּפִנָּה־דֶרֶךְ לְפָנָי
(24) וְהֵשִׁיב לֵב־אָבוֹת

Dal punto di vista attanziale l'invio di un messaggero in Mc 1,2b conserva lo stesso mittente (Dio) di Ml 3,1; mentre un cambiamento si verifica per il destinatario. Il «tu» al quale Dio si rivolge non è più il popolo come in Es 23,20 (Mosè) e Ml 3,1 (Elia), ma la persona di Gesù.

L'invio divino è espresso con il verbo ἀποστέλλω, che è un'azione istantanea in un momento puntuale, e non il risultato di un processo, e caratterizza la relazione tra il mittente e l'inviato come personale e possessiva[82].

La dipendenza del verbo ἀποστέλλω in Mc 1,2b da Ml 3,1 (TM) e da Es 23,20 (LXX) è, innanzitutto, di natura letteraria: l'indicativo presente, frequente nelle profezie con valore di futuro, attesta che la promessa comincia a realizzarsi mentre Dio o il suo profeta stanno ancora parlando («prometto che manderò», «di sicuro manderò...»).

Il significato fondamentale del verbo שׁלח («lasciar andare», «inviare») è reso dai LXX con ἀποστέλλω o con la forma derivata ἐξαποστέλλω, e solo cinque volte con πέμπω. Con tale scelta i traduttori della *Septuaginta* intesero descrivere non tanto l'atto dell'invio in quanto tale – a cui corrisponde πέμπω – ma piuttosto il mandato dell'inviato: non l'azione dell'insediamento istituzionale, quanto il conferimento di un compito concreto e ben delimitato. Inoltre, quando la missione contiene un incarico, il verbo ἀποστέλλω pone enfasi su colui che invia o che conferisce la propria autorità all'inviato, il quale incarna in qualche modo il mandante (Gn 32,4; Nm 20,14; Gs 7,22; Gdc 6,35; 7,24; 9,31; Is 6)[83].

Nel vangelo di Marco il verbo ἀποστέλλω, oltre a caratterizzare l'evento della missione di Giovanni Battista, connota la designazione e l'invio di altri personaggi del vangelo[84].

A proposito della missione dei «Dodici», in Mc 3,14 il congiuntivo presente ἀποστέλλῃ specifica solo la durata dell'azione; ἵνα ἀποστέλ-

---

[82] J. MATEOS, *El aspecto*, § 251-305, espone i principi che caratterizzano i verbi con azione istantanea o risultativa, tra cui *ἀποστέλλω*.
[83] R.H. RENGSTORF, «ἀποστέλλω», 1071-1072.
[84] K. STOCK, *Boten*, 47.

λῃ αὐτοὺς κηρύσσειν: dal senso più letterale della prima traduzione, «per mandarli ad annunciare», si potrebbe giungere ad un'interpretazione più libera, «per averli come messaggeri»[85]. Il senso del verbo, in questo caso, si estende a comprendere non tanto la singola commissione, quanto la qualità di una vera e propria designazione. Anche in Mc 6,7, strettamente connesso con il testo precedente, la forma del verbo è all'infinito presente e indica ancora la qualità di stabili messaggeri di Gesù più che di esecutori di un singolo compito.

Mentre in Mc 1,2 il mandante è Dio e la figura dell'inviato è anonima, in Mc 3,14 e 6,7 il verbo esprime l'intenzione di Gesù di inviare figure storicamente individuabili. I «Dodici» non sono designati e inviati per eseguire una missione isolata, ma, come messaggeri di Gesù, devono svolgere un'attività collegata alla sua persona. L'indissolubilità tra la missione di predicare e la delega ad agire conferita loro da Gesù costituisce un aspetto essenziale e probante della realtà di incaricati e rappresentanti di Gesù.

Il verbo ἀποστέλλω, mentre nei contesti appena esaminati individua la continuità temporale e il legame dei «Dodici» con Gesù, in 1,2b ha una duplice nuova valenza. Da una parte colloca la figura del messaggero nel tempo delle promesse (Es 23,20; Ml 3,1.23), dall'altra mostra che il suo invio non è più una realtà che deve avverarsi, ma appartiene all'attualità degli eventi presenti: «Ecco di sicuro io manderò...». Tale possibilità interpretativa è supportata dalla volontà di Marco di evitare deliberatamente la forma verbale dell'aoristo, che avrebbe connotato questa missione come un incarico duraturo, con un suo valore proprio. Tuttavia non si tratta di una missione in astratto, senza un effetto prossimo, ma di un preciso compito che termina col suo adempimento: ὅς κατασκευάσει τὴν ὁδόν σου.

In Mc 1,2 il soggetto dell'ἀποστέλλειν è Dio, che ha il diritto e il potere di inviare, mentre l'oggetto è costituito da coloro che dimostrano al mittente obbedienza e prontezza di esecuzione dell'incarico (Mc 1,2-6). Tale relazione di subordinazione implica che gli inviati non agiscono in nome proprio, ma dipendono dal mandante[86].

Il motivo letterario del messaggero (ἄγγελος) in Mc 1,2b, pur situandosi in una scia di continuità con la promessa di Es 23,20 (LXX) e Ml 3,1 (TM), si arricchisce di una nuova connotazione: il destinatario non è più il popolo d'Israele, ma un «tu» indeterminato, che il lettore in base al

---

[85] K. STOCK, *Boten*, 19.
[86] K. STOCK, *Boten*, 19.

commento di 1,1 riconosce come Gesù. Delle centosettantasei ricorrenze neotestamentarie di ἄγγελος, sei si trovano in Marco, dove, ad eccezione di 1,2, si tratta di esseri angelici: essi servono Gesù (1,13); saranno con il Figlio dell'uomo quando verrà nella gloria del Padre (8,38); saranno la sembianza degli uomini quando questi risusciteranno dai morti (12,25); saranno inviati dal Figlio dell'uomo per la riunione finale degli eletti (13,27) in un giorno ignorato finanche dagli angeli (13,32).

L'articolo determinativo in 1,2 evidenzia come il messaggero sia una figura ben determinata e presente nella mente dell'autore: soltanto in questo contesto sta a indicare un essere umano[87]. È evidente, allora, il riferimento a Giovanni Battista che, prima di essere nominato esplicitamente nel v. 4, viene presentato da Marco con questa qualificazione teologica[88]. Dunque, dalla combinazione delle due citazioni veterotestamentarie in Mc 1,2bc emerge una figura di messaggero che è mandato da Dio (Ml 3,1 ed Es 20,23) non davanti a Mosè o al popolo (come in Es 23,20), ma davanti a un nuovo soggetto[89].

Inoltre l'espressione πρὸ προσώπου σου – evidente il riferimento a Es 23,20 – costituisce un'importante variazione di πρὸ προσώπου μου di Ml 3,1. Il nuovo pronome rispecchia il cambio di situazione: Ml 3,1 annuncia un messaggero che aprirà la strada davanti a Dio (che è il parlante), mentre in Marco Dio si rivolge al Figlio. Si tratta della trasformazione messianica dell'annuncio profetico. Con la variazione del pronome, inoltre, è chiaro che Dio non parla di sé stesso, ma di un altro soggetto davanti al quale invia il suo angelo[90].

---

[87] Il termine οἱ ἄγγελοι al v. 13 si riferisce solo a esseri celesti e deve tradursi con angeli. Qui il servizio degli angeli a Gesù evoca la situazione paradisiaca dove, secondo una tradizione, gli angeli diedero da mangiare e da bere ai primi esseri umani. Per J. GNILKA, *Marco*, 63, in Mc 13,27 gli angeli hanno la funzione di servire il Figlio dell'uomo. Nonostante i diversi significati, le due ricorrenze di ἄγγελος all'inizio del vangelo hanno un aspetto in comune: il servizio prestato a Gesù. Il primo ἄγγελος, Giovanni Battista, prepara il cammino di Gesù; gli altri ἄγγελοι lo servono a tavola.

[88] J. MARCUS, *Mark 1-8*, 142: «...contrary to the sense of the original, Mark understands it as a reference to a human envoy, John the Baptist».

[89] E. MANICARDI, *Il cammino*, 149.

[90] M. TILLY, *Johannes*, 32: «Indem der Evangelist nun das πρὸ προσώπου μου aus Mal 3,1 LXX durch das πρὸ προσώπου σου aus Ex 23,20 LXX und das τοῦ θεοῦ ἡμῶν in Jes 40,3 LXX durch das unbestimmte Possessivpronomen αὐτοῦ ersetzt, identifiziert er den (durch den Propheten angesagten) Kommenden als Ἰησοῦς Χριστός». R.H. GUNDRY, *Mark*, 36: il cambiamento di pronome impedisce all'uditorio di Marco di fraintendere «il Signore» con Dio piuttosto che con Gesù; K. STOCK, *Le pericopi*, 44; J. MARCUS, *Mark 1-8*, 148: «John is thus the culmination of the series of prophets in the OT».

c) *Il ruolo del messaggero (v. 3)*

La figura del messaggero annunciato in 1,2bc, senza alcuna transizione, è localizzata nel deserto come voce che grida. Viene indicato l'ambito geografico e teologico in cui si rende presente e si leva la sua voce[91]:

Is 40,3: φωνὴ βοῶντος ἐν τῇ ἐρήμῳ ἑτοιμάσατε τὴν ὁδὸν κυρίου
εὐθείας ποιεῖτε τὰς τρίβους τοῦ θεοῦ ἡμῶν
Mc 1,3: φωνὴ βοῶντος ἐν τῇ ἐρήμῳ Ἑτοιμάσατε τὴν ὁδὸν κυρίου
εὐθείας ποιεῖτε τὰς τρίβους αὐτοῦ

Il motivo della voce che grida nel deserto (1,3), presente nel primo emistichio del prologo del Deuteroisaia (40,1-11)[92], è indizio di una ripresa letterale dalla traduzione dei LXX che si differenzia dal TM nell'interpunzione[93]. È soprattutto nel significato del termine «deserto» che le due versioni differiscono: nel TM (קוֹל קוֹרֵא בַּמִּדְבָּר פַּנּוּ דֶּרֶךְ יְהוָה) è il luogo d'azione dei destinatari della voce (קוֹל קוֹרֵא בַּמִּדְבָּר פַּנּוּ דֶּרֶךְ יְהוָה); nella LXX è lo spazio dove agisce il messaggero (φωνὴ Βοῶντος ἐν τῇ ἐρήμῳ ἑτοιμάσατε τὴν ὁδόν).

Il testo deuteroisaiano di 40,1-11 non è di facile comprensione: vi appaiono varie «voci» misteriose[94], che non rendono agevole l'individuazione del numero dei personaggi. Diverse sono le possibilità di soluzione che la discussione esegetica ha proposto per identificare questi

---

[91] J. MATEOS – F. CAMACHO, *Il Vangelo*, I, 71-72.

[92] *Tob*, La Bibbia da studio, 812 n. *r*, interpreta Is 40,1-11 come un coro polifonico di più voci: vv. 1-2 (la voce del profeta ai suoi fratelli); vv. 3-5 (la voce di un araldo); vv. 6-8 (voce di altri messaggeri); vv. 9-11 (voce di Gerusalemme, che riceve il loro messaggio e lo trasmette alle città di Giuda). S. LÉGASSE, *Marco*, 64, evidenzia la presenza nel prologo isaiano (Is 40,1-11) di quattro voci misteriose che comunicano la volontà di Dio in questo momento di svolta della storia del popolo.

[93] Nel TM di Is 40,3 si nota uno *zaqef qaton* con un valore disgiuntivo tra l'espressione «una voce grida» e le parole «nel deserto»: P. JOÜON, *Grammaire*, § 15k, 45; J. MATEOS – F. CAMACHO, *Il Vangelo*, I, 66. Il che significa che secondo il TM bisogna tradurre nel modo seguente: «Voce di uno che grida: *Nel deserto* preparate la via di Jhwh, raddrizzate *nella steppa* la strada del nostro Dio». Tale interpretazione è confermata dal parallelismo «nel deserto/nella steppa». Sia la costruzione del v. 3 nel TM, sia il contesto mostrano che il deserto non è lo spazio geografico dove rieccheggia la voce che grida, ma piuttosto il luogo dove bisogna preparare la strada. Cf. C. WEISER, *Isaia 40-66*, 52; V. TAYLOR, *Marco*, 133.

[94] E. LOHMEYER, *Das Evangelium*, 11-12: già l'esegesi ebraica in Is 40,3 interpretava la realtà delle voci come sonore grida di gioia che annunciano la venuta di Dio al suo popolo e l'invio di un messaggero divino.

esseri celesti[95]. La più accreditata riconduce tutte le voci alla figura del profeta, il quale nei vv. 1-2.9-11 parla di Jhwh alla terza persona e invita delle sentinelle immaginarie a consolare Gerusalemme e le città di Giuda, mentre nei vv. 3-5 parla di sé stesso alla terza persona (φωνὴ βοῶντος), accompagnando la consolazione annunziata con un'esortazione a preparare la via del Signore (ἑτοιμάσατε τὴν ὁδὸν κυρίου)[96]. Questo comando evoca nel lettore le grandi vie di Babilonia che venivano preparate e appianate davanti al dio o al re che avanzava trionfante. Per il popolo d'Israele l'imponenza delle vie simboleggiava la potenza di Babilonia che lo aveva reso schiavo. In questo contesto la voce di un messaggero comanda di costruire una strada nel deserto, possibilità per Israele di ritornare in patria. E come le strade in Babilonia erano indicate con il nome degli dei, così quella del ritorno del popolo dall'esilio viene indicata come «strada per JHWH, nostro Dio»[97].

In Mc 1,3 la voce anonima dell'espressione ebraica קוֹל קוֹרֵא diventa «voce di colui che grida (φωνὴ βοῶντος) nel deserto». La voce non appartiene a Dio e il deserto non è più il luogo in cui deve essere preparata la via del Signore, ma quello in cui risuona un'altra voce.

Il termine φωνή, soggetto della frase, è in connessione con il participio genitivo βοῶντος, che designa la lettura delle parole dei profeti ad alta voce o l'annuncio solenne di un messaggio profetico. L'assenza dell'articolo τοῦ per l'influsso dello *status constructus* ebraico, tipico delle citazioni dell'AT, serve a sottolineare l'anonimato della voce[98], che riceve capacità espressiva da βοάω, la cui azione continua implica un'intensità di voce maggiore rispetto a quella richiesta dai verbi «dire/parlare ad alta voce». L'oggetto di questa attività espressivo-sonora è il messaggio contenuto nella locuzione immediatamente seguente:

---

[95] Sulle attribuzioni esegetiche delle varie voci ai singoli personaggi, cf. H. SIMIAN-YOFRE, *Testi isaiani*, 110-111.

[96] K. ELLIGER, *Deuterojesaja*, I, 17-18, la voce, che nell'originale suggerisce una figura delle schiere celesti piuttosto che Jhwh, d'ora in poi si fa sentire sulla terra; C. STUHLMUELLER, *Deuteroisaia*, 432: è qualcuno dell'assemblea celeste che proclama l'iniziativa di Dio stesso di guidare il popolo verso un nuovo esodo attraverso il deserto.

[97] C. WEISER, *Isaia 40-66*, 53-54, descrive la peculiarità deuteroisaiana dell'espressione «preparare una via». Lo sfondo storico del ritorno di Israele in patria è la liberazione portata da Ciro di Persia agli esiliati: cf. H. SIMIAN-YOFRE, *Testi Isaiani*, 109; S. LÉGASSE, *Marco*, 64, intravede nell'ascesa di Ciro e nella conquista di Babilonia la possibilità per Israele di ritornare in patria.

[98] F. BLASS – A. DEBRUNNER – F. REHKOPF, *Grammatica*, § 259.

Ἑτοιμάσατε τὴν ὁδὸν κυρίου εὐθείας ποιεῖτε τὰς τρίβους αὐτοῦ[99].
A prima vista l'intestazione scritturale potrebbe suggerire la presenza di tre figure diverse. In realtà si tratta di tre citazioni amalgamate da uno stesso motivo letterario: il messaggero. È sì figura importante di questo avvio del racconto, ma non ancora quella principale. Con il suo ingresso sulla scena si realizzano le antiche promesse salvifiche dell'AT: è Giovanni l'«ἄγγελος» che precede il popolo (Es 23,20) e la venuta del Signore (Ml 3,1); «colui che grida nel deserto», esorta a preparare la via e, implicitamente, annuncia che è imminente la venuta del Signore (Is 40,3)[100]. È lui quell'Elia annunciato dalla profezia di Ml 3,23 e atteso come precursore dei tempi messianici[101].

d) *Giovanni Battista, il messaggero promesso (v. 4)*

Nel v. 4 Giovanni il Battista compare sulla scena con il titolo che lo caratterizza in tutto il NT, [ὁ] βαπτίζων, e con una sintesi della sua attività (κηρύσσων). Superflua sarebbe stata una presentazione biografica o d'altro genere, in quanto si tratta di una figura ben conosciuta dall'uditorio di Marco, il cui interesse è focalizzato sulla sua attività.

L'evangelista, dopo la citazione veterotestamentaria, che funge da traiettoria per comprendere la figura del messaggero, narra l'avvenimento stesso[102].

Che l'apparizione del Battista segni un primo avvio dell'ἀρχὴ τοῦ εὐαγγελίου è suggerito dalla presenza dell'aoristo ἐγένετο, primo verbo principale della narrazione[103]. Messo in evidenza all'inizio del v. 4, pone l'accento sull'apparizione del Battista, ma soprattutto suscita nella mente del lettore il sospetto che, in corrispondenza della profezia appena compresa, si passi da una condizione di promessa a una fase di realizzazione del piano divino, al quale l'attività di Giovanni darà il suo

---

[99] J. MATEOS – F. CAMACHO, *Il Vangelo*, I, 43; A. URBAN, «El doble», 19-20. Il contenuto di una locuzione preceduta dal termine φωνὴ ricorre altrove in Marco: 1,11 (καὶ φωνή... ἐκ τῶν οὐρανῶν); 9,7 (φωνὴ ἐκ τῆς νεφέλης).

[100] K. STOCK, *Le pericopi*, 45: la qualità di precursore del Signore per Giovanni emerge soprattutto da Ml 3,1 e Is 40,3.

[101] B. STANDAERT, *Il Vangelo*, 35.

[102] R. PESCH, *Il Vangelo*, I, 146.

[103] E. LOHMEYER, *Das Evangelium*, 13; C.E.B. CRANFIELD, *The Gospel*, 40; J. ERNST, *Il Vangelo*, I, 51; R.A. GUELICH, *Mark 1-8:26*, 16.

contributo[104]. Soprattutto l'aoristo ἐγένετο è indice dell'inizio di una linea narrativa, in quanto è il tempo della narrazione storica. Nel contesto di 1,4 le varianti interpretative di ἐγένετο sono: (1) apparve; (2) stava nel deserto. Nel primo caso sarebbe sottolineata soprattutto l'apparizione di Giovanni Battista, nel secondo la continuità del suo muoversi nel deserto. L'aoristo del verbo orienta verso il senso della comparsa istantanea o l'inizio della sua apparizione; ma il contesto sembra suggerire una permanenza nel deserto, confermata sia dai due participi che descrivono la sua attività (βοῶντος: v. 3; κηρύσσων: v. 4), sia dal movimento delle folle verso il luogo della suo soggiorno (1,5).

Il titolo [ὁ] βαπτίζων offre ai contemporanei di Giovanni una sufficiente e chiara indicazione per la sua identità. Al lettore, invece, con il riferimento alla Scrittura (Es 20,23/Ml 3,1/Is 40,3) viene suggerito di interpretarne la comparsa e l'attività in senso profetico: è lui il messaggero e l'annunziatore reso noto dalla parola profetica.

Nel deserto Giovanni si fa annunciatore di un battesimo di penitenza (κηρύσσων βάπτισμα μετανοίας εἰς ἄφεσιν ἁμαρτιῶν) che prepara la strada alla venuta di Gesù Messia. Con questa esortazione alla conversione, appello che sarà continuato da Gesù (1,15), Giovanni si pone in sintonia con la predicazione dei profeti che avevano già segnalato questa esigenza[105]. È significativa nella predicazione di Giovanni l'assenza di un giudizio imminente (1,4); si preferisce, invece, tratteggiarlo come l'Elia escatologico, inviato da Jhwh per preparare gli uomini prima della sua venuta (Ml 3,23). È questo un tratto che appartiene anche all'Elia biblico che al tempo del re Acab (1Re 18) richiamava il popolo ebraico alla fedeltà in Jhwh[106]. Il lettore, se è attento agli echi veterotestamentari di Elia quale precursore escatologico del giorno di Jhwh e quindi predicatore di penitenza, è coinvolto nel cammino interpretativo del racconto marciano, orientato sin dall'inizio a tratteggiare Giovanni il

---

[104] V. TAYLOR, *Marco*, 134, J. SCHMID, *L'Evangelo*, 33; J. RADERMAKERS, *Lettura*, 102; S. LÉGASSE, *Marco*, 66.

[105] Sulla figura del profeta come presenza persuasiva di conversione: A. SPREAFICO, «Spiritualità», 197-202. La conversione è stato un argomento ricorrente nelle istanze profetiche in vista del giudizio messianico. Il Messia poteva venire solo in mezzo ad un popolo purificato. Cf. J. SCHMID, *L'Evangelo*, 33; E. SCHWEIZER, *Il Vangelo*, 35; R.A. GUELICH, *Mark 1-8:26*, 18-19.

[106] L'interpretazione di Giovanni come l'Elia escatologico è uno dei motivi che ricorre frequentemente nel commento di R. PESCH, *Il Vangelo*, I, 147, che ipotizza che il Battista abbia avuto di sé stesso un'immagine elianica; G. BERNINI, *Aggeo – Zaccaria – Malachia*, 359.

Battista come precursore di Gesù, cioè come colui che assume su di sé un aspetto dell'attività del Tesbita, l'appello alla conversione (Ml 3,24)[107].

2.1.3 Attività di Giovanni, il vestito e la dieta (vv. 5-6)

a) *Efficacia dell'esortazione di Giovanni (v. 5)*

La risonanza alla predicazione di Giovanni si manifesta nell'afflusso della gente che accorre da lui per ricevere il battesimo. Con due verbi all'imperfetto viene descritto il lungo e il lento movimento delle masse verso il Battista: ἐξεπορεύετο e ἐβαπτίζοντο.

Il primo designa un andare continuo, ininterrotto verso il luogo dell'attività di Giovanni (il deserto: Mc 1,3.4)[108]. Di solito viene usato per i movimenti di Gesù (10,17.46; 11,19; 13,1), in nessun caso per quelli della gente a Gesù; accompagnato dalla preposizione πρός, solo in Mc 1,5 (Mt 3,5) viene utilizzato per segnalare la venuta delle folle da Giovanni.

Il secondo è utilizzato per esprimere sia la durata dell'attività di Giovanni che la continuità del pellegrinaggio del popolo nel deserto e, in connessione con ὑπ'αὐτοῦ, rileva la funzione attiva del battezzatore[109]. Inoltre il parallelismo tra ὑπ'αὐτοῦ e πρὸς αὐτὸν mette in rilievo che Giovanni è la méta e il centro del movimento della popolazione da tutta la Giudea e da Gerusalemme. Connesso con l'imperfetto ἐβαπτίζοντο, il participio ἐξομολογούμενοι lega il battesimo di Giovanni alla confessione pubblica dei peccati (τὰς ἁμαρτίας).

---

[107] Nell'AT spettava al profeta «predicare» la conversione (cf. Gio 1,2; 3,2.4; Ger 31,33); E. SCHWEIZER, *Il Vangelo*, 35; R. PESCH, *Il Vangelo*, I, 148; J. MARCUS, *Mark 1-8*, 156: «Elijah preaches a message of repentance (e.g. 1 Kgs 18, 21)».

[108] J. MATEOS, *El aspecto*, § 204: «ἐκπορεύομαι puede denotar una salida continua, ininterrumpida, dinámica. Mc 1,5: ἐξεπορεύετο πρὸς αὐτὸν πᾶσα ἡ Ἰουδαία χω-'ρα (iba saliendo/poniéndose en camino en dirección a él/iba acudiendo a él), cf. 3,5; Lc 3,7». Cf. H. BALZ – G. SCHNEIDER, «ἐκπορεύομαι», 1120: «Nel senso di venir fuori (da un luogo) è frequente nei vangeli: ...con indicazione della meta mediante πρός: Mc 1,5 par. Mt 3,5...».

[109] W. BIEDER, «βαπτίζω», 509, in Mc 1,5 rileva solo l'attività del popolo che si reca da Giovanni per farsi battezzare da lui e non quella del Battezzatore. Invece l'intervento di un «battezzatore» è ciò che distingue il battesimo di Giovanni dalle abluzioni ebraiche: nel primo caso «si è battezzati» e nel secondo ci «si bagna», cf. S. LÉGASSE, *Marco*, 68.

b) *Il vestito elianico e il cibo profetico di Giovanni (v. 6)*

Da quanto precede risulta che Giovanni Battista è colui che proclama un battesimo di penitenza e compie un'azione rituale. Ora Marco nel v. 6 attira l'attenzione del lettore sul suo abbigliamento e sulla sua dieta. La rarità nel NT di simili precisazioni è una spia dell'importanza che vi attribuisce Marco. Egli ha forse attinto questa informazione dalla tradizione[110], non per un banale interesse pittoresco, quanto perché intendeva confermare per Giovanni quel ruolo e quell'identità che un tempo erano previsti dal piano di Dio per il profeta Elia[111]. Molti hanno considerato futili questi particolari del v. 6[112], ignorando il significato profondo della descrizione dell'abbigliamento: il mantello di peli qualifica Giovanni come profeta penitente (Zc 13,4) e la cintura di pelle at-

---

[110] R.P MERENDINO, «Testi», 9: la peculiarità dei termini usati, lo stile sintattico con la preferenza della coniugazione perifrastica, tipica della lingua aramaica, fanno ritenere che l'origine del v. 6 sia nella tradizione premarciana.

[111] E. LOHMEYER, *Das Evangelium*, 16; S. LÉGASSE, *Marco*, 68.

[112] Nella notizia relativa al vestiario del v. 6, la tipologia Elia-Giovanni Battista in riferimento a 2Re 1,8 è piuttosto vaga e generale, dal momento che tali cinture erano indossate dai nomadi del deserto: E. LOHMEYER, *Das Evangelium*, 17; J.A.T. ROBINSON, «Elijah», 263-264; J. GNILKA, *Marco*, 46. Invece per O. BÖCHER, «Johannes», 49, il modo di vestire di Giovanni potrebbe contenere reminiscenze di un abito profetico di classe – «Die Bekleidung mit dem Mantel aus tierischem Material (2 Kön. 1,8; vgl. Noch Mt 7,15) isti prophetische Satndestracht (1 Kön. 19,13.19; 2 Kön. 2,8.13f. LXX; Sach 13,4)» – e possibili influenze delle regole dell'ebraismo ortodosso riguardo al vestiario – «Der Ledergürtel, Kleidungsstück sowohl Elias (2 Kön 1,8) wie des Täufers (Mt 3,4 par. Mk 1,6), wird vom orthodoxen Juden noch heute über dem tallit getragen, um das Herz vom Verdauungstrakt zu trennen». In ogni modo l'abito di pelle di animali esprime la coscienza profetica di Giovanni, che gli deriva sia dal mantello di Elia e di Eliseo, sia dal vestito di sacco dei profeti (Apc 11,3). C'è chi sostiene, invece, che il vestito di Giovanni non sia un elemento tipico di Elia: J. ERNST, *Johannes*, 8; R.A. GUELICH, *Mark 1-8:26*, 21: «To be dressed in simply a cloak and a belt befits John's prophetic role as one living and ministering "in wilderness" (cf. 1:3.4; Matt 11:7-8//Luke 7:24-25) and leaves little basis for any direct allusion to Elijah»; M. TILLY, *Johannes*, 37-38.175; J. MARCUS, *Mark 1-8*, 156. D'altro canto secondo D. LÜHRMANN, *Das Markusevangelium*, 35, i particolari dell'abbigliamento e dell'alimentazione, benché accostino il Battista ai beduini, rappresentano delle «Anklänge an eine Propheten- (Sach 13,4), genauer die Elia gestalt (2Kön 1,8) nicht zu übersen; es geht nicht allein um die Wüstentypologie, sondern um die Darstellung des Täufers als Prophet...». Anche M. ÖHLER, *Elia*, 36, ritiene che il modo di vestire inserisce Giovanni nella linea profetica e che il riferimento al mantello e la cintura di pelle potrebbero essere rispettivamente una reminiscenza e un'allusione esplicita al profeta.

torno ai fianchi lo rende simile ad Elia (2Re 1,8)[113]. Il particolare dei «peli di cammello» (τρίχας καμήλου) rimanda palesemente a Zc 13,4, dove il «mantello di pelo» è il vestito tipico di «ogni profeta»[114]:

Mc 1,6 : καὶ ἦν ὁ Ἰωάννης ἐνδεδυμένος τρίχας καμήλου
Zc 13,4: καὶ οἱ προφῆται ἕκαστος. ἐνδύσονται δέρριν τριχίνην

Invece la cintura di cuoio appartiene all'abbigliamento di Elia in 2Re 1,8:

Mc 1,6: καὶ ζώνην δερματίνην περὶ τὴν ὀσφὺν αὐτοῦ
2Re 1,8: καὶ ζώνην δερματίνην περιεζωσμένος τὴν ὀσφὺν αὐτοῦ

In tale contesto Acazia riconosce Elia nell'uomo peloso e con una cintura di cuoio sui fianchi descritto dai propri messaggeri[115]. Il mantello di peli e il panno di pelle stretto ai fianchi diventa inequivocabile segno distintivo di Elia[116]. Sembra che con l'allusione implicita a Elia mediante la cintura di cuoio e la veste di peli di cammello Marco abbia voluto dimostrare l'appartenenza di Giovanni alla categoria dei profeti e, quindi, l'accostamento ad Elia[117]. È difficile provare la presenza, nella tradizione del v. 6, di una tipologia di Elia *redivivus*, ma interviene a

---

[113] Si può ipotizzare che Giovanni si sia considerato da sé come profeta o come Elia, ma è evidente che la tradizione del v. 6 presenta il Battista come figura profetica o come lo stesso Elia attraverso le allusioni di Zc 13,4 e 2Re 1,8. J. JOÜON: «Le costume», 74-81; R. PESCH, *Il Vangelo*, I, 150; D.J. HARRINGTON, *Il Vangelo*, 780; H. CONZELMANN – A. LINDEMANN, *Guida*, 348-349.

[114] M. TILLY, *Johannes*, 37, elenca numerosi trattti che – sullo sfondo delle somiglianze con il modello profetico nel giudaismo palestinese del suo tempo – mostrano Giovanni Battista come un profeta tipico.

[115] M.-E. BOISMARD, «Élie», 121; R.A. GUELICH, *Mark 1-8:26*, 21; D.H. JUEL, *The Gospel*, 58; C. BRYAN, *A Preface*, 139. L'ombra di Samuele fu riconosciuta anche dal suo mantello (1Sam 28,14).

[116] B. STANDAERT, *Il Vangelo*, 35; O. CARENA, *La comunicazione*, 79.

[117] Spesso è stato individuato un parallelismo intenzionale tra il vestiario del Battista e quello di Elia: M.J. LAGRANGE, *Évangile*, 6; J. JOÜON, «Le costume», 74-81; E. LOHMEYER, *Das Evangelium*, 17; J. SCHMID, *L'Evangelo*, 34; V. TAYLOR, *Marco*, 136; W. MARXSEN, *L'evangelista*, 24; D. LÜHRMANN, *Das Markusevangelium*, 35; W. WINK, «John», 3; R. PESCH, *Il Vangelo*, I, 150; W. GRUNDMANN, *Das Evangelium*, 38; M.D. HOOKER, *The Gospel*, 37: «The reference to the leather belt is an almost exact echo of the description of Elijah in 2 Kgs.1.8: the details of John's clothing, therefore, suggest again that he is seen as "Elijah the prophet" who is sent to call the nation to repent 'before the great and terrible day of the Lord' (Mal. 4.5f)». Cf. M. TILLY, *Johannes*, 38.167-175; S. PELLEGRINI, *Elijah*, 207. Contro la necessità di vedere in questi versi un accenno ad Elia, J.P. MEIER, *Un ebreo marginale*, II, 94-95.

posteriori la citazione di Ml 3,1 a suffragare la precisa intenzione di Marco. Non si esclude che nell'ambito dei circoli del Battista[118], probabile fonte marciana del materiale su Giovanni, la figura del profeta Elia fosse determinante. Marco avrà ritenuto questo particolare del vestito elianico così importante da inserirlo nell'ambito della sequenza sull'attività del Battista[119], suggerendo al lettore esperto nelle Scritture di mettere idealmente in relazione il Battista con il potente profeta del passato.

Intanto va segnalato che Giovanni è il soggetto della frase del v. 6 e, con la ripetizione del nome ὁ Ἰωάννης in un testo nel quale il semplice verbo ἦν... ἐνδεδυμένος si riferiva già alla sua persona, il narratore ha inteso ampliare e precisare la scena dei vv. 4-5[120]. Il lettore apprende così l'aspetto esteriore con cui il Battista si presentò nel deserto: non solo le sembianze di un profeta, ma addirittura il modo di vestire di Elia. La forma perifrastica ἦν... ἐνδεδυμένος («era vestito») riflette l'azione abituale del Battista che vestiva in quel modo[121].

Nel vangelo di Marco l'uso del verbo ἐνδύω, insieme ad altri riferimenti al vestito[122], mostra l'attenzione dell'evangelista per un aspetto

---

[118] Alcuni ipotizzano che Giovanni nel deserto si sia considerato o stilizzato da sé secondo il modello di Elia: R. PESCH, *Il Vangelo*, I, 150; J. GNILKA, *Marco*, 46; R.A. HAMMER, «Elijah», 209. La tesi dell'intenzionalità di Giovanni nell'evocare la figura di Elia attraverso il vestiario (cf. Mc 1,6 con 2Re 1,8; inoltre Zc 13,4) e la scelta del Giordano come luogo del battesimo (qui Elia era stato rapito in cielo su un carro di fuoco: 2Re 1,11), non è ritenuta plausibile da H. STEGEMANN, *Gli esseni*, 305-318, per il seguente motivo: talvolta il modo di vestire del Battista è visto semplicemente come una caratteristica comune degli abitanti del deserto o del profeta, senza uno specifico riferimento a Elia. Inoltre i riferimenti a Ml 3,1 non così particolareggiati (i singoli elementi ricorrono anche altrove nei profeti) e diventano probanti a condizione che i vv. di Ml 3,1.23-24 (e Is 40,3) risultino centrali nell'autocomprensione del Battista; ma proprio questo argomento non può essere dimostrato con certezza. Secondo altri ancora, non si può dedurre, da una notizia così generica come l'abbigliamento, che il Battezzatore storico si considerasse l'Elia redivivo: J. JEREMIAS, «Ἠλ(ε)ίας», 88-89; J. GNILKA, *Marco*, 46. Per J.A.T. ROBINSON, «Elijah», 265-266, è inverosimile la possibilità che Giovanni possa essersi considerato un precursore e servo di Elia. E' più probabile che nella tradizione del Battista presente in Mc 1,6 Giovanni fosse caratterizzato con i tratti ascetici del profeta Elia: R. PESCH, *Il Vangelo*, I, 149.151.

[119] La descrizione dell'abito risale alla tradizione premarciana: W. MARXSEN, *L'Evangelista*, 23-24; R. PESCH, *Il Vangelo*, I, 151; J. GNILKA, *Marco*, 38; J. ERNST, *Johannes*, 9; E. LUPIERI, *Giovanni*, 36. Anche per M. ÖHLER, *Elia*, 36, Marco ha utilizzato un'antica identificazione del Battista con Elia che traspare dalla notizia tradizionale del vestito, ma non senza un preciso intento.

[120] J. MATEOS – F. CAMACHO, *Il Vangelo*, I, 79.

[121] V. TAYLOR, *Marco*, 136; R.A. GUELICH, *Mark 1-8:26*, 16.

[122] ἱμάτιον: 15v; στολή: 2v; χιτῶνας: 2v; ζώνη: 2v; γυμνός: 2v; περιβάλλω: 2v.

che rende l'uomo particolarmente riconoscibile dagli altri, l'abbigliamento[123]. Le vesti, infatti, rivelano la funzione sociale di un uomo, formano quasi un prolungamento della sua personalità[124]. L'individuazione sociale e personale attraverso l'abbigliamento, motivo già conosciuto nell'AT, nel caso di Elia sembra aver svolto un ruolo particolare. Il suo abbigliamento diventa non solo strumento di riconoscimento, ma anche mezzo per mettersi in comunicazione significativa con altri: Elia, gettando il suo mantello addosso ad Eliseo, gli comunica una parte del suo potere e della sua missione (1Re 19,19)[125]. Una tale funzione del vestito è possibile intravederla in Mc 1,6, dove la figura di Giovanni Battista è messa in relazione significativa con l'abbigliamento di Elia. Attraverso la caratterizzazione del Battista che indossa un mantello di peli di cammello e una cintura di pelle ai fianchi, l'autore esercita una qualche in-

---

[123] Accenniamo ad alcuni esempi del simbolismo del vestiario in Marco. In 6,9 l'ordine ai discepoli di non indossare due tuniche (μὴ ἐνδύσησθε δύο χιτῶνας) deriva dalla necessità di mostrare l'efficacia del loro messaggio attraverso la sobrietà del vestire, che non risulterebbe tale da vesti ricche e lussuose, cf. R. PESCH, *Il Vangelo*, I, 513; V. TAYLOR, *Marco*, 345; J. GNILKA, *Marco*, 327; S. LÉGASSE, *Marco*, 309; sul senso dell'equipaggiamento nelle direttive missionarie da parte di Gesù: V. FUSCO, «Dalla missione», 111-119.121-122. In 15,17 (καὶ ἐνδιδύσκουσιν αὐτὸν πορφύραν: «lo rivestirono di porpora») e in 15,20 (καὶ ἐνέδυσαν αὐτὸν τὰ ἱμάτια αὐτοῦ: «e gli rimisero le sue vesti») l'uso ironico del vestito porta alla parodia dell'identità di Gesù. La veste di porpora è simbolo della derisione con cui s'intende negare la dignità della persona di Gesù, cf. J. RADERMAKERSS, *Lettura*, 313. In 15,24 (διαμερίζονται τὰ ἱμάτια αὐτοῦ) la funzione del vestito è collegata all'interpretazione della nudità: la persona umana di Gesù, privata delle vesti, diviene il simbolo dell'uomo minacciato nella sua vitalità più elementare ed esposto all'impotenza. E' l'estremo disonore: Gesù viene privato dell'identità, che non è menzionata da Marco se non con un cartello ironico e con un contestato segno di autorità e potenza. J. ERNST, *Il Vangelo*, I, 748; J. GNILKA, *Marco*, 883; J. RADERMAKERS, *Lettura*, 314. Il motivo del vestito ritorna in 16,5 con un altro termine, «στολή» – sinonimo di ἱμάτιον – che in Marco è qualificato dall'aggettivo «λευκή»: il vestito bianco presenta il giovane come un personaggio del mondo celeste. Sull'interpretazione dell'angelo, cf. J. CABA, *Cristo*, 144; E. SCHWEIZER, *Il Vangelo*, 393.

[124] Ch.A. BERNARD, *Teologia*, 208; U. VANNI, *L'Apocalisse*, 40.

[125] Il mondo semitico riteneva che le vesti fossero un segno della dignità o del ruolo di chi le indossava e che nascondessero qualcosa della sua forza (2Re 2,13-14; 4,29-31; Lc 8,44; At 19,12). Lo studio di E. HAULOTTE, *Symbolique*, 101, ha messo in risalto il vasto campo simbolico del vestito in tutta la Bibbia. Altri hanno evidenziato la polisemia del mantello di Elia, M. COCAGNAC, *I simboli*, 633.638-639: per il suo modo di vestire appare come un asceta, un uomo di Dio; il mantello, con cui Elia si copre il volto quando il Signore si presenta sull'Oreb, diventa il simbolo della trasmissione profetica. Per M. ÖHLER, *Elia*, 35-36, il mantello di Elia rappresenta un soggetto di notevole importanza nei racconti del ciclo di Elia-Eliseo.

fluenza comunicativa sul lettore: gli suggerisce un ulteriore elemento per decodificare le aspettative sul ruolo di Elia nella nuova figura di Giovanni.

L'accostamento dell'accusativo τρίχας... ζώνην δερματίνην a ἐνδεδυμένος si trova in altri passi del NT[126]. In Apc 1,13; 15,6 si fa riferimento a una fascia d'oro che Cristo e gli angeli indossano. Secondo il simbolismo antropologico dell'Apocalisse l'abbigliamento qualifica la persona nella sua individualità, ma funge anche da indicatore esterno per percepirne e valutarne la funzione in rapporto agli altri[127]. Evitando comunque di sopravvalutare il significato dell'abbigliamento di Giovanni, è opportuno chiedersi: in Mc 1,6 la descrizione del Battista che veste alla maniera caratteristica dei profeti è solo una annotazione realistica o il particolare della cintura di cuoio subisce quello spostamento di identità tipico del simbolo? Il vestito può essere personale quanto il nome stesso: indica chi è una persona. La funzione del nome nel campo del linguaggio corrisponde a quella del vestito nel mondo dei simboli: entrambi esprimono l'identità di una persona[128]. Nella Sacra Scrittura il vestito presenta una simbolizzazione costante: non è mai solo un dato materiale. Infatti l'indicazione del vestito non può considerarsi un elemento meramente biografico, ma, soprattutto nell'Apocalisse, presenta un significato che trascende la pura realtà.

Nel sondare l'universo concettuale e simbolico dell'evangelista, si comprende che il particolare dell'abito di Elia è certamente ereditato dalla linea tradizionale della sua comunità, a cui, però, Marco apporta dei cambiamenti per esprimere la nuova realtà che sta descrivendo. Per l'inizio del suo racconto utilizza quel patrimonio di prototipi e simboli che la cultura ebraica aveva elaborato nelle sue tradizioni sul ritorno di Elia[129], a cominciare dal vestito. Nell'economia marciana il Battista diventa per la Nuova Era ciò che Elia era stato nei giorni della profezia israelita. Infatti Marco spinge il lettore ad operare una trasposizione

---

[126] In Mt 22,11; Mc 1,6; Apc 1,13; 15,6; 19,14. Cf. F. BLASS – A. DEBRUNNER – F. REHKOPF, *Grammatica*, §160.

[127] U. VANNI, *L'Apocalisse*, 44

[128] R. CAVEDO, «Corporeità», 318-319; N. RODINÒ, «Il simbolismo», 221.230.

[129] J. MATEOS – F. CAMACHO, *Il Vangelo*, I, 5-9, sostengono la necessità di sondare l'universo simbolico in cui si muovono gli evangelisti, di esaminare le figure e i simboli ereditati dall'AT o dalla cultura ebraica, di cogliere i sensi nuovi che investono le figure veterotestamentarie per scoprire quali realtà nuove veicolano. Nel loro tentativo riconoscono la vastità dell'argomento e dedicano alla figura di Elia solo qualche accenno.

della figura di Elia in quella di Giovanni, nella prospettiva di dare un nuovo senso alle attese giudaiche del 1° sec. a.C. sulla venuta del Messia. La figura di Elia è proiettata in avanti verso la realizzazione di quella promessa del messaggero che preparerà la venuta del Messia. Perciò nel contesto di Mc 1,6 la corrispondenza così aderente con l'abito profetico che solo Elia indossava sancisce l'identificazione di Giovanni con Elia[130].

Tale interpretazione si rivela utile per una connessione di Mc 1,6 nel contesto della sequenza letteraria (1,2-8)[131]. La linea di corrispondenza intravista in 1,2-5 giunge fino a 1,6, dove l'elemento del vestito non è affatto una nota biografica isolata, ma un ulteriore particolare descrittivo di Giovanni il Battista. Mc 1,6 è in stretta relazione con il contesto precedente di 1,2-4, dove le citazioni veterotestamentarie fanno da sfondo alla comparsa e all'attività di Giovanni. In particolare il ruolo di Elia come precursore del Signore (Ml 3,1.23) si concretizza nel Battista, che prepara la via del Messia (1,2) mediante la predicazione e il battesimo[132]. In linea progressiva le allusioni al cibo, al vestito tradizionale dei profeti e alla fascia di cuoio di Elia servono alla descrizione dell'aspetto esterno di Giovanni. È soprattutto il particolare della cintura di cuoio ad assimilarlo alla personalità profetica di Elia[133].

Nel contesto di 1,2b Giovanni viene tratteggiato come Elia nel suo ruolo di precursore del Messia. Invece nel contesto più ampio di 1,2-8, di Giovanni, che non ha ancora iniziato la sua attività di predicatore profetico, vengono messe in risalto le caratteristiche di profeta e di Elia

---

[130] R. PESCH, *Il Vangelo*, I, 150; V. TAYLOR, *Marco*, 136; J.D. KINGSBURY, *The Christology*, 59 n. 57; S. LÉGASSE, *Marco*, 69.

[131] Con uno sguardo retrospettivo alla citazione profetica di 1,2, si comprende che il particolare della cintura di pelle, collocato qui da Marco, sottolinea ancora il motivo profetico, che probabilmente traspariva nel ricordo di Elia, in considerazione del successivo annuncio del «più forte» che doveva venire (vv. 7-8): J. ERNST, *Il Vangelo*, I, 8; J.GNILKA, *Marco*, 46. Mentre M. ÖHLER, *Elia*, 31, si stupisce della relativa mancanza di connessione del particolare dell'abito con il contesto della pericope.

[132] D. LÜHRMANN, *Das Markusevangelium*, 35: l'intento di Marco di caratterizzare Giovanni come profeta, meglio come Elia, diventa chiaro anche nel Battesimo al Giordano (1,5), che richiama un altro gesto profetico legato a quel fiume (2Re 5,10), le sette immersioni di Naaman per ordine del profeta Eliseo. Cf. J. MARCUS, *Mark 1-8*, 157; D.H. JUEL, *The Gospel*, 58.

[133] È preferibile dire con J. SCHMID, *L'Evangelo*, 34, che la cintura di cuoio intorno ai fianchi non lo identificava fisicamente, ma piuttosto lo rendeva simile a Elia. Infatti in Gv 1,21 Giovanni nega espressamente di essere il Messia.

in particolare[134]. La parola profetica di Giovanni sulla venuta del «più forte» viene trasmessa anche dal suo modo elianico di vestire, un particolare che non ha soltanto la funzione di sottolineare l'annuncio, ma di prepararlo in maniera decisiva[135]. È Giovanni Battista che, identificato con il ruolo (vv. 2-3) e con la potente azione di Elia, figurata nel suo vestire, annuncia la venuta del «più forte» (1,7). Non c'è dubbio che Marco, con la ripresa letterale dell'abbigliamento di Elia in 2Re 1,8, intenda confermare l'identità elianica di Giovanni[136].

La funzione del v. 6 all'interno di 1,2-8 è duplice: ripresa della figura di Giovanni Battista come l'Elia/messaggero mandato da Dio a preparare la «via» di Gesù (1,2); introduzione della microsequenza 1,7-8.

2.1.4 Giovanni precursore (vv. 7-8)

Dopo aver descritto la figura e l'attività del Battista nei tratti essenziali che lo identificano implicitamente con l'Elia biblico (Ml 3,1.23), il narratore con rapida efficacia inserisce un ulteriore compito del precursore (1,2-6): l'annuncio del «più forte che viene dopo di lui» e che «battezzerà con lo Spirito Santo» (1,7-8)[137].

Il compito di Giovanni come l'araldo che prepara la via viene nuovamente sottolineato dall'imperfetto ἐκήρυσσεν, che indica il modello stabile e non episodico della sua attività. Dal punto di vista del conte-

---

[134] Il v. 6, secondo R. Pesch, *Il Vangelo*, I, 151, caratterizza Giovanni come un profeta prima della venuta del «più forte» (vv. 7-8): questo annuncio, una sorta di discorso profetico, si caratterizza anche perché pronunziato dal Battista identificato con Elia, la cui attesa era prevista da Ml 3,1.23.

[135] M. Cocagnac, *I simboli*, 617.

[136] L'analisi del v. 6 ha mostrato che i particolari del vestito di Giovanni non sono aspetti secondari o folcloristici. Di conseguenza non si può convenire con l'idea di E. Schweizer, *Il Vangelo*, 37, che «questa caratteristica descrizione del Battista, che per qualsiasi narrazione dovrebbe essere l'elemento fondamentale, è dunque per Marco qualcosa di secondario». E non si può condividere neanche la tesi di E. Lupieri, *Giovanni*, 35, secondo cui i dati sulla veste non sembrano qualificare, nel contesto di 1,2-8, Giovanni come Elia.

[137] B. Standaert, *Il Vangelo*, 22.34: Giovani compare per primo sulla scena iniziale del vangelo per presentare il più forte; B. Buetubela, «Le message», 165-166; J. Marcus, *Mark 1-8*, 157, collega l'annuncio del «più forte» con l'attesa di Elia prima della venuta del Messia: «The Elijan and eschatological feature of the Markan portrait of the Baptist lead logically into the Markan description of John's prophecy of the coming of the "stronger one", since Elijah was expected to be the forerunner of the end-time Messiah».

nuto la predicazione stilizzata di Giovanni presenta una struttura tripartita[138]:

a) *Il più forte:* Ἔρχεται ὁ ἰσχυρότερος *(v. 7a)*

Marco pone immediatamente il precursore di fronte a Gesù: «viene il più forte di me, dietro a me» oppure «dopo di me» (Ἔρχεται ὁ ἰσχυρότερός μου ὀπίσω μου)[139]. Non viene esplicitata l'identità del «più forte che viene», ma dal contesto si deduce che si tratta di Gesù. Il verbo «ἔρχεσθαι» sembra connotare, più di ogni altro, il comportamento e l'attività di Gesù, sia nella presentazione iniziale della sua figura (1,1-15), sia lungo il racconto marciano. Nel contesto di 1,1-15 le tre ricorrenze riguardano Gesù, in relazione a delle coordinate temporali (ἐν ἐκείναις ταῖς ἡμέραις: v. 9; μετὰ δὲ τὸ παραδοθῆναι τὸν Ἰωάννην: v. 14) e spaziali (ἀπὸ Ναζαρὲτ τῆς Γαλιλαίας: v. 9; εἰς τὴν Γαλιλαίαν: v. 14), mentre in 1,7 emerge la valenza materiale e teologica[140] della venuta di qualcuno, che compie l'attesa escatologica della salvezza. La venuta di Gesù al Giordano per essere battezzato (v. 9) e il suo arrivo in Galilea (v. 14) sono due tappe del cammino percorso da quel personaggio annunziato dal Battista nel v. 7.

Il verbo ἔρχεται, posto all'inizio della frase, ha valore di futuro e orienta verso la venuta di colui che battezza con Spirito Santo (Is 40,3 la considera una nuova venuta di Dio)[141]. Inoltre il presente indicativo sembra storicizzare quella figura indeterminata indicata nel v. 2 dai pronomi «πρὸ προσώπου σου» e «τὴν ὁδόν σου» e nel v. 3 da «τὰς τρίβους αὐτοῦ», ponendo immediatamente il precursore di fronte a Gesù[142].

---

138 J. ERNST, *Il Vangelo*, I, 53; F.J. MATERA, «The Prologue», 7.

139 Dell'immagine del «più forte» vengono date diverse interpretazioni: J. BECKER, *Johannes*, 34-37, tra le cinque ipotesi formulate, opta per la figura del Figlio dell'uomo; M. REISER, *Die Gerichtspredigt*, 171-173, non condivide tale interpretazione e pensa che il comparativo si riferisca a Dio stesso, cf. V. HAMPEL, *Menschensohn*, 222-226. Infine per R. PESCH, *Il Vangelo*, I, 154-155, la persona che viene, nella prospettiva propria di Giovanni, non può essere lo stesso Dio che deve venire, ma il «Figlio dell'uomo».

140 E. BOSETTI, «Un cammino», 123: in 1,7 il verbo ἔρχομαι è «soprattutto carico di attesa».

141 J. MATEOS – F. CAMACHO, *Il Vangelo*, I, 81; G. BERNINI, *Aggeo – Zaccaria – Malachia*, 358;

142 La descrizione di «colui che viene» come il «più forte» potrebbe essere un innesto cristiano che interpreta Giovanni Battista come precursore di Gesù-Messia, cf. R. PESCH, *Il Vangelo*, I, 153.

Nei Sinottici, invece, l'uso di ἔρχομαι connota non solo la venuta di Gesù verso gli uomini, ma anche l'accorrere degli uomini verso Gesù. Inoltre serve per esprimere la venuta escatologica del Regno, del Messia, di Dio nel giudizio, dei giorni decisivi[143].

Si è finora trascurato l'uso marciano del verbo ἔρχεται sia per la venuta di Elia sia per l'avvento di Gesù[144]. La prima ricorrenza in 9,11 appartiene all'insegnamento degli Scribi, secondo i quali Elia precede Gesù. In 9,13 il verbo è usato da Gesù nella forma del perfetto per indicare che la venuta di Elia, pur avendo ancora un influsso nel presente, appartiene ormai al passato. Infine, in 15,36 uno dei presenti al momento della crocifissione esprime la possibilità che torni Elia. Nella mentalità popolare era comune invocare l'intervento di Elia in caso di estremo bisogno o di imminente pericolo. Ora Marco, nell'introdurre Gesù come il veniente all'inizio del racconto, sembra volerne qualificare la venuta rispetto ad altre attese presenti al tempo del NT. In tal modo è naturale che il lettore sin dall'inizio veda realizzata l'attesa di Elia in Giovanni e consideri la venuta di Gesù come l'evento definitivo.

L'espressione ἔρχεσθαι ὀπίσω, non frequente in Marco, appare nuovamente in 8,34 con il significato di «accompagnare», «seguire»: Ἔρχεται ὁ ἰσχυρότερός μου ὀπίσω μου[145]. Nel NT indica rigorosamente subordinazione o scarso potere. Colui che viene dopo Giovanni nell'atteggiamento di un subalterno viene chiamato il più forte o più potente: è una prima presentazione di Gesù come il veniente. L'annuncio del Battista collocato in questo punto del racconto è senza dubbio un chiaro riferimento all'identità del «più forte» e sembra sia suggerito un confronto con colui che verrà su tre aspetti:

---

[143] J. SCHNEIDER, «ἔρχομαι», 918-926; J. MARCUS, *Mark 1-8*, 158.

[144] M. de GOEDT, «Élie», 70: il verbo «venire», che sarà impiegato più tardi per la figura di Elia (9,11), in Marco è applicato per la prima volta al «più forte» che viene dopo Giovanni Battista. La circolazione, in ambienti battisti giovannei, di speculazioni su Elia che sta o deve venire (in base a Ml 3,23-24) conferma che Giovanni stesso ha parlato di «colui che viene», cf. U. WILCKENS, *Die Missionsreden*, 153-156. L'annuncio di colui che viene (identificato da Marco con Gesù) sarebbe una tradizione giovannea (precristiana), cf. R. BULTMANN, *Historia*, 304. Così R. PESCH, *Il Vangelo*, I, 153-154, considera cristiana tanto l'identificazione del veniente con Gesù, quanto l'interpretazione del Battista come precursore di Gesù-Messia.

[145] J. GNILKA, *Marco*, 47; J. RADERMAKERS, *Lettura*, 103.

CAP. I: L'INIZIO DEL VANGELO E LA FIGURA DI ELIA

a) la qualità: ὁ ἰσχυρότερός μου ὀπίσω μου
b) la dignità: οὗ οὐκ εἰμὶ ἱκανὸς κύψας λῦσαι τὸν ἱμάντα τῶν ὑποδημάτων αὐτοῦ
c) la modalità di svolgimento delle rispettive attività: ἐγὼ ἐβάπτισα ὑμᾶς ὕδατι, αὐτὸς δὲ βαπτίσει ὑμᾶς ἐν πνεύματι ἁγίῳ[146].

Il comparativo ὁ ἰσχυρότερός μου, unica ricorrenza in Marco, funge da soggetto nella prima parte dell'annuncio di Giovanni ed è una sorta di nome personale. Nell'AT il termine אָבִיר (LXX: ἰσχύος) descrive la forza di Dio, ma è anche un suo antico appellativo (Is 49,24-29; 53,12; 60,16; Ger 32,16; Dn 9,4)[147]. In Is 53,12 il servo sofferente è annoverato tra i «potenti»[148] e, mentre è umiliato e incompreso dagli uomini, sperimenta che Jhwh è la sua forza (Is 49,5). Inoltre il «più forte», nelle antiche speranze messianiche, incarna l'eroe divino, che con coraggio interviene efficacemente nella storia per liberare gli oppressi (Is 9,5; 49,24-25), o un inviato di Dio che compia una missione in suo nome (Is 28,2)[149].

In Marco il termine ἰσχύος ricorre due volte. In 1,7 indica la relazione fra Giovanni e colui che verrà. Concretamente dall'espressione ἔρχεται ὁ ἰσχυρότερος non si deduce alcun elemento sulla natura di questa forza, anche se il paragone espresso in 1,8 sembra escludere quella fisica e indicare la diversa potenza dei rispettivi battesimi[150]. In

---

[146] M.J. LAGRANGE, *Évangile*, 6; B. STANDAERT, *Il Vangelo*, 35-36; J. MATEOS – F. CAMACHO, *Il Vangelo*, I, 81.

[147] M. TILLY, *Johannes*, 39: sembra che il comparativo ὁ ἰσχυρότερός μου esprimesse una relazione fra due figure, che difficilmente si possono identificare con l'ἄγγελος del v. 2 e con il κύριος del v. 3 se si presuppone che il veniente (κύριος) sia Jhwh. J. RADERMAKERS, *Lettura*, 103, lo considera un attributo caratteristico di Dio nell'AT (Dn 9,4; Ger 32,18) e, nell'epoca di Gesù, del Messia atteso. Invece secondo R.A. GUELICH, *Mark 1-8:26*, 22, questo titolo non è una designazione messianica specifica, poiché rimanda a molteplici riferimenti dell'AT e del NT.

[148] Giovanni Battista (1,29) e la tradizione cristiana applicano questo testo a Gesù, il Servo giusto per eccellenza.

[149] Dalle parole del Battista non risulta direttamente che l'«ἰσχυρότερος» sia Gesù Cristo: la sua formulazione indeterminata può alludere a diverse figure escatologiche attese nell'ambiente giudaico. Di fatti R.L. WEBB, *John*, 254-258.284-288, ha analizzato vari «personaggi che annunciano il giudizio e la restaurazione» nel giudaismo (il Messia, il Figlio dell'uomo, l'Elia redivivo). Cf. G.L. PRATO, «Valori», 335-339; R. FABRIS, *Marco*, 672.

[150] R. SCHNACKENBURG, *La persona*, 101. Nella tradizione cristiana primitiva, Gesù sarà presentato come «il più forte» che vince l'avversario e libera gli oppressi.

3,27 si usa ἰσχυρός nel contesto della discussione sull'espulsione dei demoni operata da Gesù, il quale è «il più forte» perché può legare il forte, Satana, come si evince dal parallelismo tra «espellere i demoni» e «saccheggiare la casa del forte» (3,27). Questo aspetto viene sviluppato da Marco con due parabole: Satana non può cacciare Satana, perché altrimenti distruggerebbe il proprio regno (3,23-26); nessuno, poi, può fare irruzione in una casa, cioè nella dimora di un demone, se non è in grado di sopraffare il padrone di casa. Inoltre un'identificazione di colui che è «il forte» con «quelli che sono forti» (2,17), ossia con l'istituzione giudaica, potrebbe suggerire anche un significato giuridico del termine, tanto in 3,27 quanto in 1,7, ove Gesù sarebbe il più forte non solo perché può legare il forte, ma anche perché «ha più diritto» rispetto a Giovanni in quanto è il Messia di Dio[151].

Il comparativo, però, sembra suggerire una relazione di confronto tra due persone umane, impensabile se uno dei soggetti fosse Dio, l'incomparabile per eccellenza. Si può pensare che il testo di Mc 1,7 si riferisca alla persona storica di Gesù, nel quale sono presenti la forza divina e l'umanità: tale intreccio della forza divina con quella umana in un inviato di Dio potrebbe spiegare la modifica di Mc 1,7 di ἰσχύος (il Forte) con ὁ ἰσχυρότερός μου (il più Forte)[152].

Ma la locuzione «ὀπίσω μου» ha un valore spaziale o temporale, cronologico o di qualità[153]? Nella tradizione premarciana ὀπίσω μου

---

[151] Alcuni interpretano la forza del «più forte» come un potere supremo di giudizio escatologico: V. TAYLOR, *Marco*, 137: «Questo Uno che viene dopo è niente meno che il Giudice e Salvatore della fine dei tempi»; ugualmente P. BENOIT – M.-E. BOISMARD, *Synopse*, 77: «Jésus est "plus puissant" que le Baptiste, non pas en ce sens qu'il l'a vaincu, mais en ce sens qu'il se trove mieux armé que lui pour vaincre Satan, parce qu'il possède en plenitude l'Esprit de Dieux, source de puissance et de force»; J. MATEOS – F. CAMACHO, *Il Vangelo*, I, 81-82, suggeriscono che l'espressione ἔρχεται ὁ ἰσχυρότερος possa avere un significato giuridico – «colui che ha più diritto di me» – e alluda, insieme a λῦσαι τὸν ἱμάντα τῶν ὑποδημάτων, alla legge giudaica del levirato. Nel contesto di Marco l'allusione non è giuridica, ma simbolica: evoca il «nuovo sposo», che non può essere Giovanni poiché «lo Sposo» era un ruolo esclusivo di Dio nell'AT, ma Gesù, «colui che viene». Sul simbolismo del Messia-Sposo nel NT si può consultare: P. PROULX – L. ALONSO SCHÖKEL, «Las sandalias», 1-37.

[152] R. PESCH, *Il Vangelo*, I, 155, esclude che ὁ ἰσχυρότερος alluda velatamente a Dio. Per D.H. HARRINGTON, *Il Vangelo*, 780, è molto probabile che all'inizio della predicazione di Giovanni l'epiteto ὁ ἰσχυρότερος indicasse la venuta di Dio in potenza, ma nel contesto di Mc 1,2-8 è evidente che viene riferito a Gesù.

[153] In Marco e nel NT la preposizione ουpi,sw per E. LOHMEYER, *Das Evangelium*, 18, ha una valenza spaziale, mentre per V. TAYLOR, *Marco*, 137, indica una successione temporale. R. PESCH, *Il Vangelo*, I, 154, ritiene che all'inizio la locu-

potrebbe aver avuto un senso locale. Altrove in Marco (1,17-20) colui che cammina dietro a qualcuno è il suo discepolo o il suo schiavo. Ma nel contesto marciano in esame colui che viene dopo Giovanni nell'atteggiamento di un subalterno viene chiamato il più forte o più potente, come a dire che il veniente è superiore a colui che lo precede[154].

Anche se non si può stabilire con certezza se abbia fatto parte della predicazione del Battista, l'espressione ἔρχεσθαι ὀπίσω μου indica una successione temporale e qualitativa insieme: il più forte viene dopo Giovanni. L'attenzione del lettore viene così orientata verso colui che viene (ἔρχεται, presente), di cui successivamente l'evangelista dice: «Venne» (ἦλθεν: 1,9.14).

b) *L'indegnità del Battista: οὐκ εἰμὶ ἱκανός (v. 7b)*

Giovanni ribadisce ulteriormente la superiorità del «più forte» con un'immagine che gli fa confessare la propria indegnità rispetto a Gesù.

L'aoristo λῦσαι avrebbe già di per sé reso efficacemente l'indegnità di Giovanni a esercitare nei confronti di Gesù l'azione più umile svolta da uno schiavo: sciogliere i legacci dei sandali al padrone. Marco vi aggiunge un dettaglio immaginoso che conferisce al gesto di Giovanni maggior forza servile: κύψας, «curvarsi»[155]. La metafora dei sandali porta all'estremo la comparazione dei due personaggi: colui che viene è «più forte» tanto che Giovanni si dichiara nei suoi confronti «indegno» – letteralmente insufficiente (οὐκ εἰμὶ ἱκανός, v. 7) – di slegare la cinghia dei suoi sandali[156].

Per Marco tutta la predicazione di Giovanni ha per oggetto colui che viene dopo di lui o che lo segue. E colui che viene prima come precur-

---

zione ὀπίσω μου indicasse in senso tecnico il successore: Gesù, in quanto battezzato, era discepolo di Giovanni; successivamente nell'apologetica cristiana Gesù è designato come il più forte. Nella stessa linea interpretativa, J. GUILLET, *Gesù*, 31-32, suggerisce che secondo l'ὀπίσω μου di 1,7, inteso in senso spaziale e metaforico, Gesù sarebbe stato un discepolo di Giovanni, almeno per un certo periodo. Al contrario B. STANDAERT, *Il Vangelo*, 36, sostiene che affermare «viene dopo di me» significa dichiararsi discepolo di qualcuno.

154 J. ERNST, *Il Vangelo*, I, 54.
155 Solo qui in Marco. Non si possono sciogliere i legacci dei sandali di chi sta in piedi o seduto senza abbassarsi davanti a lui. J. RADERMAKERS, *Lettura*, 103: un ebreo non poteva esigere tale servizio dal suo schiavo, anche se questi era un ebreo. Cf. S. LÉGASSE, *Marco*, 70.
156 R. PESCH, *Il Vangelo*, I, 155: l'espressione «οὗ οὐκ εἰμὶ ἱκανός» rileva con maggior intensità l'autorità e la potenza del più forte. Nell'insieme l'immagine plastica e figurata del v. 7c è aderente alla predicazione del Battista.

sore non è altro che un servo. Così, l'espressione del v. 7 mette in evidenza il contrasto tra Giovanni e Gesù: colui che viene dopo è in effetti il più forte[157].

Intanto attraverso la figura di Giovanni e della sua missione comincia a svelarsi l'identità di chi viene dopo di lui[158].

c) *Il battesimo con acqua e con Spirito Santo (v. 8)*

La superiorità di Gesù su Giovanni è racchiusa, al v. 8, nella diversità dei rispettivi battesimi: Giovanni ha battezzato con il segno dell'acqua che purifica e prepara all'avvenimento messianico; Gesù battezzerà con la forza dello Spirito Santo. L'enfasi sui due soggetti, ἐγώ – αὐτός, e la diversità dei tempi verbali, ἐγὼ ἐβάπτισα (indicativo aoristo) e αὐτὸς δὲ βαπτίσει (indicativo futuro), accentuano la contrapposizione fra il battesimo di Giovanni (appartenente al passato) e quello di Gesù (appartenente al futuro)[159]. Grazie alle due determinazioni verbali si comprende che la missione di Giovanni termina quando comincia ad agire Gesù.

La differenza qualitativa dei battesimi non ne esclude la complementarietà: quello di Giovanni ha lo scopo di purificare gli uomini in vista della venuta del Messia attraverso la conversione simboleggiata dalla stessa azione battesimale; quello di Gesù comunica lo Spirito e con esso la vita di Dio[160]. I destinatari della predicazione di Giovanni devono ricevere entrambi i battesimi perché l'uno completa l'altro: non si può ricevere lo Spirito che dà la vita per il futuro, se al presente non si rompe con l'ingiustizia del passato attraverso l'immersione nel-

---

[157] J. RADERMAKERS, *Lettura*, 103: la voce dei profeti, che esorta a preparare la via del Signore (Is 40,3; Ml 3,1) e converge nella comparsa e nel ruolo di Giovanni, identificato con Elia, è sostituita dalla venuta del «più forte». Per J. SCHMID, *L'Evangelo*, 35, con l'espressione del v. 7 Giovanni rifiuta qualsiasi fraintendimento messianico riguardo alla sua persona e al suo ruolo: egli è solo un inviato di Dio con il compito di preparare la via al Messia, ma non s'identifica con lui. Cf. Gv 1,19.

[158] R. PESCH, *Il Vangelo*, I, 153, ritiene che dal confronto tra la tradizione contenuta in 1,7b-8 e quella appena più antica presente nella fonte dei *loghia* di Mt 3,11//Lc 3,16 (cf. anche Gv 1,26-27) sia possibile dedurre che in Marco l'annuncio del Battista ha subìto un'interpretazione cristiano-cristologica: «La voce del Battista risuona in un timbro cristiano»; cf. M. TILLY, *Johannes*, 39.

[159] R. PESCH, *Il Vangelo*, I, 154; F.M. URICCHIO – G.M. STANO, *Vangelo*, 172: l'inferiorità del Battista è attestata non solo nel v. 7, ma anche nel v. 8 in confronto al battesimo del «veniente»; M. TILLY, *Johannes*, 42.

[160] J. SCHMID, *L'Evangelo*, 35.

l'acqua che purifica[161]. Il proposito di cambiare vita e il perdono dei peccati connessi con il battesimo di Giovanni non garantivano la possibilità di essere fedeli a Dio. E così Giovanni annuncia che Gesù affrancherà gli uomini dal loro antico retaggio del peccato e li farà entrare nella vita nuova[162]. Le esortazioni profetiche, concentrate nell'annuncio di Giovanni Battista del più forte, non erano riuscite a cambiare l'uomo e a introdurlo nella comunicazione con Dio: solo colui che possedeva lo Spirito poteva rendere l'uomo partecipe della sfera divina.

2.2 Gesù, il veniente (1,9-13)

2.2.1 Il battesimo di Gesù (vv. 9-11)

a) L'identità del più forte (v. 9)

I vv. 9-11 rappresentano il punto culminante del quadro introduttivo di Marco, in cui viene tratteggiata la figura del Precursore e presentato Gesù. Ambedue le descrizioni (1,2-8; 9-11) formano «l'inizio del vangelo di Gesù Cristo, Figlio di Dio». La formula introduttiva καὶ ἐγένετο + un verbo finito segnala un nuovo sviluppo nella trama del racconto, mentre l'indicazione temporale ἐν ἐκείναις ταῖς ἡμέραις specifica che Gesù entra in scena immediatamente dopo la dichiarazione del v. 8 e che è il personaggio di cui parla Giovanni.

La corrispondenza tra l'annuncio di 1,7b e il suo compimento è confermata dall'uso del verbo ἔρχομαι: in 1,7b l'indicativo presente ἔρχεται esprime la dimensione futura del «veniente», in 1,9 l'aoristo ἦλθεν sancisce l'avvenuto arrivo[163].

---

[161] F.M. URICCHIO – G.M. STANO, Vangelo, 171; J. MATEOS – F. CAMACHO, Il Vangelo, I, 83: nell'AT lo Spirito è descritto con due metafore: il vento esprime la forza di Dio, il soffio ne indica la vita. Nei profeti per la comunicazione della vita si utilizza il simbolismo dell'acqua che feconda (Gl 3,1-2: «effonderò il mio spirito»; Is 44,3: «spanderò il mio spirito»; Zc 12,10: «riverserò uno spirito di grazia e di consolazione»; «infonderò il mio spirito»). Il verbo battezzare associato allo Spirito rievoca l'acqua che vivifica; abbinato all'acqua lustrale di Giovanni simboleggia l'inizio di una vita nuova.

[162] X. PIKAZA, Il Vangelo, 36.

[163] Tra i tanti verbi che caratterizzano il cammino di Gesù, «venire» è uno dei più rappresentativi: ἔρχεσθαι («venire»: 1,9.24b; 5,23b; 11,13; 14,17.37a.40a.41a), e;rcesqai eivj («venire in»: 1,14.29.39; 3,20a; 5,38a; 6,1; 7,31; 9,33a; 10,1.46a; 11,15a.27a; 14,32a), ἔρχεσθαι πρός («venire verso delle persone»: 6,48; 9,14a),

Il soggetto di ἦλθεν è Gesù[164]. A differenza di Mc 1,1, dove il nome di Gesù è unito al titolo Χριστός, in Mc 1,9a manca una determinazione (come in Mc 1,24; 5,7; 10,47; 16,6) e soprattutto un articolo[165]. L'omissione, propria di Marco, rivela un'intenzione teologica: non presuppone la conoscenza dell'identità di Gesù, ma lo presenta come un uomo venuto da Nazareth.

È preferibile riferire la preposizione ἀπὸ al verbo ἦλθεν[166] e non a Ἰησοῦς evitando di assimilare l'espressione ἀπὸ Ναζαρὲτ con Ναζαρηνὸς (Mc 1,24; 10,47; 14,67; 16,6) o con ὁ ἀπὸ Ναζαρὲθ, che Marco non conosce (Mt 21,11; At 10,38; Gv 1,45)[167]. Le ultime due espressioni metterebbero l'accento sull'appartenenza sociale ed etnica di Gesù, per sottolineare che egli è un uomo di Nazaret: in tal caso la preposizione ἀπὸ sarebbe preceduta da un articolo. Invece è importante che ἀπὸ sia associato a un verbo di movimento perché evidenzia il movimento di Gesù che parte da Nazaret per venire verso Giovanni Battista. Marco introduce Gesù come un personaggio in cammino, del quale non è esplicitato il punto di partenza (anche se l'evangelista specifica il luogo di provenienza), né quello di arrivo. È un percorso che, seguendo le coordinate della storia secondo un quando, un dove e un come, risulta legato all'attesa veterotestamentaria che culmina nell'annuncio di Giovanni: ἔρχεται ὁ ἰσχυρότερός μου (Mc 1,7)[168].

εἰδέρχεσθαι («entrare»: 1,21b?.45b; 2,1a; 3,1a; 5,39a; 7,17a.24b; 9,28a; 11,11a.15b). Sul tema del cammino cf. E. MANICARDI, *Il cammino*, 14-20; J. MARCUS, *The Way*, 37-47.

[164] B. BUETUBELA, «Le message», 167: è l'uso di ἦλθεν nel v. 9 a dare senso alla ricorrenza di ἔρχεται nel v. 7.

[165] Il nome di Gesù è sempre determinato da un articolo nel secondo vangelo, a meno che non sia specificato da un titolo, come in Mc 1,1. Il parallelo di Mt 3,13 è significativo: si legge un articolo davanti al nome Gesù.

[166] W. FOERSTER, «Ἰησοῦς», 919, n. 31, non è d'accordo con quei commentatori che riferiscono l'indicazione temporale ἀπὸ al verbo ἦλθεν, in quanto non è rilevante che Gesù provenga da Nazaret.

[167] Tale assimilazione è stata proposta da W. FOERSTER, «Ἰησοῦς», 917-919, n.3, il quale non ha tenuto conto del valore della proposizione che esprime un'origine o un allontanamento e che in ogni modo in 1,9a è associata a un verbo di movimento. Per F.M. URICCHIO – G.M. STANO, *Vangelo*, 173, Marco, nel segnalare l'entrata in scena di Gesù, lo introduce come una figura ben nota nella sua personalità storica e nelle sue qualità personali; da qui l'inutilità di riferire l'origine divina.

[168] Si veda per lo sfondo antico-testamentario della venuta del «più forte»: J. LAMBRECHT, «John», 357-384; F. MATERA, «The Prologue», 3-20.

b) *Il punto di vista di Dio (v. 11)*

Se in Mc 1,9 Gesù è descritto dall'esterno come colui che è venuto (ἦλθεν Ἰησοῦς) e viene battezzato da Giovanni (ἐβαπτίσθη εἰς τὸν Ἰορδάνην), nel v. 10 il verbo di percezione εἶδεν[169] descrive un'esperienza personale di Gesù: «i cieli si squarciano»[170]. Questa metafora indica il punto di vista di Gesù che vede aprirsi, davanti a lui, la sfera del divino. A partire da Gesù e tramite lui, ciò che si squarcia ai suoi occhi rimane irrevocabilmente aperto agli occhi del lettore, che può così sperimentare la presenza di Dio che entra in comunicazione diretta e continua con gli uomini.

Inoltre Gesù percepisce visivamente un'altra realtà proveniente dal mondo divino: lo «Spirito scende in lui». Nel testo è tracciata una traiettoria ben precisa: il cammino discendente dello Spirito (τὸ πνεῦμα ὡς περιστερὰν καταβαῖνον) s'incrocia con quello ascendente di Gesù (ἀναβαίνων ἐκ τοῦ ὕδατος) fino ad unirsi con lui (εἰς αὐτόν)[171]. Attraverso il participio καταβαῖνον, considerato nel suo legame con πνεῦμα, l'azione è vista da Gesù nel suo svolgimento, mentre il participio presente ἀναβαῖνων indica la contemporaneità tra l'azione di Gesù che sale dall'acqua e la discesa dello Spirito. D'ora in poi, nel racconto marciano le due traiettorie, quella dello Spirito e quella di Gesù, coincideranno. L'esperienza visiva della discesa dello Spirito Santo sottolinea la coscienza messianica di Gesù e allude alla sua missione: egli è il Messia, l'Unto di Dio.

Dopo la sfera visiva, nel v. 11 viene presentato un elemento uditivo, la voce dal cielo. In parallelo con εἶδεν (v. 10) sarebbe stato naturale leggere nel testo l'espressione ἤκουσεν φωνὴ ἐκ τῶν οὐρανῶν. Ma, invece di un participio finale come λέγουσα, si incontra un verbo che indica un «evento» (ἐγένετο, «ci fu»): esso conferma che non c'è un livello uditivo vero e proprio e qualifica piuttosto la modalità d'espres-

---

[169] Dal punto di vista grammaticale εἶδεν si riferisce a Gesù, unico soggetto di entrambe le azioni (ἦλθεν... εἶδεν): solo lui propriamente vide. Non risulta che i presenti alla scena del battesimo si siano accorti della singolarità dell'evento, cf. F.M. URICCHIO – G.M. STANO, *Vangelo*, 174; J. WILLEMSE, «La première», 79.

[170] Σχιζομένους implica una certa violenza. È da preferire la traduzione «squarciare» e non l'accezione più ordinaria di «aprire». Per G. MINETTE DE TILLESSE, *Le secret*, 354, Gesù viene manifestato come un essere celeste per il quale il cielo si apre.

[171] J. GNILKA, *Marco*, 53: Gesù che esce subito dall'acqua (ἀναβαίνων) sta in relazione con la discesa dello Spirito (καταβαῖνον). Il battesimo non ha la funzione di preparare la visione, ma di spiegare che la venuta dello Spirito non è effetto del battesimo amministrato da Giovanni.

sione della voce. L'assenza di suono o di un verbo di espressione vocale porta a definire l'esperienza descritta come una percezione interna e cosciente di quanto viene comunicato. La voce trova la sua corrispondenza nell'evento interno della percezione da parte di Gesù, in un modo simile a quella dello Spirito che viene a coincidere con la persona di Gesù. È questa la differenza sostanziale con la φωνὴ βοῶντος ἐν τῇ ἐρήμῳ (1,3): la voce di Giovanni è udibile, localizzata nel deserto e subordinata alla presenza di Dio che sta per venire nella storia (1,3), mentre quella che proviene dal cielo, mediante lo Spirito, rende presente la comunicazione di Dio. Indubbiamente centrale è il personaggio di Gesù nella descrizione marciana del battesimo; Giovanni, e di riflesso Elia, è una figura di secondo piano, periferica, dal significato quasi «propedeutico»[172].

La mancata menzione di Dio da parte della voce celeste desta una certa sorpresa e potrebbe far intravedere il punto di vista di Gesù e non quello del narratore. Risulta comunque chiaro che con l'espressione Σὺ εἶ ὁ υἱός μου[173] è Dio in quanto Padre che si rivolge al Figlio. Il pronome iniziale Σύ, posto in posizione enfatica, ha la funzione d'incentrare la dichiarazione divina non tanto sul titolo figlio quanto sulla singolarità di Gesù, nel quale si realizza pienamente la condizione di Figlio di Dio. L'appellativo ὁ υἱός è un predicato nominale che conferma una realtà già esistente nella persona di Gesù: è il Figlio per eccellenza[174]. Difatti la profezia di 1,2 con l'espressione τὴν ὁδόν σου («il tuo cammino») aveva mostrato la consapevolezza che Gesù aveva del proprio ruolo messianico. Il secondo predicativo attribuito al «tu» iniziale, ὁ ἀγαπητός, sottolinea la relazione particolarissima di Gesù con Dio[175]. È plausibile che Marco intenda presen-

---

[172] F.M. Uricchio – G.M. Stano, *Vangelo*, 172: sotto l'aspetto letterario Gesù è la figura centrale.

[173] L'espressione non è una vera e propria citazione, ma evoca un testo dell'AT, il Sal 2,7, che ha in comune con Mc 1,11b la forma vocativa alla seconda persona σύ. Si tratta di un salmo d'intronizzazione, che sottolinea la relazione di speciale filiazione del Messia con Israele, cf. F.M. Uricchio-G.M. Stano, *Vangelo*,176; J.D. Kingsbury, *Conflicto*, 55.

[174] G. Minette De Tillesse, *Le secret*, 352: la voce divina rivela la *«nature»*, o meglio la vera missione di Gesù, con una chiarezza terminologica che Marco non può permettersi di cambiare o completare.V. Taylor, *Marco*, 713; M.J. Lagrange, *Évangile*, 12; K. Stock, *Alcuni aspetti*, 87: la voce rileva una realtà stabile della relazione di Gesù con Dio e non un avvenimento.

[175] Nell'AT non c'è una grande differenza tra amato e unico. Nel NT questo aggettivo è riservato solo a Gesù (8 volte su 8) nei sinottici e i passi marciani in cui Dio Padre parla del Figlio diletto sono: 1,9-11; 9,2-8; 12,1-12. E. Stauffer, «ἀγαπάω»,

tare Gesù, all'inizio della sua comparsa pubblica, nelle sue relazioni essenziali: con Giovanni Battista, con l'Elia redivivus, con il popolo penitente che si fa battezzare, con Satana, con gli angeli[176]. È Dio stesso che con la sua voce entra nel racconto marciano per rivelare chi è Gesù secondo il suo punto di vista valutativo: è il suo Figlio. Il lettore riceve così una visione normativa, metro di giudizio per tutte le altre comprensioni dell'identità di Gesù[177]. La terza specificazione su Gesù, ἐν σοὶ εὐδόκησα, (un aoristo in posizione enfatica con ἐν σοί) esprime predilezione o compiacimento divino circa il comportamento di Gesù[178].

In questo episodio Marco, riportando una tradizione storica, si fa portavoce del punto di vista valutativo di Dio Padre su quella relazione unica e singolare con Gesù[179]. D'ora innanzi ad ogni figura evangelica deve essere assegnato il valore determinato secondo il giudizio di Dio. Inoltre il lettore si rende conto che il punto di vista di Gesù è perfettamente allineato con quello di Dio quando osserva che al Giordano Gesù vede la verità di sé e del suo rapporto con Dio[180].

126-127: Marco, insieme ai Sinottici, usa ἀγαπητὸς nel significato conferitogli da Gesù in Mc 12,5, cioè l'amore di preferenza che Dio riserva a colui che ha scelto per una missione unica e incomparabile.

[176] K. STOCK, *Le pericopi*, 97-99; ID., *Alcuni aspetti*, 87.

[177] J.D. KINGSBURY, *Conflicto*, 56; ID., *The Christology*, 47-50: il «punto di vista» di Dio come normativo nel racconto di Marco; ID., «The Significance», 96: «Because Jesus is the sole recipient of the two revelatory events, Mark again privileges the reader so that it is the reader – but not human characters within the stiry besides Jesus – who Knows that both Mark as narrator and God look upon Jesus as God's Son». E' una voce che esprime una valutazione positiva sulla persona di Gesù, cf. J. MARCUS, *Mark 1-8*, 160: «A voice that sounds forth from heaven to express God's will and may quote scripture and/or declare a favourable evaluation of a person». Cf. R.C. TANNEHILL, «The Gospel», 61.

[178] Alcuni propongono di considerare l'aoristo come verbo ingressivo di stato che perdura, come un perfetto semitico, cf. M.ZERWICK, *Graecitas*, 260; C.F.D. MOULE, *An Idiom*, 61.

[179] N. PETERSEN, «Point», 107-108, per primo ha indicato che nel vangelo di Marco il punto di vista valutativo del narratore s'identifica con quello del personaggio principale, Gesù. Cf. J.D. KINGSBURY, *Matteo*, 46.

[180] R PESCH, *Il Vangelo*, I, 169: nell'evento auditivo della voce dal cielo, a Gesù viene manifestato chiaramente il motivo dell'essere dotato di Spirito: Gesù, non Giovanni, è l'unico Figlio di Dio, la figura determinante della storia della salvezza. J.D. KINGSBURY, *The Christology*, 47-50; E. BOSETTI, «Un cammino», 124. Per la discussione su un possibile intreccio, in questo brano, tra funzione messianica e condizione filiale, cf. V. TAYLOR, *Marco*, 145.712-714.

2.2.2 Il soggiorno di Gesù nel deserto (vv. 12-13)

Il tema dei «quaranta giorni» ricorre con frequenza nell'AT per indicare la compiutezza del tempo stabilito da Dio o di un periodo nel quale permane una situazione omogenea[181].

Gesù, dopo essere stato identificato e presentato dal narratore (1,1) e poi da Dio stesso come suo Figlio, viene sospinto nel deserto perché affronti le tentazioni di Satana. La sua permanenza nel deserto per quaranta giorni, più che evocare nel lettore i quarant'anni trascorsi da Israele nel deserto (Dt 8), ricorda le prove sostenute da Mosè (Es 34,28) e da Elia (1Re 19,8)[182]. L'assenza del digiuno, caratteristico della permanenza di Mosè sulla montagna (Es 34,28; Dt 9,9.18)[183], avvicina piuttosto l'esperienza di Gesù a quella di Elia: nel deserto Gesù entra in relazione, oltre che con Satana e con le bestie selvatiche, anche con gli «angeli», che lo servono[184]; il profeta Elia riesce a camminare quaranta giorni nel deserto del Sinai fino al monte Oreb grazie alla duplice offerta di cibo da parte di un messaggero celeste (1Re 19,1-18)[185].

3. Osservazioni conclusive

3.1 *Funzione tematica dell'«Inizio»*

Il prologo marciano, presentando gli avvenimenti che precedono il ministero pubblico di Gesù, costituisce un'entità distinta dal corpo della narrazione. I sottotitoli scelti dai commentatori – «prologo», «prefazio-

---

[181] La durata di quarant'anni, invece, indica il tempo di una generazione (Gdc 3,11; 5,31; 8,28; 13,1; 2Re 8,17; 12,2).

[182] Il soggiorno di Gesù nel deserto può far riferimento a modelli veterotestamentari: Mosè ed Elia si preparano alla loro missione nel deserto: W. MARXSEN, *L'evangelista*, 33; C.E.B. CRANFIELD, *The Gospel*, 57; F.M. URICCHIO – G.M. STANO, *Vangelo*, 180; J. WILLEMSE, «La première», 81.

[183] J. SCHMID, *L'Evangelo*, 41: «Come Elia durante il suo viaggio alla montagna di Horeb, durato quaranta giorni, venne servito da un angelo (1Re 19,8), così anche Gesù viene servito, cioè provvisto di cibo dagli angeli».

[184] Non è esattamente chiaro come il narratore immagini o visualizzi gli «angeli», ma è evidente che li considera messaggeri di Dio.

[185] Sulla proposta di una «tipologia Mosè-Elia»: W.W. WESSEL, *Mark*, 623; C.E.B. CRANFIELD, *The Gospel*, 60; J. MARCUS, *Mark 1-8*, 169: «After being driver by the Spirit into the wilderness, Jesus spends forty days there – like Elijah, who was also sustained by an angel's provision of food (1 Kgs 19:5-8; cf. 1 Kgs 17:5-6)». Contraria la posizione di J. GNILKA, *Marco*, 63: se da una parte il motivo dei quaranta giorni e del cibo degli angeli di Mc 1,12-13 potrebbe riecheggiare la tradizione di Elia, dall'altra la presenza delle bestie feroci lo esclude.

ne», «introduzione» – lasciano trapelare i tentativi di cogliere l'essenza di questi versetti iniziali[186].

Lo stile midrashico, ricco di echi veterotestamentari, il linguaggio simbolico e la composizione estremamente accurata rivelano un preciso intento teologico: proclamare l'identità di Gesù, definito già in 1,1, con una espressione nominale, «Cristo e Figlio di Dio». Il lettore riesce a comprendere il significato di questi titoli sia per l'intervento della voce del Padre (v. 11), sia per il supporto delle Scritture (vv. 2-3)[187].

Risulta chiaro l'intimo legame tra Dio e Gesù proprio attraverso la definizione di figlio. Inoltre i versetti iniziali del vangelo, nel sottolineare la superiorità di Gesù su Giovanni (1,2-3.7-8), ne segnalano la particolare dignità: sono elementi che emergono chiaramente nell'episodio del battesimo (1,10-11) e nell'incontro con Satana nel deserto (1,12-13).

Il prologo diventa, quindi, un metodo di lettura o una guida ermeneutica per l'intero vangelo[188].

3.2 Il ruolo di Giovanni Battista

È indubbio che per Marco Giovanni è il precursore profetico che apre la strada a Gesù: le citazioni scritturistiche di Es 23,20; Ml 3,1; Is 40,3 vengono rapportate, come commento narrativo, alla persona e alla predicazione del Battista[189], il messaggero inviato da Dio che prepara la strada del Signore (κυρίου = Gesù) nel deserto (Mc 1,2-3).

La comparsa di Giovanni Battista è per Marco l'ἀρχὴ τοῦ εὐαγγελίου Ἰησοῦ Χριστοῦ, il cui nome appare al v. 4, dopo la profezia di Is 40,3 (φωνὴ βοῶντος ἐν τῇ ἐρήμῳ), di cui lo stesso Battista è la realizzazione.

---

[186] M.E. BORING, «Mark 1:1-15», 61-69.

[187] J. D. KINGSBURY, «The Significance», 95-96: «Mark introduces the reader to Jesus (1,1-13)… broaches the motif of the secret of Jesus'identity by informing the reader of how three key figures construe Jesus'identity: he himself, as the reliable narrator; John the Baptist, as the forerunner of Jesus; and God, whose understanding of Jesus' identity is normative for all the characters inhabiting the vorld of the story».

[188] B. STANDAERT, Il Vangelo, 27: Marco nel prologo espone la sua maniera personale di tracciare le fila della trama del suo racconto. Cf. F.J. MATERA, «The Prologue», 3-4.

[189] Per Marco, Giovanni è soprattutto il precursore, colui che prepara la strada. P. LAMARCHE, Évangile, 38: «En effet, après avoir annoncé la citation d'Isaïe (préparez, rendez droits…), il insère Ml + Ex (le messager qui précède…); et c'est cette dernière citation qui va orienter l'ensemble de la présentation de Jean Baptiste: en 4 le texte commende par appliquer à Jean la prophetie d'Isaïe, mais ensuite c'est Ml + Ex qui sert à comprendre la mission du précurseur».

La profezia veterotestamentaria di Is 40,3 da una parte inquadra Giovanni nella storia della salvezza, dall'altra ne limita il ruolo («voce nel deserto») ad una funzione preparatoria (1,3). Il Battista svolge siffatto ruolo annunciando un battesimo di conversione (Mc 1,4) e la venuta di una figura messianica (il «più forte») che battezzerà in Spirito Santo (1,7-8). È un gesto profetico: Giovanni, sulla scia dei grandi profeti dell'AT e in particolare di Elia, riceve la missione di preparare gli animi per la venuta imminente di Dio. Per Marco il ministero di Giovanni il Battezzatore e il battesimo di Gesù sono il principio storico e il fondamento teologico dell'εὐαγγελίου Ἰησοῦ Χριστοῦ[190]. La funzione preparatoria di Giovanni termina con la comparsa di Gesù sulla scena: la φωνὴ βοῶντος ἐν τῇ ἐρήμῳ viene sostituita dalla φωνὴ ἐκ τῶν οὐρανῶν (1,11), la quale, sia per provenienza che per contenuto, segna uno stacco qualitativo di Gesù rispetto al Battista.

3.3 Il ruolo elianico di Giovanni Battista

Per Marco Giovanni Battista è soprattutto il precursore di Gesù Cristo, l'Elia che ritorna per la sua missione escatologica. La promessa divina di inviare un messaggero come precursore del Signore si realizza nella missione di Giovanni, finalizzata a preparare Israele per la venuta definitiva di Dio. Lo stesso oracolo (Ml 3,1) viene inteso all'interno del libro profetico come annuncio-profezia del ritorno di Elia (Ml 3,23): l'Elia redivivo ricondurrà e riunificherà i cuori dei padri e dei figli attorno alla legge di Mosè (Ml 3,22). Nel disegno teologico di Marco il ruolo di Elia come precursore di Dio diventa il ruolo di Giovanni come precursore del Messia[191].

---

[190] Così pensa G. DELLING, «ἀρχή», 1282: «In Mc 1,1 la predicazione e il battesimo di Giovanni sono visti come l'inizio nel tempo dell'annuncio della buona novella da parte di Gesù». Dello stesso parere è N. TURNER, *Grammatical Insights*, 27-28: «Absence of a verb has promoted the suggestion that the phrase is a title rather than an integral part of the book [...] the "beginning of the gospel" is Isaiah's prophecy concerning the messenger, "John the Baptist, baptizing [...] and preaching [...], was the beginning of the gospel of Jesus Christ"».

[191] W. FENENBERG, *Der Markusprolog*, 191, sostiene che Elia nella tradizione era considerato il precursore di Dio; in seguito, nell'aspettativa popolare, divenne il precursore e l'accompagnatore del Messia. Tale concezione, molto viva nell'ambiente dei sinottici, «decket sich Mk 1,2». G. DAUTZENBERG, «Elijah», 1087: il ruolo elianico del Battista è sottinteso in Mc 1,2, un tentativo per identificare il Battista con l'Elia *redivivus*; J.D. KINGSBURY, *The Christology*, 59: nel racconto di Marco «John the Baptizer is Elijah *redivivus*, the forerunner of Jesus Messiah».

L'evangelista non intende presentare soltanto il precursore storico di Gesù, ma coinvolgere nella preparazione della via anche i lettori, i quali sono invitati a convertirsi[192].

La citazione attribuita a Isaia (Mc 1,2-3) indica che l'inviato principale del vangelo non è Elia né Giovanni Battista, ma Gesù[193], la cui venuta deve essere compresa a partire dalle speranze escatologiche e messianiche contenute nelle Scritture.

La figura di Giovanni, e di riflesso quella di Elia, ha valore in relazione a «un altro»[194]: in questa sequenza iniziale (1,2-8) il Battista orienta il lettore verso Gesù come Messia.

Giovanni Battista viene descritto come l'Elia della tradizione anche attraverso il particolare della veste del profeta (καὶ ζώνην δερματίνην περὶ τὴν ὀσφὺν αὐτοῦ: 1,6b) contenuto nel discorso degli invitati del re Acazia riguardo ad Elia (2Re 1,8). Un simile dettaglio, tutt'altro che insignificante, precede l'annuncio di Giovanni Battista sulla venuta del più forte e suggerisce al lettore di mettere idealmente in rapporto il Battista con il potente profeta dell'AT.

Per la tradizione di Marco Giovanni era senza dubbio un grande profeta, molto simile a Elia, ma era necessario puntualizzarne la subordinazione a un'altra persona[195], a lui stesso sconosciuta, che sarebbe venuta dopo, e rispetto alla quale era incommensurabilmente inferiore. E come Elia preparava la venuta di Dio, così Giovanni annunciava uno più forte[196], da non identificare con il precursore di Ml 3,1.23. Ne consegue che l'oggetto del verbo e;rcetai in 1,7 non è Elia, di cui si attendeva la venuta o il ritorno, ma Gesù. Il verbo venire è applicato nel suo primo uso non al messaggero di Ml 3,1, cioè Elia (Ml 3,23), ma al più forte che viene dopo Giovanni Battista[197].

---

192 F. LENTZEN-DEIS, *Comentario*, 32.

193 R.C. TANNEHILL, «The Gospel», 62-62: l'*incipit* marciano con le citazione veterotestamentarie mostra che Dio, mandando il suo messaggero, ha un suo scopo, sotteso agli eventi centrali della storia; Gesù, ricevendo da Dio la sua missione, diventa protagonista e strumento della realizzazione di questo scopo.

194 E. LOHMEYER, *Johannes*, 14-17; J. SCHMID, *L'Evangelo*, 30; F.M. URICCHIO – G.M. STANO, *Vangelo*, 164.

195 M.E. BORING, «Mark 1:1-15», 63: «Mark's introduction presents John and Jesus as "parallel", yet subordinates John to Jesus in the mode of narration».

196 B. STANDAERT, *Il Vangelo*, 34: Giovanni rimanda e agisce in riferimento ad un altro. Si spiega così la sua comparsa e scomparsa. P. van LINDEN, *Vangelo*, 16; J. GNILKA, *I primi cristiani*, 173: la persona e l'attività del Battista sono subordinate alla figura di Gesù.

197 J. MARCUS, *Mark 1-8*, 158: in 1,7-8 «John's proclamation of baptism gives way to his proclamtion of the coming of the crucial end-time figure, the "stronger one" or Messiah, and his final words testify to his inferiority to this figure».

Dal punto di vista letterario e teologico l'interesse del lettore converge su Gesù[198] e le allusioni a Elia sono totalmente subordinate alla sua venuta. Nel lavoro redazionale di Marco la figura tradizionale di Elia come precursore di Dio subisce una lettura cristologica proprio con Giovanni, precursore di Gesù. Elia – nella persona di Giovanni il Battista – è il precursore di Gesù[199]. Il richiamo indiretto al profeta Elia (Mc 1,2-3.6) fa comprendere il significato del Battista, ma la questione delle origini precristiane della relazione Elia-Giovanni Battista rimane tuttora oggetto di studi e dibattiti[200].

In ogni modo l'analisi precedente ha mostrato l'influenza della tradizione di Elia come precursore di Jhwh nell'interpretazione marciana del ruolo di Giovanni Battista. Già in 1,1-13 appare univoco il significato dell'identità e della funzione del Battista: è il precursore di Gesù Cristo, l'Elia *redivivus*.

3.4 *La tipologia di Elia*

La tesi di una tipologia di Elia che interpreta Giovanni come precursore in Mc 1,2-3.6 trova un largo consenso nella recente ricerca esegetica[201]. Giovanni Battista viene identificato con Elia redivivo atteso per la fine (Ml 3,1.23). Le citazioni di Es 23,20; Ml 3,1; Is 40,3 non costituiscono una prova scritturistica quanto un commento narrativo alla persona e alla predicazione del Battista. Sembra che le citazioni e le allusioni veterotestamentarie in Marco rispondano ad una funzione interpretativa più che a uno schema di adempimento[202]. La profezia dell'AT nel suo rappresentante più significativo, Elia, a partire da Gesù e mediante Giovanni entra a far parte dell'ἀρχὴ τοῦ εὐαγγελίου Ἰησοῦ Χριστοῦ: Giovanni Battista, il precursore di Gesù nel suo ruolo di Elia,

---

[198] F.M. Uricchio – G.M. Stano, *Vangelo*, 172.

[199] M.D. Hooker, «What Doest», 68; M. Öhler, *Elia*, 36-37: il ruolo di Giovanni Battista come Elia era noto nella tradizione. Tale prospettiva è presente nel prologo, che però lo enfatizza come precursore di Gesù.

[200] J. Ernst, *Johannes*, 4-12: «Die Frage nach möglichen vorchristlichen Ursprüngen der Elija-Täufer-Relation muß an dieser Stelle noch nicht geklärt werden».

[201] Tra i sostenitori: G. Theissen – A. Merz, *Il Gesù*, 259-260; J. Gnilka, *I primi cristiani*, 173: per delineare Giovanni come precursore di Gesù si fa ricorso alla tipologia di Elia.

[202] A. Suhl, *Die Funktion*, 169: «Marco usa l'Antico Testamento come linguaggio idoneo per l'interpretazione».

è parte integrante del vangelo[203]. Tale lettura tipologica può radicarsi nella figura storica del Battista? È difficile dimostrare che egli si sia considerato l'Elia redivivo annunciato in Ml 3,1.23. Piuttosto il suo modo di vestire (Mc 1,6), la scelta del Giordano, luogo del rapimento di Elia (2Re 1,11), il riferimento a Ml 3,1.23 sono elementi rievocativi della figura del profeta di Tisbe.

---

[203] W. MARXSEN, *L'Evangelista*, 28-29.

CAPITOLO II

Elia e le opinioni su Gesù (Mc 6,14-16)

1. Il contesto

La sezione introduttiva (1,1-13) del racconto di Marco racchiude il momento fondante della buona novella e la chiave della sua presentazione. Questa fase iniziale, preparata dalle antiche profezie (Ml 3,1; Is 40,3), ha il suo anticipo immediato nell'attività di Giovanni Battista che, nelle vesti di Elia, annuncia un battesimo di conversione e prepara gli abitanti della Giudea e di Gerusalemme all'incontro con «colui che sta per venire» (1,2-8). Tale premessa trova il suo compimento nell'entrata in scena di Gesù (1,9), che nel battesimo è presentato da Dio come il figlio prediletto (cf. 1,11). L'evento è segnato anche dall'intervento dello Spirito, che scende su di lui (cf. 1,10) e lo spinge nel deserto (cf. 1,12-13). Questa stretta unione di Gesù con Dio costituisce la fonte della sua competenza nell'annunciare la Buona novella del Regno (1,15bc) e della sua autorità nel comandare (1,15de).

Il ruolo del precursore Giovanni Battista, nella cui comparsa si è realizzato quello previsto dalle profezie per Elia, si conclude con il passivo divino παραδοθῆναι che pone la vita e l'opera di Gesù all'ombra della croce[1]. Con l'espressione ἦλθεν ὁ Ἰησοῦς εἰς τὴν Γαλιλαίαν κηρύσσων τὸ εὐαγγέλιον τοῦ θεοῦ, il racconto di Marco si concentra su Gesù, di cui si descrive l'inizio del ministero: egli è l'araldo che percorre la Galilea per diffondere la buona novella di Dio con l'autorità di Figlio e Signore.

---

[1] B. STANDAERT, *Il Vangelo*, 62-63.

La domanda sull'identità di Gesù, alla quale gli uomini tentano di dare una risposta, è come un filo rosso che attraversa tutta la prima parte del vangelo di Marco (1,14-8,26)[2], che può essere divisa in tre sezioni principali. Nella prima (1,14-3,6) Gesù è presentato come uno che ha autorità nell'insegnare (1,22) e potere di rimettere i peccati (2,10) e vengono registrate le prime impressioni della gente con la frase «καὶ ἐξῆλθεν ἡ ἀκοὴ αὐτοῦ εὐθὺς πανταχοῦ εἰς ὅλην τὴν περίχωρον τῆς Γαλιλαίας» (1,28). Nella seconda sezione (3,7-6,6a) Gesù è circondato da immense folle, alle quali rivela il mistero del Regno di Dio servendosi di «molte parabole» (ἐν παραβολαῖς πολλά: 4,2). La presenza delle folle, che cercano Gesù e che si chiedono «Τίς ἄρα οὗτός ἐστιν ὅτι καὶ ὁ ἄνεμος καὶ ἡ θάλασσα ὑπακούει αὐτῷ» (4,41), segna l'inizio (3,7a) della sezione e sarà continuamente evidenziata da Marco[3]. Tre sono le osservazioni su cui si basano le opinioni delle folle sull'operato di Gesù: 1. Egli scaccia i demoni (3,7-35); 2. È Maestro (4,1-34); 3. Opera prodigi (4,35-5,43)[4]. Il mistero della sua persona, a motivo del suo agire (ἀκούοντες ὅσα ἐποίει: 3,8) e della rivelazione fatta dagli spiriti immondi (Σὺ εἶ ὁ υἱὸς τοῦ θεοῦ: 3,11), è al centro delle aspettative popolari su varie figure, compresi Elia o un profeta. Con la domanda di 6,3 (οὐχ οὗτός ἐστιν, ὁ τέκτων, ὁ υἱὸς τῆς Μαρίας) Marco interrompe bruscamente la serie delle indagini sull'identità di Gesù[5]. Nella prima parte della terza sezione (6,6b-33), fra l'invio dei Dodici (vv. 7-13) e il loro ritorno (vv. 30-32), Marco racconta la reazione di Erode alle opinioni su Gesù e la decapitazione di Giovanni il Battista. Nonostante l'assenza di una connessione logica tra i due temi, l'inserzione fornisce un interludio ai discepoli per completare la loro missione.

Il ciclo narrativo sulla missione dei Dodici (6,7-31) ha un'articolazione concentrica: a. Gesù manda i Dodici per continuare la sua missio-

---

[2] K. STOCK, «Gesù», 243: «La prima parte del vangelo (1,14-8,26) è caratterizzata dalla rivelazione di Gesù, alla quale corrisponde l'obbligo al riconoscimento della sua identità da parte degli uomini».

[3] Le folle in Marco, eccetto nei racconti della passione (14,1-16,8), fanno da sfondo positivo all'azione di Gesù (2,14.13; 3,20.31-35; 4,1; 5,21.24.27; 9,25), sono oggetto della sua compassione (6,34; 8,2) e istruzione (7,14; 8,34; 11,18; 12,37). In alcuni momenti si accalcano attorno a lui, ma senza costituire un pericolo per la sua persona (2,4; 3,9ss; 5,30.31).

[4] J. DELORME, Lettura, 86.

[5] J.D. KINGSBURY, The Christology, 80-85, individua il percorso delle domande sull'identità di Gesù nelle seguenti pericopi: 1,21-28; 2,1-12; 4,35-41; 6,1-6.

ne (6,7-13); b. Intermezzo a *flashback*⁶: opinione della gente su Gesù e timore di Erode Antipa che il Battista sia risuscitato dopo la decapitazione (6,14-29); a'. Ritorno dei Dodici dalla missione (6,30-31).

La scena dell'invio e della missione dei Dodici è preceduta da un sommario introduttorio che fa da cerniera con la sezione precedente e anche da annuncio del tema: Gesù è il maestro (v. 6b). Vengono definiti con precisione gli ambiti della missione dei Dodici: cosa fare (6,7.13), come presentarsi (6,8-10), come comportarsi di fronte all'accoglienza o al rifiuto (6,10-11)⁷. La digressione di 6,14-29 offre un bilancio delle risposte della gente e di Erode alla domanda «chi è Gesù» e la possibilità di inserire il racconto, in *flashback*, della passione di Giovanni⁸. Questo episodio tragico mostra che Giovanni è precursore del Messia anche nella sua morte.

L'inserimento di 6,14-29 tra l'invio dei Dodici e il loro ritorno è frutto dell'abilità narrativa di Marco, che riprende il tema della popolarità di Gesù già abbozzato nelle sezioni precedenti.

1.1 *Unità letteraria*

La pericope è connessa con il testo immediatamente precedente attraverso un semplice καί. Dando alla congiunzione introduttiva⁹ del v. 14 un valore temporale, si assicura continuità tra il nuovo personaggio di Erode e l'attività dei Dodici (6,6b-13)¹⁰. Ma, dal punto di vista letterario, il mancato annuncio di una nuova scena e di un nuovo personaggio nel v. 14 può essere indice di uno stile rozzo e non crea un legame con il contesto precedente¹¹. Inoltre, durante l'assenza dei Dodici, il lettore è proiettato in un altro luogo, il palazzo di Erode, al tempo della prigionia di Giovanni Battista¹².

Nel v. 16 riappare il nome di Erode che, dopo aver ascoltato le tre opinioni su Gesù, elabora una conclusione personale.

---

⁶ B. STANDAERT, *Il Vangelo*, 63.
⁷ M. GALIZZI, *Vangelo*, 112-114.
⁸ J. DELORME, *Lettura*, 86.
⁹ F. BLASS – A. DEBRUNNER – F. REHKOPF, *Grammatica*, § 442, 4.
¹⁰ É. TROCMÉ, *L'Évangile*, 167; J. MATEOS -- F. CAMACHO, *Evangelio*, II, 22; M. TILLY, *Johannes*, 52. Al contrario J. ERNST, *Il Vangelo*, I, 281, non intravede nessun rapporto con l'unità letteraria precedente.
¹¹ É. TROCMÉ, *L'Évangile*, 167. Tra coloro che negano un rapporto con la pericope precedente: J. ERNST, *Il Vangelo*, I, 281.
¹² B.M.F. van IERSEL, *Marco*, 200.

Una certa unità stilistica del testo è resa palese dall'inclusione stabilita dal verbo tra il v. 14a e il v. 16a:

(14a) ἤκουσεν ὁ βασιλεὺς Ἡρῴδης
(16a) ἀκούσας δὲ ὁ Ἡρῴδης[13]

Le voci sull'identità di Gesù, riferite per ben tre volte con un identico stilema, creano una sequenza tra le varie identificazioni:

(14b) ἔλεγον ὅτι Ἰωάννης
(15a) ἔλεγον ὅτι Ἠλίας
(15b) ἔλεγον ὅτι προφήτης

La particella δὲ nel v. 15 mostra che i fili sequenziali delle identificazioni sono alternativi tra loro e non paralleli:

(14b) καὶ ἔλεγον ...
(15a) ἄλλοι δὲ ἔλεγον ...
(15b) ἄλλοι δὲ ἔλεγον ...

Un ulteriore fattore coesivo della pericope è il ricorrente motivo dell'identità di Gesù, indicata con l'espressione esplicativa: φανερὸν γὰρ ἐγένετο τὸ ὄνομα αὐτοῦ (v. 14).

L'episodio seguente, la morte di Giovanni Battista (6,17-29), è strettamente legato alla nostra unità letteraria mediante l'espressione di Erode: ὃν ἐγὼ ἀπεκεφάλισα Ἰωάννην (v. 16)[14]. Attraverso questo riferimento Marco attribuisce a Erode la responsabilità della morte del Battista[15], che, avvenuta molto tempo prima, viene raccontata con il piuccheperfetto[16] perché indica uno «stato acquisito del passato». Inoltre il γὰρ di 6,17 ha la funzione di riprendere l'affermazione del Battista di 6,16, che rappresenta il momento conclusivo della sua vita, la decapitazione. Si può affermare che la storia di 6,17-29 inizia con un'affermazione della sua conclusione[17].

---

[13] J. MATEOS – F. CAMACHO, *Evangelio*, II, 21; S. LÉGASSE, *Marco*, 315.

[14] W. GRUNDMANN, *Das Evangelium*, 172: «Diese Aussage bidet die Grundlage für die folgende Erzählung vom Ende des Johannes»; D. LÜHRMANN, *Das Markusevangelium*, 115: «14-16 stellen eine Verbindung her zwischen dem Erzählfaden und der Geschicht vom Tod des Täufers».

[15] D.J. HARRINGTON, *Il Vangelo*, 794.

[16] In 6,17 gli aoristi ἐκράτησεν e ἔδησεν hanno valore di piucheperfetto; in 6,18 l'imperfetto ἔλεγεν non è necessario, ma può essere inteso come piucheperfetto.

[17] R. PESCH, *Il Vangelo*, I, 525; R.A. GUELICH, *Mark 1-8:26*, 327.

Quindi, tra l'invio dei discepoli e il loro ritorno, Marco ha introdotto un interludio: il testo di 6,14-16 è un'introduzione[18] al racconto dell'assassinio di Giovanni Battista[19], la cui morte violenta è figura della morte di Gesù.

2. Articolazione del testo

L'unità letteraria è composta da due frasi narrative (14ab; 16a) e da quattro discorsi diretti (14cd.15ab.16bc).

Una certa coerenza è conferita a tutto il brano dalle due ricorrenze del verbo ἀκούω: il soggetto, Erode, in 1,14 (ἤκουσεν) sente parlare di Gesù attraverso le dicerie della gente; in 1,16 (ἀκούσας) risulta ben informato dall'opinione popolare. Il v. 14, quindi, introduce il giudizio popolare su Gesù, che sarà sviluppato poi in 14b-15[20].

L'oggetto del sentito dire è contenuto nella frase paratattica di 14cd.15ab, il cui verbo dominante (l'imperfetto ἔλεγον) nei versetti centrali (14c.15ab) esprime nella sua forma impersonale le opinioni della gente sull'opera di Gesù. È la prima volta che Marco riporta delle voci su Gesù, le quali vengono riferite nella forma del discorso diretto mediante il triplice ὅτι recitativo[21]. Queste opinioni popolari anonime sono contenute nelle osservazioni di Erode, che sente parlare di Gesù e in 6,16 si associa a uno dei convincimenti pubblici su di lui[22].

È possibile a questo punto ritenere che l'unità letteraria di 6,14-16 sia una sequenza formata da tre microsequenze: 1,14a (Erode e la fama di Gesù); 14b-15 (le opinioni della gente su Gesù); 16 (Erode si pronuncia sulla sua identità)[23].

---

[18] J. GNILKA, *Marco*, 333 ; J.D. KINGSBURY, *Conflicto*, 64; K. STOCK, *Le pericopi*, 72; P. LAMARCHE, *L'Évangile*, 165: «Ce morceau forme une petite unité sans doute primitivement indépendante du récit concernano l'arrestation et la mort de Jean Baptiste (6,17-29)».

[19] G. MINETTE DE TILLESSE, *Le secret*, 413 ; B. STANDAERT, *Il Vangelo*, 67, ritiene che in 6,17-29 Marco utilizzi una tradizione letteraria che autorizza a fare una digressione, di solito tra due grandi parti di un racconto. Tale procedimento retorico non è solo un aspetto convenzionale, ma intende mostrare il significato più profondo dell'evento tragico della morte del Battista: anticipare la passione di Gesù.

[20] E. SCHWEIZER, *Il Vangelo*, 141.

[21] F. BLASS – A. DEBRUNNER – F. REHKOPF, *Grammatica*, §471,1; J. GNILKA, *Marco*, 334; K. STOCK, *Le pericopi*, 54.

[22] R. PESCH, *Il Vangelo*, I, 519.

[23] M. ÖHLER, *Elia*, 111: «Mk 6,14-16 gliedert sich in die Einleitung (v. 14a), in der die Frage nach Jesu Identität implizit enthalten ist. Es folgt die Nennung der drei Meinungen (vv. 14b.15) und schließlich das Urteil des Herodes».

| (14a) | Καὶ ἤκουσεν ὁ βασιλεὺς Ἡρῴδης,
φανερὸν γὰρ ἐγένετο τὸ ὄνομα αὐτοῦ |

(14b)	καὶ ἔλεγον ὅτι Ἰωάννης ὁ βαπτίζων ἐγήγερται ἐκ νεκρῶν καὶ διὰ τοῦτο ἐνεργοῦσιν αἱ δυνάμεις ἐν αὐτῷ
(15a)	ἄλλοι δὲ ἔλεγον ὅτι Ἠλίας ἐστὶν
(15b)	ἄλλοι δὲ ἔλεγον ὅτι προφήτης ὡς εἷς τῶν προφητῶν

(16a)	ἀκούσας δὲ ὁ Ἡρῴδης ἔλεγεν
(16b)	ὃν ἐγὼ ἀπεκεφάλισα Ἰωάννην οὗτος ἠγέρθη

3. Analisi semantica

3.1 *Erode e la fama di Gesù (Mc 6,14a)*

3.1.1 L'attenzione di Erode (v. 14a)

Il narratore presenta il personaggio chiave di questa breve sequenza solo nella sua funzione di ὁ βασιλεύς, forse a causa della sua celebrità[24]. Dinanzi a una frase di transizione come il v. 14, il lettore si chiede se ciò che Erode ha sentito sia collegato con 6,7-13 o vada inserito in un arco temporale più ampio. Dal contesto emerge che gli eventi immediatamente precedenti non si sono svolti in pubblico, ma in 6,7-13 si leggono solo le istruzioni di Gesù ai suoi discepoli prima della missione. È evidente che le notizie apprese da Erode si riferiscono a eventi raccontati che precedono la missione dei Dodici[25]. Il verbo ἀκούειν significa «apprendere», «essere informato», «venire a sapere»[26] e la forma dell'aoristo ἤκουσεν sottolinea l'attenzione di Erode verso Gesù[27]. Non è la prima volta che in Marco questo verbo non presenta un complemento[28]: per colmare tale vuoto, solitamente, si ricorre al contesto

---

[24] R. Pesch, *Il Vangelo*, I, 520.
[25] B.M.F. van Iersel, *Marco*, 200.
[26] G. Schneider, «ἀκούω», 139.
[27] W. Grundmann, *Das Evangelium*, 170: «Der Landesfürst Herodes wird auf Jesus aufmerksam».
[28] Il verbo ἀκούειν privo di complemento ricorre in 2,17; 3,21; 4,15.33; 6,2.14.16.29; 10,41; 11,14.18; 14,11; 15,35. Di solito ἀκούειν è costruito con il geni-

precedente, ma nel nostro caso la spiegazione segue dopo, quando si afferma che «il suo nome era diventato pubblico» e di conseguenza era giunto alle orecchie di Erode.

3.1.2 Diffusione della fama di Gesù (v. 14b)

Una proposizione esplicativa spiega tacitamente perché Erode senta parlare di Gesù[29]. Con il termine τὸ ὄνομα in Mc 6,14 si indica il suo nome o anche la sua fama e reputazione[30], mentre il pronome αὐτοῦ specifica che si tratta di Gesù[31]. L'estensione della fama di Gesù è espressa con φανερὸν γὰρ ἐγένετο, nel senso di «venire alla luce», «divenire nota», «manifestarsi»[32]. La comparsa di Gesù rimbalzava come una notizia incontrollata e con una diffusione così rapida da raggiungere il palazzo di Erode[33].

Già precedentemente era stata posta la domanda sull'identità di Gesù. In 1,27-28 lo stupore popolare per il miracolo nella sinagoga di Cafarnao provoca il diffondersi della fama di Gesù in tutta la Galilea: ἡ ἀκοὴ αὐτοῦ εὐθὺς πανταχοῦ εἰς ὅλην τὴν περίχωρον τῆς Γαλιλαίας. Il fenomeno della rinomanza di Gesù è espresso dal termine ἡ ἀκοή (1,28), che nella sua accezione comune e soprattutto nel suo uso passivo denota «ciò che è udito», la «fama» di Gesù (αὐτοῦ = genitivo oggettivo)[34]: in seguito all'esorcismo nella sinagoga di Cafarnao (1,21b-28), la fama di Gesù si diffonde rapidamente (εὐθύς), si estende in tutte le direzioni (πανταχοῦ εἰς ὅλην τὴν περίχωρον), è come un fenomeno esplosivo che raggiunge tutta la Galilea (τῆς Γαλιλαίας)[35].

---

tivo della persona che si ode e l'accusativo della cosa di cui si sente parlare, cf. F. BLASS – A. DEBRUNNER – F. REHKOPF, *Grammatica*, § 173, 1. Anche M. ZERWICK, *Graecitas*, § 89: «Post ἀκούειν classice sequitur genitivus *personae* loquentis, accusativus *rei* (vel personae) de qua auditur;...»; G. SCHNEIDER, «ἀκούω», 139.

[29] R. PESCH, *Il Vangelo*, I, 520.
[30] F. ZORRELL, *Lexicon*, 916; W. BAUER, *A Greek*, 573; H. BIETENHARD, «Nome/ὄνομα», 1095.
[31] W. GRUNDMANN, *Das Evangelium*, 171: «Jesu Name hat nicht verborgen bleiben Können. Name steht hier für Person».
[32] R. BULTMANN – D. LÜHRMANN, «φανερός», 838.
[33] S. LÉGASSE, *Marco*, 314; J.D. KINGSBURY, *Conflicto*, 64.
[34] G. KITTEL, «ἀκούω/ἀκοή», 596.
[35] V. TAYLOR, *Marco*, 167: «*Euthus* significa qui "immediatamente", "subito": esprime l'immediatezza con cui si diffuse la notizia riguardante Gesù; così come *pantachou* descrive l'ampiezza di questa diffusione»; J. MATEOS – F. CAMACHO, *Il Vangelo*, I, 154-155; E.P. SANDERS, *Gesù*, 206-208.

L'intento marciano di porre in risalto la profonda impressione suscitata da Gesù sul popolo traspare chiaramente in 3,7-8: la folla è attratta dai suoi miracoli, sente parlare delle sue azioni potenti e perciò accorre a lui. Il participio presente «iterativo» ἀκούοντες mostra che a prestare attenzione alla fama di Gesù sono le diverse componenti della folla. Tra tanta gente non mancavano, certamente, quelli del partito di Erode (3,6) e alcuni dirigenti giudei, venuti apposta da Gerusalemme (3,22). In 3,6 il conciliabolo tra i Farisei e gli Erodiani[36] contro Gesù ne annunzia la morte e sottolinea la gravità del conflitto tra il potere religioso-politico e la fama di Gesù. Tralasciando il convincimento del potere religioso che ha già qualificato Gesù come un indemoniato (3,22), Marco riporta alcune opinioni popolari in 6,14-16.

3.2 *Le opinioni della gente su Gesù (vv. 14c-15b)*

La fama che circonda Gesù porta il popolo a interrogarsi sulla sua identità. Una delle prime «voci» giunte a Erode viene introdotta dalla frase paratattica καὶ ἔλεγον, che inizia a precisare l'oggetto del sentito dire del v. 14[37] e che con la congiunzione dichiarativa ὅτι lo identifica con il Battista risorto dai morti. Il perfetto ἐγήγερται non prende in considerazione la resurrezione in sé (ciò avrebbe richiesto l'aoristo)[38], quanto le sue conseguenze, vale a dire l'effetto durevole dell'essere risorto (senso del perfetto)[39]. Nel nostro contesto, quindi, il perfetto evidenzia l'efficacia delle forze che agiscono in Gesù[40].

3.2.1 Prima opinione: ὅτι Ἰωάννης ὁ βαπτίζων (v. 14c)

La prima opinione non si limita a identificare semplicemente Gesù con Giovanni risorto dai morti, ma aggiunge che le potenze che agiscono in lui o la sua capacità di fare miracoli provengono dal Battista (διὰ

---

[36] E. SCHILLEBEECKX, *Gesù*, 310: «Gli "erodiani" di Mc 3,6, altrove mai menzionati da Mc, denotano un ricordo storico».

[37] W. GRUNDMANN, *Das Evangelium*, 171; F. NEIRYNCK, «και ελεγον», 111; F.M. URICCHIO – G.M. STANO, *Vangelo*, 329.

[38] M.J. LAGRANGE, *Évangile*, 149.

[39] In Marco il verbo ἐγείρειν è usato in 6,16; 12,26; 14,28; 16,6.14 per la «resurrezione dai morti»; con lo stesso significato ἀνίστημι in 8,31; 9,9.10.27.31; 10,34; 12,23.25.26; 16,9. F.M. URICCHIO – G.M. STANO, *Vangelo*, 329: il perfetto ἐγήγερται indica un'azione passata con effetti nel presente; S. LÉGASSE, *Marco*, 314; É. TROCMÉ, *L'Évangile*, 168. Cf. M. ÖHLER, *Elia* ,114;

[40] M. ÖHLER, *Elia*,114

τοῦτο)⁴¹. Non è facile motivare la creazione marciana di questa singolarissima combinazione⁴².

Le deduzioni su Gesù come Giovanni *redivivus* si sono forse originate alla luce delle forze miracolose (αἱ δυνάμεις) che agiscono in lui⁴³. Nel nostro contesto il termine αἱ δυνάμεις rimanda all'idea ellenistica di energie miracolose⁴⁴, a differenza di 6,2 dove i prodigi compiuti da Gesù fuori da Nazareth sono considerati concrete azioni di potenza o di forza taumaturgica (sono i miracoli in sé stessi)⁴⁵. A suffragare una tale interpretazione è il senso intransitivo del verbo ἐνεργοῦσιν: la forza miracolosa del Battista agisce nella persona di Gesù⁴⁶. Alla base c'è l'idea racchiusa nel termine *energeia* (stessa radice del verbo ἐνεργεῖν): efficacia, attività, energia.

Nel NT con ἐνέργεια ed ἐνεργεῖν si descrive prevalentemente il realizzarsi di forze divine e demoniache. Quindi nel contesto di 6,14 il verbo designa la manifestazione di un determinato gruppo di forze divine⁴⁷. La prima opinione popolare, dunque, potrebbe proporre, a motivo dell'attività miracolosa di Gesù, la seguente spiegazione: le δυνάμεις divine di Gesù provengono da Giovanni risuscitato⁴⁸. Ma di Giovanni non si

---

⁴¹ M.J. LAGRANGE, *Évangile*, 149; D. LÜHRMANN, *Das Markusevangelium*, 115; J. GNILKA, *Marco*, 334; R. PESCH, *Il Vangelo*, I, 520: «Partendo dai miracoli di Gesù (δια. τουτο) si traggono deduzioni sulla sua persona»; B. STANDAERT, *Il vangelo*, 64.

⁴² S. LÉGASSE, *Marco*, 314, sottolinea la difficoltà di spiegare l'opinione della gente che ha intravisto in Gesù il Battista *redivivus* come la causa della celebrità del primo. B.M.F. van IERSEL, *Marco*, 200: le frasi di transizione in 6,14 «sono interessanti per il lettore, che cerca di capire come esse si colleghino con quanto precede».

⁴³ É. TROCMÉ, *L'Évangile*, 168; G. DAUTZENBERG, «Elijah», 1080.

⁴⁴ M. ÖHLER, *Elia*, 113: «Der Terminus δυνάμεις ist hier hellenistich als wunderwirkende Kraft zu verstehen»; W. GRUNDMANN, «δύναμαι e δύναμεις», 1486-1489; R. PESCH, *Il Vangelo*, I, 520.

⁴⁵ M.J. LAGRANGE, *Évangile*, 149 ; R. PESCH, *Il Vangelo*, I, 501.

⁴⁶ Solo qui in Marco. G. BERTRAM, «ἐνεργέω», 876: «Ricorre il sostantivo ἐνέργεια col significato di efficacia, attività, energia. [...] Con significato analogo viene usato il verbo ἐνεργεῖν, [...] e che in senso intransitivo significa: essere all'opera, essere attivo, entrare in attività…».

⁴⁷ G. BERTRAM, «ἐνεργέω», 880.

⁴⁸ J. DELORME, *Lettura*, 86: «La tradizione sul Battista sembra dilagare in quella di Gesù»; M. TILLY, *Johannes*, 54: alla luce di esorcismi e miracoli, la comunità post-pasquale identificava il suo maestro con Gesù; S. PELLEGRINI, *Elija*, 252, sostiene senza dubbio una continuità tra Gesù e il Battista «Der Inhalt dieser Kontinuität bleibet hier im Hintergrund und läßt sich bislang nur aus der eschatologischen Verkündigug eruieren, die sowohl Johannes (1,tf.) als auch Jesus (1,15) charakterisiert». Per la questione della successione o contemporaneità tra Gesù e Giovanni, vedi W.L. LANE, *The Gospel*, 212.

narra che abbia compiuto miracoli durante il corso del suo ministero[49]. Il silenzio che avvolge l'attività taumaturgica del precursore potrebbe essere indizio del suo carattere non tradizionale. Se così fosse, avremmo qui la «derivazione di un tema», già affiorato in 1,2.6: l'identificazione di Giovanni Battista con Elia. Se la tradizione ha ritenuto Elia un grande taumaturgo, anche Giovanni, per essere stato assimilato al grande profeta di Tisbe, dovrebbe compiere miracoli[50]. Al Battista, dunque, si conferirebbero poteri un tempo attribuiti nella tradizione ebraica ad Elia. Ma per Marco la connessione tra l'efficacia dei miracoli di Gesù e la resurrezione di Giovanni (6,14) è priva di fondatezza[51].

La credenza che il Battista sia risuscitato dai morti potrebbe riferirsi a una tradizione conservata in 9,11-13; Apc 11,3-12; *Apocalisse di Elia* 35,7-21, secondo cui i profeti escatologici Elia ed Enoch, uccisi dai loro avversari, sono risuscitati da Dio[52]: Giovanni Battista sarebbe un profeta come Elia ed Erode Antipa il suo avversario escatologico. Inoltre, il martirio del Battista, data la sua identificazione tradizionale con Elia, va compreso come il martirio dell'Elia redivivo, anche per alcune somiglianze con la storia dell'Elia biblico (si pensi alle ostilità di Gezabele, 1Re 19,2-3). Se nella resurrezione del Battista si riconosce la tradizione giudaica di Elia risorto davanti all'avversario che l'ha ucciso, si potrebbe scorgere nell'opinione della gente un'identificazione implicita di Giovanni con Elia e secondariamente di Gesù con Giovanni.

3.2.2 Seconda opinione: Ἠλίας ἐστίν (v. 15a)

Successivamente Marco registra una seconda opinione del tutto diversa (δὲ) dalla precedente che identificava Giovanni con Gesù. La particella δὲ sembra una raffinatezza stilistica per sottolineare che si tratta

---

[49] M.J. LAGRANGE, *Évangile*, 149; GNILKA, *Marco*, 338; R. PESCH, *Il Vangelo*, I, 521; J. ERNST, *Il Vangelo*, I, 281; M. TILLY, *Johannes*, 54; E. LUPIERI, *Giovanni*, 48; S. LÉGASSE, *Marco*, 315; M. TRIMAILLE, *La Cristologie*, 42.

[50] S. LÉGASSE, *Marco*, 315. In precedenza J. ERNST, *Il Vangelo*, I, 281, aveva intuito, in modo generico, una tale deduzione: «Se qui ci si riferisca anche a un operare miracoloso di Giovanni durante la sua vita, certamente non noto da altre fonti, non lo si può decidere. Tuttavia gli accenni indiretti a Elia [ritornato nella persona di Giovanni (1,4)] potrebbero sostenere questa ipotesi».

[51] É. TROCMÉ, *L'Évangile*, 169: «On sait que Marc a tenu à identifier plutôt Jean-Baptiste avec Élie *redivivus*, ce qui montre bien sa riserve à l'égard de cette explication du mystère de Jesus »; E. LUPIERI, *Giovanni*, 48 n. 48.

[52] R. PESCH, *Il Vangelo*, I, 520-521; B.M.F. van IERSEL, *Marco*, 201.

di un'opinione non complementare, ma oppositiva rispetto alla prima[53]. La comprensione popolare di Gesù come Elia esclude l'identificazione con il Battista risuscitato dai morti: ci sono, quindi, quasi due «fazioni» interpretative diverse[54]. In 6,14b non si dice che «Gesù è Giovanni», ma che «ha Giovanni»[55], mentre in 1,15a «Gesù è Elia» ('Ηλίας ἐστίν). L'identificazione viene enfatizzata dalla posizione in primo piano di Elia[56]. Il v. 15a non fa una semplice equiparazione, ma stabilisce un rapporto diretto e immediato con l'Elia redivivo.

L'accostamento popolare di Gesù ad Elia[57], anche se ancora non è stato sufficientemente motivato dalla ricerca, conferisce a Gesù un'importanza cruciale: per il popolo è lui il precursore del grande giorno della giustizia di Dio, il profeta mandato a riconciliare «il cuore dei padri verso i figli e il cuore dei figli verso i padri» (Ml 3,24; Sir 48,10). Difatti l'annuncio del potere di Dio e la sua manifestazione nei miracoli di Gesù sono, per alcuni aspetti, simili ai requisiti che avrebbero dovuto connotare il ritorno di Elia[58].

---

[53] M. ZERWICK, *Graecitas*, § 467: «Particula δὲ fere semper dicit aliqualem oppositionem...»; F. BLASS - A. DEBRUNNER - F. REHKOPF, *Grammatica*, § 447,1: «δὲ viene usata sia come avversativa sia come copulativa; come avversativa contrappone un pensiero a un altro (= 'ma')...»; § 442,9a: ma può anche avere il valore di un καὶ *alternativum*; cf. R. PESCH, *Il Vangelo*, I, 522; J. ERNST, *Il Vangelo*, I, 282; R.H. GUNDRY, *Mark*, 315.

[54] J.A.T. ROBINSON, «Elijah», 266: «And it is instructive to observe that this estimate that he was Elijah is, on each occasion, offered as an alternative to the suppostion that he was John the Baptist raised from the dead, which is further, and from its incidental character very strong, evidence that people did not think of identifying John with Elijah».

[55] C.H. KRAELING, «Was Jesus», 155: «The original idea was not Jesus is John as Mark thought, but, to use Mark's own terminology, Jesus has John, as he was thought to have Beelzebub».

[56] R.H. GUNDRY, *Mark*, 304: Emphasized by the forward position of 'Ηλίας, «Eljah». Non si può accettare la posizione di F.M. URICCHIO - G.M. STANO, *Vangelo*, 329, che ritengono le due opinioni di 6,15 di livello inferiore.

[57] J. ERNST, *Il Vangelo*, I, 282: «Poiché, al di là di una pura costatazione di identità, non vien detto nulla sulle motivazioni concrete, bisognerebbe astenersi dal fare supposizioni». S. PELLEGRINI, *Elija*, 251: resta implicita questa identificazione con Elia per il fatto che Gesù compie miracoli.

[58] M.J. LAGRANGE, *Évangile*, 149: «L'idée du retour d'Élie rentrait mieux dans les prévisions, puisqu'on le croyait vivant, et qu'on l'attendait avant le Messie»; J. JEREMIAS, «'Ηλίας», 87: «L'attesa di Elia che ritornerà prima che giunga la fine, è presupposta nei vangeli come un fatto noto e universalmente riconosciuto»; R. PESCH, *Il Vangelo*, I, 522: «Data la diffusa attesa di Elia, era possibile identificarlo non solo con Giovanni, ma anche con Gesù»; J. GNILKA, *Marco*, 340: «Il secondo giudizio della gente, cioè che Gesù sareb-

La costruzione sintattica Ἠλίας ἐστίν, se da un lato suggerisce non una semplice funzione, ma una reale identificazione[59], dall'altro non è una metafora di Gesù come un secondo Elia[60], interpretazione che ridurrebbe la figura di Gesù a un modello o a un prototipo di Elia. Questa identificazione, difficilmente elaborata dalla cerchia dei discepoli di Giovanni[61], potrebbe essere attribuita ai giudeocristiani[62], ma è più probabile che l'idea di Gesù come l'Elia ritornato possa risalire al popolo che si chiedeva chi fosse Gesù[63]. Alcuni miracoli di Gesù, per le loro ca-

---

be Elia, si allaccia all'attesa che Elia sarebbe ricomparso "prima del grande e terribile giorno del Signore" (Ml 3,23)»; P. LAMARCHE, *Évangile*, 165: «La mention d'Elie fait écho d'une part à Ml 3,1.23, d'autre part à Mc 1,2». Quindi, secondo M. TILLY, *Johannes*, 53, la venuta di Elia, il grande taumaturgo dell'AT, è segno del tempo salvifico escatologico. Tale aspetto si concilia con la rappresentazione marciana di Gesù che vede i suoi esorcismi e miracoli come una prova dei suoi poteri in vista dell'imminente tempo escatologico. Ma non va trascurato quanto ricorda S. PELLEGRINI, *Elija*, 251: l'idea che uno dei compiti escatologici di Elia *redivivus* fosse quello di compiere miracoli proviene purtroppo solo da fonti successive. E anche la sua variopinta e leggendaria attività miracolosa nel mondo terrestre dopo il suo rapimento è testimoniata dalla letteratura rabbinica, fonte tardiva rispetto al NT. Cf. H.L. STRACK – P. BILLERBECK, *Kommentar* IV/2, 769-779.

[59] R. PESCH, *Il Vangelo*, I, 522: Gesù è considerato direttamente come Elia *redivivus*; E. HAENCHEN, *Der Weg*, 236-237, è contrario a un'interpretazione funzionale dell'identità personale con l'Elia estasiato in Dio; M. ÖHLER, *Elia*, 117: «Dabei geht es aber nicht um ein Auftreten Jesu wie Elia, sondern um eine tatsächliche Identifikation (Ἠλίας ἐστίν)». Invece secondo G. DAUTZENBERG, «Elija», 1081, il motivo dell'identificazione è la funzione di Elia assegnata a Gesù e non una semplice perequazione con l'Elia rapito in cielo e ritornato secondo le attese.

[60] E. HAENCHEN, *Der Weg*, 236: «Auch sie ist keine Metapher, kein Bild. Sie meint nicht das, was wir heute mit den Worten ausdrücken Könnten: Jesus ist ein zweiter Elias, ein wahrer Elias, ein echter Elias».

[61] Di diverso parere è W.L. LANE, *The Gospel*, 213, per il quale l'opinione che Gesù sia Elia rende esplicita l'identificazione di Gesù con «colui che viene», annunciato da Giovanni in 1,7. Tale valutazione potrebbe riflettere la convinzione dei circoli battisti che Giovanni dovesse indicare ai suoi discepoli che Gesù era Elia, come promesso nella parola profetica. Cf. M. TILLY, *Johannes*, 53.

[62] M. ÖHLER, *Elia*, 117: «Christlicherseits ist diese Identifikation durchaus möglich: Dafür spräche neben einzelnen Zügen der Wunderberichte und des Lebens Jesu vor allem, dass es bei der zumindest in Palästina geläufigen Eliaerwartung plausibel wäre, daß Jesus von Judenchristen diese Rolle zugeschrieben wurde». Per M. TILLY, *Johannes*, 54, è la tradizione cristiana ad associare la condizione profetica del Battista a quella di Elia: «Das Prophetentum des Täufers wird zumindest von den christlichen Tradenten dem Peophetentum des Elija beigeordnet». E' certamente difficile provare la tesi di R. PESCH, *Il Vangelo*, I, 522, secondo cui Gesù aveva un'autocoscienza e una mentalità missionaria alimentate anche dalle tradizioni di Elia e dei profeti.

[63] Per R. PESCH, *Il Vangelo*, I, 522, questa opinione ha il suo fondamento nei miracoli di Gesù; J. GNILKA, *Marco*, 306.340, riconduce l'identificazione con Elia

ratteristiche elianiche (5,21-24.35-43), sono stati probabilmente accostati al potere taumaturgico di Elia. Difatti non si esclude che una loro rielaborazione letteraria sia stata influenzata da modelli veterotestamentari[64], come ad esempio le tradizioni del ciclo di Elia ed Eliseo (5,21-43; 6,30-44)[65].

Allusioni al ciclo di Elia si possono rintracciare in due racconti di miracoli in Marco (1,22-28 e 5,22-24)[66].

Nella narrazione dell'esorcismo nella sinagoga di Cafarnao, il demonio si serve di un'espressione di ripulsa di 1Re 17,18 per opporsi al potere taumaturgico di Gesù[67]:

(1Re 17,18) τί ἐμοὶ καὶ σοί ἄνθρωπε τοῦ θεοῦ εἰσῆλθες
(Mc 1,24)   τί ἡμῖν καὶ σοί, Ἰησοῦ Ναζαρηνέ˙ ἦλθες

Tale formula di rifiuto[68] ritorna nel racconto del risanamento dell'ossesso geraseno (Mc 5,1-20):

---

alla predicazione escatologica e ai miracoli di Gesù: «Il popolo è legato all'esteriorità».

[64] R. PESCH, *Il Vangelo*, I, 471: «L'influenza delle antiche narrazioni veterotestamentarie di Elia ed Eliseo sull'origine e la forma della narrazione riguardante la figlioletta di Giairo viene generalmente sottovalutata dai commentatori»; 493: le allusioni alle risurrezioni di Elia e di Eliseo probabilmente consentirono alla cristologia primitiva di amplificare una precedente storia di guarigione in un racconto di risurrezione con lo scopo di dimostrare che Gesù è più che un profeta (Mc 4,35-41). Secondo W.M. ROTH, *Hebrew*, 5-8.49, il ciclo di Elia e di Eliseo è servito al progetto d'ideazione del vangelo di Marco, in cui Giovanni e Gesù sarebbero stati descritti con i tratti della coppia profetica di Elia ed Eliseo. Quest'ultima ipotesi è certamente suggestiva, ma poco rispondente alle intenzioni del narratore.

[65] Per il parallelo tra i miracoli di Gesù e quelli narrati nei cicli di Elia ed Eliseo, Gesù è stato considerato un nuovo Elia o un nuovo Eliseo: D. SENIOR, «I miracoli», 1801; J. GNILKA, *Marco*, 303; R. HORSLEY, «Gruppi», 52: «Appare chiaro che le stesse tradizioni di profeti popolari, come Mosè, Giosuè o Elia, hanno influenzato la formazione delle catene di racconti di miracoli che figurano ora in Marco 4-8».

[66] R. PESCH, *Il Vangelo*, I, 211-212; D.H. JUEL, *The Gospel*, 90: «Upon closer examination the parallels between Jesus and the prophets Elijah and Elisha are striking. It is not simply Jesus' authority but the wonders he performs. He brings a young girl back to life (Mark 5:21-43. Similar stories are told about Elijah and Elisha (1 Kgs 17:17-24; 2 Kgs 4:17-37)».

[67] J. GNILKA, *Marco*, 96; J. SCHMID, *L'Evangelo*, 61: «Le parole dell'ossesso richiamano una frase di 1Re 17,18». Altri considerano 1Re 17,18 come un'espressione idiomatica semitica, frequente nell'AT e nel NT: V. TAYLOR, *Marco*, 164; F.M. URICCHIO – G.M. STANO, *Vangelo*, 194.

[68] Secondo J. GNILKA, *Marco*, 277, l'espressione «che ho a che fare con te?» non è una reminiscenza della storia di Elia, poiché la formula è troppo frequente nell'AT e i demoni usano un diverso attributo per Gesù.

(Mc 5,7) τί ἐμοὶ καὶ σοί, Ἰησοῦ υἱὲ τοῦ θεοῦ τοῦ ὑψίστου

In Mc 1,24 e 5,7 si tratta della resistenza dei demoni che si scagliano contro Gesù; in 1Re 17,18 è la vedova che resiste contro uno straniero[69]: nei contesti marciani i demoni svelano l'identità di Gesù (il santo di Dio: 1,24; Gesù, Figlio di Dio, l'Altissimo: 5,7), mentre le parole della vedova qualificano Elia come «uomo di Dio». Queste allusioni tipologiche alla figura di Elia potrebbero segnare la superiorità di Gesù sui taumaturghi dell'AT, in quanto egli è il Santo di Dio che annienta le forze demoniache.

Inoltre richiami indiretti ma consapevoli legano la risurrezione della fanciulla morta (5,21-43) e quella del figlio della vedova di Sarepta (1Re 17,22-24)[70]. Alcuni dettagli delle due narrazioni sembrano confermare un influsso della tipologia di Elia a tre livelli:

- Livello topico
Mc 5,40: Il miracolo avviene nella stanza della bambina

1Re 17,19: Elia porta il bambino nella stanza del piano superiore

- Azione
Mc 5,41: Gesù risuscita con gesto salvifico e una parola vivificante

1Re 17,21: Elia si stende tre volte sul bambino: invoca Jhwh

- Attestazione
Mc 5,43: camminare e mangiare

1Re 17,22: Le grida del fanciullo; consegna alla madre

Nonostante il possibile influsso della tradizione del ciclo di Elia, sono evidenti delle differenze. Gesù non ricorre a particolari riti magici o a preghiere per risuscitare la fanciulla, ma agisce col «tocco e la paro-

---

[69] La formula «τί ἐμοὶ καὶ σοί» potrebbe indicare che la lotta di Gesù contro i demoni può considerarsi una ripresa della lotta contro gli idoli stranieri. Di rimando Elia era per la vedova uno straniero.

[70] È stato R. PESCH, *Il Vangelo*, I, 488-493, a intravedere dei legami con i racconti di risurrezione della tradizione veterotestamentaria di Elia e di Eliseo; anche B.M.F. van IERSEL, *Marco*, 193, ritiene che il racconto della risurrezione della figlia di Giairo (21-43), e tutto il vangelo di Marco, «andrebbe letto sullo sfondo del ciclo di Elia-Eliseo. Una risurrezioni dai morti, oltre ad i miracoli, è attribuita a Elia in 1Re 17,17-24 e a Eliseo in 2Re 4,18-37». V. TAYLOR, *Marco*, 334, e F.M. URICCHIO – G.M. STANO, *Vangelo*, 314, rilevano che i racconti marciani hanno in comune con queste le risurrezioni (1Re 17,19; 2Re 4,33) la necessità di restare in solitudine e di pregare prima di compiere il miracolo.

la» manifestando la forza di Dio nei suoi gesti[71]. La resurrezione della bambina attesta che Gesù supera i miracoli dei profeti Elia ed Eliseo[72]: in quanto Figlio di Dio (1,10), egli manifesta nella sua attività la prerogativa di Dio di risuscitare i morti[73].

L'identificazione popolare di Elia con Gesù potrebbe scaturire dalla sua immagine di profeta miracoloso dell'AT, contenuta in alcune speranze coltivate dalla tradizione: Elia era considerato il salvatore definitivo del popolo ebraico[74], colui che prepara la via per la venuta di Dio, il precursore del Messia[75] e del suo agire salvifico. Il popolo non aveva bisogno di nutrire ulteriori aspettative: l'attesa di Elia appagava le sue istanze di liberazione, in quanto era un segno dell'imminente ed escatologico intervento di Dio[76]. Nondimeno, nella sensibilità religiosa del popolo, Elia era una specie di santo protettore dal quale si otteneva, in caso di bisogno, consiglio e aiuto. C'è chi ipotizza, dunque, che le sue azioni miracolose possano postulare una funzione escatologica che spiegherebbe non solo l'attività miracolosa di Gesù, ma anche la sua interpretazione come il profeta atteso per la fine dei tempi[77].

---

[71] B.M.F. van IERSEL, *Marco*, 193: secondo il punto di vista del narratore, è sorprendente vedere come Gesù nel risuscitare la ragazza «abbia poco da fare rispetto agli sforzi strenui di Elia e Eliseo. Elia non solo prega Dio, ma ricorre a una specie di respirazione bocca a bocca non meno di tre volte [...] e poi ricorre a un trattamento [...] teso a riscaldare il corpo. Gesù invece ha solo bisogno di prendere la mano della ragazza e di dire '*Talita kum*' per svegliarla dai morti».

[72] J. GNILKA, *Marco*, 298: «Gesù viene presentato quale profeta escatologico che riprende e supera l'opera di tutti i profeti»; B.M.F. van IERSEL, *Marco*, 193: «Gesù è presentato come uno che non è solo più grande di Giovanni Battista, bensì più grande di Elia e di Eliseo, ciò sarebbe risultato meno chiaro se la figlia di Giairo non fosse stata morta».

[73] R. PESCH, *Il Vangelo*, I, 489; J. GNILKA, *Marco*, 295.

[74] E. HAENCHEN, *Der Weg*, 236: il tardo-giudaismo ha sottolineato l'agire di Elia nel tempo presente come figura salvifica, suscitando una sua successiva identificazione con Gesù. G. DAUTZENBERG, «Elijah», ritiene che questa identificazione risalga alla supposizione, a partire da Ml 3,1.23 e Sir 48,10, di Elia come ultimo intercessore. Sulla stessa linea: J.A. FITZMYER, *The Gospel (I-IX)*, 672; M.M. FAIERSTEIN, «Why Do», 75-86.80.

[75] F.M. URICCHIO – G.M. STANO, *Vangelo*, 794; A. SISTI, *Marco*, 243; J. MATEOS – F. CAMACHO, *Il Vangelo*, I, 25.

[76] E. LOHMEYER, *Das Evangelium*, 116, ha riconosciuto l'importanza cristologica dell'identificazione di Elia; E. HAENCHEN, *Der Weg*, 236: sulla base di Ml 3,1 e 3,23 alcuni del popolo credevano che Elia sarebbe ritornato «vor dem Ende dieses Äons»; E. SCHWEIZER, *Il Vangelo*, 142; D.J. HARRINGTON, *Il Vangelo*, 794; F. LENTZEN-DEIS, *Comentario*, 200.

[77] E. LOHMEYER, *Das Evangelium*, 162; O. CULMANN, *Cristologie*, 35; W.L. LANE, *The Gospel*, 212; S. PELLEGRINI, *Elija*, 253. Possibile è l'interpretazione di M. TILLY,

Riteniamo che dal punto di vista del contenuto Marco voglia informare semplicemente il lettore sull'opinione di Erode e sulla sua valutazione circa l'operato di Gesù. A livello di strategia narrativa Gesù potrebbe essere compreso attraverso una figura intermedia, e perciò equiparato ad Elia[78]. Ma il lettore ritiene questa spiegazione inconciliabile con la prospettiva narrativa di Mc 1,11, dove Gesù è identificato dalla voce del cielo come il «figlio prediletto» di Dio. Soprattutto l'identificazione di Gesù con l'Elia ritornato contrasta con quanto il lettore ha appreso di Giovanni in 1,2-6. Sembra che l'errato accostamento di Gesù con Giovanni persista nell'identificazione con Elia[79].

3.2.3 Terza opinione: ὅτι προφήτης ὡς εἷς τῶν προφητῶν (v. 15b)

L'ultimo giudizio, anch'esso in alternativa a quelli precedenti, evita il confronto con figure incommensurabili come Giovanni Battista ed Elia e situa Gesù nella linea generale dei profeti dell'AT[80].

Da un'analisi statistica risulta che, delle centoquarantaquattro ricorrenze del sostantivo προφήτης, ben centoventitré si riferiscono a figure profetiche dell'AT e soltanto ventuno a profeti neotestamentari[81]. Nell'AT questo sostantivo designa gli uomini del passato attraverso i quali Dio ha parlato; nel NT, invece, individua il messaggio dell'annuncio divino e ispirato[82]. Le modalità dell'interpretazione profetica di Gesù sono alquanto disparate. Secondo alcuni, in Mc 6,15 Gesù è equiparato a uno dei comuni profeti di quel tempo e non a un profeta veterotestamentario[83]. Tale interpretazione si basa sulla funzione della particella

---

Johannes, 52-53: le strepitose δυνάμεις di Gesù, la cui messianicità era ancora nascosta, portano ad un confronto non solo con il Battista, ma anche con Elia.

[78] S. PELLEGRINI, *Elija*, 253: «Wichtiger ist es vielleicht für die Rekonstruktion der erzählerischen Strategie zu bemerken, daß die Identität Jesu bei den ersten zwei Meinungen mehr oder weniger hinter einer Zwischenfigur zurücktritt: Er wird von Johannes her verstanden oder Elija gleichgesetzt».

[79] B.M.F. van IERSEL, *Marco*, 201.

[80] E. LOHMEYER, *Das Evangelium*, 116; W.L. LANE, *The Gospel*, 213; E.P. GOULD, *The Gospel*, 109; F. SCHNIDER, «προφήτης», 1186; M. TRIMALLE, *La Christologie*, 42.

[81] G. FRIEDRICH, «προφήτης», 568; R. PESCH, *Il Vangelo*, I, 522.

[82] F. SCHNIDER, «προφήτης», 1186; R. MEYER, «προφήτης», 567.

[83] G. FRIEDRICH, «προφήτης», 602. Per alcuni Gesù è probabilmente riconosciuto come uno dei comuni profeti dell'antichità: E. LOHMEYER, *Das Evangelium*, 116; J. SCHMID, *L'Evangelo*, 165; V. TAYLOR, *Marco*, 352; F.M. URICCHIO–G.M. STANO, *Vangelo*, 329: «Una terza opinione equiparava Gesù a uno (εἷς = τις, "un certo") dei profeti di altri tempi: era un anello della lunga serie di servi (12,2-5), di cui Jhwh aveva gratificato il suo popolo»; R. PESCH, *Il Vangelo*, I, 522: «un comune profeta»; J. GNILKA,

εἷς che in 6,15 non indica il numero cardinale, ma è sinonimo del pronome indeterminato τις[84]. In questo modo viene relativizzata la singolarità di Gesù perché lo si associa alla categoria dei profeti contemporanei, composta da carismatici, estatici e predicatori[85].

Il confronto tra le prime due identificazioni profetiche in 6,14c-15a (Giovanni il Battista/Elia) e la terza in 15,b (uno dei profeti) può suggerire una distinzione tra lo *status* profetico dei profeti scrittori (per es. Isaia, Mc 1,3) e quello di Elia e del Battista[86]. La venuta di Elia e l'opera del Battista sono state interpretate nell'orizzonte delle impazienti attese escatologiche della salvezza ultima e definitiva: sono segno dell'imminenza o presenza del tempo salvifico escatologico. Invece nel NT e in Mc 6,15 il termine προφήτης, al plurale e preceduto dall'articolo, allude ai profeti biblici che hanno preannunciato ciò che in seguito si è realizzato in Gesù [87].

Ma al di là di queste diverse interpretazioni, emerge un'affinità nei giudizi su Gesù, la cui attività è stata interpretata nell'ambito dello *status* profetico in genere.

Di Gesù viene accentuato il messaggio divino piuttosto che i miracoli, che sono, invece, la conferma della sua chiamata divina[88]. Inoltre la particella ὡς spesso non tradotta, suggerisce che la terza opinione popolare esprime solo un confronto prudente, «come se fosse; forse»[89]. In ogni modo la designazione di Gesù come profeta non risulta particolarmente frequente nel NT[90]. In Marco si trova solo due volte (6,15; 8,28) nel contesto di opinioni popolari, ma Gesù non si definisce mai un pro-

---

Marco, 340; B. STANDAERT, *Il Vangelo*, 65; A. SISTI, *Marco*, 243; B.M.F. van IERSEL, *Marco*, 201; É. TROCMÉ, *L'Évangile*, 169. Per altri viene equiparato a figure profetiche dell'AT: W. GRUNDMANN, *Das Evangelium*, 171; D.J. HARRINGTON, *Il Vangelo*, 794. Infine c'è chi sostiene che l'espressione εἷς τῶν προφητῶν metta l'accento su un profeta determinato, quello preannunciato in Dt 18,15: E. SCHWEIZER, *Il Vangelo*, 142; M. GALIZZI, *Vangelo*, 115. Ma nel vangelo di Marco non c'è traccia di un'attesa di Mosè.

[84] G. FRIEDRICH, «προφήτης», 601. Luca in 9,8 sostituisce εἷς di Mc 1,15b con τις fa intendere che Gesù non rientra nella schiera dei profeti del suo tempo, ma è associato a quelli veterotestamentari; F. BLASS - A. DEBRUNNER - F. REHKOPF, *Grammatica*, § 306, 11.

[85] R. MEYER, «προφήτης», 552-564; J. ERNST, *Il Vangelo*, I, 282.

[86] M. TILLY, *Johannes*, 53.

[87] G. FRIEDRICH, «προφήτης», 578.

[88] É. TROCMÉ, *L'Évangile*, 169.

[89] E. LOHMEYER, *Das Evangelium*, 116, n. 5.

[90] R. PESCH, *Il Vangelo*, I, 522: nel NT la concezione di Gesù come profeta è generica. M. TRIMAILLE, *La Cristologie*, 45.

feta: infatti in 6,4 il termine προφήτης non è un titolo che Gesù applica a sé stesso, bensì la citazione di una frase proverbiale con cui paragona la propria vicenda a quella di un profeta[91].

Forse questa opinione si diffonde perché lo spirito profetico, in declino da molto tempo, tornerebbe ad accendersi in Gesù[92], il quale viene identificato con uno degli antichi profeti ritornato per una nuova e finale fase di intervento divino. Il nome dell'antico profeta che ritorna non è esplicitato, poiché il popolo pensava alternativamente a Elia, a Mosè, a Enoch o Geremia[93].

3.3 L'opinione di Erode (v. 16)

La frase iniziale di 6,16a, ἀκούσας δὲ ὁ Ἡρῴδης, riprende semplicemente il motivo esteriore per l'enumerazione delle tre aspettative del popolo del v. 14a[94]. Il participio ἀκούσας esprime anteriorità rispetto all'azione del verbo principale[95] e la particella avversativa δὲ implica che, nel v. 14, l'identificazione di Gesù con Giovanni risuscitato sia piuttosto un'opinione di altri, che Erode ha fatto sua[96].

Con la frase ὅτι ἐγὼ ἀπεκεφάλισα Ἰωάννην sembra che Marco voglia riferirsi a παραδοθῆναι, il passivo teologico di 1,14, per indicare la modalità della consegna di Giovanni e narrarne il percorso fino all'esecuzione[97]. Infatti la particella γὰρ nel v. 17 introduce l'intera storia che riguarda la decapitazione di Giovanni Battista[98]. Il pronome ἐγὼ puntualizza che Erode si attribuisce tutta la responsabilità della

---

[91] B. STANDAERT, *Il Vangelo*, 65. Diversa l'opinione di J. MATEOS – F. CAMACHO, *Evangelio*, II, 25: «Corresponde a la declaración hecha por Jesús en "su tierra"». M. TRIMAILLE, *La Cristologie*, 45-46.

[92] J. GNILKA, *Marco*, 340; J. MATEOS – F. CAMACHO, *Evangelio*, II, 25, n. 12.

[93] O. CULLMANN, *Cristologie*, 35: «...on renonce à lui donner un nom puisque, nous l'avons vu, ce nom peut varier: c'est tantôt Elie, tantôt Moïse, tantôt Hénoch ou même Jérémie qui doit revenir»; W.L. LANE, *The Gospel*, 213.

[94] C.H. TURNER, «Marcan», 148; S. LÉGASSE, *Marco*, 315.

[95] F. BLASS – A. DEBRUNNER – F. REHKOPF, *Grammatica*, § 339.

[96] E. HAENCHEN, *Der Weg*, 237: «Vielleicht hat das Volk ihm diesen Gedanken zugeschrieben...»; R.H. GUNDRY, *Mark*, 318.

[97] D. LÜHRMANN, *Das Markusevangelium*, 116: «und Mk hat den Anlaß geschaffen, die Geschichte zu erzählen, wie es zur Enthauptung des Täufers kam»; M. ÖHLER, *Elia*, 113: «Mit ἀπεκεφάλισα wird die folgende Erzählung vorbereitet»

[98] R. PESCH, *Il Vangelo*, I, 525; D. LÜHRMANN, *Das Markusevangelium*, 116; R.H. GUNDRY, *Mark*, 314.

fine di Giovanni, mentre ἀπεκεφάλισα, che ne svela il ruolo svolto[99], fornisce l'ambientazione per raccontare la storia della morte del Battista[100].

4. Osservazioni conclusive

4.1 *La funzione parentetica di 6,14-16*

La storia di 6,14-29, che abbraccia un periodo esteso durante il quale i Dodici possono attendere alla loro missione, è solo una parentesi? E le voci che Erode ha sentito su Gesù, il cui «nome» era diventato noto, sono il risultato della missione dei Dodici[101]?

È stato suggerito che la reiterazione del verbo della percezione di Erode (ἤκουσεν... ἀκούσας: 6,14a.16) sia una cornice redazionale dell'opinione pubblica su Gesù (6,14b-15)[102]. Le affermazioni di Erode sembrano rispecchiare l'opinione degli altri piuttosto che quella dei Dodici. Di conseguenza nel contesto di Marco è il ministero di Gesù (4,1-5,43) a fornire il *background* della diffusione della sua fama fino ad Erode.

Inoltre il contesto di 6,14-16 è l'unico nel vangelo di Marco a non presentare un riferimento esplicito a Gesù (il materiale introduttivo sul Battista, in 1,4-8, contiene un riferimento implicito). È la prima volta che Marco, dall'inizio del vangelo, allontana l'obiettivo dall'operato di Gesù e inserisce un momento di pausa per fare un bilancio delle opinioni su di lui. In questo intermezzo narrativo Gesù non è fuori dall'azione del racconto, ma è presente dietro le quinte. La parentesi di 6,14-29 è, dunque, una scena chiave che ribadisce la centralità della questione della sua identità. La morte violenta del Battista presenta, dopo il rifiuto a

---

[99] R.A. GUELICH, *Mark 1-8:26*, 327.

[100] R. PESCH, *Il Vangelo*, I, 525, riconosce la difficoltà di spiegare lo svolgimento della tradizione di 6,14-16. Propone due ipotesi: un antico collegamento con 6,17-20 mediante la parola chiave ἀπεκεφάλισα, sottolineato dal γὰρ del v. 17; appartenenza alla raccolta premarciana dei miracoli. S. LÉGASSE, *Marco*, 316; P. LAMARCHE, «L'Évangile», 165.

[101] J. DELORME, *Lettura*, 86: «È un segno dell'abilità di Marco l'avere inserito a questo punto il brano: i dodici sono partiti in missione, e per forza si parlerà di Gesù un po' dappertutto».

[102] É. TROCMÉ, *L'Évangile*, 167. Per J. ERNST, *Il Vangelo*, I, 279, le speculazioni su Gesù in 6,14-16 hanno scarsa importanza e sono subordinate al racconto della morte di Giovanni in 16,17-29. Tale spiegazione, pur accettabile, è lacunosa. Di diverso parere è J. GNILKA, *Marco*, 333-334.

Nazaret (6,1-6a), un'ulteriore risposta, ancora velata, alla domanda sul senso della missione di Gesù, divenuta sempre più incalzante a partire da 1,27; 4,41 e 6,14-16[103]. La collocazione a incastro e l'insolita ampiezza (rispetto agli altri evangelisti) svelano il grande rilievo attribuito da Marco a questo episodio[104], che non va interpretato come un «intermezzo».

Quindi l'indagine contenuta in 6,14-16 ci offre un resoconto delle opinioni popolari su Gesù, mentre in 6,17-29 la morte del Battista preconizza la sorte riservata allo stesso Gesù[105].

4.2 Chi è Gesù per la gente?

Dopo aver descritto l'invio dei Dodici, Marco – quasi per sottolinearne la durata dell'apostolato – ritorna al suo tema primario (chi è Gesù e quali opinioni circondano la sua figura), quasi per dare al lettore, durante la loro assenza, un bilancio delle voci su Gesù. A differenza degli abitanti di Nazaret, che pretendevano di sapere tutto su Gesù perché ne conoscevano la madre e i fratelli (6,3), nel nostro contesto la gente si pone in atteggiamento di ricerca, ma allo stesso tempo palesa molta confusione: Gesù viene associato al Battista risuscitato dai morti a causa delle forze potenti (αἱ δυνάμεις) attive in lui. Tale nesso funziona come un'ironia drammatica per il lettore, che, grazie alla propria superiorità conoscitiva, è in grado di rilevare l'erroneità di un simile accostamento: infatti la sezione introduttiva (1,7-8) ha chiarito quale sia la «potenza che agisce» in Gesù e quanta «distanza» lo separi da Giovanni il Battista[106].

Il tono ironico pervade anche l'identificazione di Gesù con Elia, operatore di prodigi, riflessione forse originatasi dal testo profetico di

---

[103] J. ERNST, *Il Vangelo*, I, 279.

[104] B.M.F. van IERSEL, *Marco*, 200: l'episodio «occupa una posizione unica e notevole in Marco».

[105] B. STANDAERT, *Il Vangelo*, 63: «Il precursore precede Gesù anche nella morte». K. BROWER, «Elijah», 87-88.

[106] J.P. HEIL, *The Gospel*, 138; A. MARCHESE, *Dizionario di retorica*, 155: «L'ironia presuppone sempre la capacità, nel destinatario, di afferrare lo scarto fra il livello superficiale e il livello profondo di un enunciato [...] la superiorità conoscitiva dell'autore e del lettore rispetto ai personaggi e agli avvenimenti in cui sono coinvolti permette di godere le sottolineature ironiche nascoste fra le pieghe del discorso, i doppi sensi, gli equivoci o malintesi»; J.D. KINGSBURY, *Conflicto*, 64: il lettore sa «que Jesús no es Juan Bautista resucitado, porque Juan era el precursor de Jesús»; B. STANDAERT, *Il Vangelo*, 64.

Ml 3,1.23. Ma il lettore sa bene che il ruolo di Elia come messagero (1,2) e profeta (1,6) del Signore è stato ricoperto da Giovanni, che è il precursore del «più forte» che viene dopo di lui (1,7-8) e nel cui cammino si realizza la venuta di Dio[107]. Se da un lato questa identificazione lega strettamente Gesù a Giovanni, simile a Elia, dall'altro per il lettore è chiara la netta superiorità di Gesù su Elia. Tuttavia la gente non intendeva identificare Giovanni con Elia.

Non si può dimostrare in che misura l'equiparazione di Gesù con Elia fosse effettivamente coltivata, ma sicuramente nella valutazione della gente egli era una figura eccezionale di profeta.

Altrettanto difficile è scoprire le motivazioni dell'identificazione popolare con Elia. Marco, come anche i sinottici, presuppone la conoscenza e la convinzione generale del ritorno di Elia prima della fine (Mc 1,2; Ml 3,1.23)[108]. Le capacità taumaturgiche di Elia potrebbero aver favorito l'accostamento con i miracoli di Gesù[109].

Similmente l'indicazione di Gesù come «un profeta simile a uno dei profeti» interpella il lettore nello scarto tra una valutazione superficiale e una comprensione profonda dell'identità di Gesù. Sebbene egli abbia paragonato sé stesso a un «profeta» disprezzato dalla sua gente (6,4), il ruolo profetico appartiene più propriamente a Giovanni il Battista, che indossa l'abito profetico (1,6), predica coraggiosamente la parola di Dio al «re» Erode e, come i profeti dell'AT (2Cr 36,15-16), subisce il martirio.

L'accostamento ad un «profeta» risulta per il lettore inadeguato alla vera comprensione dell'identità di Gesù, che è molto più che un profeta, è il Figlio di Dio (1,11)[110]. Una conferma ci viene dall'introduzione del

---

[107] J.D. KINGSBURY, *Conflicto*, 64: «Ni Jesús puede ser Elías, porque Juan fue el que cumplió las expectativas escatológicas asociadas con Elías»; B. STANDAERT, *Il Vangelo*, 65.

[108] F. LENTZEN-DEIS, *Comentario*, 200.

[109] J. ERNST, *Il Vangelo*, I, 282; Ch. PERROT, *Gesù*, 76: «I gesti di Gesù sono spesso simili ai gesti di Elia e di Eliseo»; É. TROCMÉ, *L'Évangile*, 169. S. PELLEGRINI, *Elija*, 252, afferma che, per motivare l'identificazione di Gesù con Elia mediante i miracoli, sarebbe opportuno considerare due informazioni della «conoscenza enciclopedica»: la notorietà di Elia per le forze miracolose (Sir 48,10) e la sua appartenenza alla schiera dei rapiti in cielo che ritorneranno nel tempo escatologico (2Re 2,11; Ml 3,23). Ma riconosce poi che queste due informazioni non vengono esplicitate in 6,15, anche se Marco le riprenderà in 9,2-13.

[110] L'inadeguatezza cristiano-cristologica di queste tre opinioni popolari è stata sottolineata da R. PESCH, *Il Vangelo*, I, 523: esse rispecchiano lo strepitoso effetto che Gesù ha esercitato come profeta-«taumaturgo» sulla gente e non sono una creazione

vangelo (Mc 1,1-13), che designa Gesù con i termini di «ὁ Χριστός» (1,1), «ὁ Κύριος» (1,3), «ὁ Υἱός μου ὁ ἀγαπητός» (1,11)[111].

Il «reticolo interpretativo» dell'operato di Gesù intravisto in 6,14-16 (Giovanni-Battista, Elia, un profeta) rivela l'insicurezza e l'incapacità di alcune frange della folla di comprendere la missione[112]: i diversi profili di Gesù non escludono che queste opinioni possano essere varianti o concezioni opposte popolari, ma esse sono ritenute da Marco globalmente false e superate[113]. Egli, tuttavia, per descrivere l'opera terrena di Gesù, non le può ignorare completamente; infatti tadizioni e ricordi erano molto vivi nella comunità primitiva, così che quelle erronee interpretazioni contemporanee all'evangelista erano plausibili per i suoi destinatari.

4.3 Chi è Gesù per Marco?

La sezione introduttiva di Mc 1,2-8 ha ribadito, anche attraverso l'abbigliamento descritto al v. 6, che Giovanni Battista realizza il ruolo di precursore previsto da Ml 3,1.23 per «l'Elia che deve venire»[114].

Anche l'inserimento del racconto della morte di Giovanni ha lo scopo di mostrare chi è Gesù. Sembra che Marco prenda posizione sulle opinioni della gente e dimostri che Gesù non è Elia, né uno dei profeti, ma è Giovanni Battista: questa identificazione, in realtà, non è personale, ma figurativa (coinvolge la morte in croce). Giovanni, già descritto nei panni del profeta Elia (1,2.6), ora è presentato come colui che affronta un re e la sua illegittima consorte. Non ha fatto la stessa cosa il terribile profeta Elia contro Acab e Gezabele? (1Re 18; 19; 21)[115]. Non è da escludere, nella

---

cristiana, ma un'antica tradizione storicamente attendibile. J.D. KINGSBURY, *Conflicto*, 64: «Y Jesús tampoco puede ser ningún otro de los antiguos profetas, porque su misión, como sabe el lector, era anunciar el tiempo de Jesús (1,2)». Si potrebbe accettare che Gesù è un profeta eccezionale, ma per M. TRIMAILLE, *La Cristologie*, 45, il titolo di «nouvel Élie» deve essere riservato a Giovanni Battista, il precursore.

[111] B. STANDAERT, *Il Vangelo*, 66.

[112] J. ERNST, *Il Vangelo*, I, 282; G. DAUTZENBERG, «Elijah», 1079.

[113] G. DAUTZENBERG, «Elijah», 1079. Sull'intenzione di Marco di trasmettere le intenzioni popolari di 6,14-15: M. TILLY, *Johannes*, 54.

[114] J. ERNST, *Il Vangelo*, I, 282; É. TROCMÉ, *L'Évangile*, 168-169: il ritorno di Elia è atteso per la fine dei tempi, quando preparerà Israele per la visita di Dio (Ml 3,23-24). Sull'autostilizzazione del Battista sul modello di Elia: R. PESCH, *Il Vangelo*, I, 149-151.521.

[115] M.J. LAGRANGE, *Evangile*, 151: «La situation est assez semblable à celle d'Achab, d'Élie et de Jézabel (III Reg. XIx,2)»; R. PESCH, *Il Vangelo*, I, 528; J. ERNST, *Il Vangelo*, I, 285; B.M.F. van IERSEL, *Marco*, 202; F. LENTZEN-DEIS, *Comentario*, 200: «El odio de Herodías, que atendaba contra la vida del Bautista, se compara con el de Je-

strategia narrativa di Marco, la presenza di un'analogia significativa tra le sofferenze del Battista, provocate da Erodiade ed Erode, e quelle di Elia, per mano di Gezabele e Acab[116]. Le insidie tese da Erodiade con l'intento di eliminare un profeta scomodo come il Battista non coincidono perfettamente con la tipologia Gezabele-Elia, per le differenti motivazioni e le modalità di svolgimento dell'evento[117]. In particolare Elia non solo riesce a sfuggire all'ira di Gezabele, ma è sottratto alla morte con l'assunzione in cielo (2Re 2,11).

Il racconto di Marco mostra che Dio ha finalmente «consegnato» Elia (τὸ παραδοθῆναι τὸν Ἰωάννην: Mc 1,14a), tenuto in serbo sin dai tempi di Acab, perché porti a termine la sua opera di conversione dei cuori (Ml 3,23)[118], data l'imminenza del sacrificio del Figlio dell'uomo[119]. Tale missione è realizzata da Giovanni, la cui morte anticipa quella di Gesù. L'espediente narrativo dell'analogia rivela che Giovanni è Elia (e quindi Gesù non è Elia) e stabilisce un'identificazione figurativa con Gesù attraverso lo stesso destino di morte[120]. Per Marco il Battista, l'Elia redivivus, non solo è il precursore, ma è l'«immagine previa»[121] di Gesù attraverso la sua morte violenta.

---

zabel contra Elías (1Re 19,2). Lo que la mueve a actuar es la venganza por haber derido su orgullo. Elías había criticado al rey Ahab, instigado por Jezabel (1Re 21,17-24)».

[116] R. PESCH, *Il Vangelo*, I, 528; B.M.F. van IERSEL, *Leggere*, 169; C. MAZZUCCO, *Lettura*, 85.

[117] J. ERNST, *Il Vangelo*, I, 287.

[118] J. JEREMIAS, «Ἡλ(ε)ίας», 74; K. BROWER, «Elijah», 87; S. LÉGASSE, *Marco*, 315.

[119] M.J. LAGRANGE, *Évangile*, 156: «...la tradition a prêté à Jean une histoire semblable à celle d'Élie»; E. LUPIERI, *Giovanni*, 37-39.

[120] R. PESCH, *Il Vangelo*, I, 535: il destino del Battista riflette quello di Gesù; J. ERNST, *Il Vangelo*, I, 284.

[121] J. ERNST, *Il Vangelo*, I, 291; B.M.F. van IERSEL, *Leggere*, 168-169.

CAPITOLO III

Elia e la domanda cristologica (Mc 8,27-30)

1. Il contesto

Il filo conduttore della prima parte del vangelo di Marco (1,1-8,26) è la rivelazione progressiva dell'identità di Gesù attraverso alcune domande sul suo modo di agire[1], inizialmente vaghe ed impersonali, quasi espressione di stupore: Τί ἐστιν τοῦτο (1,27); Τί οὗτος οὕτως λαλεῖ; (2,7). I discepoli, dopo la tempesta sedata, chiedono con coraggio: Τίς ἄρα οὗτός ἐστιν (4,41). Per la prima volta la domanda cruciale sull'identità di Gesù emerge inequivocabilmente a motivo del suo comportamento straordinario di fronte alla tempesta. Un indizio letterario del carattere progressivo e nascosto di questa rivelazione messianica è la presenza, nell'*incipit* del vangelo, del titolo ὁ Χριστός (ἀχὴ τοῦ εὐαγγελίου Ἰησοῦ Χριστοῦ: 1,1) che riappare solo in 8,29: viene creata un'inclusione nella quale l'identità messianica di Gesù rivelata in 1,1 viene riconosciuta esplicitamente da Pietro nella confessione di Cesarea di Filippo[2]. Il progressivo svelarsi del carattere messianico di Gesù aveva avuto inizio con Giovanni Battista che, con il suo ruolo elianico di precursore, aveva annunciato la venuta del più forte.

---

[1] Il vangelo di Marco viene diviso in due grandi parti: la prima, da 1,1 a 8,26, ha come filo tematico la rivelazione progressiva della messianità di Gesù; nella seconda, da 8,27 a 16,8, il racconto verte sul tema della croce: I. de la POTTERIE, «De compositione», 135-141. D.E. NINEHAM, *Saint Mark*, 223: nella prima parte del vangelo «we have heard of a new whole series of deeds and incidents in the life of Jesus which raise the question: Who then is this that he can do such things? (Cf. e.g. 4,41)».

[2] I. de la POTTERIE, «La confessione», 61.

Nella prima sezione del vangelo (1,14-3,6) i miracoli di Gesù, che cominciano ad attestare che egli è il più forte (1,22.27), suscitano lo stupore della gente e la reazione dei demoni e degli indemoniati che vedono in lui il Santo di Dio, il Figlio di Dio (1,24.34; 3,12). La risposta di Gesù è il silenzio.

In 3,7-6,6a i quattro miracoli compiuti da Gesù davanti ai suoi discepoli (la tempesta sedata, la liberazione dell'indemoniato di Gerasa, la guarigione della donna sirofenicia e la risurrezione della figlia di Giairo) sono la manifestazione della forza di Dio (cf 1,27). Inoltre Gesù prende con sé (3,14) i discepoli per impartire loro un insegnamento particolare e per svelare, lontano dalla folla, il suo potere.

È in 6,6b-8,26, la cosiddetta «sezione dei pani», che la dignità messianica di Gesù si mostra più esplicitamente. È stato notato che tale sezione è delimitata dalle opinioni popolari che circolavano su Gesù ('Ιωάννης ὁ βαπτίζων... Ἠλίας... προφήτης ὡς εἷς τῶν προφητῶν: 6,14b-15) e dalla domanda di Gesù ai discepoli sull'opinione della gente ('Ιωάννην τὸν βαπτιστήν... Ἠλίαν... εἷς τῶν προφητῶν: 8,28)[3]. Tale inclusione fa ritenere che il tema principale dei due grandi miracoli della sezione, il cammino sulle acque (6,45-52) e il miracolo dei pani (6,35-44; 8,1-10), sia la rivelazione dell'identità messianica di Gesù ai discepoli, i quali però non comprendono a fondo il senso di queste due grandi manifestazioni (6,51)[4].

La transizione alla confessione della messianicità di Gesù è segnata dalla progressiva guarigione del cieco di Betsaida, che prefigura il passaggio dei discepoli dalla fase di accecamento (8,17-18) a quella della fede in Gesù Messia[5].

Nella parte centrale del vangelo (8,27-30) si nota l'immediatezza con cui Gesù stesso formula la domanda sulla propria identità: Τίνα με λέγουσιν οἱ ἄνθρωποι εἶναι; (1,27b; 8,27-9,13)[6]. Rispetto a 6,14-16,

---

[3] I. de la POTTERIE, «La confessione», 62.

[4] L'incomprensione dei discepoli circa l'identità di Gesù è sottolineata dall'uso dei verbi privi di un oggetto (6,52; 8,17.21), il quale, secondo il contesto, va individuato in Gesù.

[5] Interessante è il parallelismo strutturale tra il racconto della guarigione del cieco di Betsaida (8,22-26) e la confessione di Pietro suggerito da R.H. LIGHTFOOT, *History*, 90-91, e ripreso da I. de la POTTERIE, «La confessione», 64, che ne sottolinea il valore simbolico e prefigurativo.

[6] Nella prima sottosezione della seconda parte del vangelo (8,27-9,13) non si parla delle azioni di Gesù, ma della sua persona e del suo destino. Gli esegeti sono propensi a vedere in 8,27 l'inizio di una nuova sessione, che generalmente viene estesa fino a 10,52.

dove tale interrogativo è preparato con gli stessi nomi e lo stesso ordine, 1,29a presenta una chiara distinzione tra la gente e i discepoli: Ὑμεῖς δὲ τίνα με λέγετε εἶναι. In entrambi i contesti (6,14-16 e 8,27-30) emerge la discussione popolare suscitata dalle azioni miracolose e l'aspettativa di Gesù, nei confronti dei discepoli, di una comprensione più adeguata della sua identità.

Se fino a questo punto solo i demoni hanno fatto delle affermazioni esplicite, in 8,29 Pietro esprime una professione di fede (Σὺ εἶ ὁ Χριστός)[7], completata dal primo annuncio della passione (8,31) e dal racconto della trasfigurazione dove ai tre discepoli viene rivelato: Οὗτός ἐστιν ὁ υἱός μου ὁ ἀγαπητός, ἀκούετε αὐτοῦ.

La confessione di Pietro (8,27-30) è stata definita come lo spartiacque del vangelo di Marco: Gesù, nella prima parte, proclama il vangelo in parole e opere, mentre nella seconda, dopo Cesarea di Filippo, si dedica a istruire i suoi discepoli sulla necessità della sua morte[8].

Ma questi versetti potrebbero essere anche lo spartiacque tra la comprensione popolare di Gesù come Elia e quella di Pietro e dei discepoli che lo proclamano «ὁ Χριστός»?

1.1 *Unità letteraria*

Secondo i criteri di luogo, persone e tematiche, si nota un chiaro cambiamento riguardo a Mc 8,22-26, in cui si narra del miracolo del cieco a Betsaida[9].

In 8,27a un'informazione geografica definisce una nuova area dell'attività di Gesù (da Betsaida il lettore si ritrova nella regione di Cesarea di Filippo)[10] e la frase introduttiva ὁ Ἰησοῦς καὶ οἱ μαθηταὶ

---

[7] W. GRUNDMANN, *Das Evangelium*, 214: «Se il mistero di Gesù finora era stato nascosto, soltanto echeggiato nella bocca dei demoni e nella voce di Dio, adesso viene rivelato nella cerchia degli apostoli».

[8] M.D. HOOKER, *The Gospel*, 200.

[9] R. PESCH, *Il Vangelo*, II, 58; J. ERNST, *Il Vangelo*, II, 379. R.H. GUNDRY, *Mark*, 425. Un parallelismo compositivo e tematico viene intravisto tra 8,22-26 e 8,27-30 da I. de la POTTERIE, «La confessione», 64: alla domanda del cieco corrisponde quella dei discepoli; il cieco comincia a vedere gli uomini come alberi e gli apostoli riferiscono il parere degli uomini su Gesù (Giovanni Battista, Elia o uno dei profeti); come il cieco vede chiaramente dopo l'imposizione delle mani, così Pietro, sollecitato dagli interrogativi di Gesù, confessa apertamente: «Tu sei il Cristo»; e infine in entrambi i contesti c'è un conclusivo comando di segretezza.

[10] E. LOHMEYER, *Das Evangelium*, 161.

αὐτοῦ segnala un cambiamento di personaggi (sulla scena compaiono i discepoli al posto del cieco); il nome ὁ Ἰησοῦς, che mancava da 6,30, riappare per sottolineare che Gesù è solo con i suoi discepoli[11], lontano dalle folle, e che il luogo dell'azione non è più all'esterno di un villaggio (τῆς κώμης: 8,23), ma nella via (ἐν τῇ ὁδῷ: 8,27)[12].

L'uniformità stilistica del testo è resa dal quadruplice καὶ. che, introducendo le azioni di Gesù, conferisce al racconto continuità nel dare inizio, sostenere e concludere il dialogo con i discepoli:

(27a) : καὶ ἐξῆλθεν
(27b) : καὶ ἐπηρώτα
(29a) : καί... ἐπηρώτα
(30) : καὶ ἐπετίμησεν[13]

Il duplice uso di ἐπηρώτα[14] denota l'immediata presenza di una domanda; la risposta dei discepoli viene espressa con εἶπαν... λέγοντες (28a) e λέγετε (29b), quella di Pietro con ἀποκριθείς... λέγει (29c). La forma letteraria e lo stile sono tipici del dialogo[15].

In 8,31 la formula καὶ ἤρξατο suggerisce l'inizio di un nuovo brano[16]. E benché permanga la stessa situazione di luogo e di persone, una nuova tematica viene introdotta da Gesù: la prima predizione della sua passione e resurrezione[17]. Questo comporta una differenza stilistica per

---

[11] M.D. HOOKER, *The Gospel*, 200: «In many, the character of the story changes at this point»; A. SISTI, *Marco*, 284.

[12] W. GRUNDMANN, *Das Evangelium*, 217; E. MANICARDI, *Il cammino*, 100: «La locuzione ἐν τῇ ὁδῷ (8,27b) rende esplicito (per la prima volta in Mc) il fatto che Gesù si trovi in cammino».

[13] R. PESCH, *Il Vangelo*, II, 56.

[14] J. GNILKA, *Marco*, 440: «Stilisticamente le due domande di Gesù nei vv. 27b e 29a sono del tutto simili e ciò rafforza ulteriormente l'impressione che il complesso sia unitario».

[15] E. LOHMEYER, *Das Evangelium*, 161: la sezione di 8,27-10,52 mostra soprattutto Gesù che insegna ai discepoli. Sul genere letterario, R. PESCH, *Il Vangelo*, II, 57, n.1, riporta le definizioni proposte da vari studiosi: «leggenda di fede», «dialogo lungo il cammino», «storia su Gesù», «dialogo didattico», «dialogo di ammaestramento», «apoftegma». E precisa che l'unità letteraria non presenta un tipo specifico e soprattutto «*non è costruito* come 'discussione' di un tema cristologico».

[16] Cf. 4,1; 6,34; 10,32; 12,1. M.J. LAGRANGE, *Évangile*, 205: «ἤρξατο a ici toute sa valeur; c'est le début d'un enseignement nouveau».

[17] Questa situazione di cammino dura fino a 9,1, eccezion fatta per la comparsa della folla in 8,34. Nuove tematiche, però, vengono introdotte da Gesù in 8,31 e 8,34-9,1. In 9,2 poi un cambiamento investe tempo, luogo, persone e tematica. Alcuni, però, pre-

un'istruzione puramente interna al gruppo dei discepoli nella forma di un apoftegma[18].

Si percepisce che l'argomento principale è la comunicazione dei discorsi o delle opinioni della gente e dei discepoli su Gesù. Tale intento è confermato dalle ultime parole: περὶ αὐτοῦ

L'autonomia specifica dell'unità narrativa (8,27-30), distaccata dal passo precedente (8,22-26) e connessa in parte con il successivo, non ne esclude comunque un legame di integrazione con il contesto del racconto[19]. E l'organizzazione degli elementi genera armonia nel testo, che infatti non presenta contrasti né interruzioni a livello concettuale, stilistico o lessicale[20].

---

feriscono combinare 8,31-33 con 8,27-30 per formare l'unità di 8,27-33: C.E.B. CRANFIELD, *The Gospel*, 266-281; E. SCHWEIZER, *Il Vangelo*, 181-185; J. GNILKA, *Marco*, 439-454. Questa scelta non ha una base formale, ma risponde al tentativo di interpretare la figura del Messia con quella del Figlio dell'uomo. In un'analisi attenta di 8,27-30 e 8,31-33, R. PESCH, «Messiasbekenntnis, I, 181-182», fa notare che l'espressione ἤρξατο διδάσκειν segna l'inizio di una nuova azione, di un nuovo insegnamento. Sulla stessa linea M.J. LAGRANGE, *Évangile*, XCIII.216; W. GRUNDMANN, *Das Evangelium*, 167. Interessante per le sue analisi è lo studio di B. WILLAERT, «La connexion», 26.32, che ritiene la connessione di 8,27-30 con 31-33 come antecedente al lavoro redazionale di Marco. Non sempre si possono condividere le sue posizioni: egli parte dal presupposto che Marco sia secondario e meno antico rispetto a Matteo perché ha omesso il *logion* di lode e di promessa a Pietro, un *logion* che per il suo colore arcaico, per le implicanze escatologiche e per il parallelismo con il «Σὺ εἶ ὁ Χριστὸς ὁ υἱὸς τοῦ θεοῦ τοῦ ζῶντος» (16,16), avrebbe maggiori garanzie di originalità.

[18] Sul carattere didattico della sezione 8,27-10,52 cf.: R. BULTMANN, *Historia*, 391; W. GRUNDMANN, *Das Evangelium*, 213: in primo piano non c'è più Gesù come autore di azioni potenti, ma il maestro che insegna ai suoi discepoli; H.F. BAYER, *Jesus*, 163, considerando 8,27-33 come un'unità, la definisce un «didactic discourse»; M.D. HOOKER, *The Gospel*, 200: nel viaggio verso Gerusalemme, mentre Gesù tenta di istruire i discepoli sul significato della sua missione e sullo stile del loro apostolato, «not surprisingly, there is far more teaching in this section, and it is addressed primarily to the disciples»; A. SISTI, *Marco*, 284: «La parte didattica prende il sopravvento su quella narrativa». Interessante l'annotazione di cambiamento di stile tra 8,30 e 8,31 proposta da G. CLAUDE, *La confession*, 171: «En Mc 8,30, en effet, le jeu des questions et des réponses entre Jésus et ses disciples est terminé; commence maintenant une série d'avertissements réciproques, jalonnée par la triple répétition de ἐπιτιμᾶν (Mc 8,30.32.33) qui remplace ἐπερωτᾶν comme verbe topique du segment».

[19] Per la questione dell'estensione della pericope: G. CLAUDE, *La confession*, 37.

[20] R. PESCH, *Il Vangelo*, II, 54-55: «Costituisce un testo armonico senza tensioni né fratture concettuali, stilistiche, lessicali».

2. Articolazione del testo

L'impianto dell'azione narrata in 8,27-30 è molto semplice: due frasi narrative (27a.30a) inquadrano il dialogo tra Gesù e i discepoli; due frasi introduttive di due domande (27b.29a) e risposte (28a.29c); quattro discorsi diretti comprendenti due interrogativi (27c.29b) e relative risposte (28b.29c).

Il v. 27a presenta i personaggi principali, Gesù e i suoi discepoli, e situa la conversazione sulla via[21]. La costruzione καί + soggetto + verbo, già usata in 6,14, è tipica dello stile marciano per introdurre un racconto[22]. Solo ἐξῆλθεν è un verbo di movimento, perché i restanti appartengono prevalentemente alla forma *dicendi*.

Il dialogo si svolge su due livelli[23] con una duplice domanda e risposta (27b-28)[24]: Gesù prende l'iniziativa[25], mentre i discepoli e Pietro si limitano a rispondere. I due dialoghi sono legati dall'opinione sull'identità di Gesù: la preminenza di questo argomento è sottolineata dalle azioni dei personaggi.

È ἐπηρώτα che introduce le due domande, le quali presentano un diverso soggetto: la gente in 1,27b, i discepoli in 1,29. Attraverso queste domande, stilisticamente simili[26], viene tematizzato il problema dell'identità di Gesù:

(27b) Τίνα με... εἶναι;
(29a) τίνα με... εἶναι;

Alla prima domanda i discepoli, distinti dalla gente mediante la particella δέ, rispondono in stile indiretto; nella seconda risposta (v. 29c) lo stile di Pietro, che si fa portavoce del gruppo, è senz'altro più diretto[27].

Il procedimento stilistico adottato dal narratore sottolinea la differenza tra un'opinione elaborata sulla base di un'informazione (v. 28) e

---

[21] R. Pesch, *Il Vangelo*, II, 56: «L'indicazione introduttiva del v. 27a si ripercuote soltanto nel v. 27b (ἐν τῇ ὁδῷ), ma menziona Gesù (e i discepoli), e pone così in moto la narrazione; essa non può venire distaccata, poiché il v. 27b non costituisce un esordio narrativo».

[22] M. Zerwick, *Untersuchungen*, 75.96-98.

[23] R. Pesch, *Il Vangelo*, II, 56.

[24] Appartiene allo stile di Marco la doppia domanda, in cui la seconda ha una importanza maggiore rispetto alla prima: F. Neirynck, «Duality», 445-446.

[25] A. Sisti, *Marco*, 285: «È Gesù stesso che prende l'iniziativa del dialogo».

[26] J. Gnilka, *Marco*, 440: «Stilisticamente le due domande di Gesù nei vv. 27b e 29a sono del tutto simili e ciò rafforza ulteriormente l'impressione che il complesso sia unitario».

[27] J. Mateo – F. Camacho, *Evangelio*, II, 253. Per il contrasto tra lo stile confuso della risposta composita dei discepoli alla prima domanda e quella di Pietro formulata con chiarezza e senza ambiguità grammaticali, cf. G. Claude, *La confession*, 171.

quella che scaturisce dal dialogo con Gesù (v. 29), il quale conclude il discorso invitando i discepoli al silenzio.

In conclusione, la sequenza di 8,27-30 è un'unità narrativa strutturata in forma di dialogo ed è articolata in quattro microsequenze[28]: l'ambientazione del dialogo (8,27a); il primo dialogo (8,27b-28); il secondo dialogo (8,29); l'osservazione conclusiva di Gesù sul silenzio (8,30).

La segmentazione di 8,27-30 può essere schematizzata ponendo agli estremi la prima e l'ultima microsequenza (vv. 27a e 30) e al centro le altre due, che descrivono il contenuto del dialogo a due livelli: l'opinione della gente (vv. 27b-28) e del discepolo (v. 29):

(27a): καὶ ἐξῆλθεν ὁ Ἰησοῦς καὶ οἱ μαθηταὶ αὐτοῦ εἰς τὰς κώμας Καισαρείας τῆς Φιλίππου· καὶ ἐν τῇ ὁδῷ ἐπηρώτα τοὺς μαθητὰς αὐτοῦ λέγων αὐτοῖς

(27b): Τίνα με λέγουσιν οἱ ἄνθρωποι εἶναι; (28): οἱ δὲ εἶπαν αὐτῷ λέγοντες ὅτι Ἰωάννην τὸν βαπτιστήν, καὶ ἄλλοι, Ἠλίαν, ἄλλοι δὲ ὅτι εἷς τῶν προφητῶν

(29): καὶ αὐτὸς ἐπηρώτα αὐτούς, Ὑμεῖς δὲ τίνα με λέγετε εἶναι; ἀποκριθεὶς ὁ Πέτρος λέγει αὐτῷ, Σὺ εἶ ὁ Χριστός

(30): καὶ ἐπετίμησεν αὐτοῖς ἵνα μηδενὶ λέγωσιν περὶ αὐτοῦ

3. Analisi semantica

3.1 L'introduzione: l'ambientazione per il dialogo (v. 27a)

L'indicazione geografica εἰς τὰς κώμας Καισαρείας τῆς Φιλίππου esplicita la meta del cammino di Gesù, Cesarea di Filip-

---

[28] R. PESCH, *Il Vangelo*, II, 56, divide l'unità letteraria di 8,27-30 in sei parti: 27a; 27b; 28; 29a; 29b; 30. Condividiamo tale suddivisione, rilevando che le rispondenze e i legami tra le domande e le risposte dell'unità letteraria 8,27-28.29 evidenziano la natura dialogica del brano.

po²⁹, e l'aoristo ἐξῆλθεν, oltre a confermare tale orientamento, evoca il punto di partenza dell'attività di Gesù, quando dal Giordano era giunto in Galilea³⁰. In 9,30 κἀκεῖθεν ἐξελθόντες indica genericamente un movimento opposto: dalla regione di Cesarea di Filippo, attraverso la Galilea, Gesù si dirige verso Gerusalemme³¹.

La menzione di Gesù e dei suoi discepoli, ὁ Ἰησοῦς καὶ οἱ μαθηταὶ αὐτοῦ³², apre questa nuova sezione della seconda parte del vangelo (8,27-10,52): tale espressione, al nominativo, è unica in Marco. Infatti le altre ricorrenze presentano il dativo in 2,15 e il genitivo in 10,46 per informare sugli ultimi spostamenti di Gesù nella sezione di 8,27-10,52, creando quasi un'inclusione con l'inizio del suo viaggio fuori dalla Galilea. Degna di nota è pure la menzione dei discepoli unita a un verbo finito al singolare³³: tale costruzione potrebbe significare l'unità tra Gesù e i suoi discepoli (8,27a.b.33.34) lungo il cammino verso i villaggi attorno a Cesarea di Filippo, che avrà come meta Gerusalemme (10,32; 11,1)³⁴. I discepoli, in quanto accompagnatori permanenti di Gesù (8,27a), sono i destinatari delle domande sulla sua identità in 8,27b-30³⁵.

L'espressione ἐν τῇ ὁδῷ (8,27) è alquanto frequente nella sezione (8,27; 9,33.34; 10,32.52) e insieme alla ricorrenza di 10,52 forma un'importante inclusione³⁶. Il termine ὁδός è elemento caratterizzante

---

²⁹ R. PESCH, *Il Vangelo*, II, 58, fa notare l'insolita indicazione della destinazione εἰς τὰς κώμας Καισαρείας τῆς Φιλίππου, in quanto non si riferisce ad una località ben delimitata, ma ad ogni singolo villaggio intorno a Cesarea di Filippo; E. MANICARDI, *Il cammino*, 99: «La menzione dei villaggi di Cesarea di Filippo nello stico iniziale 8,27a non è una localizzazione statica».

³⁰ L'aoristo ἐξῆλθεν forma un'inclusione con ἦλθεν di 1,14. Altre indicazioni esplicite alla Galilea come area dell'attività di Gesù in Marco: 1,29; 6,1; 7,31; 9,30. Cf. R. PESCH, *Il Vangelo*, II, 58.

³¹ R. PESCH, *Il Vangelo*, II, 159: nel contesto premarciano questa generica indicazione di luogo mostra che Gesù, nel suo cammino verso Gerusalemme attraverso la Galilea, preferisce restare in incognito.

³² J. ERNST, *Il Vangelo*, II, 379: «Con il nome di Gesù e il cambio del luogo è accennato il passaggio a una nuova sezione».

³³ In 10,46 l'espressione è collegata con un participio singolare. Se in presenza di più soggetti il verbo rimane al singolare, l'enfasi ricade sul primo soggetto: F. BLASS – A. DEBRUNNER – F. REHKOPF, *Grammatica*, § 135.

³⁴ E. LOHMEYER, *Das Evangelium*, 162: la scena è un «dialogo di viaggio»; K. STOCK, *Il cammino*, 23.

³⁵ J. ERNST, *Il Vangelo*, II, 379.

³⁶ D. LÜHRMANN, *Das Markusevangelium*, 145; I. de la POTTERIE, «La confessione», 72: «Questa sezione viene delimitata da una doppia inclusione: la prima si trova

del racconto (8,27; 9,33.34; 10,17.32.46.52)[37] e si correla fortemente con le predizioni della passione (8,31; 9,31; 10,33): la «via» di Gesù verso la passione e morte[38] diventa anche il «cammino» durante il quale saranno istruiti i discepoli[39]. Ma è anche il percorso che Giovanni Battista ha preparato a Gesù con il suo ruolo elianico di messaggero (1,2) e profeta (1,6)[40]. Il precursore della via di Gesù è Giovanni, che svolge la missione preconizzata dalla profezia di Ml 3,1.23 per il ritorno di Elia.

---

nella formula ἐν τῇ ὁδῷ, all'inizio della pericope di Cesarea di Filippo (8,27) e nella conclusione della guarigione del cieco di Gerico: *et sequebatur eum in via* (10,52)».

[37] W. GRUNDMANN, *Das Evangelium*, 213: tutta la sezione di 8,27-10,52 mostra Gesù in continua peregrinazione, «auf dem Weg» (8,27; 9,33s; 10,27.32.46.52); J. ERNST, *Il Vangelo*, II, 379: con l'indicazione di luogo il redattore avrebbe sottolineato il motivo del viaggio. Invece R. PESCH, *Il Vangelo*, II, 55, considera le informazioni sul cammino di Gesù verso Gerusalemme non «creazioni di Marco o frammenti di tradizioni isolati, bensì solo come itinerario della prima parte della storia premarciana della passione (9,30.33; 10,1a.32)»; I. de la POTTERIE, «La confessione», 72: «Si tratta dunque veramente del tema teologico della "via" di Gesù, questa via verso Gerusalemme (10,32; 10,52 e 11.1), verso la passione e la croce, sulla quale i discepoli debbono "seguire" il Maestro»; B.M.F van IERSEL, *Marco*, 258: «Fino a 10,52 incluso Gesù è sempre in viaggio con i suoi discepoli, e tutti gli eventi situati in luoghi specifici si svolgono sempre sulla via o lungo la via che da Cesarea va a Gerusalemme». Per S. LÉGASSE, *Marco*, 422, l'espressione ἐν τῇ ὁδῷ solo a partire da 10,32.52 si riferisce esplicitamente al «cammino» di Gesù verso Gerusalemme, sebbene questa direzione si cominci a delineare in 9,30.

[38] D. RHOADS – D. MICHIE, *Mark as Story*, 64: l'espressione ἐν τῇ ὁδῷ può indicare non solo il cammino geografico verso Gerusalemme, ma anche il percorso di Gesù verso il progetto che Dio gli ha riservato, la morte al servizio del suo Regno. Per i discepoli, invece, si tratta di un movimento verso la comprensione e l'accettazione di ciò che la «via» di Gesù significa.

[39] U. LUZ, «Das Geheimnismotiv», 24s; E. MANICARDI, *Il cammino*, 32s.99-112; D. LÜHRMANN, *Das Markusevangelium*, 145; J.R. DONAHUE, *The Theology*, 37s. A questo proposito l'idea di R.H. GUNDRY, *Mark*, 442, ci sembra riduttiva riguardo al «cammino»: «"The way" is simply the road on which an event takes place as Jesus and others travel between localities, whatever the direction or destination of their travel. [...] More often than not, we should translate τῇ ὁδῷ with "road" to avoid unintended theological connotations associated with "way"».

[40] D.E. NINEHAM, *Saint Mark*, 224: «For even the Baptist and the prophets did no more than pave the way for the one who would actually *bring* the salvation to which they pointed forward»; J. GNILKA, *Marco*, 445: «Inoltre è anche il viaggio che il Battezzatore ha preparato a Gesù col suo destino (cf. 1,2s; 9,12s)»; D. RHOADS – D. MICHIE, *Mark as Story*, 65: Giovanni è mandato a precedere Gesù (1,2-8) e Gesù precede i discepoli (8,27). Queste sfumature verbali non sono delle mere espressioni temporali e spaziali, ma riflettono il tipo di vita previsto dalle vie del Signore, le quali, anticipate da Giovanni, vengono percorse da Gesù e poi seguite dai discepoli.

3.2 *Primo dialogo: Mc 8,27b-28*

Durante il viaggio (ἐν τῇ ὁδῷ) Gesù interroga i suoi discepoli (ἐπηρώτα τοὺς μαθητὰς αὐτοῦ) sul grado della comprensione popolare nei suoi riguardi (8,28). Si deduce che i discepoli seguivano Gesù in quel cammino che è la via del Signore[41], preconizzata in Ml 3,1.23, ma preparata storicamente dal precursore Giovanni Battista (Mc 1,2). Altre volte Marco aveva riportato le opinioni della gente (1,27; 2,12; 6,2s.14-16; 7,37). Mentre all'inizio del ministero i presenti nella sinagoga di Cafarnao si erano interrogati sull'identità di Gesù (1,22), qui è lo stesso Gesù a sollevare la questione: la domanda diretta è costruita con il tempo finito ἐπηρώτα seguito dal participio λέγων[42]. Nel NT l'imperfetto dà risalto all'azione del domandare[43]. Inoltre la presenza di ἐπηρω,τα crea un parallelismo con 8,23.

La ripetizione di τοὺς μαθητὰς αὐτοῦ, apparentemente inutile, in realtà contrappone i discepoli agli uomini (οἱ ἄνθρωποι) o ne distingue l'opinione da quella del popolo[44]. E l'anticipazione del pronome με rispetto al verbo εἶναι dà risalto alla figura di Gesù[45].

Nel suo cammino Gesù s'informa sulle voci popolari riguardanti la sua persona, più esattamente su chi (τίνα) egli sia agli occhi della gente. Il termine οἱ ἄνθρωποι individua chi non appartiene al gruppo dei discepoli[46] e serve a sottolineare il contrasto tra il pensiero della gente e

---

[41] M.D. HOOKER, *The Gospel*, 202: «The statement that the incident took place on the way, however, could in this context be a deliberate reminder that these men are following Jesus in 'the Way' (cf. Acts 9.2; 19,23, etc.), which is the only way to know him. The path which Jesus himself is pursuing is in fact 'the way of the Lord' (cf. 1.2f., and see also 9,33f.; 10.17,32 and 52)».

[42] Per G. CLAUDE, *La confession*, 211, l'uso di ἐπηρώταν è un evidente marcianismo: 25 volte in Marco, 8 in Matteo e 17 in Luca. A. SISTI: 285: «La domanda, anche se esige una risposta precisa (v. 28), ha una chiara funzione introduttiva in relazione alla domanda successiva, che costituisce il punto di maggiore interesse».

[43] M. ZERWICK, *Graecitas*, § 272; F. BLASS – A. DEBRUNNER – F. REHKOPF, *Grammatica*, § 328. Più frequentemente si costruisce senza il participio (5,9; 7,5; 8,23.29; 9,16.21.28.33; 10,2.17; 12,28; 15,2.44).

[44] R. PESCH, *Il Vangelo*, II, 60; F.M. URICCHIO – G.M. STANO, *Vangelo*, 395: «οἱ ἄνθρωποι» non sono, in senso peggiorativo, gli uomini in quanto opposti a Dio, ma quelli esterni al gruppo dei discepoli.

[45] R.H. GUNDRY, *Mark*, 426: «The advancement of με, "I", away from its infinitive εἶναι, "am", and ahead of the verb λέγουσιν, "say", stresses the figure of Jesus».

[46] E. LOHMEYER, *Das Evangelium*, 162: il termine οἱ ἄνθρωποι non indica semplicemente la «gente», ma gli uomini che sono contro o lontani da Dio; ad essi si contrappongono i discepoli come esseri umani distinti dagli «uomini». D.E. NINEHAM,

quello dei discepoli su Gesù⁴⁷. Questo particolare fa riferimento al contesto precedente, dove ha un senso peggiorativo: gli abitanti «dei villaggi», come alberi, non vedono e non odono (8,24). In modo mediato il termine rimanda a 7,8, in cui gli uomini sostengono tradizioni contrarie al comandamento divino. È possibile che in questo momento gli uomini non abbiano riconosciuto la vera identità di Gesù.

Le differenti identificazioni di Gesù contenute nella risposta dei discepoli sono suddivise in due gruppi, ben sottolineati da Marco:

(8,28) ὅτι   Ἰωάννην τὸν βαπτιστήν,
καὶ ἄλλοι, Ἠλίαν
ἄλλοι δὲ ὅτι εἷς τῶν προφητῶν

Da una parte c'è l'assimilazione di Gesù a Giovanni Battista e a Elia e dall'altra ad un profeta. Le prime due identificazioni sono rese con l'accusativo⁴⁸, la terza è introdotta da un ὅτι seguito da un soggetto al nominativo (εἷς). Nel primo caso è presente una congiunzione, mentre nel secondo emerge un'opposizione⁴⁹. Inoltre i riferimenti a Giovanni Battista e a Elia, sintatticamente legati in 8,29, sono alternativi in 6,14-16.

La risposta enumera semplicemente, senza commento, le tre opinioni già citate nello stesso ordine in 6,14b-15⁵⁰. La replica dei discepoli ri-

---

Saint Mark, 224: l'agire di Gesù aveva sollevato la domanda sulla sua identità in maniera così inesplicabile che persino la gente – «ordinary people, people who made no pretence of being disciples – had found themselves not only asking it, but forced to answer that Jesus must be some very great figure indeed, John the Baptist or one of the grat prophets risen from the dead (v. 28)».

⁴⁷ W. GRUNDMANN, *Das Evangelium*, 215; G. CLAUDE, *La confession*, 217: l'opinione dei discepoli è presentata come nettamente disgiunta da quella della gente. In 8,33 sarà chiarito che senza l'accettazione della Passione e delle sue implicazioni la confessione espressa da Pietro (8,29), a nome dei discepoli, non è altro che un'opinione mondana comune.

⁴⁸ R.H. GUNDRY, *Mark*, 426: gli accusativi Ἰωάννην e Ἠλίαν stabiliscono un confronto con il soggetto accusativo με dell'infinito εἶναι nella precedente domanda di Gesù.

⁴⁹ G. CLAUDE, *La confession*, 222. Al contrario secondo R.H. GUNDRY, *Mark*, 426, l'ὅτι prima di Ἰωάννην è superfluo perché sembra creare un parallelo tra le prime due opinioni e la terza, introdotta anch'essa da un ὅτι. Tale parallelo non sussiste perché, sebbene i due ὅτι siano recitativi, il primo introduce la citazione diretta di Marco della risposta dei discepoli e il secondo, invece, la citazione diretta dei discepoli della terza opinione.

⁵⁰ G. MINETTE de TILLESSE, *Le secret*, 310-312, ritiene che Marco, per il contenuto dell'opinione della gente (8,28), abbia ripreso un riassunto tradizionale, già utilizzato in 6,14-16. Sulla stessa linea W. GRUNDMANN, *Das Evangelium*, 217. Invece D.E. NINEHAM, *Saint Mark*, 229, ipotizza una possibile influenza dell'unità di 6,14-15 su 8,28

specchia opinioni tipiche dell'ambiente ebraico[51] o quelle ricorrenti fra il popolo. E, nonostante la comunanza con quelle precedenti in 6,14-16, non si tratta di una copia pedissequa[52], né tantomeno di una banale ripresa[53]: lo conferma la diversità stessa delle formulazioni. Nella prima si può notare un cambiamento nella designazione del Battista[54]:

(6,14) Ἰωάννης ὁ βαπτίζων
(8,28) Ἰωάννην τὸν βαπτιστὴν

Nella seconda una variazione caratterizza la costruzione del nome di Elia, al nominativo in 6,15 e all'accusativo in 8,28:

(6,15) Ἠλίας ἐστὶν
(8,28) εἶναι Ἠλίαν

Sostanziale la differenza nella terza identificazione:

(6,15) προφήτης ὡς εἷς τῶν προφητῶν
(8,28) εἷς τῶν προφητῶν

Infine variabilità di formulazione riguarda il termine ἄλλοι δέ, che è duplice in 6,15 e mostra che le varie identificazioni sono alternative; quella di Giovanni Battista e di Gesù in 8,28 sono legate dalla congiunzione καί,, la terza è in contrapposizione con le precedenti:

(6,15)   ἄλλοι δὲ   ἄλλοι δὲ
(8,28) καὶ ἄλλοι   ἄλλοι δέ

---

o viceversa; V. TAYLOR, *Marco*, 433: «Il resoconto sulle varie opinioni attorno a Gesù richiama 6,14s, ma non è necessario concluderne che un passo sia semplicemente l'eco dell'altro»; É. TROCMÉ, *L'Évangile*, 225-226.

[51] J. ERNST, *Il Vangelo*, II, 380.

[52] F.M. URICCHIO – G.M. STANO, *Vangelo*, 395, sostengono un'identità tra le opinioni riportate dai discepoli e quelle giunte all'orecchio di Antipa (6,14-16). Per un quadro completo dei problemi e delle soluzioni (tradizione e redazione) sulle opinioni popolari in 8,28: G. CLAUDE, *La confession*, 227-231.

[53] J. GNILKA, *Marco*, 441.447, sostiene che tali opinioni siano una forma abbreviata rispetto a 6,14b-15 e ipotizza che, manifestate direttamente dalla gente a Gesù, siano state in seguito poste da un redattore premarciano sulla bocca dei discepoli perché fossero collegate con la professione di fede di Pietro. Secondo É. TROCMÉ, *L'Évangile*, 225, l'enumerazione dei titoli di Gesù in 6,14-16 è «le produit de l'acivité littéraire de l'évangéliste, qui a voulu expliquer le sens du premier et du troisième titre, alors que la tradition se contentait de les mentionner». Per P. LAMARCHE, *Évangile*, 207, Marco ha sintetizzato le opinioni riportate in 6,14b-15.

[54] Il Battista viene indicato con ὁ βαπτίζων in 1,4; 6,14.24 e con βαπτιστής in 6,25; 8,28 e nel resto del NT.

CAP. III: ELIA E LA DOMANDA CRISTOLOGICA   153

E non è possibile sostenere una dipendenza letteraria di 6,14-16 da 8,28 a causa delle particolari informazioni o commenti contenuti nel primo brano[55].

Mentre in 6,14b-15 le opinioni sull'identità di Gesù erano espressione di un plurale impersonale (ἔλεγον), in 8,28 sono riportate dai discepoli (οἱ δὲ εἶπαν αὐτῷ λέγοντες).

Rispetto al primo sommario relativo all'identificazione di Gesù nei diversi ambienti (6,14-16), il lettore apprende dai discepoli che non c'è stato alcun progresso cognitivo: malgrado la prodigiosa moltiplicazione dei pani (6,32-44; 8,1-9), evento che svela la superiorità di Gesù su Giona (4,35-41), su Elia (5,21-43), su Eliseo e Mosè (32-44)[56], la gente non riesce a capire che Gesù è il Messia[57]. Infatti ne inserisce le parole e i gesti nel tradizionale modello profetico cui appartengono sia il Battista sia Elia. La presenza della congiunzione καί (v. 28) orienta verso l'associazione di Giovanni ed Elia a Gesù[58].

All'inizio del vangelo (1,2b.6) Marco ha già fatto una presentazione profetica della figura e del ruolo di Giovanni in relazione al testo di Ml 3,1[59], il quale nella tradizione biblica è riferito ad Elia, il profeta restauratore atteso per il tempo finale (Ml 3,23-24; Sir 48,19)[60]. Invece, grazie alla presenza di Elia in 8,28 sullo sfondo del ministero di Gesù dentro e intorno alla Galilea (8,27c-28; 6,14-15), il lettore apprende il «punto di vista valutativo» della gente, secondo il quale Gesù è Elia, e diventa consape-

---

[55] R. PESCH, *Il Vangelo*, II, 60-61. La tesi di una dipendenza letteraria, invece, è sostenuta da: R. BULTMANN, *Historia*, 362; H. SCHÜRMANN, *Il Vangelo*, I, 834; E. SCHWEIZER, *Il Vangelo*, 141.
[56] R. PESCH, *Il Vangelo*, I, 553.
[57] V. TAYLOR, *Marco*, 433; J. MATEOS – F. CAMACHO, *Evangelio*, II, 257. Diversamente K. STOCK, *Le pericopi*, 57: «La folla non viene rimproverata, dalla sua parte non si aspetta una comprensione».
[58] E. LOHMEYER, *Das Evangelium*, 162: le identificazioni con Giovanni Battista ed Elia potrebbero derivare dalla fede in un miracolo escatologico. In Giovanni risuscitato e in Elia che una volta era asceso al cielo, Gesù è ritornato sulla terra in mezzo al suo popolo. In entrambi i casi Gesù non sarebbe sé stesso come proveniente direttamente da Dio, bensì richiamerebbe avvenimenti del passato.
[59] W.W. WESSEL, *Mark*, 693: «The answers all reflect an inadeguate view of Christ. John the Baptist had a preparatory role. He looked for another messenger far greater than himself (cf. Mark 1:7-8). A common Jewish concepì of the day was that of "Elijah *redivivus*" (Elijah returned or revived), based on Malachi 3:1; 4:5; but he too was only a forennur of the Messiah (cf. 6:14-15, where the same opinions are expressed about Jesus».
[60] Del resto Gesù stesso, secondo la duplice tradizione di Matteo e Luca, conferma e puntualizza l'interpretazione profetica della figura e del ruolo di Giovanni ponendoli in relazione con il testo di Ml 3,1 (Mt 11,9//Lc 7,26).

vole che quei pareri, provenienti dal pubblico giudaico (6,14-16), cioè da «quelli di fuori» (4,11-12), creano confusione sull'identità di entrambi[61].

In Marco si registra il numero più basso di frequenze del termine προφήτης rispetto agli altri sinottici[62]: delle sei ricorrenze quattro sono poste in relazione con Gesù, 6,4a; 6,15b (due volte); 8,28b; in 11,32b l'appellativo viene riferito a Giovanni e in 1,2a alla citazione del profeta Isaia. Questa analisi mostra che la gente adotta prevalentemente il modello profetico per comprendere la figura e l'attività di Gesù[63].

3.3 Secondo dialogo: Mc 8,29

In questo contesto è Gesù a instaurare il dialogo (καὶ αὐτός) con i discepoli per far nascere la questione cristologica in forma dialettica. La sua iniziativa, sottolineata letterariamente dalla formula «ed egli domandava loro» (che sostituisce la forma più semplice «e domandò loro»), viene messa in luce anche dal contesto: la domanda non è di circostanza, non nasce come reazione ad un avvenimento, ma deriva dall'intenzione deliberata di provocare una risposta all'inizio del viaggio a Gerusalemme[64]. Inoltre la domanda non richiede astratte nozioni, ma coinvolge le relazioni interpersonali: Ὑμεῖς δὲ τίνα με λέγετε εἶναι; (8,29a). Emerge chiaramente il consapevole contrasto tra la specificità del pronome di seconda persona e il carattere generico della massa popolare, e soprattutto l'intenzione di Gesù di puntualizzare la questione della sua identità rispetto alle discussioni non impegnative della gente, che lo aveva associato anche ad Elia[65].

Quindi Gesù, con una breve introduzione, nomina espressamente i protagonisti del dialogo con i pronomi αὐτός e αὐτούς. Viene dato rilievo al contrasto tra le parole degli uomini o delle folle e quelle dei discepoli:

---

[61] J.D. KINGSBURY, *The Christology*, 91-92.

[62] Nel vangelo di Matteo 37 volte; in Luca 14 volte. Non è nell'intento diretto della tradizione evangelica mostrare una somiglianza tra Gesù e i profeti dell'AT, cf. F. SCHNIDER, *Jesus*, 85; D. RHOADS – D. MICHIE, *Mark as Story*, 105: le folle associano l'attività di Gesù a quella degli antichi profeti.

[63] A. GRILLMEIER, *Gesù*, 50: «Che cosa poteva accadere più spontaneamente del vedere Gesù, il predicatore e il taumaturgo, nella linea dei profeti veterotestamentari?». Per la qualifica di «profeta» attribuita a Gesù, C. PERROT, *Gesù*, 148-173; R. PENNA, *I ritratti*, 119-122.

[64] R. PESCH, *Il Vangelo*, II, 61.

[65] J. ERNST, *Il Vangelo*, II, 380; S. LÉGASSE, *Marco*, 422; B.M.F. van IERSEL, *Marco*, 259; E.P. GOULD, *The Gospel*, 152.

(8,28)   τίνα με λέγουσιν οἱ ἄνθρωποι εἶναι;
(8,29) ὑμεῖς δὲ τίνα με λέγετε εἶναι;

L'interesse di Gesù per la risposta dei discepoli è suggerito dalla posizione enfatica del pronome ὑμεῖς all'inizio della proposizione interrogativa[66], che insieme alla particella δέ esprime il contrasto esistente tra l'opinione degli altri (οἱ ἄνθρωποι) e quella dei discepoli[67]. Similmente l'enfatico αὐτός suggerisce che bisogna distinguere Gesù dall'identificazione popolare con Elia[68]. Di nuovo il pronome personale με pone in rilievo la figura di Gesù.

Durante il viaggio (ἐν τῇ ὁδῷ) Gesù interroga i suoi discepoli (αὐτὸς ἐπηρώτα αὐτούς) sulla comprensione della gente nei suoi riguardi (8,28) e sulla loro conoscenza (8,29). Sin dall'inizio della loro chiamata (1,16-20) e durante la missione in Galilea, anch'essi si erano posti delle domande, che erano però rimaste senza risposta. Quando Gesù, sedando la tempesta, aveva palesato la sua natura divina[69], i discepoli si erano limitati ad un interrogativo perplesso: Τίς ἄρα οὗτός ἐστιν ὅτι καὶ ὁ ἄνεμος καὶ ἡ θάλασσα ὑπακούει αὐτῷ; (4,41)[70]. Tale reazione continua in 6,51c-52, quando i discepoli non riconoscono Gesù che cammina sulle acque[71] e, credendolo un fantasma, sono presi dalla paura, poi-

---

[66] D.E. NINEHAM, *Saint Mark*, 224; M.D. HOOKER, *The Gospel*, 202; W.W. WESSEL, *Mark*, 693; E.P. GOULD, *The Gospel*, 152; B. WITHERINGTON, *The Gospel*, 240.

[67] R. PESCH, *Il Vangelo*, II, 57: la forma specifica della domanda (ὑμεῖς δέ) pone l'enfasi sui discepoli. W. GRUNDMANN, *Das Evangelium*, 217: la domanda sull'opinione stessa dei discepoli crea una netta differenza, come in 4,10-12, tra coloro che «sono fuori» e coloro a cui è affidato «il mistero del regno di Dio». I. de la POTTERIE, «La confessione», 65: «Con questa ripetizione della domanda, e con l'insistenza enfatica sul pronome (ma voi), in cui i discepoli vengono opposti alla folla, Gesù dà la possibilità di esprimere la loro convinzione personale profonda»; R.H. GUNDRY, *Mark*, 427.

[68] E. LOHMEYER, *Das Evangelium*, 162. Per W. GRUNDMANN, *Das Evagelium*, 218, l'importanza della domanda e della risposta in Marco viene rafforzata dal pronome enfatico αὐτός: le domande, poste prima dai discepoli, ora sono formulate da Gesù stesso.

[69] Nell'AT il potere di sedare la furia del vento e del mare è esclusivo di Dio: Sal 65 [64],8; 89 [88],9-10; 107 [106],23-30; R.H. GUNDRY, *Mark*, 426.

[70] X. LÉON-DUFOUR, *Studi*, 216.220-222: la domanda dei discepoli esprime il progresso che stanno compiendo nella conoscenza di Gesù, anche se non va al di là di un interrogativo che scuote la loro inerzia: «chi è dunque costui?». F. LENTZEN-DEIS, *Comentario*, 262: «En la narración del evangelio, ya desde 4,41, se presenta la pregunta: ¿quién es Jesus? (cfr. 5,7: 6,3.14.15.40; 7,37; 8,4.11s). Para desarrollarla, Jesús mismo la hace a los discípulos».

[71] Nel camminare sulle acque Gesù mostra di possedere una potenza che nell'AT appartiene solo a Dio: Gb 9,8; Sal 77 [76],20.

ché non hanno compreso il miracolo della moltiplicazione dei pani e hanno il cuore indurito. La loro incomprensione raggiunge il grado più alto in 8,14-21, quando Gesù, dopo aver tentato invano di stimolarne l'intelligenza con avvertimenti e domande, rivolge loro una lunga serie di amari rimproveri. Infine anche con la guarigione del cieco di Betsaida (8,22-26) Gesù intende guidare i discepoli verso la meta della comprensione: ὑμεῖς δὲ τίνα με λέγετε εἶναι; (8,29)[72]. Attraverso questa domanda Marco mette nuovamente a fuoco – come in 8,27 – il problema dell'identità di Gesù.

Con l'espressione enfatica di 8,29b (ὑμεῖς δὲ τίνα με λέγετε εἶναι;) Marco contrappone alla domanda sull'opinione popolare quella sulla comprensione dei discepoli[73]: dopo il lungo periodo di convivenza con Gesù in Galilea e le prove da lui offerte sulla sua identità[74], essi devono prendere posizione perché ora sono in grado di pronunciarsi su di lui[75].

Senza dubbio ai discepoli è richiesta una comprensione diversa da quella del popolo, che si limitava a collegare a Elia le attività taumaturgiche (αἱ δυνάμεις) di Gesù, le quali non danno, ma ricevono senso dalla sua identità personale. La domanda e le opinioni popolari riferite confermano, quindi, la centralità della questione dell'identità di Gesù. È il mistero e la grandiosità che avvolgono la sua figura che spingono il popolo ad identificarlo con uno dei personaggi più noti, Elia.

L'intervento di Pietro, portavoce dei discepoli, fuga ogni dubbio: Gesù è finalmente riconosciuto come il Messia. La risposta, che segna il *climax* della narrazione[76], è introdotta dal presente λέγει[77] in corri-

---

[72] E. HAENCHEN, *Der Weg*, 293: anche i più importanti miracoli non erano stati capaci di aprire gli occhi dei discepoli alla comprensione dell'identità di Gesù.

[73] La domanda diretta ai discepoli mira a ottenere un riconoscimento che si distingua nettamente dalle opinioni popolari. Cf. R. PESCH, *Il Vangelo*, II, 61; V. TAYLOR, *Marco*, 433; D.E. NINEHAM, *Saint Mark*, 224; M.D. HOOKER, *The Gospel*, 202: probabilmente durante la vita di Gesù la distinzione fra l'opinione popolare e il pensiero dei Dodici non era così chiara.

[74] Cf. 4,35-41; 63,34-44.45-51b; 8,1-9. F.M. URICCHIO – G.M. STANO, *Vangelo*, 395.

[75] G. PERINI, *Le domande*, 81: «Il fatto che a questo punto Gesù ponga espressamente la domanda sulla comprensione che di lui ha la gente e i discepoli stessi, lascia inferire che adesso, cioè dopo gli eventi fin qui successi, almeno i discepoli dovrebbero essere in grado di dire qualcosa su Gesù». Cf. J. ERNST, *Il Vangelo*, II, 380; R. NEUDECKER, «Master – Disciple», 256.

[76] E. LOHMEYER, *Das Evangelium*, 163; S. FREYNE, *The Twelve*, 131: «Mk 8,29 is a real turning-point in the instruction of the disciples».

[77] R.H. GUNDRY, *Mark*, 427: nell'introdurre la risposta di Pietro, Marco «uses the historical present tense in "he says" (in all three respects contrast v. 28a) to stress the following confession: "You are the Christ"».

spondenza a τίνα με λέγετε εἶναι, che individua la confessione come l'intervento principale della sequenza (cf. 8,27.28.29.30)[78].

Anche la risposta di Pietro è in posizione enfatica[79]: l'allocuzione predicativa σὺ εἶ, riferita solo a Gesù[80], ne pone in evidenza l'identità riprendendo la dichiarazione ἐγώ εἰμι di 6,50[81]. L'articolo ὁ, che precede Χριστός, rivela che Pietro proclama a nome di tutti che Gesù è il «Messia», l'Unto per eccellenza[82].

L'aggettivo verbale Χριστὸς nei LXX traduce il termine ebraico *masiah* (מָשִׁיחַ) e designa la persona del re (o anche del sommo sacerdote) che viene unto solennemente con olio sacro[83]; nel NT ricorre come traduzione di Μεσσίας riferito al Messia atteso per il tempo della salvezza o a Gesù di Nazaret come Messia venuto[84]. Dopo l'*incipit* redazionale di 1,1, dove Marco fa propria tale confessione messianica, Χριστὸς ricorre in questo testo cruciale sull'identità di Gesù[85]. La proclamazione di Pietro riconosce la singolarità di Gesù: egli è l'ultimo re inviato da Dio al popolo d'Israele per condurlo alla salvezza definitiva[86]. In Mc 8,29 il significato messianico è palese, anche a motivo della più alta di-

---

[78] F. BLASS – A. DEBRUNNER – F. REHKOPF, *Grammatica*, § 321, 1.

[79] V. TAYLOR, *Marco*, 434.

[80] Cf. 1,11; 3,11; 8,29. Ma si trova anche come domanda rivolta a Gesù (cf. 14,61; 15,2).

[81] R. PESCH, «Messiasbekenntnis», I, 193s; II, 24s.

[82] I. de la POTTERIE, «La confessione», 69: «Questa scoperta di Gesù Messia era un acquisto definitivo del pensiero cristiano». J. GNILKA, *Marco*, 446.

[83] F. HESSE, «χρίω κτλ.», 870, fa notare che il termine מָשִׁיחַ è usato nell'AT 38 volte sempre in riferimento ad una persona: designazione del re per 30 (29) volte; titolo di dignità del sommo sacerdote per 6 volte e dei padri per 2 volte. Cf. E. LOHMEYER, *Das Evangelium*, 163; E. SCHWEIZER, *Il Vangelo*, 182; F.M. URICCHIO – G.M. STANO, *Vangelo*, 395; A. SISTI, *Marco*, 132.286; W.W. WESSEL, *Mark*, 693.

[84] F. HANN, «Χριστός», 1935: «È un appellativo che può essere attribuito a una figura della storia d'Israele o del tempo finale. Con un tale attributo si esprime nello stesso tempo una qualità di maestà. Ciò si nota soprattutto in enunciati che hanno forma di confessione e la qualifica con σὺ εἶ ο οὕτως ἐστὶν viene riferita ad una persona concreta». Cf. W. GRUNDMANN, «χρίω κτλ.», 939. Per un esame approfondito delle origini e dei contenuti dell'attesa messianica nell'AT e nel giudaismo è interessante lo studio di F. HESSE, «χρίω κτλ.», 858-895.

[85] E. MANICARDI, *Il cammino*, 101; I. de la POTTERIE, «La confessione», 69; R.H. GUNDRY, *Mark*, 427, fa notare che l'importanza attribuita da Marco alla confessione di Pietro è già sottolineata dall'inserimento del titolo «Cristo» nella prima frase del suo vangelo (1,1).

[86] K.H. RENGSTORF, «Gesù Cristo/Χριστός», 761.764; E. SCHWEIZER, *Il Vangelo*, 182; K. STOCK, *Il cammino*, 31.

gnità di Gesù rispetto ai personaggi del v. 28, dove è presente Elia, il precursore del Messia.

Nella confessione di Pietro, benché incompleta (9,7; 15,39), si rileva un uso appropriato del titolo Χριστός, che era già apparso in 1,1, dove precedeva la breve sequenza sul ruolo subordinato di Elia. E non a caso è ripreso in 8,27-30, in cui esplicitamente compare Elia: le parole di Pietro ribadiscono l'inadeguatezza della relazione stabilita dal popolo tra Gesù e Elia e manifesta la vera identità di Gesù (cf. 1,1.11; 9,6; 15,39)[87] come colui che realizza le speranze d'Israele[88]. Nello stesso tempo, però, la risposta entusiastica di Pietro prende le distanze dall'orizzonte di attesa disegnato dalle affermazioni precedenti (8,28)[89]: essa esprime una novità rispetto all'antico e costituisce il punto di partenza per il viaggio verso Gerusalemme, durante il quale Gesù svelerà ai suoi discepoli la realtà dolorosa e gloriosa della sua identità (8,31; 9,31; 10,33s)[90].

3.4 *Ingiunzione del silenzio: Mc 8,30*

A questo punto la reazione di Gesù (καὶ ἐπετίμησεν αὐτοῖς: 8,30a) interrompe bruscamente il dialogo e richiama l'attenzione dei discepoli su ciò che stanno per ascoltare[91]. Marco usa spesso il verbo ἐπιτιμᾶν[92]: in 1,24-25; 3,11-12; 4,39; 9,25 Gesù proibisce alle potenze ostili all'uomo di rivelare il segreto della sua persona perché la loro testimonianza è superflua[93]; in 1,44 il comando di segretezza formulato con ἐμβριμησάμενος, che corrisponde a ἐπιτιμάω[94], è rivolto al lebbroso per-

---

[87] J.D. KINGSBURY, *The Christology*, 94: «Peter's confession does not do justice to Mark's total conception of the mission of Jesus because it does not envisage the passion of Jesus».

[88] V. TAYLOR, *Marco*, 434.

[89] R. PESCH, *Il Vangelo*, II, 64: Pietro e i discepoli di Gesù «hanno riconosciuto l'identità messianica di Gesù, a differenza di quanto riteneva il popolo».

[90] W. SCHMITHALS, *Das Evangelium*, I, 382.

[91] I. de la POTTERIE, «La confessione», 70: «ἐπετίμησεν αὐτοῖς esprime [...] solo un divieto pressante, forse severo, di far conoscere Gesù come Messia».

[92] R. PESCH, *Il Vangelo*, II, 63: l'ingiunzione di tacere rivolta ai discepoli, elemento «sicuramente tradizionale», comporta una distinzione tra quelle impartite ai demoni e quelle presenti nelle storie dei miracoli (cf. *Il Vangelo*, I, 230-232.249-250).

[93] M.D. HOOKER, *The Gospel*, 200: usando ἐπιτιμᾶν sia per l'acquietamento degli spiriti immondi, sia per la confessione di Pietro, Marco ritiene che ambedue le dichiarazioni esprimano la verità sull'identità di Gesù. I demoni riconoscono in Gesù il Figlio di Dio, titolo fondamentale in Marco, mentre Pietro confessa che è il «Cristo».

[94] R. PESCH, *Il Vangelo*, I, 245.

ché in quel frangente può disturbare il suo apostolato[95]; ancora, in 5,43 Gesù ingiunge a Giairo di mantenere il segreto perché si sente circondato da atteggiamenti ostili. Risulta, invece, singolare che Gesù abbia incaricato il risanato di Gerasa e l'emorroissa di proclamare la loro fede (5,19.30-34).

Ma perché dopo l'esplicita proclamazione di fede in 8,29 Gesù pronuncia il comando di tacere (v. 30)? L'accezione di ἐπετίμησεν è «ingiungere severamente»[96] ai discepoli un comando relativo alla sua stessa identità[97]: Gesù accetta e approva il contenuto della confessione di Pietro[98], ma non ne ritiene conveniente l'annuncio perché lo considera incompleto prima della Pasqua[99].

L'illocutivo direttivo ἵνα μηδενὶ λέγωσιν περὶ αὐτοῦ (8,30b) sembra voler sortire due effetti. Da una parte l'ingiunzione di Gesù, che chiede sostanzialmente riflessione e approfondimento, rende i discepoli soggetti di un'azione positiva, il tacere, simbolo di rottura con le erronee concezioni sul Messia[100]; dall'altra emergerebbe sia il tempo concesso ai disce-

---

[95] M. GALIZZI, *Marco*, 149. Nel suo *excursus* su «I comandi di segretezza», R. PESCH, *Il Vangelo*, I, 249-250, fa notare che il comando di tacere impartito da Gesù ai risanati riguardava soprattutto l'acclamazione e la proclamazione pubblica della sua identità che, se rivelata anticipatamente, poteva compromettere il processo di rivelazione che si manifestava nel suo agire.

[96] Per D.E. NINEHAM, *Saint Mark*, 224, il termine greco con cui Gesù impone il silenzio ai discepoli significa normalmente «rebuke» (rimproverare) e ha una sfumatura di censura e di disappunto; cf. V. TAYLOR, *Marco*, 434; E. SCHWEIZER, *Il Vangelo*, 183, traduce con «ammonì severamente» nel senso che Gesù avrebbe sgridato, rimproverato o minacciato i suoi discepoli dal riprendere un termine tradizionale che lo avrebbe classificato in una data categoria. Cf. F. ZORRELL, *Lexicon*, 500, 4: «vetans dico alci., ut (ne)»; W. BAUER, *A Greek*, 303, 1, ammette come senso possibile «to introduce that which the censure or warning is to bring about o prevent».

[97] K. STOCK, *Boten*, 65: «jedenfalls scheinen alle Schweigegebote durch eine direkte oder indirekte Beziehung zur Identität Jesu miteinander verbunden zu sein».

[98] U. LUZ, «Das Geheimnismotiv», 23: «Markus hat den Christustil hier als gültige Bestimmung des Wesens Jesu verstanden». F.M. URICCHIO – G.M. STANO, *Vangelo*, 396.

[99] E. LOHMEYER, *Das Evangelium*, 163; J. GNILKA, *Marco*, 446: l'ingiunzione di tacere rivolta a tutti i discepoli non diminuisce il valore della professione di fede in Cristo, ma ne rimanda la comprensione all'evento della croce, che svelerà pienamente la messianicità di Gesù. Cf. K. KERTELGE, *Markusevangelium*, 83: «trotz des ersten, Verstehens' des Petrus in V. 29 bleibt Jesus letzlich unverstanden, selbst im Kreis seiner engsten Vertrauten»; P. LAMARCHE, *Évangile*, «En imposant un silence provisoire (cf 9,9) on laisse aux événements le temps de donner un contenu à ce titre»; W. SCHMITHALS, *Das Evangelium*, I, 383.

[100] Secondo I. de la POTTERIE, «La confessione», 69-70, il motivo del silenzio è attinente al fraintendimento della gente: «La ragione è che, se adesso parlassero apertamente della sua messianità alla gente verrebbero capiti male».

poli per la crescita e la maturazione della loro comprensione, sia la prudenza per le conseguenze politiche che una confessione pubblica avrebbe potuto generare[101]. Con la richiesta di silenzio sembra che Gesù non solo mostri il pericolo di un messianismo interpretato erroneamente, ma voglia anche dare un segno della saggezza pedagogica con cui intende educare i discepoli nella riflessione e accettazione della sua persona[102].

Il comando, di cui non viene specificata la durata (cf. 5,43), assume significato alla luce degli eventi pasquali, chiave d'interpretazione dell'identità messianica di Gesù e punto di partenza per l'annuncio (cf. 9,9). Nonostante la mancanza di una risposta esplicita (cf. 5,43), Marco lascia intendere che il riserbo dei discepoli è indice di una reazione positiva alle parole di Gesù (cf. 9,10)[103].

4. Osservazioni conclusive

4.1 *La figura di Elia e i discepoli*

La confessione di Pietro costituisce il culmine della prima parte del vangelo (1,14-8,26)[104] e a ragione è definita «spartiacque»: si collega tanto al contesto precedente quanto a quello seguente (8,31-16,8)[105]. Il

---

[101] V. TAYLOR, *Marco*, 434; R. PESCH, *Il Vangelo*, II, 63; X. PIKAZA, *Marco*, 221; C. MAZZUCCO, *Lettura*, 99: «Gesù teme evidentemente gli equivoci legati alla parola Messia (Cristo), teme che venga associata mentalmente alle idee di potenza, gloria, restaurazione nazionale, benessere. E ha ragione di temere: come si vedrà, queste idee emergeranno continuamente nelle menti e nelle bocche dei discepoli, così come dovevano essere radicate nelle aspettative dei contemporanei»; W.W. WESSEL, *Mark*, 694.

[102] J. DELORME, *Lettura*, 119: «Quando in Marco incontriamo una consegna al silenzio vuol dire che abbiamo a che fare con una rivelazione importante ma che per il momento non si deve ancora divulgare»; W. SCHMITALS, *Das Evangelium*, I, 388, aggiunge: «Was die Jünger nicht verstehen, können sie auch nicht bekannt machen»; M.D. HOOKER, *The Gospel*, 203; F.M. URICCHIO – G.M. STANO, *Vangelo*, 396.

[103] B. MAGGIONI, «Fede», 110.

[104] È degna di menzione la tesi dimostrata da M. HORSTMANN, *Studien*, secondo cui il centro dell'opera marciana sarebbe 8,27-9,13. Nel quadro di questa unità letteraria, la confessione messianica di Pietro – «Tu sei il Cristo» (Σὺ εἶ ὁ Χριστός, 8,29 – costituisce la meta a cui tende la prima parte del vangelo. Inoltre l'importanza di questa scena nella struttura del vangelo di Marco è sottolineata da W. GRUNDMANN, *Das Evangelium*, 214; E. LOHSE, *Compendio*, 156. N. PERRIN, «The Interpretation», 115-124; E. BEST, *Following*, 15-18.

[105] M.D. HOOKER, *The Gospel*, 200: tradizionalmente «this paragrafh has long been seen as the watershed of Mark's gospel», ma anche «as an equally important event in the ministry of Jesus»; però «these divisions are arbitrary, and they must not be allowed to impose a pattern on the gospel». Cf. I. de la POTTERIE, «La confessione», 59.

cardine intorno a cui ruota il dialogo con i Dodici, in questa seconda parte del vangelo, è l'identità di Gesù e di Elia; si tratta di un'evidente ripresa della tematica iniziale apertasi con l'interrogativo in 1,21ss, alla cui risposta sono dedicati gli episodi fino a 8,21. Ora è Gesù stesso che esplicitamente chiede: «Chi dice la gente che io sia? Ma voi chi dite che io sia?» La domanda verte su una questione scottante perché il fenomeno «Gesù di Nazaret» s'imponeva non solo alla comprensione della gente (6,14-16), ma anche a quella dei discepoli (4,41; 6,52)[106]. La gente si limita a identificare Gesù con vari personaggi da lungo tempo preannunziati ed attesi come precursori, tra cui Elia (Ml 3,23-24); i discepoli, invece, riconoscono che Gesù è il Cristo.

Nella prima parte del vangelo di Marco la comprensione popolare dell'identità di Gesù non va oltre l'identificazione con figure rappresentative del passato. Ad una fase iniziale, che ignora l'eventualità della dignità messianica, segue un periodo in cui il popolo, interpellato dai miracoli di Gesù, lo considera un profeta e lo identifica con Elia (6,15: Ἠλίας ἐστίν). Ma i miracoli compiuti in Galilea, secondo l'attesa giudaica, non costituiscono un segno distintivo del Messia[107], perché il popolo ebraico ricordava che anche i profeti li compivano e che Elia ed Eliseo erano potenti taumaturghi[108]: le aspettative sul Messia non erano riduttivamente limitate alle guarigioni profetiche[109].

Nella seconda parte i miracoli di Gesù perdono la loro centralità, perché l'attenzione viene focalizzata sulla questione della messianicità[110].

---

[106] M.D. HOOKER, *The Gospel*, 201, non esclude la possibilità che «the disciples believed him to be Messiah; they must at least have asked questions about the strange charismatic teacher to whom they had committed themselves». Cf. J. GALOT, *Chi sei tu*, 9-14.

[107] F.M. URICCHIO – G.M. STANO, *Vangelo*, 395: le opinioni, riecheggiate dai discepoli, confermano che gli abitanti della Galilea non hanno compreso i miracoli di Gesù.

[108] J. GNILKA, *Gesù*, 155; E. SCHWEIZER, «Gli inizi», 23: «Il puro ritorno di un morto alla vita, non avrebbe rappresentato niente di strordinario. Dal tempo di Elia e di Eliseo (1Re 17,17-24; 2Re 4,29-37) esisteva già una simile tradizione».

[109] J. SCHMID, *L'Evangelo*, 214. Invece secondo V. FUSCO, «Il segreto», 312, non è semplice dimostrare quanto fosse diffusa l'aspettativa sulle guarigioni del Messia, in quanto la base veterotestamentaria può aver fornito solo qualche contatto. Anche E. SCHWEIZER, *Gesù*, 75, nel presentare i miracoli di Gesù, ribadisce che tra le azioni del Messia «non erano prospettate le guarigioni. Solo profeti come Elia ed Eliseo possono essere presi in considerazione come prototipi in Israele». Cf. R.E. BROWN, *Introduzione*, 63.

[110] E. LOHMEYER, *Das Evangelium*, 161: i miracoli di Gesù passano in seconda linea; W. GRUNDMANN, *Das Evangelium*, 213; M.D. HOOKER, *The Gospel*, 200: nel cammino verso Gerusalemme vengono compiuti solo i due miracoli del ragazzo epi-

La risposta di 8,28 che identifica Gesù con Elia contiene una novità rispetto a 6,14-16: non si tratta più di una semplice informazione o di una voce che circolava presso la corte di Erode Antipa. È Gesù stesso che provoca i discepoli: egli non anticipa la risposta, come era avvenuto in 8,17-21, ma attende che essa scaturisca dalla loro intelligenza sollecitata da domande precise e orientate alla comprensione della sua persona[111]. La presenza di Elia nella risposta dei discepoli solleva, senza dubbio, la questione cristologica della singolarità di Gesù, ma al narratore, che non persegue solo un fine didattico-catechetico, preme completare i fatti di 8,27-30 riportando anche un'opinione realmente esistente: Gesù è stato considerato sul modello di Elia[112].

Il popolo vede in Gesù un profeta[113] e non il Messia[114]: nonostante la stima di cui era oggetto Gesù per l'insegnamento e i miracoli, l'idea della gente comune non si spingeva al di là della figura di Elia, il profeta atteso come precursore del Messia[115].

---

lettico (9,14-29) e del cieco Bartimeo (9,46-52). Gesù racchiude il suo insegnamento sul suo ruolo e sul significato del discepolato tra questi due miracoli di restituzione della vista; R. LATOURELLE, *Miracoli*, 335: «Nella seconda parte del Vangelo i miracoli si fanno più rari, fino a scomparire durante la passione».

[111] K. STOCK, «Vangelo», 4; J. GALOT, *Chi sei tu*, 13.

[112] R. PESCH, *Il Vangelo*, II, 60-61, esclude che il legame popolare tra Elia e Gesù sia una creazione del narratore per far risaltare il contrasto con la professione di fede in Cristo. Il valore storico di questa valutazione del popolo durante la vita di Gesù è confermato anche dalla tradizione di 6,14-16, che è letterariamente indipendente.

[113] E. HAENCHEN, *Der Weg*, 294: «alle drei Antworten geben Jesus den Rang eines Propheten! Aber das blieb weit unter der wahren Würde Jesu, und darum fragt er nun die Jünger selber, von denen jetzt die Leser aus dem Munde des Petrus die Wahrheit erfahren: "Du bist der Christus!"». Alcuni ritengono che il popolo considerasse Gesù un profeta: W. GRUNDMANN, *Das Evangelium*, 215.217; D. LÜHRMANN, *Das Markusevangelium*, 145; M.D. HOOKER, *The Gospel*, 203: è la gente «who view Jesus merely in the role of a prophet»; R.H. GUNDRY, *Mark*, 427; M. ÖHLER, *Elia*, 118.

[114] J. SCHMID, *L'Evangelo*, 209; R. SCHNACKENBURG, *Signoria*, 180: il popolo, rispetto ai suoi capi più propenso a credere, non giunge ad una chiara confessione del Messia e ancora meno ad un riconoscimento del messianismo nel senso inteso da Gesù. P. LAMARCHE, *Évangile*, 204: le opinioni popolari si limitano a riconoscere in Gesù uno dei personaggi che dovevano preparare la venuta del Messia (Elia – Giovanni Battista), «c'est dire l'estime qu'on a pour lui, cependant selon cette opinion ce personnage sans gloire ni puissance ne pouvait prétendre à être lui-même le Messie». Invece M.D. HOOKER, *The Gospel*, 201, ritiene inevitabile che la questione del messianismo sia stata sollevata durante la vita di Gesù.

[115] F.M. URICCHIO – G.M. STANO, *Vangelo*, 395; A. SISTI, *Marco*, 285.

La domanda chiara e diretta di Gesù mira ad ottenere una confessione che prenda le distanze dall'opinione popolare[116] basata sulle attese giudaiche del tempo. Gesù non vuole suscitare una controversia (3,4), ma sondare il grado di comprensione dei Dodici, che per il loro contatto continuo con il popolo erano a conoscenza delle svariate opinioni. Con la sua risposta Pietro esprime la fede della chiesa primitiva, ma soprattutto la propria professione storica, per distinguere la sua idea personale di Gesù da quella popolare[117] dell'Elia redivivus, escludendo il contesto di un messianismo nazionalpolitico giudaico[118]. In tale rimozione del modello elianico Pietro riconosce in Gesù il Χριστός, l'Unto di Dio, colui che Giovanni Battista, nelle vesti di Elia, aveva annunciato come «il più forte» (ὁ ἰσχυρότερος): in Gesù si realizza l'attesa messianica di Israele senza alcun legame con figure del passato (Elia, Giovanni Battista, uno dei profeti)[119].

Al lettore viene indicato che, per conoscere veramente Gesù, non servono le opinioni popolari, ma la comunione di vita che solo i discepoli vivono con lui[120]. Imponendo il silenzio, Gesù sembra accettare la diversità tra la tradizione risalente ad Elia e il loro modello messianico[121]: la divulgazione della verità avrebbe favorito un fraintendimento politico della proclamazione profetico-messianica di Pietro, a causa delle idee messianico-politiche presenti nell'ambiente giudaico[122].

---

[116] J. SCHMID, *L'Evangelo*, 209: nelle parole di Gesù non solo si prepara la domanda successiva, «ma viene accennata anche la separazione tra popolo e discepoli, che è già un doloroso fatto compiuto». K. STOCK, «Vangelo», 4: viene stabilita una chiara discriminazione tra i discepoli e la gente; M.D. HOOKER, *The Gospel*, 203: la confessione a Cesarea di Filippo segna un'importante divisione tra i discepoli, che riconoscono Gesù come il Cristo, e coloro che ne ignorano l'identità.

[117] R. PESCH, *Il Vangelo*, II, 62. Per G. DAUTZENBERG, «Elija», 1081, nell'identificazione di Gesù con Elia o con il Cristo si contrappongono le due fasi della cristologia primitiva: prepasquale (Elia) e postpasquale (Cristo). P. LAMARCHE, *Évangile*, 204, sottolinea: «La position de Pierre marque donc un progrès très net par rapport aux foules».

[118] R. PESCH, *Il Vangelo*, II, 62.

[119] J. RADERMAKERS, *Lettura*, 209.217.

[120] K. STOCK, «Vangelo», 5; M.D. HOOKER, *The Gospel*, 203: Gesù ingiunge il silenzio perché la verità della sua identità può essere compresa solo dai suoi discepoli.

[121] Sul ruolo di Elia nell'attesa messianica e nella tradizione evangelica va segnalato lo studio di M.E. BOISMARD, «Élie», 116-128. J. SCHMID, *L'Evangelo*, 209: Gesù non smentisce la confessione di Pietro. Dall'assenza di un'esplicita approvazione non si può dedurre che Gesù non ne riconoscesse la veridicità; infatti in questo caso non avrebbe avuto senso l'ingiunzione del silenzio.

[122] J. SCHMID, *L'Evangelo*, 211: «Dobbiamo vedere la ragione di questi comandi di tacere nei concetti di Messia esistenti tra gli Ebrei al tempo di Gesù. L'attesa del Messia al tempo di Gesù era particolarmente viva...». F. LENTZEN-DEIS, *Comentario*, 263.

Inoltre le parole di Pietro suscitano una questione: non si tratta di scegliere fra il riconoscimento come Messia e l'associazione popolare ad Elia; piuttosto Gesù dovrebbe ricevere un titolo più elevato[123]. Ma, siccome per i discepoli il termine «messia» ha un'accezione politica, Gesù li rimprovera e proibisce loro di rendere pubblica la confessione[124].

Il silenzio imposto da Gesù ha la funzione di lasciare agli eventi che seguono la possibilità di dare un contenuto sia al ruolo del ritorno di Elia, sia al titolo Cristo[125].

---

[123] Secondo alcuni il racconto di Cesarea di Filippo scaturisce storicamente dal rifiuto di Gesù della confessione di Pietro, confermato poi dal rimprovero di Gesù che lo apostrofa «satana»: cf. F. HAHN, *The Titles*, 223-228; mentre per T. WEEDEN, *Mark*, 64-65, Gesù rifiuta la confessione di Pietro e sostituisce l'insegnamento sul «Figlio dell'uomo» sofferente al titolo «Cristo». Si può condividere l'idea che Gesù rigetti la comprensione petrina della sua identità messianica, ma non che rigetti il titolo, cf. W. GRUNDMANN, «χρίω κτλ.», 944. D'altra parte Marco ha già usato il titolo «ὁ Χριστός» per Gesù in 1,1. Cf. M.D. HOOKER, *The Gospel*, 203: non c'è alcuna prova, in Marco, che il termine «Cristo» sia inadeguato per Gesù o che il racconto di Cesarea di Filippo sia stato trasmesso per mostrare il suo rifiuto di un tale titolo; W.W. WESSEL, *Mark*, 693.

[124] D.E. NINEHAM, *Saint Mark*, 225.

[125] P. LAMARCHE, *Évangile*, 208.

CAPITOLO IV

La figura di Elia e la trasfigurazione di Gesù (Mc 9,2-13)

1. Il contesto

All'inizio del cammino verso Gerusalemme (8,27-10,52) Gesù, con le domande ai discepoli, tentava un bilancio delle voci sul proprio conto. Soltanto Pietro riesce ad andare oltre le errate concezioni popolari e intravede in Gesù non un precursore del Messia come Elia o Giovanni Battista, ma il Messia stesso. Le parole di Pietro, Σὺ εἶ ὁ Χριστός, mostrano che i discepoli sono giunti, almeno in parte, ad una comprensione autentica del «personaggio» Gesù come portatore ultimo della salvezza preannunciata dall'AT. In seguito a questo pronunciamento Gesù ordina loro il riserbo sulla sua vera identità (8,30).

Intanto il dialogo intrapreso ἐν τῇ ὁδῷ prosegue (8,31-33) con un tema complementare rispetto al contesto precedente: l'identità di Gesù è vincolata al suo destino[1]. I discepoli ricevono ora il primo annuncio della «via» del Figlio dell'uomo segnata da sofferenza, morte e resurrezione (8,31). A Pietro che non accetta il piano di Dio Gesù ordina di riprendere il suo posto nella sequela (8,32b-33). Già il ministero del Battista (l'Elia degli ultimi tempi) è stato presentato come preparazione al cammino di Gesù (1,2b) e alla via del Signore (1,3). Nella prima parte del vangelo (1,14-6,26) il lettore apprende che nel cammino di Gesù si realizza concretamente la via di Dio attraverso il suo insegnamento e il

---

[1] E. HAENCHEN, «Die Komposition», 88, precisa: «Mk läst in V. 31 wirklich einen neuen Abschnitt beginnen, der freilich seine besonderen Probleme hat».

suo operare prodigioso, segni della presenza divina tra gli uomini; nella seconda parte (6,27-16,8) l'insegnamento di Gesù mette in evidenza che la sua passione, morte e resurrezione costituiscono il nucleo di questo piano[2].

Tuttavia né l'insistenza né la chiarezza di Gesù ottengono la reazione positiva di Pietro (8,32b), il quale vede la passione del Figlio dell'uomo in contraddizione con il concetto comune di messianicità. Di conseguenza egli si ribella perché non scorge, in una simile «via», la volontà di Dio[3] e pretende di sbarrare il passo a Gesù[4], opponendosi alla realizzazione del piano da lui svelato. Emerge non solo il contrasto tra la chiarezza di Gesù (8,31-32a) e la riservatezza di Pietro (8,32b), ma anche la difficoltà dei discepoli nel cambiare mentalità e credere (cf. 1,15). Il verbo ἐπιτιμᾶν, che ricorre nel contesto (cf. 8,30.32b.33), esprime una forte tensione tra gli interlocutori: sulle labbra di Gesù il rimprovero diventa efficace mezzo di formazione per chi, fedele al piano di Dio (cf. 8,31), vuole farlo accettare ai suoi discepoli, che devono superare la tentazione di rigetto della sofferenza, parte essenziale della «via» del Figlio dell'uomo[5].

Nel *logion* di 8,33c.d (ὕπαγε ὀπίσω μου, σατανᾶ, ὅτι οὐ φρονεῖς τὰ τοῦ θεοῦ ἀλλὰ τὰ τῶν ἀνθρώπων) è contenuta la reazione di Gesù, che vuole correggere subitaneamente un'interpretazione errata della sua messianità tra i discepoli. L'imperativo ὕπαγε è un ulteriore incoraggiamento rivolto a Pietro e ai discepoli a dare una risposta positiva in un momento in cui il piano di Dio non viene rettamente compreso dalla gente (le diverse opinioni sulla missione di Gesù), ma addirittura respinto (l'opposizione di Pietro). Ancora una volta vengono messi in contrapposizione due atteggiamenti: aderire al progetto salvifico di Dio (τὰ τοῦ θεοῦ), assunto e insegnato da Gesù, o seguire i ragionamenti umani (τὰ τῶν ἀνθρώπων), rigettando, con la «via» del Messia, il sacrificio e la croce (8,27d-28) e divenendo suoi avversari (6,14-16; 8,28). La scelta della «via» della passione e l'invito insistente ai discepoli implica, secondo

---

[2] J. DUPONT, «Ressuscité», 753: il «δεῖ montre que ces événements sont inéluctables, ils doivent se produire nécessairement, ou obligatoirement». Cf. M.D. HOOKER, *The Gospel*, 204; P. LAMARCHE, *Évangile*, 204.

[3] J.R. DONAHUE, «A Neglected», 586.

[4] B.A.E. OSBORNE, «Peter», 188: «When Peter attempted to persuade Jesus that as the Messiah of God he need not suffer, he placed himself between his master and a voluntary death».

[5] L. DI PINTO, «Seguire», 234: «L'identità di Gesù non si rivela separatamente dal mistero del Figlio dell'uomo e nel senso della via da lui percorsa».

Marco, un nuovo modo di conoscere l'identità di Gesù: il «cammino» dei discepoli deve coincidere con la «via» di Gesù[6].

In 8,34-9,1, dopo l'annuncio della passione, morte e resurrezione introdotto con il presente (δεῖ: 8,31) e il rinnovato invito alla sequela (8,33), Marco enuclea in modo parenetico le condizioni della sequela. Le parole di Gesù (8,31-33), autodefinitosi Figlio dell'uomo, sono rivolte non solo ai discepoli, ma anche alla folla e sono in totale sintonia con il piano di Dio.

Le condizioni basilari della sequela sono racchiuse in tre comandi: ἀπαρνησάσθω; ἀράτω; ἀκολουθείτω[7]. Innanzitutto bisogna prendere le distanze da sé stessi per assumere solo ciò che Gesù propone (8,31; 9,31; 10,33-34), non seguire il modo di pensare degli uomini (8,33) e riconoscere che la via privilegiata è la comunione con Gesù, espressa dalla sequela nella «via» verso la passione, morte e resurrezione. Il secondo comando consiste nel portare la propria croce come segno di fedeltà e solidarietà con lui[8]; l'ultimo, unito al contesto con un *καὶ* consecutivo-finale, coordina gli altri due, specificando la caratteristica della continuità nella sequela fatta di rinnegamento di sé e di accettazione della propria croce.

A continuazione dell'apoftegma (8,34) segue l'istruzione sulle conseguenze specifiche della sequela, presentate da Marco negli altri *logia* (8,35-9,1).

2. L'articolazione del testo

2.1 *Unità letteraria*

Conclusa l'istruzione sulla sequela (8,34-9,1), Marco introduce il racconto della Trasfigurazione, che ha come destinatari i tre prescelti (9,2-10)[9].

---

[6] M.D. HOOKER, *The Gospel*, 203, afferma: «From this point onwards, however, the truth which they cannot grasp is the necessity for suffering: in other words, it is the nature of Jesus' messiahship and of their own discipleship». Cf. U. LUZ, «Geheimnismotiv», 24-25.

[7] V. TAYLOR, *Marco*, 381: «Due sono atti puntuali di decisione, il terzo è una relazione continua».

[8] E. BEST, *Following*, 39: «Cross-bearing implies the willingness to make any sacrifice, even life itself, for Christ». Cf. R.P. MEYE, *Jesus*, 103; J. GNILKA, *Marco* 458; J. ERNST, *Il Vangelo*, II, 401.

[9] X. LÉON-DUFOUR, *Studi*, 146: «Il nesso con il contesto anteriore non è solido, per lo meno se si cerca il rapporto tra Mc 9,2 e Mc 9,1».

Le nuove indicazioni di tempo (μετὰ ἡμέρας ἕξ)[10], di luogo (εἰς ὄρος ὑψη–λόν) e di persone (Πέτρον καὶ τὸν Ἰάκωβον καὶ τὸν Ἰωάννην: 9,2) segnano una sorta di cesura con il contesto immediatamente precedente: dopo sei giorni Gesù si trova su un monte alto, solo con tre discepoli. Anche l'esplicita menzione di Gesù (ὁ Ἰησοῦς), per la prima volta dopo 8,27, conferma al lettore l'inizio di un'unità nuova e separata in 9,2[11].

L'unità letteraria si apre e si chiude con un dittico disegnato da due movimenti: salita sulla montagna (ἀναφέρει αὐτοὺς εἰς ὄρος ὑψηλόν) in 9,2 e discesa (καταβαινόντων αὐτῶν ἐκ τοῦ ὄρους) in 9,9 incorniciano il racconto della trasfigurazione.

Al v. 13 la fine del colloquio su Elia e il Figlio dell'uomo delimita l'unità letteraria[12]: infatti in 9,14 si verifica un cambiamento di luogo (Gesù, che aveva portato con sé sul monte solo tre discepoli, ora si unisce ai «discepoli»: ἐλθόντες πρὸς τοὺς μαθητάς), di persone (si ha un allargamento del pubblico: τοὺς μαθητάς... ὄχλον πολύν... γραμματεῖς) e di tematica (συζητοῦντας).

L'informazione del v. 14 conclude i movimenti riferiti al monte e disegna rapidamente una nuova scena: l'arrivo di Gesù e dei tre presso i discepoli, lo spettacolo della folla e degli Scribi.

Da questa analisi risulta, quindi, che 9,2-13 costituisce un'unità a sé: sul monte alto Gesù è solo con i tre discepoli da lui prescelti[13].

2.2 *Articolazione*

2.2.1 Individuazione delle sequenze narrative

Preliminare all'individuazione dell'articolazione letteraria di 9,2-13 è l'analisi delle modalità verbali. Il soggetto dei verbi attivi in 9,2a.9a è Gesù:

(2a) ἐξ παραλαμβάνει ὁ Ἰησοῦς... ἀναφέρει αὐτοὺς
(9a) διεστείλατο

---

[10] L'indicazione temporale καὶ μετὰ ἡμέρας serve sia a connettere sia a separare la salita e la discesa dalla montagna dal contesto precedente di 8,27-9,1. Cf. M.A. TOLBERT, *Sowing*, 205: «The specific time reference in Mark 9:2, 'after six days', both connects the transfiguration with the immediately precedine reaching session and separates it somewhat from it».

[11] J.P. HEIL, *The Transfiguration*, 152.

[12] La conclusione è diversamente indicata dagli autori. Alcuni la vedono in 9,8 (fine della trasfigurazione come tale), altri in 9,9: ἀναφέρει di 9,2 corrisponde il καταβαινόντων in 9,9.

[13] R. PESCH, *Il Vangelo*, II, 116, considera 9,2-13 un'unità letteraria caratterizzata dal modello di narrazione epifanica.

Tra i due presenti storici del v. 2ab (che tracciano il quadro della situazione) e l'aoristo del v. 9a (che invita a tacere sull'accaduto), Gesù, pur restando il punto di riferimento dell'evento della trasfigurazione (9,2b-8), non è più il soggetto dei verbi passivi, eccetto in 9,2b:

(2b)   καὶ μετεμορφώθη ἔμπροσθεν αὐτῶν

Nella stessa parte narrativa (9,2b-8), caratterizzata dal verbo γίνεσθαι (vv. 3a.6.7a.b) che esprime un «accadere», i soggetti dei verbi attivi sono:

(3b)   il lavandaio: οὐ δύναται
(4b)   Elia e Mosè: ἦσαν συλλαλοῦντες
(5a)   Pietro: λέγει
(6a)   ᾔδει
(5)   i discepoli: ποιήσωμεν; εἶδον

In 9,9b è nuovamente Gesù il soggetto del verbo attivo διεστείλατο. Dopo l'interruzione di 9,2-8, Gesù riprende l'iniziativa per imporre ai discepoli un silenzio circoscritto al momento della resurrezione del Figlio dell'uomo. Di conseguenza essi sono portati a riflettere sul significato di «risuscitare dai morti» (9,10) e a chiedere a Gesù una presa di posizione sull'insegnamento degli Scribi (9,11).

Nei vv. 12-13 egli è il soggetto che, con la sua risposta, domina la parte finale della scena.

Gesù come personaggio principale e i tre discepoli come interlocutori occupano tutta la scena di 9,9-13: emerge un tono dialogico che si sviluppa dopo la trasfigurazione e prima che gli stessi protagonisti raggiungano gli altri discepoli che discutono con gli Scribi (Mc 9,14).

Un altro indizio dell'articolazione narrativa è la coordinazione delle frasi con καί, uno degli elementi caratterizzanti della prosa marciana[14]. In 9,2-8 Marco, mediante l'espediente della reiterata costruzione paratattica, dispone gli elementi del racconto secondo coppie di forme narrative somiglianti. Una prima connessione è realizzata dal duplice καί con il presente storico (9,2ab)[15]:

(2a)   καί... παραλαμβάνει
(2b)   καὶ ἀναφέρει

---

[14] V. TAYLOR, *Marco*, 60: l'uso della paratassi può derivare dal modo elementare del narrare oppure dallo sfondo semitico del racconto. Infatti l'ebraico predilige la paratassi, resa dai LXX con καί; Cf. R. PESCH, *Il Vangelo*, I, 66.
[15] L'uso del presente storico come caratteristica dello stile marciano: Cf. M. ZERWICK, *Untersuchungen*, 49-57; V. TAYLOR, *Marco*, 59.

Le due congiunzioni paratattiche di 9,2c e 9,4 collegano gli aoristi passivi, disposti all'inizio delle due scene successive:

(2c) καὶ μετεμορφώθη
(4) καὶ ὤφθη

La scena dell'intervento di Pietro presenta la ripetizione di uno stesso verbo nella forma dell'aoristo passivo (9,5.6):

(5) καὶ ἀποκριθεὶς
(6)   ἀποκριθῇ

L'inizio delle due scene di 9,7ab è caratterizzato dal duplice καὶ che precede l'aoristo ἐγένετο[16]:

(7a) καὶ ἐγένετο νεφέλη
(7b) καὶ ἐγένετο φωνὴ

Con la stessa omogeneità delle scene precedenti, questa si chiude con il costrutto καί + aoristo, senza l'inserzione del soggetto tra καί e il verbo, che di solito introduce un cambio nello stile narrativo[17]. Il verbo principale εἶδον di 9,8 viene ripreso dall'evangelista in 9,9a per creare una connessione letteraria[18]:

(8) καί... εἶδον
(9)   εἶδον

Nel v. 10 l'iniziativa dei discepoli, descritta con καί + l'indicativo aoristo ἐκράτησαν, riprende il motivo della resurrezione dei morti di 9,9, l'ultimo elemento della trasfigurazione, così da formare una corrispondenza tra 9,9 e 9,10:

(9b) ἐκ νεκρῶν ἀναστῇ
(10) ἐκ νεκρῶν ἀναστῆναι

Le domande, sia pure indirette, attraverso cui i tre discepoli con una certa insistenza cercano dei chiarimenti sulla recente visione (καί + l'imperfetto ἐπηρώτων), sono sintetizzate dal narratore con una frase

---

[16] R. PESCH, *Il Vangelo*, II, 125: «L'espressione καὶ ἐγένετο indica l'inizio di un nuovo avvenimento».
[17] M. ZERWICK, *Untersuchungen*, 79.
[18] S. LÉGASSE, *Marco*, 454.

CAP. IV: LA FIGURA DI ELIA E LA TRASFIGURAZIONE 171

dichiarativa: «Ὅτι λέγουσιν οἱ γραμματεῖς ὅτι Ἠλίαν δεῖ ἐλθεῖν πρῶτον» (9,11).

In 9,12 il costrutto imperfetto + participio aoristo indica l'iniziativa di Gesù che riprende la sentenza degli Scribi sul compito escatologico di Elia, ma una domanda dei discepoli sposta l'attenzione sulla passione e umiliazione del Figlio dell'uomo e sulla venuta di Elia, accolto dagli uomini secondo le profezie scritturistiche (Ἠλίας ἐλήλυθεν... ἐποίησαν αὐτῷ ὅσα ἤθελον... καθὼς γέγραπται). La risposta di Gesù non è più introdotta dalla congiunzione paratattica καί, ma dall'espressione ὁ δὲ ἔφη (v. 12a): la particella δὲ segna una variazione e, probabilmente, serve a sottolineare un momento importante del processo narrativo[19].

Altro elemento caratterizzante dell'unità letteraria di 9,2-13 è il dittico della salita (9,2) e della discesa dal monte (9,9):

(2) καὶ ἀναφέρει αὐτοὺς εἰς ὄρος ὑψηλὸν
(9) καὶ καταβαινόντων αὐτῶν ἐκ τοῦ ὄρους

La salita su un monte altissimo (9,2) situa la manifestazione immediatamente seguente (vv. 2b-8), mentre la discesa dal monte (9,9a) stabilisce una relazione tra l'episodio della trasfigurazione e gli elementi del dialogo dei vv. 9-13[20]. Il costrutto καὶ, + genitivo assoluto con participio presente (καταβαινόντων αὐτῶν ἐκ τοῦ ὄρους) potrebbe essere l'*incipit* di una nuova scena (lo confermano alcuni passi marciani: 5,21; 10,17; 13,1)[21]. È pur vero che Marco usa generalmente tale costruzione per introdurre una scena nuova all'interno di un movimento narrativo già iniziato, includendovi comunque un riferimento; la scena nuova potrebbe essere un intero episodio. Nel nostro contesto un legame al movimento narrativo è creato dal motivo della discesa, corrispondente alla salita (v. 9,2) e all'ingiunzione del silenzio in connessione con l'epifania e l'identificazione di Gesù nell'episodio precedente[22]. L'inizio del v. 9a, dunque, collega intimamente il dialogo su Elia durante la discesa dal monte con la scena della trasfigurazione[23].

---

[19] M. ZERWICH, *Untersuchungen*, 16-23.
[20] E. MANICARDI, *Il cammino*, 101; S. LÉGASSE, *Marco*, 454.
[21] S. LÉGASSE, *Marco*, 454 n. 4: «Il presente *katabainônton* (v. 9) indica che la discesa prosegue per tutta la durata della conversazione».
[22] A differenza di 8,30, dove l'ingiunzione del silenzio chiude la sequenza di 8,27-30, in 9,9, caso unico, non si incontra alla fine della scena della trasfigurazione (cf. 1,25; 3,12; 5,43; 7,36; 8,30), ma all'inizio del dialogo su Elia (9,9-13). Marco, in effetti, con il comando del silenzio inizia una nuova scena per sottolineare la continuità tra i temi dell'identificazione (o epifania di Gesù) e la proibizione di divulgarla.
[23] W. GRUNDMANN, *Das Evangelium*, 242.

Inoltre il genitivo assoluto con il participio presente ha la funzione di creare il tempo per i discorsi: le raccomandazioni di Gesù (v. 9), in cui riappare la predizione della resurrezione; l'obbedienza dei tre (v. 10), «che si domandavano (συζητοῦντες)... che cosa fosse il risorgere dai morti»; la questione del ritorno di Elia (vv. 11-13).

Sulla base di questi elementi, nell'unità letteraria di 9,2-13 si possono distinguere due sequenze narrative: vv. 2-8 (l'evento della trasfigurazione) e vv. 9-13 (il dialogo su Elia).

2.2.2 Coerenza letteraria di Mc 9,2-13

a. *Sequenza narrativa di Mc 9,2-8*[24]

La scena della trasfigurazione è introdotta dal duplice costrutto καί + presente storico, di cui il primo contiene un dato cronologico (9,2a), il secondo prepara la realizzazione dell'evento rivelativo su un monte (9,2b).

Dopo l'introduzione di 9,2ab, due nuovi costrutti, καί + soggetto + aoristo[25], creano una pausa che descrive la metamorfosi di Gesù (9,2c) e lo stato delle sue vesti (9,3):

(2c) καὶ μετεμορφώθη
(3)   καί... ἐγένετο

In 9,4 Marco ritorna alla sequenza iniziale di καί + verbo + soggetto, riprendendo il ritmo della successione narrativa interrotto dalla pausa stilistica di 9,3: all'aoristo ὤφθη, che assicura continuità alla trama, segue una clausola all'imperfetto (ἦσαν συλλαλοῦντες), che dà alla conversazione un tono di vivacità[26].

La scena dell'intervento di Pietro (v. 5a) si apre col presente λέγει (discorso diretto) e si conclude con il motivo del timore (ἔκφοβοι γὰρ ἐγένοντο: v. 6).

Secondo il suo stile narrativo, in 9,7 Marco conserva il costrutto καί + verbo + soggetto, assicurando alle varie scene un livello costante di omogeneità. Importante la connessione immediata, stabilita dal verbo

---

[24] Per una visione dei risultati molto diversi della ricostruzione del testo premarciano: M. ÖHLER, *Elia*, 118-134.

[25] Iniziare un racconto con un presente storico e poi continuarlo con l'aoristo è conforme allo stile marciano: 10,35ss; 12,13ss; 14,17ss; 14,32ss; 14,66ss. Cf. M. ZERWICK, *Untersuchungen*, 52.55.75-81.

[26] M. ZERWICK, *Untersuchungen*, 50-51.

CAP. IV: LA FIGURA DI ELIA E LA TRASFIGURAZIONE 173

γίγνομαι, tra il timore dei discepoli (9,6) e l'aspetto positivo della nube su di loro (9,7ab):

(6)   ἔκφοβοι γὰρ ἐγένοντο
(7a) ἐγένετο νεφέλη... αὐτοῖς
(7b) ἐγένετο φωνὴ ἐκ τῆς νεφέλης

La voce di 9,7c pronuncia una dichiarazione e un invito, circoscritti da un'inclusione mediante l'uso di pronomi:

(7c) οὗτός ἐστιν
(7c) ἀκούετε αὐοῦ

L'ultimo momento della sequenza è introdotto dal καὶ ἐξάπινα, un avverbio simile a καὶ εὐθύς, che crea una connessione immediata tra l'azione dei discepoli che si guardano attorno (περιβλεψάμενοι) e la rivelazione della voce (9,7).

Una corrispondenza tematica si può rilevare tra l'esperienza iniziale dei discepoli, che stanno soli con Gesù (9,2ab), e la situazione finale di 9,8:

(2ab) ὁ Ἰησοῦς... αὐτούς... μόνους
(8)   τὸν Ἰησοῦν μόνον μεθ' ἑαυτῶν

E anche le due teofanie destinate ai discepoli, la nube che li avvolge (9,6-7) e l'apparizione di Elia con Mosè (9,4), sono collegate da una corrispondenza tematica.

Secondo le modalità espressive degli enunciati di alcuni personaggi di 9,2b-8, si possono distinguere due discorsi indiretti in 9,4b.9b e due diretti in 9,5b.7c.:

(4b) Ἡλίας σὺν Μωϋσεῖ, καὶ ἦσαν συλλαλοῦντες τῷ Ἰησοῦ
(5b) Ῥαββί, καλόν ἐστιν ἡμᾶς ὧδε εἶναι
      καὶ ποιήσωμεν τρεῖς σκηνὰς
      σοὶ μίαν καὶ Μωϋσεῖ μίαν καὶ Ἡλίᾳ μίαν
(7c) οὗτός ἐστιν ὁ υἱός μου ὁ ἀγαπητός, ἀκούετε αὐτοῦ
(9b) διεστείλατο αὐτοῖς ἵνα μηδενὶ ἃ εἶδον

L'esigua importanza del primo viene marcata dalla mancanza, nel testo, del contenuto della conversazione di Elia e Mosè con Gesù (v. 4b); l'intervento di Pietro viene interpretato come una reazione di paura (v. 5b), mentre il discorso della voce celeste riporta degli enunciati diretti in forma originale (v. 7c). L'ultimo non comunica delle parole dirette, ma solo un divieto (v. 9b). Dunque le parole provenienti dalla nube segnano l'acme del carattere epifanico del racconto.

Gli elementi letterari e le corripondenze tematiche appena individuati ci permettono di dividere la successione delle scene di 9,2-8 in sei microsequenze: v. 2ab (ambientazione scenica); vv. 2c-3 (descrizione della trasfigurazione); v. 4 (apparizione di Elia con Mosè); vv. 5-6 (reazione dei discepoli); v. 7 (voce dalla nube); v. 8 (conclusione).

b. *Sequenza narrativa di Mc 9, 9-13*

Una nuova scena viene introdotta dal genitivo assoluto καὶ καταβαινόντων αὐτῶν ἐκ τοῦ ὄρους che, al di là della specificazione topografica, segnala l'idea di uno spostamento, la discesa dalla montagna (v. 9a)[27]. Quest'ultima è una sorta di cornice all'interno della quale si svolge il dialogo successivo all'imposizione del silenzio (v. 9b)[28].

A prescindere dal ruolo del genitivo assoluto, la scena di 9,9-13 è caratterizzata da quattro proposizioni principali (vv. 9b.10a.11a.12a), che reggono delle subordinate.

Nella prima (9,9a) l'aoristo διεστείλατο dà luogo a una frase narrativa che contiene l'ingiunzione del silenzio da parte di Gesù ai discepoli[29].

La reazione dei discepoli che s'interrogano sulla resurrezione dai morti è introdotta da un καί che precede la seconda principale del racconto: τὸν λόγον ἐκράτησαν (v. 10a). L'oggetto dell'interrogazione dei discepoli riprende un'espressione del v. 9:

(9)   ἐκ νεκρῶν ἀναστῇ
(10) τί ἐστιν τὸ ἐκ νεκρῶν ἀναστῆναι

Nella terza proposizione principale la domanda dei discepoli viene espressa con l'imperfetto ἐπηρώτων seguito dal participio λέγοντες, che precede l'interrogazione nello stile diretto. Tale cambiamento di tempo verbale non provoca un'interruzione nello sviluppo del pensiero: il movimento narrativo è continuo. È un ὅτι interrogativo, tipico dello stile

---

[27] F. NEIRYNCK, «Duality», 94, riporta un elenco di doppie asserzioni (temporale e locale) nel vangelo di Marco.
[28] S. LÉGASSE, *Marco*, 454: l'unità della sequenza di 9,9-13 è data dalla cornice narrativa (la discesa dal monte) e dal suo genere letterario (il dialogo di Gesù con i discepoli).
[29] K. BEYER, *Semitische*, 109: nel vangelo di Marco l'elemento del silenzio collega il dialogo al racconto della trasfigurazione; è in questo rapporto che l'evangelista l'ha ricevuto dalla sua fonte. È della stessa opinione K. BERGER, «Zum Problem», 18.

marciano, l'*incipit* della domanda dei discepoli[30]. L'enunciato degli Scribi (v. 11a) prepara l'affermazione definitiva di Gesù sulla venuta di Elia come precursore (v. 13a):

(11a)   λέγουσιν οἱ γραμματεῖς
(13a)   λέγω ὑμῖν

Da notare i tre riferimenti alla venuta di Elia in 9,11.12a.13a:

(11)   Ἡλίαν δεῖ ἐλθεῖν πρῶτον
(12a)   Ἡλίας μὲν ἐλθὼν πρῶτον
(13a)   Ἡλίας ἐλήλυθεν

La risposta di Gesù, comprendente i vv. 12-13, si articola in sei frasi dipendenti da ὁ δὲ ἔφη αὐτοῖς (9,12a), quarta proposizione principale della scena che riprende l'affermazione degli Scribi (9,11) e la completa senza riportarne con esattezza le parole:

(11)   Ἡλίαν δεῖ ἐλθεῖν πρῶτον
(12a)   Ἡλίας μὲν ἐλθὼν πρῶτον ἀποκαθιστάνει πάντα

Mentre risponde, Gesù pone a sua volta una domanda ai discepoli (v. 12b): all'espressione καὶ πῶς γέγραπται corrisponde καθὼς γέγραπται del v. 13b. Oltre a queste due ricorrenze del perfetto γέγραπται, che sottolinea la necessità scritturistica della venuta di Elia e della passione del Figlio dell'uomo, si riscontra un parallelo tra la passione del Figlio dell'uomo (v. 12b) e quella di Elia (v. 13b):

(12b)   τὸν υἱὸν τοῦ ἀνθρώπου ἵνα πολλὰ πάθῃ καὶ ἐξουδενηθῇ
(13b)   καὶ ἐποίησαν αὐτῷ ὅσα ἤθελον

Sulla base di questi elementi letterari e tematici della sequenza di 9,9-13[31], si possono individuare quattro microsequenze nel movimen-

---

[30] F. BLASS – A. DEBRUNNER – F. REHKOPF, *Grammatica*, § 300.

[31] Alcuni esegeti hanno sottolineato la fragilità dell'insieme letterario costituito da Mc 9,9-13, sostenendo che all'origine Mc 9,11 seguiva immediatamente Mc 9,1: P. BENOIT – M.E. BOISMARD, *Synopse*, II, 254: «La question sur Elie n'offre aucun lien logique avec la consegne de silente qui précède, elle serait mieux placée après Mc 9,1». Tale punto di vista è condiviso anche da R. BULTMANN, *Historia*, 183: l'enunciato di 9,12-13 «junto con la pregunta de los discipulos en el v. 11, asociada originalmente con ella, era en la fuente de Marcos la continuación del v. 1, de la que se separó Marcos al intercalar entre medias la istoria de la trasfiguración en los v. 2-10». Per l'interpretazione di 9,1 rimandiamo allo studio di J.J. KILGALLEN, «Mk 9,1», 81-83: il contesto immediato può spiegare 9,1.

to narrativo della scena: v. 9 (consegna del silenzio); v. 10 (reazione dei discepoli); v. 11 (domanda dei discepoli); vv. 12-13 (risposta di Gesù).

c. *Mc 9,2-8 e 9,9-13*

Le due sequenze della trasfigurazione (9,2-8: la salita su un «monte altissimo»; 9,9-13: la discesa dalla montagna), nonostante la palese distinzione, sono legate da connessioni letterarie e tematiche.

Tipicamente marciana è la ripetizione del verbo in 9,8 e 9,9, elemento narrativo che salda i due movimenti del salire (ἀναφέρει) e scendere (καταβαινόντων) dalla montagna[32].

Una connessione viene stabilita dalla presenza di Elia, che in 9,4 diventa figura prioritaria rispetto a Mosè grazie allo stretto legame stabilito da Marco tra il dialogo sul ritorno di Elia (9,9-13) e il racconto della trasfigurazione. Infatti nell'intero racconto di 9,9-13 sono otto le ricorrenze di Elia, cinque esplicite (vv. 4.5.11.12.13) e tre implicite (vv. 7a.8b.9b)[33]:

(9,4)   Ἡλίας σὺν Μωϋσει
(9,5)   Ἡλίᾳ μίαν
(911)   Ἡλία δεῖ ἐλθεῖν πρῶτον
(9,12) Ἡλία μὲν ἐλθὼν πρῶτον
(9,13) Ἡλίας ἐλήλυθεν

Tali osservazioni confermano l'ipotesi che Marco abbia voluto costruire il dialogo sul ritorno di Elia non come un pezzo isolato, ma in funzione del racconto della trasfigurazione.

Possiamo a questo punto identificare la struttura letteraria della nostra sequenza di 9,2-13 nel modo seguente:

a) *Mc 9,2-8*

(2ab) Καὶ μετὰ ἡμέρας ἓξ παραλαμβάνει ὁ Ἰησοῦς τὸν Πέτρον καὶ τὸν Ἰάκωβον καὶ τὸν Ἰωάννην καὶ ἀναφέρει αὐτοὺς εἰς ὄρος ὑψηλὸν κατ' ἰδίαν μόνους

---

[32] F. Neirynck, «Duality», 397-402.
[33] M. Thrall, «Elijah», 305, rileva allusioni esplicite o implicite a Elia in cinque dei sette versetti del racconto della trasfigurazione (9,2-8). Tale indizio suggerisce che la figura di Elia (come Mosè) è indispensabile alla presentazione marciana della trasfigurazione.

CAP. IV: LA FIGURA DI ELIA E LA TRASFIGURAZIONE

(2c-3) καὶ μετεμορφώθη ἔμπροσθεν αὐτῶν,
καὶ τὰ ἱμάτια αὐτοῦ ἐγένετο στίλβοντα λευκὰ λίαν
οἷα γναφεὺς ἐπὶ τῆς γῆς οὐ δύναται οὕτω λευκᾶναι

(4) καὶ ὤφθη αὐτοῖς Ἠλίας σὺν Μωϋσεῖ,
καὶ ἦσαν συλλαλοῦντες τῷ Ἰησοῦ

(5-6) καὶ ἀποκριθεὶς ὁ Πέτρος λέγει τῷ Ἰησοῦ, Ῥαββί,
καλόν ἐστιν ἡμᾶς ὧδε εἶναι,
καὶ ποιήσωμεν τρεῖς σκηνάς,
σοὶ μίαν καὶ Μωϋσεῖ μίαν καὶ Ἠλίᾳ μίαν
οὐ γὰρ ᾔδει τί ἀποκριθῇ ἔκφοβοι γὰρ ἐγένοντο

(7) καὶ ἐγένετο νεφέλη ἐπισκιάζουσα αὐτοῖς,
καὶ ἐγένετο φωνὴ ἐκ τῆς νεφέλης,
Οὗτός ἐστιν ὁ υἱός μου ὁ ἀγαπητός, ἀκούετε αὐτοῦ

(8) καὶ ἐξάπινα περιβλεψάμενοι οὐκέτι οὐδένα εἶδον
ἀλλὰ τὸν Ἰησοῦν μόνον μεθ᾽ ἑαυτῶν

b) *Mc 9,9-13:*

(9) Καὶ καταβαινόντων αὐτῶν ἐκ τοῦ ὄρους
διεστείλατο αὐτοῖς ἵνα μηδενὶ ἃ εἶδον
διηγήσωνται,
εἰ μὴ ὅταν ὁ υἱὸς τοῦ ἀνθρώπου ἐκ νεκρῶν ἀναστῇ

(10) καὶ τὸν λόγον ἐκράτησαν πρὸς ἑαυτοὺς συζητοῦντες
τί ἐστιν τὸ ἐκ νεκρῶν ἀναστῆναι

(11) καὶ ἐπηρώτων αὐτὸν λέγοντες,
Ὅτι λέγουσιν οἱ γραμματεῖς ὅτι Ἠλίαν δεῖ ἐλθεῖν
πρῶτον;

(12-13) ὁ δὲ ἔφη αὐτοῖς,
Ἠλίας μὲν ἐλθὼν πρῶτον ἀποκαθιστάνει πάντα·
καὶ πῶς γέγραπται ἐπὶ τὸν υἱὸν τοῦ ἀνθρώπου
ἵνα πολλὰ πάθῃ καὶ ἐξουδενηθῇ;
ἀλλὰ λέγω ὑμῖν ὅτι
καὶ Ἠλίας ἐλήλυθεν,
καὶ ἐποίησαν αὐτῷ ὅσα ἤθελον, καθὼς γέγραπται
ἐπ᾽ αὐτόν

3. Analisi semantica

3.1 *L'evento della trasfigurazione (Mc 9,2-8)*

3.1.1 Ambientazione scenica (Mc 9,2ab)

Il racconto della trasfigurazione si apre con l'indicazione cronologica καὶ μετὰ ἡμέρας[34], che crea una connessione con l'episodio di Cesarea di Filippo[35] (dove il lettore è venuto a conoscenza dell'opinione popolare di Gesù come Elia e della confessione di Pietro) e nello stesso tempo segnala un cambiamento di luogo per la nuova azione[36]. Inoltre καὶ μετὰ ἡμέρας richiama l'espressione temporale dell'unità letteraria precedente (8,31-33), con cui ha in comune la costruzione sintattica μετά + accusativo: μετὰ τρεῖς ἡμέρας. La plausibilità di questa assimilazione (9,2 e 8,31) è data dalla ripresa della prima predizione della passione e resurrezione (8,31) nell'unità letteraria di 9,2-13[37]. La confessione di Pietro (8,29) ha in qualche modo anticipato l'insegnamento di Gesù sulla necessità della sofferenza, morte e resurrezione del Figlio dell'uomo (8,31); la trasfigurazione svela il significato profondo della predizione; nel dialogo sul ritorno di Elia il motivo della sofferenza del Figlio dell'uomo (8,31a) sarà messo in parallelo con la sofferenza del profeta (9,13b).

---

[34] Un dato temporale così preciso all'inizio del racconto di 9,2-8 come elemento di connessione ha portato alcuni esegeti a ipotizzarne la provenienza dalla tradizione: R. BULTMANN, *Historia*, 319: la peculiare datazione ἐξ ἡμέρας «es el día tradicional de la epifanía»; W. GRUNDMANN, *Das Evangelium*, 180.

[35] V. TAYLOR, *Marco*, 450; M.D. HOOKER, *The Gospel*, 214.

[36] Tale tipo di connessione ricorre altrove in Marco: 2,1; 4,35; 11,12.20. Cf. J.P. HEIL, *The Transfiguration*, 152-153. Alcuni, poi, ipotizzano nell'espressione τρεῖς ἡμέρας un'eco dei «tre giorni» di Es 24,16 a causa di altre allusioni a Esodo presenti nel racconto della trasfigurazione: J.M. NÜTZEL, *Die Verklärungserzählung*, 161; J. ERNST, *Il Vangelo*, II, 413; B.M.F. van IERSEL, *Marco*, 269. Per una discussione critica: M. ÖHLER, «Die Verklärung», 203-204, contesta la connessione con Es 24; R.H. GUNDRY, *Mark*, 474.

[37] Per E. NARDONI, *La Trasfiguration*, 199, non si tratta di una coincidenza cronologica quanto di un'equivalenza di rivelazione. La rivelazione che si realizza il sesto giorno è la stessa del terzo giorno. Si tratta di un'ipotesi suggestiva, che ha come base solo un parallelismo sostanziale, come ammette lo stesso autore, ma non letterario. In realtà bisognerebbe tener presente la diversa formulazione in Marco dell'espressione «tre giorni»: μετὰ τρεῖς ἡμέρας ἀναστῆναι (8,31); διὰ τριῶν ἡμερῶν (14,58); ἐν τρισὶν ἡμέραις (15,29).

I tre discepoli scelti da Gesù per la salita sul monte (παραλαμβάνει ὁ Ἰησοῦς τὸν Πέτρον καὶ τὸν Ἰάκωβον καὶ τὸν Ἰωάννην)[38] sono gli stessi che presenziano al miracolo della resurrezione della figlia di Giaro[39] (τὸν Πέτρον καὶ Ἰάκωβον καὶ Ἰωάννην: 5,37): essi sono i testimoni della superiorità del potere divino di Gesù – che si concretizza in gesti semplici, come prendere per mano la fanciulla e comandarle di alzarsi – su quello di Elia, che riesce a risvegliare il figlio della vedova di Sarepta solo attraverso preghiere lunghe e gesti complicati (1Re 17).

Nel testo la mancanza dell'articolo indica che ὄρος il monte alto su cui Gesù conduce i tre discepoli, è un luogo indeterminato; ma dagli usi del termine in Marco (3,13; 6,46; 13,3) emerge un significato più teologico che orografico: un luogo dove si rivela la presenza e la vicinanza di Dio, l'epifania e la ricezione della rivelazione divina[40]. L'aggettivo ὑψηλόν, un *hapax legomenon* marciano, richiama una peculiarità della tradizione di Elia: la teofania si svolge in un luogo alto[41]. Il profeta Elia dimora di solito sui monti (il Carmelo, l'Oreb) e proprio sulla cima della montagna viene trovato quando il re Acazia ammalato lo fa cercare (2Re 1,9: עַל־רֹאשׁ הָהָר). La preghiera sul monte (18,20: אֶל־הַר הַכַּרְמֶל) e sulla cima del Carmelo (18,42: אֶל־רֹאשׁ הַכַּרְמֶל) e la teofania sul monte Oreb (19,8: עַד הַר הָאֱלֹהִים חֹרֵב) legano la figura di Elia ad un luogo alto o alla sommità di una montagna.

---

[38] Sull'azione di Gesù che «prende insieme» i tre discepoli (9,2) come un movimento che caratterizza il suo cammino nel momento della crisi, cf. B.D. SCHILDGEN, *Crisis*, 21.

[39] M.J. LAGRANGE, *Évangile*, 216.

[40] R. PESCH, *Il Vangelo*, I, 332.560; II, 118. W. FOERSTER, «ὄρος», 1345; H. KLEINE, «ὄρος», 653: «In Mc i monti sono luoghi di avvenimenti rivelatori sottratti alla vista del popolo: il monte della scelta dei dodici (Mc 3,13 par. Lc 6,12), il monte della trasfigurazione (Mc 9,2.9 par. Mt 17,1.9//Lc 9,28.37; cf. 2Pt 1,18), il discorso apocalittico sul monte degli Ulivi (Mc 13,3 par. Mt 24,3). In Mc 6,46 par. Mt 14,23 si trova ὀρὸ come luogo di preghiera». Cf. W. GRUNDMANN, *Das Evangelium*, 238: per il narratore «ist der Berg, nach it "sehr" hoch, eine Stätte des Gottesoffenbarung»; J. MATEOS – F. CAMACHO, *Vangelo*, I, 206; E.S. MALBON, *Narrative*, 84-89; M. ÖHLER, *Elia*, 121; J.P. HEIL, *The Transfiguration*, 153-154.

[41] La salita di Gesù e dei tre discepoli su un'alta montagna non solo prepara il lettore a un possibile incontro divino, ma rievoca nella sua mente altri incontri speciali tra individui scelti e Dio sulle montagne. Di questi, J.P. HEIL, *The Transfiguration*, 154-155, ricorda l'incontro di Elia con Dio sull'Oreb: «After Elijah walked forty days and forty nights to the mountain of God, Horeb (1Kgs 19:8), God told him to stand on the mountain before the Lord, for the Lord will be passing by (1Kgs 19:11)». Interessante l'osservazione di M. ÖHLER, *Elia*, 121: il motivo del monte è così diffuso che non può essere ricondotto soltanto al modello di Mosè. E' plausibile quindi un'estensione del significato a 1Re 19.

La difficoltà di narrare ciò che è successo sulla montagna potrebbe spiegare il ricorso di Marco a segni e simboli teofanici, come quello del monte alto[42]. Nella tradizione biblica il Sinai è il luogo della rivelazione per eccellenza, perché lì Mosè ha ricevuto le tavole della Legge (Es 31,18) ed Elia ha incontrato il Signore (1Re 19,1-18). La scena della trasfigurazione di Mc 9,2-8 riecheggia la grande teofania dell'AT (Es 19,3; 1Re 19,8): si svolge davanti a Elia e Mosè, protagonisti di un incontro con Dio sul Sinai (Oreb)[43]. Si potrebbe così pensare ad una rilettura teologica dell'avvenimento storico sul monte: Dio non viene a parlare al suo Figlio trasfigurato sulla montagna di Mosè o Elia, ma sul nuovo Sinai[44].

A causa della presenza, nel contesto di 9,2-8, della figura di Elia, l'espressione ὄρος ὑψηλὸν potrebbe essere un richiamo alla tradizione elianica della montagna di Dio (1Re 19,8)[45].

3.1.2 Descrizione della trasfigurazione (Mc 9,2c-3)

Nonostante il lettore venga preparato ad assistere a un evento divino, la comparsa epifanica risulta unica e significativa ai suoi occhi.

Dopo l'iniziativa di Gesù, espressa con i verbi παραλαμβάνει e ἀναφέρει, Marco ne descrive la metamorfosi con un *passivum divinum*[46], che sottolinea il carattere divino dell'azione su Gesù[47] e della rivelazione della sua identità ai discepoli[48]. Non è Gesù che «ritrae il ve-

---

[42] S. LÉGASSE, *Marco*, 444: «Con il Sinai o l'Oreb, questa montagna è la "montagna di Dio", luogo di una teofania. Questa avviene in un luogo appartato»

[43] R.E. BROWN, *Introduzione*, 213; J. MATEOS – F. CAMACHO, *Evangelio*, II, 310; S. PELLEGRINI, *Elija*, 318-320.

[44] X. LÉON-DUFOUR, *Studi*, 128.

[45] R. PESCH, *Il Vangelo*, II, 118. Per M. ÖHLER, «Die Verklärung», 202-204, il tema del monte alto non può essere limitato a una tipologia di Mosè o del Sinai. Dello stesso parere è D. ZELLER, «Bedeutung», 312-313. Invece P.E. WATTS, *Isaiah's*, 126-127, riconosce nel motivo della montagna un'eco della tradizione dell'Esodo.

[46] Per alcuni non necessariamente si tratta di un «passivo divino» che indica in Dio l'autore della trasfigurazione: S. LÉGASSE, *Marco*, 444; D. ZELLER, «La métamorphose», 169. Di conseguenza, sull'uso del passivo in senso medio nella *koinè*, cf. M. ZERWICK, *Graecitas*, § 229-231; alcuni traducono μετεμορφώθη con «si trasfigurò davanti a loro». Diversamente F. BLASS – A. DEBRUNNER – F. REHKOPF, *Grammatica*, § 314,1, suggeriscono il significato di «lasciarsi trasfigurare». Cf. B.M.F. van IERSEL, *Marco*, 269; J.P. HEIL, *The Transfiguration*, 155; S. PELLEGRINI, *Elija*, 329.

[47] X. LÉON-DUFOUR, *Studi*, 130: la Trasfigurazione «è un avvenimento storico e teofanico insieme, descritto in forma passiva per mostrare che solo Dio agisce»; W. GRUNDMANN, *Das Evangelium*, 239: «An Jesus wird Gott wirksam».

[48] R. PESCH, *Il Vangelo*, II, 119.

lo della carne» per svelare la gloria della sua divinità; è la volontà di Dio stesso che si manifesta nella trasfigurazione[49].

Nel nostro contesto il verbo μεταμορφόω, che letteralmente significa «cambiare di forma, assumere un aspetto diverso da quello abituale»[50], ha l'accezione, tipica della letteratura apocalittica, di trasformazione soprannaturale[51]: che si tratti dello splendore celeste della resurrezione è confermato da Mc 16,12, dove Gesù risorto appare ai discepoli di Emmaus in ἑτέρᾳ μορφῇ[52].

Nell'evento della trasfigurazione Dio, invece di rendersi presente come in Es 24,10-11 e 1Re 19, riveste Gesù con le sembianze di una figura che appartiene al mondo divino[53]: il lettore comprende, allora, che la trasfigurazione è la trasformazione di Gesù in un essere divino mentre è ancora sulla terra. In prospettiva viene mostrata la realtà di Gesù nel suo stato futuro e permanente di gloria celeste, che i giusti conseguiranno dopo la morte[54].

Attraverso le descrizioni apocalittiche Marco rappresenta, quindi, lo stato glorioso di Gesù: solo nella trasfigurazione le sue vesti ne manifestano la dignità risplendendo del colore del cielo (τὰ ἱμάτια αὐτοῦ ἐγένετο στίλβοντα)[55]. Esse non subiscono una trasformazione vera e propria e non perdono il loro colore naturale, ma partecipano alla trasfigurazione assumendo il tipico colore bianco degli esseri celesti. Non si tratta di una notazione pittoresca o superflua: i particolari descrittivi rendono la trasformazione totale della persona di Gesù[56].

---

[49] J.D. KINGSBURY, *The Christology*, 98.

[50] X. LÉON-DUFOUR, *Studi*, 129. V. TAYLOR, *Marco*, 450, sottolinea in Marco l'uso autonomo del termine, escludendone la dipendenza dall'uso ellenistico.

[51] M.J. LAGRANGE, *Évangile*, 216; W. GRUNDMANN, *Das Evangelium*, 238: la luminosità soprannaturale delle vesti è una realtà propria di entità celesti (Dn 10,5; Apc 3,4ss); «sie enthüllen Jesu himmlische Gestalt (vgl. Ps 104,2)»; R. PESCH, *Il Vangelo*, II, 120.

[52] R. PESCH, *Il Vangelo*, II, 120, ritiene la metamorfosi di Gesù una prolessi della sua resurrezione. Di contro X. LÉON-DUFOUR, *Studi*, 129.141-142, esclude che la storia della trasfigurazione sia un racconto di apparizione pasquale anticipato dalla tradizione. In tal caso l'eliminazione di molti elementi teofanici priverebbe il racconto del suo carattere specifico.

[53] B.M.F. van IERSEL, *Marco*, 269.

[54] J.D. KINGSBURY, *The Christology*, 99.

[55] W. MICHAELIS, «λευκός», 671.674: le vesti di Gesù, di solito di vari colori, solo nella trasfigurazione appaiono del colore del cielo o escatologico.

[56] Ciò è verosimile se si tiene presente che nella terminologia escatologica l'uguaglianza tra vestito e qualità di vita indica l'essere della persona nella sua totalità. Cf. W. MICHAELIS, «λευκός», 674. Cf. J.P. HEIL, *The Transfiguration*, 156.

L'aoristo ἐγένετο sottolinea la momentaneità del fenomeno[57], mentre il participio presente στίλβοντα indica che lo splendore dura per tutto il tempo indicato, anche se breve. L'accusativo λευκά, seguito dal rafforzativo avverbio di quantità λίαν, aggiunge un'ulteriore spiegazione. La scelta marciana di un termine raro come στίλβοντα[58] insiste sulla bianchezza delle vesti di Gesù, caratteristica spiccatamente soprannaturale sottolineata anche dalla proposizione relativa οἷα γναφεὺς ἐπὶ τῆς γῆς οὐ δύναται οὕτως λευκᾶναι. Il biancore delle sue vesti, di gran lunga superiore rispetto allo splendore del sole e delle stelle e al bianco delle vesti sacerdotali[59] o dei vincitori[60], è soprannaturale poiché nessuna tecnica o ingegnosità «ἐπὶ τῆς γῆς» è capace di realizzarlo: il *passivum divinum* δύναται sottolinea il carattere celeste di questo splendore[61]. Il lettore ricorda che solo in Mc 1,6 si è dedicata particolare attenzione all'abbigliamento di Giovanni Battista simile a quello di Elia. Ma il vestito del precursore di Gesù, anche se evocativo di realtà profetiche, non presenta alcun colore: questa può essere una sottile e implicita differenza tra la dignità di Gesù (ὁ ἰσχυρότερος) e la figura del precursore Giovanni Battista.

3.1.3 L'apparizione di Elia con Mosè (Mc 9,4)

Dopo la pausa stilistica di 9,3, il ritmo narrativo riprende con l'apparizione di Elia con Mosè: il costrutto καί + verbo + soggetto segue immediatamente l'epifania iniziale di Gesù trasfigurato.

---

[57] X. LÉON-DUFOUR, *Studi*, 150: l'aspetto momentaneo è indicato come «istante fuggevole».

[58] G. FITZER, «στίλβω», 1216-1217: Marco aggiunge λευκὰ λίαν per spiegare στι,λβοντα. Cf. V. TAYLOR, *Marco*, 451.

[59] W. GRUNDMANN, *Das Evangelium*, 238.

[60] W. MICHAELIS, «λευκός», 671.

[61] Sul simbolismo del colore bianco come caratteristico del mondo divino e della manifestazioni apocalittiche: W. MICHAELIS, «λευκός», 670; V. TAYLOR, *Marco*, 451; S. LÉGASSE, *Marco*, 445; E. HAULOTTE, *Symbolique*, 76: lo splendore del vestito non è un fenomeno puramente esteriore, ma è «signe d'identité» di Gesù. Il colore bianco contribuisce all'interpretrazione della figura luminosa di Gesù nei vv. 2c.3 come rivelazione anticipata della resurrezione: R. PESCH, *Il Vangelo*, II, 121-122; J.P. HEIL, *The Transfiguration*, 156: il bianco e lo splendore delle vesti confermano al lettore la natura celeste piuttosto che terrena dell'aspetto trasformato di Gesù. Per B. BLACKBURN, *Theios*, 120, la scena della trasfigurazione è una visione prolettica della gloria celeste di Cristo al momento della resurrezione e dell'ascensione alla destra di Dio, gloria che sarà rivelata pubblicamente alla sua parusia.

L'aoristo ὤφθη designa un'apparizione subitanea e non terrestre, propria di quel momento⁶², e, in conformità all'uso linguistico dei LXX come termine tecnico di teofanie (Gn 12,7; Es 3,2; 6,3; 16,10), angelofanie (Lc 1,11; 22,43) e apparizioni del Cristo risorto (Lc 24,34; At 9,17; 13,31; 1Cor 15,5-8)⁶³, va tradotto con «apparve/si fece vedere a qualcuno»⁶⁴: il termine implica un'importante componente visuale, che oltre alla rivelazione fa riferimento ad un'apparizione⁶⁵ o alla presenza effettiva di Elia⁶⁶. L'espressione ὤφθη αὐτοῖς non specifica il tipo di visione, in quanto ὤφθη, usato in senso neutro, non può che indicare gli elementi della prossimità e della vicinanza⁶⁷. Questo aoristo passivo, con una sfumatura semantica, esprime non tanto la percezione dell'occhio umano, quanto il modo con cui alcuni esseri celesti si rendono visibili⁶⁸ all'uomo. Difatti non si dice che «vedono Elia», ma che «ὤφθη αὐτοῖς Ἡλίας»⁶⁹. Il termine tecnico ὤφθη presuppone la permanenza celeste di Elia, a cui è attribuita la capacità di apparire visibilmente⁷⁰, che è una delle caratteristiche di Dio e degli angeli.

---

62 V. TAYLOR, Marco, 451: «Il verbo significa qui l'apparizione improvvisa di una forma celeste». Per J. RADERMAKERS, Lettura, 209: «Questa rivelazione è come una visione».

63 W. MICHAELIS, «'ὁράω κτλ.», 929-934.1000-1032; W. GRUNDMANN, Das Evangelium, 240.

64 Nel NT ricorre quasi esclusivamente in riferimento ad apparizioni di figure o simboli divini: J. KREMER, «ὁράω», 637-638; J.M. NÜZEL, Die Verklärungserzählung, 102: l'aoristo ὤφθη «mit Dativ ist mit "jemandem erscheinen" zu übersetzen». Cf. F. BLASS – A. DEBRUNNER – F. REHKOPF, Grammatica, § 191.

65 Il verbo ὤφθη, più che indicare un'esperienza visionaria soggettiva, denota nel NT la reale presenza di qualcuno, senza fare alcuna allusione al tipo di percezione della stessa: W. MICHAELIS, «ὁράω κτλ.», 1001-1012; M.J. LAGRANGE, Évangile, 216: bisogna ritenere che una visione «n'est pas synonyme de fausse suggestion»; C.E.B. CRANFIELD, The Gospel, 290; V. TAYLOR, Marco, 451: «Secondo Marco, tutt'e tre i discepoli vedono i visitatori celesti a colloquio con Gesù».

66 Per W. GRUNDMANN, Das Evangelium, 239, l'enfasi non è sulla corporeità dell'essere celeste, ma sulla sua comparsa, sul suo divenire visibile, che comporta la materialità della figura celeste.

67 Sull'ipotesi della trasfigurazione come un'esperienza estatica di Gesù o dei discepoli, cf. A. OEPKE, «ἔκστασις», 343. Tale possibilità viene esclusa da W. MICHAELIS, «ὁράω κτλ.», 996-997.

68 J. MATEOS, El aspecto, § 320: «El empleo profético del futuro está en relación con el del aor. Passivo ὤφθη (23 veces), que se remiere sempre a la aparición de personajes o realidades pertenencientes a la sfera divina o procedentes de ella».

69 J. MATEOS – F. CAMACHO, Evangelio, II, 312.

70 J. ERNST, Il Vangelo, II, 415; M. ÖHLER, «Die Verklärung», 207: «ein term. tech. Für Erscheinungen himmlischer Mächte ist». È solo in modo conseguente che vie-

Inoltre in 9,2b-3 non è scritto che Elia e Mosè appaiono dopo la trasfigurazione: dalla percezione degli apostoli si deduce che Gesù si trasfigura davanti a loro (μετεμορφώθη ἔμπροσθεν αὐτῶν), che nello stesso istante riescono a vedere le due figure profetiche (ὤφθη αὐτοῖς)[71].

A prescindere dalle proposte interpretative secondarie[72], Elia appare soprattutto come abitante del cielo, appartiene a quella stessa sfera di Gesù che i discepoli possono ammirare.

L'apparizione di Elia è piuttosto un evento celeste di cui i discepoli non sono gli agenti[73]. È perciò fuorviante l'identificazione di Elia di 9,4 con il profeta escatologico di Ml 3,22-23[74]: in primo luogo Elia appare non da solo, ma con Mosè, il quale nel vangelo di Marco è riconosciuto da Gesù come il legislatore[75]; in secondo luogo la provenienza celeste

---

ne applicato all'apparire di Elia. Per S. PELLEGRINI, *Elija*, 316, la possibile apparizione di Elia è un problema strettamente esegetico: «während die Frage nach dem Erscheinen-*Können* vielmehr ein Problem der Exegeten ist».

[71] S. LÉGASSE, *Marco*, 446, ammette che l'evento è avvenuto nello stesso istante, ma in 2b-3 non attribuisce nessuna percezione ai discepoli. Cf. J.P. HEIL, *The Transfiguration*, 156.

[72] C'è un consenso tra gli esegeti moderni nel vedere in Elia e Mosè una sineddoche per la Legge e i Profeti. Ma all'interno di questo accordo i due personaggi vengono interpretati in vari modi a tal punto che alcuni rinunziano a suggerire ulteriori interpretazioni e confessano i propri dubbi su quelle già proposte. Per A.M. RAMSEY, *La Gloire*, 142, il significato di Elia e Mosè nell'AT non può essere ridotto in questi termini, perché «Moïse est plus que législateur: il est prophète aussi, figure de celui que le peuple écoutera (Dt 18,15); il a parlé à Dieu bouche à bouche (Nb 12,8), face à face (Dt 34,10). Élie est plus que prophète: il est l'ultime précurseur du Messie, celui dont la mission restauratrice est unique». Anche X. LÉON-DUFOUR, *Studi*, 133, prima di esaminare le varie proposte interpretative su Elia e Mosè in Mc 9,4, afferma: «Nessuna delle ipotesi circa il significato dei due personaggi celesti è convincente». Sulla stessa linea M.D. HOOKER, *The Message*, 77, afferma che «the usual suggestion that they represent the Law and the prophets seems irrelevant» e ammette in *The Gospel*, 216, che «the precise significance of these two figures is difficult to determine». Cf. H. RIESENFELD, *Jésus*, 255; J.P. HEIL, *The Transfiguration*, 97-98.

[73] K. STOCK, *Il cammino*, 72: «I discepoli non sono la parte attiva, ma sono i "ricettori" di questa apparizione, la quale – per così dire – accade loro».

[74] Alcuni studiosi hanno rilevato che, poiché nel giudaismo si attendeva il ritorno di Elia alla fine dei tempi, la sua apparizione testimonia l'arrivo del tempo ultimo e sottolinea il ruolo di Gesù nel dramma finale della storia della salvezza; cf. V. TAYLOR, *Marco*, 452; J. JEREMIAS, «Ἠλ(ε)ίας», 92; M. PAMMENT, «Moses», 338. Sulla stessa linea l'interpretazione suggerita da K. STOCK, *Il cammino*, 73: «Pertanto non sembra essere arbitrario vedere un certo legame tra il racconto della trasfigurazione ed il citato passo di Malachia» (3,22-23) e interpretare la figura di Elia sullo sfondo del suo ruolo secondo l'oracolo malachiano.

[75] Mc 1,44; 7,10; 10,3-5; 12,19. Solo in 12,26 è menzionata la sua opera: «Il Libro di Mosè». Cf. G. FITZER, «Μωϋσῆς», 446.

di Elia ne esclude esplicitamente un ruolo escatologico, in quanto la profezia di Malachia prevede che egli non si limiti ad apparire, ma che operi sulla terra[76]. Ugualmente non si deve riferire alla figura di Elia il significato escatologico della trasfigurazione, la quale lo riceve piuttosto dalla voce della nube.

L'apparizione di Elia non riguarda Gesù, ma è destinata ai discepoli (ὤφθη αὐτοῖς), davanti ai quali Gesù si è trasfigurato (μετεμορφώθη ἔμπροσθεν αὐτῶν)[77]. Inoltre l'espressione ὤφθη αὐτοῖς specifica nell'apparizione una «rispettosa distanza» tra i discepoli e i personaggi celesti[78]. La connessione suggerita tra ὤφθη di 9,4 e le apparizioni di esseri celesti o del risorto[79] deve essere esclusa, poiché nel racconto della trasfigurazione Elia e Mosè non sono pari a Gesù. D'altronde non si deve fare riferimento esclusivamente ai racconti pasquali, se già in alcuni passi dell'AT il termine ὤφθη è usato per apparizioni di figure celesti[80]. Piuttosto i discepoli diventano consapevoli che Elia proviene dal cielo per attestare che la beatitudine celeste risiede in Cristo[81].

---

[76] M. ÖHLER, «Die Verklärung», 207.

[77] C.E.B. CRANFIELD, *The Gospel*, 294: «It seems clear that what is related, whether visionary or factual, was directed toward the three disciples rather than toward Jesus»; X. LÉON-DUFOUR, *Studi*, 139: «Non è per sé che si trasfigura, ma in vista dei discepoli»; M. SABBE, «La rédaction», 90; S. LÉGASSE, *Marco*, 444: la scena della trasfigurazione non è descritta dal punto di vista dei discepoli, ma da una visuale oggettiva: è qualcosa che accade «davanti a loro». Non è possibile accettare la deduzione di M.D. HOOKER, «What Doest», 60, che interpreta il momento della trasfigurazione come un «abisso» («gulf») tra i discepoli e Gesù; W. MICHAELIS, «ὁράω κτλ.», 996: «La trasfigurazione di Gesù non era evidentemente necessaria per lui ed anche la comparsa di Mosè ed Elia non è stata certo intesa per Gesù».

[78] J.M. NÜTZEL, *Die Verklärungserzählung*, 103. Alcuni vedono nel verbo ὤφθη un'estensione dell'avvenimento della trasfigurazione, che inizialmente era destinato solo a Gesù: H. BALTENSWEILER, *Die Verklärung*, 35. La tesi di W. GRUNDMANN, *Das Evangelium*, 181, secondo cui Elia è apparso solo per Gesù e i tre discepoli sono solo spettatori, non trova riscontri nel testo.

[79] M.J. LAGRANGE, *Évangile*, 216; L.F. RIVERA, «El relato», 153: «La aparición (*ôfthê*) de Elias con Moisés se liga formalmente a la aparicion de seres celestiales relacionados a la resurrección o a las mismas apariciones del resucitado (Lc 24,34; He 9,17; 13,31; 26,16 bis; 1Cor 15,5.6.7.8.;...».

[80] In 2Mac 3,25 (LXX) il verbo individua la figura del cavaliere rivestito di splendida bardatura e di armatura d'oro; dell'apparizione di un angelo del Signore (una figura diversa da Jhwh) si parla in Gdc 6,12; 13, 31 (LXX).

[81] S. LÉGASSE, *Marco*, 446; M. ÖHLER, «Die Verklärung», 207; S. PELLEGRINI, *Elija*, 315: la spiegazione, molto diffusa nell'esegesi, della presenza di Elia e Mosè come conferma dell'appartenenza di Gesù alla sfera celeste può suggerire la possibilità della loro apparizione, ma non chiarisce la finalità della scelta marciana.

Per l'apparizione dei due personaggi Marco impiega una sequenza unica, Ἠλίας σὺν Μωϋσεῖ[82], che dà un inatteso risalto ad Elia e relega Mosè in una posizione secondaria[83]. L'insolito uso della preposizione σύν[84], che antepone Elia a Mosè, implica la subordinazione di una figura all'altra[85]: infatti la loro uguaglianza sarebbe stata espressa con un καί[86]. In ogni modo la connessione tra Elia e Mosè è un fenomeno sin-

---

[82] Il carattere insolito dell'espressione «Elia con Mosè» è evidenziato da J.M. Nützel, *Die Verklärungserzählung*, 103: «Auffällig ist die Formulierung Ἠλίας σὺν Μωϋσεῖ, die bis heute nicht zufiredenstellend erklärt ist»; secondo V. Taylor, *Marco*, 452, è strano che Elia venga nominato per primo; M. Horstmann, *Studien*, 87; B.M.F. van Iersel, *Marco*, 270: «Il fatto che il narratore menzioni i due uomini in un ordine contrario sia alla cronologia della loro comparsa, sia al significato generalmente loro accordato è degno di nota, tanto più in quanto nel v. 5 li menziona nel loro ordine più naturale»; anche M.D. Hooker, *The Gospel*, 213, afferma che «the appearance and disappearance of Elijah and Moses are more difficult to explain».

[83] M.D. Hooker, *The Message*, 77: «Sowhat surprisingly, Elijah is mentioned first, though he was a later and less important figure for the Jews than Moses»; cf. Id. *The Gospel*, 216. Per S. Légasse, *Marco*, 446, l'insieme stilistico di Ἠλίας σὺν Μωϋσεῖ esprime «una gradazione in cui Mosè conserva in certo modo la priorità rispetto a Elia»; anche J. Mateos – F. Camacho, *Evangelio*, II, 303.312-313, sostengono che la preposizione συ.ν pone in primo piano la figura di Mosè, ma non forniscono motivazioni letterarie o teologiche soddisfacenti.

[84] Per W. Grundmann, *Das Evangelium*, 239, συ.ν ha una funzione coordinante: «Das "mit" ist koordinierend». In tal caso sarebbe stato più logico collegare la figura di Elia con Mosè e non viceversa. Tuttavia per la discussione sull'uso di σὺν nel vangelo di Marco, cf. J.M. Nützel, *Die Verklärungserzählung*, 103-111: le osservazioni linguistiche sugli altri due usi in Mc 4,10 e 8,34 non sono sufficienti a motivare una cruciale importanza di Mosè nel vangelo di Marco.

[85] A questo proposito cf.: E. Klostermann, *Das Markusevangelium*, 87; A. Feuillet, «Les perspectives», 283-284; H. Baltensweiler, *Die Verklärung*, 78. M.J. Lagrange, *Évangile*, 229, inizialmente riconosce nell'espressione Ἠλίας σὺν Μωϋσεῖ la centralità di Mosè, ma poi concorda con l'opinione della sua subordinazione a Elia, la quale è decisamente rifiutata da A. Feuillet, «Les perspectives», 284.

[86] Altre volte in Marco la preposizione σὺν pone in primo piano i personaggi per i quali si ha un particolare interesse: 4,10; 8,34; 15,27.32. Recentemente J.P. Heil, *The Transfiguration*, 96-97, in un attento esame di tutti i contesti marciani che presentano σύν, ha ipotizzato che soprattutto in 4,10 e 8,34 il gruppo o i personaggi aggiunti con la preposizione ricevono speciale enfasi: nel primo esempio, «quelli che erano intorno a lui (οἳ περὶ αὐτόν)» vengono subordinati ai «Dodici (σὺν τοῖς δώδεκα)»; nel secondo, la folla (τὸν ὄχλον) viene posta in stretta dipendenza dai discepoli (σὺν τοῖς μαθηταῖς). Di conseguenza anche in 9,4 l'uso di συ.ν fa risaltare Mosè su Elia. A questa possibilità interpretativa si può obiettare che una tipologia Mosè/Cristo è solo sottintesa da Marco, ma non esplicitata. Cf. J. Jeremias, «Μωϋσῆς», 815: «La tipologia Mosè/Cristo non si presenta uniforme nel NT, ma chiaramente riconoscibile soltanto negli Atti, nella Lettera agli Ebrei e nel vangelo di Giovanni, mentre è brevemente ac-

golare nella tradizione sinottica; nella letteratura giudaica del NT, invece, essi sono considerati precursori di Dio e figure messianiche[87].

In 9,4, dal punto di vista letterario, il personaggio principale è Elia perché è il soggetto di ὤφθη, mentre σὺν Μωϋσεῖ è solo un complemento di compagnia[88]. Questa preminenza grammaticale risponde all'intenzione marciana di sottolineare il ruolo primario del profeta rispetto a Mosè[89]. Di per sé la ricorrenza di alcuni elementi della storia di Mosè (i sei giorni, la montagna, e così via) nel racconto della trasfigurazione avrebbe potuto determinare la precedenza di Mosè; invece la particolare costruzione stilistica di Marco sembra suggerire che una delle chiavi interpretative della trasfigurazione sia la figura di Elia[90].

Marco menziona prima Elia non perché Mosè sia di rango inferiore, ma probabilmente perché è una figura secondaria in questo contesto: Elia ha la precedenza perché, nella visione di Marco, impersona il Battista, il precursore sofferente[91], il cui martirio ha fatto presagire la sorte

---

cennata in Paolo e nell'Apocalisse; i vangeli di Marco e Matteo la presuppongono, mentre manca del tutto nelle lettere pastorali e nelle sette epistole cattoliche». L'importanza di Elia in 9,4 è particolarmente sorprendente perché, a differenza di Mosè (il Pentateuco), non gli viene attribuito alcun libro dell'AT.

[87] M. HORSTMANN, *Studien*, 85.

[88] Se al posto del σὺν ci fosse stato il καί, i due personaggi sarebbero stati entrambi soggetti, ma la forma singolare del verbo avrebbe comunque dato la preminenza al primo: cf. F. BLASS – A. DEBRUNNER – F. REHKOPF, *Grammatica*, § 135, 1; Ch. MASSON, «La Transfiguration», 4. È proprio il verbo al singolare (ὤφθη) che ha dato luogo a un'altra ipotesi interpretativa dominante: Mosè avrebbe un ruolo secondario rispetto ad Elia. Anche Matteo, nonostante ponga prima Mosè e cambi la costruzione della frase, conserva il verbo al singolare (Mt 17,3). Cf. M. PAMMENT, «Moses», 338.

[89] J. GNILKA, *Marco*, 470: «Nel v. 4, contrariamente a quanto avviene nel v. 5, Elia è nominato prima di Mosè. L'evangelista qui ha introdotto il cambiamento per mettere in evidenza il suo interesse per Elia». A ragione M.J. LAGRANGE, *Évangile*, 229, sostiene che la priorità di Elia in Mc 9,4 non corrisponde ad una posizione sociale superiore «puisqu'il vient avec Moïse qui demeure le personnage principal». M. COUNE, «Radieuse», 72: la sequenza Elia-Mosè «propre à sa tradition, correspond à la place plus importante qu'Élie occupe dans le deuxième évangile». S. PELLEGRINI, *Elija*, 317: la formula Ἠλίας σὺν Μωϋσεῖ, mostra l'importanza di Elia nel pensiero teologico di Marco. Per M. HORSTMANN, *Studien*, 86, la dissonanza che si riscontra nella diversa successione delle due figure fa supporre una rielaborazione secondaria e l'antichità della versione di Mc 9,4.

[90] M. HORSTMANN, *Studien*, 87: la questione molto discussa del valore da attribuire alle figure di Elia e Mosè, così note nella Bibbia, «ist nur im Hinblick auf deren Funktion in der markinischen Fassung der Verklärungsgeschichte revevant».

[91] L'idea che il precursore Elia sia presente alla trasfigurazione è sostenuta da J. JEREMIAS, «Ἠλ(ε)ίας», 95: «Elia e Mosè appaiono dunque sul monte della trasfigurazione come i due precursori di Cristo». La stessa idea è espressa con titubanza in un

dolorosa riservata dagli uomini a Gesù[92]. Infatti il tema del Messia sofferente è un punto nodale della sezione 8,27-10,52[93].

L'imperfetto perifrastico ἦσαν συλλαλοῦντες sottolinea l'apparizione di Elia con Mosè che dialogano con Gesù. Il verbo συλλαλεῖν è uno dei termini rari del NT e della LXX[94], nella quale esprime una relazione di comunione tra le persone che conversano[95]. Questo significato potrebbe essere presente anche nel racconto della trasfigurazione per descrivere il colloquio intimo tra Gesù e le due figure divine, Elia e Mosè[96], i quali però non si rivolgono ai discepoli: l'AT non comunica alcun messaggio se non attraverso Gesù. Nel dialogo esclusivo con Gesù, Elia e Mosè appaiono orientati verso Gesù, nel quale riconoscono il Messia atteso[97].

Il lettore ignora il contenuto della conversazione e percepisce solo che ai discepoli viene concessa la visione delle tre figure celesti, ma non l'ascolto della loro voce (essi, però, avranno il privilegio di sentire la voce dalla nube in 9,7). Ma qual è la deduzione del lettore di fronte all'apparizione di Elia con Mosè? Si approfondisce la sua conoscenza di Gesù[98]?

Non sono convincenti le recenti spiegazioni esegetiche dell'apparizione di Elia con Mosè[99]: si dovrebbero piuttosto formulare delle conclusioni a partire dal contesto della trasfigurazione o dall'ambito più

---

altro articolo, «Μωϋσῆς», 813: in 9,4 «si riflette probabilmente l'idea che Mosè ed Elia sono i due precursori del Messia». Cf. J. SCHNIEWIND, *Das Evangelium*, 122.

[92] A. FEUILLET, «Les perspectives», 284; M. COUNE, «Radieuse», 73.

[93] C.H. DODD, *The Apostolic*, 48-49; M.D. HOOKER, *The Gospel*, 216.

[94] Sul suo uso nel NT e nella LXX: J.M. NÜTZEL, *Die Verklärungserzählung*, 112.

[95] J.M. NÜTZEL, Die Verklärungserzählung, 112.

[96] Una variante interessante di questa spiegazione viene proposta da K. STOCK, *Il cammino*, 75: si tratta di una discussione in cui Gesù appare sullo stesso livello di Elia e Mosè. Ma la verità di questa relazione sarà rivelata nei versetti successivi.

[97] J. MATEOS – F. CAMACHO, *Evangelio*, II, 314.

[98] J. HÖLLER, *Die Verklärung*, 66-78, offre una dettagliata raccolta di opinioni espresse in relazione a questi interrogativi. Si possono consultare anche studi più recenti: J.M. NÜTZEL, *Die Verklärungserzählung*, 113-122; M. THRALL, «Elijah», 305-317.

[99] Una panoramica rappresentativa delle ipotesi più importanti sul ruolo di Elia e Mosè in 9,4 viene presentata da: J.M. NÜTZEL, *Die Verklärungserzählung*, 113-122; M. HORSTMANN, *Studien*, 87; M. ÖHLER, «Die Verklärung», 205 n. 26; A.D.A. MOSES, *Matthew's*, 129-130; D.L. BOCK, *Luke 1:1-9:50*, 868-869; B.E. REID, *The Transfiguration*, 121-124. Cf. X. LÉON-DUFOUR, *Studi*, 133: «Nessuna delle ipotesi circa il significato dei due personaggi celesti è convincente»; M.D. HOOKER, *The Gospel*, 216-217; J.P. HEIL, *The Transfiguration*, 98: molte delle interpretazioni proposte «neglet the epifanic nature of the appearance of Moses and Elijah».

generale del racconto marciano[100]. In 9,4 un primo elemento chiarificatore dell'apparizione di Elia e Mosè potrebbe essere il loro ruolo di esseri celesti che conversano con Gesù[101]. Dalla descrizione della scena di 9,4 si deduce non la subalternità di Elia e Mosè rispetto a Gesù, ma la familiarità dei rapporti che intrattengono con lui. E al lettore Elia e Mosè appaiono non tanto come rappresentanti della Legge e dei Profeti, quanto come personaggi della sfera divina[102]. Perciò i due abitanti del cielo non testimoniano in favore di Gesù[103], ma confermano nella mente dei discepoli la certezza della sua partecipazione, per un istante, alla gloria celeste.

Queste osservazioni forniscono al lettore la chiave per comprendere le diverse modalità della partecipazione di Elia-Mosè e Gesù alla gloria celeste. Elia, sebbene rifiutato dal suo popolo, non fu soggetto alla morte perché rapito alla gloria celeste su un carro fiammeggiante (2Re 2,11)[104]; allo stesso modo Mosè, pur essendo stato osteggiato dal suo popolo, non fu mai messo a morte come un profeta rifiutato[105], ma partecipò alla gloria celeste dopo essere morto pacificamente in tarda età (Dt 34,5) o, secondo alcune tradizioni, fu rapito al cielo come Elia ed Enoch senza sperimentare affatto la morte[106]. Diversamente da Mosè ed Elia, Gesù otterrà la gloria celeste non perché rinuncia volontariamente

---

[100] Il suggerimento viene da J. HÖLLER, «Die Verklärung», 66-78 (soprattutto 66-67).

[101] M. THRALL, «Elijah»: Elia e Mosè non appaiono nell'atto di venerare Gesù o di ascoltarlo con devozione; M. ÖHLER, «Die Verklärung», 207: in 9,4 Mosè ed Elia sono semplicemente rappresentanti del cielo, senza un ulteriore significato.

[102] Per R. BULTMANN, *Historia*, 319, le due figure erano originariamente personaggi celesti indefiniti, quasi elementi accessori apparsi accanto al Signore elevato alla beatitudine celeste, e solo in seguito vennero identificate con Elia e Mosè. Di parere contrario è M. HORSTMANN, *Studien*, 86 (n. 74).88: Elia e Mosè non vengono qualificati dal loro aspetto esteriore, ma dal loro carattere celeste. Per J. ERNST, *Il Vangelo*, 415: «Non si deve però neppure escludere che i due "uomini celesti" vogliano rappresentare nella loro persona il mondo di Dio, il cielo, e vogliano dimostrare che Gesù è uno di loro, ancor più: "è il più grande ed atteso, colui che compie tutte le speranze umane"», cf. R. SCHNACKENBURG, *Vangelo*, II, 40.

[103] È difficile per i giudei-cristiani invocare l'antica alleanza come testimonianza per Gesù: S. LÉGASSE, *Marco*, 446. Nella scena l'unico a testimoniare è Dio (9,7).

[104] J.P. HEIL, *The Gospel*, 186: «In the biblical tradition the prophet Elijah went up by a whirlwind into heaven without dying (2 Kgs 2:1-11)».

[105] Tradizioni giudaiche tardive riferiscono che Mosè ottenne la gloria celeste o nell'ora della sua misteriosa morte e sepoltura o, come Elia, senza morire affatto: J. JEREMIAS, «Μωϋσῆς», 780-785.

[106] Enoch, sebbene assunto in cielo senza morire, non compare nel racconto della trasfigurazione.

alla morte, ma perché, dopo aver sofferto l'ingiusta morte del profeta rifiutato, viene risuscitato da Dio[107].

Per confermare questa possibilità interpretativa è necessario ricorrere alla tradizione letteraria, probabilmente nota al lettore di Marco, sulla partecipazione di Elia alla gloria celeste al termine della sua vita: dopo la vittoria sui profeti di Baal, la tradizione biblica di 1Re 19,1-18 ci presenta Elia nel momento più tragico della sua missione profetica; di fronte alle minacce di morte della regina Gezabele, il profeta fugge nel deserto e, in un momento di sconforto, invoca la morte (1Re 19,4). Nonostante questa esperienza di fallimento, Elia è incoraggiato da Dio a cercare la vita e a lottare contro la morte (1Re 19,5-8). Giunto sulla cima dell'Oreb, Elia esprime l'intensità della sua disperazione: «...Sono rimasto solo ed essi [gli Israeliti] tentano di togliermi la vita» (1Re 19,10e)[108]. Nonostante queste minacce, Elia non sperimentò la morte del profeta perseguitato ingiustamente, ma fu rapito, attraverso un turbine di vento, nei cieli (2Re 2,11)[109]:

(TM) וַיַּעַל אֵלִיָּהוּ בַּסְּעָרָה הַשָּׁמָיִם
(LXX) ἀνελήμφθη Ηλιου ἐν συσσεισμῷ ὡς εἰς τὸν οὐρανὸν

Nella versione della LXX la congiunzione ὡς prima di εἰς τὸν οὐρανὸν sottolinea il destino di Elia in modo meno indiretto rispetto al TM, che invece indica semplicemente «ai cieli» (הַשָּׁמָיִם). In ogni modo sia il TM sia la LXX indicano che Dio fa salire Elia al cielo (וַיַּעַל-

---

[107] J.P. HEIL, *The Transfiguration*, 98-99; cf. anche *The Gospel*, 186-187. Secondo M. PAMMENT, «Moses», 338-339, le tre figure epifaniche di Gesù, Elia e Mosè furono profeti che sperimentarono rifiuti e persecuzioni da parte del loro stesso popolo: «The story of Moses' relations with Israels is a story of rejection and persecution (e.g., Ex 14,11ff, 16,2ff, 17,2ff, 32,1ff, Num 11,1ss, 14,1ff, 16,1ff, 20,2ff)». The story of Elijah's relations with Israel is a story of rejection and persecution (1 Kg 18,7ff, 19,2ff). [...] Moses and Elijah prefigure Jesus in being rejected by the people and vindicated by God: the details of rejection and vindication differ but the structure is the same. Le differenze sull'accesso alla gloria celeste di Elia-Mosè e Gesù sono segnalate da M.E. THRALL, «Elijah», 314. Per B.E. REID, *The Transfiguration*, 124-125, la resurrezione dopo la morte in croce dà a Gesù uno stato di gloria celeste di gran lunga superiore a quello concesso ad Elia e Mosè.

[108] F. FORESTI, «Il rapimento», 271: «Una delle costanti dei racconti componenti il "Ciclo di Elia" è la caratterizzazione del profeta come giusto perseguitato».

[109] W. GRUNDMANN, *Das Evangelium*, 239: «Elia, nach 2. kön. 2,11 im Lichtwagen des Herrn gen Himmel gefahren, wird von dort wiederkommen (vgl. Mal. 3,23 f.)»; M.D. HOOKER, *The Gospel*, 216: «Relevant, too, is the belief that Elijah was carried up to heaven (2 Kgs 2.1-12), and so did not 'taste death' (9,1)».

ἀνελήμφθη)[110]. La tradizione dell'assunzione di Elia al cielo senza morire, attestata in 1Mac 2,58 (Ἠλιὰ... ἀνελήμφθη εἰς τὸν οὐρανόν) e in Sir 48,9 (ἀναλημφθείς)[111], contribuì al sorgere della sua attesa come precursore nel tempo finale (Ml 3,23-24; Mc 9,11; Mt 17,10).

Quindi il lettore non si stupisce per la comparsa di Elia in questo contesto celeste, perché ha appreso dall'AT che il profeta non è morto, ma è stato rapito in cielo davanti agli occhi del suo discepolo Eliseo (2Re 1-18)[112].

3.1.4 Reazione dei discepoli (Mc 9,5-6)

Introdotto dalla stessa formula della confessione di Cesarea (ἀποκριθεὶς ὁ Πέτρος λέγει: 8,29c), l'intervento di Pietro si apre con il titolo 'Ραββί[113], riferito a Gesù: il termine, in sé giusto, attesta però una comprensione limitata e superficiale della realtà di Gesù e trascura le conseguenze del suo insegnamento sul Messia sofferente (8,31). Questo appellativo ricorre altre volte nel vangelo di Marco[114], ma è strano che Pietro, dopo aver riconosciuto a Cesarea che Gesù è il Cristo, si rivolga a lui come a un mero maestro[115].

La proposta di Pietro di costruire tre tende (τρεῖς σκηνάς)[116] per trattenere i personaggi della visione e prolungare la meravigliosa manife-

---

[110] J.P. HEIL, *The transfiguration*, 100-101.

[111] Sull'assunzione di Elia al cielo cf. G. LOHFINK, *Die Himmelfahrt*, 212-214; J. JEREMIAS, «Ἠλ(ε)ίας», 72-74. Sul verbo ἀναλαμβάνω come termine tecnico per l'ascensione celeste e l'esaltazione, cf. G. DELLING, «ἀναλαμβάνω», 27-31; J. KREMER, «ἀναλαμβάνω», 222: nel NT ha delle affinità linguistiche con l'uso nella «tradizione veterotestamentaria o di Enoch (4 Regn 2,9-11; Sir 48,9; 49,14; 2 Mac 2,58».

[112] B.M.F. van IERSEL, *Marco*, 270.

[113] C.E.B. CRANFIELD, *The Gospel*, 291: «Literally, 'my great one'». Il titolo abitualmente è usato per un maestro della Legge (1,21).

[114] Mc 10,51; 11,21; 14,45.

[115] Per V. TAYLOR, *Marco*, 453, è insolito che Gesù venga interpellato come «rabbi» in questa narrazione. M.D. HOOKER in «What Doest», 64 si chiede: «Has Mark used it deliberately, to indicate the inadequacy of Petr's understanding of Jesus?» e fornisce una risposta in *The Gospel*, 217: «Peter's use of Rabbi to address Jesus seems strange so soon after Caesarea Philipp, especially in a scene of this nature». Dello stesso parere J.P. HEIL, *Transfiguration*, 159, che sottolinea il contrasto notevole tra la confessione di 8,29 e il titolo di «maestro»:

(8,29) ἀποκριθεὶς ὁ Πέτρος λέγει αὐτῷ, Σὺ εἶ ὁ Χριστὸς
(9,5) ἀποκριθεὶς ὁ Πέτρος λέγει τῷ Ἰησοῦ Ῥαββί

[116] Per la storia delle interpretazioni delle tre tende: H. RIESENFELD, *Jésus*, 146-205; E. LOHMEYER, *Das Evangelium*, 176; J.M. NÜTZEL, *Die Verklärungserzählung*, 126-133; J.P. HEIL, *The Transfiguration*, 116-127.

stazione della gloria celeste[117] coinvolge anche Gesù, perché i discepoli, durante la trasfigurazione, si sono resi conto che egli, appartenendo alla schiera profetica, deve essere onorato come Elia e Mosè[118]. In tal modo, però, Pietro sembrerebbe ignorare la predizione della sofferenza[119] e della morte, poiché ritiene che sia giunta l'era escatologica in cui la gente abiterà nelle capanne[120]. Una simile interpretazione è contraddetta dall'osservazione che le tende sono per Gesù, Mosè ed Elia, e non per la gente in genere[121] o per i discepoli[122]. Si potrebbe anche considerare l'offerta della tenda come un tentativo di assimilare Gesù a Mosè e ad Elia o di onorarlo al pari di queste grandi figure del passato[123]. L'enunciazione σοὶ μίαν καὶ Μωϋσεῖ μίαν καὶ Ἠλίᾳ μίαν eliminerebbe quella convergenza e dipendenza di Mosè ed Elia da Gesù: piuttosto Pietro avrebbe dovuto proporre una tenda per Gesù, distinguendo quelle per Elia e Mosè (Ἠλίας σὺν Μωϋσεῖ). Invece l'enumerazione minuzioza (σοὶ μίαν... Μωϋσεῖ μίαν... Ἠλίᾳ μίαν) sembra sottolineare l'indipendenza dei tre personaggi e del loro ruolo: Gesù è il Messia; Mosè, il legislatore; Elia, colui che ristabilisce le relazioni familiari e sociali[124]. La proposta di Pietro svela anche la sua idea del

---

[117] W. GRUNDMANN, *Das Evangelium*, 240: «Er möchte dem Geschehen Dauer verleihen...»; S. LÉGASSE, *Marco*, 447: nonostante Pietro voglia rendere stabili tutti e tre i personaggi celesti, Gesù «rimane il padrone della situazione»; J.P. HEIL, *The Transfiguration*, 116.

[118] F.M. URICCHIO – G.M. STANO, *Vangelo*, 409; M.D. HOOKER, «What Doest», 66: «If Jesus is included, perhaps that is because the disciples have seem him transfigured, and now realize that he belongs in the company of Moses and Elijah, as worthy of honour as they». Cf. J.P. HEIL, *The Transfiguration*, 116.

[119] F.M. URICCHIO – G.M. STANO, *Vangelo*, 409: le parole di Pietro «manifestano la sua incomprensione della lezione della croce»; J. GNILKA, *Marco*, 475: «Col voler trattenere la beatitudine il discepolo si difende nuovamente dalla necessità della sofferenza».

[120] E. LOHMEYER, *Das Evangelium*, 176: le parole di Pietro esprimono la convinzione che, con la comparsa di Elia e Mosè, sia arrivato il giorno del Signore; W. GRUNDMANN, *Das Evangelium*, 240; M.D. HOOKER, «What Doest», 64.

[121] E. KLOSTERMANN, *Das Markusevangelium*, 87: è anomalo far alloggiare degli esseri celesti sotto le tende.

[122] W. MICHAELIS, «σκηνή», 484; J. GNILKA, *Marco*, 475. Il pronome ἡμᾶς in 9,5 si riferisce ai tre discepoli e non include Gesù, Mosè o Elia: J.M. NÜTZEL, *Die Verklärungserzählung*, 123-126; R.H. GUNDRY, *Mark*, 460.

[123] M.D. HOOKER, *The Gospel*, 217; J.P. HEIL, *The Transfiguration*, 120: sebbene Pietro ponga Gesù in prima posizione nella costruzione delle tre tende, «he nevertheless placet Jesus on the same level as Moses and Elijah, giving each a tent in which to dwell». Cf. J. GNILKA, *Marco*, 475.

[124] M.J. LAGRANGE, *Évangile*, 217: Pietro «s'immagine que Moïse et Élie vont rester et probablement que Jésus va dès maintenant inaugurer sa mission glorieuse. Il

Messia (8,29.33): egli non coglie il ruolo preparatorio e prefigurativo rispettivamente di Elia e Mosè in funzione di Gesù, ma li considera tutti e tre delle figure stabili e definitive. E così l'intento di Pietro fallisce perché non riesce a cogliere che il nuovo messaggio di Gesù[125], che è più grande di Mosè e di Elia[126], ne corregge o purifica le funzioni.

Al lettore appare evidente che la proposta incerta (οὐ γὰρ ᾔδει τί ἀ–ποκριθῇ: 9,6a) di Pietro è impropria perché vuole prolungare la durata di un'apparizione momentanea: la trasfigurazione di Gesù è solo un'anticipazione fuggevole della permanente gloria[127] che egli otterrà dopo aver percorso la via di sofferenza, morte in croce e resurrezione che ha appena predetto in 8,31.

Questa reazione di Pietro viene qualificata come inadeguata e intempestiva, suggerita piuttosto dalla paura[128]. Con due γάρ Marco cerca di spiegarne le motivazioni: il primo introduce l'indicativo piuccheperfetto ᾔδει, che ben evidenzia il perdurare di questa incoscienza sul ragionamento esposto nel v. 5; infatti il commento del narratore (Pietro «non sapeva che cosa rispondere»: 9,6) chiarisce che la proposta di Pietro è suggerita indebitamente dall'insicurezza di fronte all'epifania di Gesù trasfigurato[129] ed è indice della sua incomprensione della vera identità di Gesù in relazione ad Elia e Mosè così come è stata rivelata nella trasfigurazione. Il secondo γάρ precede l'aoristo ἐγένοντο e spiega che la paura (ἔκφοβοι) è il motivo e il risultato dell'incomprensione[130]; inoltre

---

n'a toujours pas compris la leçon de la croix»; J. MATEOS – F. CAMACHO, *Evangelio*, II, 317.

125 J. MATEOS – F. CAMACHO, *Evangelio*, II, 317.

126 Per la storia dell'indagine sul significato da attribuire alle «tende» collegate con Gesù, Elia e Mosè cf.: W. MICHAELIS, «σκηνή», 480-484; J.M. NÜTZEL, *Die Verklärungserzählung*, 126-134; J.-A. BÜHNER, «σκηνή», 1353-1356.

127 B.M.F. van IERSEL, *Marco*, 271: «Il velo che copre il segreto dell'identità di Gesù è sollevato solo per un momento».

128 X. LÉON-DUFOUR, *Studi*, 151, ritiene che la scena sia affine a Mc 14,10. Le due scene presentano elementi in comune: gli stessi testimoni privilegiati, lo stesso stupore davanti alla gloria nella trasfigurazione e davanti all'umiliazione di Gesù nel Getsemani, lo stesso mistero incomprensibile per i discepoli.

129 Sul significato del commento narrativo di Marco in 9,6a, R.H. GUNDRY, *Mark*, 460: «Since Peter's suggestion overexalts Moses and Elijah, more of whose words Peter and his fellow disciples want to hear, Mark designs his editorial comment, 'for he [Peter] did not know what [or "how"] he should answer' (cf. 14:40), to keep the audience of the gospel from averlooking Peter's error». J. RADERMAKERS, *Lettura*, 209; J.P. HEIL, *The Transfiguration*, 162.

130 Per alcuni la risposta di Pietro è originata dalla paura dei discepoli di fronte alle manifestazioni della potenza di Dio che opera in Gesù: M.D. HOOKER, «What Doe-

il plurale dell'aggettivo ἔκφοβοι[131], in posizione enfatica[132], denota che non solo Pietro, ma anche gli altri discepoli sono terrorizzati davanti alla spettacolare apparizione di 9,2c-4.

Nonostante questa grande rivelazione, i tre discepoli provano un grande timore che, nel vangelo di Marco, è in contrapposizione con la realtà della fede e della comprensione[133].

3.1.5 La voce dalla nube (Mc 9,7)

Nel v. 7a.b, all'interno della seconda fase della rivelazione (vv. 7-8), si manifesta la solennità dell'intervento di Dio, che costituisce il *climax* dell'intero episodio e viene descritto con due elementi epifanici, l'uno visivo (νεφέλη) e l'altro uditivo (φωνή), in stretta relazione tra loro.

Il termine νεφέλη al singolare è un *hapax legomenon* in Marco[134], così come il participio presente che lo accompagna; la nube, segno della presenza nascosta di Dio[135], è presentata come ἐπισκιάζουσα αὐτοῖς[136]: il participio descrive la protezione di Dio[137], mentre il pronome αὐτοῖς sembra riferirsi non ai tre testimoni[138], ma ai personaggi celesti, dato

---

st», 66; K. STOCK, *Il cammino*, 76-77. Per J. LAMBRECHT, *The Christology*, 270, l'insicurezza di Pietro ne accentua l'interpretazione erronea dell'apparizione. Al contrario per S. LÉGASSE, *Marco*, 448, non si tratta del timore al contatto col divino, ma di pusillanimità.

[131] Sull'uso di φοβέομαι vedi H. BALZ – G. SCHNEIDER, «φοβέομαι», 1806-1813.

[132] R.H. GUNDRY, *Mark*, 460, sottolinea «the perfective preposition in ἔκφοβοι, "terrified", the emphatic position of this adjective».

[133] J.D. KINGSBURY, *The Christology*, 100.

[134] La manifestazione di Dio nella nube è un tema caratteristico dell'AT (cf. Es 13,21s; 33,7-11; Nm 9,15-22). Nei Sinottici la nube (Mt 17,5.bis; Mc 9,7.bis; Lc 9,34.bis.35) contrasta con le nubi sulle quali verrà il Figlio dell'uomo (cf. Mt 24,30; Mc 13,26; 14,62). Cf. J. LUZARRAGA, *Las tradiciones*, 84-193.

[135] R. PESCH, *Il Vangelo*, II, 125; X. LÉON-DUFOUR, *Studi*, 138; W. GRUNDMANN, *Das Evangelium*, 241; F.M. URICCHIO-G.M. STANO, *Vangelo*, 410; V. TAYLOR, *Marco*, 453.

[136] Es 24,15-18; 40,34s. X. LÉON-DUFOUR, *Studi*, 139.

[137] A. OEPKE, «νεφέλη», 916; C.E.B. CRANFIELD, *The Gospel*, 292; R. PESCH, *Il Vangelo*, II, 125.

[138] J. SCHMID, *L'Evangelo*, 229: «Non è da intendere che la nuvola abbia gettato la sua ombra sui discepoli, che si trovavano fuori di essa, ma che le tre figure divine ne furono avvolte: come si deduce dal fatto che la voce divina si rivolge ai discepoli "dalla nube"»; J. GNILKA, *Marco*, 476; S. LÉGASSE, *Marco*, 448. Di parere diverso è R. PESCH, *Il Vangelo*, II, 125: «I discepoli (αὐτοῖς) vengono ricoperti da una nube, dalla quale esce una voce (v. 7b)». Cf. R.H. GUNDRY, *Mark*, 35.

CAP. IV: LA FIGURA DI ELIA E LA TRASFIGURAZIONE 195

che i discepoli, udendo la voce che esce dalla nube (ἐκ τῆς νεφέλης: «dall'interno la nuvola»), ne sono fuori (9,7b)[139]. Finora la nube di 9,7 è stata interpretata esclusivamente alle luce della nube miracolosa dell'Esodo e dei contesti escatologici[140]. Ma la scena di Gesù che viene accolto nella nube insieme a Elia richiama la storia del rapimento in cielo del profeta, in cui una nube temporalesca, sebbene non sia nominata esplicitamente, è stata probabilmente generata dal carro di fuoco e dal turbine (2Re 2,11) e ha potuto attrarre Elia nella sfera celeste[141]. In Es 40,35 l'ombra della nube, manifestazione della presenza divina, protegge la tenda innalzata da Mosè, in 2Re 2 la nube temporalesca è il *medium* del potente intervento di Dio che ha preso possesso[142] del suo profeta Elia. Tuttavia, nonostante la sua fragilità, non si deve escludere completamente l'ipotesi che la nube scaturisca dal carro di fuoco che rapisce il profeta. Attraverso la φωνη,[143], che rivela la trascendenza divina (Es 24,16), Dio presenta Gesù (9,7c) e ordina ai tre di ascoltarlo (9,7d)[144]. La voce caratterizza anche la teofania di

---

[139] J. LUZARRAGA, *Las tradiciones*, 218; J. SCHMID, *Il Vangelo*, 221; J.P. HEIL, *The Transifguration*,164.

[140] Per una completa discussione sul «background» e sul significato epifanico della nube nell'AT: J.P. HEIL, *The Transifguration*, 129-149. Sulla presenza di Dio nella nuvola come inizio dell'era escatologica, cf. F.M. URICCHIO – G.M. STANO, *Vangelo*, 411.

[141] A. OEPKE, «νεφέλη», 915. Cf. F. FORESTI, «Il rapimento», 266: «I "carri e cavalli di fuoco" (v. 11a), che irrompono in scena dividendo Elia ed Eliseo, sono un'immagine frequente nelle descrizioni degli interventi teofanici di Jahvé: cf. Abac 3,8; Is 66,15; Os 68,18. Lo stesso è vero per la "bufera" che avviluppa Elia e lo trascina al cielo (v. 11b)»; T.L. BRODIE, *The Crucial*, 90: «The dramatic center of the Elijah-Elisha narrative – heavenly fire comes down on a mountain-top (2 Kings 1) and fire carries Elijah to heaven (2 Kings 2) – is matched in Mark, at the center, by the mountain-top drama of the Transfiguration»; Ph. ABADIE, «Il rapimento», 34: «La simbolica del fuoco e del turbine si ritrova anche in numerosi testi teofanici, a cominciare dall'esperienza del Sinai, quando Dio si manifesta ad Israele attraverso un'insieme di fumo lampi e tuoni: [...] Es 19,18-19. Questi stessi elementi sono ripresi in 1 Re 19, in occasione dell'incontro di Elia con Dio sull'Oreb, dove essi diventano tuttavia i segni di una non presenza divina (vv.11b-12a), in chiara opposizione con il "mormorio di un vento leggero" (v.12b)».

[142] S. SCHULZ, «ἐπισκιάζω», 534. Per G. FOHRER, *Prophetenerzählungen*, 84: «Doch das Miteinander von Feuer und Sturm sollen nunmehr auf eine Theophanie hinweisen, die Gegenwart Gottes bei der Entrückung Elias ausdrücken und die Autorität dessen vergrößern, dessen Erbe Elisa wurde».

[143] In genere la voce introduce e dà peso al contenuto della comunicazione (cf. 1,3.11; 9,7; 15,34) ed è accompagnata dalla forza di chi la pronuncia: Dio Padre (1,11; 9,7) o Gesù stesso (15,34.37).

[144] In 1,11b essa viene direttamente dal cielo (ἐκ τῶν οὐρανῶν) ed è rivolta a Gesù.

1Re 19,13 durante la permanenza di Elia sull'Oreb: a Mosè e al popolo Dio si manifesta sul Sinai (Es 19-20) attraverso voci, lampi e nubi (Es 19,18-19; cf. Dt 5,3-5.23-27)[145], invece a Elia si rivela in una voce di sottile silenzio (קוֹל דְּמָמָה)[146]. Infatti il testo di 1Re 19 intende distinguere i fenomeni tipici della rivelazione sinaitica (vento impetuoso, terremoto o fuoco), che annunziano un'azione negativa, e il vento leggero, che è presagio dell'azione positiva e salvifica di Dio[147].

In Mc 9,4 il lettore, informato dell'apparizione di Elia, collega l'elemento narrativo della voce del v. 7 alla modalità tipica della manifestazione divina a Elia: tale accostamento permette di rilevare che la voce sull'Oreb, caratterizzata dalla debolezza (דְּמָמָה)[148], è una identità da scoprire, mentre quella che dall'interno della nuvola si rivolge ai discepoli si caratterizza come parola chiara e rivelativa, diretta a trasmettere un messaggio positivo di estrema importanza.

Ma quali personaggi del racconto adombra la nube? Non certo i tre discepoli, che sono i destinatari della comunicazione. E, siccome si deve escludere anche Gesù (9,7), verso il quale la voce proveniente dalla stessa nube indirizza enfaticamente i discepoli, si deduce che solo Elia e Mosè sono stati adombrati. Anche la scena finale conferma che Elia e Mosè vengono implicitamente riportati in cielo e nascosti agli occhi dei discepoli[149], che, dopo aver udito la voce, vedono Gesù da solo. Si potrebbe, perciò, intravedere nel distendersi della nube su Elia e Mosè una

---

[145] C.J. LABUSCHAGNE, «קוֹל», 571: «Secondo la concezione dell'antica tradizione del Sinai di Es 19,16ss i tuoni rappresentano la voce di Jhwhe e non cessano per tutto il tempo in cui Jhwhe comunica con Mosè e con il suo popolo».

[146] Sulle motivazioni di tale traduzione e sul panorama della varie interpretazioni vedi J. BRIEND, *Dio*, 26-28, il quale traduce con «voce di sottile silenzio»: l'ebraico non permette alcun equivoco sul costrutto קוֹל דְּמָמָה, perché se si ritiene «per il termine *qôl* il significato di voce, come raccomanda il contesto, il sostantivo *demanah* dev'essere tradotto con "silenzio", infatti la radice verbale ha come significato primitivo »restare muto, stare zitto» (Gb 29,21; 31,34)».

[147] J. BRIEND, *Dio*, 11. C.J. LABUSCHAGNE, «קוֹל», 571: «Una distinzione ancora più marcata tra l'apparizione epifanica e la voce di Jahwe si ha in 1Re 19: dopo che si sono verificati alcuni fenomeni naturali "giunse a lui una voce e disse" (v. 13)».

[148] L'aspetto debole della voce è indicato dall'espressione «קוֹל דְּמָמָה דַקָּה», usata in ebraico in assenza di suoni particolari (1Re 18,26.29; 19,12; 2Re 4,31). Cf. C.J. LABUSCHAGNE, «קוֹל», 568.

[149] Alcuni sostengono, invece, che la nube avvolge i tre personaggi celesti, ma non ne adducono i motivi: B.M.F. van IERSEL, *Marco*, 271; M.D. HOOKER, *The Gospel*, 217.

sottolineatura ironica[150] che li separi da Gesù, correggendo l'improprio accostamento proposto da Pietro con le tre tende[151].

a. *La dichiarazione: ὁ υἱός μου ὁ ἀγαπητός (9,7c)*

All'ironia della nube si aggiunge la voce di Dio stesso che, senza la mediazione della tenda e di profeti come Mosè ed Elia, svela ai discepoli in modo solenne e diretto una comunicazione divina: «Οὗτός ἐστιν ὁ υἱός μου ὁ ἀγαπητός, ἀκούετε αὐτοῦ» (9,7).

È la seconda volta che nel vangelo di Marco Dio dichiara il suo punto di vista valutativo sull'identità di Gesù: in 1,11 si rivolge a Gesù solo e in 9,7 a personaggi umani del racconto, i tre discepoli[152].

La dichiarazione fa leva sul pronome dimostrativo οὗτος che in forma enfatica presenta la superiorità di Gesù escludendo Mosè ed Elia[153]. Il verbo ἐστὶν mette in evidenza l'identità di Gesù come Figlio diletto e costituisce il fondamento del comando seguente. Gli articoli determinativi fanno risaltare i termini υἱὸς e ἀγαπητὸς[154] e il possessivo μου specifica la profonda relazione tra il Padre e il Figlio: Gesù è presentato da Dio come Figlio diletto per antonomasia[155]. La proclamazione manifesta una relazione stretta di amore e comunione tra Dio Padre[156] e il Figlio diletto Gesù (cf. 1,11) e comunica il titolo cristologico fondamentale del Vangelo[157], rettificando le parole di Pietro che si era rivolto a

---

[150] A. MARCHESE, *Dizionario di retorica*, 155, sottolinea l'importanza dell'ironia nel racconto perché mostra «la superiorità conoscitiva dell'autore e del lettore rispetto ai personaggi e agli avvenimenti».

[151] Tale lettura viene proposta da J.P. HEIL, *The Transfiguration*, 164.

[152] F.J. MATERA, *The Prologue*, 19: il narratore usa la terza persona in 9,7 e la seconda in 1,11.

[153] J. MATEOS-F. CAMACHO, *Evangelio*, II, 321.

[154] L'ebraico *jahîd* nei LXX viene reso con ἀγαπητός (Gn 22,2.12.16; Am 8,10; Ger 6,26; Zc 12,10) o con μονογενής (Gdc 11,34; Tb 3,15; 6,11a.15s; 8,17; Sl 22 (21), 21; 25 (24), 16; 35 (34),17; Bar 4,16a; Sap 11,34).

[155] K.G. REPLOH, *Markus*, 120; M. HORSTMANN, *Studien*, 102s; W. SCHMITHALS, *Das Evangelium*, II, 403; W. GRUNDMANN, *Das Evangelium*, 241; J. MATEOS – F. CAMACHO, *El Evangelio*, II, 321; J. RADERMAKERS, *Lettura*, 210.

[156] In Marco questa relazione viene esplicitata sia da Dio, che presenta Gesù come suo Figlio (1,11; 9,7), sia da Gesù, che rivela che Dio è suo Padre (8,38; 13,32; 14,36).

[157] Questo titolo appare in quattro formulazioni complementari: υἱος (θεοῦ) proclamato da Dio e dal centurione (1,11; 15,39); υἱὸς τοῦ θεοῦ manifestato dai demoni (3,11; 5,7); ὁ υἱὸς τοῦ εὐλογητοῦ pronunciato dall'autorità (14,61); ὁ υἱὸς [μου] ὁ ἀγαπητός [senza articoli] rivelato dal Padre o da Gesù (1,11; 9,7; 12,6).

Gesù con i titoli di Messia (8,29) e rabbi (9,5). Questo intervento del Padre richiama un altro importante esempio di parole proferite dal cielo, la dichiarazione indirizzata solo a Gesù nel momento del battesimo (1,11)[158]:

(1,11) καὶ φωνὴ ἐγένετο ἐκ τῶν οὐρανῶν
Σὺ εἶ ὁ υἱός μου ὁ ἀγαπητός, ἐν σοὶ εὐδόκησα
(9,7) καὶ ἐγένετο φωνὴ ἐκ τῆς νεφέλης
Οὗτός ἐστιν ὁ υἱός μου ὁ ἀγαπητός, ἀκούετε αὐτοῦ

Questi testi, collocati all'inizio delle due parti del vangelo di Marco (1,14-8,26 e 8,27-16,8), offrono una prospettiva tipicamente teologica e cristologica[159] e presentano non solo elementi comuni[160], come l'iniziativa di Dio che si rivela Padre di Gesù (cf. 14,36) e lo dichiara suo Figlio diletto, ma anche differenze: mentre in 1,11 la comunicazione è indirizzata al Figlio Gesù che si appresta a dare l'annuncio dell'imminente Regno di Dio (cf. 1,14-15), in 9,7 i destinatari sono i discepoli che devono ascoltarlo[161].

Le parole proferite dal cielo in 1,11 portano anche elementi nuovi alla comprensione del ruolo elianico di Giovanni Battista. Di fronte a 9,7 il lettore ricorda che la dichiarazione divina su Gesù al momento del battesimo è l'apice della scena di apertura del vangelo di Marco ed è preceduta dalla venuta di Giovanni, la cui caratterizzazione profetica ha suggerito di identificarlo come l'Elia *redivivus*. Tutta l'attività di Giovanni è finalizzata all'annunzio di un evento ormai in atto, la venuta del più forte (1,7): infatti alle sue parole segue immediatamente l'arrivo di Gesù e la proclamazione della voce celeste (1,11). Però solo il lettore, e non i discepoli, conosce

---

[158] Nella trama teofanica delle due scene è stato suggerito un parallelismo: R. PESCH, *Il Vangelo*, II, 125; M. SABBE, «La rédaction», 98-100. M.D. HOOKER, «What Doest», 67; B.M.F. van IERSEL, *Marco*, 271; W. GRUNDMANN, *Das Evangelium*, 241; J.D. KINGSBURY, *The Christology*, 99: «The words God speaks echo for the reader the baptismal asseveration, and describe Jesus (the royal Messiah from the house of David) as being God's only Son»; S. LÉGASSE, *Marco*, 449; J. MATEOS – F. CAMACHO, *Evangelio*, II, 321. Secondo J.P. HEIL, *The Transfiguration*, 165, il comando di Dio proveniente dalla nuvola ombreggiante costituisce per il lettore uno sviluppo della dichiarazione di Gesù al momento del battesimo.

[159] L.F. RIVERA, «El relato», 146: «Ambos relatos son clave para interpretar sus partes respectivas y como oberturas que anticipan los motivos de las mismas».

[160] R. PESCH, *Il Vangelo*, II, 125; J. ERNST, *Il Vangelo*, II, 417; M.D. HOOKER, «What Doest», 67: la ripetizione di alcune parole simili è indizio che la rivelazione divina è costante.

[161] Per dettagli più particolareggiati sulle similitudini e le differenze tra le due scene: S. LÉGASSE, *Marco*, 449; J.P. HEIL, *The Transfiguration*, 166.

questa teofania di 1,11, indirizzata esclusivamente a Gesù[162]. Per questo motivo sul monte della trasfigurazione, pur avendo il privilegio di vedere Gesù trasfigurato e di ascoltare la voce di Dio, i discepoli non riconoscono nell'apparizione di Elia la figura di Giovanni Battista, ma apprendono da Dio la nota distintiva dell'identità di Gesù: la sua relazione con Dio. Dal parallelo tra il racconto del battesimo e quello della trasfigurazione emerge che solo al lettore sono chiari il ruolo di Giovanni e l'inadeguatezza, confermata dalla presenza di Elia sul monte della trasfigurazione, dell'equiparazione tra il profeta e Gesù (9,5). La voce di Dio, se in 9,7 ribadisce ulteriormente al lettore la vera identità di Gesù, per la prima volta segnala ai discepoli l'erroneità dell'opinione popolare che lo mette in relazione ad Elia o ad un'antica figura profetica (6,15; 8,28) e dichiara solennemente il rapporto privilegiato di Gesù con Dio (9,7)[163].

b. *L'esortazione:* ἀκούετε αὐτοῦ *(9,7d)*

La dichiarazione del Padre è seguita dal comando di ascoltare Gesù (ἀκούετε αὐτοῦ: v. 7d), la cui coordinazione per asindeto sottintende una sfumatura consecutiva[164]. Rispetto a 1,11, il punto di vista valutativo di Dio porta un elemento nuovo, che si basa sulla dichiarazione anteriore: Gesù, in quanto Figlio diletto di Dio, deve essere ascoltato in tutto ciò che egli insegna sul proprio destino di Figlio dell'uomo, che si realizzerà attraverso la sofferenza, la morte e la resurrezione dai morti (cf. 8,31.34; 9,31)[165]. L'obbligo di ascoltare Gesù deriva soprattutto dal suo rapporto con Dio e dalla sua identità di Figlio[166]. Questo comando del Padre[167], che contrasta con il precedente interesse dei tre discepoli verso il dialogo tra Elia, Mosè e Gesù (9,4)[168], segna una svolta: essi

---

[162] X. LÉON-DUFOUR, *Studi*, 149; K. STOCK, *Il cammino*, 78-79.

[163] K. STOCK, *Il cammino*, 78-79.

[164] M. REISER, *Syntax*, 145, aggiunge: «darum hört auf ihn».

[165] L'imperativo ripropone 4,3.9.23.24; 7,14.

[166] Il comando sembrerebbe ispirarsi a Dt 18,15, cf. R. PESCH, *Il Vangelo*, II, 126. Inoltre lo stretto rapporto tra la persona e la parola di Gesù si trova in Mc 8,35.38.

[167] R. NEUDECKER, *Master*, 257: «God is the third partner in the master-disciple relationship».

[168] R.H. GUNDRY, *Mark*, 461; J. MATEOS – F. CAMACHO, *Evangelio*, II, 322: «Los discípulos no tienen que escuchar ya a Moisés y Elías, sino a Jesús, que ilumina el designio divino en la historia, lo mismo respecto al pasado que en el presente. El AT non tiene nada que decir directamente a los discípulos; Jesús es su único intérprete, lo que salga de su boca es lo único válido. No hay, pues, dos revelaciones en paralelo. Jesús es la última relectura del pasado y juzga de su vigencia».

devono cambiare il loro modo di relazionarsi a Gesù perché d'ora innanzi sono chiamati a prestare attenzione esclusivamente al suo insegnamento.

Il presente ἀκούετε comporta un atteggiamento permanente di fede e di ascolto[169] e implica obbedienza[170] a Gesù perché egli, in qualità di Figlio, è l'unico rivelatore della volontà del Padre (cf. 8,31-35). Si deve prestare ascolto non all'Elia redivivus, ma a Gesù, la figura decisiva della salvezza, l'unico che la nube adombrante ha lasciato visibile ai i tre discepoli (9,8)[171]. Inoltre si precisa che non sono più i messaggeri o i profeti a parlare di Dio o ad agire in suo nome (come ha fatto l'Elia redivivus di Ml 3,22-24, cioè il precursore Giovanni di Mc 1,2-3.6), ma è il suo stesso Figlio a rivelarne la volontà salvifica, i disegni e i progetti[172].

I discepoli, d'ora innanzi, non possono restare ancorati alle antiche promesse profetiche, tra le quali era molto sentita quella di Ml 3,1.22-23, ma presteranno esclusiva attenzione al messaggio di Gesù (αὐτοῦ). Con gli annunci della passione, morte e resurrezione (8,31; 9,31; 10,33-34) e le relative istruzioni (8,34-9,1.33-50; 10,42-45), Gesù dice loro che è necessario seguire la «via» del Figlio dell'uomo[173] se vogliono unirsi a lui nella definitiva gloria celeste, già prefigurata nella trasfigurazione. Sulla base dell'esortazione (ἀκούετε αὐτοῦ), essi devono accogliere e accettare le sue parole come volontà di Dio[174].

La visione epifanica di 9,2b-4 e la dichiarazione della voce di Dio di 9,7 danno ai discepoli la possibilità di riconoscere la superiorità di Gesù e del suo insegnamento rispetto alla rivelazione sul Sinai ad Elia: di fronte al nuovo evento i discepoli sono portati a rinunciare alle categorie giudaiche, soprattutto quelle sull'attesa di Elia come restauratore di ogni cosa, e ad adottare quelle di Gesù.

Per il lettore, invece, la voce della nube corregge l'errore di Pietro: Gesù, e non Elia o Mosè, verrà nella «gloria di suo Padre» (8,38) per-

---

[169] B.M. FANNING, *Verbal*, 333, aggiunge: «Make it your habit to do».
[170] Cf. Dt 5,1; 6,4-5.
[171] J.P. HEIL, *The Transfiguration*, 165: «This climatic command serves as the mandate of this pivotal mandatory epiphany, directing the three disciples and the audience to listen at this point to Moses and Elijah for divine communication at tents but to Jesus, God's beloved Son, the only one that the overshadowing cloud has left standing there with the three disciples (9:8)».
[172] K. STOCK, *Il cammino*, 81.
[173] Cf. L. DI PINTO, «Seguire», 94.
[174] E.K. BROADHEAD, *Teaching*, 151: «Obedience to Jesus means obedience to the demands of discipleship in terms of the cross (8,34)».

ché egli è molto più grande di un semplice «rabbi» (9,5) e di qualsiasi profeta[175].

In fondo i racconti del battesimo e della trasfigurazione riflettono il rapporto di Gesù con l'attesa veterotestamentaria di Elia di Ml 3,1, che si realizza nella persona e nel ruolo del Battista[176].

3.1.6 La situazione dei discepoli (Mc 9,8)

L'avverbio ἐξάπινα individua l'improvvisa conclusione della visione e della trasfigurazione di Gesù. I verbi περιβλεψάμενοι e εἶδον segnano un cambiamento nella scena e descrivono la reazione dei tre discepoli[177]. Dall'inizio della storia della trasfigurazione per la prima volta ricorre il verbo εἶδον; in precedenza si è detto che Gesù «si trasfigurò davanti a loro» (9,2: μετεμορφώθη ἔμπροσθεν αὐτῶν) e che apparve Elia con Mosè (9,4: ὤφθη αὐτοῖς Ἡλίας σὺν Μωϋσεῖ). Ora viene mostrato il punto di vista dei discepoli: l'espressione «non vedono nessuno» (οὐκέτι οὐδένα εἶδον) allude a Elia e Mosè, in quanto i discepoli vedono unicamente Gesù solo (Ἰησοῦν μόνον).

La presenza di Gesù come unico oggetto della visione dei discepoli conferma al lettore che la nuvola ha adombrato solo Mosè ed Elia, riportandoli in cielo[178]. Ugualmente la situazione di Gesù solo con i suoi discepoli implica che non è più in conversazione con i due essseri celesti.

Il verbo περιβλέπομαι, usato nel NT esclusivamente per Gesù[179], solo in Mc 9,8 è riferito ai discepoli che hanno assistito alla trasfigurazione[180]: il participio aoristo esprime la priorità del «guardarsi attorno» per constatare che Elia è scomparso e accorgersi che solo Gesù è presente al loro sguardo[181]. La trasfigurazione epifanica in un essere celeste è

---

[175] J.P. Heil, *The Gospel*, 187.
[176] R. Pesch, *Il Vangelo*, II, 126: sia il racconto della trasfigurazione, sia quello del battesimo riflettono «il rapporto di Gesù con Giovanni il battezzatore di Gesù ritenuto Elia».
[177] K. Stock, *Il cammino*, 82; J. Mateos – F. Camacho, *Evangelio*, II, 322.
[178] B.M.F. van Iersel, *Marco*, 272 : «Quando la voce ammutolisce, pure la nube si dissolve. I discepoli possono di nuovo guardarsi liberamente intorno. Con la nube anche Elia e Mosè sono scomparsi dalla vista. Il lettore suppone che essi siano tornati nel loro mondo celeste, cui appartengono».
[179] Questo verbo si trova solo in Marco: 3,5 (Lc 6,10); 3,34; 5,32; 10,23; 11,11.
[180] H. Balz – G. Schneider, «περιβλέπομαι», 895.
[181] J. Ernst, *Il Vangelo*, II, 417; W. Grundmann, *Das Evangelium*, 241; S. Légasse, *Marco*, 450: «I discepoli non vedendo più Gesù ed [Elia perso nella nube], hanno la reazione spontanea di guardare altrove alla ricerca [di Elia]. È allora che Gesù, di colpo, si trova davanti a loro e si offre al loro sguardo. Ora è "solo con loro"».

terminata: Gesù è ritornato al suo stato terreno ed è di nuovo solo (μόνον: 9,8) con i discepoli che ha scelto (μόνους: 9,2) di condurre sull'alta montagna. Elia e Mosè sono svaniti dalla scena e l'attenzione dei discepoli viene focalizzata su Gesù. Sebbene l'eclissi di Elia ristabilisca la situazione iniziale di 9,2, un mutamento decisivo è intervenuto nella relazione di Gesù con i tre testimoni della trasfigurazione[182]: il Padre ha rivelato che il Gesù che ora è con loro è il suo Figlio diletto. Inoltre l'assenza di Elia lascia intendere che i discepoli vedano non quell'essere celeste intravisto per un breve istante, ma il Gesù che ogni giorno è «con loro»[183]. Perciò la visione di Elia non è più necessaria ai discepoli per comprendere l'identità di Gesù alla luce dell'atteso profeta dei tempi escatologici: il tempo della preparazione, caratterizzato dal ruolo elianico del Battista, cede il posto a Gesù che realizza l'attesa di Israele[184]. La voce celeste rivela che egli, il Figlio diletto, è il personaggio celeste atteso da Israele alla fine dei tempi in vista della salvezza.

3.2 *Il Dialogo su Elia (Mc 9,9-13)*

3.2.1 Consegna del silenzio (Mc 9,9)

Dopo la trasfigurazione, Marco racconta la discesa dal monte di Gesù e dei tre con un genitivo assoluto (καὶ καταβαινόντων αὐτῶν ἐκ τοῦ ὄρους: 9,9a) che contestualizza l'istruzione fatta ai discepoli (9,9-10).

L'aoristo διεστείλατο (v. 9a), verbo tipico di Marco, descrive l'iniziativa di Gesù (cf. 5,43), che con ἵνα μηδενὶ ἃ εἶδον διηγήσωνται (9,9b) vieta ai discepoli (cf. 5,43; 8,15; 9,9) di non comunicare a nessuno l'evento epifanico cui hanno assistito. Il congiuntivo aoristo διηγη,σωνται indica il racconto di un testimone ed esprime un ordine specifico e circoscritto: infatti questo divieto, che accresce la tensione del racconto, è simile ad altri riportati precedentemente (cf. 5,43; 8,30)[185], ma nel nostro contesto ha una scadenza temporale oltre la quale perderà la sua validità (εἰ μὴ ὅταν ὁ υἱὸς τοῦ ἀνθρώπου ἐκ νεκρῶν ἀναστῇ: 9,9c). Infatti per l'annuncio bisognerà attendere la risurrezione,

---

[182] K. GUTBROD, *Leggere*, 59: l'aspetto nuovo con cui Gesù è apparso ai suoi discepoli esprime visibilmente la realtà del suo rapporto con Dio.
[183] S. LÉGASSE, *Marco*, 450.
[184] X. LÉON-DUFOUR, *Studi*, 148-149.
[185] Per il significato di questa ingiunzione in relazione ad altri divieti, cf. J. GNILKA, *Marco*, 483. Tale proibizione non implica che ai discepoli rimasti ai piedi del monte non venga comunicato l'accaduto: S. LÉGASSE, *Marco*, 454.

quando la tensione sulla comprensione dell'identità di Gesù sarà superata dagli eventi pasquali e dalla fede che essi faranno sorgere. Inoltre l'enfasi sulla resurrezione dai morti (ἐκ νεκρῶν ἀναστῇ) fornisce ai discepoli e al lettore una chiave per distinguere la resurrezione di Gesù dal rapimento di Elia senza l'esperienza della morte[186].

Nella prospettiva di Marco non è sufficiente che i discepoli conoscano il punto di vista valutativo di Dio su Gesù (1,11; 9,7: Figlio di Dio): è indispensabile che sappiano che egli si sottomette alla croce e che Dio lo innalza alla gloria (8,31)[187]. L'identità e il destino di Gesù sono inesorabilmente uniti: non si può comprendere chi sia Gesù senza conoscere che cosa Dio compie in lui[188].

Il riserbo richiesto da Gesù potrebbe lasciar intendere che l'esperienza della trasfigurazione è stata futile per i tre discepoli. Invece Marco intende porre le basi per l'incontro che essi avranno con Gesù in Galilea dopo la risurrezione (14,27-28; 16,6-7), quando vedranno chi è veramente: il Figlio di Dio crocifisso e risorto (12,6-11; 15,39; 16,6-7)[189]. Solo allora i tre discepoli potranno rievocare e «raccontare» (9,9) la loro esperienza della trasfigurazione, perché finalmente sarà svelato il segreto dell'identità di Gesù e il loro punto di vista valutativo coinciderà con quello di Dio (1,11; 9,7).

3.2.2 Reazione dei discepoli (Mc 9,10)

La reazione dei discepoli al comando di Gesù viene descritta da Marco con l'espressione καὶ τὸν λόγον ἐκράτησαν (9,10a)[190]: il verbo indica l'esatto adempimento di quanto richiesto, mentre τὸν λόγον sintetizza l'annuncio di Gesù che il Figlio dell'uomo glorioso deve passare attraverso la morte e resurrezione (9,9)[191].

La precisazione temporale τὸ ἐκ νεκρῶν ἀναστῆναι (v. 10b) provoca tra i discepoli un'animata discussione sul significato della resurrezione dai morti[192]. Ma l'incomprensione dei discepoli, la cui travagliata

---

[186] R. Pesch, *Il Vangelo*, II, 127; J.P. Heil, *The Trasfiguration*, 174-175.

[187] J. Gnilka, *Marco*, 484: i discepoli e la chiesa primitiva non possono comprendere e annunciare esattamente il mistero di Gesù se prima non si realizza il suo cammino di croce e resurrezione. S. Légasse, *Marco*, 454.

[188] J.D. Kinhsbury, *The Christology*, 100.136.

[189] J.D. Kingsbury, *The Christology*, 101.137.

[190] M.D. Hooker, *The Gospel*, 219: il significato dell'espressione non è chiaro.

[191] W. Grundmann, *Das Evangelium*, 243; J. Gnilka, *Marco*, 484.

[192] E. Haenchen, *Der Weg*, 311.

riflessione è espressa dal participio presente συζητοῦντες, è in contraddizione con la dottrina sulla resurrezione dai morti, molto diffusa tra gli Ebrei al tempo di Gesù[193]. Se si esclude una loro ignoranza di tale dottrina, si può affermare che essi non comprendono la resurrezione applicata alla persona concreta di Gesù e il suo rapporto con Elia. Tale incapacità[194] mostra, ancora una volta, la loro incomprensione sull'inevitabilità della sofferenza e sulla resurrezione di Gesù[195].

3.2.3 La domanda su Elia (Mc 9,11)

È tutt'altro che chiara la logica sottesa alla domanda dei discepoli sull'attesa elianica degli Scribi. Il nuovo tema introdotto, la venuta di Elia[196], presenta una contraddizione: da una parte i discepoli, in sintonia con l'insegnamento degli Scribi, ritengono che Elia non sia ancora venuto; dall'altra hanno visto Elia apparso loro con Mosè nella trasfigurazione (9,4)[197].

---

[193] E. HAENCHEN, *Der Weg*, 311: «Seit dem Buche Daniel war der Auferstehungsglaube im Jiudentum bekannt, wenn ihn auch nicht alle teilten. In der sog. Sadduzäerfrage wird diese Kenntnis unmittelbar vorausgesetzt». S. LÉGASSE, *Marco*, 454.

[194] Tale incongruenza viene attribuita alla tradizione poco unitaria presente nel v. 10, E. HAENCHEN, *Der Weg*, 311: la resurrezione dai morti alla fine di questo eone fu contestata solo dai Sadducei e quindi i discepoli non potevano ignorare questa comune credenza.

[195] M.D. HOOKER, *The Gospel*, 219; J. GNILKA, *Marco*, 484. S. LÉGASSE, *Marco*, 455: l'incomprensione, in tal modo, riguarda non solo le sofferenze e la morte di Gesù (8,32b-33), ma anche la sua resurrezione.

[196] C'è chi ipotizza che Marco abbia inserito, a questo punto, una tradizione di per sé indipendente, collegandola con la storia della trasfigurazione per il comune riferimento a Elia: E. KLOSTERMANN, *Das Markusevangelium*, 89; W. GRUNDMANN, *Das Evangelium*, 242; M. HORSTMANN, *Studien*, 86; M.D. HOOKER, *The Gospel*, 219. Un'altra avvincente ipotesi è stata proposta da R. BULTMANN, *Historia*, 319: la storia della trasfigurazione insieme ai vv. 9-10 fu inserita tra i vv. 1 e 11. In quest'ultimo caso i discepoli non cercano tanto spiegazioni sulla resurrezione, ma piuttosto si chiedono perché Gesù predichi con tanta sicurezza il Regno di Dio quando Elia non è ancora venuto. Sulla stessa linea: J.M. NÜTZEL, *Die Verklärungserzählung*, 257; J. ERNST, *Il Vangelo*, II, 420; G. DAUTZENBERG, «Elijah», 1082. Questi studi, però, trascurano il collegamento, pur evidente nel contesto marciano, tra la domanda su Elia e la trasfigurazione, che non deve essere divulgata finché il Figlio dell'Uomo non sia risorto dai morti. Cf. J. TAYLOR, «The Coming», 118.

[197] Secondo M. HORSTMANN, *Studien*, 86, tale contraddizione è indizio di una cucitura di 9,11-13 con la storia della trasfigurazione. Per V. TAYLOR, *Marco*, 457, l'interrogativo sulla venuta di Elia sorge per la sua presenza in 9,4; J. GNILKA, *Marco*, 484: «Il fatto che si approprino di un'obiezione degli Scribi manifesta ancora una volta la loro profonda incapacità di capire.».

Innanzitutto occorre considerare l'argomento della domanda: attribuito agli Scribi[198], si basa su Ml 3,23 secondo cui Elia sarebbe ritornato «prima del giorno grande e terribile del Signore» portando la pace e l'unificazione del popolo[199]. Da questa fonte si sviluppò la tradizione che Elia sarebbe comparso come precursore del Messia[200].

Di fatti in Mc 9,11 il verbo δεῖ mostra la convinzione che la Scrittura garantiva l'attesa di Elia, segno dell'inizio dell'era messianica[201]. Ed è sulla base di questa necessità scritturistica che gli Scribi cercano di minare la pretesa messianica di Gesù, appellandosi al ritardo della venuta di Elia[202].

Di conseguenza i discepoli, influenzati da tale insegnamento, sembrano relativizzare la «necessità divina» della sofferenza e resurrezione di Gesù (δεῖ τὸν υἱὸν τοῦ ἀνθρώπου πολλὰ παθεῖν καὶ ἀποδοκιμασθῆναι... καὶ ἀποκτανθῆναι καί... ἀναστῆναι: 8,31) alla luce della «necessità divina» della previa venuta di Elia ('Ηλίαν δεῖ ἐλθεῖν πρῶτον: 9,11)[203]. In tal modo i discepoli associano strettamente l'evento del giorno del Signore con il tempo della resurrezione dei morti, che sarà inaugurata con la resurrezione dai morti di Gesù come Figlio dell'uomo[204]. Prima dell'arrivo del giorno del Signore e dopo il ritorno di

---

[198] Gli Scribi, al cui insegnamento i discepoli si appellano, insieme ad altre componenti delle autorità giudaiche metteranno a morte Gesù (8,31; cf. 2,6.16; 3,22; 7,1.5). Il lettore riesce a cogliere tale modo ironico perché ricorda l'espressione pronunciata da uno dei presenti nella sinagoga di Cafarnao: «ἐξεπλήσσοντο ἐπὶ τῇ διδαχῇ αὐτοῦ· ἦν γὰρ διδάσκων αὐτοὺς ὡς ἐξουσίαν ἔχων καὶ οὐχ ὡς οἱ γραμματεῖς» (1,22). Cf. S. LÉGASSE, *Marco*, 142-143.455.

[199] J.M. NÜTZEL, *Die Verklärungserzählung*, 256; H.L. STRACK – P. BILLERBECK, *Kommentar*, II, 930-943; IV, 792ss; M.J. LAGRANGE, *Évangile*, 222; V. TAYLOR, *Marco*, 457; R. SCHNACKENBURG, *Vangelo*, II, 45; J. GNILKA, *Marco*, 484-485; S. LÉGASSE, *Marco*, 455; J. MATEOS – F. CAMACHO, *Evangelio*, II, 325 n. 52.

[200] Questa è l'opinione della maggior parte dei commentatori: H.L. STRACK – P. BILLERBECK, *Kommentar*, II, 930-943; IV, 774-781; J.M. NÜTZEL, *Die Verklärungserzählung*, 257; W. GRUNDMANN, *Das Evangelium*, 243.

[201] W. GRUNDMANN, «δεῖ κτλ.», 800: «Ineluttabile è l'era messianica che ha inizio col ritorno di Elia nella persona del Battista (Mc 9,11)». Sull'interpretazione del verbo δει come riferimento scritturistico: W. POPKES, «δεῖ», 734-737.

[202] J. JEREMIAS, «'Ηλ(ε)ίας», 88; J. GNILKA, *Marco*, 485.

[203] W. GRUNDMANN, *Das Evangelium*, 243; J.P. HEIL, *The Transfiguration*, 176. Per D. LÜHRMANN, *Das Markusevangelium*, 158, il riferimento all'opinione degli Scribi nasconde una polemica giudaica contro l'affermazione cristologica che il Figlio dell'uomo verrà senza il ritorno di Elia e anche una critica all'utilizzo del titolo Χριστὸς come inadatto per Gesù finché non torni Elia.

[204] R.H. GUNDRY, *Mark*, 463: «The disciples ask why the scribes say it is necessary for Elijah to come first, i.e. to come before the Day of the Lord and therefore in

Elia, la resurrezione del Figlio dell'uomo accompagnerà o provocherà la resurrezione di altri[205]: è naturale che la natura escatologica del giorno del Signore crei, nella mente dei discepoli, tali associazioni o ipotesi[206].

La necessità del ritorno elianico prima del Messia ricorda al lettore l'aspettativa scritturistica di Elia che, asceso al cielo senza morire (2Re 2,11), ritornerà prima della venuta del grande e terribile giorno del Signore (Ml 3,22; Sir 48,10)[207].

I discepoli probabilmente si chiedono: se il Messia (Gesù stesso) è gia presente, perché gli Scribi attendono che venga prima Elia[208]? Il significato del πρῶτον marciano potrebbe essere compreso richiamando l'espressione «πρὶν ἐλθεῖν ἡμέραν κυρίου τὴν μεγάλην καὶ ἐπιφανῆ» di Ml 3,22 (prima del giorno del giudizio e della rivendicazione e quindi prima della resurrezione)[209].

Così la domanda, sorta dopo il comando di segretezza (9,9), presenterebbe i seguenti risvolti: perché i discepoli non possono divulgare ciò che hanno visto finché Gesù non sarà risorto? Il profeta Elia, apparso sulla montagna, apparirà pubblicamente prima della resurrezione, così come sostengono gli Scribi? E sarà visto da tutti?

Non è escluso che i discepoli, sulla base dell'insegnamento degli Scribi[210], abbiano elaborato la seguente congettura: Elia, il profeta escatologico atteso per i tempi finali, è ritornato come una figura celeste piuttosto che terrena; se nella sua prima venuta non ha sperimentato la morte, ma è stato assunto in cielo, allora perché Gesù, essendo stato trasfigurato anch'egli in una figura celeste come Elia, deve morire e risorgere come il Figlio dell'Uomo per inaugurare il tempo escatologico[211]?

---

the disciple's view – since resurrection is associated with that day – before the Son of man's resurrection».

[205] R.H. GUNDRY, *Mark*, 484.

[206] R.H. GUNDRY, *Mark*, 444; M. ÖHLER, «The Expectation», 464.

[207] Per la tradizione che Elia sarebbe venuto prima del Messia: M.M. FAIERSTEIN, «Why Do», 75-86; D.C. ALLISON, «Elijah», 256-258; J.A. FITZMYER, «More», 295-296; J. MARCUS, *The Way*, 110; R.H. GUNDRY, *Mark*, 483-484; J. GNILKA, *Marco*, 485.

[208] M.D. HOOKER, *The Gospel*, 220.

[209] M.D. HOOKER, *The Gospel*, 220. D. LÜHRMANN, *Das Markusevangelium*, 158, è del parere che l'attesa di Gesù si contrappone a quella di Gesù Figlio dell'uomo; πρωτον nella formulazione degli Scribi ha un senso esclusivo: prima del «giorno del Signore» non viene il Figlio dell'uomo, ma Elia. J. ERNST, *Il Vangelo*, II, 422.

[210] D. LÜHRMANN, *Das Markusevangelium*, 158.

[211] J.P. HEIL, *The Transfiguration*, 177, nella n. 11 riporta un breve accenno agli autori che hanno intrapreso il dibattito sulla tradizione del ritorno di Elia in Pinheas.

In ogni modo l'appello dei discepoli all'insegnamento degli Scribi sottolinea la loro reiterata incomprensione del significato profondo d'identità di Gesù.

3.2.4 La risposta di Gesù (Mc 9,12-13)

La risposta di Gesù, introdotta da un'espressione che può indicare contrasto (ὁ δὲ ἔφη αὐτοῖς)[212], è ancora più enigmatica. Nella prima parte Gesù riprende il contenuto della questione posta in Mc 9,11b, approva la necessità della venuta di Elia e ricorda il compito che Ml 3,23 ha espressamente riposto in lui[213]. Il participio aoristo ἐλθών, che determina il soggetto del verbo principale ἀποκαθιστάνει, introduce una sfumatura di anteriorità: Elia viene prima, poi restaura tutto. Infatti Gesù convalida in maniera evidente il tema dell'attesa di Elia (9,12a) sostenuta dagli Scribi, ma non si sofferma sulla questione cronologica perché intende chiarire, con i riferimenti a Ml 3,22 e Sir 48,10, l'essenza del compito di Elia al suo ritorno[214]:

Mc 9,12a   ἀποκαθιστάνει πάντα
Ml 3,24 (TM) וְהֵשִׁיב לֵב־אָבוֹת
Ml 3,23 (LXX) ἀποκαταστήσει καρδίαν πατρὸς
Sir 48,10   καταστῆσαι φυλὰς Ιακωβ

Ad una prima osservazione si può notare la vicinanza del testo di Mc 9,12 a Ml 3,23 (LXX) piuttosto che a Sir 48,10[215], anche se differenze abbastanza significative impediscono di considerare Mc 9,12a una citazione vera e propria di Ml 3,23 (LXX): il complemento oggetto πάντα

---

[212] K. STOCK, *Il cammino*, 93.
[213] R. PESCH, *Il Vangelo*, II, 129; W. GRUNDMANN, *Das Evangelium*, 243; J. GNILKA, *Marco*, 485.
[214] S. PELLEGRINI, *Elija*, 339-340: «Jesu schwierige Antwort thematisiert die chronologische Reihenfolge zunächst nicht, sondern er expliziert die Inhalte des sogenannten "Elija *Redivivus*-Dogmas" in einer komprimierten Argumentation».
[215] D. LÜHRMANN, *Das Markusevangelium*, 158, sostiene che il punto di partenza dell'argomentazione degli Scribi è Ml 3,23, dove Elia ha il compito di riappacificare le generazioni. Tale annuncio profetico è ripreso da Sir 48,10, che vi aggiunge la variante di Elia che ristabilirà le tribù di Giacobbe: «Seine Aufgabe ist hier, die Stämme Jakobs aufzurichten (vgl. Jes 49,6). Das griech Verbum καταστῆσαι gibt in Sir 48,10 הכין wieder, während in LXX Mal 3,24 ἀποκαταστήσει für הֵשִׁיב steht, das wiederum in Sir 48,10 mit ἐπιστρέψαι übersetz ist. In Sir 48,10 erhält Elia also die Funktion, Israel zu restituieren, bevor das Ende kommt, nicht nur die Versöhnung der Generationen herbeizuführen».

non ha nessuna corrispondenza nelle rispettive versioni della LXX e del TM. Va rilevato che, all'interno dell'AT, l'interpretazione della missione di Elia presenta una certa evoluzione: il verbo הֵשִׁיב («ed egli determinerà il ritorno») del TM e il complemento oggetto לֵב־אָבוֹת עַל־בָּנִים sono resi in Ml 3,23 (LXX) con «ὃς ἀποκαταστήσει (restaurerà) καρδίαν πατρὸς πρὸς υἱὸν καὶ καρδίαν ἀνθρώπου πρὸς τὸν πλησίον αὐτοῦ» («il cuore del padre verso il figlio e il cuore dell'uomo verso il suo vicino»)[216].

Marco riprende la venuta di Elia da Ml 3,23 e con un intervento redazionale la situa in una prospettiva nuova: l'azione futura di Ml 3,23 (ἀποκαταστήσει) viene espressa all'indicativo presente (ἀποκαθιστάνει)[217] che esprime un'atemporalità che riecheggia l'opinione corrente in Mc 9,11. L'idea contenuta nel v. 12a si ricollega alla concezione veterotestamentario-giudaica secondo cui Elia viene per rimettere tutto in ordine prima della fine dei tempi (Ml 3,23; Sir 48,10)[218].

É molto probabile che, a partire da Ml 3,23 e Sir 48,10, i verbi הֵשִׁיב e ἀποκαταστήσει indicassero l'aspettativa giudaica sul ritorno di Elia: il compito di riconciliare tutti in vista della salvezza[219]. Gesù, riprendendo il testo di Ml 3,22 a cui i discepoli si rifanno, approva questa attesa,

---

[216] La tradizione rabbinica aggiunge una pluralità di funzioni al ritorno di Elia: L. GINZBERG, *An Unknown*, 212.

[217] Il verbo ἀποκαθιστάνω con il senso di «restaurare», «rimettere in ordine», «ristabilire», è raro nel NT. S.LÉGASSE, *Marco*, 456: «Il verbo è al presente, a differenza del futuro *apokatastèsei* dei Settanta[...], nello stile degli annunci profetici». Cf. F. BLASS – A. DEBRUNNER – F. REHKOPF, *Grammatica*, § 323, 1.

[218] A. OEPKE, «ἀποκαθίστημι», 1036: «Il vocabolo diventa termine tecnico designante il ristabilimento di Israele nel possesso dei suoi beni ad opera di Jhwh [...]. Il popolo stesso deve lavorare a questo scopo (Am 5,15); ma come vero autore di essa è presentato – a partire da Mal 3,24 (4,5) – Elia al suo ritorno: ἀποκαταστήσει (hašîb) καρδίαν πατρὸς πρὸς υἱὸν κτλ.»; P.-G. MÜLLER, «ἀποκαθιστάνω», 345; R. SCHNACKENBURG, *Vangelo*, II, 46; J. GIBLET, «Prophétisme», 111-113; J. GNILKA, *Marco*, 485: «L'opera di restaurazione si riallaccia qui a Ml 3,23 (LXX), dove essa è stata intesa come riconciliazione tra i padri e i figli e tra l'uomo e il suo prossimo. Forse si può pensare anche a Sir 48,10, dove oltre alla riconciliazione di padri e di figli si parla anche del ripristino delle tribù di Giacobbe».

[219] A. OEPKE, «ἀποκαθίστημι», 1040: «È inoltre caratteristico che in tutti gli altri passi del NT [eccetto At 1,6; 3,21] il concetto di ἀποκαθιστάναι sia posto in relazione non col Messia che giunge nello splendore della potenza, ma col suo precursore, il predicatore di penitenza Giovanni, nel quale Gesù riconosce il profeta Elia promesso (Mc 9,12 par., cfr. 6,15 par.; 8,28 par.; 1,2; Mt 11,10.14; Io 1,21)». R. SCHNACKENBURG, *Vangelo*, II, 46; R. PESCH, *Il Vangelo*, II, 129.

ma vi apporta una modifica riguardo il ruolo escatologico di Elia; infatti non riporta l'ordine degli eventi che caratterizzano l'attività dell'atteso profeta escatologico in Ml 3,22 e in Sir 48,10:

Ml 3,22   ὃς ἀποκαταστήσει καρδίαν πατρὸς πρὸς υἱὸν
          καὶ καρδίαν ἀνθρώπου πρὸς τὸν πλησίον αὐτοῦ
Sir 48,10 ἐπιστρέψαι καρδίαν πατρὸς πρὸς υἱὸν
          καὶ καταστῆσαι φυλὰς Ιακωβ

ma generalizza le attese scritturistiche[220] su Elia sintetizzandole in πάντα (9,12a):

(12a)   ἀποκαθιστάνει πάντα[221]

È evidente che la dichiarazione estensiva di Gesù inizia a dissipare qualsiasi idea implicita dei discepoli su un probabile ritorno di Elia prima del giorno del Signore (intravisto dai discepoli nella Trasfigurazione). La breve apparizione di Elia, che insieme a Mosè conversa con il Gesù trasfigurato, non contribuisce a spiegare pienamente quel significato ampliativo presente nell'interpretazione di Gesù del ruolo elianico (ἀποκαθιστάνει πάντα).

All'affermazione della venuta di Elia Gesù aggiunge una domanda (πῶς γέγραπται ἐπὶ τὸν υἱὸν τοῦ ἀνθρώπου ἵνα πολλὰ πάθῃ καὶ ἐξουδενηθῇ;)[222], che da un lato presuppone la precedente testimonianza della Scrittura, di cui però non si riesce a trovare nessun riscontro testuale[223], dall'altro sposta l'attenzione su un'altra dichiara-

---

[220] M.J. LAGRANGE, *Évangile*, 223: «ἀποκαθιστάνει au présent marque une proposition générale, un thème donné»; R.H. GUNDRY, *Mark*, 464: «Restres all things' enlarges Malachi's prophecy to include everything neede for the consummation»; J. GNILKA, *Marco*, 483: «I vv. 11-13 non prendono posizione, né positiva né negativa, sul problema dell'attesa a breve termine»; J.P. HEIL, *The Transfiguration*, 178; M. ÖHLER, «The Expectation», 465 n.15

[221] Il verbo ἀποκαθιστάνει fonda la dipendenza del testo marciano nella LXX di Ml 3,23 poiché il TM presenta una diversa formulazione, השיב; mentre il πάντα di 9,12b si situa in questo processo d'interpretazione della missione di Elia. A. OEPKE, «ἀποκαθίστημι», 1040: «Il πάντα in Mc 9,12 va inteso nel senso più ampio consentito dal contesto dell'attesa in cui è posto, un'attesa che rientra nell'ambito morale-religioso». D. LÜHRMANN, *Das Markusevangelium*, 158: ἀποκαθίστημι si riferisce ai rapporti familiari di Ml 3,23 e alle dodici tribù d'Israele (Sir 48,10).

[222] F. BLASS – A. DEBRUNNER – F. REHKOPF, *Grammatica*, § 442, 8: negli interrogativi con il significato rafforzativo di «perché poi ancora?».

[223] C.E.B. CRANFIELD, *The Gospel*, 277; R. PESCH, *Il Vangelo*, II, 129-130; J. MARCUS, «Mark 9,11-13», 43-44. L'allusione alle sofferenze del Servo in Is 52,14;

zione scritturistica: il destino di sofferenza e morte del Figlio dell'uomo[224]. Quest'ultima tesi della Scrittura mina l'idea esclusivamente cronologica della venuta di Elia[225]: la necessità della sofferenza del Figlio dell'uomo ribadisce che Elia non è ancora venuto per attuare la sua opera di riconciliazione (Ml 3,23, LXX) e che, quindi, rimane aperta la possibilità per un'azione salvifica definitiva[226]. Il riferimento alla Scrittura viene introdotto con il senso disgiuntivo di καὶ πῶς γέγραπται, in cui il καὶ è correlativo di μέν[227], mentre il perfetto passivo γέγραπται esprime l'autorità permanente della Scrittura. Il costrutto μέν... καὶ suggerisce una correlazione fra l'attesa di Elia, che ritorna per ristabilire ogni cosa, e l'attesa del Figlio dell'uomo, che deve soffrire molto ed essere disprezzato[228]:

53,4-10 presenta la difficoltà che il Servo non ha il titolo di Figlio dell'uomo. C.H. DODD, *Secondo*, 113, suggerisce che l'espressione «πῶς γέγραπται ἐπὶ τὸν υἱὸν τοῦ ἀνθρώπου ἵνα πολλὰ πάθῃ καὶ ἐξουδενηθῇ» (9,12) non è tanto una citazione biblica o un'allusione, ma il frutto di un'esegesi creativa che riunisce diversi passi.

[224] J. MARCUS, «Mark 9,11-13», 42, dopo aver notato la dirompenza del v. 12b, che inserisce nel contesto in modo improvviso e subitaneo il tema delle sofferenze del Figlio dell'uomo, sostiene che si tratta di «insertion expressing Mark's theology of the cross». Per il dibattito su questa inserzione marciana: R. BULTMANN, *Historia*, 183-184 n. 80; E. LOHMEYER, *Das Evangelium*, 182-183 n.1. Sul ruolo di mediazione della profezia di Ml 3,22 in Mc 9,12a, J. TAYLOR, «The Coming», 118, afferma che il *logion* «in Mark it is used as a vehicle for a prediction of the suffering of the Son of Man».

[225] R. PESCH, *Il Vangelo*, II, 129. Invece per D. LÜHRMANN, *Das Markusevangelium*, 158, la domanda di 9,12b contraddice l'interrogazione dei discepoli sull'opinione che Elia viene prima: «Der Sinn von 12b ist, ein Gegenargument zu liefern, dass nämlich ebenso wie das kommen des Elia auch das, was Jesus in 8,31 unter dem Vorzeichen des δεῖ vorausgesagt hatte, seine Begründung in der Schrift hst»; W. GRUNDMANN, *Das Evangelium*, 243.

[226] J.M. NÜTZEL, *Die Verklärungserzählung*, 262: la testimonianza della Scrittura sulla sofferenza del Figlio dell'uomo è giustificata dalla sofferenza di Elia; J. GNILKA, *Marco*, 485; S. LÉGASSE, *Marco*, 456.

[227] C.E.B. CRANFIELD, *The Gospel*, 298 n.6.

[228] R. PESCH, *Il Vangelo*, II, 129: la domanda di 9,12b ha la funzione di «creare un riferimento reciproco» tra Elia e il Figlio dell'uomo; J. MARCUS, «Mark 9,11-13», 47. Una diversa interpretazione del v. 12 è stata proposta da J. TAYLOR, «The Coming», 116-118: la figura di Elia e quella del Figlio dell'uomo sono o si riferiscono alla stessa persona. Il senso del v. 12 perciò è: «If Elijah (= the Son of Man) is to come before the Kingdom of God comes power, in order to restore all things, how then is it written that the Son of Man (= Elijah) is to suffer many things and be despised?». È come se fosse una domanda-sfida rivolta agli uditori di Gesù perché si confrontino con il paradosso del messaggero escatologico che deve soffrire ed essere disprezzato. Tale sillogismo esegetico era stato già proposto da J.A.T. ROBINSON, «Elijah», 263-264. Una tale interpretazione non può essere accettata perché nel vangelo di Marco l'Elia *redivi-*

(12a) μὲν ἐλθὼν πρῶτον ἀποκαθιστάνει πάντα
(12b) καὶ πῶς γέγραπται ἐπὶ τὸν υἱὸν τοῦ ἀνθρώπου ἵνα πολλὰ πάθῃ

Alla necessità divina della Scrittura che Elia deve venire prima, Gesù aggiunge quella della sofferenza (9,12) del Figlio dell'uomo (πῶς γέγραπται) la quale darà compimento alla sua resurrezione dai morti (9,9)[229]. Inoltre questa necessità divina per Elia (Ἠλίαν δεῖ ἐλθεῖν πρῶτον: 9,11) non annulla quella della morte di Gesù prima della resurrezione alla gloria celeste, anticipata per un istante nell'evento della trasfigurazione (9,2-4)[230].

I discepoli e il lettore, seguendo l'esortazione di Dio ad ascoltare (9,7), accettano ora le affermazioni di Gesù (9,12) e riescono a comprendere che sia il ritorno di Elia sia la passione, morte e resurrezione di Gesù appartengono al progetto di Dio.

Nella seconda parte della risposta (9,13) Gesù, con una formula che ricorre solo in questo contesto (ἀλλὰ λέγω ὑμῖν), esprime con forza il compimento della venuta di Elia smentendo (ἀλλὰ) l'interpretazione degli Scribi (9,11):

(11) λέγουσιν οἱ γραμματεῖς ὅτι Ἠλίαν δεῖ ἐλθεῖν πρῶτον;
(12) ἀλλὰ λέγω   ὑμῖν ὅτι Ἠλίας   ἐλήλυθεν

Si tratta di una contrapposizione molto significativa: mentre gli Scribi attendono ancora la venuta di Elia, Gesù afferma con autorità che essa si è compiuta.

In ogni modo la prima parte della risposta conferma una verità generale e indiscussa della fede giudaica del tempo: infatti il giudaismo ha sempre attribuito il ruolo determinante di precursore e restauratore al ritorno di Elia prima del tempo finale[231]. Questa verità viene riconosciuta da Marco che, inserendola nel contesto della sofferenza del Figlio, conferisce all'afferma-

---

vus è identificato con Giovanni Battista nel suo ruolo di precursore del Messia (1,2-8) e nel contesto di 9,11-13 del Messia sofferente.

[229] J. MARCUS, «Mark 9,11-13», 42-43, non nasconde la difficoltà che «while the scribes' expectation that Elijah must come before the Messiah is scripturally based (Mal 3,22-23 LXX [3,23-24 MT; 4,5-6 ET], the other two "scriptural" expectations, of the suffering of the Son of Man (9,12b) and of the violent fate of the returning Elijah (9,13), are more difficult to identify».

[230] R. PESCH, *Il Vangelo*, II, 129: «La ricostituzione del 'tutto' da parte del precursore Elia non esime dalla morte il Figlio dell'uomo».

[231] P. GRELOT, *L'éspérance*, 253-254.

zione di 9,11 un senso nuovo: tanto la venuta e il ruolo di Elia quanto la sofferenza e il rifiuto del Figlio dell'uomo sono delle necessità inevitabili.

Infatti l'espressione ἀλλὰ λέγω ὑμῖν ὅτι καὶ Ἠλίας ἐλήλυθεν sembra essere il punto centrale di una struttura concentrica in 9,12-13, incorniciata da espressioni che mostrano la necessità scritturistica della sofferenza, del rifiuto e della morte sia per Elia sia per il Figlio dell'uomo:

(12b) a   πῶς γέγραπται ἐπὶ τὸν υἱὸν τοῦ ἀνθρώπου
(12c) b   ἵνα πολλὰ πάθῃ καὶ ἐξουδενηθῇ
(13a) c   ἀλλὰ λέγω ὑμῖν ὅτι καὶ Ἠλίας ἐλήλυθεν
(13b) b' καὶ ἐποίησαν αὐτῷ ὅσα ἤθελον
(13c) a' καθὼς γέγραπται ἐπ' αὐτόν

Inoltre l'affermazione di Gesù circa l'avvenuto ritorno di Elia presenta alcuni elementi linguistico-letterari rilevanti: la paratassi[232] accosta due aspetti di Elia (9,13ab), la sua venuta e l'arbitrarietà dell'agire umano nei suoi riguardi:

(13a)   καὶ Ἠλίας ἐλήλυθεν
(13b)   καὶ ἐποίησαν αὐτῷ ὅσα ἤθελον

Riguardo al primo aspetto, il cambiamento dei tempi verbali denota il passaggio da un livello di predizione profetica (Ml 3,22; Mc 9,12) a quello della realizzazione (Mc 9,13a):

(12)   Ἠλίας μὲν ἐλθὼν πρῶτον ἀποκαθιστάνει πάντα
(13a)   Ἠλίας   ἐλήλυθεν, καὶ ἐποίησαν αὐτῷ ὅσα ἤθελον

Infatti dal participio aoristo ἐλθών e dal presente indicativo ἀποκαθιστάνει, entrambi con valore di futuro, si passa al perfetto ἐλήλυθεν e all'indicativo aoristo ἐποίησαν, che esprimono azioni passate: Gesù vuole affermare che «in Giovanni è avvenuto l'atteso ritorno di Elia»[233].

Riguardo al secondo aspetto, Gesù trascura l'attività di Elia come riconciliatore del v. 12a e pone enfasi sull'agire arbitrario degli uomini di cui il profeta, nella persona di Giovanni Battista, è stato vittima[234].

---

[232] S. Légasse, Marco, 456 n. 25: «I due kai successivi hanno la sfumatura: "benché [...] tuttavia [...]"... piuttosto che comprendere il primo nel senso di "anche", mentre non è stato detto che il Figlio dell'uomo sia "venuto"». Cf. W. Bauer, A Greek-English, 393: «καί... καί... connecting whole clauses or sentences: Mk 9:13».

[233] R. Pesch, Il Vangelo, II, 131; S. Légasse, Marco, 456.

[234] M.J. Lagrange, Évangile, 223: il ruolo di Elia non deve essere preso alla lettera. Giovanni Battista ha già svolto il compito di «restaurare tutte le cose», ma non l'ha

Con le affermazioni di Gesù (v. 13) si comprende che Elia è venuto non come in veste di figura celeste vista dai discepoli nella trasfigurazione, ma nella persona storica di Giovanni: sebbene nel contesto di 9,13 manchi un tale riferimento esplicito come già in 1,2-8, il lettore non ha alcun dubbio che Marco veda realizzato nel Battista il ritorno di Elia[235]. Lo conferma la perfetta corrispondenza tra la descrizione precisa della morte violenta di Giovanni (6,17-29) e quella dell'Elia che è già venuto (9,13) mediante θέλειν[236]:

(19) ἤθελεν αὐτὸν ἀποκτεῖναι
(22) Αἴτησόν με ὃ ἐὰν θέλῃς
(25) Θέλω ἵνα ἐξαυτῆς δῷς μοι ἐπὶ πίνακι τὴν κεφαλὴν Ἰωάννου
(26) οὐκ ἠθέλησεν ἀθετῆσαι αὐτήν
(9,13) καὶ ἐποίησαν αὐτῷ ὅσα ἤθελον

Inoltre dall'inizio del vangelo di Marco il lettore sa che Giovanni Battista ha un abbigliamento profetico (Zc 13,4), indossa una fascia di pelle simile a quella di Elia (2Re 1,18), rappresenta l'atteso Elia mandato da Dio (τὸν ἄγγελον: Ml 3,1.23) come precursore di Gesù (1,2-6)[237].

Al lettore è chiaro che Marco non solo considera Giovanni come il precursore del Messia-Gesù con lo stesso ruolo attribuito dal giudaismo ad Elia *reditus*, ma compie anche un processo di reinterpretazione che, andando al di là della visione giudaica, associa al ruolo di precursore il tragico destino del Battista. Infatti l'argomentazione di Gesù specifica

---

potuto realizzare perché vittima dell'ingiustizia degli uomini. W. GRUNDMANN, *Das Evangelium*, 244: la risposta di Gesù conferma che Elia è già venuto ed è stato ostacolato dalla malvagità degli uomini. Egli non aveva il compito di restaurare il popolo, ma di esortarlo a ritornare a Dio. Cf. R. SCHNACKENBURG, *Vangelo*, 48.

[235] Per D. LÜHRMANN, *Das Markusevangelium*, 158, il v. 13 conferma che l'intervento degli Scribi è immotivato, dato che Elia era già venuto: «Damit kann kein anderei gemeint sein als Johannes der Täufer [...], dessen Tod in 6,17-29 erzählt, worden war; und es bestätigt sich, dass Mk tatsächlich in 1,2-8 Johannes den Täufer als Elia verstanden wissen wollte».

[236] J. GNILKA, *Marco*, 486: «Il parallelismo esistente tra il destino del Battezzatore e la passione di Gesù è una preoccupazione specifica di Marco. L'evangelista però lo trova già nelle sue tradizioni (6,17-29)»; S. LÉGASSE, *Marco*, 456: «Giovanni Battista, per i cristiani, è il precursore di Gesù e ha subito una Passione come colui di cui preparava la venuta: "hanno fatto di lui quello che volevano"». Per M. TRIMAILLE, «Le récit»,169, il verbo θέλειν rimanda alla storia del martirio di Giovanni (6,19.22.25). M.J. LAGRANGE, *Évangile*, 223: l'espressione ἐποίησαν αὐτῷ ὅσα ἤθελον denota «le pouvoir absolu et arbitraire».

[237] M. ÖHLER, *Elia*, 31-37; cf. ID., «The Expectation», 465; J.P. HEIL, *The Gospel*, 30.32.

che, se il precursore doveva soffrire ed essere maltrattato dagli uomini, a maggior ragione avrebbe dovuto soffrire colui del quale era venuto a preparare la via.

Dall'espressione καθὼς γέγραπται ἐπ' αὐτὸν scaturisce la questione dei passi scritturistici sul destino di sofferenza di Elia al suo ritorno sulla terra. Poiché in nessun libro dell'AT si narra della predizione della sofferenza dell'Elia *redivivus*[238], non si deve considerare l'espressione καθὼς γέγραπται un riferimento letterale ad un testo veterotestamentario specifico, ma una formula o una conclusione esegetica con cui Marco cerca di armonizzare due passi della Scrittura: l'attesa biblica di un precursore e quella delle sofferenze del Figlio dell'uomo[239]. È stato ipotizzato un riscontro biblico della sofferenza di Elia in 1Re 19,2.10, dove si narra delle vessazioni che l'Elia storico ha subìto, durante il suo ministero profetico, per mano di Gezabele[240]; questo sarebbe di conseguenza diventato il modello per il maltrattamento dell'Elia ritornato nella figura storica di Giovanni Battista[241]. In tal modo il lettore vedrebbe realizzata in Giovanni la minaccia di Gezabele ad Elia: «Gli dèi mi facciano questo e anche di peggio, se domani a quest'ora non avrò reso te come uno di quelli», come uno dei profeti uccisi (19,2)[242].

---

[238] E. LOHMEYER, *Das Evangelium*, 182 n. 3; C.E.B. CRANFIELD, *The Gospel*, 277; W. GRUNDMANN, *Das Evangelium*, 244; R. PESCH, *Il Vangelo*, II, 131; J. GNILKA, *Marco*, 486; J.A.T. ROBINSON, «Elijah», 276; M.D. HOOKER, «What Doest», 68; J. ERNST, *Johannes*, 30-31; W.L. LANE, *The Gospel*, 326 n. 35; G. DAUTZENBERG, «Elijah», 1087; R.H. GUNDRY, *Mark*, 485-486; S. LÉGASSE, *Marco*, 457.

[239] J. MARCUS, «Mark 9,11-13», 56-57.

[240] R. PESCH, *Il Vangelo*, II, 131; J. GNILKA, *Marco*, 486; S. LÉGASSE, *Marco*, 457.

[241] Secondo alcuni Marco scrive sulla base di una tipologia fra l'Elia storico e le sue apparizioni escatologiche: C.E.B. CRANFIELD, *The Gospel*, 299 n. 6; W. LANE, *The Gospel*, 326 n. 35; R. PESCH, *Il Vangelo*, II, 131; W. GRUNDMANN, *Das Evangelium*, 244: è possibile un riferimento alle sofferenze dell'Elia storico; J. ERNST, *Il Vangelo*, II, 424; R.H. GUNDRY, *Mark*, 465: «The very wording of the statement that 'they did as many things as they wanted' to the returned Elijah seems to carry the implication that what the enemies of Elijah wanted but failed to do in the OT the enemies of John have succeeded in doing». Di parere diverso è J. MARCUS, «Mark 9,11-13», 46: «The problem with this assumption is that there is no suggestion of typology in the text itself; one would expect, if a typology were being invoked, a conclusion such as, "as they did to him before" (cf. Luke 17,26.28). Even some of those who cite 1 Kings 19, therefore, do not seem to be very happy with this solution». S. PELLEGRINI, *Elija*, 353, con un'argomentazione basata sulle regole semiotiche della cooperazione del ML, sostiene che la testimonianza scritturistica sulla sofferenza di Elia corrisponde a quella del Figlio dell'uomo.

[242] J.M. LAGRANGE, *Évangile*, 237: ciò che è stato scritto di Elia è «qu'il a souffert pour la justice, de la part d'une femme méchante et d'un roi faible (I Reg. XVII-

Il tentativo di colmare, con il ricorso a 1Re 19,2.10 (la pericolosa minaccia di Gezabele), questo imbarazzante *silentium* della Sacra Scrittura sulla sofferenza di Elia per alcuni non è plausibile, in quanto in Mc 11,13 si tratta piuttosto del ritorno di Elia alla fine dei tempi[243]. Tuttavia si può osservare che nel v. 13a Elia viene associato a Giovanni Battista: è verosimile, quindi, che il brano sulla persecuzione di Elia (1Re 19,2.10) sia stato applicato tipologicamente a Giovanni Battista, il quale trovò la sua Gezabele in Erodiade[244].

L'affermazione Ἠλίας ἐλήλυθεν potrebbe essere una reinterpretazione marciana della venuta di Elia da precursore del Messia a precursore di Gesù nella figura storica del Battista. Di fatti il v. 12a non esclude che il Figlio dell'uomo deve essere preceduto da un precursore, il quale si dimostra tale precedendo Gesù sulla via della sofferenza e della morte (9,13)[245]. Se il piano di Dio ha stabilito che Gesù debba essere un Messia sofferente (8,31; 9,12b), il suo precursore deve essere un Elia sofferente (6,17-29; 9,12a). Dunque Elia, poiché ha subìto, prima del Figlio dell'uomo, dei maltrattamenti malvagi, non solo lo precede, ma ne anticipa anche il mistero della sofferenza.

Inoltre la sofferenza di Elia, preludio della passione e della resurrezione di Gesù, non è un avvenimento che si colloca nel futuro, in quanto Elia è già venuto: i segni premonitori della passione di Gesù si sono rivelati nella sorte del suo precursore (Mc 6,17-29)[246]. In tal modo viene chiarito il legame tra il riferimento ad Elia, che è già venuto (ἐλήλυθεν: 9,13) nel Battista, e la sua apparizione con Gesù nella trasfigurazione (9,4): lo stato glorioso di Elia (Giovanni Battista) e di Gesù è inscindibile dal loro destino di sofferenza. Il primo con la sua morte è stato il precursore della via della sofferenza prevista da Dio per il Figlio dell'uomo (δεῖ τὸν υἱὸν τοῦ ἀνθρώπου πολλὰ παθεῖν: 8,31), il secondo l'ha adempiuta.

XIX)...»; J.M. NÜTZEL, *Die Verklärungserzählung*, 257; B.M.F.van IERSEL, *Marco*, 275; J. MATEOS – F. CAMACHO, *El Evangelio*, II, 329.

[243] S. PELLEGRINI, *Elija*, 350: «(1) Keine Auslegungstradition nimmt diese Stelle in die Erwartungen zur Wiederkehr des Elija auf; (2) In der Erzählung von 1Kön 19,1-18 geht die Drohung nicht in Erfüllung, da Jahwe den Propheten schützt (1Kön 19,5-7), und Elija entrinnt der Gefahr. Als Schriftbeweis ist also die Stelle 1Kön 19,2.10 völlig ungeeignet».

[244] J. SCHMID, *L'Evangelo*, 233; R. SCHNACKENBURG, *Vangelo*, II, 49.

[245] W. GRUNDMANN, *Das Evangelium*, 244: tale relazione è possibile nel racconto della morte del Battista; J. GNILKA, *Marco*, 486: «Con la sua morte violenta il Battezzatore si è manifestato autentico precursore di Gesù»; J. MARCUS, «Mark 9,11-13», 55.

[246] D. LÜHRMANN, *Das Markusevangelium*, 159.

In ultima analisi il dialogo conclusivo con i discepoli (Mc 9,11-13) chiarisce il collegamento tra la venuta di Elia e Gesù[247], rilevando l'analogia tra le sorti di Elia e del Figlio dell'uomo: come il precursore Giovanni-Elia (1,14; 6,17-29), anche il Figlio di Dio-Gesù, in armonia con la volontà di Dio, soffrirà molto e sarà rigettato, ma alla fine risorgerà dai morti (8,31; 9,31; 10,33; 14,41)[248].

Ai discepoli e al lettore appare evidente che l'attesa di Elia come precursore del Messia (9,11) è qualificata da un'altra attesa, quella della sofferenza del Figlio dell'uomo. Emerge, ancora una volta, che spesso l'interpretazione marciana della figura di Elia ha una base cristologica, in quanto la testimonianza delle Scritture sulla sofferenza del Figlio dell'uomo permette a Marco di giungere ad una conclusione esegetica su Elia: è lui Giovanni Battista. Il ruolo e l'attesa di Elia non sono riletti in un'ottica diacronica di continuità storica ('Ηλίαν δεῖ ἐλθεῖν πρῶτον: 9,11), ma in termini di relazione con il Messia sofferente[249]. Per Marco le affermazioni di Gesù in 9,12-13 non alludono a un ritorno dell'Elia biblico (2Re 2,11), ma sono un'interpretazione teologica del ruolo di Elia nella storia d'Israele (ἀποκαθιστάνει πάντα: 9,12a) e nell'economia salvifica di Gesù.

La discussione relativa alla venuta di Elia (vv. 11-13) chiude la sezione di 8,27-9,13, che è il fulcro compositivo del vangelo di Marco[250].

---

[247] W. GRUNDMANN, *Das Evangeliun*, 242: «Mit dem Hinweis auf Elia, der als schon gekommen mit dem Täufer in eins gesetzt wird, soll gedeut werdwn: Elia ist dem verkkärten Jesus erschien; er ist also auferstanden (6.14.16), ferilich anders als es Herodes Antipas dachte; aber Verklärung und Leiden dürfen nicht voneinander getrennt werden. Sie sind das Geschick des Menschensohnes Jesus, sie sind das Geschick des Elia-Täufers. Darin sind beide, der Vorläufer und der Vollender, gleich. In dem abschließenden Gespräch werden das Kommen des Elia und seine Verbindung mit Jesus gedeutet».

[248] W. GRUNDMANN, *Das Evangelium*, 244; M. HORSTMANN, *Studien*, 134; J.D. KINGSBURY, *The Christology*, 100: «In like manner as John (Elijah), his "forerunner", the royal Sin of God will, as the Son of Man whom the Jewish authorities oppose and in keeping with the will of God, suffer many things, be rejected, but also rise from the dead (9:9-13)».

[249] M. HORSTMANN, *Studien*, 134: Elia non è più considerato una figura messianica che «ἀποκαθιστάνει πάντα», ma è in simbiosi con Giovanni Battista, il precursore del Messia. J. MARCUS, «Mark 9,11-13», 57.

[250] M. HORSTMANN, *Studien*, 134.

4. Osservazioni conclusive

4.1 *La figura di Elia e la narrazione della trasfigurazione*

Di solito si definiscono «tratti marciani» gli elementi narrativi, come i personaggi, che all'interno del vangelo di Marco hanno caratteristiche o posizioni particolari. È il caso di Elia che, come un filo rosso, attraversa tutto il racconto della trasfigurazione e rivela l'importanza che Marco gli attribuisce per la comprensione dell'identità di Gesù. La relazione di Gesù con le grandi figure d'Israele, Elia e Mosè, deve essere evidente e confermare ai discepoli che, come loro, Gesù fa parte del mondo dei celesti.

Pietro, che propone di costruire delle tende per prolungare la gloria celeste dei tre personaggi, non ha compreso che per Elia e Mosè non si tratta di un ritorno sulla terra, ma solo di un'apparizione, e che la trasfigurazione di Gesù è una manifestazione prolettica della sua resurrezione, in quanto egli deve ancora percorrere la via della passione (v. 12).

Il contesto di 9,7-8 contiene un riferimento implicito ad Elia: quando dalla nube la voce proclama «Οὗτός ἐστιν ὁ υἱός μου ὁ ἀγαπητός, ἀκούετε αὐτοῦ» (9,7), i discepoli guardandosi attorno non vedono più Elia, ma Gesù, da solo. Chi devono ascoltare? Non Elia che sembrava ritornato in Giovanni Battista, ma il «Figlio prediletto» che conosce pienamente la volontà del Padre.

Anche nel v. 9, quando Gesù ingiunge ai discepoli «di non raccontare a nessuno ciò che hanno visto» finché non sia risorto, è presente un'allusione implicita ad Elia apparso sul monte. È proprio la resurrezione dai morti (ἐκ νεκρῶν ἀναστῇ), il limite temporale del comando, che fa capire ai discepoli e al lettore che la resurrezione di Gesù va distinta dal rapimento di Elia senza l'esperienza della morte.

Infine nei vv. 11-13 sono condensati gli aspetti essenziali alla comprensione della figura di Elia in rapporto al Battista e a Gesù: l'insegnamento degli Scribi sulla necessità che Elia venga prima della risurrezione dai morti; l'aspettativa di Ml 3,23-24 e Sir 48,10, rafforzata dalla risposta di Gesù, sul ritorno di Elia restauratore prima della fine. Tuttavia, il ristabilimento elianico di tutte le cose non impedisce al Figlio dell'uomo di percorrere la via della sofferenza di Elia e della morte. La Scrittura prevede non solo la necessità della venuta di Elia, ma anche della passione del Figlio dell'uomo, che deve necessariamente realizzarsi (8,31).

È nel v. 13 che il rapporto tra le due attese viene chiarito alla luce del ritorno di Elia in Giovanni Battista, che ha integrato il destino di sofferenza con quello di precursore.

Da queste allusioni si percepisce che per Marco il personaggio di Elia è tutt'altro che marginale: non solo appartiene al fondo simbolico che conferma il significato della rivelazione gloriosa di Gesù e della sottesa necessità della sofferenza, ma conferisce senso all'intero racconto[251].

4.2 *L'attesa di Elia*

In 9,11-13 sembrano fondersi due idee tradizionali: l'antica concezione giudaica di Elia come figura messianica con il compito di ripristinare tutto prima della fine[252]; l'analogia tra la sofferenza di Elia, inteso come Giovanni Battista (1,2-8), e quella del Figlio dell'uomo (9,11-13)[253].

Il tentativo di Marco di «creare un riferimento reciproco» tra Elia, atteso come colui che viene prima, e il Figlio dell'uomo, che viene come il più forte, ha la funzione di precisare che Elia non è l'unica figura attesa dalla Scrittura[254], ma predispone l'adempimento di un'altra necessità scritturistica: il Figlio dell'uomo deve soffrire molto ed essere disprezzato (8,31).

Secondo gli Scribi Elia verrà per convertire Israele e, quindi, sottrarlo alla collera di Jhwh (Ml 3,23-24); Gesù attesta, invece, che Elia è venuto in Giovanni Battista, ma il popolo non lo ha ascoltato e lo ha condannato. La sua sofferenza e morte implicano, come per necessità interna, il rifiuto e la condanna di Gesù[255].

L'ambito e il tipo di rapporto tra le due attese vengono determinati nel v. 13: il Battista è l'Elia redivivus, il precursore che, con la sua morte violenta (6,17-29), «integra il destino di sofferenza di Elia» e prefigura quello del Figlio dell'uomo. Il destino di sofferenza, oltre a creare un'analogia tra Elia e il Figlio dell'uomo, segna anche una differenza:

---

[251] M. THRALL, «Elijah», 305. Di parere contrario è M. ÖHLER, *Elia*, 118: «*Ad vocem* Elia klärt er die Identität Johannes des Täufers und die Frage der Wiederkunft des Thesbiten. Eine Auslegung der Verklärung biete der Abschnitt daher nicht».

[252] G. RICHTER, «"Bist du Elias"», 70-76, ipotizza che all'epoca del NT ci sia stata una tradizione che, in base a Ml 3,1.23, ha interpretato Elia come figura messianica. J. ERNST, *Il Vangelo*, II, 420.

[253] M. HORSTMANN, *Studien*, 138.

[254] R. PESCH, *Il Vangelo*, II, 130.

[255] In Marco 9,11-13 il parallelismo tra la morte del Battista e quella di Gesù viene espressamente tematizzato, M. ÖHLER, *Elia*, 37: «Der legendär ausgestaltete Bericht über den Tod des Täufers, die Feigheit des Herodes und die Bosheit der Herodias und ihrer Tochter soll die Parallelität des Sterbens des Täufers und Jesu aufzeigen». Cf. J.M. NÜTZEL, *Die Verklärungserzählung*, 265.

Giovanni ha sperimentato il destino di sofferenza del primo, mentre Gesù deve percorre la via della sofferenza del secondo. La realtà e la qualità della sofferenza del Figlio dell'uomo (il Cristo in 8,29; il Figlio di Dio in 1,11; 9,7), in base alla quale Gesù accede alla resurrezione e alla gloria celeste[256], sono superiori: infatti il destino sofferente dell'Elia redivivus è subordinato a preparare ed anticipare quello del Figlio dell'uomo. La morte violenta di Giovanni Battista ha attestato che egli è sia un vero precursore del Figlio dell'uomo sia l'atteso Elia redivivus[257]; l'idea veterotestamentaria della venuta di Elia sarebbe, così, storicizzata nella relazione con il destino di sofferenza del Figlio dell'uomo.

Elia non è «un nome di copertura per Giovanni»[258], ma anticipa il destino di Giovanni Battista[259], che a sua volta è prefigurativo di quello di Gesù. La connessione marciana tra il destino di Gesù[260] e il precursore Giovanni o Elia redivivus viene confermata dall'espressione παραδοθῆναι τὸν Ἰωάννην (1,14) sulla fine del Battista: il verbo è un termine tecnico che allude al destino di Gesù (9,31; 10,33; 14,10-11.41-42.44)[261].

4.3 *L'identificazione implicita Giovanni/Elia*

In Mc 9,9-13 non c'è solo l'interpretazione dell'apparizione di Elia durante la trasfigurazione, ma anche la descrizione-culmine di Giovanni Battista inteso come Elia redivivus[262]. Il compito iniziale (Mc 1,2-8) di preparare la venuta di Gesù con il battesimo di conversione e con

---

[256] R. PESCH, *Il Vangelo*, II, 132.
[257] J. GNILKA, *Marco*, 486.
[258] J. ERNST, *Il Vangelo*, II, 420.
[259] J.M. LAGRANGE, *Évangile*, 224: «La destinée d'Élie sert de type à celle de Jean». J.M. NÜTZEL, *Die Verklärungserzählung*, 262: se Elia è una sigla per indicare il Battista, allora diventa chiaro che nel vangelo di Marco Giovanni è il precursore di Gesù. Ma tale possibilità appartiene a uno stadio avanzato del tentativo dei discepoli di Giovanni di interpretare la figura del loro maestro.
[260] Che il destino del Battista o Elia *redivivus* venga considerato in parallelo a quello di Gesù è un elemento provato nel vangelo di Marco: W. MARXSEN, *L'Evangelista*, 25-30.27: «Marco lega strettamente il destino di Giovanni a quello di Gesù»; R. PESCH, «Die Zeit», 141; M. HORSTMANN, *Studien*, 135; J.M. NÜTZEL, *Die Verklärungserzählung*, 263; J. GNILKA, *Marco*, 484.
[261] W. MARXSEN, *L'Evangelista*, 27: Marco utilizza una terminologia che la chiesa primitiva impiegherà per Cristo; J.M. NÜTZEL, *Die Verklärungserzählung*, 263.
[262] M. HORSTMANN, *Studien*, 134-135; V. TAYLOR, *Marco*, 457: «Il detto al v. 13 identifica praticamente Elia con il Battista».

l'annuncio del più forte (Mc 1,7) presenta dei tratti che implicitamente lo identificano con Elia (1,6)[263].

La morte di Giovanni (6,17-29) potrebbe creare una relazione tra il suo destino e quello di Elia[264]; qualcuno ipotizza persino una tipologia elianica nel racconto marciano della decapitazione di Giovanni: i personaggi di Erode, Erodiade e Giovanni sarebbero modellati su Acab, Gezabele ed Elia in 1Re 18,1-19,10[265]. In realtà un'attenta osservazione sembra contraddire una simile corrispondenza: Elia non fu ucciso da Acab e Gezabele, ma fu vittima del loro giudizio (1Re 21,21ss); la promessa di Erode è formulata come quella di Ester (5,3.6; 7,2)[266].

In 9,12-13 Giovanni viene additato come il precursore che ha svolto la sua funzione di restaurare tutto prima dell'avvenimento decisivo della salvezza: la resurrezione dai morti.

Al termine di questa analisi di 9,2-13 risulta evidente che Marco non opera nel suo vangelo un'identificazione esplicita tra Elia e Giovanni Battista: è il lettore che deve attribuire al Battista il ruolo e l'identità elianici mediante il parallelismo creato dall'evangelista tra Giovanni e Gesù. Nel nostro contesto, l'identità di Giovanni e quella di Gesù sono interpretate nella stessa cornice del segreto[267]: se è la resurrezione di Gesù a svelarne l'identità, un'identificazione esplicita di Elia con Giovanni Battista avrebbe compromesso la visione teologica di Marco che preferisce, piuttosto, una rivelazione progressiva dell'identità di Gesù.

Si giustifica così l'identificazione implicita del Battista con Elia: nel percorso marciano, prima dello svelamento finale del mistero di Gesù, il destino di sofferenza di Elia viene realizzato da Giovanni. È questa una conferma della tipologia Elia/Giovanni Battista.

---

[263] W. WINK, *John*, 2-3; R. PESCH, «Die Zeit», 120; J.M. NÜTZEL, *Die Verklärungserzählung*, 262: «Im Markusevangelium finden sich Hinweise darauf, daß in der vormarkinischen Tradition Johannes in Parallele zu Elia gesehen wurde. Mk 1,6 charakterisiert den Täufer mit Zügen, die auf Elia hinweisen».

[264] W. GRUNDMANN, *Das Evangelium*, 128; J.M. NÜTZEL, *Die Verklärungserzählung*, 262;

[265] E. LOHMEYER, *Das Evangelium*, 121; W. WINK, *John*, 13 (anche se la sua posizione è incerta); E. SCHWEIZER, *Il Vangelo*, 143; J. ERNST, *Johannes*, 29; R. PESCH, *Il Vangelo*, I, 528; E. LUPIERI, *Giovanni*, 39; M. TILLY, *Johannes*, 60.

[266] C.S. MANN, *Mark*, 297; M.D. HOOKER, *The Gospel*, 161; M. ÖHLER, *Elia*, 37.

[267] M. HORSTMANN, *Studien*, 138.

CAPITOLO V

Elia e la croce (Mc 15,33-39)

1. **Il contesto**

La figura di Elia ricompare nella scena della croce (15,33-39), l'apice dell'intero racconto della passione. Questo non è un evento imprevisto per il lettore, il quale è stato preparato alla morte di Gesù con i precedenti accenni che legano il ministero di Gesù alle profezie della passione (8,31; 9,31; 10,33-34) e la sofferenza di Elia a quella del Figlio dell'uomo (9,12).

Con una tale connessione Marco mostra che fu proprio la natura particolare del ministero di Gesù a provocare l'opposizione e l'incomprensione che sfociarono in una ostile volontà distruttiva.

Tralasciando i molteplici modi con cui Marco prepara il lettore al racconto della passione, evidenziamo solo l'intima connessione tra la sofferenza di Elia/Giovanni Battista (6,14-29; 9,12-13) e la morte in croce di Gesù (15,33-39).

Un primo legame tra la sorte del Battista, caratterizzato come l'Elia *redivivus* (Mc 1,2.6), e quella di Gesù si intravede in 1,14: «Μετὰ δὲ τὸ παραδοθῆναι τὸν Ἰωάννην ἦλθεν ὁ Ἰησοῦς εἰς τὴν Γαλιλαίαν». Con questo passaggio Marco segna quasi una «svolta» narrativa tra l'annuncio della venuta del più forte da parte del precursore e l'entrata in scena di Gesù[1]. Ma il verbo παραδοθῆναι lega anche il destino dei due personaggi[2] e prelude velatamente alla sorte di Gesù: infatti παραδίδωμι è un

---

[1] V. TAYLOR, *Marco*, 151.
[2] J. GNILKA, *Marco*, 73: «Con *paradidonai* Marco ha la possibilità di assimilare i destini di tutt'e due»; S. LÉGASSE, *Marco*, 86.

verbo specifico per indicare l'arresto di Giovanni e di Gesù nell'ambito della tradizione della passione[3]. La forma passiva παραδοθῆναι senza un complemento d'agente suggerisce che il destino dei due messaggeri fa parte di un disegno divino: è Dio stesso che «consegna» Gesù e il suo precursore Giovanni Battista[4].

Ma al lettore vengono fornite informazioni sull'arresto di Giovanni solo in 6,14-29, in cui la sua esecuzione è già avvenuta; la scena è retrospettiva (6,16) ed è stata inserita da Marco in un contesto delimitato dall'invio e dal ritorno dei dodici missionari (6,6b-13/6,30-34). Nella pericope precedente (6,14-16) l'incertezza che agita il pensiero di Erode sull'identità di Gesù introduce direttamente il lettore nel dramma che seguirà (6,17-29). Si può scorgere un nesso tra quest'ultimo e il contesto più ampio andando al di là del contenuto immediato del martirio di Giovanni, di cui si devono piuttosto rilevare le analogie con 1,14 e 9,12-13: la sorte tragica del Battista, annunciata in Mc 1,14, viene ripresa in 9,13 tramite Elia; inoltre molti dettagli di 6,17-29 chiariscono l'assimilazione, già intuita in 1,14, tra il precursore (Giovanni-Elia) e il Messia (9,12-13)[5].

Il dubbio di Erode sull'identità di Gesù ritorna nella domanda esplorativa di Gesù ai discepoli nella scena cruciale di 8,27-30: le risposte sono identiche a quelle date a Erode: «'Ιωάννην τὸν βαπτιστήν», «'Ηλίαν», «εἷς τῶν προφητῶν» (8,28). Queste varie identificazioni, che in 6,14-16 introducevano il racconto del martirio di Giovanni Battista, in 8,27-30 «provocano» la confessione di Pietro. Ma, mentre Pietro intravede un barlume della vera identità di Gesù (non è il Battista, ma il Cristo), Erode lo identifica con quel Giovanni che ha fatto decapitare, e che crede quindi risorto dai morti (6,16).

Con questa descrizione marciana il lettore inizia a comprendere il parallelismo tra la fine cruenta di Giovanni e quella di Gesù. Essere respinti dai destinatari era il destino paradossale dei messaggeri profetici inviati a Israele[6]: la stessa sorte toccherà al «Figlio dell'uomo», che Giovanni il Battista, il nuovo Elia, ha definito «ὁ ἰσχυρότερος» (1,7).

---

[3] Cf. Mc 1,14; 3,19; 9,31; 10,33; 14,10.11.18.21.41.42.44; 15,1.10.15.

[4] J. SCHMID, *L'Evangelo*, 44; J. ERNST, *Il Vangelo*, I, 75: «Il destino di Gesù, in particolare la consegna nelle mani degli uomini, è pre-descritto nel destino del precursore».

[5] S. LÉGASSE, *Marco*, 318.

[6] Sul tema dei profeti respinti, cf. D. AUNE, Prophecy in Early Christianity and the Ancient Mediterranean World, 1983.

CAP. V: ELIA E LA CROCE

Nella seconda parte del vangelo (8,27-16,8) l'intreccio dei destini di Gesù e di Giovanni è presente in 9,11-13, dove Gesù stesso accosta la sofferenza del Figlio dell'uomo a quella di Elia, che il lettore non ha difficoltà a identificare con Giovanni Battista.

Tale motivo ritorna nella sezione compresa tra l'ingresso trionfale a Gerusalemme e l'inizio del racconto della Passione (11,1-13,31), innanzitutto in 11,27-33, il primo dei quattro dialoghi di Gesù nel Tempio con i suoi avversari (11,27-12,34). All'interno della polemica delle autorità giudaiche, che gli contestano l'intervento autoritario con cui ha interrotto l'attività economica intorno al tempio (11,15-19), Gesù formula una domanda su Giovanni: «τὸ βάπτισμα τὸ Ἰωάννου ἐξ οὐρανοῦ ἦν ἢ ἐξ ἀνθρώπων; ἀποκρίθητέ μοι» (11,30). Alla risposta ἐξ οὐρανοῦ («dal cielo») Gesù potrebbe chiedere loro perché non gli credono; la risposta ἐξ ἀνθρώπων («dagli uomini») potrebbe urtare la sensibilità della folla che considera Giovanni un vero profeta. Con questo episodio Marco sembra mostrare che la cecità dei capi giudaici non coinvolge solo Giovanni, ma è la stessa che ispira il rifiuto di Gesù come un «vero profeta», il Figlio di Dio.

Con il destino di sofferenza di Giovanni Marco prepara il lettore alla passione di Gesù, il quale è più che Giovanni Battista o Elia o un profeta: egli è «ὁ ἰσχυρότερος» (1,7).

La reazione di Gesù alla domanda dei suoi avversari (11,27b) prosegue con la parabola dei vignaiuoli (12,1-2)[7]: si può intravedere un'allusione a Elia e a Giovanni Battista e al loro destino di sofferenza nel tema tradizionale del passato di Israele come storia di costante disobbedienza, che si manifesta concretamente nella cattiva accoglienza e nell'eliminazione dei profeti[8]

Dopo l'invio di molteplici servi (πολλοὺς ἄλλους: 12,5), al padrone non rimane che una «sola persona» (ἕνα εἶχεν: 12,6a), il suo «figlio prediletto» (υἱὸν ἀγαπητόν), l'ultimo di una successione di messaggeri, tra cui Elia e il Battista, che si conclude con il suo invio.

Chi sono i servi inviati da Dio? Nell'AT, che li definisce con varia terminologia, sono soprattutto i profeti ad essere inviati da Dio come servi: τοὺς δούλους αὐτοῦ τοὺς προφήτας (Am 3,7; cf. Zc 1,6; Gr 7,25;

---

[7] S. LÉGASSE, *Marco*, 593.600: l'insieme 11,27-12,12 forma «un'associazione distinta dal resto della serie».

[8] Cf. S. LÉGASSE, *Marco*, 604. Su tale tema un punto di riferimento è lo studio di O.H. STECK, *Israel und das gewaltsame Geschick der Propheten*, WMANT 23, Neukirchen – Vluny 1967.

25,4)⁹. Non è arbitrario, quindi, vedere nell'invio dei servi di Mc 12,2-5 il numero indeterminato dei messaggeri che precedono la missione del figlio (12,6). Il lettore non può non pensare a Elia, simbolo dei profeti inviati da Dio al suo popolo, e a Giovanni Battista, il quale sperimenta il rifiuto e la morte violenta.

È la relazione personale (υἱόν) e di intenso amore (ἀγαπητόν) tra l'inviato e il mandante (il padrone della vigna) a rendere singolare e unica la missione di Gesù, che però non viene ascoltato (9,7) dai destinatari e subisce, almeno nella forma suprema del rifiuto, la stessa sorte degli inviati che lo hanno preceduto¹⁰.

La reazione degli ascoltatori – i membri del Sinedrio (11,27) e i sommi sacerdoti (11,8) – è decisamente negativa e ostile e prelude all'inizio della passione in 14,1. Infatti, dopo il contesto di 12,12a, l'intento di eliminare Gesù non compare più in tutta la sezione e viene ripreso in modo più deciso dagli stessi personaggi in 14,1.

Il lettore, ora, è pronto a leggere il racconto della passione, nel quale la domanda sull'identità di Gesù in connessione con la figura di Elia riceve una risposta chiara e definitiva. La portata storica di questa narrazione e il rilievo dato agli ultimi momenti della vita di Gesù rendono unica questa sezione del vangelo (14,1-15,47). La storia della passione inizia con un preludio (14,1-10), in cui si riprendono i complotti contro Gesù, e attraverso l'ultima cena (14,12-31), gli avvenimenti nel Getsemani (14,32-52), il processo davanti al sommo sacerdote (14,53-72) e a Pilato (15,1-20) si conclude con la crocifissione (15,21-41) e la sepoltura (15,42-47).

La figura di Elia compare nella scena della morte (15,33-41) che è il vertice della narrazione di Marco, la soluzione ultima dell'attesa del suo ritorno.

---

⁹ Per V. TAYLOR, *Marco*, 554, è artificioso pensare che i profeti nella parabola siano i precursori di Gesù: essi hanno il compito di far conoscere la volontà di Dio e non di riscuotere dei proventi. I servi sono, piuttosto, un elemento descrittivo. Invece R. PESCH, *Il Vangelo*, II, 324-325, ritiene che, per il significato allegorico della parabola, il destino dei servi rappresenti quello dei profeti quali precursori dell'«ultimo messaggero di Dio». La neutralità del termine δοῦλος viene esclusa da S. LÉGASSE, *Marco*, 603, in quanto, tra i molteplici usi presenti nell'AT e nella letteratura giudaica antica, appare in quella espressione biblica «i miei servi i profeti» per indicare tutti i profeti, messaggeri e servi dei quali Geremia (7,25-26) ricorda l'insuccesso della missione presso Israele nel corso dei secoli (Ger 22,6; 26,5; 29,19; 35,15; 44,4.5; 2Re 17,13; Dn 9,6). E indica tale motivo del fallimento come il tessuto stesso della parabola.

¹⁰ J. GNILKA, *Marco*, 636; S. LÉGASSE, *Marco*, 606.

2. L'articolazione del testo

2.1 *Unità letteraria*

Si può individuare Mc 15,33-39 come una piccola unità letteraria[11] in base ad alcuni indizi. Al v. 33 l'indicazione temporale di tre ore segna l'inizio di una nuova scena (ὥρας ἕκτης... ὥρας ἐνάτης), in cui predomina l'uso dell'aoristo; in 15,40 una successione di verbi all'imperfetto (tra cui la costruzione perifrastica del v. 40a) crea il contesto diverso della nuova scena in cui le donne guardano agli ultimi istanti della vita di Gesù.

Anche i personaggi differenziano il precedente testo di 15,25-32 dall'unità letteraria di 15,33-39: nel primo i passanti, i capi dei sacerdoti, gli Scribi, gli anziani ed i ladroni sono gli attori principali che deridono Gesù crocifisso, presentato in modo soltanto passivo; nella seconda i protagonisti sono Gesù (vv. 34.37) e il suo Dio (vv. 33.38). Come la struttura del testo confermerà, tutta l'attenzione si concentra su Gesù che, menzionato l'ultima volta in 15,15, viene nominato in modo diretto in 15,34.37[12]. Nel contesto successivo (15,40-41) gli attori principali sono le donne (γυναῖκες), presentate come testimoni della crocifissione di Gesù: la mancanza dell'articolo rivela che esse, presenti fin dall'inizio a questi avvenimenti, entrano solo ora nel racconto di Marco[13].

2.2 *Articolazione*

2.2.1 Individuazione delle sequenze narrative

L'uso della paratassi dispone in una sequenza alternata le varie azioni e circostanze del racconto: prima dell'agonia mortale di Gesù, l'evento del buio è connesso con il grido di Gesù (15,33.34), che a sua volta è collegato con il motivo di Elia (15,35):

---

[11] S. LÉGASSE, *Le procès*, II, 109 n. 63: «...l'ensemble 15,33-39, est apte à former un tout autour de la mort de Jésus, laquelle est de la sorte remarquablement mise en évidence».
[12] R. PESCH, *Il vangelo*, II, 719; S. LÉGASSE, *Le procès*, II, 110: «...désigné par son npm, il joue un rôle actif, étant à deux reprises de sujet de la phrase (15, 34.37)»; E. MANICARDI, «Gesù e la sua morte», 10: «Sia al v. 34 che al v. 37 Gesù figura come soggetto grammaticale delle azioni raccontate e il suo nome viene pronunciato esplicitamente».
[13] R.E. BROWN, *La morte*, 1302.

(33) καὶ γενομένης ὥρας ἕκτης
(34) καὶ τῇ ἐνάτῃ ὥρᾳ
(35) καί τινες τῶν παρεστηκότων... Ἴδε Ἠλίαν φωνεῖ

È la congiunzione paratattica che collega l'evento dello squarciarsi del velo del Tempio alla morte di Gesù[14]:

(38) καὶ τὸ καταπέτασμα τοῦ ναοῦ

Le reazioni dei vari personaggi vengono introdotte dalla particella δέ (15,36.37.39):

(36) δέ τις
(37) δὲ Ἰησοῦς
(39) δὲ ὁ κεντυρίων

Si possono rilevare altri fattori di coesione dell'unità letteraria:
- ripetizione di alcuni motivi (φωνήν - φωνέω: 15,34-35.37):

(34) ὁ Ἰησοῦς φωνῇ μεγάλῃ
(35) Ἠλίαν φωνεῖ
(37) Ἰησοῦς φωνὴν μεγάλην

- contrasto tra εἶδον (15,35.36.39) e ἐκπνέω (15,37.39):

(35) ἴδε
(36) ἴδωμεν
(39) ἰδών
(37) ἐξέπνευσεν
(39) ἐξέπνευσεν

Il frequente uso del participio nelle descrizioni delle azioni conferisce ulteriore compattezza all'unità letteraria:

(35) ἀκούσαντες
(36a) δραμών
(36b) γεμίσας
(36b) περιθείς
(36b) λέγων
(37) ἀφείς
(39) ἰδών
(39) παρεστηκώς

Sulla base di questi elementi, nell'unità letteraria di 15,33-39 si possono distinguere le seguenti sequenze narrative: 15,33-36; 15, 37-39.

2.2.2 Coerenza letteraria

a) *Sequenza narrativa di Mc 15,33-36*

Questa sequenza è organizzata in due microsequenze, la prima delle quali (vv. 33-34) presenta una scansione temporale dall'ora sesta, che segna la venuta del buio sulla terra (v. 33a), all'ora nona, che è il momento del grido finale di Gesù (v. 34)[15]:

(33a) ὥρας ἕκτης
(33c) ὥρας ἐνάτης
(34a) τῇ ἐνάτῃ ὥρᾳ

L'indicazione cronologica del v. 34a (τῇ ἐνάτῃ ὥρᾳ), che si regge sulle due determinazioni orarie del v. 33 (καὶ γενομένης ὥρας ἕκτης... ἕως ὥρας ἐνάτης), connette il grido di Gesù, che dà inizio agli eventi narrati in 15,34-36, alla discesa di una tenebra sulla terra. Dall'insistente legame tra il buio e il grido di Gesù e dalla sua formulazione nei vv. 33-34 si evince che l'invocazione di Gesù è l'apice delle tre lunghe ore di tenebra[16].

La seconda microsequenza (vv. 35-36) è caratterizzata dalla reazione di alcuni presenti al grido di Gesù ed è introdotta da due pronomi indefiniti indicanti due livelli di argomentazione (15,35a.36a):

(35a) τινες
(36a) τις

Nel primo livello viene riportato il pensiero di alcuni dei presenti (15,35a), nel secondo solo la congettura di uno di loro (15,36a):

(35a) ἔλεγον
(36)   λέγων

Il grido che Gesù rivolge a Dio (15,34) è compreso da alcuni spettatori come un appello ad Elia perché venga in suo soccorso (15,35); di conseguenza uno sconosciuto offre dell'aceto a Gesù con l'intenzione di lasciare ad Elia il tempo necessario per intervenire (15,36)[17]:

---

[14] R.E. BROWN, *La morte*, 12-39.
[15] R. MEYNET, *Jésus*, 312; R.E. BROWN, *La morte*, 713-714.1012: le tre annotazioni che segnano i tre periodi di tempo (terza-sesta-nona) sono una caratteristica della struttura temporale ternaria che attraversa l'intero racconto della Passione in Marco.
[16] E. MANICARDI, «Gesù», 10.
[17] E. MANICARDI, «Gesù», 10; S. LÉGASSE, *Le procès*, II, 115: «Mc 15, 34-36, forme un tout indissociable, car on ne peut séparer la prière d'abandon du sarcasme à propose d'Élie qu'elle déclenche».

(34) Ελωι ελωι
(35) Ἡλίαν
(36) Ἡλίας καθελεῖν αὐτόν

Inoltre la comprensione degli astanti non stabilisce solo un legame tra il grido e l'appello ad Elia, ma è un elemento di passaggio cruciale tra l'invocazione (15,34: «Ελωι ελωι λεμα σαβαχθανι») e lo spirare di Gesù in 15,37 («φωνὴν μεγάλην ἐξέπνευσεν»).

Le due microsequenze (vv. 33-34 e 35-36) potrebbero essere complementari[18]. In primo luogo c'è una corrispondenza tra il grido di Gesù espresso con l'aoristo complessivo, che abbraccia un lungo arco temporale (15,34b), e il presente, che indica la durata della invocazione di Gesù (15,35c):

(34b) ἐβόησεν
(35c) φωνεῖ

In secondo luogo emerge un contrasto tra il congiuntivo aoristo, che descrive la prostrazione di Gesù nel sentirsi abbandonato (15,34e), e l'infinito aoristo, che prospetta una liberazione finale e definitiva per l'intervento del profeta Elia (15,36c):

(34e) ἐγκατέλιπές με
(36c) Ἡλίας καθελεῖν

Infine è possibile intravedere una relazione tra σκότος (v. 33b) e ἴδωμεν (v. 36c), in quanto sembra contraddittorio che, in quel buio totale, i nemici di Gesù pretendano di riuscire a vedere l'intervento di Elia:

(33b) σκότος
(36c) ἴδωμεν

b) *Sequenza narrativa di Mc 15,37-39*

Nel v. 37 Gesù è di nuovo il soggetto dell'azione narrata[19]. All'interno della sequenza sono distinguibili due microsequenze (15,37; 38-39) legate insieme dal verbo «spirare» che ricorre in 15,37b e 15, 39b:

(37b) ἐξέπνευσεν
(39b) ἐξέπνευσεν

Il verbo crea sia un parallelismo tra il lacerarsi del velo del tempio (15,38) e il centurione che riconosce Gesù come Figlio di Dio (15,39b), eventi con-

---

[18] R. MEYNET, *Jésus*, 312.
[19] S. LÉGASSE, *Le procès*, II, 110; E. MANICARDI, «Gesù», 10.

sequenziali della morte di Gesù[20], sia una corrispondenza tra l'azione divina dello squarciarsi del velo del tempio (15,38a) e il termine «Dio» in 15,39b:

(38a) τοῦ ναοῦ
(39b) θεοῦ

c) Mc 15,33-36 e 15,37-39

L'unità letteraria di 15,33-39 è caratterizzata innanzitutto dal parallelismo tra le tenebre (v. 33) e lo squarcio del velo del tempio (v. 38)[21]:

(33) σκότος ἐγένετο ἐφ' ὅλην τὴν γῆν
(38) τὸ καταπέτασμα τοῦ ναοῦ ἐσχίσθη εἰς δύο

Questi due eventi segnalano l'esito di azioni soprannaturali: il buio è il contesto nel quale Gesù pronuncia le sue ultime parole, mentre lo squarciarsi del velo del tempio è una risposta divina all'invocazione di Gesù morente. Tali segni escatologici, operati da Dio, formano un'inclusione tra ciò che precede e ciò che segue la morte in croce di Gesù[22].

Un secondo parallelismo si può rilevare tra il grido di Gesù (15,34) e la confessione del centurione (15,39):

(34) Ὁ θεός μου ὁ θεός μου, εἰς τί ἐγκατέλιπές με;
(39) Ἀληθῶς οὗτος ὁ ἄνθρωπος υἱὸς θεοῦ ἦν

Ambedue i discorsi diretti esprimono la realtà della divinità di Gesù: l'invocazione «Dio mio, Dio mio, perché mi hai abbandonato», sebbene sia una citazione del Salmo 22, esprime la relazione filiale di Gesù con Dio, suo Padre; mentre la morte di Gesù, cui segue l'evento straordinario dello squarciarsi del velo del tempio, porta il centurione a confessare la divina figliolanza di Gesù. Tale correlazione è ulteriormente confermata da un parallelismo sinonimico:

(34) Ὁ θεός μου ὁ θεός μου
(39) υἱὸς θεοῦ

La struttura della nostra unità letteraria contiene due sequenze che si susseguono rapidamente[23]. La prima (15,33-36), che precede l'evento

---

[20] K. STOCK, *Il racconto*, II, 120; R. MEYNET, *Jésus*, 315; E. MANICARDI, «Gesù», 10.
[21] S. LÉGASSE, *Le procès*, II, 109.
[22] S. LÉGASSE, *Marco*, 824; R.E. BROWN, *La morte*, 1194. Invece E. MANICARDI, «Gesù», 13, sostiene che tra le tenebre e il lacerarsi del velo del tempio non ci sia alcuna relazione, ma non motiva la sua asserzione.
[23] V. TAYLOR, *Marco*, 682: presentando la struttura di 15,21-41, in cui è inserita la sequenza della morte di Gesù (15,33-39), afferma: «La narrazione consta di brevi sce-

della morte in croce, è organizzata in due microsequenze: le tenebre e il grido di Gesù (vv. 33-34) e il motivo di Elia (vv. 35-36). La seconda (15,37-39) descrive il momento della morte di Gesù (15,37), la risposta di Dio – lo squarcio del velo del tempio – e la reazione del centurione[24]:

a) 15,33-36

(33)	Καὶ γενομένης ὥρας ἕκτης σκότος ἐγένετο ἐφ' ὅλην τὴν γῆν ἕως ὥρας ἐνάτης
(34)	καὶ τῇ ἐνάτῃ ὥρᾳ ἐβόησεν ὁ Ἰησοῦ φωνῇ μεγάλῃ, Ελωι ελωι λεμα σαβαχθανι˙ ὅ ἐστιν μεθερμηνευόμενον Ὁ θεός μου ὁ θεός μου εἰς τί ἐγκατέλιπές με;

(35)	καί τινες τῶν παρεστηκότων ἀκούσαντες ἔλεγον, Ἴδε Ἠλίαν φωνεῖ.
(36)	δραμὼν δέ τις [καὶ] γεμίσας σπόγγον ὄξους περιθεὶς καλάμῳ ἐπότιζεν αὐτόν λέγων, Ἄφετε ἴδωμεν εἰ ἔρχεται Ἠλίας καθελεῖν αὐτόν

b) 15,38-39

(37)	ὁ δὲ Ἰησοῦς ἀφεὶς φωνὴν μεγάλην ἐξέπνευσεν

(38)	Καὶ τὸ καταπέτασμα τοῦ ναοῦ ἐσχίσθη εἰς δύο ἀπ' ἄνωθεν ἕως κάτω
(39)	Ἰδὼν δὲ ὁ κεντυρίων ὁ παρεστηκὼς ἐξ ἐναντίας αὐτοῦ ὅτι οὕτως ἐξέπνευσεν εἶπεν, Ἀληθῶς οὗτος ὁ ἄνθρωπος υἱὸς θεοῦ ἦν

---

ne differenti, legate assieme in rapida successione». Un'altra struttura letteraria è stata proposta da S. LÉGASSE, *Le procès*, II, 109:
A: il fenomeno delle tenebre (v.33);
B: il grido di Gesù e l'ultimo sarcasmo (vv. 34-36);
C: la morte di Gesù (v. 37);
A': la scissura del velo del tempio (v. 38);
B': la confessione del centurione (v. 39).

[24] R.E. BROWN, *La morte*, 1163: riconosce che nessuno dei metodi applicati per la suddivisione di Mc 15,33-38 è perfetto.

3. Analisi semantica

3.1 *Mc 15,33-36: Gli eventi che precedono la morte di Gesù*

3.1.1 Mc 15,33-34

a) *Il segno visivo delle tenebre (v. 33)*

Marco, all'avvicinarsi della morte di Gesù, descrive un segno visibile particolare: le tenebre si stendono su tutta la terra per tre ore. All'inizio del v. 33 il participio καὶ γενομένης richiama il momento cronologico della crocifissione di Gesù in 15,25[25], dove si narra che i soldati hanno appeso il condannato alla croce all'ora terza. In questo modo il tempo che intercorre tra la crocifissione e la morte è scandito in due periodi di tre ore: ora terza (v. 25); ora sesta (v. 33); ora nona (v. 34). Viene solo descritto e non spiegato il fenomeno della tenebra (σκότος), ma l'assenza dell'articolo ne sottolinea la natura singolare, che esula da fenomeni astronomici ordinari[26]. In senso letterale il termine σκότος designa il buio che avvolge la terra al momento della crocifissione di Gesù[27]. Ma, per comprendere questo dato marciano[28], è più adeguato riferirsi alla valenza veterotestamentaria della tenebra o dell'oscurità come segni della presenza di Dio[29].

---

[25] E. MANICARDI, «Gesù», 12.
[26] R. PESCH, *Il Vangelo*, II, 731, ritiene che le tenebre non abbiano solo una valenza simbolica, ma siano un semplice fenomeno naturale, un segno non ancora soggetto ad alcuna interpretazione. Per E.P. GOLD, *The Gospel*, 294, il fenomeno delle tenebre non fu un'eclissi di sole, ma una partecipazione della natura a un evento soprannaturale.
[27] H. CONZELMANN, «σκότος», 630: «Si tratta di un fenomeno portentoso, di un segno»; W. HACKENBERG, «σκότος», 1366.
[28] Per l'interpretazione marciana delle tebebre in Mc 15,33, J. GNILKA, *Marco*, 889-890, fa riferimento a testi della tradizione profetico-apocalittica che presentano la venuta del giorno del Signore come pieno di oscurità. In particolare ricorre al testo di Am 8,9-10: con tale aggancio il fenomeno della tenebra, che precede la morte di Gesù, viene considerato un segno del giudizio di Dio causato e iniziato dalla morte di Gesù. R. PESCH, *Il Vangelo*, II, 721, non accetta questo tipo di legame: rileva che non c'è alcun riferimento univoco di Mc 15,33 al testo profetico di Am 8,9-10, né per terminologia, né per contenuto.
[29] Tra i sostenitori di questa interpretazione: E. MANICARDI, «Gesù», 22, che fonda la sua argomentazione su testi veterotestamentari in cui oscurità e tenebre possono, in particolari contesti, la presenza di Dio: Es 19,9a; Dt 5,23-24; 1Re 8,12-13; Sal 18,10-12; 97,1ss. Al contrario S. LÉGASSE, *Le procès*, II, 111-113, fa notare che le tenebre non segnalano la presenza di Dio, ma la nascondono. Inoltre riporta altre interpretazioni proposte dalla ricerca esegetica: le tenebre sarebbero un segno premonitore della fine e del giudizio o il mezzo con cui la natura mostra la disapprovazione divina verso

Il computo marciano delle ore[30] consente di osservare un interessante modello narrativo nel racconto della passione: nel primo intervallo temporale, tra l'ora terza e sesta, Marco pone sulla scena, davanti al Gesù crocifisso, personaggi che esprimono incomprensione e derisioni (15,25-32); nel secondo, tra l'ora sesta e nona, la presenza di Dio stesso nel segno delle tenebre (15,33)[31] conferma che questa morte fa parte del piano divino.

In Marco ci sono altri due contesti in cui Dio si rende presente attraverso dei segni: i cieli squarciati al momento del battesimo di Gesù (1,10) e la nube che avvolge i tre personaggi celesti durante la trasfigurazione (9,7a).

Nel racconto del battesimo (Mc 1,9-11) lo squarciarsi dei cieli, visto solo da Gesù, palesa non solo la presenza di Dio, ma anche la sua relazione singolare con Gesù. Questa rivelazione divina della figliolanza di Gesù è stata preceduta dal ministero di Giovanni Battista, che, implicitamente associato al precursore Elia, lo ha annunciato come «il più forte» (Mc 1,2.6; Ml 3,1.23; 1Re 1,8).

Nella scena della trasfigurazione, dalla nube, che avvolgendo Gesù, Elia e Mosè (Mc 9,7) rivela un intervento divino, esce una voce che ribadisce la straordinaria relazione tra Gesù e Dio: Οὗτός ἐστιν ὁ υἱός μου ὁ ἀγαπητός, ἀκούετε αὐτοῦ. Questa relazione filiale supera di gran lunga tutti i precedenti rapporti tra Dio e i suoi messaggeri (Elia, Mosè, e così via) e attesta che solo a Gesù si deve prestare ascolto (ἀκούετε αὐτοῦ).

Rispetto a questi due contesti, in cui lo squarciarsi dei cieli e la nube segnano dei momenti gratificanti per Gesù[32], in Mc 15,33 le tenebre sono il simbolo del suo apparente insuccesso; inoltre esse esprimono l'«assenza» di Dio, presagendone però un'imminente teofania[33]. Al segno vi-

---

l'atto sacrilego della morte di Gesù. Infine suggerisce che nel contesto di Mc 15,33-39 le tenebre non sono una cornice del grido di abbandono, ma semplicemente un elemento autonomo del racconto della crocifissione. Invece J. SCHMID, *L'Evangelo*, 396-397, lega il grido di Gesù al Sal 22,2, in cui le tenebre sono simbolo della sventura, del giudizio e della maledizione.

[30] V. TAYLOR, *Marco*, 682: «La sistemazione di tutto il materiale in periodi di tre ore, con l'accentuazione dell'ora terza, dell'ora sesta e della nona» favorisce l'ipotesi che la storia della crocifissione (15,21-41) abbia attratto diversi blocchi di tradizione dando luogo a una sorta di dramma.

[31] E. MANICARDI, «Gesù», 22.

[32] C. MAURER, «σχίζω» 4a-b, 437.

[33] H. CONZELMANN, «σκότος κτλ.», 606.

sivo delle tenebre non segue quello uditivo della voce divina che confermi l'identità di Gesù nella sua esperienza della croce: per questo sarà il centurione a dargli testimonianza, ma solo dopo che Gesù è spirato.

Inoltre l'improvvisa e miracolosa oscurità richiama un'affermazione di Gesù: il Figlio dell'uomo verrà «dopo la grande tribolazione» preceduta da un'eclissi di sole (Mc 13,19.24; 14,62)[34]. Così le tenebre, nell'imminenza della morte, potrebbero attestare la futura grandezza del Figlio dell'uomo.

In ogni modo l'assenza di avvenimenti nell'ora sesta, caratterizzata dalle tenebre, orienta il lettore verso le ultime parole di Gesù sulla croce[35].

b) *Il grido di Gesù sulla croce (v. 34)*

Il grido di Gesù è espresso con una frase narrativa il cui verbo principale è l'aoristo complessivo ἐβόησεν, che lascia trasparire una prima caratteristica della preghiera di Gesù: un'invocazione che abbraccia un periodo lunghissimo, purché sia considerato come un continuum[36]. La matrice biblica della formula d'introduzione, «ἐβόησεν ὁ Ἰησοῦς φωνῇ μεγάλῃ», mostra l'intensità della preghiera[37]. Nel NT, oltre all'uso più comune del «chiamare, gridare, lanciare un urlo», βοάω indica il grido dei derelitti e dei deboli[38]. Ma Marco (15,34) sceglie quel verbo perché il grido umanissimo di Gesù sulla croce non è solo la conseguenza di

---

[34] E. LOHMEYER, *Das Evangelium*, 345; D. LÜHRMANN, *Das Markusevangelium*, 262, ritiene che, per la cristologia di Marco, il v. 33 sia in stretta connessione con 13,24: «Zurückverwiesen ist der Leser aber auf 13,24, die Verfinsterung der Sonne am Ende der Zeit vor dem Kommen des Menschensohnes.[...]Der leidende und sterbende Menschensohn ist der, der am Ende (vgl. 13,24-27; 14,62) kommen wird. Die Verfisterung der Sonne beglaubigt ihn in ganz anderer Weise, als die Hohenpriester und Schriftgelehrten das gefordert hatten. Die "Zeichen der Zeit" verstehen, heiß also, den Gekreuzigten als den Menschensohn erkennen».

[35] E. HAENCHEN, *Der Weg*, 534, non esclude che il motivo delle tenebre servisse a Marco per colmare il vuoto dell'ora sesta: «Zugleich half dieses Ereignis dem an Stoff armen Erzähler. Bei einer solchen Sonnenfinsternis kann in dem Stunden des Dunkels sich nichts mehr vor dem kreuz ereignen; diese Zeit ist gleichsam leer an Ereignissen. So hatte Mk nur noch die letzten Worte Jesu zu berichten samt dem, was damit zusammenhing». Tale idea avvalora l'ipotesi del valore simbolico-teologico del fenomeno delle tenebre.

[36] F. BLASS – A. DEBRUNNER – F. REHKOPF, *Grammatica*, § 332; R. PESCH, *Il Vangelo*, II, 722, definisce «insistente» il grido di Gesù.

[37] S. LÉGASSE, *Le procès*, II, 115.

[38] H. BALZ – G. SCHNEIDER, «βοάω», 589.

un immenso dolore o una richiesta di aiuto, ma esprime soprattutto il desiderio ardente della presenza di Dio[39].

Inoltre Marco caratterizza il grido di Gesù con l'espressione φωνῇ μεγάλῃ, in cui l'assenza dell'articolo mette in risalto la natura e la qualità dell'invocazione di Gesù: il gridare «ad alta voce» può essere un indizio della natura sovrumana di Gesù. Marco adopera il termine φωνῇ insieme con βοάω solo in 1,3, in cui manca l'aggettivo attributivo μεγάλῃ. La tradizione veterotestamentaria di Is 40,3 (Mc 1,3) sul misterioso araldo che grida nel deserto invitando a preparare la via per il Signore trova il suo compimento nella comparsa e nella predicazione del Battista, l'Elia redivivus. In Mc 1,3 la φωνὴ βοῶντος annunzia la preparazione della via e la venuta del più forte, mentre in 15,34 emerge la potenza salvifica della φωνὴ μεγάλη di Gesù: anche il grido epifanico, che egli emette morendo, ne svela il mistero dell'identità[40].

Marco presenta l'invocazione di Gesù in una duplice versione, la traslitterazione in lettere greche della formula ebraico-aramaica (15,34b) e la traduzione in greco (15,34c):

(34b) Ελωι ελωι λεμα σαβαχθανι
(34c) Ὁ θεός μου ὁ θεός μου, εἰς τί ἐγκατέλιπές με

In primo luogo l'allocuzione di Gesù sulla croce è considerata una traslitterazione dell'ebraico aramaizzante del Sal 22,2[41]:

Mc 15,34b Ελωι ελωι
Sal 22,2   אֵלִי אֵלִי

Non si tratta propriamente di una citazione testuale perché Marco, invece di scrivere אֵלִי אֵלִי לָמָה עֲזַבְתָּנִי (*Eli, Eli, lema 'azabtani*), modifica il verbo עֲזַבְתָּנִי (abbandonare) in σαβαχθανι, con una conseguente mitigazione del senso: «Perché mi hai lasciato solo?». Quindi l'interrogativo esprime una reale angoscia piuttosto che un atteggiamento di disperazione. Tale «finezza della comunicazione» necessita della cooperazio-

---

[39] E. STAUFFER, «βοάω», 297; R. PESCH, *Il Vangelo*, II, 722: «La preghiera di Gesù non è un grido di disperazione, bensì espressione di fiducia». Cf. J. SCHMID, *L'Evangelo*, 397.

[40] W. RADL, «φωνή», 1852; O. BETZ, «φωνή E 1-2», 318: a proposito di φωνὴ βοῶντος (Mc 1,3) «Giovanni il Battista è l'escatologica voce che grida nel deserto».

[41] E. LOHMEYER, *Das Evangelium*, 345; D. LÜHRMANN, *Das Markusevangelium*, 263; R. PESCH, *Il Vangelo*, II, 723; M.D. HOOKER, *The Gospel*, 376; S. LÉGASSE, *Le procès*, II, 149; II, 116.

ne di un lettore implicito, capace di confrontare il testo di Mc 15,34 con il TM del Salmo 22,2[42].

La domanda seguente sarebbe una traslitterazione greca del testo aramaico:

Mc 15,34b   λεμα σαβαχθανι
Sal 22,2   ἵνα τί ἐγκατέλιπές με

In secondo luogo la forma ebraico-aramaizzante del grido di Gesù sulla croce è seguita da una traduzione greca, Ὁ θεός μου ὁ θεός μου, εἰς τί ἐγκατέλιπές με, introdotta dall'espressione ὅ ἐστιν μεθερμηνευόμενον (15,34)[43]. La ripresa marciana del Sal 22 non è una traduzione letterale del testo della LXX:

Mc 15,34   Ὁ θεός μου ὁ θεός μου, εἰς τί ἐγκατέλιπές με;
Sal 22,2 (LXX) ὁ θεὸς ὁ θεός μου πρόσχες μοι ἵνα
                                          τί ἐγκατέλιπές με

Rispetto al testo dei LXX, i «piccoli ritocchi»[44] apportati da Marco, il quale omette l'espressione πρόσχες μοι e sostituisce la congiunzione ἵνα τι con εἰς τι, non modificano il contenuto del testo[45].

Riteniamo che, al di là di tutte le speculazioni linguistiche, sia più importante focalizzare l'attenzione sul significato del grido di Gesù: in 15,33-39 l'invocazione «Dio mio, Dio mio, perché mi hai abbandonato?», che riprende le parole iniziali del Sal 22,2[46] è l'unica espressione

---

[42] D. MARGUERAT – Y. BOURQUIN, Per leggere, 110: la citazione del Salmo 22 è un esempio di comunicazione indiretta del narratore che, «in modo tacito», insinua in quelle parole un senso che il lettore riesce a cogliere con le sue competenze.
[43] L. CAZA, «Le relief», 182; M. ÖHLER, Elia, 144; D. SENIOR, La Passione, 124; S. LÉGASSE, Le procès, II, 116.
[44] V. TAYLOR, Marco, 690; R. PESCH, Il Vangelo, II, 723; K. STOCK, Il racconto, II, 119.
[45] W.L. LANE, The Gospel, 572, ricorda che il grido di Gesù con le parole del Sal 22,2 è l'unica espressione pronunciata sulla croce «and throws sharp relief the breadth and depth of the passion».
[46] R. PESCH, Il Vangelo, II, 723: la preghiera di Gesù avrebbe permesso una rielaborazione del Sal 22 nel racconto della passione. Per un confronto dettagliato tra il racconto della crocifissione di Gesù e il Salmo 22, cf. J.R. SCHLEIFER, «El Salmo», 5-85. Più complesso è il problema della storicità dell'uso del Sal 22,2 da parte di Gesù: è stato il Gesù storico a pronunciare l'invocazione di 15,34 oppure la chiesa primitiva ha cercato con questa citazione di comprendere lo stato d'animo di Gesù crocifisso? Non siamo in grado di stabilire se le parole siano state effettivamente pronunciate da Gesù: M.D. HOOKER, The Gospel, 375. Interessante ci sembra una considerazione basata sul criterio storico della discontinuità: secondo M. GOGUEL, La vie, 525, è inconcepibile che la coscienza cristiana primitiva abbia potuto inventare l'idea di Gesù ab-

che Gesù rivolge direttamente a Dio. Infatti solo così Gesù torna ad essere soggetto attivo, dopo che in 15,20b-33 è stato un personaggio passivo perché ha subìto le azioni altrui (15,20b.21.22.23.24.29.31.32)[47].

Per comprendere le parole aramaiche di Gesù e per scoprire come Marco le abbia integrate nel suo modo d'intenderne la persona e il ruolo, accenniamo ad alcune tematiche che costituiscono la cifra ideologica dell'intero salmo[48].

La lontananza, ovvero l'abbandono, di Dio è un motivo ricorrente nei Salmi: nel salterio s'invoca Dio nella convinzione che non abbandoni mai il giusto[49], mentre nel Salmo 22 l'orante, esprimendo la situazione di abbandono in cui si trova, intreccia lamento e fiducia (vv. 2-3.5-6.10-12.20-22).

Nel Salmo 22 l'orante si immerge nel rapporto con Dio: descrive i nemici con forza drammatica (vv. 13-14.17-19), ma non chiede che vengano annientati come in altri Salmi[50].

Infine, il lamento contraddice l'affermazione della presenza di Dio nel Tempio.

Ci sembra che sia possibile riscontrare questi tre aspetti nella sequenza di Mc 15,34: il lamento per l'abbandono (λεμα σαβαχθανι), la relazione

---

bandonato da Dio; piuttosto Marco sembra dipendere da una tradizione storica. Cf. V. TAYLOR, Marco, 690; F. LAMBIASI, L'autenticità, 155-164; R. LATOURELLE, L'accès, 223-225; D. SENIOR, La Passione, 124; S. LÉGASSE, Le procès, I, 149; II, 115.

[47] C. MAZZUCCO, Lettura, 174.

[48] G. RAVASI, Il Libro dei Salmi, I, 409. Per S. PELLEGRINI, Elija, 368-369, il Salmo 22 è alla base non solo di Mc 15,34, ma anche del contesto più ampio del capitolo 15 al v. 29 («καὶ οἱ παραπορευόμενοι ἐβλασφήμουν αὐτὸν κινοῦντες τὰς κεφαλὰς αὐτῶν») la situazione dei passanti che scuotono la testa e ingiuriano Gesù è simile a quella del Salmo 22 [21],8 («πάντες οἱ θεωροῦντές με ἐξεμυκτήρισάν με ἐλάλησαν ἐν χείλεσιν ἐκίνησαν κεφαλήν»); la richiesta degli schernitori di Mc 15,32 (ὁ Χριστὸς ὁ βασιλεὺς Ἰσραὴλ καταβάτω νῦν ἀπὸ τοῦ σταυροῦ, ἵνα ἴδωμεν καὶ πιστεύσωμεν καὶ οἱ συνεσταυρωμένοι σὺν αὐτῷ ὠνείδιζον αὐτόν) affinché Gesù compia un miracolo dimostrativo della sua potenza ha un parallelo in Salmo 22 [21],9 (ἤλπισεν ἐπὶ κύριον ῥυσάσθω αὐτόν σωσάτω αὐτόν ὅτι θέλει αὐτόν); i particolari delle mani e dei piedi inchiodati al legno della croce e la ripartizione del vestiario in Mc 15,24 (καὶ σταυροῦσιν αὐτὸν καὶ διαμερίζονται τὰ ἱμάτια αὐτοῦ, βάλλοντες κλῆρον ἐπ' αὐτὰ τίς τί ἄρῃ) alludono esplicitamente al Salmo 22 [21] (v. 17: ὤρυξαν χεῖράς μου καὶ πόδας; v. 19: διεμερίσαντο τὰ ἱμάτιά μου ἑαυτοῖς καὶ ἐπὶ τὸν ἱματισμόν μου ἔβαλον κλῆρον).

[49] Sal 9,11; 16,10; 27,9; 37,25.28.33; 38,22; 71,9.18; 94,14;119,8. Cf. E. LOHMEYER, Das Evangelium, 345.

[50] A. WEISER, I Salmi 1-60, 230.232; E. STAUFFER, «βοάω», 296-297: «La sua preghiera [di Gesù] non riguarda i nemici, bensì soltanto e unicamente Dio».

con Dio (Ελωι ελωι), il contrasto tra la desolazione interiore in cui Dio ha lasciato Gesù e la fiducia nella sua presenza (λεμα)[51].

Marco o la chiesa primitiva hanno trasmesso l'invocazione di Gesù in lingua aramaica non solo perché Gesù ha recitato le parole iniziali del salmo, ma perché essi hanno compreso lo stato di profondo abbandono che Gesù sperimentò in seguito alla lontananza di Dio[52].

L'interpretazione cristiana della preghiera veterotestamentaria[53] è costruita sul violento contrasto tra μου, il ripetuto aggettivo possessivo di prima persona, e ἐγκατέλιπές με, il verbo di abbandono. Come già nel Salmo 22,2, con un'insistenza carica d'angoscia Gesù chiede a Dio di rendersi presente. La ripetizione «Ὁ θεός μου ὁ θεός μου» sottolinea una preoccupazione ansiosa e introduce la tensione interiore tra la certezza della fiducia nel Padre (Ὁ θεός μου ὁ θεός μου) e la costatazione negativa dell'abbandono[54].

---

[51] E. LOHMEYER, *Das Evangelium*, 345: è la prima volta in Marco che la vicinanza e la fiducia in Dio siano state ribaltate - attraverso il Salmo 22,2 - in un abbandono di Dio. Questo conferirebbe al reiterato «μου... μου» un più profondo significato: Gesù ha dovuto patire tutte le sofferenze che l'orante dell'AT annunciò profeticamente. W.L. LANE, *The Gospel*, 572: il grido iniziale del Salmo 22,2 è un appello urgente a Dio perché intervenga a favore del giusto sofferente. Ora Gesù, che sulla croce sperimentava la stessa situazione descritta in questo salmo escatologico di sofferenza, istintivamente ne ha attinto il linguaggio biblico per implorare «the help of God in a confident invocation and an anguished plea».

[52] L. ALONSO SCHÖKEL - C. CARNITI, *I Salmi*, I, 449, suggerisce che «i narratori della passione utilizzarono il Salmo 22 per il suo valore tipico e teologico»: nel primo Gesù incarna e personifica l'«innocente perseguitato»; nel secondo l'esperienza di sofferenza e di liberazione del salmista permette all'evangelista di cogliere la profondità e la fecondità della sofferenza di Gesù. R. SCHNACKENBURG, *Vangelo*, II, 305, ritiene che tale modalità interpretativa dello stato di abbandono di Gesù risalga alla comunità giudeo-cristiana, in cui si parlava ancora l'aramaico.

[53] A proposito della trasposizione cristiana del Salmo 22, L. ALONSO SCHÖKEL - C. CARNITI, *I Salmi*, I, 448: «Dato che gli scrittori neotestamentari utilizzano copiosamente testi, vocabolario, concetti ed immagini del VT, non desta meraviglia che abbiano preso in maggior considerazione un testo ricco e che richiama l'attenzione come il Salmo 22. C'è da aggiungere altro, ed è la presenza del Salmo 22 in momenti chiave, con parole testuali, con tratti descrittivi, nei racconti della passione di Cristo». A. WEISER, *I Salmi 1-60*, 235: «Il fatto che Gesù ha pronunciato l'esordio di questo salmo come professione della sua fede in Dio sulla croce, indusse probabilmente la tradizione cristiana primitiva a citare anche altre parole del salmo per tratteggiare la descrizione della passione di Gesù...». Ma l'odierna esegesi sostiene l'origine liturgica dell'estrema invocazione di Gesù, che sarebbe scaturita dalla celebrazione liturgica della comunità di Gerusalemme: É. TROCMÉ, *Gesù*, 105; J. MOLTMANN, *Il Dio*, 174.

[54] E. LOHMEYER, *Das Evangelium*, 345: il grido di Gesù non esprime solo abbandono, ma è anche preghiera al «θεός μου» con parole della S. Scrittura. L. CAZA, «Le relief», 179-180; B. WITHERINGTON, *The Gospel*, 399.

È da escludere che la desolazione di Gesù nasca dalla sua incomprensione o incertezza riguardo all'evento della passione. Di fatti la sofferenza del Figlio dell'uomo era stato uno degli insegnamenti cruciali di Gesù (8,31; 9,31; 10,33), il quale ne aveva rivelato l'inevitabilità (δεῖ) indicandola come elemento fondamentale del progetto di Dio e accostandola alla stessa sofferenza di Elia come parte indivisibile (anche se prefigurativa) della via della passione ('Ηλίας... ἐποίησαν αὐτῷ ὅσα ἤθελον: 9,12-13).

Inoltre nella φωνὴ μεγάλη di Gesù, che non è il segno d'una disperazione totale[55] – come se egli sperimentasse la condanna o la maledizione di Dio – si può intravedere una duplice dimensione: il grido da un lato esprime la radicale solitudine della sofferenza, sperimentata come abbandono di Dio e degli uomini, dall'altro «un tenersi stretto a Dio» malgrado le avversità e il suo silenzio[56]. Infatti l'invocazione, pur nella sofferenza, si apre immediatamente alla speranza e alla sicurezza della vittoria[57].

Il grido è considerato un lamento di Gesù a Dio, lontano e assente in questo momento drammatico della sua vita. Sembra che proprio ora si sia interrotta quella linea di autenticazione dell'identità e dell'operato di Gesù che ne aveva sorretto il ministero soprattutto al momento del battesimo (1,11) e della trasfigurazione (9,7). Sembra che tale tensione faccia riemergere l'attesa di Elia, il quale viene invocato affinché risolva ironicamente la situazione drammatica di Gesù.

---

[55] E. LOHMEYER, *Das Evangelium*, 345: è infondato interpretare il grido di Gesù come disperazione verso Dio; E. HAENCHEN, *Der Weg*, 537; P. LAMARCHE, «La mort», 590.

[56] E. SCHWEIZER, *Il Vangelo*, 373; B. WITHERINGTON, *The Gospel*, 399.

[57] G. RAVASI, *Il Libro dei Salmi*, I, 410. Altre interpretazioni sono escluse da V. TAYLOR, *Marco*, 690-691: «L'interpretazione che vede nel grido un'espressione definitiva di fede, alla luce del Salmo 22 preso nella sua interezza, non considera il detto con sufficiente serietà. Esso è troppo profondo per essere scandagliato; ma le interpretazioni meno inadeguate sono quelle che vi trovano un senso di desolazione in cui Gesù sente con tanta forza l'orrore del peccato che ne viene oscurata momentaneamente la sua perfetta comunione con il Padre». Cf. R. SCHNACKENBURG, *Vangelo*, II, 307; F. MATERA, *The Kingship*, 132-135; D. SENIOR, *La Passione*, 125. Al contrario M.D. HOOKER, *The Gospel*, 375, esclude che Gesù nel suo forte gridare (o Marco) abbia avuto in mente l'intero Salmo 22, compreso il messaggio di speranza ivi contenuto. Quest'ultimo aspetto è fuori dall'intenzione di Marco che, piuttosto, intende presentarci un'immagine di Gesù completamente abbandonato da Dio.

3.1.2 Mc 15,35-36

a) *L'equivoco su Elia (v. 35)*

All'angosciosa domanda di Gesù rivolta al Padre sul motivo dell'abbandono non segue un intervento liberatore di Dio. In fondo Gesù supplica Dio affinché «torni» a lui, il Figlio unico e prediletto (1,11; 9,7: ὁ υἱός μου ὁ ἀγαπητός) e ponga fine alla sua sofferenza. Ma in Mc 15,35 si prospetta un'altra possibilità salvifica: l'appello ad Elia.

In Marco la comprensione del grido di Gesù procede in un efficace crescendo: in un primo momento (v. 35) alcuni dei presenti credono di capire che Gesù stia invocando l'aiuto di Elia; subito dopo (v. 36) un anonimo gli offre dell'aceto, forse con l'intento di dare a Elia il tempo necessario per un intervento a favore di Gesù.

Un gruppo imprecisato di presenti (τινες τῶν παρεστηκότων) interpreta, «per un malinteso o per una storpiatura», il grido di Gesù come un appello a Elia perché venga in suo soccorso: Ἰδε Ἠλίαν φωνεῖ[58]. È evidente l'incomprensione dei παρεστηκότων che, malgrado le tenebre e le ultime parole di Gesù, sembrano decisi a colpirlo con frasi di scherno[59]. La ricerca esegetica ha sempre cercato di spiegare storicamente questo equivoco, in quanto è difficile scambiare la forma aramaica «Aelahi» con «Elijahn», ossia Elia[60]. Inoltre il redattore, se ritiene che Gesù ha veramente proferito le parole «Ὁ θεός μου ὁ θεός μου», perché specifica che esse vengono interpretate come un appello a Elia? Tale interpretazione non potrebbe far dubitare della loro autenticità? Si è pensato all'esistenza di due tradizioni sulle parole di Gesù in 15,34-35: il redattore condividerebbe la prima, quella che conserva un ricordo del Gesù storico[61], integrandola con l'interpretazione erronea di alcuni passanti[62].

---

[58] J. JEREMIAS, «Ἠλ(ε)ίας», 86; R.H. GUNDRY, *Mark*, 948; M.D. HOOKER, *The Message*, 79; L. CAZA, «Le relief», 182; J.D. KINGSBURY, *The Christology*, 130: «On hearing this cry, the bystanders misconsture it to mean that Jesus is appealing to Elijah for deliverance (15:35)».

[59] D. LÜHRMANN, *Das Markusevangelium*, 263; E. HAENCHEN, *Der Weg*, 536: il grido sull'abbandono da parte di Dio «dem Spott neue Nahrung zu geben...».

[60] J. GNILKA, *Marco*, 891; E. LOHMEYER, *Das Evangelium*, 346; D. LÜHRMANN, *Das Markusevangelium*, 263; E. SCHWEIZER, *Il Vangelo*, 373; G. DAUTZENBERG, «Elijah», 1089: ritiene artificiosa l'associazione «Ελωι ...Ἠλίαν»; F.J. MATERA, *The Kingship*, 31: «...it is difficult to understand how a Greek reader could see a connection between *El_i* and *_lia*»; M. de GOEDT, «Élie», 76; R.E. BROWN, *La Morte*, 1184-1185; M. ÖHLER, *Elia*, 144.

[61] G. RAVASI, *Il Libro dei Salmi*, I, 411: «Al di là di ogni elucubrazione, certo è che si conserva un ricordo del Gesù storico, delle sue ultime ore e delle sue ultime parole».

[62] V. TAYLOR, *Marco*, 746. Per L. CAZA «Le relief», 183: «Il existe plusieurs tenants de la théorie selon laquelle le récit marcien de la croix tel qu'il a été transmis

Secondo un'ipotesi artificiosa, all'origine Gesù avrebbe gridato dalla croce la sua incondizionata adesione al Padre con una formulazione aramaica, Elî attà («Tu sei il mio Dio!»), che i presenti avrebbero confuso con parole di suono simile, Elià, tà («Vieni, Elia»). In seguito nella comunità primitiva l'originaria professione di fiducia, «Tu sei il mio Dio!», sarebbe stata sostituita da una dolorosa invocazione, «Dio mio, Dio mio, perché mi hai abbandonato?»[63]. Ci sembra che tale soluzione non solo sia un'ipotesi priva di fondamento letterario e incapace di giustificare il passaggio dalla citazione del Sal 22,2 (Elî attah = Dio mio - sei - tu)[64] ad un'espressione adattata al contesto di 15,34, ma faccia riferimento non al duplice grido di Gesù, bensì alla diversa forma con cui le sue ultime parole sulla croce sono state trasmesse.

Si esclude che gli astanti (τινες τῶν παρεστηκότων) fossero Giudei, come alcuni invece suggeriscono[65], in quanto sarebbero riusciti a distinguere l'invocazione rivolta a Dio da quella a Elia e a riconoscere in «λεμα σαβαχθανι» la citazione del Salmo 22[66]. D'altro canto sarebbe difficile sostenere che fossero dei Romani, ai quali la figura di Elia non era affatto familiare[67]. L'equivoco può ricevere logicità storica da una malvagia deformazione delle parole di Gesù che rimanda ad un evento storico o da un malinteso costruito letterariamente, plausibile per lettori di lingua greca[68]. Ma anche lo spettatore in Mc 15,35-36 è anonimo e viene considerato solo per le sue parole: «Ἄφετε ἴδωμεν εἰ ἔρχεται Ἠλίας καθελεῖν αὐτόν» (15,36)[69]. Infatti è evidente che Marco non intende preci-

---

réunirait deux traditions de l'événement, d'orientations très différentes. L'unanimité est loin d'être faite entre eux sur la façon de départager les éléments entre ces témoignages et il semble particulièrement de rattacher la parole du v. 34 à l'un et celle du v. 35 à l'autre».

[63] Tale ipotesi è stata avanzata da H. SAHLIN, «Zum Verständnis», 62-66, e ripresa da Y. BOMAN, «Das letzte», 103-119, e da X. LÉON-DUFOUR, Di fronte, 113-130. Per R. SCHNACKENBURG, Vangelo, II, 309, tale ipotesi, pur essendo intelligente, non trova riscontro, perché le parole di Gesù ci sono state tramandate unicamente nell'interpretazione suggerita da Marco. Cf. J. RADERMAKERS, Lettura, 315.

[64] Malgrado la presenza di Elî attah in alcuni salmi: 22,11; 63,2; 118,28; 140,7.

[65] V. TAYLOR, Marco, 691; R. PESCH, Il Vangelo, II, 724; J. GNILKA, Marco, 891.

[66] P. LAMARCHE, «La mort», 592; L. CAZA, «Le relief», 183; M. ÖHLER, Elia, 144: «Historich ist eine solche Verwechslung ohne böses Motif daher nicht möglich».

[67] E. HAENCHEN, Der Weg, 536: anche supponendo che i soldati romani, provenendo dalla Siria, fossero in grado di comprendere l'aramaico, è diffcile spiegare come essi siano riusciti a capire l'invocazione ad Elia dalla frase aramaica pronunciata da Gesù sulla croce; S. LÉGASSE, Le procès, I, 150; L. CAZA, «Le relief», 183.

[68] M. ÖHLER, Elia, 145.

[69] P. LAMARCHE, «La mort», 592; F.J. MATERA, The Kingship, 30.

sare l'identità degli astanti (τῶν παρεστηκότων): i dati storici non consentono alcuna identificazione certa[70].

Per comprendere i motivi che hanno portato i παρεστηκότες a interpretare la preghiera di Gesù come invocazione ad Elia, occorre esaminare attentamente la piccola sequenza di 15,35-36.

L'invocazione a Elia è espressa con il presente indicativo φωνεῖ, un'azione duratura in cui Gesù continua a recitare il salmo, anche se in modo inarticolato[71]. In questo contesto il verbo φωνέω con l'accusativo della persona «'Ηλίαν» è sinonimo di καλέω, «chiamare, far venire»[72]. Alcuni degli astanti credono o fingono di comprendere che, a partire dall'invocazione aramaica (*Aelahi*), Gesù stia chiamando Elia in suo aiuto[73].

Ma perché il grido di Gesù viene interpretato come un'invocazione a Elia? La questione è assai complessa[74].

L'ipotesi che Gesù abbia pronunciato l'invocazione in lingua ebraica (ηλι) generando il malinteso con il nome di Elia[75] non trova riscontro nel testo, il quale non riporta che i presenti abbiano inteso il grido di Gesù come «'Ηλίαν, 'Ηλίαν, perché mi hai abbandonato?»[76]: essi piuttosto si riferiscono alla formulazione ηλωι.

---

[70] E. LINNEMANN, *Studien*, 150: «Man wird damit rechnem müssen, daß der Erzähler sich gar keine Gedanken gemacht hat, on diejenigen, die Jesu Worte mißdeuten und der, welcher ihn tränkt, Jiuden oder römische Soldaten sind»; S. LÉGASSE, *Le procès*, II, 119.

[71] Naturalmente non si vuole sostenere che, nell'intenzione di Marco, Gesù abbia recitato il Salmo 22 per intero: E. STAUFFER, «βοάω», 296 n.15.

[72] O. BETZ, «φωνέω», 343; K.L. SCHMIDT, «καλέω», 1456; W. RADL, «φωνέω», 1849; R. PESCH, *Il Vangelo*, II, 724.

[73] R. PESCH, *Il Vangelo*, II, 724; P. BENOIT, *Passione*, 287; D. SENIOR, *La Passione*, 125.

[74] V. TAYLOR, *Marco*, 691.

[75] V. TAYLOR, *Marco*, 690: «...è più probabile che il grido di Gesù sia stato lanciato in ebraico, perché il commento dei presenti ("ecco chiama Elia") diventa più comprensibile se Gesù esclama *êlei êlei* oppure *êli êli* invece che *êloi*. Effettivamente, quasi tutti i MSS di Matteo hanno *êlei* o *êli*, forma che può essere facilmente confusa con "Elia"». Così anche per D. LÜHRMANN, *Das Markusevangelium*, 263: l'errata interpretazione del grido di lamento di Gesù è poco giustificata nella versione aramaica (η(λι), piuttosto dalla versione ebraica si può cogliere una reminiscenza di Elia (η(λωι).

[76] E. LOHMEYER, *Das Evangelium*, 345: risulta alquanto difficile far scaturire da «η(λω(ε)ι» la chiamata ad Elia; R. PESCH, *Il Vangelo*, 724; J. GNILKA, *Marco*, 891: «Uno scambio tra Eloi e Elia è quasi impossibile acusticamente e filologicamente»; W. GRUNDMANN, *Das Evangelium*, 435; L. CAZA «Le relief», 183. Per G. DAUTZENBERG, «Elijah», 1089, l'associazione «Ελωι...'Ηλίαν», sia nella versione ebraica sia in quella aramaica dell'invocazione di Gesù, non sarebbe probabile in ambiente palestinese.

Il riferimento ad Elia in Mc 15,35 può essere interpretato come una rappresentazione maligna dei presenti[77], che attribuiscono a Gesù una speranza nel soccorso di Elia, alla quale, però, essi non credono: questo potrebbe avvalorare la deformazione consapevole della preghiera di Gesù in un'invocazione ad Elia[78]. Ma si può obiettare che, siccome hlwi non ha una caratterizzazione precisa in Mc 15,35-36[79], l'attesa di un intervento di Elia potrebbe risuonare del tutto irreale per individui non giudei[80].

Secondo un'altra possibilità interpretativa, l'espressione Ἠλίαν φω‑νεῖ richiamerebbe l'affermazione di Gesù in 9,12-13 sulla relazione tra la sofferenza dell'Elia escatologico e quella del Figlio dell'uomo, che si realizzerebbero rispettivamente in Giovanni Battista e in Gesù[81]. Ma tale collegamento, per alcuni, non si accorda con il tema della morte di Gesù, in quanto il malinteso non riguarda in alcun modo la sofferenza dell'Elia *redivivus*[82]. Inoltre una simile argomentazione sembra piuttosto un «gioco» testuale: infatti non si deve dimenticare che in 9,12-13 si tratta dell'identificazione di Elia con Giovanni Battista, mentre in 15,35 si fa riferimento all'Elia storico dell'AT[83]. Il lettore dovrebbe riconoscere dal lemma Ἠλίας che in 15,35-36 si è realizzata questa promessa di sofferenza[84].

Non si esclude che il malinteso di 15,35 nasconda un rifiuto dell'attesa di Elia, atteso dagli Scribi prima della fine[85], oppure un riferimento a

---

[77] M.J. LAGRANGE, *Évangile*, 433-434, attribuisce l'equivoco su Elia alla cattiveria dei presenti; L. CAZA, «Le relief», 183.

[78] R. PESCH, *Il Vangelo*, II, 724. A tale spiegazione M. ÖHLER, *Elia*, 145, obietta che, data la mancata caratterizzazione dei «παρεστηκότες», l'attesa di Elia risuona del tutto irreale e che, nonostante la beffa, Elia potrebbe venire, sebbene questo non sia possibile per Gesù.

[79] Si tratta sempre di una traslitterazione dell'ebraico aramaizzante del Salmo 22,2. Se in ebraico «η(λωι)» è un nome con suffisso di prima persona, nella lingua viva dell'aramaico poteva per assonanza richiamare Elia.

[80] M. ÖHLER, *Elia*, 145: «Eine Verdrehung der Worte allein liegt daher nicht vor.[...] Die Bosheit der Spötter hatte er zuvor bereits ausführlich dargestellt.[...] Spottmotiv wohl in 15,35 f. nicht der wirkliche Anlaß für die Gestaltung gewesen sein».

[81] M. ÖHLER, *Elia*, 146: quanto è accaduto all'Elia *redivivus* – è stato consegnato nelle mani dei suoi avversari – avviene per il Figlio dell'uomo. Cf. P. BENOIT, *Passione*, 287.

[82] M. ÖHLER, *Elia*, 146.

[83] S. LÉGASSE, *Marco*, 828 n. 28.

[84] F.W. DANKER, «The Demonic», 60; K. BROWER, «Elijah», 92; D. LÜHRMANN, *Das Markusevangelium*, 263; M. ÖHLER, *Elia*, 146.

[85] K. BROWER, «Elijah», 94-95; G. DAUTZENBERG, «Elija», 1090; R.H. GUNDRY, *Mark*, 968; R.E. BROWN, *La Morte*, 1198.

Elia come precursore del Messia[86]; in tal caso, riemerge un argomento avverso alla messianicità di Gesù[87], perché il mancato intervento di Elia annullava, secondo l'opinione giudaica, la pretesa messianica di Gesù[88]. Ma questa ipotesi è infondata perché Marco ha già trattato esaurientemente l'argomento della venuta di Elia in 9,11-13[89]; inoltre soprattutto nel contesto di 15,35-36 l'attesa di Elia, tutt'altro che escatologica, riguarda un intervento nel presente: liberare Gesù dalla croce[90].

Infine rimane la possibilità di cercare l'invocazione ad Elia in una tradizione popolare del tardo giudaismo, che lo riteneva «soccoritore del giusto» in tempo di bisogno[91]. Inoltre nella pietà popolare ebraica Elia era il più grande dei profeti, il «santo patrono» dei casi disperati, colui che aveva salvato la vedova e suo figlio nel momento più drammatico (1Re 17,1-24)[92]. Con questo *background* diventa comprensibile

---

[86] E. LOHMEYER, *Das Evangelium*, 346: l'espressione «egli chiama Elia» veicola l'idea ebraica che Elia precederà il Messia e lo rivelerà. Di parere contario è R. SCHNACKENBURG, *Vangelo*, II, 306: è da escludere un'interpretazione di Elia come precursore del Messia, in quanto Gesù, secondo la gente, invoca Elia unicamente come soccoritore. Invece per l'aspetto escatologico dell'equivoco su Elia vedi: J. GNILKA, *Marco*, 892, che comunque pensa ad Elia come precursore del Messia; ugualmente M.J. LAGRANGE, *Évangile* 433.

[87] G. DAUTZENBERG, «Elija», 1090; R.E. BROWN, *La Morte*, 1198.

[88] J. JEREMIAS, «'Ηλ(ε)ίας», 86; D. LÜHRMANN, *Das Markusevangelium*, 263: i presenti vogliono verificare se Dio salverà il giusto sofferente mediante l'intervento di Elia.

[89] J. JEREMIAS, «'Ηλ(ε)ίας», 91; R.E. BROWN, *La Morte*, 1197; K. BROWER, «Elijah», 91.

[90] M. ÖHLER, *Elia*, 146.

[91] E. SCHWEIZER, *Il Vangelo*, 373: «Un equivoco è possibile solo se Elia a quel tempo (giudaismo ellenistico?) passava per soccoritore celeste»; J. SCHMID, *L'evangelo*, 397: Elia «secondo la fede popolare giudaica era il grande soccoritore nella necessità, e particolarmente apportava salvezza nella massima angoscia agli uomini pii»; J. GNILKA, *Marco*, 891: «...qui testimoniata letterariamente la prima volta». E. LOHMEYER, *Das Evangelium*, 346, intravede la possibilità che si tratti della traccia, alquanto confusa, di una credenza finora soppressa; M.D. HOOKER, *A Commentary*, 376; cf. ID., *The Message*, 79; B. WITHERINGTON, *The Gospel*, 399. Per una spiegazione di Elia come «salvatore», cf. H.L. STRACK – P. BILLERBECK, *Kommentar*, I, 1042; IV/2, 770; J. JEREMIAS, «'Ηλ(ε)ίας», 73.86: Mc 15,35-36 sarebbe l'attestazione più antica, anche se soltanto come una credenza popolare; E. LINNEMANN, *Studien*, 150; R. PESCH, *Il Vangelo*, II, 724; J. GNILKA, *Marco*, 891; R.H. GUNDRY, *Mark*; E. HAENCHEN, *Der Weg*, 536; P. BENOIT, *Passione*, 287.

[92] J. SCHMID, *L'Evangelo*, 397; D. SENIOR, *La passione*, 125: «Questo sembra trovarsi alla base dello scherno». Cf. J. JEREMIAS, «'Ηλ(ε)ίας», 73 n. 13: «Il punto di partenza della concezione di Elia come soccoritore è da ricercare nella storia della vedova di Sarepta (1 Reg. 17, 8ss.)».

lo scherno dei presenti: appellandosi ad Elia, Gesù non solo non dimostrerebbe potere personale, ma non godrebbe più del rapporto privilegiato ed unico con il Padre; la relazione con il mondo celeste si concretizza così non attraverso Dio, ma con l'Elia *redivivus* (6,15; 8,28)[93]. Un passaggio ironico viene operato dagli astanti: dall'invocazione a Dio si passa alla supplica ad Elia, l'uomo di Dio, il profeta intercessore per chi è nell'angoscia (1Re 17,17-24)[94]. Ma Marco ha già identificato Elia con il Battista e ha ricordato che Elia-Giovanni Battista è stato messo a morte (1,15; 6,14-29; 9,12-13) e, quindi, non c'è alcuna possibilità che egli possa offrire aiuto a qualcuno[95].

Inoltre, anche se il narratore non formula esplicitamente un giudizio sull'opinione degli astanti, il lettore comprende che l'aramaico «Elwi elwi» come grido di aiuto ad Elia non è un fraintendimento, ma uno scherno[96]. Dietro la derisione di cui è oggetto Gesù si nasconde il punto di vista di Dio: egli deve morire e non può essere salvato[97].

In definitiva, al di là delle molteplici proposte interpretative, è certo che Mc 15,35-36 presenta un elemento nuovo rispetto agli altri contesti in cui ricorre la figura di Elia (1,2-8; 6,15; 8,28; 9,2-8.11-13): gli uomini possono invocare la sua mediazione[98].

---

[93] M. Öhler, *Elia*, 147, osserva che l'attesa di Elia presente nel vangelo di Marco trova in 15,35-36 il suo vero senso: «Auch der Einbau dieser Erwartung ist im gesamten Evangelium nur an dieser Stelle während der Sterbeszene sinnvoll. Nur hier ist Jesus tatsächlich in Todesgefahr, so daß an das Eingreifen Elias gedacht werden könnte». Inoltre in queste tradizioni leggendarie databili tra il 130 e il 135 d.C. non si accenna minimamente ad una invocazione ad Elia, ma il profeta appare da sé stesso.

[94] In 15,35 l'ironia fa dire agli astanti che Gesù sta invocando Elia, ma in realtà essi non credono a una tale possibilità. Sull'ironia come una modalità di «discorso» vedi: D. Rhoads – D. Michie, *Mark as Story*, 59-62; D. Marguerat – Y. Bourquin, *Per leggere*, 117-118: «L'ironia è una modalità di discorso che dice il falso per far comprendere il vero... Essa mira ad attirare i lettori verso il punto di vista valutativo del narratore, a introdurli a condividere il suo giudizio, la sua gerarchia di valori, la sua visione del mondo, in breve la sua ideologia». Il punto di vista del narratore in 15,35 evidenzia che non bisogna pensare ancora all'oracolo profetico sulla venuta di Elia come soccorritore, in quanto egli è già tornato in Giovanni Battista (Mc 1,2-8; 9,12-13), S.H. Smith, *A Lion*, 229-230. Cf. L. Caza, «Le relief», 183.

[95] M.D. Hooker, *The message*, 78-79; S.H. Smith, *A Lion*, 230.

[96] J. Schmid, *L'Evangelo*, 397.

[97] D. Lührmann, *Das Markusevangelium*, 263: «Daß Jesus stirbt, ist das, was geschehen muß..»; M. Öhler, *Elia*, 147.

[98] E. Lohmeyer, *Das Evangelium*, 346: un miracolo potrebbe rivelare come salvatore quest'uomo, tante volte legittimato da Dio – «Egli ha salvato altri». In tal caso gli astanti dovrebbero essere Ebrei, ma in Mc 15,35 mancano delle precisazioni. J. Gnilka, *Marco*, 891; M. Öhler, *Elia*, 147.

b) *L'offerta dell'aceto (v.36)*

Nel secondo momento della scena di 15,35-36 uno dei presenti offre a Gesù una spugna imbevuta di aceto e dice: «Ἄφετε ἴδωμεν εἰ ἔρχεται Ἠλίας καθελεῖν αὐτόν» (v. 36b)[99]. La particella avversativa δε. (v. 36a) distingue questo gesto solerte dal semplice parlare di altri astanti (v. 35). L'enfatico ἄφετε, che normalmente ha il significato preciso di «lasciatelo» o «lasciatelo solo», qui funge da verbo ausiliare per un altro imperativo: «Orsù, vediamo...!»[100]. L'indicativo presente ἔρχεται potrebbe indicare la consuetudine di Elia nel soccorrere i bisognosi di aiuto, mentre l'infinito aoristo καθελεῖν esprimerebbe la concretezza del suo intervento: tirare giù dalla croce Gesù[101] e liberarlo definitivamente. Inoltre l'infinito finale καθελεῖν richiama il discendere dalla croce di 15,30.32, già di per sé un'azione salvatrice[102]:

(30)   καταβὰς ἀπὸ τοῦ σταυροῦ
(32)   καταβάτω νῦν ἀπὸ τοῦ σταυροῦ
(36)   Ἠλίας καθελεῖν αὐτόν

Poiché Gesù non ha usato le sue forze fisiche o taumaturgiche per scendere dalla croce, si ricorre ad Elia che, apparendo miracolosamente, potrebbe salvarlo[103]. Non è escluso che il riferimento ad Elia, contenuto nell'espressione ἴδωμεν εἰ ἔρχεται Ἠλίας, alluda all'attesa giudaica di Elia[104].

---

[99] F.J. MATERA, *The Kingship*, 31: sulla base della tendenza marciana all'inserimento di materiale tradizionale in una parentesi narrativa, suggerisce che anche la tradizione sull'offerta della bevanda è stata posta all'interno della tradizione su Elia: a) Ἴδε Ἠλίαν φωνεῖ (15,34); b) δραμὼν δέ τις καὶ γεμίσας σπόγγον ὄξους περιθεὶς καλάμῳ ἐπότιζεν αὐτόν λέγων (15,35); a') Ἄφετε ἴδωμεν εἰ ἔρχεται Ἠλίας καθελειν αὐτόν (15,36). Tale tecnica, insieme ai cinque participi in 15,35-36 e l'uso di ˮἼδε, suggerisce che l'attività redazionale di Marco ha inserito nel racconto le tradizioni delle sue fonti.
[100] V. TAYLOR, *Marco*, 691; R.E. BROWN, *La morte*, 1199-2000.
[101] S. LÉGASSE, *Marco*, 827 n. 24: «Il verbo *kathairein* (id. In 15,46) è il termine tecnico per tirare giù un crocifisso dal suo patibolo...». Cf. R. PESCH, *Il Vangelo*, II, 725.
[102] R.H. GUNDRY, *Mark*, 948; F.J. MATERA, *The Kingship*, 31; K. STOCK, *Il racconto*, II, 119. Alcuni hanno tentato di accostare l'ironia di 15,36 al dileggio dopo il processo a Gesù dinanzi al Sinedrio (14,65), allo scherno dei soldati dopo la comparizione davanti a Pilato (15,16-20) e con quello dei passanti (15, 29-32): L. CAZA, «Le relief», 183.
[103] J. GNILKA, *Marco*, 892; J.D. KINGSBURY, *The Christology*, 130: «...if Jesus will not himself act to come down from the cross, perhaps Elijah will miracolously appear and save him».
[104] J. GNILKA, *Marco*, 892.

L'offerta dell'aceto è stato interpretata come un tentativo di prolungare per qualche istante il supplizio di Gesù[105] e permettere, ironicamente, a Elia di intervenire[106]. E le parole che accompagnano quel gesto sembrano un'espressione di scherno, più che un atto di compassione: «Ἄφετε ἴδωμεν εἰ ἔρχεται Ἠλίας καθελεῖν αὐτόν»[107]. Tale idea non differisce da quella degli Scribi e dei sacerdoti in 15,32, i quali vogliono «vedere» affinché Gesù sia separato dalla sua croce[108]. È evidente che quest'ultimo scherno accentua la sofferenza e la solitudine di Cristo[109].

Alcuni ipotizzano che, originariamente, l'offerta della bevanda serviva ad aumentare le sofferenze del crocifisso e solo in seguito venne collegata da Marco con l'equivoco di Elia per significare l'allungamento della vita di Gesù[110]. Di conseguenza i vv. 15,34-36 vengono attri-

---

[105] E. LOHMEYER, *Das Evangelium*, 346: la scena sarebbe un tentativo di trattenere la vita del crocifisso attraverso una bevanda stimolante. J. GNILKA, *Marco*, 892; J. SCHMID, *L'Evangelo*, 397; R. SCHNACHENBURG, *Vangelo*, II, 307; G. DAUTZENBERG, «Elijah»,1089; W.L. LANE, *The Gospel*, 574. Per E. HAENCHEN, *Der Weg*, 532, viene offerta a Gesù una bevanda anestetica «der die Qualen der Kreuzigung wenigwe spürbar machen sollte...».

[106] Tale interpretazione rispecchia il punto di vista di E. LINNEMANN, *Studien*, 149-151; V. TAYLOR, *Marco*, 692; J. GNILKA, *Marco*, 892; P. BENOIT, *Passione*, 287; S. LÉGASSE, *Le procès*, I, 150-151: «Par là ils pénétraient l'acte consistant à donner à boire à Jésus d'une cruelle ironie: en désaltérant le Crucifié, on prolongeait sa vie, donnant ainsi à 'Élie' le temps d'intervenir: vaine attente, puisque Jésus meurt sur-le-champ»; II, 120-121: «Marc a-t-il songé qu'en donnant à boire au Crucifié, loin d'accomplir un acte de compassion, on prolongeait au contraire son supplice et qu'on donnait ainsi, ironiquement, à Élie le temps d'intervenir? Il est sûr [...]»; D. SENIOR, *La Passione*, 126-127. Invece F. MATERA, *The Kingship*, 124, preferisce vedere nell'offerta da bere un ulteriore scherno alle rivendicazioni messianiche di Gesù. Per gli astanti Elia non potrà rispondere alla supplica di un falso Messia. Più semplicemente per J.D. KINGSBURY, *The Christology*, 130: «The idea is to refresh Jesus so that he will live long enough for all to see whether Elijah will in fact come "to take him down" (15,36)».

[107] E. HAENCHEN, *Der Weg*, 536: la frase «Ἄφετε ἴδωμεν εἰ ἔρχεται Ἠλίας καθελεῖν αὐτόν» (15,36), è puro sarcasmo («ist blanker Hohn») perché la persona che si rivolge a Gesù non crede che Elia verrà, ma gli offre da bere solo per allungargli la vita e dare tempo a Elia di salvarlo; R. PESCH, *Il Vangelo*, II, 725; S. LÉGASSE, *Le procès*, I, 151. Per R. SCHNACKENBURG, *Vangelo*, II, 306-307, in Marco non è chiara la motivazione dell'offerta della bevanda, che può esprimere compassione oppure l'idea di prolungare la vita di Gesù.

[108] D. SENIOR, *La Passione*, 126.

[109] P. LAMARCHE, «La mort», 591, interpreta gli scherni subiti da Gesù, compresa l'offerta della bevanda, come l'ultima tentazione messianica.

[110] V. TAYLOR, *Marco*, 691, ipotizza due tradizioni: nei vv. 35 e 36b il motivo di Elia, nel v. 36a l'episodio del soldato che porge a Gesù l'aceto poco prima di morire; J. GNILKA, *Marco*, 892; M.D. HOOKER, *The Gospel*, 376; G. DAUTZENBERG,

buiti alla redazione di Marco alla luce del suo interesse per la figura di Elia[111].

Ma per il lettore la sottolineatura ironica nell'offerta dell'aceto conferisce alle parole di scherno un profondo significato: nel momento estremo, quando Dio sembra averlo abbandonato, Gesù è schernito dai suoi nemici con un'offerta di falso conforto. È molto pregnante il contrasto tra la capacità salvifica, attribuita dai presenti a Elia, e l'impotenza di Gesù a salvare sé stesso con un atto portentoso: chiaramente la salvezza di cui sarebbe latore Elia è stata frapposta con deliberata ironia tra Gesù e la sua morte in croce[112]. Ma l'Elia erroneamente invocato dai presenti come salvatore – il lettore lo sa – non interviene per far scendere miracolosamente Gesù dalla croce[113].

Il lettore, per la sua superiorità conoscitiva rispetto agli astanti, all'interno di Mc 15,35-36 non si può limitare a cogliere l'equivoco sulle parole di Gesù, ma è in grado di considerare il tema elianico, che come un filo rosso attraversa l'intero racconto marciano. La figura di Elia è presente già nella prima scena del vangelo (1,2-8) tramite il riferimento a Ml 3,1.23, un'allusione implicita alla venuta di Elia non come salvatore, ma come precursore. Il lettore sa che Marco non considera la missione di Giovanni una replica di altre esortazioni profetiche al rinnovamento: Giovanni non solo è il messaggero di Dio che «prepara la strada del Signore» e predica la rinascita del popolo, ma presenta anche dei tratti di Elia (2Re 1,8), il più grande profeta d'Israele, di cui si attendeva il ritorno per l'era messianica. Il legame tra questa scena iniziale e la passione emerge dalla testimonianza stessa di Giovanni in qualità di Elia *redivivus*, che afferma di essere il precursore, ma riconosce che dopo «viene uno più forte» (1,7).

La «passività» del crocifisso contrasta con l'indiscussa potenza di Elia. Sembra che la croce, una prova dell'impotenza di Gesù, sia inconciliabile con la salvezza; perciò coloro che attendono Elia lanciano una sfida a Gesù perché si dimostri superiore al profeta liberando sé stesso

---

«Elijah»,1089. Per la funzione dell'equivoco nella narrazione, cf. D. MARGUERAT – Y. BOURQUIN, *Per leggere*, 115: «Capita che il racconto sfrutti l'equivoco per fini teologici. L'equivoco può essere utilizzato come una tecnica retorica per mettere in allerta il lettore e segnalargli le false vie della comprensione».

[111] D. LÜHRMANN, *Das Markusevangelium*, 263; J. GNILKA, *Marco*, 892; G. DAUTZENBERG, «Elijah», 1089.

[112] M.D. HOOKER, *The Gospel*, 377; D. SENIOR, *La Passione*, 126.

[113] A. VANHOYE, «Le récits», 150; S. LÉGASSE, *Marco*, 828; J.D. KINGSBURY, *The Christology*, 130.

dalla croce. Ma già in precedenza Gesù aveva rifiutato di offrire dei segni dimostrativi, soprattutto ai Farisei; a Pietro aveva chiarito che la sequela non poteva prescindere dalla croce e che mirare a salvare la propria vita fisica significava perderla (8,34-35); aveva anche spiegato, alludendo alla morte del Battista, che Elia era già venuto svolgendo la sua missione in sintonia con quella del Figlio dell'uomo, destinato a patire e ad essere disprezzato (9,12-13). Così in 15,35-36 Gesù risponde alle sollecitazioni dei suoi tentatori non con le parole, ma rimando sulla croce, cioè affrontando la sofferenza e la morte[114].

Inoltre per il lettore la domanda di 15,36 (Ἄφετε ἴδωμεν εἰ ἔρχεται Ἠλίας καθελεῖν αὐτόν) ha già una risposta chiara in 9,11-13, quando i discepoli domandano a Gesù: «Perché gli Scribi dicono che prima deve venire Elia?». Gesù risponde che Elia è ritornato nella figura storica di Giovanni, il quale con la sua morte violenta ha preparato la via al Figlio dell'uomo e con il suo destino ha anticipato il cammino di sofferenza di Gesù[115].

Il lettore riesce a cogliere uno degli obiettivi principali di Marco, mostrare la superiorità di Gesù rispetto a Elia: non solo è il più forte (1,7), ma, contraddicendo l'opinione popolare (6[1],5) e i discepoli stessi (8,28), senza ambiguità è riconosciuto da Pietro come il Cristo. E sulla stessa linea, nella scena della trasfigurazione, Dio rivela che Gesù è il suo unico Figlio: ne sono destinatari i tre discepoli, invitati ad ascoltare Gesù (9,7), davanti al quale le rivelazioni precedenti di Elia e Mosè in qualche modo si eclissano (Mc 9,8)[116].

In 15,35-36 la prospettiva cambia: i presenti vedono Gesù come un sofferente indifeso che invoca l'aiuto di Elia. Infatti l'espressione «Ἠλίαν φωνεῖ» conferma la realtà d'impotenza e di debolezza che Gesù esprime con «Ελωι ελωι». Dopo le molteplici manifestazioni della

---

[114] C. MAZZUCCO, Lettura, 175; J.D. KINGSBURY, Conflicto, 80: Gesù, in totale obbedienza al Padre, resiste alla tentazione di salvare la sua vita «bien descendiendo de la cruz (como las autoridades religiosas que pasan por allí y los dos insurrectos lo desafían a hacer), o bien llamando a Elías para que lo libere (como los que están junto a la cruz creen erróneamente que hace) (15,29-32.35-36)».

[115] D. LÜHRMANN, Das Markusevangelium, 263; M.D. HOOKER, The Gospel, 377: Gesù stesso ha parlato di Elia e lo ha identificato con Giovanni il Battista (9,12-13): è già venuto Elia, il cui annuncio è stato disprezzato, ed è stato messo a morte (6,14-29). Come può, dunque, Elia venire a liberare Gesù? (15,36). F. MATERA, The Kingship, 32: «It is clear to the reader that Elijah cannot come to save Jesus from the cross because he has already come in the person of John the Baptist».

[116] L. CAZA, «Le relief», 186.

grandezza e della superiorità di Gesù rispetto a Elia, Marco presenta il crocifisso che grida il suo sconforto: i cieli non si aprono più, la voce dal cielo (1,11) e quella dalla nube (9,7) tacciono; persino Elia non interviene per liberare Gesù dal suo supplizio. Gesù è abbandonato tanto da Dio, che lo aveva riconosciuto come Figlio prediletto (1,11; 9,7), quanto dal suo profeta, l'intercessore Elia: emerge qui un forte contrasto, in quanto l'assenza di Elia sembra contraddire le parole del Battista, l'Elia *redivivus* che lo aveva annunciato come più potente e più degno di lui (1,7-8).

In questo modo si tende, ancora una volta, un arco sulla parte iniziale del vangelo.

3.2 *Mc 15,37-39: La morte di Gesù e la risposta di Dio*

3.2.1 La morte di Gesù (v. 37)

Il lettore non si stupisce del mancato intervento miracoloso di Elia[117] e apprende la notizia della morte di Gesù «che viene enunciata in una sola e disadorna proposizione»[118], estremamente breve e composta di due parti: una frase introduttiva con un participio (ἀφεὶς φωνὴν μεγάλην: v. 37a) e un verbo principale che descrive il suo spirare (ἐξέπνευσεν: v. 37b)[119].

La frase introduttiva riporta l'emissione di un grido a gran voce, «ἀφεὶς φωνὴν μεγάλην», preceduto dal malinteso su Elia e seguito dalla morte di Gesù[120]. Il δὲ avversativo (v. 37a) stacca la morte di Gesù dal gesto ironico dell'anonimo che offre da bere a Gesù nell'attesa che compaia miracolosamente Elia[121]. L'aoristo ἀφεὶς nella frase participia-

---

[117] J.D. KINGSBURY, *The Christology*, 130; B.M.F. van IERSEL, *Marco*, 431.

[118] P. LAMARCHE, «La mort», 590: Marco nel descrivere la scena della morte di Gesù preferisce «le plus grand dépouillement littéraire». S. LÉGASSE, *Le procès*, 121: «Pour dire la mort de Jésus, Marc fait la même économie de mots que plus haut, au sujet de la Crucifixion (15,24.25)»; B. WITHERINGTON, *The Gospel*, 399: la descrizione marciana del grido di Gesù «is superb in its simplicity and starkness»; B.M.F. van IERSEL, *Marco*, 431; D. SENIOR, *La Passione*, 126.

[119] K. STOCK, *Il racconto*, 119: Marco collega il forte grido con un participio e destina il verbo finito allo spirare di Gesù.

[120] F. BLASS – A. DEBRUNNER – F. REHKOPF, *Grammatica*, § 339, 1: il participio presente aoristo ἀφεὶς indica priorità rispetto all'azione del verbo principale ἐξέπνευσεν.

[121] R.H. GUNDRY, *Mark*, 948: «The adversative δὲ "but", which introduces the second mention of Jesus' luod voice, signals this foil».

le circostanziale potrebbe suggerire l'emissione poco articolata di una voce forte (φωνὴν μεγάλην) prima che Gesù spiri. Ma altrove in Marco il participio circostanziale ἀφεὶς s'identifica con il verbo principale della clausola[122]. Perciò in 15,37 il grido forte di Gesù è legato strettamente a ἐξέπνευσεν, «egli emise un respiro», «spirò»[123]: è come dire che il forte grido fu il suo ultimo respiro. L'assenza dell'articolo mette in risalto l'eccezionalità del grido di Gesù[124], non certo naturale per chi muore in uno stato così doloroso. La descrizione marciana del grido di Gesù è davvero superba nella sua semplicità e durezza.

Dopo il v. 34, i due termini φωνὴ μεγάλη vengono di nuovo usati nel v. 37 e riflettono la predilezione di Marco per il fenomeno letterario della ripetizione[125]. È legittimo chiedersi se l'espressione ἀφεὶς φωνὴν μεγάλην si riferisca ad un grido diverso da quello ascoltato poco prima[126]. Il contrasto tra i vv. 34 e 37 è evidente: il grido inarticolato di Gesù del v. 37 non è più l'invocazione di un uomo giusto, che nella più profonda umiliazione e solitudine si rivolge a Dio[127], ma è un annuncio della propria morte al mondo[128].

---

[122] Mc 1,18.20; 4,36; 7,8.

[123] R.H. GUNDRY, *Mark*, 948.

[124] E. SCHWEIZER, *Il Vangelo*, 374: «Sembra che esso non abbia avuto altra funzione che quella di sottolineare la profondità della sofferenza di Gesù»; J. SCHNIEWIND, *Das Evangelium*, 189: che un crocifisso morendo lanci un forte grido è un fatto inconsueto. Cf. S. LÉGASSE, *Le procès*, II, 121; C. MAZZUCCO, *Lettura*, 176: «Il modo con cui viene descritto il suo spirare, con un grande grido, insolito per un crocifisso destinato a morire per sfinimento...».

[125] L. CAZA, «Le relief», 172-174.

[126] R.E. BROWN, *La morte*, 1217; L. CAZA, «Le relief», 174, sostiene che le due menzioni dei vv. 34-37 (φωνῇ μεγάλῃ - φωνὴν μεγάλην) siano delle precisazioni dell'evangelista per un unico grido di Gesù. J. GNILKA, *Marco*, 892, invece, propende per la distinzione delle due espressioni. Inoltre per V. TAYLOR, *Marco*, 746, l'ipotesi che i vv. 34.37 siano un doppione è un'ipotesi «difficilmente sostenibile»: il primo è un grido di preghiera ad alta voce, il secondo è «un grido di morte forte senza parole». La ripetizione «di una stessa formula in successione ravvicinata» è possibile solo a uno «scrittore inesperto», ma non all'evangelista Marco, cf. F.J. MATERA, *The Kingship*, 30: «In Mark it is not clear whether Jesus uttered one or two cries. Certainly it is possible to interpret 15:37 as a second, wordless cry»; J.D. KINGSBURY, *The Christology*, 131 n. 221; S. LÉGASSE, *Le procès*, II, 115.121.

[127] D. LÜHRMANN, *Das Markusevangelium*, 263: il primo grido, v. 34, riprende l'inizio del Salmo 22,2 che subito viene trascritto in greco; al contrario il secondo, v. 37, è senza parole.

[128] E. LOHMEYER, *Das Evangelium*, 346: Gesù muore con un urlo acuto senza parole. Questo aspetto della morte di Gesù a malapena sarebbe stato riportato da Marco se non avesse avuto un significato rilevante; a causa della spossatezza, è davvero difficile per un

Un'analisi narrativa del testo marciano mostra che i vv. 35-36 sono stati inclusi in una parentesi tra il grido di 15,34 e di 15,37[129]:

(34) ἐβόησεν ὁ Ἰησοῦς φωνῇ μεγάλῃ
(35) Ἠλίαν φωνεῖ
(36) Ἄφετε ἴδωμεν εἰ ἔρχεται Ἠλίας καθελεῖν αὐτόν
(37) ἀφεὶς φωνὴν μεγάλην

Marco, incline a usare l'inserzione, potrebbe aver collegato il participio aoristo ἀφεις (15,37) con il v. 34 al fine di richiamare l'attenzione del lettore sull'unico grido di Gesù, interrotto dalla terza derisione che si articola con l'invocazione a Elia[130]. Certamente le parentesi possono essere una traccia dell'attività redazionale di Marco che colloca, forse intenzionalmente, la figura di Elia nel contesto del grido di Gesù.

La φωνὴ μεγάλη, il grido inespresso del v. 37, è stata oggetto di molte ipotesi interpretative che, in nessun caso, sono suffragate da prove sufficienti[131]. Ma nel testo che ci è pervenuto, è il contesto che suggerisce al lettore il senso del grido.

Nel vangelo di Marco la voce di Dio ha esplicitato più volte il suo punto di vista sull'identità di Gesù (1,11; 9,7)[132], mentre ora il narratore fa tacere quella voce, di cui Gesù e il lettore hanno urgente bisogno in questo momento così drammatico[133]. L'invocata mediazione di Elia

---

crocifisso riuscire ad emettere un forte grido, cf. J. GNILKA, *Marco*, 892: «Gesù non affonda nella morte in modo inosservato». J. ERNST, *Il Vangelo*, II, 756: la Chiesa primitiva non ha descritto la morte di Gesù dal punto di vista clinico, ma con «atteggiamento di venerazione credente». F. LENTZEN-DEIS, *Comentario*, 463: «Este grito es escuchado en todas partes».

[129] F.J. MATERA, *The Kingship*, 29.
[130] J.D. KINGSBURY, *The Christology*, 131 n. 221; F.J. MATERA, *The Kingship*, 30.
[131] La presenza di un doppio grido di Gesù (vv. 34.37) viene spiegata in vario modo: E. SCHWEIZER, *Il Vangelo*, 374, sostiene che originario è soltanto il grido inarticolato del v. 37, mentre in un secondo momento la comunità primitiva ha aggiunto le parole del v. 34 nel tenativo di dare un contenuto espressivo al grido di Gesù; J. SCHNIEWIND, *Das Evangelium*, 190, si chiede se effettivamente i vv. 34.37 siano in contrasto. In ogni modo nella scelta fra l'uno e l'altro è da preferire il v. 34 perché più radicato nella tradizione, anche se il v. 37 è ineliminabile dal testo. Cf. S. LÉGASSE, *Le procès*, II, 120-121; R.E. BROWN, *La morte*, 1216; L. CAZA, «Le relief», 173. Una panoramica degli studi sul significato teologico di 15,34.36 come il «grido» del Giusto nel Salmo 22, o un grido di vittoria, o un'azione di esorcismo, è stata presentata da F.W. DANKER, «The Demoniac», 48-69. Senza dubbio la scena della croce, come l'intero racconto della passione, lascia intravedere una storia delle tradizioni molto complessa. Per tale motivo è da condividere l'opinione di P. LAMARCHE, «La mort», 589: «Est diffcile de procéder avec certitude à une riconstitution de l'histoire de ce récit. Les recherches sont à poursuivre».
[132] J. MATEOS – F. CAMACHO, *Il Vangelo*, I, 389; B.M.F. van IERSEL, *Leggere*, 286-287.
[133] B.M.F. van IERSEL, *Leggere*, 287.

(Sir 48,11) non ha senso[134], poiché è proprio Dio che vuole l'estremo sacrificio della croce; perciò risulta solo apparente il contrasto tra la voce iniziale di Dio che riconosce Gesù come il Figlio prediletto e la voce di Gesù che grida la sua assenza (15,34)[135]. Marco ha inteso deliberatamente focalizzare l'attenzione del lettore su tale evento[136]: è nella morte di Gesù, priva di qualisiasi mediazione, che si realizza la salvezza.

Al mancato intervento di Elia si aggiunge il silenzio di Dio: nel piano divino Gesù deve morire. Quel grido senza parole sostituisce, d'ora in poi, ogni invocazione di aiuto e di soccorso al profeta Elia.

In effetti, la sobrietà descrittiva dell'ultimo grido di Gesù intende esprimere anche letterariamente la *kenosis* di Gesù. La descrizione marciana lascia intendere al lettore che Gesù, abbandonato dai discepoli, dai presenti e da Elia, ha dovuto sopportare la sua agonia in una solitudine completa, senza ricevere alcuna solidarietà o partecipazione umana e divina. Perché questa solitudine è stata posta così in evidenza? Marco ha voluto mostrare al lettore cristiano il peso della passione che Gesù ha affrontato per salvarci[137]; ma soprattutto la mancanza della mediazione di Elia e la solitudine estrema di Gesù presentano un valore teologico positivo: Gesù è l'unico che salva[138].

Marco esprime la fine di Gesù con l'aoristo ἐξέπνευσεν[139], la cui concisione indica la natura particolare di quella morte[140], che è ac-

---

[134] B. STANDAERT, *Il Vangelo*, 116.
[135] R.H. GUNDRY, *Mark*, 949.
[136] J. GNILKA, *Marco*, 892.
[137] E. HAENCHEN, *Der Weg*, 533
[138] P. LAMARCHE, «La mort», 590; S. PELLEGRINI, *Elija*, 374.
[139] Solo qui in Marco. Per il significato del verbo: E. SCHWEIZER, «ἐκπνέω», 1101-1102. F.M. URICCHIO – G.M. STANO, *Vangelo*, 639, fanno notare che Marco, come anche gli altri evangelisti, evitano di usare i verbi consueti di ἀποθνῄσκω, τελευτάω e simili per indicare la morte di Gesù, mentre preferiscono adoperare circonlocuzioni per mettere in evidenza che la morte di Gesù fu un «atto volontario». Cf. V. TAYLOR, *Marco*, 596; S. LÉGASSE, *Le procès*, II, 122; C. MAZZUCCO, *Lettura*, 176: il verbo con cui viene descritto il suo modo di spirare è «...di valore attivo che indica "emettere, cacciar fuori, lo spirito"» e mostra che Gesù «non si è lasciato morire passivamente, ma volontariamente e con energia è andato incontro alla morte». Per R.E. BROWN, *La morte*, 1218 n. 123, non è dimostrato che tutti gli evangelisti intendessero enfatizzare l'aspetto volontario della morte di Gesù. Infatti, V. TAYLOR, *Marco*, 692, afferma che si tratta di un atto volontario solo in Mt 27,50 e Gv 19,30 e non in Marco. Infine, rimane aperta la questione se l'uso di ἐκπνέω sia stato dettato da motivi apocalittici: J. GNILKA, *Marco*, 892; J. ERNST, *Il Vangelo*, II, 756; F. LENTZEN-DEIS, *Comentario*, 463.
[140] F.M. URICCHIO – G.M. STANO, *Vangelo*, 639. Invece per È. TROCMÉ, *L'Évangile*, 369: l'uso dell'aoristo ἐξέπνευσεν non assicura quella ripercussione che l'evangelista Marco vorrebbe dare alla morte di Gesù; W.L. LANE, *The Gospel*, 574.

compagnata da un forte grido o meglio da «un sospiro estremamente profondo»[141]. Il verbo ἐκπνέω, al posto del comune ἀποθνήσκω o τελευτάω, solitamente è usato per personaggi importanti e può suggerire la transitorietà della morte di Gesù[142], a cui tali particolari conferiscono ulteriore dignità. Nel contesto di Mc 15,33-39 il verbo potrebbe connotare una morte improvvisa e violenta[143] oppure un'azione tormentata piuttosto che volontaria[144]. Ma non è da escludere che il v. 37 indichi semplicemente che Gesù morì con voce forte[145].

È possibile notare un interessante contrasto, attraverso Elia, tra l'inizio (1,10) e la fine del ministero di Gesù (15,37)[146]: mentre nella scena iniziale, alla presenza del Battista, l'Elia *redivivus* (1,2-8), i cieli si aprirono e lo Spirito scese su Gesù, ora, alla fine del suo ministero pubblico e nell'assenza di Elia, l'ultimo respiro di Gesù consiste in una esalazione dello Spirito, che è il suo «spirare»[147]. Tale funzione contrastiva della figura di Elia trova riscontro nella differenza tra «τὸ πνεῦμα ὡς περιστερὰν καταβαῖνον εἰς αὐτόν» (1,10) ed «ἐξέπνευσεν», in particolare tra «εἰς» e «ἐξ-» e tra «-έπνευσεν» con «πνεῦμα».

Inserendo la figura di Elia tra la preghiera (15,34) e il grido che precede immediatamente la morte di Gesù (15,37), Marco presenta al lettore l'acutezza del punto di vista di Dio sul paradosso cristologico della croce: da una parte la potenza taumaturgica di Elia si rivela debole e impotente; dall'altra l'estrema debolezza di Gesù manifesta tutta la sua potenza ed efficacia.

La discrezione espressiva di Marco e quella intrepretativa del lettore si addicono ad una realtà tanto significativa come la morte di Gesù.

---

[141] B.M.F. van IERSEL, *Marco*, 431; S. LÉGASSE, *Le procès*, II, 121; K. STOCK, *Il racconto*, II Parte, 120: l'aoristo ἐξέπνευσεν «rileva l'attività dello spirare e insieme la fine della stessa nell'esalazione dell'ultimo respiro».

[142] R.H. GUNDRY, *Mark*, 949.

[143] È il suggerimento di V. TAYLOR, *Marco*, 692. Cf. J. SCHMID, *L'Evangelo*, 397.

[144] R.E. BROWN, *La morte*, 1219.

[145] Tale interpretazione è sostenuta da P. BENOIT, *Passione*, 289: le parole del v. 37 non vanno intese come un'espressione tragica, un urlo eccezionale che potrebbe generare disperazione o vigore, e nemmeno come un grido soprannaturale.

[146] S. PELLEGRINI, *Elija*, 374, ha rilevato la potenza taumaturgica di Gesù nella prima parte del vangelo (1,1-8,26) e l'impotenza del crocifisso in 15,33-39, messa a nudo dal contrasto con la δύναμις di Elia invocato come soccorritore.

[147] R.H. GUNDRY, *Mark*, 949.

3.2.2 Mc 15,38-39: La risposta di Dio alla morte di Gesù

a) *Il lacerarsi del velo del tempio (v. 38)*

In risposta alla morte di Gesù il velo del tempio «fu squarciato» (ἐσχίσθη)[148] da Dio dall'«alto in basso» (ἀπ' ἄνωθεν ἕως κάτω), come a dire che fu totalmente e irreparabilmente distrutto[149]. La congiunzione καὶ,, che introduce il v. 38, congiunge la lacerazione del velo del tempio alla morte di Gesù[150]. Per Marco l'importanza dell'ora in cui Gesù esalò l'ultimo respiro è sottolineata da questo evento straordinario. Sintatticamente lo squarcio del velo, descritto con il passivo divino ἐσχίσθη, sarebbe l'unico e immediato effetto della morte di Gesù[151]. La completa distruzione di un elemento così importante dell'arredamento del tempio potrebbe indicare l'abrogazione del suo culto, ormai inadeguato a esprimere la presenza di Dio, e l'avvento di un nuovo santuario «non costruito da mani d'uomo» (14,58; 15,29)[152]. Il lettore di Marco sa che la morte di Gesù instaura una nuova modalità salvifica: il sacrificio cruento di Cristo segna la fine dell'antica alleanza e ne fonda una nuova, estesa a tutti gli uomini («in riscatto per molti», 10,45). Il silenzio di Dio al grido di Gesù sulla croce (15,34.37) poteva significare un'assenza, ma in realtà l'azione divina è una realtà inclusiva di tutti gli elementi della scena, compresa la figura di Elia[153].

La descrizione del lacerarsi del velo del tempio (15,38) potrebbe alludere implicitamente al ruolo di Elia, inviato a preparare l'entrata del Signore nel suo tempio (Ml 3,23). Tale funzione elianica è stata svolta

---

[148] La ripetizione del verbo σχίζω in 1,10; 9,7 (ἐπισκιάζω); 15,38 dà enfasi alla rivelazione del punto di vista di Dio e continuità alla storia marciana, D. RHOADS – D. MICHIE, *Mark as Story*, 46-47: «For example, the "ripping" of the temple curtain just before the centurion recognizes Jesus as son of God recalls by verbal association the »ripping» of the heavens just before God pronounces Jesus to be his son».

[149] Per lo squarcio del velo del tempio come azione divina: J.D. KINGSBURY, *The Christology*, 131; J.P. HEIL, *The Gospel*, 336; B. WITHERINGTON, *The Gospel*, 399.

[150] K. BROWER, «Elijah», 92.

[151] S. LÉGASSE, *Marco*, 829; D. SENIOR, *La Passione*, 127.

[152] J. SCHMID, *L'Evangelo*, 398: la morte di Gesù pone fine al culto dell'AT; P. LAMARCHE, «La mort», 583, all'inizio di un suo studio dedicato al significato di Mc 15,38, ricorda che esiste un consenso tra gli esegeti sul valore particolare dello squarciarsi del velo del tempio in Marco, ma non sul senso esatto di tale evento. Cf. J.P. HEIL, *The Gospel*, 336; S. LÉGASSE, *Marco*, 830; K. STOCK, «Il racconto», II Parte, 120. Sul significato negativo del Tempio di Gerusalemme in Marco come segno di un culto non autentico: D. SENIOR, *La Passione*, 128-129.

[153] K. BROWER, «Elijah», 94.

CAP. V: ELIA E LA CROCE

da Giovanni Battista, che con il suo martirio ha mostrato la via che avrebbe percorso Gesù e con la sua morte ne ha preparato l'ingresso nel tempio celeste presso il Padre. Questa idea si riflette nella scena del velo del tempio, che si lacera per far entrare, in un tempio non costruito da mani d'uomo, Gesù e coloro che sono uniti a lui[154].

L'entrata gloriosa di Gesù presso il Padre, preceduta da questa allusione veterotestamentaria a Elia, viene descritta da Marco in 16,19. Il senso e l'origine di ἀνελήμφθη εἰς τὸν οὐρανὸν derivano senza dubbio dal racconto dell'ascensione di Elia in 2Re 2, Sir 48,9 e 1Mac 2,58, di cui è possibile constatare le analogie con Mc 16,19 attraverso un quadro riassuntivo:

2Re 2,11   καὶ ἀνελήμφθη Ηλιου ἐν συσσεισμῷ ὡς εἰς τὸν
            οὐρανόν
Sir 48,10   ὁ ἀναλημφθείς
1Mac 2,58   Ηλιας... ἀνελήμφθη εἰς τὸν οὐρανόν
Mc 16,9   ἀνελήμφθη εἰς τὸν οὐρανόν

Per descrivere Gesù gloriosamente risuscitato ed elevato in cielo, Marco utilizza la stessa formula di 1Mac 2,58, in cui il breve e denso profilo biografico di Elia non scaturisce da riassunti di racconti anteriori, ma piuttosto da una concentrazione dei suoi tratti caratteristici, senza il ricorso letterale ad alcuna fonte. Così l'espressione ἀνελήμφθη εἰς τὸν οὐρανὸν di Mc 16,19 non comporta la ricerca del testo veterotestamentario d'origine e l'identità con il testo di 1Mac 2,58 si spiega come riferimento ad un modello veterotestamentario del destino di Elia[155], di cui Marco si serve per qualificare l'elevazione del Risorto al cielo[156]. Con un tale riferimento al rapimento di Elia in cielo, Marco avrebbe sottolineato la portata trascendentale dell'intronizzazione del Risorto come κύριος[157]. Inoltre sembra realizzarsi la profezia (Ml 3,1.23) secondo cui Elia sarebbe stato il precursore della venuta del Signore nel suo tempio per esercitare il giudizio su Israele: con la scissione del velo, causata dalla morte di Gesù, il giudizio di Dio si abbatte sul tempio.

---

[154] P. LAMARCHE, «La mort», 593.
[155] R. PESCH, *Il Vangelo*, II, 808: «La corrispondenza letterale con la notazione sull'ascensione di Elia (1 Mach. 2,58: ἀνελήμφθη εἰς τὸν οὐρανόν) attesta che le narrazioni protocristiane dell'ascensione sono ispirate al modello veterotestamentario».
[156] J. HUG, *La finale*, 152.172: si tratta di un riferimento tipico di Mc 16,19 all'ascensione di Elia per descrivere quella di Gesù. Cf. P. LAMARCHE, «La mort», 593; S. LÉGASSE, *Marco*, 874
[157] J. HUG, *La finale*, 153.

Ancora una volta il tema elianico costituisce un arco narrativo che attraversa tutto il vangelo di Marco (1,2; 6,15; 9,4-5.11-13; 15,35-36; 16,19).

b) *La confessione del centurione (v. 39)*

La particella δὲ segna una nuova tappa nel racconto, la confessione del centurione[158], l'apice della sezione finale della Passione (15,20b-41) e di un percorso ascendente sull'identificazione cristologica di Gesù[159]:

(1,1) Ἀρχὴ τοῦ εὐαγγελίου Ἰησοῦ Χριστοῦ   [υἱοῦ θεοῦ]
(1,11) καὶ φωνὴ ἐγένετο ἐκ τῶν οὐρανῶν,
       Σὺ εἶ ὁ υἱός μου ὁ ἀγαπητός, ἐν σοὶ εὐδόκησα
(3,11) καὶ τὰ πνεύματα τὰ ἀκάθαρτα, ὅταν αὐτὸν ἐθεώρουν,
       προσέπιπτον αὐτῷ καὶ ἔκραζον λέγοντες ὅτι
       Σὺ εἶ ὁ υἱὸς τοῦ θεοῦ
(5,7) Τί ἐμοὶ καὶ σοί, Ἰησοῦ υἱὲ τοῦ θεοῦ τοῦ ὑψίστου
(8,29) ὁ Πέτρος λέγει αὐτῷ, Σὺ εἶ ὁ Χριστός
(9,7) καὶ ἐγένετο φωνὴ ἐκ τῆς νεφέλης
       Οὗτός ἐστιν ὁ υἱός μου ὁ ἀγαπητός, ἀκούετε αὐτοῦ
(14,61) ὁ ἀρχιερεὺς ἐπηρώτα αὐτὸν καὶ λέγει αὐτῷ,
       Σὺ εἶ ὁ Χριστὸς ὁ υἱὸς τοῦ εὐλογητοῦ;
(15,39) Ἰδὼν δὲ ὁ κεντυρίων ὁ παρεστηκὼς ἐξ ἐναντίας αὐτοῦ
       ὅτι οὕτως ἐξέπνευσεν εἶπεν
       Ἀληθῶς οὗτος ὁ ἄνθρωπος υἱὸς θεοῦ ἦν

È sorprendente che la confessione del centurione, culmine dell'intero vangelo, sia proclamata non da un giudeo o da un discepolo, ma da un pagano, e completi la confessione di Pietro (8,29), a sua volta fulcro della prima parte del vangelo (1,14-8,26)[160]. Il centurione è il primo personaggio umano, nell'intero vangelo di Marco, a penetrare il segreto

---

[158] R.H. GUNDRY, *Mark*, 950: la particella δὲ sposta l'attenzione sul centurione.
[159] R. PESCH, *Il Vangelo*, II, 732: «...si conclude in Mc 15,39 l'arco aretalogico delle predicazioni riguardanti il Figlio di Dio (1,11; 9,7)»; S. LÉGASSE, *Marco*, 813.831; F.J. MATERA, «The Prologue», 300: «This confession in the climax of the Gospel...». Nonostante manchi un consenso unanime sulla struttura del vangelo di Marco, la maggior parte degli studiosi ritiene che le confessioni di Pietro a Cesarea di Filippi e del centurione sotto la croce siano i più significativi punti di svolta nella storia marciana.
[160] W.L. LANE, *The Gospel*, 576: le parole del centurione sono un complemento appropriato alla confessione di Pietro che Gesù è il Cristo in 8,29.

dell'identità di Gesù[161]: egli formula la sua confessione dopo aver visto che Gesù, morendo con un «forte grido» di totale affidamento a Dio, si rivela il Figlio di Dio[162].

Il centurione, come capo del plotone di esecuzione, ha il dovere di essere presente e di osservare tutto[163]: sta (παρεστηκώς) «di fronte a» Gesù[164]. In tale posizione la sua attenzione, nonché quella del lettore, si focalizza intensamente su colui che occupa il centro del racconto[165]. Egli riesce a vedere non solo perché è un osservatore accurato della morte di Gesù, ma anche perché, paradossalmente, si sottrae al fenomeno della grande tenebra che copre la terra da tre ore (15,33)[166].

L'espressione «'Ἰδὼν... ὅτι οὕτως ἐξέπνευσεν» attesta che la confessione del centurione non è derivata dal timore per i prodigiosi fenomeni concomitanti alla morte di Gesù (le tenebre, lo squarciarsi del velo del tempio)[167], né da una sua spettacolare liberazione dalla croce – da solo o con l'aiuto di Elia –, come avevano preteso i sommi sacerdoti e i presenti (15,32.36), ma dalla stessa morte di Gesù[168], dal suo «forte grido»[169]. Il centurione riconosce nelle ultime parole di Gesù l'impronta

---

[161] La confessione del centurione è rilevante poiché, per la prima volta in Marco, un essere umano proclama apertamente l'identità di Gesù come Figlio di Dio: F.J. MATERA, «The Prologue», 300; J.D. KINGSBURY, *The Christology*, 132. Precedentemente l'esclusiva era stata dei demoni (3,11).

[162] W. WREDE, *Il segreto*, 134; R.H. GUNDRY, *Mark*, 950: Marco nel motivare la dichiarazione del centurione fa precedere il verbo «ἰδών»; J.P. HEIL, *The Gospel*, 338; J.D. KINGSBURY, *The Christology*, 131; K. STOCK, «Das Bekenntnis», 295-296, interpretando l'espressione υἱὸς θεοῦ di 15,39, afferma che Gesù muore in qualità di Figlio di Dio: è il modo di morire che lo rivela come Figlio di Dio.

[163] Il participio perfetto congiunto «παρεστηκώς» in posizione attributiva esprime il dovere del centurione di essere presente e di sorvegliare sull'effettiva esecuzione. Cf. J. SCHMID, *L'Evangelo*, 398; K. STOCK, *Il racconto*, II Parte, 120; S. LÉGASSE, *Le procès*, II, 127.

[164] L'espressione ἐξ ἐναντίας αὐτοῦ, che precisa la posizione del centurione, è esclusiva di Marco: B.M.F. van IERSEL, *Marco*, 434; D. SENIOR, *La Passione*, 130; G. BIGUZZI, «Yo destruire», 169; W.L. LANE, *The Gospel*, 576; S. LÉGASSE, *Le procès*, II, 127.

[165] Il centurione per Marco è innanzitutto il testimone oculare della morte di Gesù: E. HAENCHEN, *Der Weg*, 533; S. LÉGASSE, *Marco*, 831; G. BIGUZZI, «Yo destruire», 169.

[166] E. BOSETTI, «Un cammino», 141.

[167] L'evento della lacerazione del velo del tempio non entra nel processo di fede che caratterizza il vedere del centurione, poiché avviene lontano dal luogo della croce.

[168] K. STOCK, «Gesù», 249; D. SENIOR, *La Passione*, 130.

[169] M.D. HOOKER, *The Gospel*, 378: «For Mark, however, it is the death of Jesus that is the significant event and wich leads men to confess him as the son of God»; K. BROWER, «Elijah», 93: l'origine della confessione del centurione non è lo squarciarsi

inconfondibile del Figlio di Dio, nonché la qualità della salvezza che esse esprimono[170].

Emerge un netto contrasto: da un lato le guide religiose, poco prima, hanno posto la sua discesa dalla croce come condizione per «credere» che egli fosse il Cristo, il re d'Israele (15,32)[171], e uno dei presenti ne ha prolungato l'agonia per «vedere» se Elia sarebbe intervenuto a liberarlo (15,36); dall'altro il centurione non subordina la sua fede all'eliminazione della sofferenza, in quanto è proprio la croce a rivelargli che Gesù è il Figlio di Dio (15,39):

(32) ὁ Χριστὸς ὁ βασιλεὺς Ἰσραὴλ καταβάτω νῦν ἀπὸ τοῦ σταυροῦ, ἵνα ἴδωμεν καὶ πιστεύσωμεν
(36) Ἄφετε ἴδωμεν εἰ ἔρχεται Ἠλίας καθελεῖν αὐτόν
(39) Ἰδὼν δὲ ὁ κεντυρίων ὁ παρεστηκὼς ἐξ ἐναντίας αὐτοῦ ὅτι οὕτως ἐξέπνευσεν εἶπεν, Ἀληθῶς οὗτος ὁ ἄνθρωπος υἱὸς θεοῦ ἦν

Il duplice aoristo «ἐξέπνευσεν» conferma la connessione tra la modalità della morte di Gesù e la confessione di fede del centurione:

(37) ὁ δὲ Ἰησοῦς ἀφεὶς φωνὴν μεγάλην ἐξέπνευσεν
(39) ὅτι οὕτως   ἐξέπνευσεν

Da quel forte grido scaturisce la confessione del centurione, che rimane colpito dal grande dolore racchiuso nella morte di Gesù. La fede sgorga in colui che, come il centurione, vede e penetra nel mistero della morte dolorosa di Gesù, e non in coloro che pretendono di vedere Elia per credere[172].

---

del velo del tempio, che è un fenomeno esterno, ma la modalità di morte di Gesù. Cf. B.M.F. van IERSEL, *Marco*, 434. Di parere contrario è F. J. MATERA, «The Prologue», 301. I problemi esegetici di questa questione sono stati illustrati da H.L. CHRONIS, «The Torn», 97-114; H.M. JACKSON, «The Death», 16-37; W.L. LANE, *The Gospel*, 576.

[170] L. CAZA, «Le relief», 190: «Le centurion invite à lire le cri du v. 34 comme langage d'un fils de Dieu».

[171] Questo aspetto è ben evidenziato da E. MANICARDI, *Il cammino*, 182: le parole «ἵνα ἴδωμεν καὶ πιστεύσωμεν» pronunciate dai sommi sacerdoti e dagli anziani creano un nesso tra vedere e credere: la discesa dalla croce diventa un pretesto per la fede nella divinità di Gesù; ma questo è «l'esatto opposto della disponibilità di Gesù a morire in obbedienza al Padre (cf. 14,35-36)»; S. LÉGASSE, *Le procès*, II, 129: in 14,62 i capi dei Giudei chiedevano di vedere, ma non vedono nulla; il centurione, invece, ha «visto» al culmine della sua debolezza, manifestare la sua potenza.

[172] E. MANICARDI, *Il cammino*, 182: la confessione del centurione mostra che è possibile credere solo a partire dalla morte in croce di Gesù, momento culmine in cui viene rivelata la sua identità.

CAP. V: ELIA E LA CROCE

Inoltre in questo contesto emerge un legame tra due azioni, «vedere» e «venire», che, presenti nell'intero racconto marciano, connotano in modo particolare la presentazione iniziale di Gesù (1,1-13) e la scena della croce (15,33-39)[173].

In 1,7 Giovanni, l'Elia *redivivus*, aveva richiamato l'attenzione su colui che sarebbe venuto dopo, dichiarandolo più grande e più forte. Questo annuncio, all'inizio del racconto, chiariva la relazione tra Gesù e Giovanni – il servo che scioglie i sandali al proprio padrone – e di conseguenza quella tra Gesù ed Elia.

Quando poi l'atteso Messia entra in scena, il «venire» sfocia nel «vedere»:

(7) Ἔρχεται ὁ ἰσχυρότερός μου ὀπίσω μου
(9) ἦλθεν Ἰησοῦς
(10) καὶ εὐθὺς εἶδεν σχιζομένους τοὺς οὐρανοὺς

In 1,11 solo Gesù ha avuto il privilegio di «vedere»: ai suoi occhi il cielo si squarcia e lascia intravedere la verità della sua identità e del suo rapporto con Dio che, prima della croce, non verrà compresa da nessun personaggio umano del racconto. Solo Gesù vede chiaramente la propria identità.

Similmente nella scena della croce il verbo σχίζω indica che, alla sua morte, il velo del santuario si squarcia da cima a fondo. Tale evento, al contrario di 1,10, è preceduto dall'estrema debolezza di Gesù, dal suo rimanere in croce e dalla sua morte, che rappresentano il «venire» più sconcertante e sublime del Figlio dell'uomo. Ma la fine di Gesù vanifica l'intervento di Elia e trasforma il «vedere» del centurione in una comprensione profonda della vera identità di Gesù.

La costazione del centurione si basa su due elementi che rimandano a ciò che egli ha sperimentato ed osservato e che qualificano la sua affermazione come un risultato solidamente fondato. Innanzitutto l'espressione Ἀληθῶς οὗτος ὁ ἄνθρωπος[174], una solenne formula asseverativa («davvero»)[175], rappresenta la conclusione e la risposta ai continui

---

[173] I verbi che qualificano il «vedere» in Marco sono: θεωρεῖν; ὁρᾶν; βλέπειν; ἀναβλέπειν; ἐμβλέπειν; διαβλέπειν; περιβλέπεσθαι. Per le forme in cui essi ricorrono e per il significato, cf. G.D. KILPATRICK, «Verbs of Seeing», 179-180. Per il verbo «venire», cf. E. MANICARDI, *Il cammino*, 14-16.

[174] L'espressione οὗτος ὁ ἄνθρωπος, molto rara nei vangeli, in Marco ricorre nel racconto della passione (14,71; 15,39) e viene adoperata solo da Gesù.

[175] R. PESCH, *Il Vangelo*, II, 660.729.

interrogativi del vangelo di Marco sull'identità di Gesù[176]. La posizione enfatica di οὗτος ὁ ἄνθρωπος sottolinea il riferimento immediato alla morte di Gesù, evento da cui scaturisce la confessione del centurione.

Il secondo elemento caratterizzante della dichiarazione del centurione è la posizione finale della copula ἦν[177] che, stabilendo un paragone immediato tra οὗτος ὁ ἄνθρωπος e υἱὸς θεοῦ[178], ne rileva il carattere paradossale. Il pensiero del centurione, benché incompleto e imperfetto[179], è il più vicino, rispetto a quello dei presenti, alla realtà. In quest'uomo (οὗτος ὁ ἄνθρωπος)[180] che, tra l'altro, è stato deriso mediante il fraintendimento del suo grido ed è morto in croce, il centurione ha riconosciuto il Figlio di Dio[181].

---

[176] W.L. LANE, *The Gospel*, 576; K. STOCK, *Il racconto*, II Parte, 115; cf. ID., «Gesù», 249.

[177] R.H. GUNDRY, *Mark*, 951: l'imperfetto «ἦν» riflette la morte di Gesù e indica che Gesù è stato Figlio di Dio da sempre; G. BIGUZZI, «*Yo destruire*», 168: l'imperfetto ἦν che chiude la proposizione esprime una realtà appena accaduta e quindi vera, non fittizia. Per J.D. KINGSBURY, *The Christology*, 131, il verbo sottolinea le circostanze in cui Gesù, con la sua morte, ha raggiunto il culmine del suo ministero.

[178] Dal punto di vista grammaticale la proposizione nominale υἱὸς θεοῦ ἦν può tradursi in vari modi. Per lo stato di questa questione: Ph.B. HARNER, «Qualitative», 75-87. K. STOCK, «Das Bekenntnis», 289 n.1. Per un quadro riassuntivo delle varie possibilità interpretative: G. BIGUZZI, «*Yo destruire*», 165-168; S. LÉGASSE, *Le procès*, II, 131-133. Invece alcuni ritengono che il centurione abbia interpretato l'identità di Gesù (υἱὸς θεοῦ) come uomo divino o eroe deificato che ha accettato la morte per obbedienza ad un mandato più alto: W.L. LANE, *The Gospel*, 576; R.H. GUNDRY, *Mark*, 951. Quest'ultima interpretazione è ritenuta fuorviante da M.D. HOOKER, *The Gospel*, 378, che distingue due livelli di comprensione: il centurione può aver usato l'espressione υἱὸς θεοῦ nel senso di uomo divino o semi-dio, mentre Marco ha certamente inteso la proclamazione del centurione come una confessione dell'identità di Gesù. Nel contesto di Marco il lettore comprende questa esclamazione in un senso più alto di quello del centurione stesso: una confessione cristiana autentica.

[179] R. PESCH, *Il Vangelo*, II, 730: la locuzione υἱὸς θεοῦ, non determinata per la mancanza dell'articolo, annovera Gesù tra i figli di Dio. Inizialmente non esprimeva la realtà di un titolo cristologico, ma solo l'idea di un pagano, per il quale era scontato che esistessero sulla terra dei figli di Dio. In ogni modo non è escluso che υἱὸς θεοῦ possa essere stato un titolo («Il Figlio di Dio») al fine di completare la dichiarazione del centurione nel racconto della passione. Nondimeno l'ambiguità o l'indeterminatezza della sua formulazione non impedisce al lettore di scorgere nelle parole del centurione una completa confessione di fede. Per quest'ultimo aspetto, cf. B.M.F. van IERSEL, *Marco*, 434.

[180] R.H. GUNDRY, *Mark*, 951; il solo οὑ-τὸ sarebbe stato sufficiente per individuare Gesù, ma con ἄνθρωπος il centurione mette in rilievo l'umanità di Gesù, su cui emerge poi la divinità indicata dal titolo υἱὸς θεοῦ.

[181] L. CAZA, «Le relief», 189: al di là delle possibilità interpretative di υἱὸς θεοῦ (dall'accezione più debole a quella più pregnante), è sconvolgente che, al termine del

La derisione di Gesù, visto come colui che si appella alla potenza taumaturgica di Elia, non è l'ultima parola sulla sua identità, perché subentra la testimonianza di un pagano. Lo squarcio del velo del tempio non è solo una conseguenza della morte in croce di Gesù: simboleggia la possibilità per i pagani di avere libero accesso a Dio, il quale non risiede più nel tempio, ma si rende presente nel suo Figlio crocifisso[182].

L'ipotesi che la confessione del centurione sia un'affermazione ironica o per lo meno ambigua[183] è smentita dall'avverbio ἀληθῶς, che sembra suggerire piuttosto il contrario[184]. Questo episodio, invece, potrebbe essere un «esempio d'ironia drammatica»[185], perché la dignità trascendente di Gesù, rimasta nascosta a tutti i personaggi umani del racconto, è stata riconosciuta proprio da un sovrintendente all'esecuzione della sua crocifissione[186].

4. Conclusione

La confessione del centurione acquista un significato particolare se si considera l'importanza che per Marco riveste la qualifica di Gesù come «Figlio di Dio», posta nel titolo iniziale del suo racconto: Ἀρχὴ τοῦ εὐαγγελίου Ἰησοῦ Χριστοῦ [υἱοῦ θεοῦ] (1,1)[187]. Dal principio Marco

---

vangelo di Marco, un ufficiale romano, di fronte alla morte di Gesù, è ispirato a identificarlo con il mondo di Dio e a riconoscerlo come figlio di Dio.

[182] K. STOCK, *Il racconto*, II Parte, 123.

[183] R.M. FOWLER, *Let the Reader*, 206-208. Invece per J.D. KINGSBURY, *The Christology*, 131: la confessione del centurione, al di là di come egli stesso l'abbia intesa, è carica di significato.

[184] R.H. GUNDRY, *Mark*, 951: l'avverbio pone ulteriore enfasi sull'identificazione di Gesù come Figlio di Dio; B.M.F. van IERSEL, *Marco*, 434.

[185] D. MARGUERAT – Y. BOURQUIN, *Per leggere*, 118: «L'ironia drammatica o situazionale sorge nel momento in cui il lettore constata una discordanza tra la storia raccontata e i segnali trasmessi dall'autore della sua narrazione... L'evangelista Marco è parimenti un orafo dell'ironia situazionale». In 15,39 l'ironia ha la funzione di attirare i lettori verso il punto di vista valutativo del narratore, secondo cui Gesù è il Figlio di Dio.

[186] D.H. JUEL, *The Gospel*, 146, suggerisce che il commento del centurione sia ironico. Questo è possibile e si addice all'uso dell'ironia nel vangelo di Marco. Ma per il lettore la confessione del centurione è vera e anche più realistica se egli non comprende le proprie parole. Secondo alcuni commentatori, la forza dimostrata da Gesù sulla croce fu così insolita da portare il centurione alla scoperta spontanea dell'identità di Gesù: W.L. LANE, *The Gospel*, 576; B.M.F. van IERSEL, *Marco*, 434-435.

[187] E. SCHWEIZER, «υἱός κτλ.», 219: Marco fin dall'inizio richiama l'attenzione dei suoi lettori sull'identità di Gesù come Figlio di Dio, in quanto sono gli «iniziati a

ha inteso mostrare l'origine e il principio del vangelo, il cui contenuto riguardava l'identità di Gesù. Tra i due momenti inclusivi di 1,1 e 15,39 la definizione viene usata in contesti di significato rivelatorio, 1,11 (il battesimo) e 9,2-8 (la trasfigurazione), in cui il simbolismo elianico ispira il significato delle stesse teofanie.

Nel contesto del battesimo (1,9-11) il Padre dichiara che Gesù è il Figlio diletto la cui venuta è preparata da Giovanni Battista nel ruolo di Elia. Questa dichiarazione in 1,11 è diretta tanto a Gesù, perché venga definito un aspetto fondamentale della sua identità – avere una relazione speciale con Dio –, quanto al lettore, che deve comprendere che Gesù, in quanto Figlio di Dio, è l'unico inviato del Padre e che il Battista, nel suo ruolo elianico, ne è stato il precursore.

Nella trasfigurazione (9,2-8) ricorre la seconda teofania dell'identità di Gesù: il comando di ascoltarlo (9,7) durante il suo cammino verso Gerusalemme suggerisce ai discepoli l'inutilità di altri messaggeri veterotestamentari, in particolare del profeta Elia, e fa capire ai lettori che, per una vera comprensione della sua identità, non devono seguire il punto di vista valutativo di Elia e Mosè, ma quello di Gesù, l'unico rivelatore della volontà di Dio.

Alla luce di queste proclamazioni divine indirizzate al Figlio (1,11) o ai discepoli e ai lettori (9,7), per la prima volta in Mc 15,39 un personaggio umano adotta incondizionatamente il punto di vista valutativo di Dio sull'identità di Gesù (la figliolanza divina), immaginandola secondo l'ottica divina (1,11; 9,7; 12,6; 15,39)[188].

E non a caso il centurione compie questo percorso dopo la morte di Gesù, preceduta dalla vana speranza dei presenti in un intervento di

---

questo mistero...»; L. CAZA, «Le relief», 189: non bisogna dimenticare che la scena della croce è inserita in un vangelo che presenta Gesù come Figlio di Dio (1,1) e, ancor più, contiene due rivelazioni ove Dio stesso riconosce Gesù come Figlio «unico» e «prediletto» (1,11; 9,7; cf. 12,6); M.D. HOOKER, The Gospel, 378: suggerisce di adottare per υἱὸς θεοῦ in 15,39 lo stesso significato che si trova in 1,1. È W.L. LANE, The Gospel, 576, a suggerire una corrispondenza significativa tra lo squarciarsi dei cieli, con la conseguente proclamazione di 1,1 che Gesù è il Figlio di Dio, e lo squarciarsi del velo del tempio seguita dalla confessione della filiazione divina di Gesù in 15,38-39.

[188] E. SCHWEIZER, «υἱὸς κτλ.», 219; J.D. KINGSBURY, «The Significance», 102: sulla croce «Jesus is, for the first time, perceveid by another human to be the Son of God»; anche in The Christology, 133; D. RHOADS – D. MICHIE, Mark as Story, 103: «The centurion is the only human character who calls Jesus a son of God; yet given is limited role, he is not depicted as necessarily grasping the full implications of his words».

Elia. Dio non ha accolto il grido di Gesù come un'invocazione di aiuto ad Elia, ma come atto di abbandono al Padre; perciò la vera risposta al grido di Gesù è la confessione del centurione.

In tal modo l'evangelista mostra che solo dopo una comprensione della croce è possibile svelare il mistero dell'identità di Gesù e riconoscerne la vita terrena come quella del Figlio di Dio. Questa figliolanza non può essere più oggetto di incomprensione perché l'obbedienza incondizionata di Gesù fino alla morte lo conferma come Figlio di Dio[189].

L'erronea identificazione popolare di Gesù con Elia viene confutata definitivamente dalla confessione del centurione: si comprende la vera identità di Gesù alla luce della sua relazione unica con Dio. Inoltre si chiarisce che l'unico mediatore della salvezza è il Cristo crocifisso, e non il potente taumaturgo Elia, come credeva il popolo.

Le informazioni destinate al lettore nel prologo e nel corso del vangelo su Elia raggiungono il culmine del significato: la promessa della salvezza si è realizzata in Gesù, il Cristo, il Figlio di Dio, e la comparsa di Elia, il profeta atteso alla fine dei tempi, si è realizzata in Giovanni Battista.

La confessione del centurione è la conclusione letteraria della passione[190] e dell'intero racconto marciano e tematica di tutti i tentativi popolari di identificare Gesù con Elia.

Per il lettore la confessione del centurione, che riconosce in Gesù il Figlio di Dio, è la base della professione di fede cristiana[191].

---

[189] Marco, attribuendo al centurione una percezione corretta della morte di Gesù, avvenuta nella totale obbedienza e fiducia in Dio, ritiene che la comprensione dell'identità di Gesù mediante l'appellativo «Figlio di Dio» sia vera: E. MANICARDI, Il cammino, 180; J.D. KINGSBURY, The Christology, 131. Significativa l'espressione con cui R. SCHNACKENBURG, Vangelo, II, 311, chiude il commento alla sequenza di 15,33-39: «Nella sua morte si rivela il mistero della sua persona: egli è il Figlio di Dio».

[190] R. SCHNACHENBURG, Vangelo, II, 311: la proclamazione del centurione costituisce un momento culminante; S. LÉGASSE, Le procès, II, 127: «La phrase par laquelle le centurion du Calvaire reconnaît en Jésus le Fils de Dieu au sommet du récit marcien dela Passion...».

[191] Per E. HAENCHEN, Der Weg, 537, il centurione deve aver compreso la frase di Gesù in 15,34 esattamente nella maniera in cui è stata riportata da Marco (o dalla comunità cristiana), non come un'esclamazione di disperazione, ma come un grido di lamento a Dio, a cui si rivolge con fiducia e speranza. Ne consegue che è la comunità cristiana a porre sulla bocca del centurione la propria dichiarazione o confessione di fede. R. SCHNACKENBURG, Vangelo, II, 311: le parole del centurione sono preludio alla piena professione di fede della primitiva comunità cristiana; M.D. HOOKER, The Gospel, 379.

Il titolo di Figlio, presente in contesti marciani cruciali insieme alla figura di Elia, individua la superiorità di Gesù quale messaggero di Dio (Mc 1,2; 12,1-12) rispetto a tutti i profeti inviati prima di lui, compreso il profeta di Tisbe[192].

---

[192] E. SCHWEIZER, «υἱός κτλ.», 219.

PARTE SECONDA

ELABORAZIONE TEOLOGICA

CAPITOLO VI

Elia e la letteratura biblica e giudaica

1. L'attesa di Elia

L'esame dei contesti marciani in cui è presente Elia ne ha evidenziato anche l'attesa, motivo che è radicato nell'aspettativa escatologico-messianica del giudaismo del 1° sec. d.C. e che presenta una costellazione di forme diversamente intese dalla ricerca odierna. Sulla base di Ml 3,23-24 si attendeva il ritorno del profeta Elia affinché preparasse la via al Messia. Questa idea, presupposta già in Sir 48,10-11, attraverso il NT, in cui si allude spesso alla venuta di Elia (Mt 17,10//Mc 9,11; Mt 11,14; 16,14; Mc 6,15; 8,28; Lc 9,8.19; Gv 1,21), si è proiettata anche nella letteratura cristiana posteriore[1]. In questo complesso di tradizioni il ritorno di Elia ha ricoperto un ruolo cruciale e sembra che le sue gesta profetiche abbiano esercitato una particolare influenza sul NT (per es. i racconti dei miracoli in Mc).

Da questa premessa scaturisce la necessità di esaminare sia i contesti biblici premarciani[2] nei quali si è formata questa credenza, sia le fonti della letteratura intertestamentaria, qumranica, targumica e rabbinica.

Inoltre la nostra scelta metodologica ha privilegiato quei passi della tradizione giudaica intertestamentaria in cui Elia era atteso come precursore del Messia[3].

---

[1] E. SCHÜRER – G. VERMES – F. MILLAR – M. BLACK, *Storia*, II, 615.

[2] Nella LXX Elia viene menzionato, oltre che nei libri dei Re, anche in 2Cr 21,12-15; Sr 48,1-9 e 1Mac 2,58. Tutti questi passi si riferiscono alla figura storica del profeta.

[3] Benché la letteratura giudaica venga definita convenzionalmente intertestamentaria, la maggior parte della letteratura rabbinica è certamente più tarda degli scritti neotestamen-

2. Le tradizioni del TM e della LXX

Essenziale per una speculazione sull'attesa di Elia è il racconto del suo rapimento al cielo in un turbine (2Re 2,1.11b)[4]:

(1)   וַיְהִי בְּהַעֲלוֹת יְהוָה אֶת־אֵלִיָּהוּ בַּסְעָרָה הַשָּׁמָיִם
(11) וַיַּעַל אֵלִיָּהוּ בַּסְ(עָ)רָה הַשָּׁמָיִם

L'articolo determinativo che accompagna il termine «turbine» (בַּסְעָרָה) è un chiaro segno che l'autore allude ad una ben nota tradizione sull'assunzione di Elia[5]. La proposizione iniziale di 2Re 2,1 viene ripresa letteralmente in 2Re 2,11b[6]: l'ascesa di Elia, annunciata già nel v. 1a, si avvera nel v. 11b, in cui la narrazione raggiunge il suo *climax*[7].

---

tari; nondimeno il carattere tradizionale e midrashico (esegetico) che la contraddistingue ne rende indispensabile una trattazione in questo tema dell'attesa di Elia in Marco, che derivò dalle tradizioni bibliche (2Re 2,11; Ml 3,1; Sir 48,10-11) e si sviluppò parallelamente al cristianesimo delle origini. Per E. ZENGER, *Il Primo Testamento*, 150, la definizione di epoca «intertestamentaria» è troppo carente sia sul piano cronologico che teologico.

[4] J. JEREMIAS, «'Ηλ(ε)ίας», 72: il posto eminente del profeta Elia nella leggenda popolare, nella discussione teologica e nell'attesa escatologica deriva dal suo misterioso rapimento (2Re 2,11) e dalla profezia del suo ritorno (Ml 3,23-24); J.L. MARTYN, «We have», 187: «The story of Elijah's translation (II Kgs. 2:1-12a) is fundamental to all subsequent speculation about him. Since he was dramatically taken up into heaven, he was considered to be alive, in heaven with the (other?) angels, and available, either by being equidistant, so to speak, from every generation, or by being on the verge of coming at the end-time – a fascinating figure indeed»; R. MACINA, «Le rôle», 71: Elia, di cui Malachia e Ben Sirach hanno annunciato l'ineluttabile ritorno escatologico, «ce thaumaturge a une mission toute particulière et – on peut bien le dire avec certitude – indispensable: ramener a Dieu son peuple».

[5] Secondo la ricostruzione di J. GRAY, *I et II Kings*, 473, due tradizioni differenti sono state combinate per la descrizione dell'assunzione di Elia: una afferma che egli fu preso in un turbine (vv. 1.11b) e l'altra si concentra sulla separazione dei profeti per mezzo di carro e cavalli (v. 11a). La menzione del turbine con l'articolo determinativo dopo il carro e i cavalli suggerisce un legame con l'improvvisa scomparsa di Elia. Questa teofania può essere stata descritta per enfatizzare la presenza di Dio. R.D. PATTERSON, «1 and 2 Kings», 177 n.1: «The definite article in בַּסְעָרָה (*baseʿārāh*, lit., "in the whirlwind") lays stress on the wellknown whirlwind by which Elijah was translated into heaven without seeing death. It does not guarantee that Elijah knew the precise method of his departure from his life. The plain implication of this text is that he knew beforehand that this was the day of his change and, doubtless, Elijah expected something extraordinary».

[6] G. DEL OLMO LETE, *La vocación*, 170, ricorda che questo tipo di anticipazione non è inusuale nella narrativa ebraica; A. ROFÉ, Storie, 56, la frase relativo temporale di 2Re2,1a rivela esattamente che cosa accadrà ad Elia.

[7] Per la discussione se l'ascesa di Elia al cielo sia il *climax* della narrazione di 2Re 2: F. MAIJER, *Elisha*, 13.15-16 n. 56.58; cf. E. WÜRTHWEIN, *Die Bücher*, 274; F. FORESTI, *Il rapimento*, 269 n. 37.

La straordinaria attività di Elia, dunque, si conclude con un più straordinario rapimento in cielo[8].

Come Jhwh passa nella tempesta che ne rivela il carattere decisivo e grandioso della manifestazione[9], così l'Elia vivente sale nei cieli per raggiungere definitivamente la sfera divina. Sebbene 2Re 2,11 non accenni al suo ritorno, la tradizione profetica, e in seguito quella apocalittica, intese e attese un suo ritorno sulla terra[10]: non un Elia rianimato, ma *redivivus* (ritornato) oppure escatologico[11]. Un tale privilegio non è stato concesso a nessun personaggio umano dell'AT, fuorché al patriarca Enoch (Gn 5,24) e al nostro profeta.

2.1 *La promessa di Ml 3,1.23*

L'idea del cosiddetto Elia redivivus, che ha il suo punto di partenza in Ml 3,22-23 e trova una prosecuzione in Sir 48,10, è preceduta in 3,1 dall'annuncio di un messaggero inviato a preparare la via del Signore[12] e identificato poi con Elia in 3,23[13]:

(a) הִנְנִי שֹׁלֵחַ מַלְאָכִי וּפִנָּה־דֶרֶךְ לְפָנָי
(b) וּפִתְאֹם יָבוֹא אֶל־הֵיכָלוֹ הָאָדוֹן אֲשֶׁר־אַתֶּם מְבַקְשִׁים
(c) וּמַלְאַךְ הַבְּרִית אֲשֶׁר־אַתֶּם חֲפֵצִים הִנֵּה־בָא
(d) אָמַר יְהוָה צְבָאוֹת

---

[8] R.D. PATTERSON, «1 and 2 Kings», 177 n.1; R.E. MURPHY, «The figure», 237.

[9] Nell'AT la tempesta e l'uragano sono i simboli classici delle epifanie di Dio: Is 29,6; Ger 23,19; 25,32; Ez 1,4; Zac 9,14; Nah 1,3-4; Sal 18,11; 50,3. Cf. R.D. PATTERSON, «1 and 2 Kings», 178: «...Elijah went to heaven, not in a fiery chariot as often popularly held, but in the whirlwind that accompanied the theophany. For the divine presence in the fire, chariots, and whirlwind, see Isa 66:15».

[10] Il ritorno fu inteso anche per Mosè ed Enoch, S. PELLEGRINI, *Elija*, 212: «Obwohl die alttestamentliche Erzählung von Elijas Verlassen der Erde nicht von seiner Rückkehr spricht, hatte die prophetische – und später apokalyptische – Tradition für Elijah, wie auch für Henoch und Mose, eine Rückkehr auf die Erde gefolgert und erwartet.».

[11] M. ÖHLER, *Elia*, 2: «Diese Wiederkunft ist aber nicht als Wiederbelebung zu bezeichnen, so daß der zutreffende Sprachgebrauch nicht "Elias *redivivus*", sondern "wiedergekommener Elia" oder "eschatologischer Elia" zu lauten hat».

[12] J. JEREMIAS, «Ἠλ(ε)ίας», 72: le parole di Ml 3,23-24 riferiscono al ritorno di Elia l'invio dell'angelo dell'alleanza e del precursore di Jhwh, nominati in Ml 3,1; R.E. MURPHY, «The figure», 237.

[13] A. CODY, *Aggeo – Zaccaria – Malachia*, 469; G. BERNINI, *Aggeo – Zaccaria –Malachia*, 358-359; W.C. KAISER, «The Promise», 223-229; D.L. PETERSEN, *Zechariah 9-14 – and Malachi*, 210.

Secondo alcuni esegeti, le parole successive alla promessa del messaggero preparatorio, essendo in prosa, sono state aggiunte[14] in un secondo momento, sì da formare un parallelismo chiastico tra l'אָדוֹן che giunge al suo tempio (v. 1b) e l'מַלְאַךְ הַבְּרִית (v. 1c)[15]. Mentre è agevole cogliere il significato generale di Ml 3,1, l'interpretazione dei singoli elementi o piuttosto delle singole figure è incerta[16]:

(1a)   מַלְאָךְ
(1b)   אָדוֹן
(1c)   מַלְאַךְ הַבְּרִית

L'ipotesi che le tre descrizioni si riferiscano alla stessa figura[17] presenta delle difficoltà, perché il Signore (אָדוֹן) che dovrebbe venire nel suo tempio (הֵיכָלוֹ) non può essere identificato con il messaggero che egli promette di inviare (v. 1a). D'altro canto il messaggero del v. 1a (מַלְאָךְ) e l'angelo dell'alleanza del v. 1c (מַלְאַךְ הַבְּרִית) non potrebbero essere identici[18]: l'אָדוֹן è Dio stesso[19] e il messaggero (מַלְאָךְ) è solo un suo inviato. L'ultima possibilità interpretativa fa coincidere l'angelo dell'alleanza del v. 1c (מַלְאַךְ הַבְּרִית) con Dio stesso del v. 1b (אָדוֹן)[20] e considera

---

[14] G. BERNINI, *Aggeo – Zaccaria – Malachia,* 338: i vv. 1bcd.3-4, essendo in prosa, avrebbero costituito in origine un'unità distinta. Cf. B. MALCHOW, «The messenger», 253.

[15] M. ÖHLER, *Elia,* 3.

[16] L. ALONSO SCHÖKEL – J.L. SICRE DIAZ, *I Profeti,* 1393: Ml 3,1 «pone un problema di identificazione e di distinzione di persone». D.L. PETERSEN, *Zechariah 9-14 – and Malachi,* 209: «Malachi 3:1-5 is complex, if for no other reason than it is so difficult to determine the number of characters involved»; cf. G. BERNINI, *Aggeo – Zaccaria – Malachia,* 337; M. ÖHLER, *Elia,* 3.

[17] L. ALONSO SCHÖKEL – J.L. SICRE DIAZ, *I Profeti,*1393: il messaggero che viene inviato ha tre titoli: il primo distingue l'ambasciatore dal suo padrone («mio messaggero»); il secondo è il «signore» (con l'articolo) che sembra riferirsi a Dio; il terzo titolo sembra designare il mediatore che sostiene i negoziati dell'alleanza («l'angelo dell'alleanza»).

[18] B. GLAZIER – MCDONALD, *Malachi,* 128-135; J.H. HUGHES, «John», 193: «This "messenger of the covenant" could not be the "messenger" or precursor of Yahweh mentioned in Mal.iii Ia since his arrival at the Temple is described as being simultaneous with thet of Yahweh. It would appear therefore that the "messenger of the covenant" is an enigmatic designation of Yahweh himself, derived from Ex. iii 2 and Ex. xxiii 20».

[19] Quando è usato con l'articolo, il termine אָדוֹן può essere riferito soltanto a Dio: W.C. KAISER, «The Promise», 224.

[20] W.C. KAISER, «The Promise», 224: la divinità del personaggio è evidenziata dalla designazione «l'angelo dell'alleanza» (מַלְאַךְ הַבְּרִית) e «there are not persons represented in "The Lord" and the "Messenger of the Covenant" but only one, as is proven by the singular form of "come" (בא)». Ml 3,1 presenta, quindi, solo due personaggi: «il Signore» e «il messaggero» che prepara la strada.

il messaggero del v. 1a (מַלְאָךְ) indipendente dalle figure successive. Si potrebbe scorgere, nelle due figure del v. 1bc, Dio che arriva nel suo santuario con l'angelo dell'alleanza, ma come aggiunta redazionale all'annuncio del messaggero preliminare del v. 1a. L'angelo dell'alleanza, espressione insolita e discussa, potrebbe essere inteso come una figura propiziatrice del Patto del Sinai, sebbene non si escluda che, insinuata dallo stesso libro di Malachia (2,17; 3,5), sia in relazione con l'opera di purificazione dei figli di Levi che il Signore compirà prima di dare luogo al giudizio[21]. In tale senso, allora, l'angelo dell'alleanza sarebbe un nuovo messaggero che accompagna il Signore nello svolgimento del giudizio[22].

Dalla breve analisi delle diverse interpretazioni di Ml 3,1 si deduce che non è possibile identificare il messaggero del v. 1a (מַלְאָךְ) né con l'angelo dell'alleanza del v. 1c (מַלְאַךְ הַבְּרִית), né con Dio del v. 1b (אָדוֹן): tale conclusione deve guidare nella comprensione del ruolo del Battista, che Marco interpreta alla luce del messaggero di Ml 3,1.

Per dare completezza alla nostra analisi di Ml 3,1 (TM) consideriamo anche la versione della LXX:

(a) ἰδοὺ ἐγὼ ἐξαποστέλλω τὸν ἄγγελόν μού
     καὶ ἐπιβλέψεται ὁδὸν πρὸ προσώπου μού
(b) καὶ ἐξαίφνης ἥξει εἰς τὸν ναὸν ἑαυτοῦ κύριός
     ὃν ὑμεῖς ζητεῖτε,
(c) καὶ ὁ ἄγγελος τῆς διαθήκης ὃν ὑμεῖς θέλετε
(d) ἰδοὺ ἔρχεται λέγει κύριος παντοκράτωρ

In questa versione, che non offre alcuna variante significativa per l'interpretazione dei singoli personaggi di Ml 3,1, il termine «κύριος» del v. 1b elimina l'indeterminatezza della figura che giunge al tempio perché indica Dio stesso[23]; tuttavia il messaggero promesso dal Signore rimane ancora difficilmente individuabile come personaggio storico.

---

[21] B. MALCHOW, «The Messenger», 252-255, dimostra con argomenti che «il messaggero dell'alleanza» è una figura sacerdotale presente nelle aspettative di un Messia della tribù di Levi. Cf. G. BERNINI, *Aggeo – Zaccaria – Malachia*, 338; M. ÖHLER, *Elia*, 3.
[22] Contrariamente a quanto pensa J. JEREMIAS, «'Ηλ(ε)ίας», 73, per il quale l'angelo dell'alleanza è Elia perché è stato annoverato tra gli angeli a causa del suo rapimento.
[23] W.C. KAISER, «The Promise», 224.225: «...he comes to "*his* temple" (Mal 3:1). [...] Thus the passage mentions only two persons: »The Lord» and the preparing messenger».

Inaspettatamente l'identificazione del messaggero di Ml 3,1 viene operata da Dio stesso con l'annuncio di un imminente invio di Elia, che preparerà gli uomini alla sua venuta nell'era escatologica (Ml 3,23)[24]:

(23a) אֵת אֵלִיָּה הַנָּבִיא
      הִנֵּה אָנֹכִי שֹׁלֵחַ לָכֶם
(23b) לִפְנֵי בּוֹא יוֹם יְהוָה הַגָּדוֹל וְהַנּוֹרָא
(24a) וְהֵשִׁיב לֵב־אָבוֹת עַל־בָּנִים וְלֵב בָּנִים עַל־אֲבוֹתָם
(24b) פֶּן־אָבוֹא וְהִכֵּיתִי אֶת־הָאָרֶץ חֵרֶם

L'elemento basilare di questa promessa è l'invio divino di Elia prima del grande e terribile giorno del Signore. È interessante notare la formulazione parallela tra l'invio di Elia in 3,23a e quello del messaggero in 3,1:

(1a) הִנְנִי שֹׁלֵחַ מַלְאָכִי
(23a) הִנֵּה אָנֹכִי שֹׁלֵחַ לָכֶם אֵת אֵלִיָּה הַנָּבִיא

Dal punto di vista letterario tale parallelismo può confermare che la figura di Elia sia una concretizzazione del messaggero del v. 1a[25]: è dunque il profeta Elia il messaggero che sarà inviato prima del «יְהוָה יוֹם» (giorno del Signore).

È evidente che l'autore del libro di Malachia, per identificare il messaggero di 3,1 con Elia (3,23), ha suggerito che la profezia ritornerà in qualche forma prima che Jhwh agisca con decisione nel giorno della sua venuta.

Tale aspettativa ha un retaggio nell'AT: Ez 39,29 e Gl 2,28. Inoltre uno scritto profetico del periodo persiano (Zc 13,2-6) testimonia il decadente stato del profetismo in quel tempo e la necessità di contrastare i

---

[24] È opinione comune che questa concretizzazione del messaggero del v. 1 con il profeta Elia sia stata aggiunta successivamente: W. RUDOLPH, *Haggai –Sacharja 1-8 –Sacharja 9-14 – Maleachi*, 249; H.G. REVENTLOW, *Maleachi*, 160; M. ÖHLER, *Elia*, 4. Secondo G. BERNINI, *Aggeo – Zaccaria – Malachia*, 338, l'aggiunta si giustifica considerando che, a quel tempo, già si parlava del ritorno di Elia prima della venuta del Messia. Per la discussione sulla coerenza e l'unità di Ml 3,23-24, cf. D.L. PETERSEN, *Zechariah 9-14 – and Malachi*, 227-229.

[25] Secondo O. EISSFELDT, *The Old Testament*, 442, l'autore di Ml 3,23 sembra interessato a identificare il messaggero di 3,1 con Elia: «Mal. 3:23-24, however, are intended to make precise the proclamation of 3,1, of a heavenly messenger who is to precede Yahweh when he appears for judgment, and to correct this by indicating that Elijah is this messenger». Sulla stessa linea J.A.T. ROBINSON, «Elijah», 264: «And in the prophecy as we now have it, and as the men of the New Testament readit, this coming one is subsequently identified as 'Elijah the prophet (Mal. Iv. 5)».

pochi profeti che osavano profetizzare[26]. Un simile discredito del profetismo contribuì ad anticipare la rinascita di un intermediario profetico.

Anche al tempo di Gesù era diffusa l'idea che lo spirito profetico fosse estinto e che l'epoca gloriosa del profetismo fosse finita; si sperava comunque che un giorno la rinascita dello spirito e la comparsa dei grandi profeti del passato avrebbero dato inizio all'era escatologica.

Le forme con cui si manifestava questa speranza erano diverse: largamente diffusa era l'idea che alla fine dei tempi sarebbero riapparsi gli antichi profeti. Il pensiero era rivolto soprattutto a Elia, che secondo la tradizione non era morto, ma era stato rapito al cielo (2Re 2,11)[27]. Inoltre tra i profeti attesi alla fine dei tempi si pensava a quello che nella tradizione aveva ricevuto il compito specifico di preparare la strada alla venuta di Jhwh: già Isaia lo aveva tratteggiato come messaggero e precursore (Is 40,3) e Malachia non aveva esitato a identificarlo con Elia (Ml 3,1.23).

La scelta, dunque, di personificare questa attesa con Elia era certamente comprensibile (2Re 2,11)[28], tuttavia il riapparire dello spirito profetico fu intravisto per Elia e non per Mosè o altri profeti[29].

Inoltre, a differenza di molti profeti, l'attività dell'Elia storico era stata coronata da successo, in quanto la sua mediazione di intercessore

---

[26] D.L. PETERSEN, *Zechariah 9-14 – and Malachi*, 126-127; G. BERNINI, *Aggeo – Zaccaria – Malachia*, 259-261.

[27] Nonché ad Enoch (Gn 5,24). Questa idea avrebbe portato la gente a identificare Elia con Gesù: Mc 6,15; 8,28; G. VERMÈS, *Gesù*, 111: «Nel giudaismo intertestamentario [...] era prevalente lattesa di un messaggero dal cielo che, alla fine dei tempi, doveva rendere note le ultime parole di Dio su Israele. Questo cosiddetto profeta escatologico assume nelle fonti due forme diverse a seconda che rimandi alla figura di Elia o a quella di Mosè; ambedue però poggiavano su testi biblici classici. La tradizione evangelica più antica ha associato il "profeta" Gesù sia all'una che all'altra».

[28] A. CODY, *Aggeo – Zaccaria – Malachia*, 470: «Siccome egli se ne partì da questo mondo non con la morte ma con l'assunzione al cielo (2Re 2,10-12), potrebbe più facilmente tornare sulla terra per la missione di riconciliazione prima della venuta del Giorno del Signore»; L. ALONSO SCHÖKEL – J.L. SICRE DIAZ, *I Profeti*, 1398: «La speculazione sul ritorno di Elia viene alimentata in primo luogo dal racconto del suo rapimento nel cielo (2Re 2,11), poi da questa nota di Malachia». Cf. G. JOSSA, *Dal Messia*, 26-34, offre un panorama delle diverse forme con cui la speranza del ritorno dello spirito profetico si esprimeva al tempo di Gesù.

[29] D.L. PETERSEN, *Zechariah 9-14 – and Malachi*, 118 n.118: nel periodo persiano sono due le prospettive per individuare il profeta escatologico: per Dt 18,15 è Mosè; per Ml 3,23, invece, è Elia. Tale distinzione non è indizio di svalutazione della figura di Mosè, ma di una sua caratterizzazione con un genere di letteratura non profetica, quello della torah.

aveva fatto sì che Israele ritornasse a Jhwh allontanandosi da Baal[30]. Di conseguenza il lettore, di fronte al contesto temporale offerto da Ml 3,23-24, ha fiducia che il popolo, così come era accaduto al tempo dell'Elia storico, risponderà positivamente al ritorno di Elia[31].

Sono state proposte anche altre motivazioni per spiegare la scelta di Elia come precursore del giorno del Signore: Israele lo considerava il capo nella gerarchia dei profeti, molti dei quali ereditarono o furono dotati indirettamente dello spirito e della potenza divina propri del profetismo elianico[32].

Anche se non viene espresso esplicitamente, il lettore sa che Elia tornerà prima del giorno del Signore, il quale è descritto in termini simili in Gl 2,11-13 e Sf 1,14:

Gl 2,11(TM)   כִּי־גָדוֹל יוֹם־יְהוָה וְנוֹרָא מְאֹד
Gl 2,11(LXX)   ἡ ἡμέρα τοῦ κυρίου μεγάλη καὶ ἐπιφανής
Sof 14a.c (TM)   מַר קוֹל יוֹם יְהוָה
                   יוֹם־יְהוָה הַגָּדוֹל
Sof 14a.c (LXX)   ἡ ἡμέρα κυρίου ἡ μεγάλη
                   σφόδρα φωνὴ ἡμέρας κυρίου
Ml 3, 23 (TM)   לִפְנֵי בּוֹא יוֹם יְהוָה הַגָּדוֹל וְהַנּוֹרָא
Ml 3,22 (LXX)   πρὶν ἐλθεῖν ἡμέραν κυρίου τὴν μεγάλην
                   καὶ ἐπιφανῆ

Sebbene non sia facile dimostrare una dipendenza letteraria, nondimeno l'epilogo di Ml 3,23 sembra conoscere e usare il linguaggio sul «giorno del Signore» esistente in Gioele e in Sofonia[33].

---

[30] J.A.T. ROBINSON, «Elijah», 277: Elia, come nel IX sec. a.C. aveva ricondotto il popolo al Signore (1Re 18,37), così ora tornerebbe per convertire Israele dal suo modo di agire negativo mediante una preghiera finale di intercessione.
[31] B. CHILDS, Introduction, 495-496, ha rilevato la presenza di relazioni importanti tra la situazione in cui operò Elia e quella di Malachia: per es., come Malachia, così anche Elia si rivolse a tutto Israele.
[32] W.C. KAISER, «The Promise», 226-227, ricorda che questo fenomeno era già noto nell'AT. Infatti, in 2Cr 21,12 viene menzionata «una lettera da parte di Elia profeta», durante il regno del re Geroboamo, quando Elia era stato già assunto in cielo da molti anni. Inoltre molti atti predetti da Elia sono stati compiuti da Eliseo (2Re 8,13), il quale aveva domandato una doppia porzione della sua primogenitura profetica (2Re 2,9) come eredità spirituale di Elia. E come lo spirito di Mosè si riversò sui settanta anziani (Nm 11,25), così lo «spirito di Elia» si riversò su Eliseo (2Re 2,15).
[33] D.L. PETERSEN, Zechariah 9-14 – and Malachi, 231: Ml 3,22-24 presume l'esistenza dei profeti minori. Sulla questione di Ml 3,23-24 come epilogo ai profeti minori, cf. W. RUDOLPH, Haggai – Sacharja 1-8 – Sacharja 9-14 – Malachi, 291, secondo cui è la conclusione sia dei profeti maggiori che minori, e R. COGGINS, Haggai, 84, che pensa a una conclusione dei soli profeti minori.

Dal punto di vista temporale il «giorno del Signore» viene definito «vicino» o «imminente» (קָרוֹב יוֹם יְהוָה: Abdia 15; Gl 1,15; Is 3,12; Sof 1,7.14; Is 2,12; Ez 30,3), ma le profezie si estendono per un arco di quattro secoli. Inoltre questi stessi profeti vedono in alcuni fenomeni meteorologici (Gl 2,11-31; Sof 1,14) o in avvenimenti del loro tempo un presagio del giorno del Signore[34]. Può essere un giorno futuro in cui il Signore distruggerà la terra intera (Is 13,5) o ne sarà il re (Zc 14,1.8-9), come pure un giorno di salvezza e di liberazione (Gl 2,32).

Sembra che tali aspetti siano compresi nella menzione del giorno del Signore in Ml 3,23, che congiunge tutti gli eventi antecedenti del giudizio e della salvezza di Dio nella storia con la grande salvezza finale[35], anch'essa composta da una serie di interventi divini. E l'invio di Elia è il primo di una serie di avvenimenti escatologici che anticipano la venuta del giorno del Signore.

Inoltre in Ml 3,2 l'interrogativo su chi riuscirà a sopravvivere quando Elia tornerà evoca l'annuncio terrificante del giorno del giudizio di Jhwh (Am 5,18-20; Gl 1,15; 2,2 e altrove), il cui intervento sarà così efficace che nessuno potrà opporre resistenza alle sue accuse o sfuggire ai suoi castighi (Ab 3,6-16). La risposta che il lettore attende con ansia viene data in Ml 3,24: i padri e i figli riconciliati per mezzo dell'azione di Elia saranno capaci di sopravvivere a quel terribile giorno del Signore[36].

Rispetto al contesto di Ml 3,1, qui appare un nuovo compito di Elia: rinsaldare il focolare domestico tra le generazioni dei padri e dei figli, prima che venga il giudizio del Signore sugli empi (Ml 3,3.19). Probabilmente la formulazione del v. 24 nasconde la preoccupazione di fondo che i dissidi familiari possano ostacolare la salvezza ventura[37]. Ma questo aspetto non viene ripreso da Marco nel suo vangelo.

---

[34] E. JENNI, «יוֹם jōm giorno», 625-628; G. von RAD, «ἡμέρα»,107-112; W.C. KAISER, «The Promise», 228; D.L. PETERSEN, Zechariah 9-14 – and Malachi, 231.

[35] E. JENNI, «יוֹם jōm giorno», 628: «L'idea del giorno di Jhwhe forma così un importante anello di congiunzione tra l'annuncio del giudizio e l'annuncio della salvezza da parte dei profeti e rivela anche la loro connessione intima»; G. von RAD, «ἡμέρα», 110: nei profeti «dobbiamo considerare caso per caso la possibilità che l'attesa di un giorno di Jahvè riguardi un evento d'estema importanza nella storia d'Israele, che peraltro non segni l'inizio del tempo finale». Il carattere esclusivo della missione del profeta Elia, che non ha riscontri in altri scritti profetici, ne suggerisce l'invio come inizio del tempo finale.

[36] Per i particolari su un possibile problema specifico tra le relazioni familiari al tempo della profezia di Malachia: D.L. PETERSEN, Late Israelite, 44; P. VERHOEF, The Book of Haggai and Malachi, 342; G. VERMÈS, Gesù, 112.

[37] M. ÖHLER, Elia, 4.

La versione del TM di Ml 3,23-24 riceve una nuova interpretazione nella traduzione dei LXX:

(22a) καὶ ἰδοὺ ἐγὼ ἀποστέλλω ὑμῖν Ηλιαν τὸν Θεσβίτην
(22b) πρὶν ἐλθεῖν ἡμέραν κυρίου τὴν μεγάλην καὶ ἐπιφανῆ
(23a) ὃ ἀποκαταστήσει καρδίαν πατρὸς πρὸς υἱὸν
(23b) καὶ καρδίαν ἀνθρώπου πρὸς τὸν πλησίον αὐτοῦ
(23c) μὴ ἔλθω καὶ πατάξω τὴν γῆν ἄρδην

La prima differenza sostanziale tra la versione del TM e quella dei LXX è la definizione di Elia non come profeta, ma come Tesbite, in base alla sua origine:

(22a/LXX) Ηλιαν τὸν Θεσβίτην
(23a/TM)   אֵלִיָּה הַנָּבִיא

La designazione «τὸν Θεσβίτην», che probabilmente si riferisce al racconto storico della prima venuta di Elia per realizzare l'armonia e la concordia religiosa nel popolo d'Israele (1Re 18,1-40; 19,1-18), era già presente nel ciclo di Elia, in cui «הַתִּשְׁבִּי» (1Re 17,1; 21,17; 2Re 1,3.8) ne indicava la provenienza geografica[38].

Importante per la nostra analisi rilevare un'altra differenza: del TM (v. 24a) la LXX ha conservato il ripristino delle relazioni del padre verso il figlio (v. 23a):

(23a/LXX) ὃς ἀποκαταστήσει καρδίαν πατρὸς πρὸς υἱὸν
(24a/TM)   וְהֵשִׁיב לֵב־אָבוֹת עַל־בָּנִים וְלֵב בָּנִים עַל־אֲבוֹתָם

ma non l'inverso:

(23b/LXX) καὶ καρδίαν ἀνθρώπου πρὸς τὸν πλησίον αὐτοῦ
(24b/TM)   פֶּן־אָבוֹא וְהִכֵּיתִי אֶת־הָאָרֶץ חֵרֶם

Per il traduttore l'azione di Elia non si limiterebbe al focolare domestico, ma sarebbe una restaurazione generale del mondo secondo il progetto voluto da Dio all'inizio[39]: quest'ultimo aspetto è stato ripreso da Gesù in Mc 9,12, che ne ha indicato la realizzazione in Giovanni Battista (ἀποκαθιστάνει πάντα).

---

[38] È interessante notare come in 1Re 17,1 (LXX) Elia venga qualificato non solo con la provenienza, ma anche con il ruolo: «Ηλιου ὁ προφήτης ὁ Θεσβίτης ἐκ Θεσβων τῆς Γαλααδ». B. CORSANI, L'Apocalisse, 26-27, ricorda che l'appellativo «il Tisbita», oltre nel ciclo di Elia (1 e 2Re), ricorre anche nella letteratura intertestamentaria, ad es. negli oracoli sibillini (ii,187-189).
[39] S. LÉGASSE, Marco, 455.

CAP. VI: ELIA E LA LETTERATURA BIBLICO-GIUDAICA 277

Il testo di Ml 3,1.23 può essere interpretato così: l'Elia *redivivus* è il messaggero che prepara la venuta imminente di Dio (Ml 3,1a); tornerà per scongiurare l'ira del Signore (Ml 3,1ab), ripristinando la riconciliazione nel focolare domestico (Ml 3,24ab); egli è l'ultima e decisiva figura prima del giorno del Signore.

Di conseguenza il passo di Ml 3,23 non può essere considerato una prova che Elia sia precursore del Messia, in quanto l'espressione «il grande e terribile giorno del Signore» non indica una persona, ma un tempo particolare[40].

2.2 *Elia nel libro del Siracide*

Il passo più vicino alla promessa di Ml 3,1.23 è contenuto nel libro del Siracide. All'interno dell'elogio degli antenati d'Israele (Sir 44-50), dopo aver ricordato le imprese terrificanti ed il sacro zelo di Elia[41], l'autore afferma (Sir 48,10):

(10a) הכתוב נכון לעת להשבית אף לפנ[י]הרון]
(10b) [42] להשיב לב אבות על בנים ולהכין ש[בטי ישרא]ל

Una certa dipendenza dalla promessa di Malachia si basa sull'efficace azione del profeta al suo ritorno riguardo alla conversione del cuore dei padri verso i figli (Sir 48,10b):

Sir 48,10b להשיב לב אבות על בנים
Ml 3,23   וְהֵשִׁיב לֵב־אָבוֹת עַל־בָּנִים

---

[40] M.M. FAIERSTEIN, «Why do», 77: «This idea is not found in these verses if they are read without a priori assumptions. Elijah satnds in relation to "the great and terrible day of the Lord", a phrase which implies a particular time and not a person. There is no reference in these verses to the Messiah or any other non-divine being who may be identifies with the Messiah».

[41] J.M. NÜTZEL «Elija», 162ss; B. CORSANI, *L'Apocalisse*, 26: «La fama di Elia era andata aumentando nel periodo intertestamentario e anche dopo. Il Siracide canta le sue lodi al c. 48». S. PELLEGRINI, *Elija*: 212-213: in 48,1-9 Elia viene caratterizzato per lo zelo, le opere miracolose e la funzione politica nella storia d'Israele, reinterpretata a livello escatologico in 48,10.

[42] La versione ebraica di Sir 48,10 è stata attinta da M. ÖHLER, *Elia*, 6, il quale si basa a sua volta sulle edizioni critiche di H.L. STRACK, *Die Sprüche*, 50, e di A. SCHLATTER, *Das neu gefundene*, 90. Per un quadro riassuntivo delle integrazioni proposte alle lacune del testo ebraico di 48,10, vedi P.W. SKEHAN – A.A. DI LELLA, *The Wisdom*, 531-532. Una nostra traduzione: v. 10a, «Tu sei colui che è stato eletto per essere pronto al momento di portare tranquillità prima che l'ira s'infiammi»; v. 10b, «per far volgere il cuore dei padri verso i figli e per ristabilire le tribù d'Israele».

Tale connessione non si verifica per la seconda parte della profezia malachiana, il ritorno del cuore dei figli verso i padri (Ml 3,24a/TM), al posto del quale il testo di Sir 48,10c recupera, nel campo di azione dell'Elia *redivivus*, le stirpi d'Israele:

Sir 48,10b   ולהכין ש[בטי ישרא]ל
Ml 3,24a (TM) בָּנִים עַל־אֲבוֹתָם

L'espressione «ristabilire le tribù d'Israele» (ולהכין ש[בטי ישרא]ל) richiama un testo di Is 49,6a[43], dove il Signore annuncia al suo Servo una missione nuova e superiore rispetto a quella dei profeti, non più rivolta all'ambito domestico, ma a tutto Israele[44]. Per alcuni la missione politica di ricondurre in patria gli esuli si adatterebbe meglio all'azione dei profeti preesilici[45]. Non è escluso che l'autore del Siracide tentasse di identificare il Servo di Jhwh con l'Elia escatologico (Is 49,6a)[46]: la restaurazione politica della grandezza d'Israele era così importante che si attendeva un intervento di Dio per far ritornare Elia – e altri profeti determinati – in quel momento storico.

La versione dei LXX di Sir 48,10 rende una traduzione poco conforme all'originale ebraico che è stato analizzato:

(10a)   ὁ καταγραφεὶς ἐν ἐλεγμοῖς εἰς καιροὺς
(10b)   κοπάσαι ὀργὴν πρὸ θυμοῦ
(10c)   ἐπιστρέψαι καρδίαν πατρὸς πρὸς υἱὸν
(10d)   καὶ καταστῆσαι φυλὰς Ιακωβ

Innanzitutto dal «καταγραφεὶς» del v. 10a si evince il riferimento ad una testimonianza che, in quanto scritta, garantisce veridicità alla promessa di Ml 3,23[47]. Nondimeno sarebbe utile osservare che להשיב, il verbo

---

[43] P.W. SKEHAN – A.A. DI LELLA, *The Wisdom*, 534: «The phrase "to reestablish the tribes of Israel" derives from Isa 49:6. Here we have another expression of Ben Sira's messianic hope».

[44] L. ALONSO SCHÖKEL – J.L. SICRE DIAZ, *I Profeti*, 355: «Il compito del patriarca era ancora domestico, abbracciava una sola famiglia. Ciò che Dio, adesso, sta per realizzare in favore di Israele sarà un avvenimento mondiale, visibile da tutte le nazioni».

[45] C. WESTERMANN, *Isaia (capp. 40-66)*, 256: «La predicazione profetica apparentemente inutile, limitata a Israele, avente lo stesso scopo di ricondurre il popolo a Dio, al quale il Servo guarda nel momento in cui riceve una missione nuova e superiore, può essere stata soltanto il servizio dei profeti di Israele».

[46] M. ÖHLER, *Elia*, 6.

[47] P.W. SKEHAN – A.A. DI LELLA, *The Wisdom*, 534: «In 48:10, Ben Sira uses the expression "it is written", thus indicating that he is quoting, or referring to, a Scripture

ebraico che esprime la riconciliazione del cuore, viene tradotto con ἐπιστρέψαι (v. 10c) e non con ἀποκαταστήσει di Ml 3,23a. Sembra che la traduzione postuma di Sir 48,10c abbia preferito ἐπιστρέψαι, invece di שוב, perché più utilizzato dalla tradizione dei LXX, anche se questa variante linguistica non comporta un cambiamento significativo di senso[48].

Da questi brevi indizi emerge che la tradizione dell'attesa di Elia non solo permane nel libro del Siracide, in ambedue le versioni, ma riceve un ulteriore amplimento: l'azione di Elia al suo ritorno riguarderà non solo il campo etico, ma anche la ricostituzione politica d'Israele[49].

Dell'originale ebraico di Sir 48,11, in cui si conclude l'elogio di Elia, esiste solo una testimonianza frammentaria nell'unico manoscritto ebraico «B» della Genisa del Cairo[50]. È altamente rischioso fondare una tradizione teologica, come quella del ritorno di Elia, sulla base di un breve versetto a stento ricostruito[51], sebbene i pochi elementi ricostruiti sul frammento ebraico di Sir 48,11 confermino ulteriormente l'importante ruolo di Elia dopo la morte.

Perciò la nostra attenzione si concentrerà sulla versione di 48,11 nella traduzione greca dei LXX:

(11a) μακάριοι οἱ ἰδόντες σε
(11b) καὶ οἱ ἐν ἀγαπήσει κεκοιμημένοι
(11c) καὶ γὰρ ἡμεῖς ζωῇ ζησόμεθα

---

text for his belief in the return of Elijah, viz., Mal 3:23-24; cf. Luke 1:17; Matt 11:10.14; 17:10-13».

[48] G. BERTRAM, «ἐπιστρέφω κτλ.», 1366: «Nei LXX il nostro composto si trova 579 volte, di cui 408 per *šwb* [...]. È quindi predominante la concordanza col testo ebraico». Cf. J.A. SOGGIN, «שוב *šûb* ritornare», 804.

[49] J. JEREMIAS, «'Ηλ(ε)ίας», 81-82: il compito di ristabilire la tribù di Giacobbe è stato prevalentemente interpretato come il tentativo elianico di allontanare gli israeliti illegittimi e di ricondurre i legittimi al popolo per accedere alla salvezza. Ma Sir 48,10 significa primariamente che Elia radunerà il popolo disperso; H. BIETENHARD, «Elia/Ἡλίας», 566.

[50] A.A. DI LELLA, *Siracide*, 648: «Tra il 1896 e il 1900 quattro manoscritti ebraici (A,B,C,D), di un periodo compreso tra il X ed il XII secolo, furono ritrovati nella sinagoga Caraita del Cairo». Nel 1931 fu scoperto il manoscritto E e ulteriori parti dei manoscritti B e C nel 1958 e nel 1960. Le varie fasi delle scoperte sono illustrate dallo stesso autore in un suo studio: «The Newly Discovered», 226-238. Non si esclude apriori la possibilità di una versione a partire dall'originale ebraico, i cui testimoni sono di valore ineguale e per di più riguardano solo una parte dell'originale; ma un simile itinerario ci avrebbe portati a un testo composto le cui scelte avrebbero dovuto essere giustificate solamente da un abbondante apparato critico. Per un tale approccio abbiamo indicato sopra alcune fonti.

[51] P.W. SKEHAN – A.A. DI LELLA, *The Wisdom*, 531-532.

A causa della mancanza di un valore temporale nel participio ἰδο,ντὲ, sono due le possibilità interpretative del v. 11a: si tratta di quelli che hanno visto Elia o di quelli che vedranno il suo ritorno⁵²? Nel primo caso si allude alla descrizione delle imprese di Elia e del suo zelo verso Jhwh in 48,1-9; mentre nel secondo caso il *terminus ante quem* sarebbe la promessa di Ml 3,22-23. Quest'ultima s'impone alla nostra considerazione, perché è in sintonia con l'intenzione del Siracide di tracciare non soltanto una mera descrizione della vita dei Padri, ma alcune loro rappresentazioni con uno sguardo rivolto al futuro (44,18.21; 45,24; 46,10.12; 47,11.22; 48,15c.24)⁵³. Ne è una conferma anche il contenuto del terzo *colon* (v. 11b), dove l'autore esprime la speranza di una vita dopo la morte per sé e per il lettore. Ma, per chiarire un'eventuale connessione tra questa attesa e la figura di Elia, sarebbe utile considerare il duplice significato del καὶ. nel v. 11bc: da un lato coloro che muoiono avranno la stessa vita che l'autore si attende; dall'altro Elia possiede questa vita al di là della morte. Nel v. 11bc Elia è un modello del possesso della vita eterna e anche coloro che amano e obbediscono a Dio possono sperare di conquistarla, con la differenza che Elia è stato rapito al cielo senza morire. Per l'autore del Siracide, quindi, la visione dell'Elia *redivivus* (μακάριοι οἱ ἰδόντες σε: v. 11a) garantisce che la morte non è la fine di tutto, ma che c'è una vita al di là dell'esistenza terrena⁵⁴. Comunque non si è ancora chiarito se l'autore del testo ebraico abbia espresso tale idea del ruolo di Elia per il concetto della vita dopo la morte.

Anche riguardo a questo antecedente biblico sul ritorno di Elia (Sir 48,10), si può addurre la stessa motivazione con cui la critica escludeva Ml 3,23-24 come una prova scritturistica di Elia precursore: la mancanza di un qualsiasi riferimento al Messia⁵⁵.

---

[52] Secondo P.W. SKEHAN – A.A. DI LELLA, *The Wisdom*, 534, il riferimento in 48,11a è rivolto a quelli che saranno presenti per vedere Elia al suo ritorno.

[53] M. ÖHLER, *Elia*, 9.

[54] P.W. SKEHAN – A.A. DI LELLA, *The Wisdom*, 531: la versione siriaca modifica il testo ebraico di 11a, confermando quella evidente speranza di sopravvivenza: «Blest is he who shall have seen you and died; but he shall not die, but shall certainly live».

[55] Le varie posizioni su questa questione vengono riportate da M.M. FAIERSTEIN, «Why do», 78: alcuni considerano Sr 48,10 una prova per Elia quale precursore del Messia; altri la escludono apriori.

2.3 Elia in 1Mac 2,58

Nel suo testamento Mattatias presenta le figure esemplari dell'AT che hanno mostrato zelo per la legge e per l'alleanza: esse hannno ricevuto da Dio onore e ricompensa, così come Elia (ἐν τῷ ζηλῶσαι ζῆλον νόμου) è stato rapito in cielo (2,58). Nonostante il tentativo di ravvisare tracce dell'attesa di un Elia redivivus, qui Elia è diventato piuttosto «una figura simbolica nella lotta per la legge»[56], aspetto che supporta l'interpretazione apocalittica dell'Elia redivivus contro l'anticristo (Apc 11,3).

3. Letteratura intertestamentaria

Nella letteratura intertestamentaria Elia ricopre un ruolo secondario rispetto a quello del NT[57], in quanto la liberazione del popolo è affidata ad altri protagonisti (angeli, uomini pii del tempo finale)[58]. Tale valutazione sorprende perché, almeno nel vangelo di Marco, la figura di Elia ha una notevole importanza. Inoltre è stato rilevato che la maggior parte dei testimoni pseudoepigrafi su Elia sono sguardi retrospettivi o riferimenti generali ad aspetti della sua vita[59].

È possibile leggere informazioni retrospettive, parzialmente storiche, in *Vit. Proph.* 21,1-25[60], che riassume i contenuti del ciclo di Elia fino al suo rapimento su un carro di fuoco (1Re 17,1-2Re 2,18)[61]. Alla prima parte di questa narrazione agiografica (21,1-3), la più antica, fu aggiunto un elenco

---

[56] D. ZELLER, «Elijah», 156: «Symbolfigur im Kampf für das Gesetz».

[57] H.L. STRACK – P. BILLERBECK, *Kommentar*, IV/2, 780: «In den Pseudepigraphen tritt der Gedanke an Elias stark zurück»; M.M. FAIERSTEIN, «Why do», 78: «In the pseudepigraphical literature the figure of Elijah recedes and does not play a prominent role in eschatological».

[58] H.L. STRACK – P. BILLERBECK, *Kommentar*, IV/2, 780: sarebbe questa la motivazione della scomparsa di Elia o del suo ritorno.

[59] M. ÖHLER, *Elia*, 9: «In den Pseudepigraphen sind dagegen die meisten Belege für Elia historische Rückblicke oder allgemeine Nennungen».

[60] G. ARANDA PEREZ, «Apocrifi», 337: le *Vite dei profeti* rappresenta, nella vasta letteratura apocrifa, una delle più significative espressioni della narrativa giudaica. Vi sono narrati aspetti della vita dei profeti, ai quali sono attribuiti testi dell'AT. Ma solo ai primi quattro grandi profeti viene dedicato più spazio: di Elia si riferiscono i dati relativi al luogo di nascita e di sepoltura e qualche particolare biografico.

[61] S. PELLEGRINI, *Elijah*, 213: nel libro *Vite dei Profeti* sono presenti ripetute allusioni ad Elia in considerazione della sua figura storica, così come è narrata nei libri dei Re: «Insbesondere bezieht sich LivProph 9,2 auf 1Kön 18,7-15; LivProph 9,4 auf 2 Kön 1,13-15; LivProph 10,4 auf 1 Kön 17,1-7; LivProph 10,5 auf 1Kön 17,8-16».

delle gesta di Elia (21,4-15): gli avvenimenti in Sarepta di Sidone e sul Carmelo con la punizione del fuoco, il miracolo dell'apertura delle acque al Giordano e l'estasi in cielo. Una recensione dell'oracolo in 21,3, dopo l'attesa del giudizio, prevede un ritorno di Elia alla fine, così come viene testimoniato da Ml 3,23[62]. Tale riferimento rappresenta una prima attestazione in un scritto pseudopigrafo risalente al 1° o 2° sec. d.C. sull'attesa di Elia alla fine dei tempi non solo per il giudizio, ma anche per la salvezza di Israele.

Una probabile allusione al ruolo di riconciliazione del profeta Elia (Ml 3,24) è presente nel *IV Ezr* 6,26: «Et mutabitur cor inhabitantium et converetur in sensum alium»[63]. È sorprendente l'analogia tra questa affermazione sul cuore dell'uomo che sarà trasformato al momento della salvezza finale e la promessa di Ml 3,24.

In *Sib* 2,246ss si annuncia che Elia, con Mosè, Abramo, Isacco Giacobbe, Giosuè e Daniele, ritornerà insieme a coloro che il popolo d'Israele ha eliminato. Non si può negare un'elaborazione cristiana relativa alle aspettative ebraiche[64].

D'altro canto Elia è atteso anche come figura solitaria. Secondo *Sib.* 2,187-189 egli, giungendo su un carro di fuoco celeste, comunicherà dei segni che annunciano la fine dell'esistenza: tenebre (vv. 194ss), fuoco (vv. 196-200) e caduta delle stelle (vv. 200-202). È innegabile la corrispondenza tra la descrizione della venuta di Elia ed il suo invio in Ml 3,23, anche se permane una sostanziale differenza tra i due testi: in Ml 3,23 il ritorno di Elia è in relazione alla venuta del giorno del Signore, mentre nell'oracolo sibillino è un semplice ritorno che non implica l'attesa del Messia.

Un documento di notevole importanza per la presenza di materiale ebraico su Elia è l'*Apocalisse di Elia* copta (*ApocEl*), databile nella seconda metà del 3° sec.: Elia, uno dei protagonisti, viene presentato come una figura che precede il Messia[65]. Il motivo della venuta ricorre

---

[62] Nel v. 3 è riportato, durante la nascita di un bambino, un oracolo profetico sconosciuto nell'AT, D.R.A. HARE, «The Lives», 396: «Do not be afraid, for his dwelling will be light and his word judgment, and he will judge Israel». A tale oracolo la ricerca attribuisce una funzione escatologica. Ma la critica esclude tale possibilità, cf. S. PELLEGRINI, *Elija*, 215. Per maggiori dettagli sul processo delle recensioni del testo in questione, cf. M. ÖHLER, *Elia*, 13.

[63] Il testo latino che si trova nelle edizioni della Vulgata è attinto da M. ÖHLER, *Elia*, 14 n. 64.

[64] M. ÖHLER, *Elia*, 14; B. CORSANI, *L'Apocalisse*, 26-29, sostiene che negli *Oracoli Sibillini*, testi redatti prima e dopo Cristo, ci siano tentativi di rielaborazione delle figure di Elia e Giovanni nella prospettiva cristiana.

[65] G. ARANDA PEREZ, «Apocrifi», 265.

due volte all'interno dell'opera (4,7-20; 5,32ss): Elia, insieme ad Enoch, appare per combattere il figlio dell'anarchia o anticristo, viene ucciso da lui, risuscita e torna a rimproverarlo, annunciandogli la sconfitta; Elia ritorna, ancora una volta, con un corpo spirituale per uccidere l'anticristo.

Questo scritto, la cui datazione tardiva non permette di formulare alcuna deduzione sull'attesa elianica nel 1° sec., testimonia comunque l'assegnazione ad Elia, insieme ad Henoch, di un compito messianico e riflette la tradizione veterotestamentaria della venuta del Signore prima che giunga il giorno del Signore (Ml 3,23)[66].

A supportare l'idea di Elia come precursore potrebbe intervenire un'allegoria descritta da *1Enoch* 90,31, dove si narra di una visione in cui tre personaggi vestiti di bianco, insieme ad un ariete (Elia?)[67], prendono Enoch per mano e lo pongono tra le pecore (i giusti)[68]. Si ipotizza un riferimento ad Elia mediante il collegamento con *1Enoch* 30,37, in cui il nesso con il Messia è più stretto[69]. L'allegoria suggerirebbe che Elia, raffigurato da un montone, e i tre angeli (vestiti di bianco) preparano la scena finale in cui compare[70] il Messia – un toro bianco. Nell'accostare i due testi si tenta di equiparare l'apparizione di Elia prima del giorno del giudizio con il ruolo di precursore del Messia o di farla coincidere con il giorno del Signore. Ma siccome nel testo Elia appare per salvare Enoch con l'aiuto dei tre personaggi vestiti di bianco, non è possibile trovare riscontri testuali all'ipotesi di Elia come precursore del Messia. Inoltre in *1Enoch* non c'è alcuna menzione esplicita o implicita di un simile ruolo elianico[71].

---

[66] M. ÖHLER, *Elia*, 14; G. ARANDA PEREZ, «Apocrifi», 266; H. BIETENHARD, «Elia/'Ηλίας», 566-567.

[67] L'interpretazione dell'ariete come Elia si trova in F. CORRIENTE – A. PIÑERO, «Libro 1 de Henoch», 122 n. 31: «...del cordero: Elías (?)».

[68] Il testo a cui facciamo riferimento è una traduzione di E. ISAAC, «1 Enoch», 71: «Thereafter, those three who were wearing snow-white (clothes), the former ones who had caused me to go up, grabbed me by my hand – also the hand of that ram holding me – and I acsended; they set me down in the midst of those sheep prior to the occurrence of this judgment».

[69] Si parla di un toro bianco che viene interpretato da F. CORRIENTE – A. PIÑERO, «Libro 1 de Henoch», 123 n. 37, come «el Mesías».

[70] J.A.T. ROBINSON, «Elijah», 269 n.1: «There is apparently a reference to Elijah in the 'ram' of I Enoch xc. 31 (cf. lxxxix. 52), but no suggestion of his return to earth»; G. VERMÈS, *Gesù*, 112: l'attesa di Elia proclama l'inizio dell'era messianica.

[71] D.S. RUSSEL, *The Method*, 287-288.

Riepilogando le prove che possono essere addotte per l'attesa escatologica di Elia, anche con una funzione messianica, è evidente che nel variopinto mondo immaginativo del giudaismo del secondo tempio non c'è alcun collegamento fra il Messia ed Elia, il quale viene considerato esclusivamente una figura salvifica autonoma e non il suo precursore[72].

4. Letteratura di Qumrân

Tra i manoscritti qumranici solo il frammento del papiro aramaico 4Q558 menziona esplicitamente Elia[73]. Di questo testo la parte relativa ad Elia è quella maggiormente decifrabile e potrebbe risalire alla seconda metà del 1° sec. a.C. La citazione che contiene il riferimento a Elia richiama espressamente Ml 3,23:

לכן אשלח לאליה קדם
«Vi manderò Elia prima [...]»[74].

L'interruzione della citazione, oltre a generare diverse possibilità di integrazioni[75], lascia aperto un interessante interrogativo: prima di chi o di che cosa verrà Elia?

Sulla base dei vari tentativi di integrazione del papiro si può escludere che qui Elia venga considerato precursore del Messia[76]. Tale risultato non inficia l'importanza di 4Q558: è certo che l'attesa di Elia, nonostante la reticenza della letteratura pseudoepigrafica, non si era interrotta, ma continuava a nutrire l'aspettativa di molti ambienti, tra cui quello degli Esseni.

Un riferimento indiretto al profeta Elia è stato individuato nell'importante testo qumranico 4Q521, che riporta il motivo della conversione dei padri verso i figli[77] con la seguente formulazione:

---

[72] Il nostro saggio esplorativo sull'attesa di Elia nella letteratura intertestamentaria non ha pretese di esaustività e presenta prove esplicite sul tema dell'attesa elianica nella prospettiva del Messia. Le altre, ritenute poco chiare, sono rintracciabili in M. ÖHLER, *Elia*, 13-14.

[73] M. ÖHLER, *Elia*, 16-17, ricorda che fino ad oggi non esiste un'edizione critica definitiva del frammento. Le letture finora proposte con integrazioni delle parti mancanti portano alla conclusione che 4Q558 contiene una citazione aramaica di Ml 3,23. Cf. S. PELLEGRINI, *Elija*, 214.

[74] Il testo e la traduzione sono attinti da M. ÖHLER, *Elia*, 16.

[75] Il frammento di Qumrân citato da J. STARCKY, «Les Quatres Etapes», 498, è incompleto: «*lkn 'šlh l'lyh qd[m]*: "therefore I will send Elijah befo[re]..."»; M.M. FAIERSTEIN, «Why do», 80 nn. 33-34; W.C. KAISER, «The Promise», 223.

[76] J.A.T. ROBINSON, «Elijah», 265: dai papiri di Qumrân risulta che non si attendeva in modo specifico il ritorno di Elia.

[77] F. GARCÍA MARTINEZ, «Qumrân», 40, rammenta che la figura messianica menzionata in 4Q521 come profeta escatologico è stata interpretata da alcuni come una

נכון באים באות על בנים
«In verità i padri vanno dai figli»[78].

È chiaro che non si tratta di una citazione diretta di Ml 3,24[79], ma di un richiamo al ruolo di riconciliazione del profeta. Il tenore indeterminato della citazione non permette di stabilire se questo testo si riferisca all'attesa di Elia[80] o del profeta escatologico.

Si può certamente ritenere che l'attesa di Elia, alla luce dell'importanza che essa riveste nei manoscritti di Qumrân, fosse alquanto viva nella Palestina del tempo, come hanno mostrato i brevi saggi precedenti. Ma rimane incerto se l'attesa dell'Elia escatologico appartenesse alla tradizione della comunità essenica, ricostruibile sulla base di pochi documenti (4Q558 e 4Q521)[81].

In ogni modo questi testi qumranici, pervenutici sul ritorno di Elia e dei suoi compiti, non contengono l'idea del ritorno del profeta come precursore, ma hanno piuttosto un tenore escatologico.

5. Letteratura targumica

5.1 *Elia atteso come figura escatologica*

Nel Targum del Pentateuco è soprattutto lo Ps-J. che parla dell'attesa di Elia: il Tesbite, menzionato cinque volte, riceve per quattro volte il titolo di sacerdote o sommo sacerdote insieme a Pinhas, a cui è poi assimilato esplicitamente in Ps-J. Ex 6,18[82]. In tali ricorrenze non viene mai de-

---

specie di Elia redivivo. Il testo del documento è stato pubblicato da É. PUECH, «Une Apocalypse», 495, e risale alla prima metà del 1° sec.

[78] Si tratta del testo e della traduzione riportati da M. ÖHLER, *Elia*, 19.

[79] Invece S. PELLEGRINI, *Elija*, 214, ritiene che il passo contenga un'allusione esplicita a Ml 3,23.

[80] J.J. COLLINS, *The Scepter*, 117-122.120, nel condurre una ricerca analitica sui 17 frammenti che compongono il papiro 4Q521, ipotizza la possibilità di un'interpretazione messianica del frammento contenente il riferimento a Ml 3,23 come un'allusione al Messia quale atteso Elia: «I suggest, then, that the messiah, whom heaven and earth will obey, is an anointed eschatological prophet, either Elijah or a prophet like Elijah». Per S. PELLEGRINI, *Elija*, 215, questa interpretazione, pur plausibile, non è convincente perché non stabilisce alcun rapporto gerarchico fra le due figure escatologiche (Elia/Messia) secondo uno schema «Vorläufer/Messias» (precursore/Messia).

[81] Altre proposte sono state avanzate per provare la presenza dell'attesa di Elia o comunque della suo ipotetico ruolo sacerdotale e di studioso della legge nella letteratura qumranica, ma esse presentano delle incertezze che ci dispensano dal prenderle in esame. Cf. H. WITCZYK, *Gesù*, 33-42; M. ÖHLER, *Elia*, 19-22.

[82] B. ESCAFFRE, *Traditions*, 21 n.15: *Tg PsJo Ex* 6,18; 30,10; 33,11; 34,3.

scritto come precursore del Messia, ma è atteso come figura messianica individuale oppure insieme al Messia davidico o efraimitico[83].

In Tg. Ps-J. Dt *30,4 Elia è presentato come il sommo sacerdote escatologico*:

אין יהון מבדריכון בסייפי שמיא
מתמן יכנוש יתכון מימרא דייי על ידוי
דאליהו כהנא רבא
ומתמן יקרב יתכון על ידוי דמלכא משיחא

«Se i vostri dispersi fossero all'estremità del cielo,
il Memra Jahves del vostro Dio riuscirebbe a riportarvi insieme
per mezzo di Elia, l'alto sacerdote,
e portarvi qui per mezzo del re, il messia[84]».

Il *Targum* attribuisce l'adunanza dei dispersi a Elia, considerato il sommo sacerdote del tempo escatologico che realizzerà la restaurazione religiosa di Israele. Il suo ruolo è connesso con quello del Messia: riunire tutti i dispersi d'Israele[85]. Nonostante i vari tentativi di datazione, è difficile sostenere l'attribuzione di questo testo all'epoca precristiana[86].

Elia riceve il titolo di sommo sacerdote anche nel *Tg. Ps-J. Dt* 33,11:

דיהבין מעשרא מן מעשרא בריך ייי ניכסוי דבית לוי
וקרבן ידוי דאליהו כהנא
דמקרב בטוורא
תקבל רבעוא
בתיר חרצא דאחאב סנאיה
ופורקת נביי שיקרא
דקיימין לקובליה

---

[83] M. ÖHLER, *Elia*, 22.
[84] H.L. STRACK – P. BILLERBECK, *Kommentar*, IV/2, 797.
[85] Questi due personaggi escatologici, Elia e il re Messia, potrebbero richiamare i due messia di Aronne e d'Isarele presenti negli scritti qumranici: *1Qsa* II,11-22. Ma B. ESCAFFRE, *Traditions*, 22, esclude l'identificazione del profeta Elia con il primo dei due personaggi messianici. Riguardo questa esclusione M. ÖHLER, *Elia*, 21, precisa che il concetto di un messia di Aaron ha avuto in Qumran uno sviluppo indipendente dalla tradizione dell'Elia ritornato. Tale precisazione corregge le notevoli incertezze dell'ipotesi di A.S. van der WOUDE, *Die Messianischen*, 55, che identifica «il ricercatore della legge che giunge a Damasco» (CD 7,18ss) con Elia sulla base di 1Re 19,15. Cf. H. WITCZYK, *Gesù*, 33-42.
[86] Per le varie congetture sulla sua datazione: M.M. FAIERSTEIN, «Why do», 81.

ולא יהי לסנוי
דיוחנן כהנא רבא
רגל מלקום

«Benedici, (JHWH), il suo possesso, - quello della casa di Levi,
coloro che danno sono il decimo del decimo,
e la vittima delle sue mani – quella di Elia, il sacerdote,
che, sacrificandosi, è sul monte Carmelo,
voglia tu accogliere con gioia.
Spezza i fianchi di Acab, suo nemico,
e le articolazioni dei profeti del sacrilegio
che insorgono contro di lui,
e non voler far parte dei suoi nemici,
di Giovanni, il sommo sacerdote,
possano essi non avere piede su cui reggersi»[87].

Tale frammento sembra contenere un'eco aramaica della fede nel carattere profetico di Ircano I (135/134-104 a.C.)[88]. L'esegesi che sta alla base di questo scritto targumico associa Elia, modello di vero profeta, a Giovanni Ircano, odiato dai Farisei[89]. Si può, allora, dedurre che Elia era considerato sacerdote già al tempo degli Asmonei[90], in cui era opinione comune che Elia e Pinhas fossero ritornati in Giovanni Ircano[91]. In Elia l'elemento sacerdotale e quello profetico si sovrappongono quando Elia viene identificato con Pinhas. Tale linea profetico-sacerdotale, risalente già al libro di Malachia e al Siracide, continuerebbe in

---

[87] Il testo ebraico ricostruito è attinto da M. ÖHLER, *Elia*, 23. Nostra la traduzione italiana dal tedesco.
[88] E. SCHÜRER – G. VERMES – F. MILLAR – M. BLACK, *Storia*, I, 278.
[89] R. LE DEAUT, *Introduction*, 92-93; E. SCHÜRER – G. VERMES – F. MILLAR – M. BLACK, *Storia*, I, 278 n. 33
[90] Risulta problematica la datazione a tal fine delle tradizioni targumiche. La maggior parte è ritenuta posteriore al NT, ma si può, tuttavia, supporre che alcune siano più antiche del cristianesimo. Per il collegamento di *Tg PsJo Dt* 33,11 con la figura sacerdotale e profetica di Giovanni Ircano si potrebbe pensare che tale tradizione targumica su Elia sia anteriore al NT.
[91] M. ÖHLER, *Elia*, 23; E. SCHÜRER – G. VERMES – F. MILLAR – M. BLACK, *Storia*, I, 262-279, nel descrivere la storia di Giovanni Ircano, sottolinea che fu un personaggio rilevante per la dignità sacerdotale e per il dono della profezia; D. ROURE, *Jesús*, 112-113. Per S. PELLEGRINI, *Elija*, 214, con *Tg PsJo Dt* 33,11 ha inizio l'identificazione di Pinhas con Elia nella successiva letteratura in *PsPh* e nel *Targum*.

Tg. Ps-J. Dt 33,11 attraverso il raccordo della promessa di Ml 3,23 con 3,1 (ruolo profetico) e con 2,4 per quanto riguarda la validità dell'allenza con Levi (ruolo sacerdotale)[92].

5.2 *Elia identificato con Pinhas*

Riteniamo opportuno prendere in considerazione i tratti storici che emergono nell'AT riguardo al personaggio di Pinhas, identificato con Elia nella letteratura targumica. Pinhas compare la prima volta in Es 6,25 quale figlio di Eleazaro[93] e di Putiel. L'inizio della sua attività viene segnalata solo in Nm 25,6-15, quando con una lancia uccide Zimri insieme alla moglie Cozbi, madianita, in quanto la loro unione aveva violato il divieto di Jhwh agli Israeliti di mescolarsi con i pagani. Questo episodio pone fine all'ira divina verso Israele che fino ad allora aveva aderito al culto di Baal-Peor: Dio pronuncia una sentenza su Pinhas, il quale, per aver combattuto con zelo divino, ha ottenuto l'emendamento della colpa; di conseguenza viene garantita a lui e alla sua stirpe un'«alleanza di pace» (בְּרִיתִי שָׁלוֹם/διαθήκην εἰρήνης: 25,12) e di «sacerdozio perenne» (בְּרִית כְּהֻנַּת עוֹלָם/διαθήκη ἱερατείας αἰωνία: 25,13).

In Nm 31,6 è nominato condottiero in una spedizione di rappresaglia contro i Madianiti, i quali vengono puniti per aver condotto gli Israeliti all'idolatria. Ma in Canaan la fedeltà «ai comandi e alla legge» del Signore fu sempre in continuo pericolo tanto che l'erezione di un altare da parte di alcune tribù fu considerato un atto di rivolta contro Dio (Gs 22,9-11)[94]. Per ripristinare il culto a Jhwh fu inviata una delegazione in cui è significativo il primato del sacerdote Pinhas.

L'ultima menzione di Pinhas, della cui fine non si fa cenno, ricorre in Gdc 20,28, quando durante il suo turno di sacerdote consulta Dio sulla prosecuzione della guerra contro Beniamino.

Sulla base di queste indicazioni, Pinhas ricopre nella tradizione dell'AT il ruolo di sacerdote e di uomo che punisce ogni deroga alla legge dell'alleanza, soprattutto circa l'idolatria e la contaminazione con i pagani, al fine di evitare conseguenze negative per Israele.

---

[92] Cf. H.L. STRACK – P. BILLERBECK, *Kommentar*, IV/2, 789ss.

[93] B.S. CHILDS, *Il libro dell'Esodo*, 130: la discendenza di Aronne viene tracciata attraverso Eleazaro e Pinhas, in seguito all'importanza che acquisirono nella vita del popolo d'Israele.

[94] L'altare della comunità era a Silo e, di conseguenza, erigerne un altro minacciava l'unità del santuario.

Il primo scritto in cui Elia è esplicitamente assimilato a Pinhas è Tg. Ps- J. Ex 6,18:

ושני חייוי דקהת הסידא מאה ותלתין שנין חייא
עד דחמא ית פנחס הוא אליהו כהנא רבא
דעתיד למשתלחא לגלוותא דישראל בסוף יומייא

«Gli anni del pio Qehat erano 133 anni, quando egli vide Pinehas,
questi è l'alto sacerdote Elia,
che alla fine dei giorni sarà mandato dagli esuli di Israele»[95].

Secondo il biblico elenco genealogico dei Figli di Levi, Quehat ha vissuto 33 anni (Es 6,18), mentre il *Tg. Ps-J. Ex* 6,18 aggiunge che egli ha conosciuto Pinhas, suo pronipote, identificato con Elia.

In due testimonianze del *Tg PsJ* alcune caratteristiche elianiche vengono attribuite a Pinhas per identificarlo implicitamente con Elia (*Tg. Ps-J. Ex* 4,13; *Tg. Ps-J. Nm* 25,12)[96].

Riguardo alla prima, nel TM di Es 4,13 Mosè dice a Dio: «...manda chi vuoi mandare!». Il *Targum* identifica questa figura imprecisata con il biblico Pinhas, presentato in *Tg Ps-J.* come «colui che deve essere inviato alla fine dei giorni» (*Tg Ps-J. Ex* 6,18), cioè Elia (cf. Ml 3,23).

Nella seconda, Pinhas è un angelo dell'alleanza con il dono dell'immortalità, che ritornerà alla fine dei tempi per annunciare la redenzione[97]. Il *Targum*, mediante l'alleanza della pace conclusa con Pinhas, richiama il messaggero dell'alleanza di Ml 3,1. Tale legame tra Elia e Pinhas era già presente in Malachia (2,5.7; 3,1.23) attraverso le parole «messaggero» e «alleanza». È evidente, allora, che il *Targum* attribuisce direttamente a Pinhas il titolo escatologico, proprio di Elia, di «messaggero dell'alleanza».

---

[95] H.L. STRACK - P. BILLERBECK, *Kommentar*, IV/1, 463. Nostra è la traduzione italiana del testo tedesco riportato da M. ÖHLER, *Elia*, 25.

[96] Il contenuto di questi due testi targumici è stato attinto da una traduzione in francese di B. ESCAFFRE, *Traditions*, 23: «...Envoie donc ton message par la main de Pinhas à qui revient d'être envoyé à la fin des jours» (*Tg PsJo Ex* 4,13); «Je le jure, dis-lui en mon nom: Voici que je conclus avec lui [Pinhas] mon alliance de paix et j'en ferai l'ange de l'alliance et il vivra à jamais pour annoncer la rédemption à la fin des jours» (*Tg PsJo Nb* 25,12).

[97] J. MAIER - P. SCHÄFER, *Piccola Enciclopedia*, 479: «Egli venne trasformato come Elia in un angelo ed apparirà di nuovo alla fine dei giorni come precursore del Messia (*Tg PsJo Nm* 25,12)».

Il *Targum* del Pentateuco qualifica Elia come sacerdote piuttosto che come profeta[98]: in particolare il *Targum Ps-J.* intende rilevarne non tanto il carattere di sacerdote escatologico quanto gli aspetti che lo possono assimilare a Pinhas.

Un'altra prova per l'identificazione di Elia con Pinhas già nel 1° sec. a.C. si trova in *Tg. Ps-Ph. LAB* 48,1[99], in cui viene creato un legame tra il destino di Elia e Pinhas[100]. A Pinhas, che si dichiara disposto a morire dopo aver vissuto 125 anni[101], Dio rivolge queste parole:

> Et nunc exurge et vade hinc, et habita in Danaben in monte, et inhabita ibi annis plurimis. Et mandabo ego aquilae mae, et nutriet te ibi, et non descendes ad homines iam quousque superveniat tempus et proberis intempore, et tu claudas celum tunc, et in ore tuo aperietur. Et postea elevaberis in locum ubi elevati sunt priores tui, et eris ibi quousque memorabur seculi. Et tunc adducam vos, et gustabitis quod est mortis.

> «Ed ora alzati e va' via di qui ed abita in Danaben sulla montagna, ed abita lì per parecchi anni, ed io darò incarico alla mia aquila, ed essa ti nutrirà lì, e tu non devi scendere giù dagli uomini, finché non giunge completamente il tempo in cui tu sarai esaminato e tu chiuderai allora il cielo, che poi sarà aperto per bocca tua. E poi sarai elevato al luogo, al quale sono stati elevati i tuoi antenati, e sarai lì fino a che io mi ricordo del mondo. E poi vi farò conoscere il sapore della morte»[102].

Secondo questa testimonianza, il soggiorno di Pinhas in Danaben riceve una spiegazione retrospettiva perché egli possa essere assimilato a Elia[103]: un'anguilla lo nutre (in 1Re 17,4 Elia è nutrito dai corvi), chiude e apre il cielo (1Re 17,1: per la parola di Elia il cielo si chiude e provoca una grande carestia; 18,45: dal cielo scende una grande pioggia) ed è portato via (in 2Re 2,11 Elia è rapito in cielo). Non c'è alcuna trac-

---

[98] Al contrario, il *Targum PsJo* nomina Mosè «profeta di JHWH» a più riprese (cf. *Tg PsJo Dt* 33,1.8.12.13.18.20.22.23.24).

[99] Per una introduzione a contenuto, genere lettarario, data di composizione, lingua originale, teologia dell'opera *Tg PsPh LAB*, vedi: A. de la FUENTE ADÁNEZ, «Antigüedades», II, 197-206; D.J. HARRINGTON, «Pseudo-Philo», 297-377.

[100] D.J. HARRINGTON, «Pseudo-Philo», 362: «Phinehas is described in terms reminiscent of Elijah»; A. de la FUENTE ADÁNEZ, «Antigüedades», II, 199, ritiene Pinhas un personaggio chiave nella teologia pseudofilonica.

[101] Il tempo di 125 anni è il limite assegnato da Dio alla vita umana (Gn 6,3).

[102] Il testo latino è stato attinto da M. ÖHLER, *Elia*, 26. Nostra, invece, è la traduzione italiana.

[103] A. de la FUENTE ADÁNEZ, «Antigüedades», II, 293.

cia di una funzione sacerdotale di Pinhas, né di una funzione escatologica di Elia. Il motivo del ritorno di Elia è solo evocato in quell'espressione che richiama la comparsa di tutti i rapiti al cielo.

In conclusione l'evidente identificazione di Elia con Pinhas[104] non implica affatto una funzione sacerdotale o messianica di Pinhas-Elia.

6. Letteratura rabbinica

Molto frequente il tema del ritorno di Elia nella *mishnah*. In *Ed* 8,7 l'uso continuo dell'espressione «עַד־שֶׁיָּבֹא אֵלִיָּהוּ»[105] individua quelle sentenze pubbliche che presentano qualche dubbio o possibilità di soluzione[106]. Tale locuzione enfatizza il ruolo di Elia come arbitro definitivo e potrebbe essere indizio di un'attesa dell'Elia escatologico: sembra che il redattore di questa *mishnah* intenda dimostrare la veridicità della tradizione del suo ritorno[107].

Ma Elia, oltre ad essere l'arbitro finale, ricopre altri ruoli che, esemplificati da R. Yehoshua in *Ed* 8,7[108], fanno parte di una tradizione del Sinai ricevuta dal suo maestro. Al suo ritorno Elia deciderà le questioni genealogiche, regolarizzerà i matrimoni misti in vista della purità rituale e attenderà alla pacificazione[109]. Tale intervento di Elia,

---

[104] H. JACOBSON, *A Commentary*, II, 1060: «We must recognize that for LAB Pinchas and Elijah are identical, one and the same person»; M. ÖHLER, *Elia*, 27.

[105] J.A.T. ROBINSON, «Elijah», 275: inizialmente Elia al suo ritorno doveva ricondurre i cuori dei padri verso i figli e viceversa. Secondo i rabbini questo compito risolveva tutte le dispute al fine di «costruire la pace nel mondo»; B. ESCAFFRE, *Traditions*, 49: tutti i contesti della *mishnah* in cui ricorre questa espressione sono caratterizzati da un comune denominatore: «La présence d'une "inconnue", qui empêche de trouver une solution au problème. En effet, on ne connaît pas le propriétaire d'un document trové (*mBM* 1,8) ou celui d'une somme d'argent (*mBM* 3,4; *tBM* 3,6 et *bBM* 1,8) ou d'ustensiles que se disputent deux personnes (mBM 3,5); on ne sait que faire du surplus d'un mort (*mSheq* 2,5 et *tSheq* 1,12);[...] devant de tels doutes, ne sachant quelle conduite suivre, on décide, alors, de laisser la question en suspens jusqu'à la venue d'Élie».

[106] M.M. FAIERSTEIN, «Why do», 82: nella maggioranza dei testi rabbinici il compito di Elia al suo ritorno è quello di risolvere questioni o problemi sui quali i *rabbi* non trovano un accordo o comunque non sono capaci di offrire delle risposte. Questo concetto è compendiato nel termine *teyqu* che significa «the Tishbyite will resolve difficulties and problems».

[107] R. MACINA, «Le rôle», 76; G. VERMÈS, *Gesù*, 112: «Sembra che Elia fosse atteso quale redentore e pacificatore, anziché come precursore del Messia».

[108] Tale testo midrashico è definito da J. KLAUSNER, *The Messianic*, 453, «the principal passage concerning the mission of Elijah in the Messianic age».

[109] J. JEREMIAS, «'Ηλ(ε)ίας», 74.82; R. MACINA, «Le rôle», 76; M.M. FAIERSTEIN, «Why do», 82.

alla fine del passaggio di *Ed* 8,7, riceve un fondamento dalla citazione di Ml 3,23[110].

La citazione di *Sot* 9,15 riporta una tradizione secondo cui Elia sarà responsabile della resurrezione dei morti[111].

Questi testi non presentano né un riferimento al Messia, né una relazione tra la sua venuta e il ritorno di Elia, ma esprimono piuttosto la convinzione che Elia caratterizzerà l'era messianica.

La testimonianza più antica del ruolo di Elia come annunziatore del Messia è reperibile in un testo della letteratura talmudico-midrashica, *Er* 43a-b, una *baraita* anonima. In questo documento, che risalirebbe al 3° sec. d.C. e sarebbe di origine babilonese[112], ci si chiede se si può bere il vino nel giorno della venuta del Messia: sulla base di un'affermazione di Ml 3,23, si argomenta che è vietato perché Elia non è ancora venuto[113].

All'interno della letteratura rabbinica anche in *PR* 35 e *AgShir* 5,2 Elia è presentato come precursore. Nella prima testimonianza Elia arriva tre giorni prima del Messia, mentre nella seconda «viene e resta davanti al Messia/משיח בא ועומד לפני». Quest'ultimo testo presenta qualche ambiguità: si tratta veramente della venuta di Elia prima del Messia o meglio davanti al Messia (senza essere necessariamente venuto prima)[114]?

Infine suscita un certo interesse il testo di *PR* 35 (161), che descrive Elia come un messaggero prima della venuta del Messia, anche se non può essere considerato una prova rabbinica del ruolo di Elia come precursore del Messia a causa della sua datazione tardiva (3°/4° sec.).

Intanto in passato, nelle ricerche sulla figura di Elia nel NT e sulla sua attesa, grande rilievo è stato dato alle prove offerte dalla tradizione rabbinica[115], ritenute da alcuni come una conferma dell'idea, in parte

---

[110] R. Macina, «Le rôle», 76: «La Mishnah s'appuie précisément sur la fameuse prophétie de Malachie 3,23-24». Per un'analisi particolareggiata di *mEd* 8,7 e dei paralleli con altri testi: B. Escaffre, *Traditions*, 42-44; M. Öhler, *Elia*, 27.

[111] M.M. Faierstein, «Why do», 82; M. Öhler, *Elia*, 27.

[112] Tale testo potrebbe essere l'unica prova solida, ma è uno scritto tardivo dei primi anni del 1° sec.: M.M. Faierstein, «Why do», 86; D.C. Allison, «Elijah», 256; J.A.T. Robinson, «Elijah», 275; J.A. Fitzmyer, «The Aramaic», 137.

[113] B. Escaffre, *Traditions*, 65: questo testo esprime la certezza acquisita in Israele sull'impossibilità che Elia venga di sabato o in un giorno di festa. M. Öhler, *Elia*, 28.

[114] B. Escaffre, *Traditions*, 65.

[115] J. Jeremias, «'Ηλ(ε)ίας», 75: «Che tuttavia Elia fosse atteso anche da solo come precursore del Messia, ci è attestato [...] e da numerose indicazioni rabbiniche».

tramandata da Marco, che il ritorno di Elia preceda il Messia e che si sia realizzato nella comparsa del Battista[116]. Dalla nostra analisi del ricco materiale rabbinico su Elia emerge che l'attesa di Elia quale precursore del Messia al tempo di Gesù e, quasi sicuramente durante la stesura del NT, non era una delle aspettative giudaiche[117]. D'altra parte l'abbondante presenza di Elia in questi scritti è un indizio della sua importanza all'interno delle tradizioni escatologiche che caratterizzano il giudaismo rabbinico[118]. È assente, però, una precisa caratterizzazione della sua venuta come precursore del Messia; con uno sguardo retrospettivo verso la promessa di Ml 3,23, Elia è atteso come precursore del giorno del Signore, anche se con funzioni diverse dalla profezia malachiana.

7. Conclusioni

La profezia di Ml 3,23-24 è la prova più antica del ritorno di Elia e del suo ruolo messianico: il profeta prepara la strada per la venuta di Jhwh, purificando i sacerdoti (Ml 3,2-4) e fondando la pace. In questo testo, che è alla base della speculazione sull'attesa di Elia, è specificato che il profeta sta per venire non prima del Messia, ma semplicemente prima del grande e terribile giorno del Signore[119].

Alle due funzioni che caratterizzano il suo ritorno – «placare l'ira di Jhwh prima del giudizio» (Ml 3,23-24) e «riconciliare il cuore del padre verso il figlio» – un documento precristiano (Sir 48,10) ne aggiunge un'altra: «ristabilire la tribù d'Israele». L'autore del Siracide non connette il ritorno di Elia con l'apparizione del Messia, del quale il libro non fa menzione.

---

[116] D.C. ALLISON, «Elijah», 256ss; J. MARCUS, *The Way*, 110; M. TILLY, *Johannes*, 56; M. ÖHLER, *Elia*, 27.

[117] Per M.M. FAIERSTEIN, «Why do», 82, nel 1° sec. del giudaismo non ci sono prove di Elia come precursore del Messia: «Contrary to the accepted scholarly consensus, almost no evidence has been preserved which indicates that the concept of Elijah as forerunner of the Messiah was widely known or accepted in the first century C.E.». Cf. D.C. ALLISON, «Elijah», 256; B. ESCAFFRE, *Traditions*, 65.

[118] L'*excursus* di H.L. STRACK – P. BILLERBECK, *Kommentar*, IV/2, 774-781, sui documenti rabbinici rappresenta una prova esauriente dell'importanza di Elia nel giudaismo rabbinico. Ma M.M. FAIERSTEIN, «Why do», ribadisce che la notorietà di Elia quale precursore del Messia nella letteratura rabbinica non costituisce una prova sufficiente della sua esistenza nel primo giudaismo: «But it is too flimsy a foundation on which to support the idea that Elijah as forerunner of the Messiah was widely known or accepted in rabbinic circles».

[119] J.A.T. ROBINSON, «Elijah», 269.

È evidente che in questi due antecedenti biblici non è attestato il ruolo di Elia come precursore del Messia[120]. L'attesa di Elia è considerata solo in relazione alla venuta di Jhwh e del giorno del suo giudizio, secondo la testimonianza di Ml 3,23. È vero, dunque, che la tradizione giudaica ha fatto di Elia il primo personaggio della sua escatologia[121].

Dall'esame dei testi della letteratura intertestamentaria, qumranica, targumica e rabbinica si evince chiaramente la mancanza di prove pre-cristiane di un'attesa di Elia quale precursore del Messia[122]. Le testimonianze sul rapporto tra Elia e il Messia appartengono ad un'epoca più remota, e per di più, sono scarse[123]. Ma la scarsità dei relativi riferimenti non consente né di ipotizzare che questa peculiarità elianica di precursore del Messia sia assente nel giudaismo del 1° sec. a.C., né di dimostrare il contrario[124].

Benché il vangelo di Marco attesti che la diffusione dell'idea di Elia come precursore sollevava la questione dell'identificazione reale o tipologica del Battista con Elia, tuttavia non è dimostrato che nell'epoca pre-cristiana Giovanni fosse riconosciuto come l'Elia *redivivus*[125].

---

[120] J.H. HUGHES, «John», 193, «The evidence provided in Malachi and also in Ecclus. xlviii 9-10 for the expectation of Elijah as the precursor of Yaweh strengthens the claim that before and during the time of Jesus the role of Elijah was not thought to be that of the Messiah's forerunner».

[121] Il ruolo escatologico di Elia nella tradizione giudaica è stato sottolineato da R. MACINA, «Le rôle», 78.

[122] S. PELLEGRINI, *Elija*, 215, a prescindere da quale Messia venga atteso: «Es findet sich nirgends ein vorchristlicher Beweis, daß Elija als Vorbote des Messias – also vor und in Beziehung mit dem Messias – kommen soll».

[123] Questa è la conclusione di M.M. FAIERSTEIN, «Why do», 86. Dello stesso parere J.H. HUGHES, «John», 212: «There is no reliable pre-Christian evidence for the belief that Elijah was to be the forerunner of the Messiah, and this helps support the suggestion that the conception was to be the forerunner of the Messiah».

[124] J.A.T. ROBINSON, «Elijah», 269, ammette che qualcuno prima del NT possa aver considerato Elia come precursore del Messia, ma riconosce anche che tale ipotesi non è supportata da una «prova pre-cristiana». M.M. FAIERSTEIN, «Why do», 86, pur avendo dimostrato che è difficile definire l'aspettativa di Elia come abbastanza diffusa e radicata nel 1° sec. del giudaismo, non di meno motiva l'affermazione che tale idea non fosse un *novum* del NT. Una sintesi di queste ragioni è riportata da D.C. ALLISON, «Elijah», 256-258. Invece B. ESCAFFRE, *Traditions*, 65: «Mais on peut aussi penser, […], que l'extrême rareté des passages montrant Élie précurseur du Messie, ne signifie pas obligatoirement une absence de cette conception dans le monde juif du premier siècle»; H. BIETENHARD, «Elia/Ἡλίας», 566.

[125] D'altro canto l'interpretazione rabbinica ha prodotto un ricco materiale documentativo: S. PELLEGRINI, *Elija*, 215.

Dalla difficoltà di rintracciare nel tardo giudaismo il ruolo di Elia come precursore scaturisce una serie di questioni. Questa attesa di Elia è una creazione della primitiva comunità cristiana? Quale importanza aveva per Marco e per la sua comunità? Come fu recepita, accolta e, nello stesso tempo, modificata?

Dall'analisi dei contesti marciani in cui ricorre la figura di Elia risulta che per la prima volta in questo vangelo il profeta di Tisbe è strumento interpretativo per Giovanni.

Nel caso si sostenga l'origine cristiana del ruolo elianico di precursore, non si può negare che, in qualche modo, Elia sia stato in relazione con il Messia o con i tempi messianici già prima dell'avvento del cristianesimo.

Elia, se viene «prima del giorno di Jhwh» (Ml 3,23) e al suo ritorno presenta tratti messianici, anche limitati, («ricondurre il cuore dei padri verso i figli e ristabilire le tribù d'Israele»: Sir 48,10), è un personaggio indispensabile nell'imminente scenario escatologico che segue alla profezia di Ml 3,1.23-24[126]. La venuta di Elia che precede il giorno del Signore non esclude apriori la possibilità che possa essere precursore del Messia.

Poiché in molti Giudei del 1° sec. a.C. era radicata la convinzione che Elia sarebbe venuto prima del giorno del Signore (Ml 3,23-24), di conseguenza era facile considerare Elia come il precursore del Messia[127]. Lo svolgimento dei tempi escatologici non può essere confinato in strutture rigide di realizzazione[128] e, quindi, è difficile scoprire una rappresentazione chiara e unitaria del ruolo che alcuni personaggi principali ricoprono nell'era messianica[129].

---

[126] B. ESCAFFRE, *Traditions*, 66, obietta che tale importanza è assente nella letteratura qumranica e che Elia è escluso da un possibile scenario escatologico. Tuttavia si deve considerare che a Qumran è testimoniata l'idea di un'apparizione di una coppia messianica: un sacedote di Levi e un Messia (figlio di David).

[127] G.RICHTER, «Bist», 70-76; D.C. ALLISON, «Elijah», 257; B. ESCAFFRE, *Traditions*, 66.

[128] M.M. FAIERSTEIN, «Why do», 79: il concetto di messianismo del 1° sec. era «fluid and dynamic, not static».

[129] R. LE DÉAUT, *La Nuit*, 299 n.128.

CAPITOLO VII

La funzione cristologica di Elia nel Vangelo di Marco

1. L'attesa di Elia

Secondo l'opinione di molti studiosi, Marco, essendo stato il primo a raccogliere le tradizioni numerose e non sempre coerenti su Gesù, non avrebbe potuto, o saputo, darci una cristologia unitaria, ben articolata e robusta[1] come quella degli altri sinottici[2]. Al contrario, lo studio della presente ricerca sul significato della figura di Elia in Marco mostra che il secondo vangelo «contiene una cristologia altamente sviluppata»[3]. Nel progetto complessivo del racconto che aspira a scoprire l'identità di Gesù, Elia compare in passi strategicamente decisivi per l'individuazione del Figlio di Dio (1,1-13; 9,2-13; 15,33-39)[4]: Elia fa parte dello stes-

---

[1] R. PESCH, *Il Vangelo*, I, 73-74, alla domanda sull'unitarietà della cristologia marciana risponde: «Marco non possiede alcuna concezione cristologica chiaramente autonoma; la cristologia del suo vangelo è determinata essenzialmente da quella delle sue tradizioni, che tramite la combinazione e l'inserimento in una composizione globale si fondono a formare un'immagine globale di Gesù Cristo (1,1)». Inoltre a propugnare un'immagine marciana di Gesù non unitaria e coerente interviene R. SCHNACKENBURG, *La persona*, 114: «Attingendo alla tradizione e aggiungendo sottolineature proprie, egli suppone un'immagine di Gesù sfaccettata, non del tutto coerente».
[2] A proposito dell'ampiezza della bibliografia recente sulla cristologia del secondo vangelo, cf. F. FERRARIO, «La cristologia», 15-31.
[3] J.N. ALETTI, *Gesù Cristo*, 186: è quasi unanime il consenso che «la cristologia è il veicolo o il vettore del racconto» marciano; H. KESSLER, *Cristologia*, 83. Sull'ampiezza della bibliografia recente circa la cristologia di Marco: F. FERRARIO, «La cristologia di Marco. Appunti su alcune piste della ricerca recente», 15-31.
[4] H. ZIMMERMANN, *Gesù*, 194; Ch. PERROT, *Gesù Cristo*, 18: come per i giudeo-cristiani Dio è l'unico a sapere chi è perfettamente il suo Cristo, così anche per Marco

so complesso tematico cui appartengono i titoli di Figlio di Dio e Figlio dell'uomo.

Le tradizioni elianiche, attraverso i titoli Figlio di Dio (1,11; 9,7; 15,39)[5], Figlio dell'uomo (9,12), Cristo (8,28), sono poste in relazione con le diverse enunciazioni cristologiche sulla tradizione dell'attività terrena di Gesù in Galilea e il *kerygma* della morte e resurrezione[6]. La triade di Marco sul tema del Figlio di Dio (1,1; 9,7; 15,39) può essere ben definita come un'impalcatura teologica che sostiene il secondo vangelo[7] ed è all'interno di questo arco cristologico che si deve comprendere l'intenzionale uso marciano della figura di Elia. Probabilmente Marco, per rispondere alla questione delle varie attese messianiche[8], presenta Gesù il Cristo come il Figlio di Dio (1,1.11; 9,7; 14,61; 15,39; attestato anche dalle voci dei demoni: 1,24; 3,11; 5,7) e ne caratterizza l'identità attraverso un approfondimento cristologico. In tutta l'opera questa intenzione si snoda come un filo narrativo intorno ad una domanda chiave: «Chi è costui?»[9]. Le risposte, dapprima erronee, si fanno via via migliori, rimanendo tuttavia ambigue fino alla croce. È possibile che la tematica elianica servisse alla chiarificazione del *kerygma* cristologico fondamentale e che la sua rilettura, mediante le tradizioni veterotestamentarie e giudaiche applicate, sia stata poi realizzata dalla «teologia narrativa» di Marco[10]. Quindi, poiché il tema elianico non può essere avulso dal carattere narrativo[11] della cristologia marciana e analizzato apriori e in una trattazione astratta[12], la nostra riflessione sulla figura di Elia è guidata dall'ideale letterario e teologico di Marco[13].

è Dio che dichiara in modo solenne l'identità di Gesù al momento del battesimo (1,11) e della trasfigurazione (9,7).

[5] H. HÜBNER, *Teologia*, III, 94: il tema del Figlio di Dio è come un arco tematico che abbraccia in sé tutta la narrazione marciana.

[6] H. CONZELMANN, *Teologia*, 186; W. WINK, *John*, 5: «The entire Gospel of Mark is thereby an extended kerigma. Resurrection, death, suffering, ministry all lead back to the forerunner, and through John even the Old Testament prophecies become a part of the 'beginnig of the Gospel of Jesus Christ'».

[7] H. CONZELMANN, *Teologia*, 187: in Marco «il titolo cristologico più importante è "Figlio di Dio"»; G. SEGALLA, *La cristologia*, 104; H. HÜBNER, *Teologia*, 98.

[8] E. SCHILLEBEECKX, *Gesù*, 463-472.

[9] S. PELLEGRINI, *Elija*, 288: «Diese Frage bildet die 'christologische Achse'».

[10] C.A. STEINER, «Le lien», 175: «En Mc 9,2-13 comme Mc 1,1-13, l'identité de Jésus est proclamée en lien avec des figures vétérotestamentaires et traditionnelles».

[11] R.C. TANNEHILL, «The Gospel», 57: «In other words, we need ways of understanding and appreciating Mark as narrative Christology».

[12] X. PIKAZA, *Questo è l'uomo*, 165: «La cristologia di Mc risulta inseparabile dalla sua *forma narrativa*. [...] Mc non tenta di formulare teoricamente in quale modo vada intesa la divinità di Gesù né di fissare le sue relazioni con Dio in modo astratto».

[13] X. PIKAZA, *Questo è l'uomo*, 166.

L'evangelista mette in relazione l'identità di Gesù con la questione dell'Elia *venturus*, il quale, reinterpretato dal ruolo di Giovanni il Battista, fornisce i parametri di identificazione che facilitavano il riconoscimento di Gesù quale Figlio di Dio.

2. L'intento teologico del vangelo di Marco (1,1)

Il prologo marciano (Mc 1,1-13), prima degli avvenimenti che precedono il ministero pubblico di Gesù, indica al lettore che egli è il «Figlio (prediletto) di Dio» (Mc 1,1.11)[14]. La frase nominale di 1,1 rivela il preciso intento teologico di proclamarne l'identità attraverso i titoli «Cristo e Figlio di Dio»[15], dei quali soprattutto il secondo costituisce il contenuto principale del racconto marciano[16]. Il significato di questa enunciazione cristologica è chiarito sia dall'intervento della voce del Padre (1,11), sia dal supporto delle Scritture (1,2-3).

In tal modo è posto il segno ermeneutico determinante per la comprensione del mistero della persona di Gesù, che viene dischiuso progressivamente fin dall'inizio: il lettore, quindi, ha molti più elementi conoscitivi dei discepoli, del popolo e degli altri personaggi, ai quali la verità di Gesù rimane per il momento nascosta.

La parte restante del prologo (1,2-13) approfondisce e sviluppa il significato della figliolanza divina di Gesù[17].

---

[14] J. GNILKA, *La persona*, 85: il titolo di Figlio di Dio «può considerarsi il cuore del pensiero marciano su Gesù»; D.H. JUEL, *The Gospel*, 92: «The opening line of the Gospel states the matter simply».

[15] Non tutti i testimoni del testo riportano il titolo υἱοῦ θεοῦ, cf. B.M. METZGER, *A Textual*, 73. In ogni modo tale titolo esprime il pensiero di Marco. Rivelato da Dio (1,11; 9,7), divulgato dai demoni (3,11; 5,7), esso deve rimanere segreto, ma dopo la morte di Gesù verrà proclamato da un pagano (15,39). K. STOCK, «Gesù», 245: «L'intenzione della sua opera viene espressa da Marco in una maniera molto densa in 1,1. [...] Nel titolo della sua opera Marco ce ne offre già una chiave d'interpretazione».

[16] Il titolo «Figlio di Dio», secondo H. ZIMMERMANN, *Gesù*, 193, determina la costruzione del vangelo marciano e, secondo Ch. PERROT, *Gesù Cristo*, 212, lo struttura in qualche modo, ricorrendo nei momenti chiave della rivelazione: nel battesimo (1,11), nella trasfigurazione (9,7), nella domanda del sommo sacerdote, seguita dalla risposta di Gesù (14,61), nella confessione del centurione (15,39).

[17] J. KINGSBURY, «The Significance», 95-96: «Mark introduces the reader to Jesus (1,1-13) [...] broaches the motif of the secret of Jesus' identity by informing the reader of how three key figures construe Jesus' identity: he himself, as the reliable narrator; John the Baptist, as the forerunner of Jesus; and God, whose understanding of Jesus' identity is normative for all the characters inhabiting the world of the story».

3. Il Battista viene interpretato in riferimento ad Elia (Mc 1,1-13)

L'inizio del vangelo di Marco solleva subito un complesso di interrogativi su Elia (1,2-8): la figura del Battista[18], caratterizzata da tratti elianici[19], è funzionale alla descrizione di Gesù? E in che misura appartiene all'ἀρχὴ τοῦ εὐαγγελίου Ἰησοῦ Χριστοῦ? Il ricorso a Elia è finalizzato ad una rilettura interpretativa di Giovanni? Oppure è Giovanni a interpretare Elia? E ancora, Giovanni incarna la figura di Elia nella storia di Gesù?

Apparentemente in contraddizione con l'affermazione di Marco che il contenuto del suo vangelo sarà Gesù Cristo, l'introduzione di 1,1 è seguita dalla descrizione dell'attività di Giovanni[20]. Il Battista, protagonista dei vv. 2-8, in realtà assume significato unicamente nel rapporto che ha con Gesù: egli è importante perché annuncia, con parole e azioni, colui che lo segue (1,7). Infatti egli compare all'inizio del vangelo per indicare che il «veniente» è ὁ ἰσχυρότερος[21]. Inoltre l'analisi di 1,2-8, che presenta una menzione implicita di Elia, ha evidenziato l'intenzione marciana di mettere il profeta di Tisbe in relazione con Giovanni Battista[22] attraverso due criteri[23]: aspetto esteriore e attività.

---

[18] S. PELLEGRINI, *Elija*, 229-230: «Wie dient die Figur Johannes der Strategie des Evangelium Jesu?». La risposta relativa all'importanza della figura di Giovanni Battista per la storia di Gesù finora ha seguito due direzioni: uno schema storico; la conformità alla Scrittura. Nella prima, Marco inizia il suo vangelo con Giovanni, poiché a lui si collegano molti aspetti della storia di Gesù (per es., il battesimo di Gesù è in relazione con quello di Giovanni). Nella seconda, la Scrittura diviene la base per l'interpretazione di Giovanni, introdotto come personificazione dell'atteso Elia (9,13).

[19] S. PELLEGRINI, *Elija*, 382.

[20] J. ERNST, *Johannes*, 4, rileva che la presenza di Giovanni all'inizio del Vangelo non è casuale: «Johannes der Täufer wird von Markus auf den ersten Blick nur nebenbei end in Randglossen erwähnt; von vornherein darf jedoch vermutet werden, daß der Name des bedeutenden Zeitgenossen Jesu nicht zufällig im Evangelium von Jesus Christus steht»; M.D. HOOKER, *The Gospel*, 34: «The good news is about Jesus Christ [...]. After this introduction, we may well be surprised to find Mark writing about John, not Jesus»; W. MARXSEN, *L'evangelista*, 26: «Prima del complesso su Gesù egli pone il complesso sul Battista. L'intento è di stabilire una successione non di carattere temporale, bensì obiettiva».

[21] M.D. HOOKER, *The Gospel*, 34.

[22] K. BROWER, «Elijah», 87: per Marco «a link exists between the Elijah legends and John the Baptist»; S. PELLEGRINI, *Elija*, 229: «wird das Auftreten des Täufers vorsichtig und uminterpretierend auch in Verbindung mit der Figur Elija gebracht». Per il percorso marciano che stabilisce la relazione tra Elia e il Battista, rimandiamo alla nostra analisi esegetica svolta nel cap. I, pp. 79-94.

[23] J.D. KINGSBURY, *The Christology*, 58: Marco introduce Giovanni descrivendo «his person, his ministry to Israel, and his relationship to Jesus (1:2-8)».

3.1 *Aspetto esteriore (Mc 1,6)*

L'aspetto esteriore del Battista, che entra in scena all'inizio del vangelo, viene descritto, nella prospettiva di Marco, con alcuni tratti elianici: «καὶ ἦν ὁ Ἰωάννῃ ἐνδεδυμένος τρίχας καμήλου καὶ ζώνην δερματίνην περὶ τὴν ὀσφὺν αὐτοῦ» (1,6).

Eccetto il particolare del pelo di cammello, questa descrizione corrisponde, quasi alla lettera, a quella che gli inviati del re Acazia forniscono riguardo a Elia (2Re 1,8)[24]. Perciò i dettagli dell'abbigliamento di Giovanni suggeriscono, ancora, che egli viene visto come «Elia, il profeta», inviato per sollecitare Israele al pentimento «prima del grande e terribile giorno del Signore» (Ml 4,5ss).

Nel v. 6 l'imperfetto esprime il valore durativo della personalità profetica di Giovanni, condensando in una frase il suo abituale stato di vita, che evocava la figura di Elia[25]. Si potrebbe obiettare che il vestiario di Giovanni corrisponda ai tratti generali dei profeti dell'AT piuttosto che a una ben precisa tipologia di Elia[26]. Tuttavia rimane inconfutabile l'allusione ad un particolare dell'abbigliamento elianico che non ricorre in altri contesti veterotestamentari relativi ad Elia. In Mc 1,6, nonostante la mancanza di una citazione esatta di 2Re 1,8, la suddetta somiglianza formale fa trasparire una chiara strategia marciana di stilizzare Giovanni con tratti elianici[27].

Il richiamo ad Elia, la cui intenzionalità è confermata dall'esplicita affermazione di Mc 9,13, non evoca la figura escatologica del redivivus di Ml 3,23, ma è tipologico[28]: il particolare del vestito accosta il Batti-

---

[24] S. PELLEGRINI, *Elija*, 207: il v. 6 può essere spiegato come allusione a 2Re 1,8 nel senso di una «Typisierung der Figur Elija erklären».

[25] J. DELORME, «Les sommaires», 132, ritiene il v. 6 un breve sommario del *modus vivendi* del Battista: «Le v. 6 lui aussi ramasse en une phrase la description de ce que Jean "était", dans la durée, avec son style de vie précisé par sa tenue vestimentaire et son régime alimentaire. Le phénomène-sommaire n'est pas réservé à la narration des actions. Il marque ici l'évocation d'un état habituel».

[26] E. SCHWEIZER, *Il Vangelo*, 37; J. ERNST, *Il Vangelo*, 53; R.A. GUELICH, *Mark 1-8,26*, 20-21; M. TILLY, *Johannes*, 38, asserisce: «Wenn Nahrung und Kleidung des Täufers gemeinsam als Erkennungszeichen eines Propheten gesehen werden müssen und nicht als feste Attribute des Elija, besteht eine Spannung zwischen dem offensichtlichen Bestreben des Markus, Johannes als Elias Redivivus zu identifizieren, und der Aussage des Verses». Di fronte a queste osservazioni va ribadito che, all'infuori di 2Re 1,8, non ci sono altre testimonianze veterotestamentarie che si avvicinino alla formulazione di Mc 1,6.

[27] S. PELLEGRINI, *Elija*, 208.

[28] C.E. JOYNES, «A Question», 19-20.

sta all'Elia storico[29] e non si limita tanto all'aspetto esteriore, quanto ne caratterizza l'annuncio del più forte.

In tal modo al lettore esperto nelle Scritture viene suggerito di mettere idealmente in rapporto il Battista con il potente profeta del passato.

Questa riconosciuta allusione ad Elia nell'attualizzazione semantica rappresenta per il lettore un punto nodale per l'interpretazione del profeta di Tisbe nel racconto marciano: Giovanni è Elia.

3.2 *Attività del Battista*

In Mc 1,2-3 il richiamo ad Elia diviene ancora più esplicito. L'evangelista compendia l'operato di Giovanni il Battista in una citazione scritturale composta da vari passi dell'AT (Ml 3,1/Es 23,20; Is 40,3), che, preceduta dalla clausola καθὼς γέγραπται, sembra introdurre la trama teologica di tutto il vangelo marciano: si tratta della via terrena di Gesù verso la croce[30]. Inoltre tali profezie vengono attribuite, come commento narrativo, alla persona e alla predicazione del Battista[31], il messaggero divino che prepara la strada del Signore (κυρίου = Gesù) nel deserto (Mc 1,2-3). Lo stretto parallelismo tra la via del Signore e il profeta Elia si storicizza nel legame tra la via di Gesù e il ruolo di precursore di Giovanni attraverso il ricorrente motivo dell'ὁδὸν di Mc 1,2-3[32].

In Ml 3,1 il precursore annunciato deve preparare la via del Signore (di Jhwh che sta parlando e che la definisce «la mia via»); in Mc 1,2 si tratta della via di Gesù, a cui va riferita l'espressione «la tua via»: è in Gesù che Dio «viene» nel duplice ruolo di salvatore e giudice del suo

---

[29] D. LÜHRMANN, *Das Markusevangelium*, 35: «Johannes also bei Mk als Prophet (vgl. 11,32), genauer: als Elia, gekennzeichnet». M. TILLY, *Johannes*, 38; S. PELLEGRINI, *Elija*, 209. M. HENGEL, *Sequela*, 67: il modo di vestire di Elia non può essere spiegato con il solo ricorso all'uso dei beduini e all'«ideale del deserto»; il modello elianico, essendo un motivo dominante, poteva inglobare il motivo escatologico; W. WINK, *John*, 2-4; M. HOOKER, «What Doest», 67; K. BROWER, «Elija», 87; J.D. KINGSBURY, *The Christology*, 58; P. GRELOT, *Jésus*, I, 109.

[30] H. HÜBNER, *Teologia*, III, 94: sono le citazioni dell'AT che strutturano il vangelo di Marco.

[31] Per Marco, Giovanni è soprattutto il precursore, colui che prepara la strada. P. LAMARCHE, *Évangile*, 38: «En effet, après avoir annoncé la citation d'Isaïe (préparez, rendez droits...), il insère Ml+Ex (le messager qui précède...); et c'est cette dernière citation qui va orienter l'ensemble de la présentation de Jean Baptist: en 4 le texte commende par appliquer à Jean la prophetie d'Isaïe, mais ensuite c'est Ml+Ex qui sert à comprendre la mission du précurseur».

[32] H. HÜBNER, *Teologia*, 96.

CAP. VII: LA FUNZIONE CRISTOLOGICA DI ELIA

popolo. Il precursore del Signore (Elia), preannunciato da Malachia, diventa così il precursore di Gesù (Giovanni)[33].

Ora, nella tradizione giudaica, i passi di Ml 3,1.23-24 vengono intesi come annuncio/profezia del ritorno di Elia[34]: la comparsa di Giovanni Battista potrebbe essere considerata la realizzazione di questa promessa di Dio ed interpretata come un evento finalizzato a preparare Israele per la «venuta» definitiva di Dio. Ed è quanto avviene nell'interpretazione di Mc 1,2bc: sono i commentatori neotestamentari che generalmente associano a Ml 3,1 il testo di Ml 3,23. Di fatto, però, Marco nella sua citazione composita (1,2-3) riporta solo Ml 3,1.

Probabilmente Marco, riprendendo dalla promessa profetica di Malachia solo l'aspetto di precursore di Elia, intende prendere le distanze dall'immagine popolare di un Elia redivivus e ripristinatore delle stirpi d'Israele. E, se pure richiama un'immagine di Elia (Mc 1,6) per illuminare la figura di Giovanni, ne sceglie, attraverso Ml 3,1, il ruolo di messaggero (ἄγγελος) del popolo (Es 23,20) e di precursore del Signore che verrà (Ml 3,1)[35]. L'uso dell'intertesto di Ml 3,23 può essere utile solo per l'identificazione del messaggero anonimo di Ml 3,1, ma non per stabilire un'associazione con il ruolo escatologico dell'Elia redivivus. Riteniamo che Marco guidi il lettore a mettere in relazione il Battista con Elia, il quale però non deve essere considerato una figura della restaurazione finale[36]. Dall'AT Marco attinge intenzionalmente solo il ruolo elianico di precursore della venuta del Signore, per mostrare che il Battista avrà il compito di preparare la via di Gesù. Questo potrebbe spiegare perché la tradizione di Sir 48,10, che mette enfasi sul compito di restauratore di Elia, non trovi eco in Marco (1,2-3), il quale sceglie Ml 3,1 e non Ml 3,23, il testo di riferimento per l'Elia redivivus.

---

[33] R. PESCH, *Il Vangelo*, I, 145.
[34] D. ZELLER, «Elija», 157-159. Il legame che molti commentatori neotestamentari riconoscono tra Ml 3,1 e Ml 3,23 nell'interpretazione di Mc 1,2b è contestato da S. PELLEGRINI, *Elija*, 218-221, la quale ricorda che Marco non cita propriamente Ml 3,23, ma Ml 3,1; inoltre afferma che tale collegamento non è stato ancora dimostrato e che, comunque, potrebbe essere motivato solo alla luce del contesto di Marco. A tale difficoltà abbiamo risposto a pp. 79-81: tale identificazione è già presente all'interno del libro di Malachia.
[35] S. PELLEGRINI, *Elija*, 222: un risultato della funzione della citazione di 1,2 è che «Johannes wird durch die Modell-Figuren eines Boten und des Elija charakterisiert».
[36] S. PELLEGRINI, *Elija*, 218: «Hätte der MA beabsichtigt, Elija als den Redivivus darzustellen, dann wäre es ihm entgegengekommen, Sir 48,10 und Mal 3,23 zu zitieren. Diese Stellen läßt er aber hier und im Rest des Evangeliums völlig unberücksichtigt».

In Mc 1,2-8 l'immagine dell'Elia redivivus non viene ripresa e il significato dell'implicita identificazione tra Giovanni ed Elia sarà chiarito in 6,17-29; 9,11-13.

Da una parte, in linea con la deliberazione profetica di Dio (Ml 3,1), per Marco Giovanni è il messaggero divino che prepara la via a Gesù e il suo invio inaugura il tempo escatologico del vangelo[37]; dall'altra la profezia veterotestamentaria in Is 40,3 («voce nel deserto») inserisce Giovanni nella storia della salvezza, limitandone il ruolo ad una funzione preparatoria (Mc 1,3): Giovanni, il precursore elianico, la voce che grida nel deserto, nella sua qualifica di messaggero inviato da Dio annuncia Gesù quale Signore[38]. Con tale compito viene definita la relazione fra Giovanni (e di conseguenza quella di Elia e degli altri inviati divini dell'AT) e Gesù: il messaggero è subordinato a colui per il quale sta preparando la via[39].

In fondo Marco, più che identificare esplicitamente Elia e Giovanni, intende creare delle premesse per l'ascolto del vangelo. La citazione di Mc 1,2-3, che allude a Elia e al Messia, stabilisce la grande differenza tra Gesù e Giovanni, motivo che percorre tutto il vangelo, in cui di fatto si possono riscontrare tanto una linea di continuità quanto una di discontinuità[40]. Della prima fanno parte, fra l'altro, gli aspetti del soggiorno nel deserto (1,12-13), della prassi del battesimo (1,8), dell'annuncio della μετάνοια (1,15), delle circostanze del destino mortale (6,17-29), della questione popolare dell'identità di Gesù (6,14-16; 8,28), della similitudine tra le due figure ed Elia (9,11-13; 15,33-37). La linea della discontinuità, in cui si inseriscono le differenze tra i due, come la dignità (ὁ ἰσχυρότερός μου ὀπίσω μου/οὗ οὐκ εἰμὶ ἱκανός: Mc 1,7), il battesimo (ὕδατι/ἐν πνεύματι ἁγίῳ: 1,8)[41], l'annuncio della Basileia e non del battesimo (1,14), la resurrezione (6,29), è un espediente marciano per mettere in luce la continuità narrativa della storia di Gesù.

Il motivo della continuità tra Giovanni e Gesù tramite Elia, accennata in 9,13, rappresenta la base della cristologia marciana per correggere le varie attese messianiche che si erano cristallizzate intorno alla profezia di Ml 3,1. Giovanni ha la funzione di preparare l'orizzonte escatolo-

---

[37] J.D. KINGSBURY, *The Christology*, 58.
[38] R. PESCH, *Il Vangelo*, I, 146.
[39] M.D. HOOKER, «What Doest», 67.
[40] S. PELLEGRINI, *Elija*, 221.
[41] B.M.F. van IERSEL, *Marco*, 88.

gico di attesa per la comparsa messianica di Gesù, ma senza il ruolo elianico di restaurazione politica[42]. Infatti l'azione di Gesù non avrà lo stile di un potente ripristino del popolo di Israele (previsto da Ml 3,23 e Sir 48,10 per Elia e intenzionalmente tralasciato da Marco in 1,2-3), ma seguirà la via della croce.

L'inferiorità dell'operato di Giovanni rispetto al «più forte», emersa già in Mc 1,2-8, viene ulteriormente rafforzata in 1,9-13 dalla inequivocabile superiorità di Gesù, il cui intimo legame con Dio risulta chiaro dalla rivelazione della sua figliolanza divina (1,11)[43]. Ed è Dio stesso che, per dare un carattere normativo a questa relazione, si rivolge direttamente a Gesù[44]. Quindi l'inizio della narrazione marciana presenta due interventi di Dio costruiti con riferimenti veterotestamentari: il primo, con la citazione mista di 1,2-3, sancisce per Marco e i suoi lettori che la via del Signore diventa la via di Gesù, la cui preparazione, un tempo compito di Elia (Ml 3,1), spetta al Battista; il secondo, con la citazione del Sal 2,7, definisce il criterio normativo per la comprensione di Giovanni-Elia in relazione a Gesù: l'uno è solo il precursore, l'altro è il Figlio di Dio[45]. Ma, nonostante queste informazioni, l'identità di Gesù rimane un enigma: il lettore, coinvolto nella via di Gesù, è guidato sin dall'inizio dal punto di vista valutativo di Dio, espresso da Marco attraverso il ricorso all'AT[46].

---

[42] J.D. KINGSBURY, *The Christology*, 59. Un richiamo ad Elia trova risonanza per S. PELLEGRINI, *Elija*, 208, nella descrizione marciana dell'effetto della comparsa del Battista: καὶ ἐξεπορεύετο πρὸς αὐτὸν πᾶσα ἡ Ἰουδαία χώρα καὶ οἱ Ἱεροσολυμῖται πάντες καὶ ἐβαπτίζοντο ὑπ' αὐτοῦ ἐν τῷ Ἰορδάνῃ ποταμῷ ἐξομολογούμενοι τὰς ἁμαρτίας αὐτῶν (1,5). Anche se plausibile, l'ipotesi che la popolarità di Elia (un grande profeta, precursore del giorno del Signore, ripristinatore delle stirpi d'Israele) possa essere accostata a quella del Battista nel giudaismo al tempo del NT non è sostenuta da basi testuali.

[43] M.E. BORING, «Mark 1:1-15», 64.

[44] J.D. KINGSBURY, *The Christology*, 48; S.H. SMITH, *A Lion*, 168.

[45] Marco, inserendo la citazione della parola profetica in 1,2-3, considera il punto di vista valutativo di Dio, che sarà normativo per l'interpretazione dell'intera storia: la via di Dio, che il precursore Giovanni (l'Elia *reditus*) è inviato a preparare, è la via di Gesù. Per il punto di vista valutativo di Dio e del narratore vedi: J.D. KINGSBURY, *The Christology*, 47-48; N.R. PETERSEN, «"Point of View"», 105-108; D. RHOADS – D. MICHIE, *Mark as Story*, 39-40; S. CHATMAN, *Storia*, 159-167.

[46] J.D. KINGSBURY, *The Christology*, 49: «In any event, it is plain to see that Mark makes use of the OT, not simply to air God's evaluative point of view, but to establish it as normative». Per S. PELLEGRINI, *Elija*, 222, la collocazione della citazione di Mc 1,2-3 all'inizio del racconto determina la prospettiva dalla quale Marco vuole far leggere la figura di Giovanni Battista.

Comunque s'interpreti la tradizione della citazione mista, certamente è stato Marco a identificare la via del Signore, la cui preparazione spettava ad Elia, con la via di Gesù, di cui Giovanni è il precursore. Perciò la via del Signore, concretizzandosi nel cammino di Gesù, diviene il titolo teologico di tutto il racconto marciano[47]: Elia e Giovanni Battista non sono più messaggeri dell'intervento ultimo di Dio nella storia, che viene invece realizzato dalla venuta di Gesù (Mc 1,9).

L'analisi della citazione composita di Mc 1,2 ha mostrato che la scelta particolare di alcuni testi (Ml 3,1; 2Re 1,8) e non di altri (Ml 3,23; Sir 48,10) è decisiva per la comprensione della figura di Elia ed è indice della competenza ermeneutica marciana, che a sua volta richiede al lettore una notevole padronanza conoscitiva dell'AT. Dunque, per comprendere la figura di Elia, non si può prescindere dall'intenzionalità di Marco, che, rinunciando alla sua voce, costruisce con delle citazioni concise e marcate (Ml 3,1; 2Re 1,8) una rete di implicazioni che solo una competenza intertestuale può scoprire[48].

In un certo senso, siccome la figura del Battista modifica sostanzialmente e orienta in una nuova direzione le attese escatologiche del lettore mentre si sta accingendo a leggere il vangelo, Elia e Giovanni sono presenti sin dall'inizio. E anche la loro comparsa nel corso della narrazione[49] non è limitata allo sviluppo cronologico della trama («plot»), ma è quasi sempre funzionale allo scopo marciano di chiarire, delimitare e precisare l'identità di Gesù[50].

Perciò il richiamo indiretto al profeta Elia (Mc 1,2-8) intende orientare il lettore a riconoscere nel Battista l'immagine di Elia e a comprendere il significato della comparsa del Battista nella storia di Gesù: è lui il precursore profetico che apre la strada a Gesù.

4. Elia e Gesù

La connessione tra Gesù ed Elia emerge in alcuni contesti (Mc 6,15; 8,28), ritorna nel racconto della trasfigurazione (9,2-13) e raggiunge il culmine nella scena della morte di Gesù, quando i presenti interpretano il grido di abbandono di Gesù (15,34) come un'invocazione ad Elia

---

[47] H. HÜBNER, *Teologia*, 105.
[48] S. PELLEGRINI, *Elija*, 223.
[49] S. PELLEGRINI, *Elija*, 228.
[50] S. PELLEGRINI, *Elija*, 233: le tradizioni sul Battista nel vangelo di Marco non sono un corpo a sé stante, ma fanno parte della storia di Gesù.

(Mc 15,35-36)[51]: anche nel tematizzare questa identificazione seguiamo il criterio della sequenza lineare delle pericopi all'interno del contesto più generale dell'identità di Gesù.

4.1 L'opinione della gente

Il Battista ed Elia, associati nella citazione di apertura che prende le distanze dall'idea del *redivivus*, ricompaiono di nuovo insieme in 6,14-16: il lettore riceve ulteriori informazioni, con cui può completare l'immagine di Elia e comprenderne il significato al fine di decifrare l'identità di Gesù.

Innanzitutto occorre rilevare che nelle opinioni popolari Elia è interpellato per identificare non Giovanni[52], ma Gesù, la cui fama aveva portato il popolo a interrogarsi sul mistero della sua persona (1,33.37.45; 3,8)[53]. Infatti le azioni miracolose di Gesù costituiscono lo scenario della lettura e dell'interpretazione dell'opinione popolare secondo cui Gesù è Elia. Le opinioni popolari sono dei «segnali testuali» («textuellen Signalen») o «segnali di tensione» («Spannungs-signalen»)[54] che indicano l'intenzione di Marco di servirsi di erronee interpretazioni (Gesù è Elia? Ed Elia non deve essere già apparso?) per fare emergere la vera identità di Gesù. Il lettore, se considera Giovanni come precursore, sa che Elia è venuto. Ma le opinioni popolari hanno anche una valenza positiva, in quanto esprimono la stupita ammirazione di chi si trova davanti a un fenomeno inesplicabile: Gesù viene associato alle figure prestigiose del passato, tra cui l'Elia *redivivus*[55], considerato dal popolo il più idoneo a caratterizzare il ruolo di Gesù[56]. Tuttavia qualsiasi caratterizzazione di

---

[51] W.C. KAISER, «The Promise», 221; S. PELLEGRINI, *Elija*, 237.

[52] J.A.T. ROBINSON, «Elijah», 266; K. BROWER, «Elijah», 88: «It is important to remember, however, that this link between the ministry of John and the role of the expected Elijah is by no means self evident to the crowds nor to the disciples»; S. PELLEGRINI, *Elija*, 234: il popolo riteneva Giovanni un vero profeta (Mc 11,32), ma non lo identificava con Elia.

[53] E.P. SANDERS, *Gesù*, 206-208.

[54] S. PELLEGRINI, *Elija*, 242.

[55] F.J. MATERA, «The Prologue», 11; D.H. JUEL, *The Gospel*, 90: «The image of a prophet like Elijah or Moses, miracle-working prophets whose return was predicted in the scriptures, seems to be one appropriate estimate of Jesus' work».

[56] J. SCHMID, *L'Evangelo*, 213, sostiene la possibilità di uno sviluppo nella comprensione popolare della figura di Gesù: inizialmente non esisteva una questione della sua dignità messianica, mentre in seguito s'iniziò a considerare Gesù come un profeta, forse come l'Elia *redivivus*. R.A. GUELICH, *Mark 1-8,26*, 328: il ministero di Gesù

Gesù, limitandosi spesso ad alcuni aspetti, non ne coglie la ricca complessità: egli non può essere catalogato né con categorie antiche né moderne, in quanto infrange tutti gli schemi e rimane pur sempre un enigma, che sarà decifrato solo alla luce del cammino che percorre verso la croce[57].

Nella seconda opinione riferita da Marco compare Elia: in 6,15a Gesù è identificato in rapporto diretto con il potente taumaturgo (1Re 17,17-24), probabilmente per le azioni miracolose[58]. Purtroppo solo fonti successive testimoniano che Elia, tra i vari compiti escatologici, aveva anche quello di compiere miracoli[59]. E anche la variopinta e leggendaria attività miracolosa nel mondo terreno dopo il suo rapimento è frutto della letteratura rabbinica[60]. In ogni modo, nel giudaismo al tempo di Gesù, Elia era ritenuto una figura salvifica che soccorreva e proteggeva i bisognosi[61]. Per dare senso all'identificazione di Gesù con Elia attraverso l'attività miracolosa[62], si può ricorrere a due informazioni della tradizione: Elia era noto per le forze miracolose (Sir 48,4); apparteneva ai rapiti che ritorneranno nel tempo escatologico[63]. Non è escluso che proprio la prima informazione sia stata utilizzata dal popolo per spiegare l'aspetto sovrannaturale di Gesù[64]: infatti la sua potenza taumaturgica, mentre per Marco si rivela soprattutto nel cacciare i de-

---

(Mc 4,1-5,43) forniva il logico retroterra per la diffusione della fama di Gesù che raggiunse Erode.

[57] W. KASPER, Gesù, 86.89.

[58] Nel cap. II, pp. 126-128, abbiamo rilevato, attraverso i parallelismi con i racconti di miracoli del ciclo di Elia, le probabili origini di tale identificazione.

[59] H.L. STRACK – P. BILLERBECK, Kommentar, IV/2, 798.

[60] H.L. STRACK – P. BILLERBECK, Kommentar, IV/2, 769-779.

[61] W. GRUNDMANN, Das Evangelium, 171: in Israele egli veniva considerato un salvatore. Cf. E. HAENCHEN, Der Weg, 236.

[62] K. KERTELGE, «L'epifania», 264: «I modelli delle narrazioni miracolose in Marco si possono rintracciare nell'AT, nei racconti di risurrezione di Elia e di Eliseo»; R.E. BROWN, Introduzione, 63 n. 79.64 n. 82: i miracoli di Gesù presentano una stretta similitudine più con quelli del ciclo di Elia ed Eliseo che con i paralleli pagani che spesso vengono proposti. D.H. JUEL, The Gospel, 90. W. GRUNDMANN, Das Evangelium, 171; J. GNILKA, Gesù, 155.

[63] P. SACCHI, L'apocalittica, 206-219: nella letteratura giudaica venivano esaltate figure di mediazione coincidenti con illustri personaggi biblici, Enoch, Noè, Mosè ed Elia (Ml 3,23-24), alcuni dei quali già in ambito biblico presentano tratti alquanto misteriosi, come la straordinaria fine di Enoch (Gn 5,24) e di Elia (2Re 2,11-12). Il risultato di questo processo li trasforma in mediatori salvifici, dalle qualità angeliche o sovrumane.

[64] É. TROCMÉ, L'Évangile, 169: la caratteristica di potente taumaturgo di Elia ne ha facilitato l'accostamento a Gesù.

moni[65], per il popolo era il contrassegno del profeta onnipotente che richiamava il modello elianico[66]. E siccome l'attesa del profeta Elia era molto viva al tempo di Gesù, era verosimile identificarlo con Giovanni Battista o Gesù[67].

Per quanto riguarda la seconda informazione, Gesù potrebbe essere identificato con Elia, in quanto la profezia di Ml 3,1.23 aveva creato una forte attesa del profeta di Tisbe, che dovrà riapparire «prima del grande e terribile giorno del Signore» (Ml 3,23) e che segnerà la ricostruzione del Regno di Dio.

Perciò non sarebbe errato presupporre che questa opinione abbia un fondamento non solo nei miracoli di Gesù, in particolar modo in 5,21-43, ma anche nell'attesa di Elia[68]. L'identificazione con Elia aveva un'innegabile importanza cristologica, perché confutava le miriadi di attese allora esistenti e mostrava che il ritorno del redivivus di Ml 3,1-23 nella attività taumaturgica di Gesù era segno dell'imminente momento escatologico della salvezza[69].

Ed è proprio nella continuità tra l'attività di Gesù e quella di Elia che le folle intravedono la venuta di Dio e l'inaugurazione dei tempi nuovi[70]. Ma per Marco la novità della δύναμις di Gesù affonda le sue radici nella rivelazione divina, al momento del battesimo, del suo rapporto singolare con il Padre: Σὺ εἶ ὁ υἱός μου ὁ ἀγαπητός (1,11).

Perciò per Marco e per il lettore l'opinione popolare che identifica Gesù con Elia è errata, perché all'inizio del vangelo Giovanni è stato presentato come il precursore elianico di Ml 3,1: il messaggero (1,2) che prepara la via del Signore e il profeta (1,6) che annuncia la venuta

---

65 M. BORDONI, *Gesù*, 541.

66 S. FREYNE, «La "terza" ricerca», 68: «Dotato dello Spirito di Dio egli può essere paragonato ai vari "uomini di grandi imprese" delle fonti ebraiche, il cui prototipo è Elia, guaritore e autore di azioni potenti».

67 J. JEREMIAS, «Ἠλ(ε)ίας», 87; R. PESCH, *Il Vangelo*, I, 522; R.A. GUELICH, *Mark 1-8,26*, 330.

68 R. HORSLEY, «Gruppi», 52: «E appare chiaro che le stesse tradizioni di profeti popolari, come Mosè, Giosuè o Elia, hanno influenzato la formazione delle catene di racconti di miracoli che figurano in Marco 4-8».

69 E. LOHMEYER, *Das Evangelium*, 116; W. GRUNDMANN, *Das Evangelium*, 171: accanto alla prima opinione Marco riporta quella che ritiene Gesù come l'Elia *redivivus*; D.J. HARRINGTON, *Il Vangelo*, 794; M. BORDONI, «Gesù», 541.

70 D.E. NINEHAM, *Saint Mark*, 174: esistevano al tempo di Gesù tante speranze giudaiche che puntavano sulla ricomparsa di Elia e la associavano alla venuta del regno di Dio.

del più forte (1,7-8)⁷¹. Con Gesù, venuto dopo l'Elia atteso, il «tempo è compiuto» (1,15) e non c'è più nessun altro messaggero salvifico da attendere⁷². L'espressione Ἠλίας ἐστίν, che sintatticamente suggerisce un'identificazione diretta più che un paragone, potrebbe testimoniare, nella tradizione premarciana, un tentativo di costruire una cristologia su base elianica. Tuttavia Marco, pur risentendone l'influenza, mira ad un superamento: la potenza dei miracoli di Gesù supera di gran lunga quella di Elia.

È importante notare che la seconda opinione riduce l'identità di Gesù ad una figura intermedia. L'equiparazione ad un personaggio del passato come Elia, sebbene dimostri stima e considerazione per Gesù, di per sé non coglie il mistero che si celava dietro la sua persona⁷³. Inoltre essa – così può supporre il lettore – è inconciliabile con quanto è già emerso nel vangelo: Gesù, legittimato come «Figlio di Dio» (1,11) e in possesso dell'ἐξουσία (Mc 2,10.28), supera Elia.

L'identificazione con Elia in 6,14b-15 ha la funzione di preparare il contesto di 8,27-30, che costituisce il punto di arrivo della prima parte del vangelo (1,14-8,26)⁷⁴: viene, infatti, ripresa la questione dell'identità di Gesù⁷⁵ e, con la confessione di Pietro a Cesarea, trovano risoluzione gli interrogativi dei discepoli (4,41; 6,49.51), i rimproveri per l'indurimento del loro cuore (6,52; 8,17) e l'accorato «Non capite ancora?» con cui Gesù si rammaricava per la loro incomprensione (4,13.40; 8,17.21).

4.2 *L'opinione dei discepoli*

A differenza di Mc 6,14-16, dove questo quesito sull'identità viene sollevato dal re Erode, in 8,27 è lo stesso Gesù che, durante il viaggio

---

⁷¹ D. LÜHRMANN, *Das Markusevangelium*, 116; J. GNILKA, *Marco*, 340; F.J. MATERA, «The Prologue», 11: per evitare questi fraintendimenti sull'identità di Gesù, il prologo fornisce delle informazioni sulla corretta relazione tra Elia, Giovanni e Gesù; E. LA VERDIERE, *The Beginning*, 158.

⁷² B. STANDAERT, *Il Vangelo*, 65.

⁷³ A. SISTI, *Marco*, 243; J. MATEOS – F. CAMACHO, *Il Vangelo*, 26.

⁷⁴ Alcuni studiosi considerano la sezione da 8,27 (l'incontro a Cesarea di Filippi) a 11,1 (entrata in Gerusalemme) una parte fondamentale, R. PESCH, *Il Vangelo*, II, 65: la pericope di 8,27-38 «è posta al centro dell'intera composizione, costituendo quasi la rappresentazione di una posizione di fede assunta nei confronti di Gesù sulla base dell'autorità dimostrata in 1,1-8,26»; cf. V. FUSCO, «L'économie», 542; N. PERRIN, «The Interpretation», 115-124; E. BEST, *Following*, 15-18.

⁷⁵ D. LÜHRMANN, *Das Markusevangelium*, 116.

(ἐν τῇ ὁδῷ) prende l'"iniziativa e chiede ai suoi discepoli (ἐπηρώτα τοὺς μαθητὰς αὐτοῦ: 8,27b.29) quale sia la comprensione della gente (8,28) e quale, invece, la loro (8,29). Le loro risposte confermano che essi, e anche le folle, si confrontavano con il problema dell'identità di Gesù, la cui misteriosa personalità aveva fatto nascere varie supposizioni. E poiché gli uomini tendono a valutare il nuovo e il diverso attraverso l'analogia con ciò che è noto e familiare, anche i discepoli hanno associato a Gesù le figure attese da Israele, come il Battezzatore redivivus, l'Elia che ritorna, uno dei tanti profeti[76]. Ma dopo il lungo periodo di convivenza con Gesù in Galilea e le prove da lui offerte sulla sua identità, essi devono prendere posizione sulle varie ed erronee opinioni popolari.

Alcuni hanno considerato inverosimile la domanda di Gesù sulle supposizioni della gente, in quanto su questo argomento egli probabilmente era informato quanto i discepoli[77]. Tuttavia, anche se Gesù aveva percepito gli echi di ciò che si pensava di lui, certamente i discepoli, per i molteplici contatti con il popolo, dovevano aver raccolto informazioni maggiori (6,7-13.30). Marco aveva già esposto queste opinioni in 6,14-15 e in questo contesto non fa ripetizioni inutili[78], ma riferisce l'intenzione di Gesù di fare un resoconto sulla questione della propria identità. Inoltre viene ripresa la questione che era già sorta nell'animo dei discepoli in seguito alla tempesta sedata (Τίς ἄρα οὗτός ἐστιν ὅτι καὶ ὁ ἄνεμος καὶ ἡ θάλασσα ὑπακούει αὐτῷ: 4,41) e ai «segni» straordinari che accompagnavano il suo insegnamento. La domanda, perciò, basandosi su tutti questi presupposti, è reale e appare come la conclusione della prima tappa della vita pubblica di Gesù.

Con l'espressione enfatica ὑμεῖς δὲ τίνα με λέγετε εἶναι (8,29b) Marco contrappone alla domanda sull'opinione della gente, di tono informativo, quella sulla comprensione dei discepoli[79], in cui vengono

---

[76] J. MOLTMANN, *La via*, 162.

[77] R. BULTMANN, *Historia*, 316-317; V. TAYLOR, *Marco*, 430: «Il fatto che sia Gesù a porre la domanda iniziale e il carattere di questa domanda testimoniano la natura secondaria di questa narrazione; infatti egli doveva conoscere non meno dei discepoli le opinioni popolari sul suo conto».

[78] E. HAENCHEN, «Die Komposition», 85, ritiene che la prima domanda di Gesù sia una composizione dell'evangelista, in quanto la questione dell'identità era stata già trattata in Mc 6,14-16, che riporta opinioni simili a quelle indicate in 8,28.

[79] R. PESCH, *Il Vangelo*, II, 61: la domanda rivolta in modo distinto ai discepoli «mira ad ottenere un riconoscimento che si distacchi dalle opinioni del popolo»; D.E. NINEHAM, *Saint Mark*, 224.

enfatizzate le relazioni interpersonali. «Voi chi dite che io sia?»: il voi acquista notevole rilievo in quanto è in contrasto con la massa della gente.

Gesù, prima di svelare la natura del suo messianismo, esige che i discepoli esprimano, attraverso due tappe, una posizione personale nei suoi confronti: abbandono delle opinioni popolari, che lo identificano con Giovanni, con Elia o con uno dei profeti (Ἰωάννην τὸν βαπτιστήν καὶ ἄλλοι, Ἠλίαν, ἄλλοι δὲ ὅτι εἷς τῶν προφητῶν: 8,28), e adesione personale come nella risposta di Pietro (Σὺ εἶ ὁ Χριστός: 8,29).

Si può osservare anche che Gesù non rivela mai espressamente la propria identità ai discepoli, ma procede per interrogazioni: evita di definire sé stesso[80] e desidera piuttosto che siano gli altri, in un percorso di ricerca personale e non di accoglienza passiva, a scoprire e ad esprimere il mistero della sua persona. Infatti, se si fosse autorivelato, avrebbe corso il rischio di raccogliere adesioni superficiali o di provocare l'automatismo delle ripetizioni, da cui, per es., era scaturita l'identificazione popolare con Elia.

L'accostamento ad un personaggio noto del passato era una soluzione superficiale al problema: Gesù richiede ai discepoli una risposta più profonda e con la sua domanda li guida al superamento del ristretto orizzonte popolare che lo assimilava al taumaturgo Elia.

L'intervento di Pietro, che proclama a nome di tutti che Gesù è il «Messia», attinge, anche se parzialmente, alla verità su Gesù (1,11; 9,7; 15,39) e nello stesso tempo prende le distanze da Elia[81]. Esso esprime qualcosa di nuovo rispetto al vecchio modo, tipico delle folle, di comprendere l'operato di Gesù sulla scia dei grandi personaggi veterotestamentari; la risposta di Gesù non conferma, né smentisce il titolo ὁ Χριστός, con cui il discepolo dimostra di aver definitivamente separato Gesù da Elia, ma è solo sospesa perché Gesù possa dare una risposta più aderente: l'annuncio della passione (8,31). Infatti la sua vera e completa identità si manifesterà alla fine, nella morte e nella resurrezione, e i discepoli potranno comprenderla soltanto alla luce della croce e non attraverso l'espediente dell'analogia con Elia. La storia di Cesarea di Filippo è uno «spartiacque» non solo fra le due parti del vangelo, ma anche fra coloro che riconoscono Gesù come il Cristo e coloro che lo associano ad Elia[82].

---

[80] W. KASPER, *Gesù*, 89.
[81] C. MAZZUCCO, *Lettura*, 98: «Il riconoscimento che Gesù è il Cristo segna il punto di arrivo della ricerca da parte della gente e dei discepoli che aveva caratterizzato tutta la prima parte del Vangelo».
[82] M.D. HOOKER, *The Gospel*, 203.

Con l'annuncio della passione e l'invito alla sequela, Gesù chiarisce il significato del titolo «Cristo» e inserisce la sua identità in una prospettiva futura, in cui è comunque esclusa qualsiasi analogia con figure storiche o attese da Israele, che non permette di cogliere e vivere a pieno una esperienza nuova. Gesù non rifiuta i titoli, ma li sospende e s'inoltra sulla via della sofferenza: non sono i titoli a condizionare la sua storia, ma è piuttosto la croce a dare loro spessore teologico. Il vero segreto dell'identità di Gesù è, quindi, il suo mistero di passione[83].

Escludendo che Gesù sia Elia (8,28), il tema cristologico si arricchisce di un nuovo elemento che chiarisce in parte la domanda costante di 4,41, «Chi è costui?»: Egli è l'unto (ὁ Χριστός: 8,29), il Figlio dell'uomo (τὸν υἱὸν τοῦ ἀνθρώπου: 8,31.38), il «Figlio di Dio» (ἐν τῇ δόξῃ τοῦ πατρὸς αὐτοῦ: 8,38)[84].

Solo dopo che i discepoli e i lettori[85], mediante la professione di fede di Pietro, hanno abbandonato l'identificazione con Elia, può essere intrapreso il viaggio verso Gerusalemme e, soprattutto, Gesù può cominciare a svelare la realtà dolorosa e gloriosa della sua identità[86].

4.3 *Elia appare con Gesù trasfigurato (Mc 9,2-13)*

4.3.1 L'apparizione di Elia e Mosè (Mc 9,4)

Sulla funzione e l'importanza dell'apparizione di Elia in Mc 9,4, attualmente non c'è consenso nella ricera esegetica[87]: diffusa è l'interpretazione della locuzione «Elia con Mosè» come rappresentanti dei Profeti e della Legge o come esseri celesti[88]. Ma tali soluzioni sono entrambe problematiche: in primo luogo la valenza simbolica di Elia quale rappresentante dei profeti non è dimostrabile[89]; in secondo luogo l'appari-

---

[83] J.D. KINGSBURY, *The Christology*, 148: «Destiny and identity are inextricably bound together».
[84] D. LÜHRMANN, *Das Markusevangelium*, 154.
[85] M.D. HOOKER, *The Gospel*, 203: i lettori del vangelo di Marco s'identificano nella confessione di Gesù come il Cristo, ma devono rendersi conto della divisione tra la loro comprensione e quella della maggior parte dei loro contemporanei, che ancora sono legati ad un'antica rappresentazione, quella con Elia.
[86] W. SCHMITHALS, *Das Evangelium*, I, 382.
[87] J.P. HEIL, *The Transfiguration*, 97; S. PELLEGRINI, *Elija*, 305.
[88] C. MAZZUCCO, *Lettura*, 102.
[89] S. PELLEGRINI, *Elija*, 305: «So kann die symbolische Wirkung des Elements 'Elija' nicht auf diesem Symbol (= Elija als Symbol des Prophetentums) beruhen». Già era stato suggerito da M.D. HOOKER, «What», 63, che «Moses is as much a representative of the prophets as is Elijah: indeed, in Jewish thought Moses is the prophet *par excellence*».

zione di Elia e Mosè come testimonianza della natura celeste della trasfigurazione sarebbe troppo debole, in quanto il rapimento di Mosè è una tradizione tardiva rispetto al NT e la voce divina proveniente dalla nube è senza dubbio una prova più autorevole di qualsiasi altra testimonianza celeste[90].

Inoltre non si può considerare la trasfigurazione come rapimento di Gesù nel mondo celeste mediante l'apparizione di Elia e Mosè[91], poiché non è Gesù ad essere assunto in cielo, ma è la gloria celeste che appare in lui e per mezzo di lui[92].

Tutte le altre interpretazioni, proposte per comprendere il significato di questa presenza nel racconto della trasfigurazione[93], trascurano la qualità della natura epifanica di Mosè ed Elia: essi appaiono sul monte come rappresentanti dei rapiti celesti e non come risorti. Infatti la modalità con cui questi profeti hanno ottenuto la gloria celeste dopo la loro vita terrena è diversa da quella di Gesù. Queste tre figure epifaniche, che sono accomunate dall'avere sperimentato opposizione, rifiuto e sofferenza da parte del popolo, hanno poi vissuto una fine diversa. Elia, sebbene rifiutato come profeta (1Re 19,14), non fu mai messo a morte, anzi con un carro fiammeggiante entrò direttamente nella gloria celeste (2Re 2,11)[94]. Ugualmente Mosè, secondo alcune tradizioni, non sperimentò la morte e fu rapito al cielo come Elia ed Enoch[95]. Contrariamente a Mosè ed Elia, Gesù otterrà la gloria celeste non sfuggendo alla morte, ma solo dopo la crocifissione e la resurrezione[96].

Quale interpretazione della trasfigurazione riesce a dare il lettore in possesso degli intertesti su Elia e delle informazioni ricevute in 8,27-33?

Egli conosce le due tradizioni letterarie sul destino di Elia: la persecuzione di Gezabele e il rapimento celeste. Il profeta, scampato al ten-

---

[90] S. Pellegrini, *Elija*, 315.
[91] D. Lührmann, *Das Markusevangelium*, 156.
[92] S. Pellegrini, *Elija*, 315.
[93] Per un'indagine sulle interpretazioni tradizionali dell'apparizione di Elia e Mosè in 9,4: M. Öhler, «Die Verklärung», 205 n. 26; S. Pellegrini, *Elija*, 305-306.314.
[94] D. Lührmann, *Das Markusevangelium*, 156: l'ascesa in cielo di Elia è motivata in 2Re 2,1-11.
[95] Sulla morte e assunzione di Mosè, J. Jeremias, «Μωϋσῆς», 783: «Accanto all'opinione dominante che Mosè morì, abbiamo l'altra, attestata più raramente, che egli venne rapito corporalmente in cielo». Cf. D. Lührmann, *Das Markusevangelium*, 157.
[96] M.E. Thrall, «Elijah», 314, rileva che Gesù otterrà la gloria celeste dopo la morte in maniera diversa da Mosè ed Elia, ma non precisa l'unicità di Cristo, che a differenza dei due profeti veterotestamentari sperimenta la morte come profeta rifiutato.

tativo di Gezabele di uccidere i profeti del Signore (1Re 18,4), afferma: אֲנִי נוֹתַרְתִּי נָבִיא לַיהוָה, «Profeta del Signore sono rimasto io solo» (1Re 18,22)[97]. Ma Gezabele giurò di ucciderlo, così che egli dovette fuggire nel deserto per salvarsi e poi sfinito pregò per la morte (1Re 19,2-4). Nonostante tutte le vicissitudini, però, Elia non subì la fine violenta dei profeti, perché Dio lo sollevò, con un turbine di vento, «nei cieli» (הַשָּׁמַיִם: 2Re 2,1).

Questa assunzione di Elia nella gloria celeste senza morire si prolunga nella tradizione veterotestamentaria di 1Mac 2,58 e Sir 48,9 e indubbiamente contribuì alla sua attesa in qualità di precursore dell'era finale[98].

Inoltre il lettore sa che Gesù in 8,31 ha già predetto le modalità della sua partecipazione alla gloria celeste: a differenza di Mosè ed Elia, Gesù, solo dopo aver vissuto la morte vergognosa di un profeta rifiutato, risorgerà gloriosamente (8,31)[99]. È questa, nella prospettiva di Marco, la distinzione cruciale tra Gesù e i due personaggi veterotestamentari di Mosè ed Elia.

Pietro, colpito dall'immagine della gloria, propone di fare tre tende per prolungare quel meraviglioso colloquio tra i tre: forse crede che siano arrivati i tempi messianici e che si stia preparando la restaurazione escatologica. Ma il commento dell'evangelista e il seguito del racconto mettono in luce il carattere illusorio delle parole di Pietro. Infatti egli, sebbene nomini per primo Gesù, tuttavia lo colloca sullo stesso livello di Mosè ed Elia[100]: non comprende che la trasfigurazione è solo un'anticipazione fuggevole della permanente gloria celeste che Gesù otterrà dopo la croce, la via predetta in 8,31. E interviene Dio stesso che, dopo aver proclamato la figliolanza divina di Gesù, invita i discepoli ad ascoltare le parole di Gesù sulla necessità della sua sofferenza e morte prima della resurrezione (8,31)[101]: se vogliono unirsi a lui nella gloria

---

[97] O.H. STECK, Überlieferung, 5-31; A. ROFÉ, Storie, 236.

[98] Ph. ABADIE, «Il rapimento», 34: «Col passare del tempo, il rapimento di Elia tende a fare di lui, in talune tradizioni ebraiche, un essere sempre più celeste, anzi angelico».

[99] D. LÜHRMANN, Das Markusevangelium, 156: «Jesus ja in 8,31 gesagt: nicht ein Aufenthalt in der göttlichen Sphäre, sondern Leiden und Tod und danach Auferstehung in diese göttliche Sphäre».

[100] Non solo, ma per D. LÜHRMANN, Das Markusevangelium, 155, Gesù fu trasfigurato con le stesse prerogative di Mosè ed Elia («gleichberechtigt mit Mose und Elia»).

[101] J.D. KINGSBURY, The Christology, 148.

celeste, essi devono saper distinguere Gesù, il figlio diletto di Dio, l'unico da ascoltare, da coloro che finora sono stati indiretti messaggeri della volontà divina, Elia e Mosè.

4.3.2 Elia e il Figlio dell'uomo (Mc 9,11-13)

Nel dialogo che si svolge durante la discesa dal monte emerge la volontà di Gesù di correggere le concezioni tradizionali e correnti sulla sua identità; egli, rinnovando il divieto di parlare prima della resurrezione (8,30; 9,9)[102], non fissa semplicemente un termine cronologico, ma mostra la chiave interpretativa della gloria della trasfigurazione: soltanto attraverso la croce e la resurrezione la gente riuscirà a capire chi è veramente Gesù[103].

Precisando che il segreto potrà essere svelato soltanto dopo la resurrezione, Marco intende spiegare che l'episodio della trasfigurazione non può essere compreso se non alla luce della gloria del risorto. Mentre i grandi profeti dell'AT, Elia e Mosè, furono elevati al cielo senza sperimentare la morte, Gesù, il figlio diletto, otterrà la gloria celeste, anticipata in modo istantaneo nella trasfigurazione, solo dopo la resurrezione dai morti. Infatti il lettore, che trascende la trama narrativa, sa che Elia fu rapito al cielo senza passare per il regno dei morti (2Re 2,11)[104]. I discepoli, però, rimangono perplessi di fronte a questa realtà del morire e del risorgere applicata al Messia, in quanto hanno visto che Gesù, trasfigurato gloriosamente in vita senza l'esperienza della morte, conversava con Mosè ed Elia (9,3-4), anch'essi esseri celesti gloriosi senza l'esperienza della morte.

Di conseguenza si domandano se sia necessario che Gesù, il «Figlio dell'uomo», risorga dai morti per ottenere la gloria celeste[105]. Il loro

---

[102] Questo obbligo del silenzio richiama altre raccomandazioni analoghe: Mc 1,34.44; 5,43; 7,36.

[103] R.H. GUNDRY, *Mark*, 482: «Jesus himself has already taught the others as well as the three about his death and resurrection (8:31)». Con la domanda di 9,11 i discepoli non comprendono ancora del tutto questo insegnamento cruciale di Gesù (Mc 8,32-33). In modo più preciso W.L. LANE, *The Gospel*, 323, puntualizza che la realtà dell'esaltazione di Gesù come Figlio trasfigurato sarà evidente quando verrà capito il significato della sua sofferenza.

[104] Il luogo sconosciuto della sepoltura di Mosè (Dt 34,6), J. JEREMIAS, «Μωϋσῆς», 780-785, «fornì un terreno fertile al nascere di molte leggende» che ne sostenevano l'assunzione alla gloria celeste al tempo della sua morte come un profeta venerabile (Dt 34,5-12) senza entrare nel regno dei morti. Cf. E. SCHÜRER – G. VERMES – F. MILLAR – M. BLACK, *Storia*, II, 604-605.

pensiero corre piuttosto all'idea della resurrezione che, attesa per la fine dei tempi, secondo le attese giudaiche sarebbe stata preannunciata dal ritorno di Elia, precursore della venuta definitiva del Signore (Ml 3,23-24; Sir 48,10). Perciò i discepoli, a causa della presenza di Elia nella visione, pensano che potrebbe essere giunto il momento di questa resurrezione finale e si meravigliano che Gesù debba morire e risorgere.

L'immagine gloriosa del Figlio dell'uomo trasfigurato urta con la realtà necessaria (δεῖ: 8,31) della passione e morte in croce. Il contrasto dei punti di vista è evidenziato dal parallelismo tra l'espressione dei discepoli, «Ἠλίαν δεῖ ἐλθεῖν πρῶτον» («bisogna che prima venga Elia»: 9,11), e quella di Gesù nell'annuncio della passione, «δεῖ τὸν υἱὸν τοῦ ἀνθρώπου πολλὰ παθεῖν καὶ ἀποδοκιμασθῆναι» («bisogna che il Figlio dell'uomo soffra molto e sia rifiutato»: 8,31).

La domanda dei discepoli sul ritorno di Elia sembra insinuare che egli sia già ritornato nell'evento epifanico della trasfigurazione non come un essere che deve provare la morte a cui fu sottratto nella sua prima venuta, ma come figura celeste. Allora, perché Gesù, anch'egli trasfigurato gloriosamente, deve morire e risorgere come il Figlio dell'uomo per inaugurare il tempo della resurrezione escatologica dei morti?

Ma il ricorso dei discepoli all'autorevole insegnamento degli Scribi, siccome relativizza la necessità divina della sofferenza di Gesù (8,31), è un motivo ironico per il lettore, che conosce la reazione degli ascoltatori di Gesù nella sinagoga di Cafarnao: «ἐξεπλήσσοντο ἐπὶ τῇ διδαχῇ αὐτοῦ ἦν γὰρ διδάσκων αὐτοὺς ὡς ἐξουσίαν ἔχων καὶ οὐχ ὡς οἱ γραμματεῖς» (1,22).

L'insegnamento degli Scribi rammenta al lettore l'attesa scritturistica che Elia, asceso al cielo senza morire (2Re 2,11), ritornerà prima che venga «il giorno del Signore» (Ml 3,23; Sir 48,10). Gesù non nega il valore di queste credenze, fondate del resto su profezie scritturistiche, ma fa presente che la Scrittura prevede anche un destino di sofferenza e di disprezzo per il Figlio dell'uomo; egli, riprendendo l'annuncio già fatto in 8,31 e riecheggiando i testi dei Salmi sul Giusto perseguitato (Sal 16,10; 49,6; 73,14) e di Isaia sul Servo sofferente (Is 42; 53)[106],

---

[105] Per W.L. LANE, *The Gospel*, 324, la sostanza della domanda dei discepoli è «What have death and resurrection to do with the Son of Man?».

[106] J. JEREMIAS, *Teologia*, I, 326-327; R. PESCH, *Il Vangelo*, II, 130: «Secondo la teologia della storia premarciana della passione, nel destino del Figlio dell'uomo si agganciano quello del Giusto sofferente, del Servo di Dio e del profeta escatologico. Secondo quanto devono attestare le numerose allusioni e citazioni della storia della

mostra che proprio queste profezie chiariscono il ruolo di Elia, che con la sua sofferenza anticipa il destino previsto per il Figlio dell'uomo[107].

Gesù in 9,12-13 afferma non solo che condividerà la sorte dell'Elia perseguitato (9,12a), ma che la sua morte sarà fondamentalmente diversa da quella del Battista (ἵνα πολλὰ πάθῃ καὶ ἐξουδενηθῇ), e questo proprio attraverso il ricorso a Is 53,3[108]. Anche la venuta di Elia nel Battista era già nella Scrittura, se nella tragica fine di quest'ultimo, in cui si è realizzato il compito elianico di precursore, si riconosce un'allusione alla persecuzione di Gezabele subíta da Elia (1Re 19,2.10)[109]. La risposta di Gesù in 9,12-13 demitizza l'attesa di Elia e la storicizza nella comparsa del Battista, il quale viene posto in una certa unità teologica con il destino di Gesù stesso[110].

In Marco l'attualizzazione semantica del ritorno di Elia in Giovanni (9,13) non segue né lo schema di promessa-compimento di una profezia, né quello di successione storica tra Giovanni e Gesù[111], ma è finalizzata a dimostrare che il tema di Elia quale *redivivus* o ripristinatore – al contrario di quanto sostenevano gli Scribi – era inadeguato alla comprensione della messianicità di Gesù.

Una semplice obiezione degli Scribi sul ritorno di Elia ha mostrato che i discepoli, nonostante sapessero che Gesù è l'Unto (8,29), il Figlio dell'uomo che va incontro alla sofferenza (8,31), il Figlio di Dio (8,38; 9,7), in fondo sono incapaci di comprenderne la legittimità cristologica[112].

Ma per una completa valutazione dell'identità di Gesù il lettore, a cui è ormai chiaro che Gesù è il Figlio di Dio e che Giovanni è Elia (1,1.2-3.6.11; 9,7.12-13), deve non solo rifiutare i tentativi degli Scribi o di altri gruppi giudaici di delegittimare Gesù come il Cristo, ma anche integrare le sue conoscenze con il mistero del Figlio dell'uomo che muore e risorge[113].

---

passione, la sofferenza e la resurrezione del Figlio dell'uomo (cfr. il v. 9) concordano con la Scrittura»; F. FORESTI, «Il rapimento», 272; L. GOPPELT, *Teologia*, I, 271; V. FUSCO, *Le prime comunità*, 117: «Nel racconto della passione la sorte di Gesù è interpretata con i Salmi del giusto sofferente (Mc 15,24; cf. Sal 22,18; Mc 15,29; cf. Sal 22,7; Mc 15,34; cf. Sal 22,1; Mc 15,36; cf. Sal 69,1): in tal modo si mette in luce l'innocenza di Gesù ma non il valore salvifico della sua morte». G. SEGALLA, *La cristologia*, 56.

[107] M. HORSTMANN, *Studien*, 135.
[108] J. JEREMIAS, *Teologia*, I, 327.337: il riferimento a Is 53 si fonda sul testo ebraico.
[109] M.D. HOOKER, «What», 68. Di parere diverso è J. MARCUS, «Mark 9,11-13», 45-46.
[110] H. HÜBNER, *Teologia*, III, 96.
[111] S. PELLEGRINI, *Elija*, 234.
[112] D. LÜHRMANN, *Das Markusevangelium*, 159.
[113] F.J. MATERA, «The Prologue», 12-13.

4.4 Elia e il Gesù crocifisso (Mc 15,33-39)

Grazie all'accorta regia dell'evangelista, il momento della morte di Gesù costituisce il culmine di tutto il vangelo, il punto in cui tutti i vari fili tematici riguardanti Elia trovano una soluzione definitiva nella morte in croce, che dà luogo alla rivelazione più completa su Gesù[114] e sulla sua missione.

La figura di Elia è un elemento caratterizzante della seconda parte del vangelo: compare all'inizio del cammino verso la croce (8,27-30), nella trasfigurazione (9,2-8) e nel dialogo che segue la discesa dal monte (9,11-13), dove Gesù ha messo in parallelo il destino di sofferenza di Elia con quello del Figlio dell'uomo (9,12); infine riemerge al momento della crocifissione e morte (15,34-37), quando le parole che sulla croce Gesù rivolge (15,34) non più agli uomini, ma a Dio sono messe in relazione con il potente profeta (15,35-36). Gesù muore e invoca Dio che lo ha destinato al dolore.

Fra i vv. 34 e 37 Marco inserisce l'appello ad Elia, soccorritore nelle necessità, proprio nel preciso istante della morte di Cristo, cioè quando Marco e il lettore sono concentrati sul momento più drammatico della sua vita.

Le parole di Gesù sono citate in aramaico, sebbene la confusione con il nome di Elia sia possibile solo in ebraico[115]. Il fraintendimento di questo grido come un ultimo appello a Elia attesta che i presenti ignorano le informazioni su Gesù fornite da Marco nel prologo. Infatti, mentre per il lettore è chiaro che Gesù non sta chiamando Elia (il quale è già venuto nella persona di Giovanni Battista), gli astanti fraintendono il grido poiché non conoscono la giusta relazione tra il Battista (l'Elia redivivus) e Gesù[116]. Questa invocazione, basata sulla tradizione che Elia, rapito in cielo alla fine della vita, sarebbe accorso in aiuto del giusto in tempo di bisogno, può essere interpretata come un atto di scherno: nel momento estremo, quando Dio sembra averlo abbandonato, Gesù non riceve aiuto, ma è schernito dall'offerta dei suoi nemici di un falso conforto[117]. Elia è già venuto, è stato disprezzato e messo a morte (9,12-13): come può, dunque, tornare per l'ennesima volta e aiutare Gesù?

---

[114] J.-N. ALETTI, *Gesù Cristo*, 187-188: in Marco «la croce ha una forza rivelatrice che non ha negli altri due sinottici; è alla vista del come Gesù muore che il centurione dice di lui: "Veramente quest'uomo era il Figlio di Dio (Mc 15,39). Sulla croce, infatti, egli si rivela (o è rivelato) veramente e definitivamente come tale"».

[115] D. LÜHRMANN, *Das Markusevangelium*, 263; M.D. HOOKER, *The Gospel*, 376.

[116] F.J. MATERA, «The Prologue», 14.

[117] M.D. HOOKER, *The Gospel*, 377.

Gesù, mentre in 15,1-20b subisce passivamente le azioni altrui (ἐξάγουσιν αὐτὸν ἵνα σταυρώσωσιν αὐτόν: 15,20; σταυροῦσιν αὐτόν :15,24; ἐβλασφήμουν αὐτόν: 15,29; ὠνείδιζον αὐτόν: 15,32; ἐπότιζεν αὐτόν: 15,36), in questo contesto in cui è presente Elia ritorna un soggetto attivo: rifiuta l'aceto[118], grida ed emette lo spirito (15,34.37).

Marco, nel tentativo di far emergere la centralità di Gesù, utilizza l'espediente letterario dei contrasti: alla profonda intimità che lega Gesù al Padre attraverso l'invocazione abbà (14,36)[119] o l'accorato grido «Ὁ θεός μου ὁ θεός μου» (15,34), viene contrapposta la possibilità d'invocare Elia. Il lettore sa che Gesù precedentemente nel Getsemani, in un momento d'angoscia davanti alla morte, aveva chiesto al Padre di liberarlo dal calice amaro. La speranza in un intevento di Elia è ingiustificata, perché per Marco la relazione di Gesù con il profeta di Tisbe si è definita in quella con Giovanni: Elia, il precursore, è subordinato al «più forte» e perciò non è in grado di salvarlo o liberarlo. È evidente che, per il rapporto unico e privilegiato di Gesù con il Padre, il grido sulla croce non poteva in alcun modo essere frainteso e quindi rivolto a Elia.

Gesù, che non rifiuta esplicitamente l'aceto offertogli, sembra voler assaporare fino in fondo «l'amaro calice»: questo gesto[120], se per i presenti è finalizzato a prolungarne l'agonia per dare ad Elia la possibilità di intervenire, per Gesù coincide col momento della sua morte.

Il pensiero dominante che gravita intorno a Gesù è l'apparente inconciliabilità della salvezza con la croce e la morte, che sarebbero prova dell'impotenza di Gesù: perciò i presenti lo sfidano a dimostrare un suo eventuale potere attraverso l'intervento di Elia, colui che secondo le convinzioni condivise dai discepoli avrebbe potuto preparare la strada al Messia (9,11-12); tuttavia il loro tono di scherno fa intendere che essi non credono affatto che Gesù abbia questi poteri.

Gesù aveva risposto già in precedenza ai tentatori che stanno intorno alla croce: aveva insegnato, alludendo al Battista e alla sua morte, che Elia era già venuto e aveva svolto la sua missione di precursore del Figlio dell'uomo, destinato a patire e ad essere disprezzato (9,12-13). Per-

---

[118] In Mc 15,37a il δὲ avversativo fa ritenere che Gesù abbia rifiutato l'aceto.

[119] J. JEREMIAS, *Teologia*, 83; G. SEGALLA, *La cristologia*, 71; L. GOPPELT, *Teologia*, I, 275: «Se Gesù la usa nei confronti di Dio, egli manifesta in tal modo un rapporto di unione e di abbandono, caratterizzato da una familiarità unica».

[120] K. BROWER, «Elijah», 93, ha riconosciuto che l'offerta del vino e l'incomprensione del vino non sono elementi periferici, ma pertinenti al tema dominante della croce.

ciò ora non risponde più con le parole, ma restando sulla croce con il suo patire e il suo morire[121].

Il mancato intervento di Elia è in sintonia con la volontà divina e con la scelta di Gesù che dalla sua non salvezza (l'ironia di 15,31) scaturisca la salvezza per gli altri.

L'ironia suprema in tutto il contesto di 15,33-39 va al di là del semplice fraintendimento: le folle e i discepoli non solo non comprendono il vero corso del dramma messianico, ma non riescono a vedere che il compito di Elia come profeta escatologico che deve venire prima del giorno del Signore (Ml 3,1.23) si è storicizzato nel Battista. Secondo Marco, il giorno del Signore è arrivato con la croce di Gesù, e non preparato da Elia e da Giovanni Battista; quindi la funzione di Elia (ἀποκαθιστάνει πάντα: 9,12) nel dramma messianico è stata completata dalla croce di Gesù. È chiaro che in Mc 9,12, nonostante la mancanza di riferimenti diretti, il profeta Elia, così come il Figlio dell'uomo, includa il tema del giusto sofferente. Tanto il martirio di Giovanni Battista quanto la passione di Gesù sono caratterizzati dagli stessi elementi di sofferenza dei Giusti dell'AT, che danno un nuovo contenuto ai ruoli del precursore e del Messia. Tuttavia per Marco il ruolo del Battista non è così significativo come quello di Gesù[122].

Il ruolo di Elia come giusto sofferente, completato nella sofferenza del Battista, è stato però evidentemente preparatorio e subordinato a quello di Gesù. Non si esclude che l'inserimento del motivo elianico in questo apogeo tematico del vangelo voglia dimostrare che Gesù sia un giusto sofferente: in 15,33-39 Gesù non viene salvato da Elia non perché non sia giusto, ma perché il ruolo di Elia si era ormai realizzato in Giovanni[123].

A differenza della proclamazione fatta da Dio e indirizzata al Figlio (1,11) oppure agli ascoltatori (9,7), in 15,39 è un uomo ad usare l'appellativo Figlio di Dio[124] e non è un caso che sia proprio un pagano. Il lettore comprende che la confessione del centurione è un punto di svol-

---

[121] C. MAZZUCCO, *Lettura*, 175.
[122] K. BROWER, «Elijah», 95.
[123] K. BROWER, «Elijah», 95.
[124] N. PERRIN, «The Christology», 480; J.D. KINGSBURY, *The Christology*, 152, l'acclamazione del centurione, (Ἀληθῶς οὗτος ὁ ἄνθρωπὸ υἱὸς θεοῦ ἦν), insieme alle dichiarazioni di Dio nel battesimo (1,11) e nella trasfigurazione (9,7) costituiscono le asserzioni (statements) cristologiche fondamentali del vangelo di Marco; M. TRIMAILLE, *La Christologie*, 156: «Le centurion ne fait que reprendre ce que Dieu avait formulé lui-même, car sa confession de foi est la reprise, à la troisième personne, de ce que Dieu avait dit: "Tu es mon Fils Bien-aimé!" et qu'il a répété aux trois disciples sous la nuée».

ta cruciale nel vangelo marciano: un essere umano giunge ad una comprensione profonda dell'identità di Gesù[125], che può essere riconosciuto come Figlio solo dopo la morte.

Sia in Mc 6,14-16 sia in 8,27-30 la relazione tra Elia e Gesù, pur avendo funzioni diverse, è finalizzata al tentativo dell'evangelista di respingere le identificazioni popolari tra i due soggetti (6,15; 8,28).

Nel contesto della trasfigurazione (9,4.12) l'apparizione di Elia con Gesù e il loro dialogo non ne giustificano l'equiparazione, poiché solo Gesù è la figura decisiva da ascoltare (9,7).

D'altro canto soltanto nella scena della croce (15,35-36) Elia appare in veste di soccorritore dell'individuo in estrema difficoltà[126], ma il suo mancato intervento sembra rafforzare il sospetto degli astanti che Gesù non sia il Messia, il Giusto sofferente, e che di conseguenza il compito di Elia come precursore non si sia completamente compiuto. Marco potrebbe aver lasciato implicita l'equazione tra Elia e Giovanni affinché l'immagine del Figlio di Dio sofferente appaia in tutta la sua drammaticità.

La cristologia marciana, quindi, non ritiene esatta l'identificazione di Gesù con Elia, dato che è stato già affermato implicitamente in 1,1-13 e confermato in 9,4.11-13 e in 15,35 che l'Elia redivivus è Giovanni Battista[127].

5. L'attesa di Elia

5.1 *Il ritorno di Elia e la venuta del Messia*

La tradizione del ritorno di Elia aveva certamente un ruolo importante nelle attese escatologiche giudaiche[128] ed era già nota nel 1° sec.,

---

[125] F.J. MATERA, «The Prologue», 9: «[...] most would concur that Peter's confession at Caesarea Philippi and the centurion's confession at the cross are major turning points in the narrative. At both moments human characters within the narrative come to a deeper understanding of Jesus' identity: he is the Messiah (8.29); he was God's Son (15.39)»; J.D. KINGSBURY, *The Christology*, 153.

[126] K. BROWER, «Elijah», 91: senza la circolazione di una leggenda di Elia che lo rappresentava come il protettore e liberatore del Giusto, sarebbe stato impossibile includere una tale incomprensione nel contesto di 15,33-39; G. ROSSÉ, *Il grido*, 79: un tema simile è completamente estraneo alla visione cristiana, e questo gioca in favore della sua autenticità.

[127] D. LÜHRMANN, *Das Markusevangelium*, 115.

[128] E. SCHILLEBEECKX, *Gesù*, 468-471: nel giudaismo ufficiale dell'epoca di Gesù e del NT alcune correnti popolari, ispirate ad antichi testi profetici, attendevano l'avvento di una figura salvifica; queste speranze presero diverse forme, alcune sulla linea del messianismo davidico (Is 11,1-2) altre sulla linea del profetismo da cui, successivamente, si svilupperà l'attesa di un «profeta escatologico» venturo. Poichè l'immagi-

dato che rimandava a Ml 3,1.23-24: il profeta redivivus viene prima del giorno del Signore ed è considerato come l'araldo del Messia, che opererà come inviato di Dio.

L'ipotesi esegetica, che per lungo tempo ha intravisto una connessione tra il ritorno di Elia e la venuta del Messia[129], non era supportata dalla certezza che l'idea di un Elia precursore del Messia fosse nota e accettata dal giudaismo del 1° sec.[130]. Inoltre, poiché l'aspettativa elianica degli Scribi non è facilmente riscontrabile nei documenti della letteratura intertestamentaria[131], risulta probabile che i cristiani abbiano creato il tema dell'Elia precursore[132].

5.1.1 Elia, il precursore del Messia, un novum di Marco?

Una serie di domande sono state sollevate dalla ricerca sull'attesa di Elia come precursore del Messia[133]: era una creazione dei cristiani? Co-

---

ne di queste varie figure escatologiche non è sempre chiara, si risveglia il desiderio di un grandioso intervento divino. Queste attese fioriscono soprattutto intorno al 50 a.C. e nella seconda metà del 1° sec. d.C. e dopo il 70 tornano in auge gli scritti apocalittici. Tale letteratura è preceduta da una profezia di Malachia, una raccolta anch'essa anonima. Nell'AT l'Elia *redivivus* è annunciato come il profeta dell'epoca finale: Ml 3,1.23.24; Sir 48, 10-11. All'interno di tutta questa letteratura si predilige l'immagine di Elia come salvatore, considerato il precursore non del Messia escatologico, ma dello stesso Dio. Come precursore della figura messianica di salvezza o dell'avvento della sovranità escatologica di Dio, nel giudaismo ci sono due tipologie di profeta escatologico: il messaggero del «giorno di Dio», cioè del giudizio (Ml 3,1), presto identificato con «l'Elia *redivivus*» (Ml 3,23.24) e un «profeta pari a Mosè» (esegesi giudaica di Dt 18,15-19); tuttavia la distinzione di contenuto tra i due personaggi è molto vaga.

[129] J. JEREMIAS, «'Ηλ(ε)ίας», 75: «Che tuttavia Elia fosse atteso anche da solo come precursore del Messia, ci è attestato da Giustino (*Dial.* 8,4; 49,1) e da numerose indicazioni rabbiniche». Per i sostenitori di questa ipotesi e la problematica metodologica che ne segue, cf.: M.M. FAIERSTEIN, «Why do», 75; S. PELLEGRINI, *Elija*, 230: «In der damaligen kulturellen Enzyklopädie habe das Schema existiert, daß Elija vor dem Messias wiederkommen werdw, 'um alles wiederherzustellen».

[130] M.M. FAIERSTEIN, «Why do», 75. Precedentemente J.A.T. ROBINSON, «Elijah», 264, ipotizzava che Elia fu compreso da Giovanni e dagli evangelisti come il precursore del Messia: «We assume that all along John has been introduced into the story as Elijah, the forerunner of the Messiah, that he was taken for Elijah and regarded himself as Elijah». Sulla stessa linea W. WINK, *John*, 28: la figura di Giovanni Battista sarà compresa sulla base dell'idea messianica del giudaismo che attendeva Elia come precursore del Messia.

[131] L'unica prova solida potrebbe essere contenuta in *Er* 43 -b, ma si tratta di una testimonianza tardiva degli inizi del 3° sec. d.C.

[132] D.C. ALLISON, «Elijah», 258.

[133] M. ÖHLER, *Elia*, 30.

sa intendevano i discepoli appellandosi all'opinione degli Scribi in Mc 9,11? Quale importanza attribuiva la comunità primitiva all'attesa di Elia e come la interpretava?

L'analisi della letteratura intertestamentaria svolta nel precedente capitolo non ha trovato riscontri per l'attesa di Elia quale precursore del Messia al di fuori del NT: l'attesa di Elia è testimoniata solo in riferimento alla venuta di Jhwh o del giorno grande e terribile previsto da Ml 3,23.

La promessa del messaggero Elia, un tempo rivolta a Israele (Ml 3,1.23), non fu annullata dalla cristologia primitiva, ma trasformata in un'allocuzione al Messia: in questa forma la troviamo in Mc 1,2, dove il richiamo a Is 40,3 fa passare l'attesa del messaggero elianico in secondo piano rispetto al ruolo[134]. Da un punto di vista cristiano, il cambiamento del destinatario, da Israele al Messia, comportò la sostituzione del ruolo escatologico di Elia come ripristinatore (Ml 3,1.23) con quello di precursore del giorno di Jhwh. Questo orientamento potrebbe emergere dalla strategia marciana di stabilire un legame tra il Battista ed Elia attraverso Ml 3,1, dove prevale l'interesse per il ruolo di precursore escatologico, e non attraverso Ml 3,23, dove è piuttosto sottolineata l'apocatastasi di Elia. Alcuni ritengono che la preferenza marciana per l'aspetto di messaggero (Ml 3,1) tenti di far intravedere al lettore, nell'ἀρχὴ τοῦ εὐαγγελίου Ἰησοῦ Χριστοῦ, un cambiamento delle attese escatologiche nutrite dal popolo: Giovanni è l'Elia che prepara la via, e non il glorioso *redivivus*[135]. Così il ritorno di Elia slitta dal giorno del Signore all'avvento di Gesù, il cui precursore è stato Giovanni Battista.

Il processo di selezione marciana riguardo ai testi di Ml 3,1 e 2Re 1,8 (che riguardano il ruolo elianico di precursore della via del Signore, a differenza di Ml 3,23 e Sir 48,10, che enfatizzano quello escatologico di ripristinatore) e quello di interpretazione della tradizione attestata solo al termine dell'epoca veterotestamentaria vengono riletti nel Battista che assume il ruolo elianico di precursore. La tradizione dell'attesa di Elia, quindi, è un insieme compatto che permane sino alle soglie del NT e sperimenta un processo di crescita che va dai semi veterotestamentari (2Re 2,1.11: il rapimento di Elia in cielo) fino alla fioritura neotestamentaria, il «*telos* dell'evoluzione»[136]. Questa tradizione, che

---

[134] M. ÖHLER, *Elia*, 33-34.
[135] S. PELLEGRINI, *Elija*, 221.
[136] E. ZENGER, *Il Primo Testamento*, 151. V. FUSCO, *Le prime comunità*, 104, esclude che il processo di reinterpretazione neotestamentaria delle categorie dell'AT (tra cui l'attesa di Elia) si sia concluso «nell'insegnamento prepasquale, di modo che i

affonda le sue radici in una formazione tradizionale viva, è strettamente biblica, e non intertestamentaria. È significativo che la tradizione veterotestamentaria dell'attesa di Elia si sia conclusa nella comparsa del Battista[137]. Ma, se quest'ultimo partecipa nella storia di Gesù non come l'Elia *redivivus*, quale funzione ricoprono le caratteristiche elianiche nella descrizione di Giovanni e nella trama del vangelo?

Marco stesso fa chiaramente uso di questa tradizione: nella risposta di Gesù ai discepoli (9,12), la promessa profetica del ritorno di Elia non è orientata verso un avvenimento futuro, prima dell'avvento di Dio, ma viene ora riferita ad una persona storica e al suo destino[138].

Inoltre, attraverso l'affermazione «Elia è già venuto, ma hanno fatto di lui quello che hanno voluto», a nostro avviso Marco reinterpreta Elia come precursore del Messia sofferente[139]: non esclude che un precursore, l'Elia *redivivus*, preceda il Messia, ma lo considera nell'ottica di un'altra attesa, quella del Figlio dell'uomo che dovrà soffrire ed essere disprezzato. Quindi la natura del precursore Elia-Giovanni Battista viene decisamente qualificata in base alla via del Messia che, prima di entrare nella gloria, deve percorrere il cammino della croce[140]. Il dogma scritturistico del ritorno di Elia viene interpretato non come un tassello del *continuum* storico della sofferenza del Figlio dell'uomo, ma attraverso la lente del Messia crocifisso.

Il tema del ritorno di Elia appare anche nel contesto immediatamente precedente alla trasfigurazione (8,27-30), in cui i discepoli, interrogati da Gesù, rispondono che la gente lo identifica anche con Elia (lo stesso riferimento era apparso in 6,5). È chiaro che Marco desidera che i suoi lettori rigettino questa risposta come errata. Gesù non è l'Elia *redivivus* che prepara la via del Signore: dopo l'accenno nei primi versetti del vangelo, in 9,13 sarà chiarito che questo è il ruolo di Giovanni. Marco ha così legato la sua narrazione alla speranza del ritorno di Elia, speran-

---

discepoli lo avrebbero ricevuto già bello e fatto, e il corso degli eventi successivi non abbia portato loro null'altro che una conferma. Se così fosse, infatti, come spiegare che nella comunità postpasquale i vari elementi non si presentano collegati sin dall'inizio in un quadro coerente e unitario?».

[137] Tale problematica della continuità organica tra l'AT e il NT è stata oggetto di indagine di H. Gese, *Vom Sinai*, 14.

[138] S. Pellegrini, *Elija*, 232.

[139] M. Öhler, *Elia*, 46: «Die Eliaerwartung wird von Mk dahingehend ausgelegt, daß Elia als Johannes der Täufer bereits gekommen ist, aber – wie es dem Menschensohn bevorsteht – getötet wurde. Sein Leiden kündigt das Schcksal Jesu an».

[140] J. Marcus, «Mark 9,11-13», 55.

za che egli vede soddisfatta nel Battista, tramite il quale Elia è presente in questo vangelo come precursore di Gesù, come colui che gli prepara la via e ne testimonia la superiorità[141].

Secondo l'opinione più diffusa, il tema del ritorno di Elia come precursore del Messia sarebbe stato già noto nel giudaismo del 1° sec. e avrebbe influenzato la narrazione di Marco[142], che lo ha ripreso in 9,11. Ma tale attesa non è attestata nel giudaismo prima del cristianesimo. È vero che in Ml 3,1.23-24 Elia è presentato come profeta escatologico legato al Messia, ma non come suo precursore; inoltre il «resuscitare dai morti» (Mc 9,9) riguarda le storie di Elia e non un re messianico o davidico[143]. Di conseguenza la domanda dei discepoli potrebbe avere questo significato: «Se il Messia è già qui, perché gli Scribi attendono che prima venga Elia?». L'indicazione temporale di Marco, πρῶτον (9,11), non ha un senso meramente cronologico come in Malachia («prima del giorno del Signore», cioè prima del giorno del giudizio e della resurrezione dai morti), ma teologico. Sarebbe opportuno, allora, mettere in relazione la domanda dei discepoli (9,11) con l'ordine di segretezza (9,9): perché fino alla resurrezione devono custodire nel silenzio ciò che hanno visto, se Elia (apparso sulla montagna) dovrà comparire pubblicamente prima del giorno finale, come dicono gli Scribi?

La risposta di Gesù è ancora più enigmatica perché sposta il contenuto della domanda da un motivo cronologico alla necessità di mettere in relazione la venuta di Elia con la sofferenza e resurrezione del Figlio dell'uomo, temi che vengono collegati perché l'accoglienza riservata ad Elia prefigura quella del Figlio dell'uomo. La logica di questa risposta sembra essere la seguente: «Sì, prima deve venire Elia per ristabilire ogni cosa – che, infatti, è già venuto nel Battista – e guardate che cosa gli è successo! Gli hanno fatto quello che hanno voluto[144], come sta scritto di lui; anche del Figlio dell'uomo è scritto che deve soffrire molto ed essere disprezzato»[145]. Tuttavia in queste parole risulta problematica

---

[141] M.D. HOOKER, «What Doest», 61-62.

[142] M.D. HOOKER, *The Gospel*, 35.

[143] R. PENNA, *I ritratti*, I, 65.

[144] L'assenza nell'AT di una profezia sulle sofferenze di Elia ritornato rende problematico il senso del v. 13. Verosimilmente il riferimento potrebbe riguardare l'attentato alla vita di Elia narrato in 1Re 19,1-3: Erodiade è riuscita a fare al secondo Elia ciò che Gezabele tentò di fare al primo.

[145] Nell'AT non c'è nessuna profezia diretta né sulle sofferenze del Figlio dell'uomo, né su quelle di Elia; forse essa è contenuta, implicitamente, nella descrizione delle sofferenze del resto di Israele in Dn 7.

l'affermazione del ruolo di Elia come ripristinatore (ἀποκαθιστάνει πάντα: 9,12a): si può dire altrettanto di Giovanni il Battista?

In Mc 1,2-8 Giovanni appare come colui che ha portato a termine con successo la sua missione, dato che tutti in Giudea e in Galilea si recavano da lui per confessare i peccati e farsi battezzare: il compito del nuovo Elia era compiuto ed ogni cosa messa in ordine[146]. Anche se Marco non fa un'equiparazione esplicita tra Giovanni ed Elia, il lettore comprende che nel ministero del primo si compie il ruolo elianico di messaggero (1,2-3) e di ripristinatore escatologico (Ml 3,1.23-24).

Forse in tal modo Marco cerca di dare una attualizzazione cristologica alla tesi degli Scribi sul ritorno di Elia, tema radicato nella tradizione giudaica: l'attesa di Elia non ha più senso perché superata con la venuta del Figlio dell'uomo[147].

La questione dell'erronea attesa popolare di un Elia *redivivus*, identificato con Gesù, già presente nella prima parte del vangelo Marco si ripresenta all'inizio della seconda, dopo il riconoscimento di Gesù come Cristo (8,29) e Figlio dell'uomo (8,31): quale compimento trova la quasi-dogmatica attesa di Elia[148]? Per porre fine ad ogni ulteriore aspettativa elianica, Marco aveva già utilizzato la tradizionale identificazione del Battista con Elia, come risulta evidente dalla citazione in 1,2 e dal particolare dell'abito in 1,6. In 9,11-13, invece, compie un percorso interpretativo dell'attesa di Elia: il grande profeta è già venuto nella figura storica di Giovanni Battista, il cui destino di sofferenza preannuncia la sorte che incombe sul Figlio dell'uomo.

Dall'analisi dei contesti marciani in cui compare Elia emerge che il suo ruolo profetico era molto importante nella comunità di Marco e che

---

[146] K. BROWER, «Elijah», 87: «An even more convincing hint of the link between the Baptist and Elijah occurs in the apparently hyperbolic statement in Mark 1:5 when compared with 9:12. In 1:5 Mark has 'all the country of Judea, and all the people of Jerusalem' going to be baptized by John in the Jordan. Only when used in the light of 9:12 does Mark's apparent hyperbole appear in its fuller significance: all came to be baptized because the Baptist is to fulfil Elijah'a role as the restorer of all things».

[147] J. GNILKA, *Marco*, 485: «Si tratta di una disputa nella comunità»; G. DAUTZENBERG, «Elija», 1085: «Daß hier ähnlich wie in 6,14b-15 und 8,27f ein Gemeindeproblem zur Sprache Kommt, dessen überholte und daher abgelehnte Fassung den »Schriftgelehrten« zugewiesen wird»; R. PESCH, *Il Vangelo*, II, 128: «Il narratore ci presenta probabilmente una discussione imperniata sulla risurrezione dai morti in riferimento a Gesù, il Figlio dell'uomo, e sul suo rapporto con Elia. Ce lo suggerisce la domanda del v. 11, che tuttavia va immaginata anche come prodotto della discussione»; C.S. MANN, *Mark*, 362.

[148] G. DAUTZENBERG, «Elija», 1086.

la sua attesa neccessitava di un'integrazione nella prospettiva finale cristiana[149]. Perciò Marco ha proposto delle soluzioni ermeneutiche significative, innanzitutto storicizzando l'attesa di Elia attraverso le parole di Gesù stesso (9,13)[150]. Sembra che l'iniziale identificazione del Battista con Elia non sia stata sufficiente a confutare un'ulteriore attesa di Elia (1,2-8). Alcuni ipotizzano, sulla base di alcuni elementi del vangelo di Marco, che questa identificazione risalga alla tradizione premarciana[151]: difatti la descrizione del Battista (Mc 1,6) rimanda ad Elia[152] e il racconto della sua morte (6,17.29) lo mette in relazione con il destino di Elia.

In ogni modo Marco intende rispondere alla domanda sul ritorno di Elia, divenuta ormai impellente nella sua comunità e scaturita per alcuni da una polemica giudaica, secondo cui il Regno di Dio non poteva essere assolutamente venuto, in quanto Elia non era ancora tornato[153]. Ne sono fautori gli Scribi, probabilmente contrari alla legittimazione cristologica di Gesù[154].

In definitiva la domanda sull'identificazione dell'Elia *redivivus* riceve una risposta in 9,11.13, dove l'idea marciana del compimento dell'attesa di Elia in Giovanni si contrappone a quella del giudaismo che, eliminato il precursore elianico Giovanni, aspettava ancora l'apocatastasi di Elia. Perciò in 9,13 la risposta di Gesù diviene una testimonianza scritta, un *dogma* che per la chiesa primitiva sostituisce l'inse-

---

[149] G. DAUTZENBERG, «Elija», 1088.

[150] H. HÜBNER, *Teologia*, 96: «Questo mito [del ritorno di Elia], giacché il ritorno di Elia è identificato con la comparsa storica della figura del Battista, che nel frattempo è avvenuta, viene *storicizzato* e appunto in questa storicizzazione è posto in una certa unità teologica col destino storico di Gesù»; S. PELLEGRINI, *Elija*, 232: «Für Mk zielt die Elija-verheißung nicht mehr auf ein in der Ferne liegendes eschatologisches Ereignis, auf das Kommen des Elija, bevor Gott selbst zum Endgericht erscheint; sondern diese eschatologische Verheißung ist *historisiert*».

[151] W. WINK, *John*, 2-3.

[152] W. GRUNDMANN, *Das Evangelium*, 128.

[153] J.M. NÜTZEL, *Die Verklärungserzählung*, 261: «Das Eliagespräch hat seinen Sitz im Leben der Gemeinde wahrscheinlich in der antijüdischen Polemik. Die Christen verteidigen sich gegen den Einwand, die Gottesherrschaft könne noch gar nicht gekommen sein und auch nicht so schnell kommen, da Elia noch nicht dagewesen sei. Gleichzeitig wenden sie die Eliaewartung gegen die jüdischen Gegner selbst. Dabei stellt sich allerdings die Frage, wer denn mit dem bereits gekommenen Elia gemeint sein könnte. Hier bietet sich eigentlich nur die Gestalt des Täufers an». Per D. LÜHRMANN, *Das Markusevangelium*, 157, in 9,11-13 si tratta della discussione di un problema dogmatico che viene portato alla luce tramite un insegnamento degli Scribi.

[154] D. LÜHRMANN, *Das Markusevangelium*, 157.

gnamento degli Scribi[155]: Giovanni il Battista era l'Elia *redivivus*[156]. Infine, mediante l'identificazione di Elia con il Battista, precursore di Gesù, all'interrogativo iniziale si risponde che effettivamente Elia come precursore del Messia è un *novum* di Marco. Così l'antica attesa giudaica di Elia riceve una connotazione messianica: Elia non è più una figura escatologica indipendente[157], ma, come Giovanni, nella prospettiva marciana riceve la sua importanza unicamente in relazione al Messia.

A ragione si può definire il vangelo di Marco «eminentemente ermeneutico», in quanto ha dato una lettura cristologica dell'Elia *redivivus*: la promessa scritturistica del messaggero elianico, che si realizza nella comparsa del Battista, era orientata verso Gesù[158].

6. Tipologia di Elia in Marco

La tipologia elianica nel vangelo di Marco, sebbene sia stata riconosciuta da molti esegeti, non è stata ancora adeguatamente studiata a partire dagli elementi letterari del testo[159]. La nostra ricerca ha evidenziato che essa esercita nel racconto marciano un'influenza a due livelli: da un lato l'attribuzione al Battista di tratti elianici; dall'altro la relazione tra i miracoli operati da Gesù e l'attività taumaturgica di Elia.

Perciò il ricorso alle Scritture è stato indubbiamente la prima e fondamentale forma di riflessione teologica dell'evangelista Marco: la nostra analisi esegetica ha rilevato il progressivo estendersi, in tutto l'arco del vangelo, del processo di lettura delle antiche tradizioni elianiche alla luce di Gesù e parallelamente della figura di Gesù alla luce dell'AT[160]. Infatti la sua morte e la sua resurrezione sono il vero *incipit* da cui si è sviluppata, a ritroso, la trama narrativa e teologica dei vangeli, at-

---

[155] W. WINK, *John*, 31; J. ERNST, *Johannes*, 6: «Markus illustriert am Beispiel des Johannes erzählend das Dogma des Elias *redivivus*».

[156] D. LÜHRMANN, *Das Markusevangelium*, 34: «Daß jedenfalls Mk den Täufer als den Elia von Mal 3,1.23f verstanden wissen will, ergit sich aus 9,11-13».

[157] M. ÖHLER, *Elia*, 291.

[158] M.D. HOOKER, «What Doest», 67: «The coming of John fulfilled the prophecies that God would send a messenger to "prepare the way of the Lord"».

[159] L'uso marciano della tipologia elianica è emersa più volte nella nostra analisi esegetica dei contesti di Marco: cf. pp. 113.126-128.137.214-216.

[160] J.-N. ALETTI, *Gesù Cristo*, 157: alcuni aspetti dell'identità di Gesù «acquistano la loro importanza solo se messi in rapporto con certi passi veterotestamentari», senza che questi si applichino direttamente a Gesù.

traverso la passione, la predicazione, i miracoli, e così via. Contemporaneamente venivano selezionati i testi veterotestamentari utili alla comprensione della vita di Gesù e ad eventuali riletture, tra cui quella tipologica. In questo percorso compositivo gli evangelisti erano consapevoli dell'indivisibilità reciproca tra Gesù e le Scritture e della necessità di esprimerla con l'ausilio delle diverse metodologie esegetiche dell'epoca.

In modo specifico in Marco l'uso della tipologia elianica dà luogo ad una circolarità ermeneutica da Gesù al profeta e, nello stesso tempo, dalle tradizioni elianiche a Gesù: l'evangelista non ha utilizzato semplicemente i materiali linguistici e figurativi su Elia, ma ha conferito ai testi biblici letti un referente nuovo che le Scritture stesse, pur essendovi protese, non erano in grado da sole di anticipare. Sono la venuta di Cristo e soprattutto la sua resurrezione che danno a questo processo incessante di lettura non solo avvio storico, ma anche significato; e le Scritture a loro volta costituiscono un orizzonte per la vita di Cristo, perché il senso dei vari eventi possa essere compreso e proclamato[161].

La lettura tipologica dei testi veterotestamentari su Elia, che non è in senso stretto un metodo esegetico, permette comunque di rilevare, nell'universo dell'AT, rappresentazioni che preannunziano l'azione di Dio nella storia. Non è necessario che i personaggi e gli eventi del NT siano una riproduzione pedissequa o letterale di quelli dell'AT[162]: infatti in Marco si tratta piuttosto di intravedere teologicamente le possibili corrispondenze tra le realtà dell'uno (come l'attesa di un precursore del Messia o il ritorno di Elia) e dell'altro, per poter interpretare Giovanni con i tratti di Elia (1,2-3.6; 6,17-29), per dimostrare la superiorità di Gesù su Elia (5,21.35-43) e confutare alcune erronee opinioni (6,14-16; 8,27-30). Per l'uso marciano dell'AT non è possibile ipotizzare, come invece è avvenuto in passato, uno schema di continuità storica o di promessa-adempimento: Marco non utilizza mai i riferimenti veterotestamentari come prova scritturistica, ma con una funzione ermeneutica[163], come appunto per Elia, menzionato in Mc 9,4 prima di Mosè e con più frequenza rispetto ad altri personaggi dell'AT. Infatti l'evangelista rivolge il suo sguardo teologico da un lato alla comprensione dell'identità di Gesù e dall'altro ad un grande personaggio salvifico d'Israele, Elia, il quale fa emergere la superiorità di Gesù. Il profeta illumina l'at-

---

[161] V. Fusco, «La Scrittura», 105-149.148-149.
[162] L. Goppelt, *Teologia*, II, 427.
[163] A. Suhl, *Die Funktion*, 169: «Markus benutzt das Alte Testament als qualifizierte Sprache zur Interpretation».

tività miracolosa di Gesù, ma ne sottolinea anche il superamento: in Elia la forza di Dio agisce attraverso espedienti umani (1Re 17,17-24), invece in Gesù arriva direttamente all'uomo (Mc 5,41).

Inoltre la tipologia elianica applicata a Giovanni sortisce il seguente risultato: Elia come precursore del giorno del Signore e Giovanni come precursore di Gesù si interpretano a vicenda, in quanto il primo illumina la missione preparatoria di Giovanni e quest'ultimo conferisce un nuovo orizzonte alla variegate aspettative elianiche[164].

6.1 *Le tradizioni elianiche interpretano la figura del Battista*

Il racconto dell'esecuzione di Giovanni Battista (6,17-29) presenta delle analogie con la storia di Elia[165]: Erodiade, moglie di Erode Antipa, che cerca di «mettere a morte» Giovanni, richiama Gezabele, moglie di Acab, che minaccia di morte il profeta Elia (1Re 18;19,2). Ma il parallelismo Giovanni/Elia era emerso già in Mc 1,2-3.6[166].

Un altro elemento tipologico potrebbe essere la concordanza con i profeti veterotestamentari che hanno opposto la Legge di Dio all'agire malvagio dei sovrani della loro epoca: Giovanni ha affrontato Erode così come Elia parlò ad Acab (1Re 21,17ss), la cui condotta era in piena contraddizione con l'ordine di Dio[167].

---

[164] J.-N. ALETTI, *Gesù Cristo*, 157, il vangelo di Marco inizia con una tipologia che mette in relazione Giovanni ed Elia.

[165] E. LOHMEYER, *Das Evangelium*, 121; W. GRUNDMANN, *Das Evangelium*, 244; W. WINK, *John*, 13; E. SCHWEIZER, *Il Vangelo*, 142; J. ERNST, *Johannes*, 60; R. PESCH, *Il Vangelo*, I, 535; M.D. HOOKER, *The Gospel*, 161. Contrari ad una tradizione di Elia in Mc 6,17-29: J. GNILKA, *Marco*, 341; D. LÜHRMANN, *Das Markusevangelium*, 115; R.H. GUNDRY, *Mark*, 161; J.P. MEIER, *Un ebreo*, II, 2268-269; M. ÖHLER, *Elia*, 37.

[166] M.J. LAGRANGE, *Évangile*, 152; J. SCHMID, *L'Evangelo*, 168: è possibile che Marco nel descrivere l'odio mortale di Erodiade verso il Battista si sia riferito alla persecuzione di Gezabele contro Elia (1Re 19,2); J. GNILKA, *Marco*, 341; E. SCHWEIZER, *Il Vangelo*, 143; M.D. HOOKER, *The Gospel*, 160; F.M. URICCHIO – G.M. STANO, *Vangelo*, 332: «Come Gezabele nei riguardi di Elia (cfr. I Re 21), così qui Erodiade è presentata come la irriducibile nemica del Profeta»; R. SCHNACKENBURG, *Vangelo*, 156: «Non si può disconoscere che vi sono dei tratti di somiglianza con la sorte del profeta antico, perseguitato dall'odio mortale della regina pagana Gezabele, moglie del re Acab (cf. 1Re 19,2)»; P. BENOIT – M.-E. BOISMARD, *Synopse*, 218; F. LENTZEN-DEIS, *Comentario*, 200; E. LUPIERI, *Giovanni*, 39.

[167] G. FRIEDRICH, «προφήτης κτλ.», 588; J. GNILKA, *Marco*, 341: «La tipologia di Elia potrebbe apparire anche nel fatto che questi si presentò ai re per rimproverarli (1Re 21,17-26; 2Cr 21,12-19; Mart. Is. 2,14-16)»; R. PESCH, *Il Vangelo*, I, 528; F.M. URICCHIO – G.M. STANO, *Vangelo*, 332: «Come Elia (1Re 21,17ss.; 2Re 1,15) e altri

D'altra parte l'intento omicida di Erodiade verso lo scomodo profeta non è riconducibile completamente alla tipologia di Gezabele-Elia, per le notevoli differenze nella risoluzione dell'evento[168]. Infatti Elia, scampato alle minacce di morte con la fuga nel deserto (1 Re 19.2-3) e salvato più volte da Dio (1Re 19,4.7; 2Re 1,9-17), diventa il «tipo» del profeta che, pur restando solo e indifeso (1Re 19,10b.14b), è sorretto dalla decisione di restare fedele a Dio; ugualmente Giovanni, come Elia, è rimasto solo ed in pericolo di vita, ma continua a far sentire la voce del Signore[169]. In Marco, attraverso l'elemento interpretativo fornito dalla tipologia elianica di 1Re 19, 1-14, Giovanni muore come un profeta veterotestamentario e come uomo giusto[170]: per questo alcuni considerano Elia come lo «sfondo» per la comprensione della figura di Giovanni[171], il profeta «che rende la sua testimonianza»[172]. Il punto di contatto tipologico non risiede, quindi, nel loro destino finale, che è molto divergente, ma nella motivazione della morte di Giovanni: un profeta «giusto e santo» (6,20). A differenza di Elia, Giovanni restò vittima dell'odio implacabile di Erodiade e subì una morte violenta, presagio del cammino che dovrà compiere Gesù[173]. Tuttavia risulta evidente una marcata discontinuità tra le modalità con cui Giovanni, Elia e Gesù affrontano la sofferenza: i primi sono vittime della violenza spietata di Gezabele, mentre Gesù si consegna volontariamente alla morte e soprattutto risorge.

L'intera scena di 6,17-29 si caratterizza come una narrazione del martirio del precursore elianico (9,11-13) con un preciso significato cri-

---

Profeti dell'AT (cfr. Is. 7,13ss.; Am.7,12ss.), Giovanni si erge a difensore della legge violata»; J. RADERMAKERS, *Lettura*, 177; S. LÉGASSE, *Marco*, 320.

[168] J. ERNST, *Il Vangelo*, I, 291.

[169] J. MARCUS, *Mark 1-8*, 400: «John thus appears as an Elijah-like figure, zealous for the Lord and his Law (cf. 1 Kgs 19:10,14) and willing to risk the wrath of a king in order to press the Law's imperious claims (cf. 1 Kgs 21:17-24; cf. 2 Chr 21:12-19). More dangerously still, he, like Elijah, antagonizes the King's wife, who tehrefore seeks his death (6,19; cf. 1 Kgs 19:2). The Elijan echoes are probably not fortuitous, beacause Mark elsewhere identifies the Baptist with Elijah (1:2-8; 9:11-13)».

[170] F. LENTZEN-DEIS, *Comentario*, 201: «El justo y el profeta, aquí en la figura del Bautista, son entregados a estos explotadores».

[171] R.H. GUNDRY, *Mark*, 313, ritiene che tale ipotesi sia fragile, in quanto Giovanni non realizza né la vittoria di Elia (1Re 18), né la sua ascensione (2Re 2,1-1.11).

[172] Sul significato della designazione di Giovanni come «giusto e santo» in Mc 6,20 vedi: Ch. PERROT, *Gesù Cristo*, 132-133; R. PESCH, *Il Vangelo*, I, 528; J. GNILKA, *Marco*, 54: «La tradizione sinottica si ispira al modello del profeta Elia, perseguitato da Gezabele, la donna del re Acab di Samaria (1Re 2,17ss)».

[173] R. SCHNACKENBURG, *Vangelo*, I, 156.

stologico: il destino di Giovanni Battista è figura di quello di Gesù[174]. Dal racconto della decapitazione di Giovanni si evince che la storia di Gesù contiene molti tratti del suo precursore elianico, la cui morte anticipa appunto quella del Messia. È opportuno, comunque, ricordare che Giovanni è inserito in un complesso mondo di idee ed attese sul ritorno di Elia (Ml 3,1.23), interpretate da Marco alla luce del destino di sofferenza del Figlio dell'uomo (8,31): il precursore elianico del Messia Gesù (l'Elia redivivus), è venuto e ha subíto il martirio[175]. Perciò con il racconto della decapitazione di Giovanni il lettore mette in relazione la morte di Gesù con la testimonianza fedele di Elia e di Giovanni, che hanno sofferto entrambi in modo «giusto e santo». Inoltre l'intera scena di Mc 6,17-29 comunica che Dio ha finalmente «consegnato» Elia-Giovanni (παραδοθῆναι τὸν Ἰωάννην: 1,14), perché porti a termine la sua missione: è ormai vicino il tempo del sacrificio del Figlio dell'uomo, che la morte dello stesso Giovanni anticipa[176].

L'analisi finora condotta ci spinge piuttosto a ritenere che Elia, con il suo ruolo di araldo del Signore, è «tipo», figura di Giovanni Battista, il precursore di Gesù[177]. È evidente la relazione tipologica tra il ruolo di Elia e quello del Battista per una corrispondenza fondata su elementi biblici e sulle tradizioni da essi derivate: in Marco i passi di Ml 3,1.23 e 2Re 1,8 rivelano l'intenzione di stabilire tanto un'omologia tra Elia, il messaggero della profezia malachiana, e Giovanni, che storicizza un ruolo finora rimasto a livello di promessa, quanto una corrispondenza d'identità tra le due personalità profetiche tramite il particolare del ve-

---

[174] R. Pesch, *Il Vangelo*, I, 536; la funzione figurativa della morte di Giovanni sottolinea, ancora una volta, il suo essere subordinato a Gesù; J. Gnilka, *Marco*, 343: «Per Marco la giustificazione della fine del Battezzatore sta nel suo rapporto cristologico»; J. Marcus, *Mark 1-8*, 404.

[175] R. Pesch, *Il Vangelo*, I, 528.

[176] E. Lupieri, *Giovanni*, 39; S. Légasse, *Marco*, 318: «Molti dettagli di questo episodio fanno apparire quanto si percepisce in 1,14: un'assimilazione del precursore a colui di cui egli annuncia la venuta, dalla "Passione" dell'uno a quella dell'altro». J. Gnilka, *Marco*, 341, oltre l'elemento tipologico tra Giovanni ed Elia sottolinea anche le differenze: i moventi del rimprovero sono differenti da parte di Elia e di Giovanni e Gezabele non ha successo nel suo intento di eliminare Elia.

[177] R. Macina, «Jean», 230, definisce l'identificazione Giovanni Battista-Elia una tipologia non nel senso che il passato è tipo e figura dell'avvenire, ma che il presente che realizza storicamente una profezia non ne esaurisce le possibilità tipologiche e lascia, al contrario, il compimento pieno come sospeso in un avvenire escatologico; R. Riva, «Simbolo», 1475: «Tipo è stampigliatura, impronta di sigillo, modello, forma, immagine, figura. E le persone e gli eventi dell'AT tipi di persone ed eventi del NT».

stito. L'omogeneità di alcune tradizioni bibliche (Elia precursore; personalità profetica), che sono tipo-simbolo del ruolo e dell'identità di Giovanni, si basa sulla certezza che è Dio a guidare la storia in un processo di continuità/compimento.

Negli eventi dell'ἀρχὴ τοῦ εὐαγγελίου Ἰησοῦ Χριστοῦ Elia preannunzia figurativamente la venuta di Dio e il Battista rappresenta la preparazione reale all'avvento del messaggero definitivo. Intanto Marco introduce un fattore ermeneutico originale nell'interpretazione delle tradizioni elianiche, che sono rilette in riferimento a Gesù e costituiscono uno dei fondamenti della sua cristologia. Anche se tra i testi preferiti da Marco emerge soprattutto Ml 3,1 per la sua densità tipologica e teologica, tutte le citazioni e allusioni a Elia per l'interpretazione dell'ἀρχὴ τοῦ εὐαγγελίου Ἰησοῦ Χριστοῦ generano un'espansione di significato semantico che sorprende il lettore per la brevità di questo vangelo rispetto agli altri sinottici.

Infatti l'evangelista interpreta Giovanni come precursore mediante la tipologia di Elia: identificazione del messaggero di Ml 3,1.23 (Elia), comparsa di Giovanni (1,4), inserimento di un particolare del vestito elianico (2Re 1,8), descrizione della fine violenta del Battista (6,17-29) alla luce dell'immagine storica di Elia in 1Re 19,1-2.10[178]; equivalenza tra Giovanni ed Elia asserita anche da Gesù (Mc 9,13)[179].

Tuttavia l'orizzonte ermeneutico elianico non si limita ad una relazione con il Battista, ma ha come riferimento preferenziale Gesù: già all'inizio del vangelo Marco, applicando a Giovanni il verbo assoluto παραδοθῆναι (1,14), «tradito» o «consegnato» ai Giudei (3,19; 14,11.18.21.42; 15,10), usato in questo senso solo per Gesù[180], lascia intravedere tipologicamente, attraverso il precursore, il dramma della passione di Gesù[181]. Il vangelo di Marco interpreta la morte del Battista e quella di Gesù come una necessità divina predetta nella Scrittura (9,9-13)[182].

---

[178] M. TILLY, *Johannes*, 37.
[179] G. THEISSEN – A. MERZ, *Il Gesù*, 259.
[180] I. de la POTTERIE, «La confessione», 62-63. Notiamo i principali contatti tra i due racconti: ἐκράτησεν in 6,17 per Giovanni (per Gesù in: 3,21; 12,21; 14,1.44.46.49); ἀποκτεῖναι in 6,19 (per Gesù in: 8,31; 9,31; 10,34; 12,5.7.8; 14,1); τὸ πτῶμα in 6,29 (per Gesù in: 15,45); ἔθηκαν αὐτὸ ἐν μνημείῳ in 6,29 (per Gesù in: 15,46; cf. 16,6); ἠγέρθη in 6,16 (per Gesù in: 14,28; 16,6.14). Si veda l'articolo di I. de la POTTERIE, «Mors», 142-151; M. ÖHLER, *Elia*, 46.
[181] I. de la POTTERIE, «La confessione», 62.
[182] G. THEISSEN – A. MERZ, *Il Gesù*, 259.

Per alcuni una tale lettura tipologica è motivata dal ritorno escatologico di Elia (Ml 3,1.23-24; Sir 48,1-10)[183]. Ma perché la tradizione cristiana primitiva ha usato questa tipologia misteriosa? Il Battista è solo una semplice copia del grande profeta o risponde all'intento redazionale di comporre un ritratto somigliante ad Elia, il precursore del Messia, che possa rendere verosimile la messianicità di Gesù[184]?

La tradizione cristiana ha letto tipologicamente la profezia di Malachia: Giovanni è il messaggero – e cioè Elia – che precede la venuta escatologica del Signore, che in Ml 3,1 è Jhwh stesso e per la comunità primitiva marciana è il Messia (Mc 1,2-3). Di questa promessa profetica Marco, così come la tradizione cristiana premarciana, considera soprattutto il motivo del precursore, ma lo subordina a Gesù: il Battista è l'atteso Elia con il compito di preparare la via al Signore[185]. Questo riferimento all'eschaton per Giovanni, concordando con la sua stessa predicazione in Mc 1,4 e con la tradizione protocristiana di Mc 1,2-3 – in cui i passi di Ml 3,1.23-24; Es 23,20 e Is 40,3 sono riferiti proprio a lui – affonda, quindi, le sue radici in un tema protocristiano antico e ben fondato che ne esclude l'attribuzione ad una cerchia battista extracristiana.

Il motivo del precursore ha un senso storico-salvifico: Giovanni è il messaggero dell'eschaton che prepara la via all'ultimo inviato escatologico di Dio, Gesù. Perciò in Marco, che in Giovanni reinterpreta la figura di Elia, si può riconoscere un percorso di cristianizzazione del tema del precursore (1,2-3.7). Lo dimostra anche la recente applicazione di un'interferenza intertestuale del motivo «Elia» tra 1Re 17-19; 2Re 1-2 e il vangelo di Marco: i molteplici richiami morfologici e strutturali emersi dimostrano che il tema elianico potrebbe essere lo «sfondo» interpretativo di Giovanni e di Gesù[186].

Ma qual è stata l'evoluzione semantica del precursore dalla profezia malachiana fino alla tradizione marciana? Naturalmente, per costruire una cristologia compiuta e coerente, si è avviato un processo di comprensione sempre più profonda della venuta di Gesù; a partire da questo

---

[183] R. MACINA, «Jean», 210.
[184] R. MACINA, «Jean», 212-213.
[185] H.L. STRACK – P. BILLERBECK, *Kommentar*, II, 779-798.
[186] S. PELLEGRINI, *Elija*, 280: «Die Interferenz mit Elija wurde schon sehr früh erkannt. Einege präzise, wenn auch knappe, morphologische-strukturelle Hinweise auf die Erzählung von 1 Kön 1-2 lassen die Figur Elija als mögliche 'Folie' für die Figur Johannes in Betrach kommen».

centro il ruolo di Elia (ἀποκαταστη,σει: Ml 3,23)[187] viene intravisto nell'operato del Battista e Gesù rimane il protagonista assoluto della salvezza.

6.2 La δύναμις di Elia per interpretare i miracoli di Gesù

Nel vangelo di Marco si registrano numerosi episodi in cui Gesù è autore di azioni che richiamano le azioni miracolose del ciclo elianico, che potrebbero essere state utilizzate come «tipo» per interpretare la δύναμις di Gesù[188].

Un attento esame, che abbiamo già svolto nel cap. II[189], mette in luce quanto siano marcati i paralleli tra Gesù e il profeta: Mc 5,21-43/1Re 17,17-24[190]. Il lettore, che fin dalle prime pagine intravede nel vangelo di Marco lo sfondo di citazioni e allusioni alle tradizioni elianiche, prende in considerazione i miracoli di Elia, soprattutto la resurrezione attribuitagli in 1Re 17,17-24. Marco, per dimostrare l'erroneità e l'inadeguatezza della sua identificazione con Gesù, ricorre alla tipologia taumaturgica di Elia, modello prediletto del popolo, su cui fa emergere la superiorità di Gesù. Infatti il profeta, per risuscitare il figlio della vedova di Sarepta, ricorre alla tecnica della respirazione bocca a bocca, mentre a Gesù, per riportare in vita la fanciulla, è sufficiente prenderla per mano e dirle «Ταλιθα κουμ» (5,41), senza ricorrere a espedienti vari[191]. Con questa relazione tipologica tra Mc 5,40-41 e 1Re 17,19, Marco intenderebbe dimostrare che la forza di Dio che agisce in Gesù rende i miracoli di Elia ormai superati[192].

---

[187] A. OEPKE, «ἀποκαθίστημι», 1040; R. MACINA, «Jean», 218. P.-G. MÜLLER, «ἀποκαθιστάνω», 345. Soprattutto dal testo di Ml c'è un elemento che riappare in Marco pressocché sotto la stessa forma: ἀποκαθιστάνει πάντα (Mc 9,12a); ἀποκαταστήσει (Ml 3,23); καταστῆσαι (Sir 48,10). È significativo che sia Gesù stesso ad assegnare ad Elia il compito di ristabilire ogni cosa (Mc 9,12a). E' una ripresa dell'idea veterotestamentario-giudaica della funzione di Elia nell'*eschaton* (Ml 3,23-24; Sir 48,10; 2Re 2,11).

[188] B.M.F. van IERSEL, *Marco*, 56: «La relazione intertestuale tra Marco e 1 e 2Re può forse esser descritta nel modo migliore così: l'autore di Marco considerò il ciclo di Elia-Eliseo come un esempio che lo aiutava a tracciava una vita di Gesù divisa in episodi».

[189] Cf. pp. 120-123.

[190] D.H. JUEL, *The Gospel*, 90.

[191] B.M.F. van IERSEL, *Marco*, 193.

[192] R. PESCH, *Marco*, I, 489; R. SCHNACKENBURG, *Vangelo*, I, 139: «L'effetto subentra immediatamente, e ciò costituisce la differenza di questa risurrezione da quelle che operano i profeti Elia (cf. 1Re 17,17-24) ed Eliseo (cf. 2Re 4,29-37)».

Le tradizioni di Elia, anche nel caso dell'attività taumaturgica, possono essere state rilette nel vangelo marciano con questa prospettiva fondamentale: dimostrare che Gesù è più che un profeta.

7. Elia e il paradosso della croce

La scena di Mc 15,33-39 è il vertice del racconto della passione, in cui trovano soluzione i temi cristologici emersi in tutto il vangelo[193], tra cui la disputa sulla comprensione delle identità di Gesù e di Elia[194].

Questo processo interpretativo culmina nelle parole di Gesù che, morendo, invoca Dio che lo ha destinato alla sofferenza: il profondo legame fra il Figlio e il Padre, espresso dal grido, non viene colto dagli spettatori[195], che credono di aver udito un'invocazione al potente Elia *redivivus*. Tale fraintendimento, inserito tra la particolarità stilistica del grande grido (v. 34), che si ripete al momento dello spirare (v. 37), e la confessione del centurione, necessita di un approfondimento, poiché il contesto in cui è inserito non riporta una cronaca dei fatti, ma fa emergere il significato profondo della morte di Gesù.

Anche se il racconto della passione comincia propriamente in 14,1, Marco ha già preparato il lettore alla morte di Gesù[196]: la croce non è un evento imprevisto, ma, come un arco, abbraccia tutto il ministero di Gesù[197]. Intessendo nella sua trama narrativa vari accenni alla passione, l'evangelista mostra l'intima connessione tra il ministero di Gesù e la

---

[193] R.C. TANNEHILL, «The Gospel», 62, alla luce dell'intera narrazione del vangelo, di cui la morte in croce è il momento culminante viene rivelato «the content of the commission which Jesus received».

[194] Gli studiosi hanno osservato a lungo la profonda influenza che la croce esercita nel complesso del vangelo di Marco: H. CONZELMANN, *Teologia*, 187: «La caratterizzazione della teologia di Marco come *theologia crucis* è adeguata»; R. PESCH, *Il Vangelo*, II, 17-54, dedica un lungo *excursus* alla storia premarciana della passione; K. BROWER, «Elijah», 85.

[195] J.-N. ALETTI, *Gesù Cristo*, 187, Marco è particolarmente attento al motivo dell'incomprensione che questa morte in croce deve sollevare.

[196] R. PESCH, *Il Vangelo*, II, 17: «Marco ha connesso la prima metà del vangelo con la seconda, che si basa complessivamente sulla storia della passione, distribuendo accortamente nella prima gli elementi tradizionali anticipanti la passione di Gesù (1,14; 3,6; 6,14-29)»; H. KESSLER, *Cristologia*, 84.

[197] K. STOCK, *Il racconto*, I, 16: «Non c'è una sezione del vangelo di Marco in cui non sia presente la passione di Gesù. Essa pervade tutto il vangelo sin dall'inizio» (1,9-11.14; 2,7.20; 3,6.19.30; 6,1-6.17-29; 8,31-10,52; 11,18.27-12,12).

morte in croce¹⁹⁸. A questo proposito non intendiamo condurre un'analisi dei vari contesti in cui Marco prepara il lettore alla passione, ma focalizziamo la nostra attenzione sulla funzione del fraintendimento del grido di Gesù (Mc 15,34-37).

Gli spettatori della crocifissione non sono in grado di riconoscere in Gesù il Figlio di Dio, in quanto non hanno visto in Giovanni nessun Elia e aspettano ancora il ritorno del *redivivus*. Essi adottano, come gli Scribi (9,11), una linea puramente cronologica, separata dalla necessità divina della croce¹⁹⁹: credono che l'intervento di Dio sia subordinato a quello escatologico di Elia (Ml 3,1.23-24; Mc 9,11.12a). Per Marco, invece, la storia di Gesù si compie a livello contenutistico e cronologico solo nella realizzazione della via della croce.

Risulta, così, che la strategia narrativa di Marco non è condizionata da uno schema cronologico, profetico o apologetico, ma da una nuova prospettiva, secondo cui è necessario riconoscere l'atteso Elia nel Giovanni perseguitato e ucciso. In tal modo l'interpretazione degli Scribi subisce un radicale cambiamento: il lettore abbandona le loro aspettative dogmatiche e assume il punto di vista di Dio. Coloro che non operano questa *metanoia*, non riescono a riconoscere né l'Elia in Giovanni, né il Figlio di Dio in Gesù e sotto la croce aspettano inutilmente l'intervento di un *redivivus* celeste.

Gli astanti non mettono in relazione ciò che accade sulla croce con la volontà divina, ma hanno un'immagine di Dio e di redenzione forgiata con i parametri apocalittici di potenza e successo umano. Ma il loro Elia *redivivus* rimane assente non perché è già apparso in 9,4 o tornato in Giovanni, ma perché il piano divino non prevede un Elia potente che salvi Gesù dalla croce.

Non è infondato supporre che la nascente cristologia postpasquale abbia avuto delle difficoltà a conciliare l'efficacia della morte in croce di

---

¹⁹⁸ E. LOHSE, *Compendio*, 159: il cammino di Gesù verso la croce determina l'intera esposizione dell'attività di Gesù (opere e predicazione): il loro significato si può cogliere solo alla luce del Cristo crocifisso e risorto; V. FUSCO, *Le prime comunità*, 106: uno dei compiti della cristologia nascente dopo la Pasqua fu la ricostruzione del percorso intermedio, almeno a grandi linee, tra la resurrezione-messianicità, il valore salvifico della morte e la preesistenza divina. Come reazione alla proclamazione della morte e resurrezione di Gesù, gli interlocutori e la coscienza dei cristiani si ponevano le seguenti domande: Gesù chi è? E che cosa ha fatto? L'aspetto «ontologico» e quello «funzionale» s'intrecciano intimamente nel tentativo di scoprire l'identità di Gesù. E' come se la sua persona venisse delucidata dalla sua storia e viceversa.

¹⁹⁹ D. SENIOR, *La passione*, 126.

Gesù[200] con la speranza giudaica di un intervento salvifico di Elia[201]. Difatti al tempo di Gesù Elia era considerato il soccorritore dei bisognosi e addirittura, in alcuni ambienti sotto la pressione della stessa Scrittura (Ml 3,1.23), l'unica figura salvifica[202]. A ritroso Marco gli fa ricoprire un ruolo diverso: Elia non può intervenire come salvatore di Gesù perché è già venuto come segno profetico della sua morte in Giovanni il Battista[203]. Inoltre con l'immagine del Cristo come Giusto sofferente Marco espone una realtà salvifica completamente nuova rispetto alla sofferenza profetica di Elia e al martirio di Giovanni[204]. Egli, dovendo ridimensionare Elia, lo ha identificato con il Battista e ha fatto risaltare la portata salvifica della croce: Israele non deve più aspettare un salvatore diverso da Gesù e le Sacre Scritture non possono più riferirsi a Elia, in quanto solo il Messia intronizzato sulla croce[205] è il Figlio di Dio.

Pur avendo rilevato nella nostra analisi funzioni diverse del personaggio di Elia in Marco, nondimeno riconosciamo che egli appare in contesti cruciali del vangelo: nel prologo (1,2-13), nella trasfigurazione (9,2-13), nella scena della croce (15,33-39) e soprattutto nella confessione di Pietro (8,27-30) e in quella del centurione (15,39). In tali contesti, tranne il prologo, figure umane del racconto giungono ad una comprensione graduale dell'identità di Gesù: egli è il Messia (8,29), appartiene alla sfera celeste insieme ad Elia e Mosè (9,2-4), è il Figlio di Dio (15,39). Queste informazioni, note al lettore fin dal prologo, sono ignorate dai personaggi umani del vangelo, che continuamente si interrogano sull'identità di Gesù e sono stupiti dal mistero nascosto nella sua persona. Perciò, nonostante il vantaggio conoscitivo del lettore sui

---

[200] Secondo alcuni, è stata la comunità postpasquale ad attribuire a Gesù le varie affermazioni sulla sua passione e morte in croce, H. KESSLER, *Cristologia*, 78: «l'esperienza pasquale e il messaggio della resurrezione autorizzarono e costrinsero a riflettere – mediante il ricorso alla Scrittura – sullo scandalo della morte in croce e a vederlo in una luce positiva»; secondo altri la comunità postpasquale apprese direttamente da Gesù il senso del suo cammino di sofferenza: L. GOPPELT, *Teologia*, II, 258-271; J. JEREMIAS, *Teologia*, I, 315- 3342; P. STUHLMACHER, *Gesù*, 73.

[201] F. FERRARIO, «La cristologia», 15: «La chiave di lettura dell'evangelo consiste nell'individuazione di una corrente teologica contro cui Marco entra in polemica»

[202] E. SCHILLEBEECKX, *Gesù*, 507.

[203] D. SENIOR, *La passione*, 126.

[204] R. PESCH, *Il Vangelo*, II, 47.

[205] E. LOHSE, *Compendio*, 159: il Gesù sofferente che cammina verso la croce è il Messia. Ch. PERROT, *Gesù Cristo*, 127-132.

personaggi evangelici, tanto l'uno quanto gli altri, per giungere ad una vera comprensione dell'identità di Gesù come Figlio di Dio, devono percorre la via della croce, poiché ogni informazione o dato teologico rimangono pur sempre parziali e insufficienti[206].

---

[206] M.E. BORING, «Mark 1:1-15», 65; D. MARGUERAT – Y. BOURQUIN, *Per leggere*, 140-141.

CONCLUSIONE

Alla fine della nostra analisi esegetico-teologica di tutti i contesti marciani in cui compare la figura di Elia, è possibile raccogliere in sintesi i risultati che, nelle diverse fasi metodologiche della ricerca, sono emersi e che riteniamo essere il contributo effettivo apportato dal nostro studio al progresso della ricerca su questo tema marciano. Per evitare di incorrere in una pura e semplice ripetizione di affermazioni, riteniamo opportuno tentarne una sintesi in due elementi che, se forse trascura alcuni risultati più marginali, riassume in ogni modo quelli che, a nostro avviso, si presentano come più significativi e originali.

Nelle intezioni della ricerca, così come illustrate nel capitolo introduttivo, era anche presente il desiderio di mostrare la «produttività» del metodo sincronico[1], mediante l'analisi letterario-semantica, nel far emergere i significati della presenza di Elia nei vari contesti marciani. Perciò riteniamo utile accompagnare questa raccolta di risultati con un confronto con quelli a cui è giunta l'esegesi storico-critica.

1. Analisi esaustiva di tutti i contesti marciani su Elia

Il nostro lavoro può ritenersi il primo studio sistematico e compiuto, mediante un approccio sincronico, di tutti i contesti marciani su Elia. Infatti come primo risultato rilevante di questa indagine si può porre l'emergere della necessità di una lettura esaustiva e progressiva di quel

---

[1] Il termine indica una proprietà del sistema comunicativo del linguaggio e che applicato all'approccio sincronico dei contesti marciani esprime l'intento di Marco di comunicare enunciati e idee sulla figura di Elia che il lettore non hai mai sentito o letto in precedenza. Sulla teoria della «produttività» cf. J. LYONS, *Lezioni di linguistica*, 24-26.

complesso di idee che caratterizza l'uso e lo sviluppo del motivo elianico nel racconto marciano (1,1-13; 6,14-16; 8,27-30; 9,2-13; 15,34-39) e le tradizioni veterotestamentarie dell'attesa elianica (Ml 3,1.22-23; Sir 48,10-11). Per i Giudei dell'epoca di composizione del NT, Elia, fors'anche per il suo spettacolare rapimento in cielo (2Re 2,11), non era semplicemente un'importante figura del passato: la sua preminenza assoluta rispetto ad altri personaggi dell'AT è evidente in Ml 3,1.22-23 e Sir 48,10-11, che tramandano un ritorno del profeta prima del giorno del Signore (Ml 3,23) che segnerà l'inizio della Nuova Era, vale a dire del regno messianico. Particolare attenzione è stata dedicata, perciò, allo studio delle tradizioni veterotestamentarie sul ritorno di Elia per capirne l'influsso nelle attese giudaiche del 1° sec. a.C. e nel vangelo di Marco.

Da questa lettura unitaria emerge una progressività nell'utilizzo della figura di Elia legata alla struttura complessiva della narrazione marciana, la cui dinamica coincide con la dinamica della rivelazione dell'identità di Gesù[2]. Il tema elianico è apparso non come elemento di sovrapposizione ma un fattore ermeneutico che ha esercitato un'influsso determinante sulla trama della del vangelo marciano: narrare il progressivo svelarsi dell'identità di Gesù.

Nell'impianto narrativo globale del vangelo di Marco che aspira a scoprire l'identità di Gesù, Elia comnpare in passi strategicamente decisivi per l'individuazione del Figlio di Dio. Il percorso narrativo del racconto marciano è impostato in modo tale da favorire un progressivo approccio a Gesù e al mistero della sua persona mediante passi di sempre maggiore approfondimento[3]. Sin dalle prime righe Marco presenta Gesù il Cristo come il Figlio di Dio (1,1.11; 9,7; 15,39) e ne caratterizza l'identità attraverso un'approfondimento cristologico. Nel progetto complessivo del racconto questa intenzione si dipana come un filo narrativo intorno ad una domanda chiave «Chi è costui?». L'identificazione implicita di Elia con Giovanni Battista all'inizio (1,2-3.6) e alla fine del racconto della passione fanno da contorno a tutta la trama narrativa,

---

[2] Per la problematica assai complessa della rivelazione dell'identità di Gesù legata al ruolo che assume in essa la vita terrena (miracoli e insegnamento), morte e resurrezione è stata affrontata da H. RÄISÄNEN, *Das Messiasgeheimnis*, 113-117. 163-165; J.R. DONAHUE, «Jesus as the parable», 369-386.

[3] La domanda cruciale «Chi è costui?» è stata ritenuta come tipicamente marciana da P. MÜLLER, «Wer ist dieser?» Jesus im Markusevangelium, BSt 27, Neukirchen-Vluny 1995.

favorendo, rispettivamente, il pronunciamento fuori campo della voce di Dio nel momento del battesimo e la comprensione del paradosso della croce, in antitesi alla potenza taumaturgica di Elia, come nuovo ed unico segno della salvezza. Fra questi due elementi del prologo e del vertice del racconto della passione si snoda tutto un itinerario di comprensione dell'identità di Gesù, che và dalle varie risposte che gli uomini danno di fronte all'autorità che si manifesta nel suo insegnamento e nella sua attività taumaturgica fino alla professione del centurione ai piedi della croce (15,39: Ἀληθῶς οὗτος ὁ ἄνθρωπος υἱὸς θεοῦ ἦν).

Il vangelo di Marco è tutto racchiuso in questo intreccio paradossale, in questa dialettica: da una parte, Marco narra di un Gesù che compie prodigi i quali suscitano su di lui un'identificazione con Elia, in cui però egli e il lettore non si riconoscono in quanto il profeta di Tisbe è stato identificato con Giovanni Battista; dall'altra, Mc richiama l'attenzione su di un Gesù umiliato e sofferente, nel quale egli si riconosce appieno ma che per gli astanti è un segno della non messianicità di Gesù e della validità dell'attesa di Elia.

Passando ora al confronto con i risultai dell'esegesi storico-critica si deve notare anzitutto che la ricerca ha studiato alcuni contesti marciani relativi ad Elia, ha ricostruito solo le tradizioni del suo ritorno e ha considerato altri aspetti – precursore del giorno di Jhwh, profeta *reditus* nel Battista, figura celeste, soccoritore nel bisogno, personaggio venturo – come elementi eterogenei inseriti quasi casualmente nel secondo vangelo. Non è plausibile che Marco abbia utilizzato una tipologia di Elia a prescindere dalll'impostazione cristologica propria del suo racconto: ogni riferimento ad Elia riceve senso dalla funzione che svolge all'interno dell'impianto narrativo marciano. Perciò tutte le caratteristiche elianiche devono essere oggetto di una coerente interpretazione che permetta di accedere alla strategia narrativa e teologica del racconto marciano. La nostra analisi ha inteso porre i diversi riferimenti a Elia nella continuità di uno sviluppo che segue un filo sostanziale identico: la domanda cristologica su Gesù. Alcuni avevano segnalato l'assenza di un legame tra la figura di Elia e gli eventi narrati su Gesù.

Inoltre, poiché la relazione del Battista con Elia è stata investigata dalla ricerca principalmente in funzione del Gesù storico, risultava palesemente indispensabile uno studio che analizzasse in modo estensivo la funzione di Elia-Giovanni Battista come punto focale del racconto di Marco.

Il presente studio ha inteso dimostrare, attraverso l'analisi di tutti i contesti, che Elia è parte integrante della struttura narrativa e della cristologia di Marco.

2. Elia: precursore del Messia

La nostra indagine ha permesso di rilevare che è stato Marco operare lo slittamento del ruolo di Elia come precursore del giorno del Signore, mediante l'identificazione con Giovanni, a precursore del Messia.

Il punto di partenza è la profezia di Ml 3,1 che contiene la promessa divina di inviare un messaggero come precursore del Signore. Lo stesso oracolo viene inteso all'interno del libro profetico come annuncio-profezia del ritorno di Elia (Ml 3,23): l'Elia redivivo ricondurrà e riunificherà i cuori dei padri e dei figli attrono alla legge di Mosè (3,22). In questo oracolo, che è alla base della speculazione sull'attesa di Elia, è specificato che il profeta sta per venire come precursore del Messia, ma semplicemente del grande e terribile giorno del Signore.

Alle due funzioni che caratterizzano il suo ritorno – «placare l'ira di Jhwh prima del giudizio» (Ml 3,23-24) e «riconciliare il cuore del padre verso il figlio» – un documento precristiano (Sir 48,10) ne aggiunge un'altra: «ristabilire la tribù d'Israele». L'autore del Siracide non connette il ritorno di Elia con la venuta del Messia, del quale il libro non fa menzione.

È evidente che in questi due antecedenti biblici non è attestato il ruolo di Elia come precursore del Messia. L'attesa di Elia è considerata solo in relazione alla venuta di Jhwh e del giorno del suo giudizio, secondo la testimonianza di Ml 3,23.

Dall'esame dei testi della letteratura intertestamentaria, qumranica, targumica e rabbinica si evince chiaramente la mancanza di prove precristiane di un'attesa di Elia quale precursore del Messia.

Dalla difficoltà di rintracciare nel tardo giudaismo il ruolo di Elia come precursore scaturisce una serie di questioni. Questa attesa di Elia è una creazione della primitiva comunità cristiana? Quale importanza aveva per Marco e per la sua comunità? Come fu recepita, accolta e, nello stesso tempo, modificata?

Dall'analisi dei contesti marciani in cui ricorre la figura di Elia risulta che per la prima volta in questo vangelo il profeta di Tisbe è strumento interpretativo per Giovanni.

La promessa del messaggero Elia, un tempo rivolta a Israele (Ml 3,1.23), non fu annullata dalla cristologia primitiva, ma trasformata in un'allocuzione al Messia: in questa forma la troviamo in Mc 1,2. Dal punto di vista cristiano, il cambiamento del destinatario della promessa di un messaggero, da Israele al Messia, comportò la sostituzione del ruolo escatologico di Elia come ripristinatore (Ml 3,1.23) con quello di precursore del Messia. Questo orientamento è emerso nella strategia marciana di stabilire un legame tra il Battista ed Elia attraverso Ml 3,1, dove prevale l'interesse per il ruolo di precursore escatologico, e non attraverso Ml 3,23, dove è piuttosto sottolineata l'apocatastasi di Elia. La preferenza marciana per l'aspetto di messaggero (Ml 3,1) tenta di far intravedere al lettore, nell'ἀρχὴ τοῦ εὐαγγελίου Ἰησοῦ Χριστοῦ, un cambiamento delle attese escatologiche nutrite dal popolo: Giovanni è l'Elia che prepara la via, e non il glorioso *redivivus*. Così il ritorno di Elia slitta dal giorno del Signore all'avvento di Gesù, il cui precursore è stato Giovanni Battista. Il processo di selezione marciana riguardo ai testi di Ml 3,1 e 2Re 1,8 (che riguardano il ruolo elianico di precursore della via del Signore, a differenza di Ml 3,23 e Sir 48,10, che enfatizzano quello escatologico di ripristinatore) è stato un elemento trascurato dalla ricerca esegetica e da noi evidenziato per motivare la rilettura marciana del Battista che assume il ruolo elianico di precursore[4]. La tradizione dell'attesa di Elia, quindi, è un insieme compatto che permane sino alle soglie del NT e sperimenta un processo di crescita che va dalle tradizioni veterotestamentarie (2Re 2,1.11: il rapimento di Elia in cielo) fino alla fioritura neotestamentaria, il «*telos* dell'evoluzione». Nel disegno teologico di Marco il ruolo di Elia come precursore della venuta di Dio si storicizza nella comparsa di Giovanni, quale precursore del Messia[5]. Quindi nell'intento redazionale di Marco la figura tradizionale di Elia come precursore del giorno del Signore riceve una interpretazione cristologica: il profeta di Tisbe - nella persona di Giovanni il Battista - diventa il precursore di Gesù[6].

---

[4] Nell'intezione di Marco il Battista diventa per la Nuova Era ciò che Elia era stato al tempo della profezia vetrotestamentaria. In particolare l'evcangelista spinge il lettore ad operare una trasposizione del ruolo elianico di precursore del giorno del Signore in quello di precursore del messia in Giovanni, in vista di dare un nuovo orientamento alle attese giudaiche del 1° secolo sulla venuta del messia. Inoltre nel contesto di Mc 1,2-8 la corrispondenza così aderente con l'abito profetico elianico è un'ulteriore conferma dell'identificazione di Giovanni con Elia. Su quest'ultimo aspetto cf. R. PESCH, *Il Vangelo*, I, 150; V. TAYLOR, *Marco*, 136; J.D. KINGSBURY; *The Christology*, 59 n. 57; S. LÉGASSE, *Marco*, 69.

[5] W. FENENBERG, *Der Markusprolog*, 191: Elia nella tradizione sarebbe stato considerato il precursore di Dio; successivamente, nell'aspettativa popolare, assunse il ruolo di precursore e accompagnatore del Messia. Tale idea, molto viva nell'ambiente dei sinottici, «decket sich Mk 1,2». G. DAUTZENBERG, «Elijah», 1087: il ruolo elianico del Battista, velatamente sottinteso in Mc 1,2, è un espediente narrativo per identificare il Battista con l'Elia *redivivus*; J.D. KINGSBURY, *The Christology*, 59: «John the Baptizer is Elijah *redivivus*, the forerunner of Jesus Messiah».

[6] M.D. HOOKER, «What Doest», 68; M. ÖHLER, *Elia*, 36-37.

Un'ulteriore connotazione cristologica caratterizza la figura di nella seconda parte del vangelo (8,27-16,20): se il piano di Dio ha stabilito che Gesù debba essere un Messia sofferente (8,31; 9,12b), il suo precursore deve essere un Elia sofferente (6,17-29; 9,12a). Con l'affermazione «Elia è già venuto, ma hanno fatto di lui quello che hanno voluto» (9,13), Marco reinterpreta Elia come precursore del Messia sofferente: non esclude che un precursore, l'Elia *redivivus* (Giovanni il Battista), preceda il Messia, ma lo considera nell'ottica di un'altra attesa, quella del Figlio dell'uomo che dovrà soffrire ed essere disprezzato. Quindi la natura del precursore Elia-Giovanni Battista viene decisamente qualificata in base alla via del Messia che, prima di entrare nella gloria, deve percorrere il cammino della croce. Il dogma scritturistico del ritorno di Elia viene considerato non in un'ottica diacronica di continuità storica (Ἠλιαν δει ἐλθειν πρωτον: 9,11), ma attraverso la lente del Messia crocifisso[7]. Dalla nostra analisi dei contesti marciani in cui compare Elia è emerso che il ruolo profetico di Elia era molto importante nella comunità di Marco e che la sua attesa neccessitava di un'integrazione nella prospettiva finale cristiana. Perciò Marco ha proposto delle soluzioni ermeneutiche significative, innanzitutto storicizzando il ruolo elianico di precursore di Dio in quello di Giovanni Battista che precorre la venuta di Gesù; in secondo luogo dando all'attesa di Elia un'interpretazione teologica al ruolo di Elia: è venuto in Giovanni Battista, il precursore che, con la sua morte violenta (6,17-19), completa il destino di sofferenza di Elia e prefigura quello del Figlio dell'uomo[8].

L'antica attesa giudaica di Elia come precursore del giorno del Signore riceve, quindi, una connotazione messianica: Elia non è più una figura escatologica indipendente, ma, come Giovanni, nella prospettiva marciana riceve la sua importanza unicamente in relazione al Messia.

Dal punto di vista semantico e funzionale Elia in Marco non ricopre la funzione non «è un nome di copertura per Giovanni» o una sigla per

---

[7] M. HORSTMANN, *Studien*, 134; J. MARCUS, «Mark 9,11-13», 57.

[8] La connessione marciana tra il destino di Gesù e il precursore Giovanni, l' Elia *redivivus*, viene confermata dall'espressione παραδοθῆναι τὸν Ἰωάννην (1,14) sulla fine del Battista: il verbo è un termine tecnico che allude al destino swofferente di Gesù (9,31; 10,33; 14,10-11.41-42.44. Coloro che hanno maggiormente esaminato questo parallelo sono: W. MARXSEN, *L'Evangelista*, 25-30.27; R. PESCH, «Die Zeit», 141; M. HORSTMANN, *Studien*, 135; J.M. NÜTZEL, *Die Verklärungserzählung*, 263; J. GNILKA, *Marco*, 484.

indicare Giovanni[9], ma anticipa il ruolo e il destino di Giovanni come precursore, che a sua volta è prefigurativo di quello di Gesù.

A ragione si può definire il vangelo di Marco «eminentemente ermeneutico», in quanto ha dato una lettura cristologica dell'Elia *redivivus*: la promessa scritturistica del messaggero elianico, che si realizza nella comparsa del Battista, era orientata verso Gesù.

3. In sintesi

L'originalità della presente ricerca consiste essenzialmente nella lettura cristologica dell'Elia *redivivus*, un aspetto finora solo presupposto, ma non evidenziato a sufficienza.

Marco, attraverso l'attualizzazione cristologica dell'aspettativa degli Scribi sul ritorno di Elia, intende dimostrare che tale attesa non ha più senso perché superata con la venuta del Figlio dell'uomo. Per porre fine ad ogni aspettativa elianica, Marco non solo si serve della tradizionale identificazione del Battista con Elia (1,2.6), ma in 9,11-13 compie un percorso interpretativo significativo: Elia, il grande profeta, è già venuto nella figura storica di Giovanni Battista, la cui sofferenza preannuncia a sua volta la sorte che incombe sul Figlio dell'uomo.

La cristologia marciana confuta l'identificazione di Gesù con Elia (6,15; 8,28), chiarendo che Giovanni Battista è l'Elia *redivivus* (1,1-13; 9,4.11-13; 15,35), mentre Gesù è il Figlio di Dio (1,1.11; 9,7; 15,39).

---

[9] É ciò che pensano invece J.M. NÜTZEL, *Die Verklärungserzählung*, 262. J. ERNST, *Il Vangelo*, II, 420.

SIGLE E ABBREVIAZIONI

AncB	Anchor Bible
a.C.	avanti Cristo
AgShir	Aggadat Shir Hashirim
al.	*alii*
AnBib	Analecta Biblica
Ang	*Angelicum*
ApocEl	*Apocalisse di Elia*
AS	Assemblées du Seigneur
ASNU	Acta seminarii neotestamentici Upsaliensis
ATANT	Abhandlungen zur Theologie des Alten und Neuen Testaments
ATD	Das Alte Testament Deutsch
BCR	Biblioteca di cultura religiosa (Brescia)
BECNT	Baker Exegetical Commentary on the New Testament
BeO	*Bibbia e Oriente*
BEThL	Bibliotheca ephemeridum theologicarum lovaniensium
BevT	Beiträge zur evangelischen Theologie
BFCT	Beiträge zur Förderung christlicher Theologie
Bib	*Biblica*
BiBi	Biblioteca Biblica. Brescia
BiKi	Bibel und Kirche
BTB	*Biblical Theology Bulletin*
BKAT	Biblischer Kommentar: Altes Testament
BNTC	Black's New Testament Commentaries
BR	*Biblical Research*
BS	La Bibbia nella storia (Bologna)
BSt	Biblische Studien
BT	Biblioteca Teologica
BTC	Biblioteca di Teologia Contemporanea
BtEstB	Biblioteca de Estudios Bíblicos
BThW	*Bibeltheologisches Wörterbuch*, I-II, Graz – Wien – Köln 1967³
BVC	*Bible et vie Chrétienne*

BWANT	Beiträge zur Wissenschaft vom Alten und Neuen Testament
BZ	*Biblische Zeitschrift*
BZAW	Beihefte zur Zeitschrift für die alttestamentliche Wissenschaft
BZNW	Beihefte zur Zeitschrift für die neutestamentliche Wissenschaft
CahRB	Cahiers de la Revue Biblique
CBQ	*Catholic Biblical Quarterly*
Cf./cf.	confronta
CGTC	Cambridge Greek Testament Commentary
CNT	Commentaire du Nouveau Testament
CNTNS	Commenti al Nuovo Testamento Nuova Serie
Conc	*Concilium*
CSANT	Commentario Storico-Esegetico dell'Antico e del Nuovo Testamento
ComSpirNT	Commenti Spirituali del Nuovo testamento
CTNT	Commentario Teologico del Nuovo Testamento
DCBNT	*Dizionario dei Concetti Biblici del Nuovo Testamento*, Bologna 1976
DENT	*Dizionario Esegetico del Nuovo Testamento, I-II*, Brescia 1995 (I),1998 (II)
DTAT	*Dizionario Teologico dell'Antico Testamento, I-II*, Casale Monferrato 1978.1982.
DtrH	Deuteronomistic Historian
Ed	Eduyyot
ed.	edidit, ediderunt (= a cura di)
EKKNT	Evangelisch-Katholischer Kommentar zum Neuen Testament
Er	Eruvin
IV Esdr	*Apocalisse di Esdra*
EstBib	*Estudios Bíblicos*
ENT	Estudios de Nuevo Testamento (Madrid)
EtB	Études Bibliques
ExpTim	*The Expository Times*
FFLF	Foundations & Facets: Literary Facets
Fs.	Festschrift
FThSt	Frankfurter Theologische Studien
FRLANT	Forschungen zur Religion und Literatur des Alten und Neuen Testament
FzB	Forschungen zur Bibel
GdT	Giornale di Teologia
GLNT	*Grande Lessico del Nuovo Testamento*, I-XVI, ed. G. Kittel – G. Friedrich, Brescia 1963-1992.
GTJ	*Grace Theological Journal*
HNT	Handbuch zum Neuen Testament
HTKNT	Herders theologischer Kommentar zum Neuen Testament

SIGLE E ABBREVIAZIONI

IBT	Interpreting Biblical Texts
ICC	International Critical Commentary
Inter	*Interpretation*
IT	Introduzioni e Trattati
JAAR	*Journal of the American Academy of Religion*
JBL	*Journal of BiblicalLiterature*
JSNT	*Journal for the Study of the New Testament*
JSNTSS	Journal for the Study of the New Testament. Supplement Series
JTS	*Journal of Theological Studies*
KAT	Kommentar zum Alten Testament
KEK	Kritisch-exegetischer Kommentar über das Neue Testament
LA	*Liber Annuus*
LAB	*Libro delle Antichità Bibliche*
LeDiv	Lectio Divina
LL	Lutterworth Library
LoB	Leggere oggi la Bibbia
LXX	Versione greca dei «Settanta»
m.	Mishnah
NCTC	Nuova Collana Teologia Cattolica (Firenze)
NICNT	The New International Commentary on the New Testament
NDTB	*Nuovo Dizionario di Teologia Biblica*, ed. P. Rossano – G. Ravasi – A. Girlanda, Cinisello Balsamo 1988.
n.f.	neue folge
NGCB	*Nuovo Grande Commentario Biblico*, ed. R.E. Brown – J.A. Fitzmyer – R.E. Murphy, Brescia 1997.
NICOT	New International Commentary on the Old Testament
NovTSup	Novum Testamentum Supplements
NRT	*Nouvelle Revue Théologique*
NT	*Novum Testamentum*
NTAbh	Neutestamentliche Abhandlungen
NTD	Das Neue Testament deutsch
NTS	*New Testament Study*
NTTS	New Testament Tools and Studies
NVB	Nuovissima versione della Bibbia
OBO	Orbis Biblicus et Orientalis
ÖTK	Ökumenischer Taschenbuch-Kommentar
OTL	Old Testament Library
Par	Parallelen
PIB	Pontificium Institutum Biblicum
PR	*Pesiqta Rabbathi*
PrOrChr	*Proche-Orient Chrétien*
Ps-Ph. LAB	Pseudo-Filone o Libro delle Antichità Bibliche

PSV	Parola Spirito e Vita
Q	*Quelle*, (= fonte)
RAfrT	*Revue Africaine de Théologie*
RasT	*Rassegna di Teologia*
RB	*Revue biblique*
RBíbArg	*Revista Biblica*
RechBib	Recherches Bibliques
RevQ	*Revue de Qumrân*
RicStoB	*Ricerche storico bibliche*
RivBib	*Rivista Biblica*
RNT	Regensburger Neues Testament
RTPhil	*Revue de Théologie et de Philosophie*
Salm	Salmanticensis
SBFA	Studium Biblicum Franciscanum, Analecta
SBL.DS	Society of Biblical Literature.Dissertation Series
SBM	Stuttgarter biblische Monographien
ScEsp	*Science et Esprit*
Sib	Sibillini
SJLA	Studies in Judaism in Late Antiquity
SNN	Studia semitica neerlandica
SNTSMS	Society for New Testament Studies Monograph Series
Sot	*Sotah*
St.	Saint
StANT	Studien zum Alten und Neuen Testament
ST	Studia theologica
StBi(Bo)	Studi Biblici (Dehoniane Bologna)
StBi(Br)	Studi biblici (Paideia, Bologna)
StEv	*Studia Evangelica*
SUNT	Studien zur Umwelt des Neun Testaments
Tg. Ps-J	Targum Pseudo-Gionata
THKNT	Theologischer Handkommentar zum Neuen Testament
TOB	Traduction Oecuménique de la Bible
v.	versetto
vv.	versetti
VD	*Verbum Domini*
Vit. Proph.	*Vitae Prophetarum*
VoxRef	*Vox Reformata*
WBC	Word Biblical Commentary
WMANT	Wissenschaftliche Monographien zum Alten und Neuen Testament
WUNT	Wissenschaftliche Untersuchungen zum Neuen Testament
ZkT	*Zeitschrift für katholische Theologie*
ZNW	*Zeitschrift für die Neutestamentliche Wissenschaft*
ZTK	*Zeitschrift für Theologie und Kirche*

BIBLIOGRAFIA

ABADIE, PH., «Il rapimento al cielo di Elia. Una simbolica profetica», *Il mondo della Bibbia* 61 (2002) 31-34.

ADINOLFI, M., «'Αρχὴ, εὐαγγέλιον, Χριστός. Note filologiche a Mc 1,1», *RivBib* 43 (1995) 211-224.

ALETTI, J.-N., *Gesù Cristo: Unità del Nuovo Testamento?*, Roma 1995.

ALLISON, D.C., «Elijah Must Come First», *JBL* 103 (1984) 256-258.

ALONSO SCHÖKEL, L., *Salvezza e Liberazione: l'Esodo*, Epifania della Parola 8, Bologna 1996.

ALONSO SCHÖKEL, L. – CARNITI, C., *I Salmi*, I, Commenti Biblici, Roma 1992; orig. spagnolo, *Salmos. Traducción, introducciones y comentario*, I, Estella 1991;

ALONSO SCHÖKEL, L. – SICRE DIAZ, J.L., *I Profeti*, Commenti Biblici, Roma 1989; orig. spagnolo, *Profetas*, I. *Isaias. Jeremias*. II. *Ezequiel. Doce Profetas menores. Daniel. Baruc. Carta de Jeremias*, Nueva Biblia Española Comentario, Madrid 1980.

ARANDA PEREZ, G., «Apocrifi dell'Antico Testamento», in *Letteratura giudaica intertestamentaria*, Introduzione allo studio della Bibbia 9, Brescia 1998, 209-366; orig. spagnolo, *Literatura judía intertestamentaria*, Estella 1996.

AUNE, D., *Prophecy in Early Christianity and the Ancient Mediterranean World*, Grand Rapids 1983.

BAYER, H.F., *Jesus' Predictions of Vindication and Resurrection*, WUNT 2/20, Tübingen 1986.

BALTENSWEILER, H., *Die Verklärung Jesu. Historisches Ereignis und synoptische Berichte*, ATANT 33, Zürich 1959.

BALZ, H. – SCHNEIDER G., «βοάω», *DENT* I, 859.

BALZ, H. – SCHNEIDER G., «ἐκπορεύομαι», *DENT* I, 1120;

———, «φοβέομαι», *DENT* II, 1806-1813.

———, «περιβλέπομαι», *DENT* II, 895.

BAUER, J.B. – ADLER N., «Weg», *BThW*, II, 785-789.

BAUER, W., *A Greek-English Lexicon of the New Testament and Other Early Christian Literature*, ed. W.F. Arndt – F. Wilbur Gingrich, Chicago – London 1979².

BECKER, J., *Johannes der Täufer und Jesus von Nazareth*, BSt 63, Neukirchen-Vluyn 1972.

BENOIT, P. – BOISMARD M.-E., *Synopse des quatres évangiles*, II, Paris 1972.

BERGER, K., «Zum Problem der Messianität Jesu», *ZTK* 71 (1974) 1-30.

BERNARD, Ch.A., *Teologia simbolica*, Roma 1981.

BERNINI, G., *Aggeo - Zaccaria - Malachia*, NVB 32, Roma 1997.

BERTRAM, G., «ἐπιστρέφω κτλ.», *GLNT* XII, 1364-1381.

———, «ἐνεργέω», *GLNT* III, 876-886.

BEST, E., *Following Jesus. Discipleship in the Gospel of Mark*, JSNTSS 4, Sheffield 1981.

BETZ, O., «φωνέω», *GLNT* XV, 340-345.

BEYER, K., *Semitische Syntax im Neuen Testament*, SUNT I/1, Göttingen 1962.

BIEDER, W., «βαπτίζω», *DENT* I, 507-517.

BIETENHARD, H., «Elia/Ἡλίας », *DCBNT*, 566-568.

———, «Nome/ὄνομα », *DCBNT*, 1092-1098.

BIGUZZI, G., *Yo destruire este templo. El templo y el judaísmo en el Evangelio de Marcos*, Grandes Temas de Nuevo Testamento 1, Córdoba – Madrid 1992.

BLACKBURN, B., *Theios Anèr and the Markan Miracle Tradition. A Critique of the Theios aner Concept as an Interpretative Background of the Miracle Tradition Used by Mark*, WUNT II/49, Tübingen 1991.

BLASS, F. – DEBRUNNER A. – REHKOPF F.,*Grammatica del Greco del Nuovo Testamento*, *GLNT* Supplementi 3, Brescia 1997; orig. tedesco, *Grammatik des neutestamentlichen Griechisch*, Göttingen 1976.

BLENKINSOPP, J., *Storia della profezia in Israele*, BiBi 22, Brescia 1997; orig. inglese, *A History of Prophecy in Israel*, Louisville 1996².

BÖCHER, O., «Johannes der Täufer in der neutestamentlichen Überlieferung», in G. MÜLLER, ed., *Rechtfertigung. Realismus. Universalismus in bibli-scher Sicht*, Fs. A. Köberle, Darmstadt 1978, 45-68.

BOCK, D.L., *Luke 1:1 - 9:50*, BECNT 3A, Baker 1994.

BOISMARD, M.-E., «Élie dans le Nouveau Testament», in *Élie le prophète. Selon les écritures et les traditions chrétienne*, Etudes Carmelitaines I, Bruges 1956, 116-128.

———, «Évangile des Ebionites et problème synoptique (Mc 1,2-6 et Par.)», *RB* 73 (1966) 321-358.

BOMAN, T., «Das letzte Wort Jesu», *ST* 17 (1963) 103-119.

BORDONI, M., *Gesù di Nazaret. Presenza. Memoria. Attesa*, BTC 57, Brescia 2000⁴.

BORING, M.E., «Mark 1:1-15 and the Beginning of the Gospel», *Semeia* 52 (1990) 43-81.

BOSETTI, E., «Un cammino per vedere (Mc 1,9-10)», in M. ADINOLFI –P. KASWALDER, ed., *Entrarono a Cafarnao. Lettura interdisciplinare di Mc 1*, Fs.V. Ravanelli, SBFA 44, Jerusalem 1997, 123-145.

BRAUN, H., «ποιεῖω», *DCBNT*, 456-457.

———, «ποιέω κτλ.», *GLNT* X, 1117-1190.

BRIEND, J., *Dio nella Scrittura*, Ricerche Teologiche, Roma 1995; orig. francese, *Dieu dans l'Écriture*, Paris 1992.

BROADHEAD, E.K., *Teaching with Autority. Miracles and Christology in the Gospel of Mark*, JSNTSS 74, Sheffield 1992.

BRODIE, Th.L., *The Crucial Bridge*, Collegeville 2000.

BROWER, K., «Elijah in the Markan Passion Narrative», *JSNT* 18 (1983) 85-101.

BROWN, R.E., *Introduzione alla cristologia del Nuovo Testamento*, BiBi 19, Brescia 1995; orig. inglese, *An Introduction to New Testament Christology*, New York 1994.

———, *La Morte del Messia. Un Commentario ai Racconti della Passione nei quattro vangeli*, BTC 108, Brescia 1999; orig. inglese, *The Death of the Messiah. From Gethsemane to the Grave. A Commentary on the Passion Narratives in the Four Gospels*, I-II, New York – London – Toronto – Sydney – Auckland 1994.

———, *Introduzione al Nuovo Testamento*, Brescia 2001; orig. inglese, *An Introduction to the New Testament*, New York 1997.

BRYAN, CH., *A Preface to Mark: Notes on the Gospel in Its Literary and Cultural Settings*, New York – Oxford 1993.

BUETUBELA, B., «Le message de Jean Baptiste en Marc 1,7-8», *RAfrT* 9 (1985) 165-173.

BÜHNER, J.-A., «σκηνή», *DENT* II, 1353-1356.

BULTMANN, R., *Historia de la Tradicion Sinoptica*, BtEstB 102, Salamanca 2000; orig. tedesco, *Die Geschichte der synoptischen Tradition*, Göttingen 1995[10].

BULTMANN, R. – LÜHRMANN, D., «φανερός», *GLNT* XIV, 837-839.

CABA, J., *Cristo, mia speranza, è risorto. Studio esegetico dei «vangeli» pasquali*, Parola di Dio 8, Cinisello Balsamo 1988; orig. spagnolo, *Resucitó, Cristo, mi esperanza. Estudio exegético*, Madrid 1986.

CARBONE, S.P.– RIZZI, G., *Osea*, Lettura ebraica, greca e aramaica 1, Bologna 1992.

CARENA, O., *La comunicazione non verbale nella Bibbia*, Collana Biblica, Torino 1981.

CAVEDO, R., «Corporeità», *NDTB*, 318-319.

CAZA, L., «Le relief que Marc a donné au cri de la croix», *ScEsp* 39 (1987) 171-191.

CHARY, T., *Les Prophètes et le culte à partir de l'Exil*, Bibliothèque de théologie 3, Tournai 1955.

CHATMAN, S., *Storia e discorso*, Parma 1987; orig. inglese, *Story and Discourse*, Ithaca – London 1978.

CHILDS, B.S., *Introduction to the Old Testament as Scripture*, London – Philadelphia 1984/85.

———, *Il libro dell'Esodo*, Casale Monferrato 1995; orig. inglese, *The Book of Exodus. A Critical, Theological Commentary*, Louisville 1974.

CHRONIS, H.L., «The Torn Veil: Cultus and Christology in Mark 15,37-39», *JBL* 101 (1982) 97-114.

CLAUDE, G., *La confession de Pierre*, EtB (Nouvelle Serie 10), Paris 1988.

COCAGNAC, M., *I simboli biblici*, Bologna 1993; orig. francese, *Les symboles bibliques. Lexique Théologique*, Paris 1993.

CODY, A., *Aggeo – Zaccaria – Malachia*, NGCB, Brescia 1997.

COGGINS, R., *Haggai, Zechariah, Malachi*, Sheffield 1987.

COLLINS, J.J., *The Scepter and the Star. The Messiahs of the Dead Sea Scrolls and Other Ancient Literature*, The Anchor Bible Reference Library, New York – London 1995.

CONZELMANN, H., «σκότος κτλ.», *GLNT* XII, 591-646.

———, *Teologia del Nuovo Testamento*, Biblioteca Teologica 5, Brescia 1972; orig. tedesco, *Grundriss der Theologie des Neuen Testaments*, München 1968[2].

CONZELMANN, H. – LINDEMANN, A., *Guida allo studio del Nuovo Testamento*, CSANT 1, Casale Monferrato 1986; orig. tedesco, *Arbeitsbuch zum Neuen Testament*, Tübingen 1983³.

CORSANI, B., *L'Apocalisse e l'apocalittica del Nuovo Testamento*, La Bibbia nella storia 14, Bologna 1996.

―――, *Come interpretare un testo biblico*, Piccola Collana Moderna 90, Torino 2001.

CORRIENTE, F. – PIÑERO, A., «Libro 1 de Henoc (*et y gr*)», in A. DIEZ MACHO, ed., *Apocrifos del Antiguo Testamento*, IV, Madrid 1984, 13-143.

COUNE, M., «Radieuse Transfiguration», *AS* 15 (1973) 44-84.

CRANFIELD, C.E.B., *The Gospel according to Saint Mark*, CGTC, Cambridge 1997.

CULLMANN, O., *Christologie du Nouveau Testament*, Bibliotèque Théologique, Neuchâtel-Paris 1966; orig. tedesco, *Die Christologie des Neuen Testaments*, Tübingen 1963³.

DANKER, F.W., «The Demonic Secret in Mark: A Reexamination of the Cry of Dereliction (15,34)», *ZNW* 61 (1970) 48-69.

DAUTZENBERG, G., «Die Zeit des Evangeliums. Mk 1,1-15 und die Konzeption des Markusevangeliums», *BZ* 21 (1977) 219-234.

―――, «Elijah im Markusevangelium», in F. VAN SEGBROECK – al., ed., *The Four Gospels*, Fs. F. Neirynck, II, BEThL 100, Leuven 1992, 1077-1094.

DELLING, G., «ἀρχή», *GLNT* I, 1273-1287.

―――, «ἀναλαμβάνω», *GLNT* VI, 27-31.

DELORME, J., *Lettura del Vangelo di Marco*, Città di Castello 1987; orig. francese, *Lecture de l'Evangile selon saint Marc*, Paris 1972.

―――, «Évangile et recit. La narration evangelique en Marc», *NTS* 43 (1997) 367-384.

―――, «Les sommaires en Marc. Problèmes de méthode et de sens», in *Mysterium Regni. Ministerium Verbi*, Fs. V. Fusco, SRivBib 38, Bologna 2000.

DEWEY, J., «Mark as Interwoven Tapestry: Forecasts and Echoes for a Listening Audience», *CBQ* 53 (1991) 221-236.

DI LELLA, A.A., «The Newly Discovered Sixth Manuscript of Ben Sira from the Cairo Geniza», *Bib* 69 (1988) 226-238.

―――, *Siracide*, *NGCB*, 647-664.

Di Pinto, L., «Seguire Gesù secondi i Vangeli sinottici. Studio di teologia biblica», in G. Canfora, ed., *Fondamenti biblici della teologia morale. Atti della XXII settimana biblica*, Brescia 1973, 183-251.

Dodd, C.H., *The Apostolic Preaching and its Developments*, London 1951.

———, *Secondo le Scritture. Struttura fondamentale della teologia del Nuovo Testamento*, Studi Biblici 16, Brescia 1972; orig. inglese, *According to the Scriptures. The Sub-structure of New Testament Theology*, London 1952.

Donahue, J.D., «Windows and Mirrors: The Setting of Mark's Gospel», *CBQ* 57 (1995) 1-26.

———, *The Theology and Setting of Discipleship in the Gospel of Mark*, Milwaukee 1983.

Donahue, J.R., «A neglected Factor in the Theology of Mark», *JBL* 101 (1982) 563-594.

———, «Jesus as the parable of God in the Gospel of Mark», *Interp* 32 (1978) 369-386.

Dormeyer, D., *Die Passion Jesu als Verhaltensmodell. Literarische und theologische Analyse der Traditions- und Redaktionsgeschichte der Markuspassion*, NTAbh 11, Münster 1974.

———, «Die Kompositionsmetapher Evangelium Jesu Christi, des Sohnes Gottes, Mk 1,1. Ihre Theologische und Literarische Aufgabe in der Jesus- Biographie des Markus», *NTS* 33 (1987) 452-468.

Dupont, J., «Ressuscité "le troisième jour"», *Bib* 40 (1958) 742-761.

Eco, U., *Semiotica e filosofia del linguaggio*, Biblioteca Studio 29, Torino 1996.

———, *Lector in Fabula. La cooperazione interpretativa nei testi narrativi*, Saggi tascabili 27, Milano 1999[6].

Egger, W., *Frohbotschaft und Lehre. Die Sammelberichte des Wirkens Jesu im Markusevangelium*, FThSt 19, Frankfurt, 1976.

———, *Metodologia del Nuovo Testamento*, StBi 16, Bologna 1989. orig. tedesco, *Methodenlehere zum Neuen Testament*, Freiburg 1987.

Eissfeldt, O., *The Old Testament: An Introduction Including the Apocrypha and Pseudepigrapha, and also the Works of Similar Type from Qumran*, Oxford – New York 1965.

Elliger, K., *Deuterojesaja*, I, BKAT XI/1, Neukirchen-Vluyn 1989[2].

Ernst, J., *Johannes der Täufer. Interpretation. Geschichte. Wirkungsgeschichte*, BZNW 53, Berlin 1989.

ERNST, J., *Il vangelo secondo Marco*, Il Nuovo Testamento commentato I-II, Brescia 1986 (I), 1991 (II); orig. tedesco, *Das Evangelium nach Markus*, Regensburg 1981.

ESCAFFRE, B., *Traditions concernant Élie dans le Targum et la Littérature rabbinique*, Extrait de la thèse de doctorat en Sciences bibliques P.I.B., Rome 1993.

FABRIS, R, *Marco*, LoB 2.2, Brescia 1996.

FAIERSTEIN, M.M., «Why Do the Scribes Say That Elijah Must Come First?», *JBL* 100 (1981) 75-86.

FANNING, B.M., *Verbal Aspect in New Testament Greek*, Oxford 1990.

FARFAN NAVARRO, E., *El desierto transformado. Una imagen deuteroisaiana de regeneración*, AnBib 138, Roma 1998.

FARRER, A., *A Study in St. Mark*, Westminster 1951.

FENENBERG, W., *Der Markusprolog. Studien zur Formbestimmung des Evangeliums*, StANT 26, München 1974.

FERRARIO, F., «La cristologia di Marco. Appunti su alcune piste della ricerca recente», *BeO* 147 (1986) 15-31.

FEUILLET, A., «Les perspectives propre à chaque évangéliste: dans le récits de la Transfiguration», *Bib* 39 (1958) 281-301.

FITZER, G., «Μωϋσῆ», *DENT* II, 445-450.

———, «στίλβω», *GLNT* XII, 1213-1218.

FITZMYER, J.A., «The Aramaic "Elect of God" Text from Qumran Cave 4», in *Essay on the Semitic Background of the New Testament*, SBLSBS 5, Missoula 1974, 127-160.

———, *The Gospel according to Luke (I-IX)*, AB 28, New York 1981.

———, «More About Elijah Coming First», *JBL* 104 (1985) 295-296.

FOERSTER, W., «Ἰησοῦς», *GLNT* IV, 917-918.

———, «ὄρος», *GLNT* VIII, 1329-1362.

FOHRER, G., *Die Propheten des Alten Testaments. Prophetenerzählungen*, 7, Gütersloh 1977.

FORESTI, F., «Il rapimento di Elia al cielo», *RivBib* 31 (1983) 257-272.

FOWER, R.M., *Let the Reader Understand. Reader – Response Criticism and the Gospel of Mark*, Minneapolis 1991.

FRANSEN, I., «Le messager de l'Alliance, Mal 2,17; 3,14», *BVC* 16 (1956) 53-56.

FREYNE, S., *The Twelve: Disciples and Apostles. A Study in the Theology of the First Three Gospels*, London – Sydney 1968.

FREYNE, S., «La "terza" ricerca sul Gesù storico», *Conc* 33 (1997) 60-79.

FRIEDRICH, G., «εὐαγγελίζομαι», *GLNT* III, 1023-1060.

———, «προφήτης κτλ.», *GLNT* XI, 567-652.

FUENTE ADÁNEZ, de la A., «Antigüedades Biblicas (Pseudo-Filon)», in *Apocrifos del Antiguo Testamento*, ed. A. Diez Macho, II, Madrid 1983.

FUNK, R.W., *The Poetics of Biblical Narrative*, FFLF, Sonoma, Polebridge 1988.

FUSCO, V., «Il segreto messianico nell'episodio del lebbroso (Mc 1,40-45)», *RivBib* 29 (1981) 273-313.

———, «L'économie de la révélation dans l'évangile de Marc», *NRT* 104 (1982) 532-554.

———, «Dalla missione di Galilea alla missione universale. La tradizione del discorso missionario (Mt 9,35-10,42; Mc 6,7-13; Lc 9,1-6; 10,1-16)», in G. GHIBERTI, ed., *La missione nel mondo antico e nella Bibbia*, XXX Settimana biblica nazionale, RicStoB 1, Bologna 1990, 101-125.

———, «La Scrittura nella tradizione sinottica e negli Atti», in *La Bibbia nell'antichità cristiana*, BS 15/I, Bologna 1993, 105-149.

———, «Introduzione Generale ai Sinottici», in M. LACONI, ed., *Vangeli Sinottici e Atti degli Apostoli*, Leumann 1994, 33-192;

———, *Le prime comunità cristiane. Tradizioni e tendenze nel cristianesimo delle origini*, La Bibbia nella storia 19, Bologna 1995.

GALIZZI, M., *Vangelo secondo Marco. Commento esegetico-spirituale*, CNT NS 2, Leumann 1996.

GALOT, J., *Chi sei tu, o Cristo?*, NCTC 11, Firenze 1977.

GARCÍA MARTINEZ, F., «Qumrân», RicStoB 2 (1997) 11-47.

GESE, H., *Vom Sinai zum Zion. Alttestamentliche Beiträge zur biblischen Theologie*, BevT 64, München 1974, 11-30.

———, «Zur Bedeutung Elias für die biblische Theologie», in *Evangelium Schriftauslegung Kirche*, Fs. P. Stuhlmacher, Göttingen 1997, 126-150.

GIBBS, J.M., «Mark 1-1-15, Matthew 1-1-4,16, Luke 1-1-4,30; John 1-1-51. The Gospel Prologues and Their Function», *StEv* VI (1973) 154-188.

GIBLET, J., «Prophétisme et attente d'un Messie Prophète dans l'ancien Judaïsme», in *L'attente du Messie*, RechBib I, Louvain 1954, 85-130.

GIBLIN, C.H., «The Beginning of the Ongoing Gospel (Mk 1,2-16,8)», in *The Four Gospels*, Fs. F. Neirynck, BEThL 100, Leuven 1992, 974-985.

GINZBERG, *An Unknown Jewish Sect*, New York 1976.

GLAZIER-MCDONALD, B., *Malachi: The Divine Messenger*, SBL.DS 98, Atlanta 1987.

GNILKA, J., *Marco*, Commenti e studi Biblici, Assisi 1991; orig. tedesco, *Das Evangelium nach Markus*, EKKNT 2, I-II, Zürich 1978,1979.

———, *Gesù di Nazaret. Annuncio e storia*, Supplementi CTNT 3, Brescia 1995; orig. tedesco, *Jesus von Nazaret. Botschaft und Geschichte*, Freiburg 1993².

———, *I primi cristiani. Origini e inizio della Chiesa*, Supplementi CTNT 9, Brescia 2000; orig. tedesco, *Die frühen Christen. Ursprünge und Anfang der Kirche*, Freiburg 1999.

GOGUEL, M., *La vie de Jésus*, Paris 1932.

GOEDT, de M., «Élie le prophete dans les Evangiles synoptiques», in G.F. WILLEMS, ed., *Élie le prophete, Bible, Tradition, Iconographie*, Publications de l'Institutum Judaicum, Leuven 1988, 69-90.

GOPPELT, L., *Teologia del Nuovo Testamento*, I-II, Brescia 1982 (I), 1983 (II); orig. tedesco, *Theologie des Neuen Testaments*, I-II. Göttingen 1976.

GOULD, E.P., *The Gospel according to St Mark*, ICC, Edinburg 1996.

GRAY, J., *I et II Kings. A Commentary*, OTL, London 1977.

GRELOT, P., *Jésus de Nazareth Christ et Seigneur*, I, LeDiv 167, Paris–Montréal 1997.

———, *L'éspérance juive à l'heure de Jésus*, Paris 1978.

GRILLMEIER, A., *Gesù il Cristo nella fede della Chiesa. I. Dall'età apostolica al Concilio di Calcedonia*, BT 18, Brescia 1982; orig. tedesco, *Jesus der Christus im Glauben der Kirche*, I, Freiburg 1982.

GRUNDMANN, W., *Das Evangelium nach Markus*, THKNT 2, Berlin 1977⁷.

———, «δεῖ», *GLNT* II, 793 – 804.

———, «δύναμαι e δύναμεις», *GLNT* II, 1474-1556.

———, «ἑτοιμάζω», *GLNT* III, 1015-1023.

———, «χρίω κτλ.», *GLNT* XV, 939.

GUELICH, R.A., «The Beginning of the Gospel: Mark 1,1-15», *BR* 27(1982) 5-15.

———, *Mark 1-8:26*, WBC 34-A, Dallas 1989.

GUILLEMETTE, P. – BRISEBOIS, M., *Introduzione ai metodi storici-critici*, Studi e ricerche bibliche, Roma 1990; orig. francese, *Introduction aux méthodes historico-critiques*, Montreal 1987.

GUILLET, J., *Gesù di fronte alla sua vita e alla sua morte*, Assisi 1972; orig. francese, *Jésus devant sa vie et sa morte*, Paris 1971.

GUNDRY, R.H., *Mark: A Commentary on His Apology for the Cross*, Grand Rapids, 1993.

GUTBROD, K., *Leggere Marco. L'evangelo del segreto messianico*, Azimut, Casale 1978²; orig. tedesco, *Wir Lesen das Evangelium nach Markus. Einblicke in Gestalt, Aufbau und Zielsetzung*, Stuttgart 1970.

HACKENBERG, W., «σκότος», *DENT* II, 1365-1367.

HAENCHEN, E., «Die Komposition von Mk VII,27 – IX,1 und Par», *NT* 6 (1963) 81-109.

———, *Der Weg Jesu. Eine Erklärung des Markus – Evangeliums und der Kanonischen Parallelen*, Berlin 1966.

HAMMER, R.A., «Elijah and Jesus: A Quest for Identity», *Judaism* 19 (1970) 207-218.

HAMPEL, V., *Menschensohn und historischer Jesus. Ein Rätselwort als Schlüssel zum messianischen Selbstbewusstsein Jesu*, Neukirchen 1990.

HANN, F., *The Titles of Jesus in Christology*, LL, London 1969.

———, «Χριστός», *DENT* II, 1933-1953.

HARE, D.R.A., «The Lives of the Prophets», in J.H. CHARLESWORTH, ed., *The Old Testament. Pseudepigrapha*, II, New York 1985, 379-399.

HARNER, Ph.B., «Qualitative Anarthrous Predicate Nouns: Mark 15:39 and John 1:1», *JBL* 92 (1973) 75-87.

HARRINGTON, D.J., «Pseudo-Philo», in J.H. CHARLESWORTH, ed., *The Old Te-stament, Pseudepigrapha*, II, New York 1985.

———, *Il Vangelo secondo Marco*, NGCB, Brescia 1997.

HAULOTTE, E., *Symbolique du vêtement selon la Bible*, Paris 1964.

HEAD, P.M., «A Text-Critical Study of Mark 1.1», *NTS* 37 (1991) 621-629.

HEIL, J.P., *The Gospel of Mark as a Model for Action. A Reader – Response Commetary*, New York 1992.

———, *The Transfiguration of Jesus: Narrative Meaning and Function of Mark 9:2-8, Matt 17:1-8 and Luke 9:28-36*, AnBib 144, Roma 2000.

HENGEL, M., *Sequela e carisma*, StBi(Br) 90, Brescia 1990; orig. tedesco, *Nachfolge und Charisma. Eine exegetisch-religionsgeschichtliche Studie zu Mt 8,21f und Jesu Ruf in die Nachfolge*, Berlin 1968.

HESSE, F., «χρίω κτλ.», *GLNT* XV, 856-890.

HÖLLER, J., *Die Verklärung Jesu. Eine Auslegung der neutestamentlichen Berichte*, Freiburg 1937.

HOOKER, M.D., *The Message of Mark*, London 1983.

———, «What Doest Thou Here, Elijah? A Look at St Mark's Account of the Transfiguration», in *The Glory of Christ in the New Testament: Studies in Christology*, Fs. G.B.Caird, Oxford 1987, 59-70.

HOOKER, M.D., *The Gospel according to St Mark*, BNTC, London 1991.

———, *Beginnings: Keys that open the Gospel*, London 1997.

HORSLEY, R., «Gruppi giudaici e palestinesi e i loro messia», *Conc* 29 (1993) 34-54.

HORSTMANN, M., *Studien zur Markanischen Christologie. Mk 8,27 – 9,13 als Zugang zum Christusbild des zweiten Evangeliums*, NTAbh nf 6, Münster 1973.

HÜBNER, H., *Teologia Biblica del Nuovo Testamento*, Supplementi CTNT 8, III, Brescia 2000; orig. tedesco, *Biblische Theologie des Neuen Testaments*, III, Göttingen 1995.

HUG, J., *La finale de l'Évangile de Marc*, EtB, Paris 1978.

HUGHES, J.H., «John the Baptist: The Forerunner of God Himself», *NT* 14 (1972) 191-218.

IERSEL, van B.M.F., *Leggere Marco*, Cinisello Balsamo 1989; orig. olandese, *Marcus. Belichting van het Bijbelboek*, Katholieke Bijbelstichting, Boxtel 1966; traduz. inglese, *Reading Mark*, Edinburg 1989.

———, *Marco. La lettura e la risposta. Un Commento*, Commentari Biblici, Brescia 2000; orig. inglese, *Mark. A Reader-Response Commentary*, JSNTSS 164, Sheffield 1998.

ISAAC, E., «1 (Ethiopic Apocalypse of) Enoch», in J.H. CHARLESWORTH, ed., *The Old Testament, Pseudepigrapha*, I, New York – London – Toronto – Sydney – Auckland 1983, 5-89.

JACKSON, H.M., «The Death of Jesus in Mark and the Miracle from the Cross», *NTS* 33 (1987) 16-37.

JACOBSON, H., *A Commentary on Pseudo-Philo's, Liber Antiquatum Biblicarum with Latin Text and English Translation*, I-II, Arbeiten zur Geschichte Antik. Judentums und des Urchristentuntums, Leiden–New York–Köln 1996.

JENNI, E, «יוֹם *jôm* giorno», *DTAT* I, 612-628.

JEREMIAS, J., «Μωϋσῆς», *GLNT* VII, 765-832.

———, «'Ηλ(ε)ίας», *GLNT* IV, 67-99.

———, *Teologia del Nuovo Testamento*, I, BT 8, Brescia 1976²; orig. tedesco, *Neutestamentliche Theologie*, I, Göttingen 1973².

JOYNES, C.E., «A Question of Identity: "Who Do People Say that I am?" Elijah, John the Baptist and Jesus in Mark's Gospel», in *Understanding, Studying and Reading*, Fs. J. Ashton, Sheffield 1998, 15-29.

JOSSA, G., *Dal Messia al Cristo*, StBi(Br) 88, Brescia 2000.

JUEL, D.H., *The Gospel of Mark*, IBT, Nashville 1999.

JOÜON, J., «Le costume d'Élie et celui de Jean Baptiste», *Bib* 16 (1935) 74-81.

——, *Grammaire de l'hébreu biblique*, Rome 1965.

KAISER, W.C., «The Promise of the Arrival of Elijah in Malachi and the Gospels», *GTJ* 3 (1982) 221-233.

KASPER, W., *Gesù il Cristo*, BTC 23, Brescia 1996[8]; orig. tedesco, *Jesus der Christus*, Mainz 1992[11].

KEE, H.C., «The Function of Scriptural Quotations and Allusions in Mk 11-16», in *Jesus und Paulus*, Fs.W.G.Kümmel, Göttingen 1975, 165-188.

KECK, L.E., «The Introduction to Mark's Gospel», *NTS* 12 (1965-66) 352-370.

KERTELGE, K., «L'epifania di Gesù in Marco», in J. Schreiner – G. Dautzenberg, ed., *Introduzione al Nuovo Testamento*, Roma 1982, 249-279; orig. tedesco, *Gestalt und Anspruch des Neuen Testaments*, Würzburg 1978[2].

——, *Markusevangelium*, Würzburg 1994.

KESSLER, H., *Cristologia*, IT/16, Brescia 2001; orig. tedesco, *Christologie*, Düsseldorf 1992.

KILGALLEN, J.J., «Mk 9,1–the Conclusion of a Pericope», *Bib* 63 (1982) 81-83.

KILPATRICK, G.D., «Verbs of Seeing», in *The Language and Style of the Gospel of Mark*, ed. J.K. ELLIOTT, Leiden–New York–Köln 1993, 179-180.

KINGSBURY, J.D., *The Christology of Mark's Gospel*, Philadelphia 1989.

——, *Conflicto en Marcos, Jesus, autoridades, discipulos, En torno al Nuevo Testamento*, Cordoba 1991; orig. inglese, *Conflict in Mark. Iesus, Hauthorities, Disciples*, Philadelphia 1989.

——, «The Significance of the Cross within Mark's Story», in *Gospel Interpretation: Narrative – Critical and Social – Scientific Approaches*, Trinity 1997, 95-105.

——, *Matteo. Un racconto*, BiBi 23, 1998, orig. inglese, *Matthew as Story*, Philadelphia 1988[2].

KITTEL, G., «ἀκούω/ἀκοή», *GLNT* I, 581-606.

KLAUSNER, J., *The Messianic Idea in Israel*, London 1956.

KLEINE, H., «ὄρος», *DENT* II, 653-655.

KLOSTERMANN, E., *Das Markusevangelium*, HNT 3, Tübingen 1971.

KRAELING, C.H., «Was Jesus Accused of Necromancy?», *JBL* 59 (1940) 147-157.

KREMER, J., «ἀναλαμβάνω», *DENT* I, 220-222.

Kremer, J., «ὁράω», *DENT* II, 634-641.

Kuthirakkattel, S., *The Beginning of Jesus' Ministry according to Mark's Gospel (1,14-3,6): a Redaction Critical Study*, AnBi 123, Roma 1990.

Labuschagne, C.J., «קוֹל», *DTAT* II.

Lagrange, M.J., *Évangile selon saint Mark*, EtB, Paris 1948.

Lamarche, P., «Commencement de l'évangile de Jésus, Christ, Fils de Dieu (Mc 1,1)», *NRT* 92 (1970) 1024-1036.

———, «L'Évangile de Jesus, Christ, Fils de Dieu» (Mc 1,1), *NRT* 9 (1970) 1024-1036.

———, «La mort du Christ et le voile du temple», *NRT* 96 (1974) 583-599.

———, *Évangile de Marc*, EtB 33, Paris 1996.

Lambiasi, F., *L'autenticità storica dei vangeli. Studio di criteriologia*, Bologna 1976.

Lambrecht, J., «'Ηλίας», *DENT* I, 1546-1551.

———, «The Christology of Mark», *BibTB* 3 (1973) 256-273.

———, «John the Baptist and Jesus in Mark 1,1-15: Markan redaction of Q?», *NTS* 38 (1992) 357-384.

Lane, W.L., *The Gospel According to Mark : The English Text with Introduction, Exposition and Notes*, NICNT, Eerdmans 1974.

Latourelle, R., *L'accès à Jésus par les Évangiles. Histoire et herméneutique*, Paris-Tournai-Montréal 1978.

———, *Miracoli di Gesù e Teologia del Miracolo*, Teologia/Strumenti 6, Assisi 1987; orig. francese, *Miracles de Jesus et Theologie du Miracle*, Montréal 1986.

Lausberg, H., *Elementi di retorica*, Bologna 1969; orig. tedesco, *Elemente der literarischen Rhetorik*, München 1949.

La Verdiere, E., *The Beginning of the Gospel*, I, Collegeville Minnesota 1999.

Le Déaut, R., *La Nuit Pascale. Essai sur la signification de la Pâque juive à partir du Targum d'Exode XII 42*, AnBib 22, Rome 1963.

———, *Introduction à la littérature targumique*, Roma 1966.

Légasse, S., *Marco*, Commenti Biblici, Roma 2000; orig. francese, *L'Évangile de Marc*, I-II, Paris 1997.

———, *Le procès de Jesus*, L'histoire, LeDiv Commentaires 3, I-II, Paris 1994.

LENTZEN-DEIS, F., *Comentario al Evangelio de Marcos. Modelo de nueva evangelización*, Evangelio y Cultura 1, Estella 1998.

LEON-DUFOUR, X., *Studi sul Vangelo*, Parola di Dio 2, Milano 1968; orig. francese, *Études d'Évangile*, Paris 1965.

———, *Di fronte alla morte: Gesù e Paolo*, Torino – Leumann 1982; orig. francese, *Face à la mort. Jesus et Paul*, Paris 1979.

LIGHTFOOT, J.B., *History and Interpretation in the Gospels*, London 1935.

———, *The Gospel Message of St. Mark*, Oxford 1950.

LINDEN, van P., *Vangelo secondo Marco*, BT 27, Brescia 1992; orig. inglese, *The Gospel According to Mark*, Collegeville 1992.

LINNEMANN, E., *Studien zur Passionsgeschichte*, FRLANT 102, Göttingen 1970.

LOHFINK, G., *Die Himmelfahrt Jesu: Untersuchungen zu den Himmelfahrts- und Erhöhungstexten bei Lukas*, StANT 26, München 1971, 57-59.

LOHMEYER, E., *Das Urchristentum I: Johannes der Täufer*, Göttingen 1932.

———, *Das Evangelium des Markus*, KEK I/2, Göttingen 1967[17].

LOHSE, E., *Compendio di Teologia del Nuovo Testamento*, Strumenti 38, Brescia 1987; orig. tedesco, *Gundriß der neutestamentlichen Theologie*, Suttgart 1984.

LÜHRMANN, D., *Das Markusevangelium*, HNT 3, Tübingen 1977.

LUPIERI, E., *Giovanni Battista nelle tradizioni sinottiche*, StBi(Br) 82, Brescia 1988.

———, *Giovanni Battista fra storia e leggenda*, BCR 53, Brescia 1988.

LUZ, U., «Das Geheimnismotiv und die markinische Christologie», *ZNW* 56 (1965) 9-30.

LUZARRAGA, J., *Las tradiciones de la nube en la Biblia y en el Judaísmo primitivo*, AnBib 54, Roma 1973.

LYONS, J., *Lezioni di linguistica*, Manuale Laterza 38, Bari 1994; orig. inglese, *Language and Linguistics*, Cambridge 1981.

MACINA, R., «Le rôle eschatologique d'Élie le Prophète dans la conversion finale du peuple juif», *PrOrChr* 31 (1981) 71-99.

———, «Jean le Baptiste était-il Élie? Examen de la tradition néotesta-mentaire», *PrOrChr* 34 (1984) 209-232.

MAGGIONI, B., «Esegesi biblica», *NDTB*, 497-507.

———, «Fede e incredulità nel vangelo di Marco», in *Credete al Vangelo*, PSV 17 (1988) 104-117.

MAIER, J. - SCHÄFER, P., *Piccola Enciclopedia dell'Ebraismo*, Casale Monferrato 1985; orig. tedesco, *Kleines Lexikon des Judentums*, Stuttgart 1981.

MAIJER, F., *Elisha as a second Elijah*, Apelddorn 1989.

MALBON, E.S., *Narrative Space and Mythic Meaning in Mark*, San Francisco 1986.

MALCHOW, B.V., «The Messenger of the Covenant in Ml 3,1», *JBL* 103 (1984) 252-255.

MANICARDI, E., *Il cammino di Gesù nel vangelo di Marco. Schema narrativo e tema cristologico*, AnBib 96, Roma 1981.

———, «Gesù e la sua morte secondo Marco 15,33-37», in *Gesù e la sua morte*, Atti della XXVII settimana biblica, Brescia 1984, 9-28.

MANN, C.S., *Mark: A New Translation with Introduction and Commentary*, AB 27, New York 1986.

MARCHESE, A., *Dizionario di retorica e di stilistica*, Milano 1985.

MARCONCINI, B., «La predicazione del Battista in Marco e Luca confrontata con la redazione di Matteo», *RivBib* 20 (1972) 451-466.

MARCUS, J., «Mark 9,11-13: "As It Fas Been Written"», *ZNW* 80 (1989) 42-63.

———, *The Way of the Lord. Christological Exegesis of the Old Testament in the Gospel of Mark,* Studies of the New Testament and Its World, Edinburgh, 1992.

———, *Mark 1-8*, AB 27, New York 2000.

MARGUERAT, D. - BOURQUIN, Y., *Per leggere i racconti biblici*, Roma 2001; orig. francese, *La Bible se raconte. Initiation à l'analyse narrative*, Paris 1998.

MARTYN, J.L., «We have found Elija», in *Jews, Greeks and Christians*, Fs. W.D. Davies, SJLA 21, Leiden 1976, 181-219.

MARXSEN, W., *L'evangelista Marco. Studi sulla storia della redazione del vangelo*, Casale Monferrato 1994; orig. tedesco, *Der Evangelist Markus. Studien zur Redaktionsgeschichte des Evangeliums*, Göttingen 1956.

MASSON, Ch., «La Transfiguration de Jésus», *RTPhil* 14 (1964) 1-14.

MATEOS, J., *El aspecto verbal en el Nuevo Testamento*, ENT, I, Madrid 1977.

———, «εὐθύς y sinonimos», in A. URBAN - J. MATEOS - M. ALEPUZ, ed., *Cuestiones de gramatica y lexico*, ENT II, Madrid 1977, 105-139.

MATEOS, J. - CAMACHO F., *Vangelo: figure e simboli*, Orizzonti Biblici, Assisi 1991, 5-9; orig. spagnolo, *Evangelio. Figuras y simbolos*, Cordoba 1989.

MATEOS, J. – CAMACHO F., *Il Vangelo di Marco. Analisi linguistica e commento esegetico*, Lettura del Nuovo Testamento 1.1, Assisi 1997; orig. spagnolo, *El Evangelio de Marcos. Análisis lingüístico y comentario exegético*, En los orígenes del cristianismo 10, I, Cordoba 1993.

———, *El Evangelio de Marcos. Análisis lingüístico y comentario exegético*, En los orígenes del cristianismo 11, Cordoba 1993.

MATERA, F.J., *The Kingship of Jesus: Composition and Theology in Mark 15*, SBLDS 66, Chico 1987.

———, *What Are They Saying about Mark*, New York 1987.

———, «The Prologue as the Interpretative Key to Mark's Gospel», *JStNT* 34 (1988) 3-20.

MAURER, C., «σχίζω» 4a-b, *GLNT* XIII, 429-440.

MAZZUCCO, C., *Lettura del Vangelo di Marco*, Torino 1999.

MEAGHER, J.C., *Clumsy Construction in Mark's Gospel. A Critique of Form – and Redaktionsgeschichte*, Studies in Theology 3, New York – Toronto 1979.

MEIER, J.P., *Un ebreo marginale. Ripensare il Gesù storico*, II, BTC 120, Brescia 2002; orig. inglese, *A Marginal Jew. Rethinking the Historical Jesus*, II, New York 1994.

MERENDINO, R.P., «Testi anticotestamentari in 1,2-8», *RivBib* 35 (1987) 3-25.

MERLIN POWIS SMITH, J., *A Critical and Exegetical Commentary on the Book of Malachi*, ICC, Edinburg 1971.

METZGER, B.M., *A Textual Commentary on the Greek New Testament*, London – New York 1975.

MEYER, R. , «προφήτης κτλ.», *GLNT* XI, 525- 567.

MEYE, R.P., *Jesus and the Twelve. Discipleship and Revelation in Mark's Gospel*, Grand Rapids 1968.

MEYNET, R., *Jésus Passe. Testament, jugement, exécution et résurrection du Seigneur Jésus dans les évangiles synoptiques*, Rhétorique Biblique 3, Roma – Paris 1999.

———, *Un'introduzione ai vangeli sinottici*, Bologna 2000.

MICHAELIS, W., «λευκός», *GLNT* VI, 657- 682

———, «ὁράω κτλ.», *GLNT* VIII, 885 -1041.

———, «σκηνή», *GLNT* XII, 449-486.

MINETTE DE TILLESSE, G., *Le secret messianique dans l'Évangile de Marc*, LeDiv 47, Paris 1968.

MOLTMANN, J., *Il Dio crocifisso*, BTC 17 Brescia 1973; orig. tedesco, *Der gekreuzigte Gott*, München 1972.

MOLTMANN, J., *La via di Gesù Cristo. Cristologia in dimensioni messianiche*, BTC 68, Brescia 1991; orig. tedesco, *Der Weg Jesu Christi. Christologie in messianischen Dimensionem*, München 1989.

MOSES, A.D.A., *Matthew's Transfiguration Story and Jewish-Christian Controversy*, JSNTSS 122, Sheffield 1966.

MOULE, C.F.D., *An Idiom Book of the New Testament Greek*, Cambridge 1971.

MÜLLER, D., «ἀποστέλλω», *DCBNT*, 129-136.

MÜLLER, P., «Wer ist dieser?», Jesus im Markusevangelium, BSt 27, Neukirchen-Vluny 1995.

MÜLLER, P.-G., «ἀποκαθιστάνω», *DENT* I, 344-346.

MURPHY, R.E., «The figure of Elias in the Old Testament», *Carmelus* 15 (1968) 230-238.

NARDONI, E., *La Transfiguration de Jesus y el Dialogo sobre Elias segun el Evangelio de San Marcos*, Estudios y Documentos 2, Buenos Aires 1976.

NEIRYNCK, F., «Une nouvelle théorie synoptique (A propos de Mc 1,2-6 et par.). Notes critiques», *ETL* 44 (1968) 141-153.

———, «Duality in Mark», *ETL* 47 (1971) 394-463.

NEUDECKER, R., «Master – Disciple / Disciple – Master Relationship in Rabbinic Judaism and in the Gospel», *Gr.* 80 (1999) 245-261.

NICCACCI, A., *Sintassi del verbo ebraico nella prosa biblica classica*, Analecta 23, Jerusalem 1986.

———, «Dall'aoristo all'imperfetto o dal primo piano allo sfondo. Un paragone tra sintassi greca e sintassi ebraica», *LA* 42 (1992) 85-108.

———, «La narrativa di Mc 1», in *Entrarono a Cafarnao*, Fs. P.V. Ravanelli, SBFA 44, Jerusalem 1997, 59-71.

NIEMAND, C., «Die Täuferlogien Mk 1,7-8 par. Traditions – und redaktionsgeschichtliche Überlegungen und ihre Bedeutung für die Synoptischen Frage », *SNTU* 18 (1993) 63-96.

NINEHAM, D.E., *Saint Mark*, Pelican New Testament Commentaries, Middlesex 1963.

NOTH, M., *Esodo*, Antico Testamento 5, Brescia 1977; orig. tedesco, *Das zweite Buch Mose. Exodus*, Göttingen 1968[4].

NÜTZEL, J.M., *Die Verklärungserzählung im Markusevangelium: Eine redaktionsgeschichtliche Untersuchung*, FzB 6, Bamberg 1973.

———, « Elija - und Elisha –Traditionen im Neun Testament», *Biki* 41 (1986) 160-171.

OEPKE, A., «ἀποκαθίστημι», *GLNT* I, 1033-1040.

———, «ἔκστασις», *GLNT* III, 323-349.

———, «νεφέλη», *GLNT* VII, 905-928.

ÖHLER, M., «Die Verklärung (Mk 9:1-8): Die Ankunft der Herrschaft Gottes auf Erden», *NT* 38 (1996) 197-217.

———, *Elia im Neuen Testament: Untersuchungen zur Bedeutung des alttestamentlichen Propheten im frühen Christentum*, BZNW 88, Berlin – New York 1997.

———, «The Expectation of Elijah and the Presence of the Kingdom of God», *JBL* 118 (1999) 461-476.

OLMO LETE DEL, G., *La vocación del lider en el antiguo Israel; morfología de los relatos biblicos de vocación*, Bibliotheca Salmaticensis, III, Studia 2, Salamanca 1973.

ORTEGA, A., «Nueva visión de Mc 1,3-4», *Salm* 9 (1962) 599-607.

OSBORNE, B.A.E., «Peter : Stumbling-block and Satan», *NT* 15 (1973) 187-190.

PAMMENT, M., «Moses and Elijah in the Story of the Transfiguration», *ExpTim* 92 (1980-81) 338-339.

PATTERSON, R.D., «1 and 2 Kings», in F. E. GAEBELEIN – R.P. POLCYN, ed., *The Expositor's Bible Commentary*, IV, Michigan 1988, 3-302.

PELLEGRINI, S., *Elija – Wegbereiter des Gottessohnes. Eine textsemiotische Untersuchung im Markusevangelium*, Herders Biblische Studien 26, Freiburg – Basel – Wien – Barcelona – Rom – New York 2000.

PENNA, R., *I ritratti originali di Gesù il Cristo. Inizi e sviluppi della cristologia neotestamentaria*, I-II, Cinisello Balsamo 1996 (I), 1999 (II).

PERINI, G., *Le domande di Gesù nel vangelo di Marco. Approccio pragmatico: ricorrenze, uso e funzioni*, Dissertatio Series Romana 22, Milano 1998.

PERRIN, N., «The Christology of Mark», in M. SABBE, ed., *L'Évangile selon Marc. Tradition et rédaction*, Louvain 1971, 471-48.

———, «The Interpretation of the Gospel of Mark», *Int* 30 (1976) 115-124.

PERROT, Ch., «Un prophète comme l'un des prophètes (Mc 6,15)», in *De la Tôrah au Messie. Études d'exégèse et d'herméneutique bibliques*, Fs. H. Cazelles, Paris 1981, 417-423.

———, *Gesù e la storia*, Roma 1981; orig. francese, *Jésus et l'histoire*, Paris 1993[2].

———, *Gesù*, GdT 268, Brescia 1999; orig. francese, *Jésus*, Paris 1998[3].

PERROT, Ch., *Gesù Cristo e Signore dei primi cristiani, Nuove vie dell'esegesi*, Roma 2000; orig. francese, *Jésus, Christ et Seigneur des premiers chrétiens. Une christologie exégétique*, Paris 1997.

PESCH, R., «Anfang des Evangeliums Jesu Christi. Eine Studie zur Prolog des Markusevangeliums», in *Die Zeit Jesu*, Fs. H. Schlier, Freiburg i.B. 1970, 108-144.

———, «Das Messiasbekenntnis des Petrus (Mk 8,27-31»), *BZ* nf. 17 (1973) 178-195; 18 (1974) 20-31.

———, *Il Vangelo di Marco*, CTNT II/1.2, Brescia 1980-1982; orig. tedesco, *Das Markusevangelium*, HTKNT II/1-2, Freiburg 1976,1977.

PETERSEN, D.L., *Zechariah 9-14 – and Malachi, A Commentary*, OTL, Louisville 1995.

———, *Late Israelite Prophecy: Studies in Deutero-Prophetic Literature and Chronicles*, Society of Biblical Literature Dissertation Series 23, Missoula 1977.

PETERSEN, N.R., «"Point of View" in Mark's Narrative», *Semeia* 12 (1978) 97-121.

PIDYARTO GUNAWAN, E., *Jesus the New Elijah according to the Fourth Gospel. A Logical Consequence of John 1,21*, Malang 1990.

PIKAZA, X., *Il Vangelo di Marco*, Itinerari Biblici, Roma 1996; orig. spagnolo, *Para vivir el evangelio. Lectura de Marcos*, Estella 1995.

———, *Questo è l'uomo*, Ricerche Teologiche, Roma 1999; orig. spagnolo, *Éste es el Hombre. Manual de cristologia*, Salamanca 1997.

PLETT, H.F., «The Poetics of Quotation», in *Von der verbalen Konstitution zur symbolischen Bedeutung*, ed. J.S. Petöfi – T. Olivi, Hamburg 1988, 313-334.

POPKES, W., «δεῖ», *DENT* I, 734-737.

POTTERIE, de la I., «Mors Johannis Baptistae (Mc 6,17-29)», *VD* 44 (1966) 142-151.

———, «De compositione Evangelii Marci», *VD* 44 (1966) 135-141.

———, «La confessione messianica di Pietro in Marco 8,27-33», in *San Pietro*, Atti della XIX settimana biblica, Brescia 1967, 59-77.

PRATO, G.L., «Valori e limiti dei fondamenti biblici del Messianismo», in *L'Antico Testamento interpretato dal Nuovo: Il Messia*, Napoli 1985, 331-359.

PROULX, P. – ALONSO SCHÖKEL, L., «Las Sandalias del Mesías Esposo», *Bib* 59 (1978) 1-37.

PUECH, É., «Une Apocalypse Messianique (4Q521) », *RevQ* 15 (1992) 475-522.

QUESNEL, M., «Histoire de l'attribution à Jésus des titres Messie et Fils de Dieu», in *Penser la foi*, Fs. J. Moingt, Paris, 1993, 51-58.

RAD, von G., «ἄγγελος», *GLNT* I, 204.

─────, «ἡμέρα», *GLNT* IV,105-116.

RADERMAKERS, J., *Lettura pastorale del vangelo di Marco*, Lettura pastorale della Bibbia 2, Bologna 1993⁴; orig. francese, *La Bonne Nouvelle de Jésus selon saint Marc*, I-II, Bruxelles 1974.

RADL, W., «φωνή», *DENT* II, 1849-1853.

RAMSEY, A.M., *La gloire de Dieu et la transfiguration du Christ*, LeDiv 40, Paris 1965.

RAVASI, G., *Il libro dei Salmi*, Lettura pastorale della Bibbia 12, I, Bologna 1981.

REID, B.E., *The Transfiguration: A Source- and Redaction-Critical Study of Luke 9:28-36*, CahRB 32, Paris 1993.

REISER, M., *Syntax und Stil des Markusevangeliums*, WUNT II/11, Tübingen 1984.

─────, *Die Gerichtspredigt Jesu. Eine Untersuchung zur eschatologischen Verkündigung Jesu und ihrem frühjüdischen Hintergrund*, NTA N.F. 23, Münster 1990.

RENGSTORF, R.H., «ἀποστέλλω», *GLNT* I, 1071-1072.

─────, «Gesù Cristo/Χριστός», *DCBNT*, 761-770.

REPLOH, K.G., *Markus – Lehrer der Gemeinde. Eine redaktionsgeschichtliche Studie zu den Jüngerperikopen des Markus-Evangeliums*, SBM 9, Stuttgart 1969.

REVENTLOW, H.G., *Die Propheten Haggai, Sacharja und Maleachi*, ATD, Neus Göttiger Bibelwerk 25,2, Göttigen 1993.

RHOADS, D., «Narrative Criticism and the Gospel of Mark», *JAAR* 50 (1982) 411-434.

RHOADS, D. and MICHIE, D., *Mark as Story. An Introduction to the Narrative of the Gospel*, Philadelphia 1982.

RICHTER, G., «"Bist du Elias" (Joh 1,21)», *Bib* 6 (1962) 79-92; 7 (1963) 63-80.

RIESENFELD, H., *Jésus transfiguré : L'arrière-plan du récit évangelique de la transfiguration de Notre-Seigneur*, ASNU 16, Copenhagen 1947.

RIVA, R., «Simbolo», *NDTB*, 1472-1490.

RIVERA, L.F., «El relato de la Transfiguración en la redacción del Evangelio de Marcos», *RbibArg* 31 (1969) 143-158.229-243.

ROBINSON, J.A.T., «Elijah, John and Jesus. An Essay in Detection», *NTS* 4 (1957/58) 263-281.

———, *The Problem of History in Mark and Other Marcan Studies*, Philadelphia 1982.

RODINÒ, N., «Il simbolismo biblico. Esperienza e conoscenza», in C. GRECO – S. MURATORE, ed., *La conoscenza simbolica*, Cinisello Balsamo 1998, 221.230.

ROFÉ, A., *Storie di profeti. La narrativa sui profeti nella Bibbia ebraica: generi letterari e storia*, Biblioteca di storia e storiografia dei tempi biblici 8, Brescia 1991; orig. inglese, *The Prophetical Stories. The Narratives about the Prophets in the Hebrew Bible*. Their Literary and History, Jerusalem 1988.

ROSSÉ, G., *Il grido di Gesù in croce. Una panoramica esegetica e teologica*, Roma 1984.

ROTH, W., *Hebrew Gospel. Cracking the Code of Mark*, Oak Park 1988.

ROURE, D., *Jesús y la figura de David en Mc 2,23-26*, AnBib 124, Roma 1990.

RUDOLPH, W., *Haggai – Sacharja 1-8 – Sachaja 9-14 – Maleachi*, KAT XIII 4, Gütersloh 1976.

RUSSEL, D.S., *The Method and Message of Jewish Apocalyptic*, Philadelphia 1964.

SABBE, M., «La rédaction du récit de la Trasfiguration», in *La Venue du Messie. Messianisme et Eschatologie*, RechBib 6, Bruges – Paris 1962, 65-100.

SACCHI, P., *L'apocalittica giudaica e la sua storia*, BCR 35, Brescia 1990.

SAHLIN, H., «Zum Verständnis von drei Stellen des Markus - Evangeliums», *Bib* 33 (1952) 53-66.

SANDERS, E.P., *Gesù e il giudaismo*, «Dabar» / Studi biblici e giudaici, Genova 1992; orig. inglese, *Jesus and Judaism*, London 1985.

SANTIS, de A.L., «Mc 1,1. Studio di traduzione», *Ang* 69 (1992) 175-192.

SCHILDGEN, B.D., *Crisis and Continuity. Time in the Gispel of Mark*, JSNTSS 159, Sheffield 1998.

SCHILLEBEECKX, E., *Gesù. La storia di un vivente*, BTC 26, Brescia 1974; orig. olandese, *Jezus. Het verhaad van een levende*, Bloemendaal 1976³.

SCHLATTER, A., *Das neu gefundene Hebräische Stück des Sirach. Der Glossator des griechischen Sirach und seine Stellung in der Geschichte der jüdischen Theologie*, BFCT 1,5.6, Gütersloh 1897.

SCHLEIFER, J.R., «El Salmo 22 y la Crucifixión del Señor», *EstBib* 24 (1965) 5-85.

SCHMID, J., *L'Evangelo secondo Marco*, Il Nuovo Testamento commentato 2, Brescia 1961; orig. tedesco, *Das Evangelium nach Markus*, RNT 2, Regensburg 1955.

SCHMIDT, K.L., «καλέω», *GLNT* IV, 1456.

SCHMITALS, W., *Das Evangelium nach Markus*, ÖTK 2,1-.2, Gütersloh – Würzuburg 1979.

SCHNACKENBURG, R., *Signoria e Regno di Dio*, Collana di studi religiosi, Bologna 1965; orig. tedesco, *Gottes Herrschaft und Reich. Eine biblisch-theologische Studie*, Freiburg – Basel – Wien 1965[4].

———, *Vangelo secondo Marco*, ComSpirNT, II, Roma 1981; orig. tedesco, *Das Evangelium nach Markus*, II, Düsseldorf 1966-1970.

———, *La persona di Gesù Cristo nei quattro vangeli*, Supplementi CTNT 4, Brescia 1995; orig. tedesco, *Die Person Jesu Christi im Spiegel der vier Evangelien*, Freiburg 1993.

SCHNEIDER, G., «ἀκούω», *DENT* I, 138-144.

SCHNEIDER, J., «ἔρχομαι», *GLNT* III, 918-926.

SCHNIDER, F., *Jesus der Prophet*, OBO 2, Freiburg / Göttingen 1973.

———, «προφήτης», *DENT* II, 1185-1192.

SCHNIEWIND, J., *Das Evangelium nach Markus*, NTD 1, Göttingen 1963[8].

SCHULZ, S., «ἐπισκιάζω», *GLNT* XII, 534.

SCHÜRER, E. – VERMES G. – MILLAR F. – BLACK M., *Storia del popolo giudaico al tempo di Gesù Cristo*, Biblioteca di storia e storiografia dei tempi biblici, I-II, Brescia 1985 (I), 1987 (II); orig. inglese, *The History of the Jewish People in the Age of Jesus Christ*, I-II, Edinburg 1973 (I).1979 (II).

SCHÜRMANN, H., *Il Vangelo di Luca*, CTNT III/1, Brescia 1983; orig. tedesco, *Das Lukasevangelium*, I, Freiburg 1982[2].

SCHWEIZER, E., «ἐκπνέω», *GLNT* X, 1101-1102.

———, «υἱός κτλ.», *GLNT* XIV, 179-254.

———, «Anmerkungen zur Theologie des Markus», in *Neotestamentica et Patristica*, Fs. O. Cullmann, NovTSup 6, Zürich 1962, 35-46.

———, *Il Vangelo secondo Marco*, Nuovo Testamento 1, Brescia 1971; orig. tedesco, *Das Evangelium nach Markus*, Göttingen 1967.

———, *Gesù, la parabola di Dio. Il punto sulla vita di Gesù*, GdT 246, Brescia 1996; orig. tedesco, *Jesus, das Gleichnis Gottes. Was wissen wir wirklich vom Leben Jesu?*, Göttingen 1995.

SCHWEIZER, E. – DÍEZ MACHO, A., *La chiesa primitiva. Ambiente, organizzazione e culto*, StBi (Br) 51, Brescia 1980; orig. spagnolo, *La iglesia primitiva. Medio ambiente, organización y culto*, Salamanca 1974.

SIMIAN-YOFRE, H., *Testi Isaiani dell'Avvento*, StBi (Bo) 29, Bologna 1996.

SEGALLA, G., *Evangelo e Vangeli. Quattro evangelisti, quattro Vangeli, quattro destinatari*, La Bibbia nella storia 10, Bologna 1993.

———, *La cristologia del Nuovo Testamento*, StBi (Br) 71, Brescia 1985.

SEITZ, O.J., «*Praeparatio Evangelica* in the Marcan Prologue», *JBL* 82 (1963) 201-206.

SENIOR, D., *La passione di Gesù nel Vangelo di Marco*, Parola di vita, Milano 1988; orig. inglese, *The Passion of Jesus in the Gospel of Mark*, Wilmington 1984.

———, «I miracoli di Gesù», *NGCB*, Brescia 1997, 1800-1805.

SISTI, A. , *Marco*, NVB 34, Roma 1980.

SKA, J.L., «Sincronia: l'analisi narrativa», in H. SIMIAN-YOFRE, ed., *Metodologia dell'Antico Testamento*, StBi (Bo) 25, Bologna 1997.

SKEHAN, P.W. – DI LELLA, A.A., *The Wisdom of Ben Sira*, AB 39, New York 1987.

ŠKRINIAR, A., «Angelus Domini», *VD* 14 (1934) 44-48.

SMITH, S.H., *A Lion with Wings. A Narrative-Critical Approach to Mark's Gospel*, Sheffield 1996.

SOGGIN, J.A., «שוב *sûb* ritornare», *DTAT* II, 798-804.

SOLLE, S., «ἕτοιμος», *DCBNT*, 1546-1458.

SPREAFICO, A., «Spiritualità profetica», in *La Spiritualità dell'Antico Testamento*, Storia della Spiritualità 1, Bologna 1987, 143-221.

STANDAERT, B., *Il Vangelo secondo Marco. Commento*, Letture Bibliche, Roma 1984; orig. francese, *L'évangile selon Marc*, Paris 1983.

STARCKY, J., «Les Quatre Etapes du Messianisme à Qumran», *RB* 70 (1963) 489-505.

STAUFFER, E., «ἀγαπάω», *GLNT* I, 126 –127.

———, «βοάω», *GLNT* II, 291 - 298.

STECK, O.H., *Israel und das gewaltsame Geschick der Propheten. Untersuchungen zur Überlieferung des Deuteronomistischen Geschichsbildes im Alten Testament, Spätjudentum und Urchristentum*, WMANT 23, Neukirchen – Vluny 1967.

———, *Überlieferung und Zeitgeschichte in den Elia-Erzählungen*, WMANT 26, Neukirchen-Vluny 1968.

STEGEMANN, H., *Gli Esseni, Qumran, Giovanni Battista e Gesù*, Collana di Studi Religiosi, Bologna 1995; orig. tedesco, *Die Essener, Qumran, Johannes der Täufer und Jesus*. Ein Sachbuch, Freiburg 1993.

STEINER, C.-A., «Le lien entre le prologue et le corps de l'évangile de Marc», in D. MARGUERAT – A. CURTIS, ed., *Intertextualités. La Bible en échos*, Le monde de la Bible 40, Genève 2000, 161-184.

STENGER, W., *Metodologia biblica*, GdT 205, Brescia 1991; orig. tedesco, *Biblische Methodenlehre*, Düsseldorf 1987.

STOCK, K., *Boten aus dem Mit-Ihm-Sein. Das Verhältnis zwischen Jesus und den Zwölf nach Markus*, AnBib 70, Roma 1975.

———, «Gesù è il Cristo, il Figlio di Dio, nel vangelo di Marco», *RasT* 3 (1976) 242-253.

———, *Le pericopi iniziali del Vangelo di Marco*, Roma 1976.

———, «Vangelo e discepolato in Marco», *RasT* 19 (1978) 1-7.

———, «Das Bekenntnis des Centurio. Mk 15,39 im Rahmen des Markusevangelium», *ZkT* 100 (1978) 289-301.

———, *Il cammino di Gesù verso Gerusalemme*, Roma 1989.

———, *Alcuni aspetti della cristologia marciana*, Roma 1996.

———, *Il racconto della passione nei vangeli sinottici*, II, Roma 1995.

STRACK, H.L., *Die Sprüche Jesus, des Sohnes Sirachs. Der jüngst gefundene hebräische Text mit Anmerkungen und Wörterbuch*, SIJB 31, Leipzig 1903.

STRACK, H.L. – BILLERBECK P., *Kommentar zum Neuen Testament aus Talmud and Midrasch*, I-II-IV/1+2, München 1982⁸ (I), 1983⁸ (II), 1978⁸ (IV/1+2).

STRECKER, G., «Literarkritische Überlegungen zum euangelion. Begriff im Markusevangelium», in *Neues Testament und Geschichte*, Fs. O. Culmann, Hohr 1972, 91-104.

STUHLMACHER, P., *Gesù di Nazaret. Cristo della fede*, StBi (Br) 98, Brescia 1992; orig. tedesco, *Jesus vom Nazareth–Christus des Glaubens*, Stuttgart 1988.

STUHLMUELLER, C., *Deutero - Isaia e Trito - Isaia*, NGCB, 428-453.

SUHL, A., *Die Funktion der alttestamentlichen Zitate und Anspielungen im Markusevangelium*, Gütersloh 1965.

TAYLOR, J., «The Coming of Elijah, Mt 17,10-13 and Mk 9,11-13: The Development of the Texts», *RB* 98 (1991) 107-119.

TAYLOR, V., *Marco. Commento al vangelo messianico*, Assisi 1977: orig. inglese, *The Gospel according to St. Mark*, London – New York 1966.

TANNEHILL, R.C., «The Gospel of Mark as Narrative Christology», *Semeia* 16 (1979) 57-95.

TERNANT, P. «Le ministère de Jean, commencement de l'Évangile», *AS* 6 (1969) 41-55.

THEISSEN, G. – MERZ, A., *Il Gesù storico*, Biblioteca Biblica 25, Brescia 1999: orig. tedesco, *Der historische Jesus: ein Lehrbuch*, Göttingen 1999².

THIELE, F., «κατασκευάζω», *DCBNT*, 1459-1460.

THRALL, M. «Elijah and Moses in Mark's Account of the Transfiguration», *NTS* 15 (1969-70) 305-317.

TILLY, M., *Johannes der Täufer und die Biographie der Propheten. Die synoptische Täuferüberlieferung und das jüdische Prophetenbild zur Zeit des Täufers*, BWANT 7/17, Stuttgart 1994.

TOB, *La Bibbia da Studio*, Leumann-Torino 1998.

TOLBERT, M.A., *Sowing the Gospel. Mark's World in Literary – Historical Perpsective*, Philadelphia 1989.

TREVIJANO ETCHEVERRÍA, R., *Comienzo del Evangelio. Estudio sobre el Prólogo de San Marcos*, Burgos, 1971.

———, «La tradición sobre el Bautista en Mc 1,4-5», *Burgense* 12 (1971) 9-39.

TRIMAILLE, M., «Le récit de la Transfiguration comme récit interprétatif (Marc 9,1-13)», in *Le Temps de la lecture. Exégèse biblique et sémiotique*, Fs. J. Delorme, LeDiv 155, Paris 1993, 163-172.

———, *La Christologie de Saint Marc*, Jésus et Jésus Christ 82, Paris 2001.

TROCMÉ, É., *Gesù di Nazaret visto dai testimoni della sua vita*, Brescia 1975; orig. francese, *Jésus de Nazareth vu par les témoins de sa vie*, Neuchâtel 1971.

———, *L'Évangile selon Saint Marc*, CNT II, Genève 2000.

TURNER, N., «Marcan Usage: Parenthetical Clauses in Mark», *JTS* 26 (1925) 145-156.

———, *Grammatical Insights into the New Testament*, Edinburg 1965.

URBAN, A., «El doble aspecto estatico-dinamico de la preposicion ἐν en el NT», in *Cuestiones de grammatica y lexico*, Estudios de Nuevo Testamento II, Madrid 1977.

URICCHIO, F.M. – STANO, G.M., *Vangelo secondo Marco*, La Sacra Bibbia, Torino 1966.

VANHOYE, A., «Les récits de la passion chez les synoptiques», *NRT* 89 (1967) 135-163.

VANNI, U, *L'Apocalisse. Ermeneutica, esegesi, teologia*, SRivBib 17, Bologna 1997.

VERHOEF, P., *The Book of Haggai and Malachi*, NICOT, Grand Rapids 1987.

VERMÈS, G., *Gesù l'ebreo*, Collana di cristologia, Roma 1983; orig. inglese, *Jesus the Jew*, Philadelphia 1973.

VIRGULIN, S., «Elia/Eliseo», *NDTB*, 458-464.

WALLIS, G., «Wesen und Struktur der Botschaft Maleachis», in F. MAASS, ed., *Das ferne und nahe Wort*, Fs. L. Rost, BZAW 105, Berlin 1967, 229-237.

WATTS, R.E., *Isaiah's New Exodus and Mark*, WUNT 88, Tübingen 1997.

WEBB, R.L., *John the Baptizer and Prophet. A Socio-Historical Study*, JSNTSS 62, Sheffield 1991.

WEEDEN, T.J., *Mark – Traditions in Conflict*, Philadelphia 1971.

WEINRICH, H., *Tempus. Le funzioni dei tempi nel testo*, Bologna 1978; orig. tedesco, *Tempus, besprochene und erzählte Welt*, Stuttgart 1977³.

WEISER, A., *I Salmi 1-60*, Antico Testamento 15, Brescia 1984; orig. tedesco, *Die Psalmen*, I, Göttingen 1966.

WEISER, C., *Isaia 40-66*, Antico Testamento 19, Brescia 1978; orig. tedesco, *Das Buch Jesaja (Kapitel 40-66)*, Göttingen 1970².

WEREN, W., *Finestre su Gesù, Metodologia dell'esegesi dei Vangeli*, Strumenti 8, Torino 2001; orig.olandese, *Vensters op Jezus. Methoden in de uitleg van de evangeliën*, Zoetermeer 1994.

WESSEL, W.W., «Mark», in F.E. GAEBELEIN, ed., *The Expositor's Bible Commentary*, VIII, Michigan 1976, 601-793.

WESTERMANN, C., *Isaia, Capitoli 40-66*, Antico Testamento 19, Brescia 1978; orig. inglese, *Isaiah 40-66*, Philadelphia 1969.

WIKGREN, A., «Ἀρχὴ τοῦ εὐαγγελίου», *JBL* 61 (1942) 11-20.

WILCKENS, U., *Die Missionsreden der Apostelgeschichte*, Neukirchen 1963.

WILKINSON, T.L., «The Role of Elijah in The New Testament», *VoxRef* 10 (1968) 1-10.

WILLAERT, B., «La connexion littéraire entre la première prédication de la Passion et la confessione de Pierre chez les Synoptiques», *ETL* 32 (1956) 25-45.

WILLEMSE, J., «La premiere et la derniere parole de Dieu: Jesus (Mc 1,1-13 et Jn 1,1-18)», *Conc* 10 (1965) 69-85.

WINDISCH, H., «Die Notiz über Tracht und Speise des Täufers Johannes und ihre Entsprechungen in der Jesusüberlieferung», *ZNW* 32 (1933) 65-87.

WINK, W., *John the Baptist in the Gospel Tradition*, SNTSMS 7, Cambridge 1968.

WITCZYK, H., *Gesù nel ruolo di Elia secondo Gv 1,19-34*, Casale Monferrato 1998.

WITHERINGTON, B., *The Gospel of Mark. A Socio-Rhetorical Commentary*, Cambridge, Michigan 2001.

WOUDE, van der A.S., «χρίω κτλ.», *GLNT* XV, 890-895.

———, *Die Messianischen Vorstellungen der Gemeinde von Qumran*, SSN 3, Assen 1957.

WREDE, W., *Il segreto messianico nei Vangeli. Contributo alla comprensione del Vangelo di Marco*, Classici Neotestamentari 3, Napoli 1966; orig. tedesco, *Das Messiasgeheimnis in den Evangelien. Zugleich ein Beitrag zum Verständnis des Markusevangelium*, Göttingen 1901.

WÜRTHWEIN, E., *Die Bücher der Könige, 1.Kön.17 - 2.Kön.25*, ATD 11,2, Göttingen 1984.

ZELLER, D., «Elijah und Elischa im Frühjudentum», *BiKi* 41 (1986) 154-160.

———, «La métamorphose de Jésus comme épiphanie (Mc 9,2-8)», in *L'Évangile exploré*, Fs. S. Légasse, LeDiv 166, Paris 1996, 167-186.

———, «Bedeutung und religiongeschichtlicher Hintergrund der Verwandlung Jesu (Markus 9:2-8)», in B. CHILTON – C.A. EVANS, ed., *Authenticating the Activities of Jesus*, NTTS 28, Leiden 1999, 303-321.

ZENGER, E., *Il Primo Testamento. La Bibbia ebraica e i cristiani*, gdt 248, Brescia 1997; orig. tedesco, *Das Erste Testament. Die jüdische Bibel und die Christen*, Düsseldorf 1992[2].

ZERWICK, M., *Untersuchungen zum Markus-Stil*, Roma 1937.

———, *Graecitas Biblica*, Scripta Pontificii Instituti Biblici 92, Romae 1966[8].

ZIMMERMANN, H., *Gesù Cristo*, Collana Biblica, Torino 1976; orig. tedesco *Jesus Christus, Geschichte und Verkündigung*, Stuttgart 1973.

———, *Metodologia del Nuovo Testamento*, Collana Biblica, Torino 1971; orig. tedesco, *Neutestamentliche Methodenlehre. Darstellung der historisch-kritischen Methode*, Stuttgart 1967.

ZORRELL, F., *Lexicon Graecum Novi Testamenti*, Pariis 1931[3].

INDICE DEGLI AUTORI

Abadie: 195, 315
Aletti: 297, 319, 330-331, 337
Adler: 123, 159, 212
Allison: 206, 292-295, 323
Alonso Schokel: 102, 237, 270, 273, 278
Aranda Perez: 281-283
Aune: 222
Bayer: 145
Baltensweiler: 185-186
Balz: 91, 201, 233
Bauer: 123, 159, 212
Becker: 99
Bnoit: 102
Berger: 174
Bernard: 95
Bernini: 79, 83, 90, 99, 269-273
Bertram: 125, 279
Best: 160, 167, 310
Betz: 234, 241
Beyer: 67, 174
Bieder: 91
Bietenhard: 123, 279, 283, 294
Biguzzi: 257, 260
Billerbeck: 24, 82, 128, 206, 244, 281, 286, 288-289, 293

Black: 250, 267, 287, 316
Blackburn: 182
Blass: 88, 96, 119, 121, 123, 127, 133-134, 148, 150, 157, 175, 188, 183, 187, 208-209, 233, 249
Blenkinsopp: 82-83
Böcher: 92
Bock: 188
Boismard: 7-8, 10, 77, 93, 102, 163, 175, 331
Boman: 240
Bordoni: 309
Boring: 58, 62, 75, 111, 113, 305, 340
Bosetti: 99, 109, 257
Bourquin: 51-52, 58, 60, 73, 75, 235, 244, 247, 263
Briend: 196
Briadhead: 200
Brisebois: 51
Brodie: 195
Brower: 13-15, 136, 139, 242-243, 254, 257, 300, 302, 307, 320, 322, 327, 337
Brown: 161, 180, 225, 257, 229, 230, 239, 242-243, 245, 250-251, 308

Bryan: 93
Buetubela: 98, 106
Bühner: 193
Bultmann: 73, 100, 123, 145, 153, 175, 178, 189, 204, 210, 311
Caba: 95
Camacho: 69, 77, 79, 87, 89, 102, 105, 119, 120, 123, 131, 134, 153, 179-180, 183, 186, 188, 193, 197-199, 201-205, 215, 251, 310
Carbone: 82
Carena: 93
Carniti: 102, 237, 270, 273, 278
Cavedo: 96
Caza: 235, 237, 239-242, 244-245, 248, 250-251, 258, 260, 262
Chary: 82
Chatman: 305
Childs: 82, 274, 288
Chronis: 258
Claude: 145-146, 150-152
Cocagnac: 95, 98
Cody: 269, 273
Coggins: 274
Collins: 285
Conzelmann: 61, 66, 93, 231-232, 298, 337
Corsani: 51, 276-277, 282
Corriente: 283
Coune: 187-188
Cranfield: 74, 89, 110, 145, 183, 185, 191, 194, 209, 210, 214
Cullmann: 134
Danker: 242, 251
Dautzenberg: 19-22, 39, 44, 48, 50, 59, 75, 80, 112, 125, 128, 131, 138, 163, 204, 214, 239, 241, 243, 246-247, 327-328
Debrunner: 88, 96, 119, 121, 123, 127, 133-134, 148, 150, 157, 175, 180, 183, 187, 208-209, 233, 249
Delling: 112, 191
Delorme: 76-77, 118-119, 125, 135, 160, 301
Dewey: 61
Di Lella: 277-280
Di Pinto: 166, 200
Dodd: 78, 188, 210
Donahue: 61, 149, 166
Dupont: 166
Eco: 35-37
Egger: 51, 66, 73
Eissfelt: 272
Elliger: 88
Ernst: 59, 81, 89, 92, 94-95, 97, 99, 103, 114, 119, 126-127, 133, 135-136, 138-139, 143, 148-149, 152, 154, 156, 167, 178, 183, 189, 198, 201, 204, 206, 214, 218-220, 222, 251-252, 300-301, 329, 331-332
Escaffre: 286, 289, 291, 295
Fabris: 101
Faierstein: 131, 206, 277, 280-281, 284, 286, 291-295, 323
Fanning: 200
Farrer: 78
Fenenberg: 74, 77, 83, 112
Ferrario: 297, 339
Feuillet: 186, 188
Fitzer: 182, 184
Fitzmyer: 131, 206, 292
Foerster: 106, 179
Fohrer: 9, 195
Foresti: 7, 9, 190, 195, 268, 318
Fransen: 82
Freyne: 156, 309
Friedrich: 74, 76, 132, 332

Fuente Adánez: 290-291
Funk: 59, 114
Fusco: 74-75, 95, 161, 310, 318, 325, 330, 338
Galizzi: 119, 133, 159
Galot: 161-162
García Martinez: 285
Gese: 34
Gibbs: 59
Giblet: 208
Giblin: 59
Ginzberg: 208
Gnilka: 57, 59, 79, 80, 86, 92, 94-95, 97, 100, 107, 110, 113-114, 121, 125-129, 131-132, 134-135, 144-146, 149, 152, 157, 159, 161, 167, 187, 192, 194, 202-210, 213-215, 219, 221, 224, 231, 239-241, 243-247, 250-252, 299, 308, 310, 327, 331-333
Goguel: 235
Goedt: 10, 100, 239
Goppelt: 318, 320, 330, 339
Gould: 132, 154-155
Gray: 268
Grelot: 211, 302
Grillmeier: 154
Grundmann: 59, 77, 93, 120, 122-125, 133, 143-145, 149, 151, 155, 157, 160-162, 164, 172, 178, 183, 185-186, 190, 192, 194, 197-198, 201-205, 207, 210, 213-214, 216, 220, 241, 308-309, 328, 331
Guelich: 59, 64, 89, 90, 92, 93-94, 101, 120, 135, 301, 308-309
Guillemette: 51
Guillet: 103
Gundy: 78, 80, 86, 149, 150-151, 155-157, 162, 178, 192-194, 199, 205-206, 209, 214, 239, 242-243, 245, 249-250, 252-253, 256-257, 260, 261, 316, 331-332
Hackenberg: 231
Haenchen: 77, 128, 131, 134, 156, 162, 165, 203-204, 233, 238, 240, 243, 246, 252, 257, 263, 368, 311
Hammer: 94
Hampel: 99
Hann: 157
Hare: 282
Harner: 260
Harrington: 74, 93, 102, 120, 131, 133, 290, 309
Haulotte: 95, 182
Heil: 136, 168, 178-182, 184, 186, 188-193, 195, 197-198, 201-203, 205-206, 209, 213, 254, 257, 313
Hengel: 302
Hesse: 157
Höller: 188-189
Hooker: 15-17, 57, 59, 78, 93, 114, 143-145, 150, 155-156, 158, 160-164, 166-167, 178, 184-186, 188, 191, 193, 196, 198, 203-204, 206, 214, 220, 234-235, 238-239, 243-244, 246-248, 257, 260, 262-263, 300, 302, 304, 312-313, 318-319, 326, 329, 331
Horsley: 129, 309
Horstmann: 160, 186-189, 197, 204, 216, 218-220, 318
Hübner: 298, 302, 306, 318, 328
Hug: 255, 270, 294
Hughes: 270, 294
Isaac: 283
Jackson: 258

Jacobson: 291
Jenni: 275
Jeremias: 7-8, 13, 82, 94, 127, 139, 184, 186-187, 189, 191, 205, 239, 243, 268-269, 271, 279, 291-292, 309, 314, 316-317, 318, 320, 323, 339
Joynes: 34, 35, 301
Jossa: 273
Juel: 58, 93, 97, 129, 261, 307-308, 336
Joüon: 87, 93
Kaiser: 83, 269-271, 274-275, 284, 307
Kasper: 308, 312
Kee: 78
Keck: 59, 74
Kertelge: 159, 308
Kessler: 297, 337, 339
Kilgallen: 175
Kilpatrick: 259
Kingsbury: 65, 73, 79, 80, 97, 108-109, 111-112, 118, 121, 123, 136-138, 154, 158, 181, 184, 194, 198, 203, 216, 239, 245-249, 250-251, 254, 257, 260-263, 299-300, 302, 304-305, 313, 315, 321-322
Kittel: 123
Klausner: 291
Kleine: 179
Klostermann: 59, 186, 192, 204
Kraeling: 127
Kremer: 133, 191
Kuthirakkatel: 61
Labuschagne: 196
Lagrange: 93, 101, 108, 124-127, 138-139, 144-145, 179, 181, 183, 185-187, 192, 205, 209, 212-214, 219, 242-243, 331

Lamarche: 11, 57-58, 111, 121, 128, 135, 152, 159, 162-164, 166, 238, 240, 246, 249, 251-252, 254-255, 302
Lambiasi: 236
Lambrecht: 8, 10, 52, 62, 64, 106, 194
Lane: 58-60, 125, 128, 131-132, 134, 214, 235, 237, 246, 252, 256-258, 260-262, 316-317
Latourelle: 162, 236
Lausberg: 59
La Verdiere: 310
Le Déaut: 295
Légasse: 59, 76, 79, 87-88, 90-92, 95, 97, 103, 120, 123-126, 134-135, 139, 149, 154, 170-171, 174, 180, 182, 184-186, 189, 192, 194, 198, 201, 205, 208, 210, 212-214, 221-225, 227-231, 234, 236, 240-242, 245, 247, 249, 258, 260, 263, 276, 332-333
Lentzen-Deis: 76, 113, 131, 137-138, 155, 163, 151-152, 331-332
Léon-Dufour: 187, 180-182, 184-185, 188, 193-194, 199, 202, 240
Lightfoot: 59-60, 142
Linden: 113
Lindemann: 61, 66, 93
Linnemann: 241, 243, 246
Lohfink: 191
Lohmeyer: 59, 73-74, 77-78, 87, 89, 92-93, 102, 113, 131-132, 143-144, 148, 150, 153, 155, 157, 159, 161, 191-192, 210, 214, 220, 233-234, 236-239, 241, 243-244, 246, 250, 309, 331
Lohse: 160, 338-339
Lührmann: 92, 93, 97, 120, 123, 125,

134, 148-149, 162, 205-207, 209-210, 213, 215, 233-234, 239, 241, 242-244, 247-248, 250, 302, 310, 313-315, 318-319, 322, 328-329, 331
Lupieri: 94, 98, 126, 139, 220, 331, 333
Luz: 149, 159, 167
Luzarraga: 194-195
Lyons: 341
Macina: 268, 291, 292, 294, 333, 335-336
Maggioni: 51, 160
Maier: 289
Maijer: 268
Malbon: 179
Malchow: 82, 270-271
Manicardi: 86, 106, 144, 148-149, 157, 171, 225, 227-229, 231-232, 258-259, 263
Mann: 220, 327
Marchese: 51, 57, 63, 136, 197
Marcus: 18-19, 57, 60-61, 66, 69, 74-75, 77, 80, 86, 91-92, 97-98, 100, 106, 109-110, 113, 206, 209-210, 214-216, 293, 318, 325, 332-333
Marguerat: 51-52, 58, 60, 73, 75, 235, 244, 247, 263, 340
Martyn: 268
Marxsen: 73, 76-77, 93-94, 110, 115, 219, 300
Masson: 187
Mateos: 69, 77, 79, 84, 87, 89, 91, 94, 96, 99, 101-102, 105, 119, 120-123, 131, 134, 153, 179, 180, 183, 186, 188, 193, 197-199, 201-205, 215, 251, 310
Matera: 57, 59-60, 75, 79, 82, 99, 106, 111, 197, 238-240, 245-246, 248, 250-251, 256-258, 307, 310, 318-319, 322
Maurer: 232
Mazzucco: 139, 160, 236, 248, 250, 252, 312-313, 321
Meier: 93, 331
Merendino: 76, 92
Merlin Powis Smith: 79
Metzger: 66, 299
Meyer: 132-133
Meynet: 51, 227-229
Merz: 114, 334-335
Michaelis: 181-183, 185, 192-193
Millar: 250, 267, 287, 316
Minette De Tillesse: 107-108, 121, 151
Moltmann: 237, 311
Moses: 188
Moule: 109
Müller P.: 342
Müller P.-G.: 208, 336
Murphy: 7, 269
Nardoni: 178
Neirynck: 124, 146, 174, 176
Neudecker: 156, 199
Niccacci: 63, 67, 76
Nineham: 11, 59, 141, 149-151, 155-156, 159, 164, 309, 311
Nützel: 10, 178, 185-186, 188, 190, 192-193, 204-205, 210, 215, 218-220, 277, 328
Oepke: 183, 194-195, 208-209, 336
Öhler: 23-26, 28, 31, 33-34, 48, 82-83, 92, 94-95, 97, 114, 121, 124-125, 128, 134, 162, 172, 178-179, 183-185, 242-244, 269-272, 275, 277-278, 280-287, 289-290, 292-293, 314, 324-325, 329, 331, 334
Olmo Lete Del: 268

Osborne: 166
Pamment: 184, 187, 190
Patterson: 268-269
Pellegrini: 35-37, 39-42, 45, 52, 76-79, 81, 93, 125, 127-128, 131-132, 137, 180, 184-185, 187, 207, 214-215, 236, 252-253, 269, 277, 282, 284-285, 287, 254, 298, 300-307, 313-314, 318, 323-325, 328, 335
Penna: 154, 236
Perini: 156
Perrin: 160, 310, 321
Perrot: 137, 154, 297, 299, 332, 339
Pesch: 58-59, 73-75, 80, 81, 89-91, 93-95, 97-100, 102-104, 109, 120-123, 125-139, 143-150, 153-160, 162-163, 168-170, 179-182, 194, 198, 199-203, 207-212, 214, 218-220, 224-225, 231, 233-235, 240, 241-243, 245, 255-256, 259-260, 297, 303-304, 309, 311, 317, 327, 331-333, 337, 339
Petersen D.L.: 82, 269, 270, 272-275
Petersen N.R.: 109, 305
Pidyarto Gunawan: 10
Pikaza: 105, 160, 298
Piñero: 283
Plett: 79
Popkes: 205
Potterie, de la: 141-143, 148-149, 155, 157-160, 334-335
Prato: 101
Proulx: 102
Puech: 285
Radermakers: 90, 95, 100-101, 103-104, 163, 183, 193, 197, 240, 332
Radl: 234, 241

Räisänen: 342
Ramsey: 184
Ravasi: 236, 238-239
Rehkopf: 88, 96, 119, 121, 123, 127, 133-134, 148, 150, 157, 175, 180, 183, 187, 208-209, 233, 249
Reid: 188, 190
Reiser: 99-199
Rengstorf: 84-157
Reploh: 197
Reventlow: 272
Rhoads: 57, 60, 73, 75, 149, 154, 244, 254, 242, 305
Richter: 218, 295
Riesenfeld: 184, 191
Riva: 333
Rivera: 185, 198
Rizzi: 82
Robinson: 37, 60, 92, 94, 127, 210, 214, 272, 274, 283, 284, 291-294, 307, 323
Rodinò: 96
Rofé: 7, 268, 315
Rossé: 322
Roth: 10, 37, 129
Roure: 287
Rudolph: 272, 274
Russel: 283
Sabbe: 185, 198
Sacchi: 308
Sahlin: 240
Sanders: 123
Santis de: 73
Schäfer: 289
Schildgen: 179
Schillebeeckx: 298, 322, 339, 124
Schlatter: 277
Schleifer: 235
Schmid: 129, 132, 161-163, 194-

195, 215, 222, 232, 234, 241, 243-244, 246, 253-254, 257, 308, 331
Schmidt: 241
Schnackenburg: 162, 297, 215, 241, 246, 262, 331, 332, 336
Schneider: 91, 122-123, 194, 201, 233
Schnider: 132, 154
Schniewind: 188, 250-251
Schulz: 195
Schürer: 250, 267, 287, 316
Schweizer: 133, 220, 262, 264
Seitz: 59
Senior: 338-339
Sicre Diaz: 270, 273, 278
Sisti: 133
Ska: 57
Skehan: 277-280
Smith: 79, 244, 305
Spreafico: 90
Standaert: 117, 119, 121, 125, 133-134, 136-138, 250
Stano: 104-108, 110, 113-114, 124, 127, 129, 130-132, 150, 152, 156-157, 159-162, 192, 194-195, 252, 331-332
Starcky: 284
Stauffer: 234, 236, 241
Steck: 223, 315
Steiner: 298
Stenger: 51
Stock: 58, 73, 75, 78-79, 84-86, 89, 108-109, 148, 153, 157, 159, 162-163, 184, 188, 194, 199, 200-201, 207, 230, 236, 246, 250, 254-255, 257, 260-261, 300, 338
Strack: 24, 82, 128, 206, 244, 277, 281, 286, 288, 289, 293

Stuhlmacher: 339
Stuhlmueller: 88
Suhl: 114, 330
Taylor J.: 20, 204, 210
Taylor V.: 59, 60, 74, 77, 81, 87, 90, 93-95, 97, 102-109, 123, 129, 130, 132, 152-153, 156-160, 168-169, 178, 181-184, 186, 191, 194, 204-205, 219, 221, 224, 229, 232, 235-236, 238-241, 245-246, 250, 252, 253, 311
Tannehill: 58, 109, 113, 298, 337
Theissen: 114, 334-335
Thrall: 11-12, 176, 188, 190, 218, 314
Tilly: 64, 81, 86, 92-93, 101, 104, 119, 125-126, 128, 131, 133, 138, 293, 301-302, 334
Tob: 87
Tolbert: 71, 168
Trevijano Etcheverría: 59, 61, 73-74, 77-78
Trimaille: 126, 133-134, 138, 213, 321
Trocmé: 81, 119, 124, 126, 133, 135, 137-138, 152, 237, 252, 308
Turner: 112, 134
Urban: 89
Uricchio: 104, 108, 110, 113-114, 124, 127, 129-132, 150, 152, 156-157, 159-162, 192, 194-195, 252, 331-332
van Iersel: 78, 119, 122, 125-126, 130-133, 136, 138-139, 149, 154, 178, 180-181, 186, 191, 193, 196, 198, 201, 215, 249, 251, 253, 257-258, 260-261, 304, 306
Vanhoye: 247

Vanni: 95-96
Verhoef: 275
Vermès: 250, 267, 273, 283, 287, 291, 316
von Rad: 275
Wallis: 82
Watts: 180
Webb: 101
Weeden: 164
Weinrich: 63
Weiser: 87-88, 236-237
Weren: 50, 52
Wessel: 110, 153, 155, 157, 160, 164
Westermann: 278
Wikgren: 73
Wilckens: 100
Wilkinson: 10
Willaert: 145
Willemse: 67, 107, 110
Wink: 92, 220, 298, 302, 323, 328-329, 331
Witczyk: 10, 285-286
Witherington: 155, 237-238, 243, 249, 254
Woude: 286
Wrede: 256
Würthwein: 8, 268
Zeller: 180, 281, 303
Zenger: 268, 325
Zerwick: 109, 123, 127, 146, 150, 169-170, 172, 180
Zimmermann: 74, 297, 299
Zorrell: 123, 159

INDICE GENERALE

Prefazione	5
Introduzione	7
1. Importanza del tema	7
2. Stato della questione	11
3. Obiettivo della ricerca	48
4. Metodo	50

Parte I: I testi su Elia in Marco

Capitolo I: *L'inizio del vangelo e la figura di Elia (Mc 1,1-13)*	57
1. L'articolazione del testo	59
1.1 Unità letteraria	59
1.2 Articolazione	61
1.2.1 Individuazione delle sequenze narrative	62
1.2.2. Coerenza letteraria di Mc 1,1-13	64
a) Sequenza narrativa di Mc 1,1-8	64
b) Sequenza narrativa di Mc 1,9-13	67
c) Mc 1,1-8 e 1,9-13	69
2. Analisi semantica	73
2.1 Mc 1,1-8: Giovanni Battista precursore di Gesù	73
2.1.1 Il titolo (v. 1)	73
2.1.2 Giovanni, il messaggero promesso (vv. 2-4)	76
a) La clausola καθὼς γέγραπται (v. 2a)	76
b) La promessa del messaggero (v. 2bc)	79
c) Il ruolo del messaggero (v. 3)	87
d) Giovanni Battista, il messaggero promesso (v. 4)	89

390 LA FIGURA DI ELIA NEL VANGELO DI MARCO

    2.1.3 Attività di Giovanni, il vestito e la dieta (vv. 5-6) 91
        a) Efficacia dell'esortazione di Giovanni (v. 5) 91
        b) Il vestito elianico e il cibo profetico di Giovanni (v. 6) 92
    2.1.4 Giovanni precursore (vv. 7-8) 98
        a) Il più forte:ἔρχεται ὁ ἰσχυρότερός (v. 7a) 99
        b) L'indegnità del Battista: οὐκ εἰμὶ ἱκανός (v. 7b) 103
        c) Il battesimo con acqua e con Spirito Santo (v. 8) 104
  2.2 Gesù, il veniente (Mc 1,9-13) 105
    2.2.1 Il battesimo di Gesù (vv. 9-11) 105
        a) L'identità del più forte (v. 9) 105
        b) Il punto di vista di Dio (v. 11) 107
    2.2.2 Il soggiorno di Gesù nel deserto (vv. 12-13) 110
3. Osservazioni conclusive 110
  3.1 Funzione tematica dell'"Inizio" 110
  3.2 Il ruolo di Giovanni Battista 111
  3.3 Il ruolo elianico di Giovanni Battista 112
  3.4 La tipologia di Elia 114

CAPITOLO II: *Elia e le opinioni popolari su Gesù (Mc 6,14-16)* 117

1. Il contesto 117
  1.1 Unità letteraria 119
2. Articolazione del testo 121
3. Analisi semantica 122
  3.1 Erode e la fama di Gesù (Mc 6,14a) 122
    3.1.1 L'attenzione di Erode (v. 14a) 122
    3.1.2 Diffusione della fama di Gesù (v. 14b) 123
  3.2 Le opinioni della gente su Gesù (vv. 14c-15b) 124
    3.2.1 Prima opinione: ὅτι Ἰωάννης ὁ βαπτίζων (v. 14c) 124
    3.2.2 Seconda opinione: Ἠλίας ἐστίν (v. 15a) 126
    3.2.3 Terza opinione:ὅτι προφήτης ὡς εἷς τῶν προφητῶν (v. 15b) .. 132
  3.3 L'opinione di Erode (v. 16) 134
4. Osservazioni conclusive 135
  4.1 La funzione parentetica di 6,14-16 135
  4.2 Chi è Gesù per la gente? 136
  4.3 Chi è Gesù per Marco? 138

CAPITOLO III: *Elia e la domanda cristologica (Mc 8,27-30)* 141

1. Il contesto 141
  1.1 Unità letteraria 143

2. Articolazione del testo 146
3. Analisi semantica 147
   3.1 L'introduzione: l'ambientazione per il dialogo (v. 27a) 147
   3.2 Primo dialogo: Mc 8,27b-28 150
   3.3 Secondo dialogo: Mc 8,29 154
   3.4 Ingiunzione del silenzio: Mc 8,30 158
4. Osservazioni conclusive 160
4.1 La figura di Elia e i discepoli............................. 160

Capitolo IV: *Elia e la trasfigurazione di Gesù (Mc 9,2-13)* 165

1. Il contesto 165
2. L'articolazione del testo 167
   2.1 Unità letteraria 167
   2.2 Articolazione 168
      2.2.1 Individuazione delle sequenze narrative 168
      2.2.2 Coerenza letteraria di Mc 9,2-13 172
         a) Sequenza narrativa di Mc 9,2-8 172
         b) Sequenza narrativa di Mc 9,9-13 174
         c) Mc 9,2-8 e 9,9-13 176
3. Analisi semantica 178
   3.1 L'evento della trasfigurazione (Mc 9,2-8) 178
      3.1.1 Ambientazione scenica (Mc 9,2ab) 178
      3.1.2 Descrizione della trasfigurazione (Mc 9,2c-3) 180
      3.1.3 L'apparizione di Elia con Mosè (Mc 9,4) 182
      3.1.4 Reazione dei discepoli (Mc 9,5-6) 191
      3.1.5 La voce dalla nube (Mc 9,7) 194
         a) La dichiarazione: ὁ υἱός μου ὁ ἀγαπητός (9,7c) 197
         b) L'esortazione: ἀκούετε αὐτοῦ (9,7d) 199
      3.1.6 La situazione dei discepoli (Mc 9,8) 201
   3.2 Il Dialogo su Elia (Mc 9,9-13) 202
      3.2.1 Consegna del silenzio 202
      3.2.2 Reazione dei discepoli (Mc 9,10) 203
      3.2.3 La domanda su Elia (Mc 9,11) 204
      3.2.4 La risposta di Gesù (Mc 9,12-13) 207
4. Osservazioni conclusive 217
   4.1 La figura di Elia e la narrazione della trasfigurazione 217
   4.2 L'attesa di Elia 218
   4.3 L'identificazione implicita Giovanni/Elia 219

CAPITOLO V: *Elia e la croce (Mc 15,33-39)* 221

1. Il contesto 221
2. L'articolazione del testo 225
   2.1 Unità letteraria 225
   2.2 Articolazione 225
      2.2.1 Individuazione delle sequenze narrative 225
      2.2.2 Coerenza letteraria 227
         a) Sequenza narrativa di Mc 15,33-36 227
         b) Sequenza narrativa di Mc 15,37-39 228
         c) Mc 15,33-36 e 15,37-39 229
3. Analisi semantica 231
   3.1 Mc 15,33-36: Gli eventi che precedono la morte di Gesù 231
      3.1.1 Mc 15,33-34 231
         a) Il segno visivo delle tenebre (v. 33) 231
         b) Il grido di Gesù sulla croce (v. 34) 233
      3.1.2 Mc 15,35-36 239
         a) L'equivoco su Elia (v. 35) 239
         b) L'offerta dell'aceto (v.36) 245
   3.2 Mc 15,37-39: La morte di Gesù e la risposta di Dio 249
      3.2.1 La morte di Gesù (v.37) 249
      3.3.2 Mc 15,38-39: La risposta di Dio alla morte di Gesù 254
         a) Il lacerarsi del velo del tempio (v.38) 254
         b) La confessione del centurione (v.39) 256
4. Conclusione 261

PARTE II: ELABORAZIONE TEOLOGICA

CAPITOLO VI: *Elia precursore del Messia sullo sfondo
              della letteratura biblica e giudaica* 267

1. L'attesa di Elia 267
2. Le tradizioni del TM e della LXX 268
   2.1 La promessa di Ml 3,1.23 269
   2.2 Elia nel libro del Siracide 277
   2.3 Elia in 1Mac 2,58 281
3. Letteratura intertestamentaria 281
4. Letteratura di Qumrân 284
5. Letteratura targumica 285
   5.1 Elia atteso come figura escatologica 285
   5.2 Elia identificato con Pinhas 288

6. Letteratura rabbinica 291
7. Conclusioni 293

CAPITOLO VII: *La funzione cristologica di Elia nel Vangelo di Marco* 297

1. L'intento teologico del vangelo di Marco (Mc 1,1) 299
2. Il Battista viene interpretato in riferimento ad Elia (Mc 1,1-13) 300
   2.1 Aspetto esteriore (Mc 1,6) 301
   2.2 Attività del Battista 302
3. Elia e Gesù 306
   3.1 L'opinione della gente 307
   3.2 L'opinione dei discepoli 310
   3.3 Elia appare con Gesù trasfigurato (Mc 9,2-13) 313
      3.3.1 L'apparizione di Elia e Mosè (Mc 9,4) 313
      3.3.2 Elia e il Figlio dell'uomo (Mc 9,11-13) 316
   3.4 Elia e il Gesù crocifisso (Mc 15,33-39) 319
4. L'attesa di Elia 322
   4.1 Il ritorno di Elia e la venuta del Messia 322
      4.1.1 Elia, il precursore del Messia, un *novum* di Marco? 324
5. Tipologia di Elia in Marco 329
   5.1 Le tradizioni elianiche interpretano la figura del Battista 331
   5.2 La δύναμις di Elia per interpretare i miracoli di Gesù 336
6. Elia e il paradosso della croce 337

CONCLUSIONE 341
1. Analisi esaustiva di tutti i contesti marciani su Elia 341
2. Elia: precursore del Messia 344
3. In sintesi 347

SIGLE E ABBREVIAZIONI 349
BIBLIOGRAFIA 353
INDICE DEGLI AUTORI 381
INDICE GENERALE 389

TESI GREGORIANA

Dal 1995, la collana «Tesi Gregoriana» mette a disposizione del pubblico alcune delle migliori tesi elaborate alla Pontificia Università Gregoriana. La composizione per la stampa è realizzata dagli stessi autori, secondo le norme tipografiche definite e controllate dall'Università.

Volumi pubblicati [Serie: Teologia]

1. NELLO FIGA, Antonio, *Teorema de la opción fundamental. Bases para su adecuada utilización en teología moral*, 1995, pp. 380.
2. BENTOGLIO, Gabriele, *Apertura e disponibilità. L'accoglienza nell'epistolario paolino*, 1995, pp. 376.
3. PISO, Alfeu, *Igreja e sacramentos. Renovação da Teologia Sacramentária na América Latina*, 1995, pp. 260.
4. PALAKEEL, Joseph, *The Use of Analogy in Theological Discourse. An Investigation in Ecumenical Perspective*, 1995, pp. 392.
5. KIZHAKKEPARAMPIL, Isaac, *The Invocation of the Holy Spirit as Constitutive of the Sacraments according to Cardinal Yves Congar*, 1995, pp. 200.
6. MROSO, Agapit J., *The Church in Africa and the New Evangelisation. A Theologico-Pastoral Study of the Orientations of John Paul II*, 1995, pp. 456.
7. NANGELIMALIL, Jacob, *The Relationship between the Eucharistic Liturgy, the Interior Life and the Social Witness of the Church according to Joseph Cardinal Parecattil*, 1996, pp. 224.
8. GIBBS, Philip, *The Word in the Third World. Divine Revelation in the Theology of Jen-Marc Éla, Aloysius Pieris and Gustavo Gutiérrez*, 1996, pp. 448.
9. DELL'ORO, Roberto, *Esperienza morale e persona. Per una reinterpretazione dell'etica fenomenologica di Dietrich von Hildebrand*, 1996, pp. 240.
10. BELLANDI, Andrea, *Fede cristiana come «stare e comprendere». La giustificazione dei fondamenti della fede in Joseph Ratzinger*, 1996, pp. 416.
11. BEDRIÑAN, Claudio, *La dimensión socio-política del mensaje teológico del Apocalipsis*, 1996, pp. 364.
12. GWYNNE, Paul, *Special Divine Action. Key Issues in the Contemporary Debate (1965-1995)*, 1996, pp. 376.
13. NIÑO, Francisco, *La Iglesia en la ciudad. El fenómeno de las grandes ciudades en América Latina, como problema teológico y como desafío pastoral*, 1996, pp. 492.
14. BRODEUR, Scott, *The Holy Spirit's Agency in the Resurrection of the Dead. An Exegetico-Theological Study of 1 Corinthians 15,44b-49 and Romans 8,9-13*, 1996, pp. 300.

15. ZAMBON, Gaudenzio, *Laicato e tipologie ecclesiali. Ricerca storica sulla «Teologia del laicato» in Italia alla luce del Concilio Vaticano II (1950-1980)*, 1996, pp. 548.

16. ALVES DE MELO, Antonio, *A Evangelização no Brasil. Dimensões teológicas e desafios pastorais. O debate teológico e eclesial (1952-1995)*, 1996, pp. 428.

17. APARICIO VALLS, María del Carmen, *La plenitud del ser humano en Cristo. La Revelación en la «Gaudium et Spes»*, 1997, pp. 308.

18. MARTIN, Seán Charles, *«Pauli Testamentum». 2 Timothy and the Last Words of Moses*, 1997, pp. 312.

19. RUSH, Ormond, *The Reception of Doctrine. An Appropriation of Hans Robert Jauss' Reception Aesthetics and Literary Hermeneutics*, 1997, pp. 424.

20. MIMEAULT, Jules, *La sotériologie de François-Xavier Durrwell. Exposé et réflexions critiques*, 1997, pp. 476.

21. CAPIZZI, Nunzio, *L'uso di Fil 2,6-11 nella cristologia contemporanea (1965-1993)*, 1997, pp. 528.

22. NANDKISORE, Robert, *Hoffnung auf Erlösung. Die Eschatologie im Werk Hans Urs von Balthasars*, 1997, pp. 304.

23. PERKOVIĆ, Marinko, *«Il cammino a Dio» e «La direzione alla vita»: L'ordine morale nelle opere di Jordan Kuničić, O.P. (1908-1974)*, 1997, pp. 336.

24. DOMERGUE, Benoît, *La réincarnation et la divinisation de l'homme dans les religions. Approche phénoménologique et théologique*, 1997, pp. 300.

25. FARKAŠ, Pavol, *La «donna» di Apocalisse 12. Storia, bilancio, nuove prospettive*, 1997, pp. 276.

26. OLIVER, Robert W., *The Vocation of the Laity to Evangelization. An Ecclesiological Inquiry into the Synod on the Laity (1987), Christifideles laici (1989) and Documents of the NCCB (1987-1996)*, 1997, pp. 364.

27. SPATAFORA, Andrea, *From the «Temple of God» to God as the Temple. A Biblical Theological Study of the Temple in the Book of Revelation*, 1997, pp. 340.

28. IACOBONE, Pasquale, *Mysterium Trinitatis. Dogma e Iconografia nell'Italia medievale*, 1997, pp. 512.

29. CASTAÑO FONSECA, Adolfo M., *Δικαιοσύνη en Mateo. Una interpretación teológica a partir de 3,15 y 21,32*, 1997, pp. 344.

30. CABRIA ORTEGA, José Luis, *Relación teología-filosofía en el pensamiento de Xavier Zubiri*, 1997, pp. 580.

31. SCHERRER, Thierry, *La gloire de Dieu dans l'oeuvre de saint Irénée*, 1997, pp. 328.

32. PASCUZZI, Maria, *Ethics, Ecclesiology and Church Discipline. A Rhetorical Analysis of 1Cor 5,1-13*, 1997, pp. 240.

33. LOPES GONÇALVES, Paulo Sérgio, *Liberationis mysterium. O projeto sistemático da teologia da libertação. Um estudo teológico na perspectiva da regula fidei*, 1997, pp. 464.

34. KOLACINSKI, Mariusz, *Dio fonte del diritto naturale*, 1997, pp. 296.

35. LIMA CORRÊA, Maria de Lourdes, *Salvação entre juízo, conversão e graça. A perspectiva escatológica de Os 14,2-9*, 1998, pp. 360.

36. MEIATTINI, Giulio, *«Sentire cum Christo». La teologia dell'esperienza cristiana nell'opera di H.U. von Balthasar*, 1998, pp. 432.

37. KESSLER, Thomas W., *Peter as the First Witness of the Risen Lord. An Historical and Theological Investigation*, 1998, pp. 240.
38. BIORD CASTILLO Raúl, *La Resurrección de Cristo como Revelación. Análisis del tema en la teología fundamental a partir de la* Dei Verbum, 1998, pp. 308.
39. LÓPEZ, Javier, *La figura de la bestia entre historia y profecía. Investigación teológico-bíblica de Apocalipsis 13,1-8*, 1998, pp. 308.
40. SCARAFONI, Paolo, *Amore salvifico. Una lettura del mistero della salvezza. Uno studio comparativo di alcune soteriologie cattoliche postconciliari*, 1998, pp. 240.
41. BARRIOS PRIETO, Manuel Enrique, *Antropologia teologica. Temi principali di antropologia teologica usando un metodo di «correlazione» a partire dalle opere di John Macquarrie*, 1998, pp. 416.
42. LEWIS, Scott M., *«So That God May Be All in All». The Apocalyptic Message of 1 Corinthians 15,12-34*, 1998, pp. 252.
43. ROSSETTI, Carlo Lorenzo, *«Sei diventato Tempio di Dio». Il mistero del Tempio e dell'abitazione divina negli scritti di Origene*, 1998, pp. 232.
44. CERVERA BARRANCO, Pablo, *La incorporación en la Iglesia mediante el bautismo y la profesión de la fe según el Concilio Vaticano II*, 1998, pp. 372.
45. NETO, Laudelino, *Fé cristã e cultura latino-americana. Uma análise a partir das Conferências de Puebla e Santo Domingo*, 1998, pp. 340.
46. BRITO GUIMARÃES, Pedro, *Os sacramentos como atos eclesiais e proféticos. Um contributo ao conceito dogmático de sacramento à luz da exegese contemporânea*, 1998, pp. 448.
47. CALABRETTA, Rose B., *Baptism and Confirmation. The Vocation and Mission of the Laity in the Writings of Virgil Michel, O.S.B.*, 1998, pp. 320.
48. OTERO LÁZARO, Tomás, *Col 1,15-20 en el contexto de la carta*, 1999, pp.312.
49. KOWALCZYK, Dariusz, *La personalità in Dio. Dal metodo trascendentale di Karl Rahner verso un orientamento dialogico in Heinrich Ott*, 1999, pp. 484.
50. PRIOR, Joseph G., *The Historical-Critical Method in Catholic Exegesis*, 1999, pp. 352.
51. CAHILL, Brendan J, *The Renewal of Revelation Theology (1960-1962). The Development and Responses to the Fourth Chapter of the Preparatory Schema* De deposito Fidei, 1999, pp. 348.
52. TIEZZI, Ida, *Il rapporto tra la pneumatologia e l'ecclesiologia nella teologia italiana post-conciliare*, 1999, pp. 364.
53. HOLC, Paweł, *Un ampio consenso sulla dottrina della giustificazione. Studio sul dialogo teologico cattolico luterano*, 1999, pp. 452.
54. GAINO, Andrea, *Esistenza cristiana. Il pensiero teologico di J. Alfaro e la sua rilevanza morale*, 1999, pp. 344.
55. NERI, Francesco, *«Cur Verbum capax hominis». Le ragioni dell'incarnazione della seconda Persona della Trinità fra teologia scolastica e teologia contemporanea*, 1999, pp. 404.
56. MUÑOZ CÁRDABA, Luis-Miguel, *Principios eclesiológicos de la «Pastor Bonus»*, 1999, pp. 344.
57. IWE, John Chijioke, *Jesus in the Synagogue of Capernaum: the Pericope and Its Programmatic Character for the Gospel of Mark. An Exegetico-Theological Study of Mk 1:21-28*, 1999, pp. 364.

58. BARRIOCANAL GÓMEZ, José Luis, *La relectura de la tradición del éxodo en l libro de Amós*, 2000, pp. 332.
59. DE LOS SANTOS GARCÍA, Edmundo, *La novedad de la metáfora κεφαλή – σῶμα en la carta a los Efesios*, 2000, pp. 432.
60. RESTREPO SIERRA, Argiro, *La revelación según R. Latourelle*, 2000, pp. 442.
61. DI GIOVAMBATTISTA, Fulvio, *Il giorno dell'espiazione nella Lettera agli Ebrei*, 2000, pp. 232.
62. GIUSTOZZO, Massimo, *Il nesso tra il culto e la grazia eucaristica nella recente lettura teologica del pensiero agostiniano*, 2000, pp. 456.
63. PESARCHICK, Robert A., *The Trinitarian Foundation of Human Sexuality as Revealed by Christ according to Hans Urs von Balthasar. The Revelatory Significance of the Male Christ and the Male Ministerial Priesthood*, 2000, pp. 328.
64. SIMON, László T., *Identity and Identification. An Exegetical Study of 2Sam 21–24*, 2000. pp. 386.
65. TAKAYAMA, Sadami, *Shinran's Conversion in the Light of Paul's Conversion*, 2000, pp. 256.
66. JUAN MORADO, Guillermo, *«También nosotros creemos porque amamos». Tres concepciones del acto de fe: Newman, Blondel, Garrigou-Lagrange. Estudio comparativo desde la perspectiva teológico-fundamental*, 2000, pp. 444.
67. MAREČEK, Petr, *La preghiera di Gesù nel vangelo di Matteo. Uno studio esegetico-teologico*, 2000, pp. 246.
68. WODKA, Andrzej, *Una teologia biblica del dare nel contesto della colletta paolina (2Cor 8–9)*, 2000, pp. 356.
69. LANGELLA, Maria Rigel, *Salvezza come illuminazione. Uno studio comparato di S. Bulgakov, V. Lossky, P. Evdokimov*, 2000, pp. 292.
70. RUDELLI, Paolo, *Matrimonio come scelta di vita: opzione – vocazione – sacramento*, 2000, pp. 424.
71. GAŠPAR, Veronika, *Cristologia pneumatologica in alcuni autori cattolici postconciliari. Status quaestionis e prospettive*, 2000, pp. 440.
72. GJORGJEVSKI, Gjoko, *Enigma degli enigmi. Un contributo allo studio della composizione della raccolta salomonica (Pr 10,1–22,16)*, 2001, pp. 304.
73. LINGAD, Celestino G., Jr., *The Problems of Jewish Christians in the Johannine Community*, 2001, pp. 492.
74. MASALLES, Victor, *La profecía en la asamblea cristiana. Análisis retórico-literario de 1Cor 14,1-25*, 2001, pp. 416.
75. FIGUEIREDO, Anthony J., *The Magisterium-Theology Relationship. Contemporary Theological Conceptions in the Light of Universal Church Teaching since 1835 and the Pronouncements of the Bishops of the United States*, 2001, pp. 536.
76. PARDO IZAL, José Javier, *Pasión por un futuro imposible. Estudio literario-teológico de Jeremías 32*, 2001, pp. 412.
77. HANNA, Kamal Fahim Awad, *La passione di Cristo nell'Apocalisse*, 2001, pp. 480.
78. ALBANESI, Nicola, *«Cur Deus Homo»: la logica della redenzione. Studio sulla teoria della soddisfazione di S. Anselmo arcivescovo di Canterbury*, 2001, pp. 244.
79. ADE, Edouard, *Le temps de l'Eglise. Esquisse d'une théologie de l'histoire selon Hans Urs von Balthasar*, 2002, pp. 368.

80. MENÉNDEZ MARTÍNEZ, Valentín, *La misión de la Iglesia. Un estudio sobre el debate teológico y eclesial en América Latina (1955-1992), con atención al aporte de algunos teólogos de la Compañía de Jesús*, 2002, pp. 346.
81. COSTA, Paulo Cezar, *«Salvatoris Disciplina». Dionísio de Roma e a* Regula fidei *no debate teológico do terceiro século*, 2002, pp. 272.
82. PUTHUSSERY, Johnson, *Days of Man and God's Day. An Exegetico-Theological Study of ἡμέρα in the Book of Revelation*, 2002, pp. 302.
83. BARROS, Paulo César, *«Commendatur vobis in isto pane quomodo unitatem amare debeatis». A eclesiologia eucarística nos* Sermones ad populum *de Agostinho de Hipona e o movimento ecumênico*, 2002, pp. 344.
84. PALACHUVATTIL, Joy, *«He Saw». The Significance of Jesus' Seeing Denoted by the Verb εἶδεν in the Gospel of Mark*, 2002, pp. 312.
85. PISANO, Ombretta, *La radice e la stirpe di David. Salmi davidici nel libro dell'Apocalisse*, 2002, pp. 496.
86. KARIUKI, Njiru Paul, *Charisms and the Holy Spirit's Activity in the Body of Christ. An Exegetical-Theological Study of 1Cor 12,4-11 and Rom 12,6-8*, 2002, pp. 372.
87. CORRY, Donal, *«Ministerium Rationis Reddendae». An Approximation to Hilary of Poitiers' Understanding of Theology,* 2002, pp. 328.
88. PIKOR, Wojciech, *La comunicazione profetica alla luce di Ez 2–3*, 2002, pp. 322.
89. NWACHUKWU, Mary Sylvia Chinyere, *Creation–Covenant Scheme and Justification by Faith. A Canonical Study of the God-Human Drama in the Pentateuch and the Letter to the Romans*, 2002, 378 pp.
90. GAGLIARDI, Mauro, *La cristologia adamitica. Tentativo di recupero del suo significato originario*, 2002, pp. 624.
91. CHARAMSA, Krzysztof Olaf, *L'immutabilità di Dio. L'insegnamento di San Tommaso d'Aquino nei suoi sviluppi presso i commentatori scolastici*, 2002, pp. 520.
92. GLOBOKAR, Roman, *Verantwortung für alles, was lebt. Von Albert Schweitzer und Hans Jonas zu einer theologischen Ethik des Lebens*, 2002, pp. 608.
93. AJAYI, James Olaitan, *The HIV/AIDS Epidemic in Nigeria. Some Ethical Considerations*, 2003, pp. 212.
94. PARAMBI, Baby, *The Discipleship of the Women in the Gospel according to Matthew. An Exegetical Theological Study of Matt 27:51b-56, 57-61 and 28:1-10*, 2003, pp. 276.
95. NIEMIRA, Artur, *Religiosità e moralità. Vita morale come realizzazione della fondazione cristica dell'uomo secondo B. Häring e D. Capone*, 2003, pp. 308.
96. PIZZUTO, Pietro, *La teologia della rivelazione di Jean Daniélou. Influsso su* Dei Verbum *e valore attuale*, 2003, pp. 630.
97. PAGLIARA, Cosimo, *La figura di Elia nel vangelo di Marco. Aspetti semantici e funzionali*, 2003, pp. 400.

Finito di stampare
nel mese di Maggio 2003

presso la tipografia
"Giovanni Olivieri" di E. Montefoschi
00187 Roma • Via dell'Archetto, 10, 11, 12
Tel. 06 6792327 • E-mail: tip.olivieri@libero.it